जीवन का यथार्थ और वर्तमान जगत

जीवन का यथार्थ और वर्तमान जगत

देवीप्रसाद मौर्य

PUBLICATIONS
कल्पज़ पब्लिकेशन्स
दिल्ली–110052

जीवन का यथार्थ और वर्तमान जगत

रुपये 890

ISBN: 978-81-7835-728-7

प्रकाशन वर्ष 2009
कल्पज़ पब्लिकेशन्स
सी-30, सत्यवती नगर, दिल्ली-110052
ई-मेल: kalpaz@hotmail.com
अक्षर मुद्रांकन: क्विक मीडिया
जी प्रिन्ट प्रोसेस, दिल्ली

विषय-सूची

भूमिका

पुनरुत्थान नहीं, पुनर्सर्जन

इन दिनों विश्वस्तर पर विद्वान लोग इस भेद को अधिक स्पष्ट करना चाहते हैं कि प्राकृतिक घटनाओं और संरचनाओं का सत्य मानव बुद्धि सापेक्ष नहीं होता है, जबकि सामाजिक सत्य, जो कि सामाजिक सम्बन्धों के द्वारा निर्मित होता है, मानव बुद्धि के सापेक्ष में ही देखा-समझा जाता है। संज्ञान के इस द्विविध भेद को अच्छी तरह समझना आधुनिक मनुष्य के लिए बहुत जरूरी हो गया है, क्योंकि आभासी यथार्थ- वरचुअल रियालिटी की संरचना इन दिनों प्रचुर मात्रा में वैज्ञानिक विधियों से की जाने लगी है। ऐसे यथार्थ की प्रामाणिकता भी वैज्ञानिक यंत्रों द्वारा सिद्ध की जा सकती है। किन्तु ऐसे संज्ञान आभासी ही होते हैं, वे पूरी तरह बुद्धि निरपेक्ष सत्ता को प्रकट नहीं करते हैं। सामाजिक संज्ञान की दृष्टि से देखा जाय तो सभ्यताओं और संस्कृतियों का निर्माण सामाजिक मान्यताओं के आधार पर ही होता रहा है। सभ्यता के प्रमुख कारक राज्यसत्ता और धर्म की यथार्थता को अस्वीकार करना समाज में किसी भी तरह संभव नहीं है, परन्तु विचारपूर्वक गंभीरता से समझा जाय तो स्पष्ट हो जाता है कि ये मनुष्यकृत यथार्थ है। ज्ञान की इस तरह की समझ बन जाने पर इतिहास और समाज के अन्तर्सम्बन्धों को समझने में सुविधा होती है, क्योंकि सभी प्रकार के सामाजिक सिद्धान्त अनिवार्य रूप से ऐतिहासिक प्रत्यय होते हैं, जो सामाजिक आवश्यकता के अनुसार प्रकट होते हैं। यहाँ जिसे हम मनुष्य का ज्ञान कह रहे हैं, वह चारों ओर फैले हुए वातावरण का ही मनुष्य के चित्त पर पड़ने वाला प्रतिबिम्ब है, यद्यपि यह जरूरी नहीं कि वस्तु और वस्तु का प्रतिबिम्ब पूरी तरह एक जैसे ही हों। प्रतिबिम्ब को निरुपित करने वाली स्थितियों के अनुसार वह प्रतिबिम्ब अथवा मनुष्य का ज्ञान सत्य, यथार्थ, आभासी या भ्रामक हो सकता है। सारे प्रमाणशास्त्र इसी गुत्थी को सुलझाने के लिये तैयार किये हैं। बीसवीं शताब्दी में प्राकृतिक विज्ञान और सामाजिक विज्ञान के सूक्ष्म अध्ययन और तर्क संगत विवेचन के माध्यम से आज कोई

भी मनुष्य अपने जीवन के सामाजिक, मनोवैज्ञानिक और जैविक रहस्यों को स्पष्टतापूर्वक समझ सकता है, फिर भी हम चारों तरफ धार्मिक अन्धविश्वास, भय और मनोग्रस्तता, साम्प्रदायिक विद्वेष और तरह-तरह की सामाजिक हिंसा के विस्फोट को देख रहे हैं। हजारों वर्षों के सामाजिक-सांस्कृतिक विकास के बावजूद आज भी मनुष्य का ज्ञान उसे जीवन को दुःखदायी बनाने वाली भ्रान्तियों से मुक्त नहीं कर सका है। परम्परा से संतों और महात्माओं ने इस स्थिति को धार्मिक और आध्यात्मिक समस्या बताया है, जबकि इक्कीसवीं सदी में इसे मानव सभ्यता की मूल समस्या के रूप में देखा जाना है।

प्राचीन काल में भारतीय ऋषि-मुनियों ने मनुष्य की इस मूल समस्या पर पर्याप्त चिन्तन किया था। लगभग पच्चीस सौ वर्ष पूर्व महर्षि कणाद ज्ञान के ऐसे ही द्वैत के सम्बन्ध में कह रहे थे-

संशय निर्णयान्तराभावश्च ज्ञानान्तरत्वे हेतु, त्योर्निष्पत्ति प्रत्यक्षलैंगिकाभ्याम्। (10,1,2-3)

- संशयात्मक और निश्चयात्मक ज्ञान के भेद की निष्पत्ति प्रत्यक्ष और अनुमान प्रमाण के द्वारा होती है।

वास्तविकता को समझा जाय तो बाह्य जगत की सत्ता को यथातथ्यात्मक ढ़ंग से समझने के लिये प्रत्यक्षता के साथ ही साथ अनुमान (लिंग, प्रमाण) का संज्ञान भी आवश्यक होता है। तो क्या हमें मायावादियों के स्वर में स्वर मिलाकर यह कहना चाहिये कि हजारों वर्षों की परम्परा में ऐतिहासिक धरातल पर विविध सभ्यताओं और संस्कृतियों के द्वारा भोगे गये सभी तरह के जीवन के यथार्थ केवल मानवीय संभ्रम रहे हैं- यहाँ सब कुछ माया ही माया है?

बीसवीं शताब्दी की अपूर्व विज्ञान और प्रौद्योगिकी की बौद्धिक उपलब्धियों से सम्पन्न मानव जाति इक्कीसवीं शताब्दी के प्रथम दशक में ऐसे कई तरह के प्रश्नों का सामना कर रही है। 11 सितम्बर 2001 को न्यूयार्क स्थिति वर्ल्ड ट्रेड सेण्टर को ध्वस्त किये जाने की घटना से यह प्रश्न उपजता है कि दुनिया के एकछत्र महाबली, हजारों परमाणविक अस्त्रों और वैज्ञानिक क्षमताओं के स्वामी संयुक्त राज्य अमेरिका की मान-मर्यादा निशस्त्र सामान्य मानवों के द्वारा उसके घर में घुसकर धूलधूसरित करना कैसे संभव हो सका? आज पूरे विश्व को

आधुनिक अस्त्र-शस्त्रं के माध्यम से नष्ट कर सकने की क्षमता रखे हुए भी अमेरिका की प्रतिद्वन्द्विता अफगानिस्तान के आदिम कबीलायी क्षेत्र के तोराबोरा के आसपास की पहाड़ी गुफाओं में छिपे हुए ओसामा बिन लादेन से हो रही है- चार हजार साल पुरानी आदिम स्थितियों का इक्कीसवीं सदी की अन्यतम विकसित प्रौद्योगिकी से युद्ध - और इस युद्ध में आदिम स्थितियाँ ही ज्यादा सफल होती दिखाई दे रही हैं। सोवियत संघ के द्वारा प्रथम अन्तरिक्ष यान के माध्यम से मानव की अन्तरिक्ष विजय और उसी मानव समूह का बिना किसी खून-खराबे के अपने ही भार से टूटकर बिखर जाना भी मानव इतिहास की एक आश्चर्यजनक घटना ही है। हमारे भारतीय समाज में भी, जो कि आज दुनिया का सबसे बड़ा लोकतांत्रिक देश है, कई तरह की सामाजिक भ्रान्तियों की तरफ इंगित किया जा सकता है- हमारे लिखित संविधान में कोई ऊँच-नीच, जातपांत अथवा मानवीय शोषण अस्तित्व नहीं रखता है, जबकि यथार्थ धरातल पर जातपांत के कठघरे और अन्य भेदभाव आधारित सामन्ती मानसिकता के कारण रोज-ब-रोज बर्बरतापूर्ण घटनायें होती रहती हैं। चार सौ वर्ष पुरानी खण्डहरनुमा मसजिद को लाखों लोग ढ़हाते हैं और फिर दस वर्षों से ज्यादा समय तक पूरे देश में साम्प्रदायिक आतंक और भय फैला रहता है। जनता के द्वारा चुनी गई सरकारें अपने ही नागरिकों के सामूहिक हत्याकाण्डों का मौन समर्थन करते दिखाई देती हैं। आज पूरे देश में आत्मघाती दस्ते अपनी ही सभ्यता और संस्कृति के विरुद्ध आतंकी कार्यवाही कर रहे हैं। यह सब कुछक्या है? मनुष्य के ज्ञान के स्तर पर इसमें कितना यथार्थ है और कितनी भ्रान्ति है ?

धर्मग्रन्थों के द्वारा बनाई आस्थाओं और सामाजिक राजनैतिक अवधारणों के माध्यम से सर्जित मानव जगत में सभी दूर-सभी मानव सभ्यताओं के भीतर ऐसे कठोर यथार्थ घटित होते रहे हैं। इधर पिछले वर्षों में चिन्तकगण उनके समक्ष बनते बिगड़ते यथार्थ को विवेचित करने में लगे हुए है- पूर्व आधुनिक और उत्तर आधुनिक के बीच के आधुनिक की विवेचना अभी भी आधी अधूरी है। कुछ मान्यतायें निरर्थक हो चुकी है, कुछ बन रही हैं, कुछ सत्तायें और संरचनायें अपना स्वरूप बदल रही है। एन्जेल्स ने उन्नीसवीं सदी में कहा था- "एक जीवित व्यक्ति प्रत्येक क्षण खुद भी होता है और साथ ही

कुछ और भी होता है। जीवन स्वयं में एक अन्तर्विरोध है, जो खुद वस्तुओं और प्रक्रियाओं में मौजूद होता है और सतत नवनिर्माण करते हुए अपने अन्तर्विरोधों का समाधान ढूँढ़ लेता है" इतिहास की पुस्तकें प्राचीन और अर्वाचीन के खण्डों में बंटी हुई है, उनके विवरणों में समकालिकता भी देखी जा सकती है और बदलते समय की चाल भी। पश्चिमी सभ्यता के संदर्भ में आधुनिकता का विचार करें तो डेकार्टे, कोपरनिकस, गेलिलियो के नवनिर्माणकाल और काण्ट-हेगेल के ज्ञानोदयकाल के बाद के डारविन, मार्क्स, फ्रायड और आइन्स्टाइन के आधुनिककाल को एक सतत प्रक्रिया के रूप में ही देखना होगा। विज्ञान और प्रौद्योगिकी की सर्वसमावेशी क्षमता के कारण यह आधुनिकता वैश्विक कही जाने लगी। इसलिये जब आज उत्तर आधुनिकता का जिक्र आता है तो स्वतः मन में प्रश्न उठता है कि क्या आधुनिकता के दौर ने अपना लक्ष्य सम्पन्न कर लिया? क्या उत्तर आधुनिकता का विचार आधुनिकता के विरोध में ही तो नहीं खड़ा है? जरगन हाबरमास इसी आशंका के साथ पोस्टमाडर्निज्म की व्याख्या भी प्रस्तुत करते हैं। सभ्यता और संस्कृति के विकास क्रम में बदलाव के साथ एक तरह का सातत्य भी होता है और अपने दौर में सभी परिवर्तन हमेशा माडर्न ही कहे जाते रहे हैं- जो वर्तमान समय की व्यग्र चेतना को अभिव्यक्त करते हैं। भारतीय सभ्यता और संस्कृति दीर्घजीवी रही है, उसके सातत्य के बीच कई भीषण परिवर्तन के दौर आये हैं - यह वैश्विक आधुनिकता-उत्तर आधुनिकता का दौर भी उस पर आपात परिवर्तन की तरह आ पड़ा है।

मानव इतिहास में बीसवीं शताब्दी इस दृष्टि से विशिष्ट रही है कि इस शताब्दी में मनुष्य जाति ने प्रकृति और इतिहास दोनों को ही जबरदस्त चुनौती दी है। सौर मण्डल से लेकर जैविकी के सूक्ष्मतम घटक डीएनए के क्षेत्रों में मानवीय हस्तक्षेप किया गया है। मानव सभ्यता के इतिहास मे प्राकृतिक पर्यावरण को कभी भी क्षतविक्षत नहीं किया गया था, किन्तु पिछले कुछ समय में ही मानव सभ्यता के उन्नयन की मान्यता के साथ विज्ञान और प्रौद्योगिकी के माध्यम से मनुष्य ने पृथ्वी पर लम्बे दो तीन अरब वर्षों के अन्तराल में निर्मित जैविक प्रक्षेत्र को तहस-नहस कर दिया है। इसी पृथ्वी पर स्वर्गिक सुख की उपलब्धि की महत्वाकांक्षा में विज्ञान ने पर्याप्त उत्पादन और प्राकृतिक

क्षमता के पुनर्सर्जन की महत्वपूर्ण योग्यता तो प्राप्त कर ली है, किन्तु उसके एकदेशीय-वनडामेन्सनल संवर्धन के चरित्र की वजह से दुनिया की आधी से ज्यादा आबादी आज भी भूख, रोग, और अज्ञान की असहाय स्थिति में जीवन यापन कर रही है । विज्ञान को मनुष्य जाति का मुक्तिदाता बनना चाहिए था, किन्तु वह साम्राज्यवादियों के हाथों का हथियार बन कर रह गया । कारण कि पश्चिमी सभ्यता के विकास की दिशा पृथ्वी के अधिकांश पिछड़े समाजों के श्रम और संसाधनों की लूट पर निर्धारित हुई थी और इसीलिये आधुनिक पूंजीवादी उत्पादन प्रणाली की मूल प्रवृत्ति मुनाफा और शोषण है । इससे विश्व की अन्य सभी सभ्यताओं और संस्कृतियों का सर्वांगीण विकास होना कभी भी संभव नहीं है, बल्कि उल्टे यह विकास के मायावी प्रलोभन देकर उन्हें नष्ट ही करेगी।

पश्चिमी सभ्यता वैज्ञानिक प्रौद्योगिकी के एकमेव दावेदार होने के दम्भ में दुनिया के सभी पिछड़े समाजों को अपनी मिल्कियत मान रही है । जिस तरह से वैश्वीकरण का लाबादा ओढ़कर यूरोप और अमेरिका की मल्टीनेशनल कम्पनियाँ गरीब मुल्कों के संसाधनों पर कब्जा करने की होड़ लगा रही है, उससे साफ है कि पश्चिमी सभ्यता दुनिया की अन्य सभ्यताओं को अपना गुलाम मानती है और उनके शोषण में उसे किसी तरह की बुराई नजर नहीं आती । आश्चर्य तो तब होता है जब आधुनिक वैज्ञानिक क्षमता को मनुष्य जाति की आन्तरिक चेतना को विकसित करने के काम में न लगा कर वैज्ञानिक दृष्टि के विपरीत उसका उपयोग धार्मिक अन्ध विश्वासों, युद्ध सामग्री के फैलाव, नस्ली घृणा प्रचार और विलासिता के साधनों को तैयार करने में किया जा रहा है । आज जिस स्थिति में दुनिया दिखाई दे रही है, उसमें मुनाफाखोर ट्रान्सनेशनल कम्पनियाँ दुनिया की सभी सरकारों को कमजोर बनाकर खुले बाजार के माध्यम से कुछ सीमित हाथों में पूरी पृथ्वी की सम्पत्ति को समेट लेने की कोशिश कर रही है । यह आर्थिक साम्राज्यवाद का घिनौना चेहरा है, इसे मानवीय जीवन और उसके आन्तरिक सुखशान्ति से कुछ लेना-देना नहीं है । वर्तमान समृद्धि और विकास की जो एकध्रुवीय मायावी व्यवस्था चल रही है, उसमे ये ताकतें मनुष्य को मनुष्य न रहने देकर ऐसे इलेक्ट्रानिक राबेट में - साइबोर्ग मे बदल देना चाहती है, जिसे जड़ वस्तु की तरह मनमाने ढंग से संचालित किया जा सके ।

भारतीय सभ्यता ने मानव जीवन के विकासक्रम को लम्बी कालावधि में देखा है। यह महज संयोग नहीं है कि भारतीय भूभाग पर दुनिया की सभी मानवीय नस्लों का सम्मिलन हुआ, सभी मानव समूहों की संस्कृति से किसी न किसी ढंग से इसका सम्पर्क बना रहा और प्रकृति ने भी इसे विविध जैविक संसाधनों से सम्पन्न बनाया। इस लम्बे कालक्रम के सातत्य में भारतीय संस्कृति ने तरह-तरह के मानवीय अनुभवों को सहेजा और इतिहास के कई उतार चढ़ाव के दौरों के बीच से गुजरी। सभ्यता के उत्थान पतन के कई दौर की वजह से ही भारतीयों ने इतिहास के चक्रीय सिद्धान्त को मान्यता प्रदान की, जबकि पश्चिमी विद्वान इतिहास के विकास क्रम को अनावर्ती सरल रेखा के रूप में देखते रहे हैं। मनुष्य काल (इतिहास) का सृजन करता है या काल मनुष्य को बनाता है- इस दुविधा का निराकरण हमारे यहाँ महाभारतकाल मे ही हो गया था, जब भीष्म युधिष्ठिर को स्पष्ट शब्दों में बताते हैं कि-

कालो वा कारणं राज्ञो राजा वा कालकारणम्।

इति ने संशयोमाभूद राजा कालस्य कारणम् ।।

- राजा का कारणकाल है या फिर राजा काल का कारण है यह संशय निरर्थक है- राजा ही काल का कारण है, राजा ही काल का निर्माता है।

इतिहास से जूझने का ऐसा संकल्प किसी सामान्य सभ्यता में नहीं हो सकता है। हम देखते हैं कि ईसा पूर्व की दूसरी तीसरी सहस्त्राब्दी में जब मिस्र और बेबीलोन की सभ्यतायें नष्ट हो रही थी, तब भारतीय भूभाग पर विविध चिन्तन पद्धतियों और सामुदायिक जीवन जीने के विविध तरीकों के साथ ई.पू. पाँचवीं शताब्दी तक जनतंत्रीय सामाजिक व्यवस्था में भारतीय समाज अपना विकास कर रहा था। ऋग्वेद, अथर्ववेद, जैन और बौद्ध साहित्य के विवरणों से यह अच्छी तरह प्रमाणित हो जाता है कि उपरोक्त श्लोक में उल्लेखित राजा सामंत तंत्र का राजा नहीं है, बल्कि जनता के द्वारा चुना गया गणपति-विशपति जननायक है। अन्य सभ्यताओं के विपरीत तत्कालीन भारतीय समाज में वैराज्य, परमेष्ठिराज्य, गणराज्य, और संघराज्य की उपस्थिति यह स्पष्ट करती है कि हमारे यहाँ जनतंत्र की परम्परा अति प्राचीन है- सामंती राजतंत्र का स्वरूप मगध साम्राज्य के उदय के साथ हुआ। इतिहास के रेखीय या चक्रीय सिद्धान्त के संदर्भ में यह बात ध्यान में आती है कि अभी तक

पृथ्वी पर के विभिन्न मानव समूहों की सभ्यतायें एक दूसरें के सम्पर्क से अप्रभावित रहकर स्वयं अपने ढ़ंग से विकास कर रही थी– उनका अपना इतिहास था, उनकी अपनी संस्कृति थी। आज जब आधुनिक संचार माध्यमों और आर्थिक सामाजिक कारणों से विश्व की सभी संस्कृतियाँ एक–दूसरे के नजदीक आ रही हैं, तब मनुष्य जाति के वैश्विक इतिहास का प्रारंभ हो रहा है, फ्रेन्सिस फुकुयामा के अनुसार इतिहास का अन्त नहीं। देशकाल के चातुर्आयामी सांतत्य में मानवसभ्यता के विकास क्रम को सर्पिल (स्पायरल) गति से आगे बढ़ता हुआ देखे जाने की जरूरत है, जहाँ उत्थानपतन की द्वन्द्वात्मकता कभी उसे प्रगति की ऊँचाई पर पहुँचा देती है तो कभी सामाजिक विकृतियों के कारण पतनोन्मुखी बिखराव में डाल देती है।

यूरोप के लगभग सभी दार्शनिक विद्वान ऐतिहासिक संदर्भों में भारतीय समाज का उल्लेख करते हैं। सत्रहवीं शती में स्पिनोझा बुद्ध के निर्वाण का उल्लेख करते हुए भारतीय तत्वमीमांसा (महावीर, कणाद) के अनुरूप द्रव्य (सबस्टेंस), गुण (एट्रीब्यूट) और पर्याय (मोड) के वर्गीकरण के आधार पर सामाजिक यथार्थ को विश्लेषित करते हैं। शापेनहार, हेगेल और कार्ल मार्क्स ने भारतीय समाज के दीर्घजीवी होने के पीछे यहाँ के चिन्तकों की सामाजिक दृष्टि को महत्वपूर्ण कारक माना है। हेगेल यूनानी, मिस्री, फारसी और भारतीय समाज की तात्विक व्याख्या में भारतीय मानस की आलोचना तो जरूर करते हैं (वे इसे पशु चेतना के स्तर पर रखना चाहते हैं) किन्तु ईसाइयत के पक्षधर के तौर पर अन्य सभ्यताओं के नष्ट होने और बिखर जाने के बावजूद भारतीय और चीनी सभ्यता के बचे रहने का कोई औचित्यपूर्ण कारण नहीं बता पाते हैं। कार्ल मार्क्स ने ईस्ट इण्डिया कम्पनी के द्वारा भारतीय समाज की लूट और उसकी पारम्परिक जीवन पद्धति के नाश किये जाने की भर्त्सना की है, साथ ही उसने भारतीयों के सीधेपन पर दुःख भी प्रकट किया है।

हेगेल और मार्क्स के विचारों का सामान्य तर्क यह है कि मानव समाज के विकास का आधार आवश्यकता और स्वतंत्रता का अन्तर्द्वन्द्व है। मनुष्य की संचेतना उसे उसकी सीमा और बन्धनों से अवगत कराती है, जिससे मुक्त होने के लिए मनुष्य परिस्थिति के अनुसार उपाय–

तकनीक ढूँढ़ता है। परिस्थिति और संचेतना दोनों ही मानवीय प्रवृत्ति को उत्प्रेरित करती है । इसी तथ्य को कणाद ने दूसरी तरह से कहा है- इच्छा द्वेष पूर्विका धर्माधर्म प्रवृत्ति- इच्छा और द्वेष के प्रभाव में ही मनुष्य में धर्म (नैतिकता) और अधर्म (अव्यवस्था) की प्रवृत्ति उत्पन्न होती है ।

इच्छा और द्वेष का द्वन्द्व आवश्यकता और स्वतंत्रता के बीच तनाव पैदा करके सामाजिक गतिशीलता को आगे बढ़ाता है । इसलिये जहाँ उत्पादन प्रणाली सामाजिक आवश्यकता का निराकरण करती है, वहीं सामाजिक चेतना स्वतंत्रता प्राप्ति की नई इच्छाओं को जन्म देती है । हेगेल की आबसोल्यूट स्पिरिट ऑफ द सोसायटी और मार्क्स के मोड ऑफ प्रोडक्शन एण्ड प्रोडक्टिव रिलेशन्स के बीच एक भारतीय सचेतन अध्येता को तत्व (पुरुष, चैतन्यता) और प्रधान (प्रकृति) के बीच द्वन्द्वात्मक परिपूरकता दृष्टिगत होती है- सत्ता के सम्यक संज्ञान की आवश्यकता प्रतीत होती है । सत्ता की अभिव्यक्ति (ज्ञान मीमांसा, एपीस्टोमोलॉजी) कभी भी सही नहीं हो सकती है जब तक कि सत्ता के स्वरूप को (सत्ता मीमांसा, आन्टोलॉजी) सही ढ़ंग से समझा नहीं जाता है और यही समझ यूरोपीय चिन्तन में किसी संरचना या प्रक्रिया की सार्थकता को थीसिस, एण्टीथीसिस और सिन्थीसिस के तीन रूपों में देखती है जबकि भारतीय (बौद्ध और कणाद) चिन्तन में इसे संयोग, समवाय और विरोध या फिर तादातम्य, तदुत्पत्ति और अनुपलब्धि के रूप में समझा गया है ।

बहरहाल, साहित्यिक और पुरातत्वीय प्रमाणों के माध्यम से यह तो सिद्ध हो चुका है कि भारतीय भूभाग पर मानवीय विकास का एक पूरा क्रम ई.पू. पांचवीं-छठी शताब्दी तक सम्पन्न हो चुका था । ऐसा इसलिये कहा जा रहा है कि मानव प्रवृत्ति के क्रमिक विकास जादू-टोना, दैवीय निष्ठा और श्रद्धा तथा निरीश्वरवादी तार्किक संज्ञान के क्रम को वेदत्रयी, अथर्ववेद और बाद के उपनिषद तथा निरीश्वरवादी दर्शन चार्वाक, सांख्य, वैशेषिक, आर्हत जैन और बौद्ध चिन्तन के संदर्भ से अच्छी तरह से प्रमाणित किया जा सकता है । ई.पू. पांचवीं-छठी शताब्दी के भारतीय समाज के महाजनपदों के राजनैतिक, सामाजिक स्वरूप गणराज्य तथा उन्नत कृषि और वाणिज्य व्यवस्था, सार्थवाह और बड़े जलपोतों के माध्यम से दूर-दूर तक आवागमन के विवरण एक उन्नत सभ्यता के

अस्तित्व को सिद्ध करते हैं। सूत्रकालीन व्याकरण और दर्शन की श्रेष्ठता पर यूरोप के आधुनिक विद्वान भी आश्चर्य प्रकट करते हैं।

मौर्य और गुप्त काल के बीच के समय में राज्यों के विस्तार और राजनैतिक संघर्ष हुये। इसी काल में विदेशी जातियाँ यवन, शक, हूण, कुषाण आदि ने यहाँ की सभ्यता संस्कृति में घुलमिलकर नयी सभ्यता को जन्म दिया। भागवत धर्म और मूर्तिपूजा ने जीवन के पुरातन स्वरूप को ही बदल दिया। भारतीय इतिहास का इसे श्रेष्ठ काल कहा जाता है, परन्तु सभ्यता के विवेचन की दृष्टि से यह भारतीय इतिहास का एक विशिष्ट पड़ाव है जहाँ से सामाजिक समूहों की विविधता, धार्मिक निष्ठा और सांस्कृतिक विलयन की एक लम्बी प्रक्रिया शुरू होती है।

इतिहास की दार्शनिक व्याख्या के लिये डॉ. राममनोहर लोहिया ने एक छोटी किताब "व्हील ऑफ हिस्ट्री" पांच दशकों के पूर्व लिखी थी। उसमें सभ्यताओं के विघटन और संविलयन की प्रकिया का बहुत गंभीर विवेचन है। वे किसी सभ्यता के उत्थान-पतन को वर्ग और वर्ण के बनने और मिटने में देखते हैं। जब कोई सभ्यता संघर्षरत रहती है तो वहाँ वर्गों का उदय होता है- सामाजिक-राजनैतिक हित वर्गों का निर्माण करते हैं। ईसवीं पूर्व की शताब्दियों में वर्गों का उत्थान दिखाई देता है, जबकि बाद की शताब्दियों में जब विदेशियों का विलयन भारतीय सभ्यता में हुआ, तब समाज में स्थिरता लाने और संघर्षों से बचने के लिए वर्णों का निर्माण कर सभ्यता अपने निम्न स्तर पर बिखर गई।

वर्ग और वर्ण के बनने मिटने की आन्तरिक प्रक्रिया सभी सभ्यताओं में दिखाई देती है, किन्तु भारतीय सभ्यता में जो वर्गों का बिखराव दूसरी-तीसरी शती में दिखाई देता है, उसे यहाँ के धार्मिक चिन्तकों ने बड़ी चतुराई से जन्म आधारित बनाकर सुदृढ़ और स्थिर कर दिया। वर्णसंकर सिद्धान्त विदेशियों को अपने में विलीन करने के लिये बनाया गया था, परन्तु तत्कालीन कृषितंत्र की उत्पादन प्रणाली की उचित श्रम-विभाजन की आवश्यकता पूर्ति के लिए वर्णों की व्यवस्था स्वतः कारीगरों और किसानों के स्तरों में सुदृढ़ हो गई। ब्राह्मणवादी संस्कृति ने उसे महत्वपूर्ण तकनीक के रूप में देखा, फलस्वरूप धार्मिक विधिविधान के साथ जन्म आधारित वर्ण व्यवस्था हजारों जाति के रूप में हिन्दू समाज बनकर उभरी।

भारतीय समाज में उत्पादन प्रणाली में पिछले दो हजार वर्षों में कोई बदलाव नहीं हुआ था। व्यापार और वाणिज्य के क्षेत्र में भी कोई नई तकनीक नहीं आई, इसलिये स्वाभाविक रूप से भारतीय सभ्यता का बिखराव जारी रहा। ऐसी स्थिति में किसी भी सभ्यता की इच्छा शक्ति क्षीण होती ही है और उसका नैतिक पतन होता जाता है। सामाजिक तौर पर पिछले पन्द्रह सौ वर्षों में मानसिक दासता, पराभव, हीनता बोध और आदर्श मूल्यों का क्षरण होता गया। प्रारंभिक मुस्लिम आक्रमण यहाँ की सम्पत्ति को लूटने के लिए ही हुए थे, परन्तु जब आक्रमणकारियों ने एक पतनग्रस्त सभ्यता को नजदीक से देखा तो उस पर उन्होंने पूरी तरह आधिपत्य जमा लिया।

हमारे भारतीय समाज के आधुनिक स्वतंत्रता प्राप्ति के आन्दोलनों के पुरोधाओं के सामने नई सभ्यता के निर्माण का ही लक्ष्य था। वे सभी इसी परिप्रेक्ष्य में अपने विश्लेषणों में इस दीर्घजीवी सभ्यता के सामाजिक सांस्कृतिक विकृतियों और संडाधों को दूर करने की आवश्यकता बताते रहे हैं। लम्बे राजनीतिक संघर्ष के बाद भारतीय समाज विदेशी शासकों की गुलामी से मुक्त होकर साठ साल पहले दुनिया के सबसे बड़े लोकतांत्रिक राष्ट्र के रूप में प्रतिष्ठापित हुआ था।

वर्तमान भारतीय जनता के लिये ही नहीं बल्कि भारतीय सभ्यता के लिए यह एक क्रान्तिकारी मोड़ का पड़ाव है। निश्चित ही हमारे यहां पिछले वर्षों में जबर्दस्त सामाजिक परिवर्तन हुए हैं, जो स्थितियाँ और सामाजिक संरचनायें दो हजार वर्षों से बोझ बनी हुई थीं, उन्हें संवैधानिक राज्यसत्ता के आने के बाद तेजी से निष्प्रभावी किया जा रहा है। सामाजिक संघर्षों में वर्ण मिट रहे हैं और नये वर्गों का बनना शुरू हो चुका है। राजनैतिक उथल-पुथल में बनने बिगड़ने का सिलसिला जारी है, परन्तु इस बिखराव में अब स्वैराचार और अनुत्तरदायी कृत्य ज्यादा दिखाई देने लगे हैं। सामाजिक नव निर्माण के लिये जो दृढ़ राजनैतिक इच्छा शक्ति और सकारात्मक चिन्तन जरूरी होता है, वैसा कहीं दिखाई नहीं दे रहा है। किंकर्त्तव्यविमूढ़ता की स्थिति में बहुत कुछ ठहरा हुआ है– भारतीय सभ्यता का यह नया प्रस्थान बिन्दु है, जहाँ से उसे वैश्विक सभ्यता के लिए राह बनानी है।

नई सभ्यता और संस्कृति का निर्माण कोई सामान्य घटना नहीं है, उसके लिये पूर्व परम्पराओं और ऐतिहासिक सरोकारों के उचित मूल्यांकन के साथ ही साथ नये संदर्भों में सचेतन ढ़ंग से सक्रिय होना बहुत आवश्यक है। बल्कि इसे यों कहना चाहिए कि किसी समाज के भले-बुरे अन्तर्विरोधों के साथ उसे संस्कृति ऐतिहासिक स्तर पर आगे बढ़ने के लिए प्रेरित करती है। संस्कृति किसी एक समूह या किसी एक काल के प्रयत्नों से निर्मित नहीं होती है और न ही इसे किसी बंधे बंधाये ढ़ाँचे में ढ़ाला जा सकता है। संस्कृति देशकाल के अनवरत सातत्य में पूरे समाज की मानसिकता और व्यवहारों की गत्यात्मकता से उपजी एक जैविक सत्ता की तरह प्रकट होती है। नवजागरण के हमारे जननायकों ने इस तथ्य को अच्छी तरह समझा था, इसलिये वे आधुनिक समय के अनुरूप परिशोधन करते हुए भारतीय संस्कृति का पुनर्सर्जन करना चाहते थे। प्रत्येक सचेतन भारतीय को स्वयं से पूछना चाहिए कि क्या उन पुरोधाओं की योजना अब तक परिपूर्ण हो चुकी है या अभी भी हमारे प्रमादों के बीच स्थगित है ?

★ ★ ★

भौतिक जगत की उत्पत्ति सूक्ष्मातिसूक्ष्म कण परमाणुओं के संघनन से होती है - इस सिद्धान्त के जनक महर्षि कणाद की प्रसिद्धि भारतीय प्राचीन शास्त्रों में पायी जाती है, किन्तु उनके जीवन और काल के विषय में किंवदन्तियों के अतिरिक्त कहीं प्रमाणिक विवरण उपलब्ध नहीं है। भारतीय चिकित्सा विज्ञान में चरक संहिता नामक ग्रन्थ का प्रणयन ईसा पूर्व तीसरी शताब्दी में हो चुका था। उसके प्रथम अध्याय में ही महर्षि कणाद के प्रति सम्मान व्यक्त करते हुए उनके षट्तंत्र सिद्धान्त का विशद विवेचन किया गया है और उसी सिद्धान्त को वहाँ चिकित्सा विज्ञान का आधार माना गया है। पंतजलि मुनि के व्याकरण ग्रन्थ महाभाष्य का प्रथम अध्याय भी कणाद के षट्पदार्थों के आधार पर ही प्रारंभ होता है। पंतजलि मुनि का काल ई.पू. 150 सर्वमान्य है। इन दो ठोस प्रमाणों के अतिरिक्त बौद्ध विद्वान नागसेन के मिलिन्हपन्हो नामक ग्रन्थ तथा बादरायण प्रणित प्रसिद्ध ग्रन्थ ब्रह्मसूत्र में भी वैशेषिक दर्शन का उल्लेख देखा जा सकता है। महत्वपूर्ण तथ्य यह है कि भगवतगीता में ब्रह्मसूत्र का जिक्र होने से भी यह

प्रमाणित होता है कि कणाद प्रणित वैशेषिक सूत्रों की प्रतिष्ठा भारतीय चिन्तन में ई.पू. तीसरी शताब्दी के पहले एक सम्मानित दर्शन के रूप मे हो चुकी थी। ईसवीं सन् के प्रारंभ में चीन देश में बौद्ध धर्म दर्शन का बहुत अधिक आकर्षण बढ़ा था, वहाँ के सत्ताधीश बौद्ध ग्रन्थों के चीनी भाषा में अनुवाद के लिये भारतीय बौद्ध विद्वानों के चीन भेजे जाने हेतु यहाँ के राजाओं से आग्रह करते थे- कश्मीर के कुमारजीव और उज्जयिनी के परमार्थ ने चीनी भाषा में भारतीय बौद्ध और अन्य दर्शनों का अनुवाद चौथी-पाँचवीं शताब्दी में किया था। इस संदर्भ में यह तथ्य जानना महत्वपूर्ण है कि चीनी विद्वान बौद्ध दर्शन के पश्चात् भारतीय दर्शनों में केवल सांख्य और वैशेषिक दर्शन में ही विशेष रुचि रखते थे। वैशेषिक दर्शन के अध्येता चीनी विद्वान डॉ. एच. ऊई वैशेषिक दर्शन के प्रणयन के काल को प्रारंभिक बौद्धदर्शन का पूर्ववर्ती या समकालीन बताते हैं। इस मान्यता के पीछे उनका यह तर्क है कि वैशेषिक सूत्रों पर बौद्ध विचार सरणि और शब्दावलियों का कोई प्रभाव परिलक्षित नहीं होता है।

हमारे यहाँ वैशेषिक दर्शन को पदार्थ शास्त्र भी कहा जाता है, क्योंकि यह वैश्विक दृष्टि पदार्थ विवेचना के माध्यम से कार्य-कारण के हेतुवादी सिद्धान्त के आधार पर ब्रह्माण्ड की सृष्टि रचना को द्रव्य, गुण और कर्म के बीच गत्यात्मक अनपेक्ष कारणता को देखती है। जब भी भारतीय विद्वान अपने यहाँ प्राचीन काल में श्रेष्ठ वैज्ञानिक दृष्टि के होने का उल्लेख करते हैं तो उनका आशय महर्षि कणाद की विचार सरणि से ही होता है। परन्तु इस संदर्भ में यह दुःखद तथ्य भी सामने आता है कि कणाद के दर्शन की बाद की शताब्दियों में घोर उपेक्षा हुई। उनके मूल सूत्रों को ही भूला दिया गया। आज न्याय-वैशेषिक शाखा के रूप में इसका उल्लेख होता है, जिसमें अक्षपाद गौतम के न्यायदर्शन को प्रमुखता प्रदान की जाती है और वैशेषिक के मूल प्रमेयों के विषय में मौन साध लिया जाता है। सांस्कृतिक दृष्टि से यह एक विकट स्थिति बनी हुई है। अक्षपाद गौतम का न्यायदर्शन वैशेषिक दर्शन के सौ दो सौ वर्ष बाद प्रमाणों की तार्किक व्याख्या के लिये रचा गया। हम देखते हैं कि तत्कालीन बौद्ध और जैन ग्रन्थों में सिद्धान्त विवेचन में कणाद के दर्शन को ही यथार्थवाद

के रूप में बराबर संदर्भित किया गया है, किन्तु उस दौरान संस्कृत भाषा में प्रणीत उस पर आज कोई भाष्य ग्रन्थ उपलब्ध नहीं है। जबकि अक्षपाद गौतम के न्यायदर्शन पर दूसरी तीसरी सदी मे वात्स्यायन का भाष्य तैयार होता है, जिसकी अभ तक प्रसिद्धि है। पाँचवीं शताब्दी में प्रशस्तपाद जब वैशेषिक दर्शन के तत्वों पर प्रकरण ग्रन्थ रचते हैं तो वे महर्षि कणाद की महत्वपूर्ण हेतु परक तात्विक दृष्टि की अवहेलना करते हुए, उनके मूल सूत्रों को पूर्णतया विलोपित कर केवल भौतिक जगत के गुणों का सामान्य तार्किक विवरण प्रस्तुत करते हैं और उस पर पारलौकिकता का मुलम्मा चढ़ाते हुए वर्णाश्रम धर्म की व्यवस्था के अनुसार उसे धर्मशास्त्र (मनुस्मृति) विहित विचार की तरह प्रतिपादित करते हैं।

जब भी भारतीय सभ्यता और संस्कृति के विकास क्रम को विवेचित करने का लक्ष्य होगा तो इस तरह के कई सांस्कृतिक अन्तर्द्वन्द्वों पर विचार करना आवश्यक प्रतीत होगा। ऐतिहासिक क्रम में संस्कृति की चेतना के बदलने के साथ ही यहाँ पर कई बार सभ्यता का स्वरूप बदला है। ईसापूर्व दूसरी शताब्दी से लेकर गुप्तकाल के राजत्व के बीच भारतीय समाज में दूरगामी परिणाम बताने वाले सामाजिक परिवर्तन हुये थे। इसी काल में विदेशी नस्लें यवन, कुषाण, शक, हूण, आभिर आदि का भारतीय समाज में संविलयन हुआ, जिसकी वजह से सांस्कृतिक विविधता बढ़ी। शाक्य मुनि गौतम बुद्ध का लौकिक धर्म पारलौकिक निष्ठा को प्रश्रय देते हुए महायानी रूप में अवलोकितेश्वर भगवान का धर्म बन गया। यवनों की सक्रियता से भागवत धर्म के उदय के साथ मूर्तिपूजा शुरू हुई और भगवत गीता में श्रीकृष्ण को भगवान विष्णु का अवतार घोषित किया गया और इसी काल में कौटिल्य चाणक्य के लोकाधारित मंत्रीपरिषद् की राज्य व्यवस्था को अपदस्थ कर ईश्वर के अवतार राजा के निर्णय को सार्वभौम होने की स्वीकृति प्रदान की गई। इसी काल में मनुस्मृति के वर्णाश्रम धर्म व्यवस्था को सामाजिक सुदृढ़ता के लिये कठोरतापूर्वक प्रतिष्ठित किया गया। स्वाभाविक तौर पर इसी समय से लोकपुरुषार्थ के स्थान पर व्यक्तियों को उनके पूर्वजन्म के कर्मों के आधार पर समाज में अपनी स्थिति को स्वीकार लेने का उपदेश दिया गया।

कहने की आवश्यकता नहीं है कि विगत दो हजार वर्षों की भारतीय सभ्यता धर्मशास्त्रों और स्मृतियों के आदेश के अनुसार संचालित

होती रही हैं और उसके अनुसार ही ऐतिहासिक घटनाक्रम में हिन्दू समाज का सनातन धर्म प्रवर्तित हुआ है । महर्षि कणाद के वैशेषिक सूत्रों के अध्ययन की महत्ता इसी ऐतिहासिक प्रतिगामिता के परिप्रेक्ष्य में है । भारतीय सभ्यता में लोकनिष्ठा, लोक पर्याय और लोकायतिक पक्ष की प्रतिष्ठा के साथ-साथ हम लोक पुरुषार्थ के अभ्युदय को देखते हैं । ई.पू. के एक हजार वर्ष के भारतीय इतिहास में लोकतांत्रिक समाज दृष्टिगत होता है और उसके अनुकूल ही जीवन दर्शन की लौकिकता भी तत्कालीन चार्वाक, सांख्य, वैशेषिक, मीमांसा, जैन और बौद्ध -सभी दर्शनों की निरीश्वरता में प्रकट होती है । आज फिर भारतीय समाज हजारों वर्षों की मानसिक और राजनैतिक दासता से मुक्त हुआ है तो उसके पुरुषार्थ को लौकिक निष्ठा ही प्रतिफलित कर सकती है । आधुनिक समय के विज्ञान और प्रौद्योगिकी के विकास को मानवोचित सम्यकता देने की क्षमता भारतीय चिन्तन में है, किन्तु हम लोग आज भी अपने व्यवहार में प्रतिगामी हैं, इसलिये नियति और माया की कैद में हैं। नई वैश्विक परिस्थितियों में हम पर ऐतिहासिक परिप्रेक्ष्य को पुनर्परिभाषित करने की आवश्यकता आ पड़ी है ।

वैशेषिक सूत्रों के तात्पर्य समझ लेने के पश्चात् किसी भी विचारवान व्यक्ति को एक आन्तरिक सम्पन्नता के भाव की प्रतीति होगी- उसे उस दर्शन में मनुष्य जीवन की सार्थक अर्थवत्ता स्पष्ट होगी, जहाँ किसी भी तरह की रहस्यवादिता को कोई स्थान नहीं है । यहाँ धर्म शब्द किसी भी संरचना अथवा प्रक्रिया की स्वाभाविक प्रवृत्ति के अर्थ में प्रयुक्त हुआ है, यही धारणा सामाजिक-सांस्कृतिक स्तर पर यथार्थवादी संज्ञान बन जाती है । सत्ता के यथार्थ ज्ञान से भ्रान्ति मूलक प्रत्ययों को हटाने का सीधा सा उपाय गत्यात्मकता की धारणा पर दृढ़ बने रहना है ।

प्रस्तुत अध्ययन स्थापित विभिन्न धर्म-सम्प्रदायों के विश्वासों की आलोचना अथवा अनादर के लिए तैयार नहीं किया गया है । लेखक की कोशिश यह रही है कि वह वस्तुवादी ढंग से सम्प्रदायों के धर्म, दर्शन और व्यवहार को यथावत प्रेषित करके तुलनात्मक ढंग से अपनी बात कहे । निश्चित ही बहुत सारी असहमतियाँ होंगी, उनके परिप्रेक्ष्य में ही लेखक ने कणाद के वैशेषिक सूत्रों को आधार मानकर अपने

मन्तव्य को व्याख्यायित किया है। निश्चित ही यहाँ किसी अन्तिम सत्य की बात नहीं कही जा रही है और न ही किसी प्रादर्श को स्वीकारने की पैरवी की जा रही है। सत्ता और ज्ञान का पारस्परिक अन्तर्द्वन्द्व ही अपनी निर्णायक भूमिका निभाता है। जिस तरह यूरोप में विज्ञान की प्रगति में कोपरनिकस, गेलिलियों, न्यूटन, लिब्निज, आइन्सटाइन के विचारों में किसी विचार को कनिष्ट या वरिष्ठ कहने की प्रवृत्ति नही है। उसी तरह यहाँ भी हमने निगंठ ज्ञातपुत्त (महावीर), कपिल, कणाद, गौतम बुद्ध और चार्वाक के माध्यम से भारतीय चिन्तन में मनुष्य के क्रमिक सम्यक विकास को समझने की कोशिश की है, जिससे कि हम अपने वर्तमान जगत को ज्यादा समर्थ सम्पन्न और सुखी बना सकें। प्रस्तुत लेखक पहले भी इस प्रकार का एक प्रयत्न अपनी पुस्तक ''भारतीय लौकिक चिन्तन और चार्वाक'' में कर चुका है, वहाँ चार्वाक के बहाने लौकिक दृष्टि का प्रवर्तन है और यहाँ कणाद के माध्यम से प्रकृति और समाज के यथार्थ को उद्‌घाटित करने का प्रयास है।

लेखक संस्कृत भाषा का विद्वान नहीं है, किन्तु भारतीय संस्कृति और दर्शन का गंभीर अध्येता है। किशोरावस्था से ही संस्कृत ग्रन्थों के पठन-पाठन के कारण उसे संस्कृत पदों का सामान्य ज्ञान है। विज्ञान की पृष्ठ भूमि और गणित विषय का प्राध्यापक होने की वजह से लेखक को कणाद के सूत्रों के अन्तर्निहित तात्पर्य को गणितीय तर्क के अनुसार समझने का भी लाभ मिला है। प्रामाणिकता की रक्षा के लिए लेखक ने शंकर मिश्र के वैशेषिक सूत्रोपस्कार, प्रशस्तपाद के पदार्थ धर्म संग्रह, नारायण मिश्र के वैशेषिक दर्शन और चीनी विद्वान डॉ. एच. ऊई के वैशेषिक फिलासफी-ग्रन्थों को आधार माना है। सूत्रों की शाब्दिक व्याख्या के लिए उसने नारायण मिश्र, ढुण्ढिराज शास्त्री और श्रीराम शर्मा के काम को सामने रखकर अपनी व्याख्या दी है। कहने की आवश्यकता नहीं है कि यह अध्ययन केवल शास्त्रीय अध्यवसाय नहीं है, बल्कि लेखक की सहज स्वाभाविक सामाजिक सम्बद्धता का परिणाम है। पुस्तक का कथ्य बहुपक्षीय होने का कारण भी यही है कि लेखक एक सक्रिय समाजकर्मी की तरह सोचने और जीने की कोशिश करता है। इस ग्रन्थ को तैयार करने के लिए विविध ग्रन्थों की सहायता के अतिरिक्त कई जाने-माने राजनीतिकर्मी, साहित्यकार, दार्शनिक, संस्कृतिवेत्ता और सामाजिक चिन्तकों के अमूल्य सुझावों का लाभ

लेखक को प्राप्त हुआ है, उन सभी के प्रति लेखक विनम्र भाव से अनुगृहित है। विशेषकर पाश्चात्य और प्राच्य दार्शनिक तत्वों को गंभीरता से समझने तथा विवादित प्रसंगों की समीक्षा करने के लिये आदरणीय डॉ. डी.डी. बंदिष्टे (84) भू.पू. अध्यक्ष दर्शन अध्ययन परिषद, देवी अहिल्या विश्वविद्यालय, इन्दौर के सानिध्य का भरपूर लाभ लेखक को मिला है । उनके साथ विचार -विमर्श कर लेखक गंभीर मुद्दों को भी विश्वासपूर्वक प्रतिपादित कर सका है । संस्कृत भाषा में प्राचीन लौकिक और वस्तुवादी विषयों पर केन्द्रित ग्रन्थों का आधुनिक परिप्रेक्ष्य में अनुशीलन किये जाने की आवश्यकता संस्कृत के मूर्धन्य विद्वान महामहोपाध्याय डॉ. प्र.ना. कवठेकर (85) भू.पू. कुलपति, विक्रम विश्वविद्यालय, उज्जैन महसूस करते हैं । लेखक को वैशेषिक दर्शन के संदर्भ में उनसे कई बैठकों में लम्बी चर्चा करने का सुयोग उपलब्ध रहा है, उन्होंने उसे प्रोत्साहित करते हुए भारतीय मनीषा के प्रति उसकी निष्ठा को द्विगुणित किया है । इन श्रद्धेय मनीषियों के प्रति लेखक केवल अपना आदर भाव ही प्रकट कर सकता है । लेखक के प्रिय साथी श्री राजेन्द्र बिल्लौरे ने सावधानीपूर्वक पाण्डुलिपि को कम्प्यूटर पर तैयार किया है, वर्तनी शुद्धता के लिए वे पर्याप्त रूप से सजग रहे हैं- उनके प्रति भी आभार प्रदर्शन ।

इन्दौर,

-देवीप्रसाद मौर्य

भाग 1

भारतीय चिन्तन की द्वन्द्वात्मकता

प्रथम अध्याय
वैशेषिक दर्शन का ऐतिहासिक प्रयोजन

1.1.0 वैशेषिक दर्शन का ऐतिहासिक प्रयोजन

आज भारतीय समाज में बहुत कम लोग होंगे जो वैशेषिक दर्शन के विषय में थोड़ी बहुत जानकारी रखते होंगे, फिर भी महर्षि कणाद के वैशेषिक चिन्तन को आधार बनाकर आधुनिक परिप्रेक्ष्य में भारतीय चिन्तन और दर्शन की सांस्कृतिक समालोचना किये जाने पर स्वाभाविक तौर पर प्रश्न उठेंगे। भारतीय दर्शन के उल्लेख के साथ ही लोग धार्मिकता और आध्यात्मिकता की अपेक्षा करते हैं, जबकि वस्तुस्थिति ठीक ऐसी नहीं है। वहाँ बहुत कुछ लौकिक और व्यावहारिक जीवन से सम्बन्धित तत्व चिन्तन भी विद्यमान है। जब यह कहा जाय कि संसार में जो कुछ भी हो रहा है उसके पीछे सुनिश्चित कार्य–कारण श्रृंखला है। ब्रह्माण्ड में कुछ द्रव्यों का अस्तित्व हमेशा बना रहता है। द्रव्य के रूप में उनमें हमेशा परिवर्तन क्रियाशील रहता है। द्रव्य, गुण और कर्म के परस्पर सम्बद्ध रहने पर ही विभिन्न प्रकार की सत्तायें उत्पन्न और नष्ट होती हैं। अदृश्य कारणों को न समझ पाने के कारण मनुष्य उन्हें चमत्कार कहता है। अदृश्य कारणों को समझकर हम अपनी वैयक्तिक और सामाजिक क्षमता बढ़ा सकते हैं। ये प्रतिपत्तियाँ आधुनिक नहीं हैं। महर्षि कणाद ने उन्हें लगभग ढाई हजार वर्ष पूर्व प्रतिपादित किया था। इस बीच सांस्कृतिक स्तर पर भारतीय समाज में बहुत प्रकार के परिवर्तन हो चुके हैं। आज भी सामान्य तौर पर इस मत को स्वीकार करना कठिन लगता है कि भारतीय संस्कृति कहने से तात्पर्य केवल धार्मिक संस्कृति कहा जाना ही नहीं है। भारतीय समाज के पाँच हजार वर्षों के इतिहास मे जो भी सामाजिक और ऐतिहासिक स्थितियाँ उत्पन्न हुई हैं, वे सभी भारतीय संस्कृति का अनिवार्य हिस्सा हैं। धार्मिकता भी संस्कृति का एक हिस्सा भर है– जब भी समाज में दासता और भय का भाव उभरता है, तो लोगों में धार्मिकता की प्रवृत्ति स्वाभाविक रूप से प्रकट होती है। लगभग दो हजार वर्षों से भारतीय मानसिकता में अदृष्ट भय व्याप्त है, सामाजिक असुरक्षा, शोषण और अन्याय, जात–पांत के कटघरे की यातना, राजद्रोह के दण्ड जैसी स्थितियों ने भाग्य और पुनर्जन्म की लालसाओं के कारण प्रत्येक भारतीय को धर्मभीरू बनाये रखा है। प्राचीन भारतीय दर्शन में धर्म शब्द नियतिवादी निष्ठा के लिये कभी भी प्रयुक्त नहीं हुआ। धर्म और ऋत शब्द

प्राकृतिक और सामाजिक नियमों और व्यवहारों के लिये अभीष्ट थे। इसीलिये तत्कालीन समाज में पुरुषार्थ और धर्म एक-दूसरे के पर्याय के रूप में देखे जाते थे। ई.पू. पहली दूसरी शताब्दी में जब आर्थिक प्रतिक्रिया और प्रतिशोध का क्रम शुरू हुआ तब से राजतंत्र और सामन्ती व्यवस्था के अन्तर्गत वर्णाश्रम धर्म आधारित धर्मशास्त्रों के आदेश से भारतीय समाज संचालित हो रहा है। ऐसे सांस्कृतिक ऐतिहासिक विपर्यय को समझने के लिये आज किसी संवेदनशील भारतीय के लिये महर्षि कणाद के चिन्तन के अतिरिक्त कोई दूसरा चिन्तन उपयुक्त दृष्टिगत नहीं होता है।

भारतीय चिन्तन के ताने-बाने को कहीं से भी स्पर्श करने पर सहस्त्राब्दियों और शताब्दियों के धागों पर सवार स्मृतियाँ स्पन्दित हो जाती हैं। इक्कीसवीं सदी के प्रारंभिक वर्षों में सांस्कृतिक परिप्रेक्ष्य में विचार करते हुए वैश्विक परिदृश्य से बचा नहीं जा सकता है। एक ध्रुवीय दुनिया के महाबली अमेरिका को चुनौती मिल रही है फिदायीन मुस्लिम कट्टरपंथियों से। पूरी मानव आबादी को तहस नहस कर सकने की क्षमता वाला अमेरिका चार हजार साल पुरानी आदिम गुफाओं में छिपे अलकायदा के नेता ओसामा बिन लादेन को लगातार छः वर्षों की मेहनत के बावजूद अभी तक परास्त नहीं कर सका है। बीसवीं सदी में तैयार किये गये प्रचण्ड विनाशक युद्ध आयुधों को पूरी तरह निरर्थक बना दिया है कुछ मुट्ठी भर आतंकवादियों ने। आतंकवाद केवल इस्लामी ही नहीं है, पूरी दुनिया में जगह-जगह पर राजनैतिक सामाजिक स्वतंत्रता प्राप्ति के संघर्ष में मरजीवड़े लगे हुए हैं। भारतीय समाज भी अपने यहाँ आर्थिक सामाजिक विषमता से जूझ रहे आतंकवादियों को साठ साल की राजनैतिक आजादी के बावजूद भी विश्वास नहीं दिला पाया है कि इस पुरातन समाज में आधुनिक मूल्यों के संदर्भ में नागरिकों को सही अर्थों में जीने के हक हासिल हैं। पिछले वर्षों में जिस तरह से भारतीय अर्थतंत्र का तेजी से विकास हुआ है, उसे ध्यान में रखकर कहा जा रहा है कि आगामी कुछ वर्षों के भीतर भारतीय राष्ट्र दुनिया के प्रमुख कुछ गिनती की महाशक्तियों में से एक होने जा रहा है। यह वही भू-भाग है जो अपने कृषि तंत्र और ऊपजाऊ भूमि के लिये पिछले चार पाँच हजार वर्षों से दुनिया के सभी समाज में ईर्ष्या की दृष्टि से देखा जाता रहा था। आज वही कृषि तंत्र और ऊपजाऊ धरती अपने लाड़लों की भूख-प्यास भी बुझा नहीं पा रही है। किसान लगातार आत्महत्या करते जा रहे हैं, अपनी किड़नियाँ बेच कर बाल-बच्चे पाल रहे हैं। गाँव के गाँव अपनी जमीन, पशु, खेत-खलिहान के साथ बेचे जाने के विज्ञापन टांग रहे हैं। इसी भारतीय समाज की विसंगति पूर्ण सभ्यता और संस्कृति का अनुशीलन हम

करना चाहते हैं, इस प्रकार के कटु यथार्थ को समझने के लिये ताकतवर यथार्थवादी चिन्तन ही जरूरी होता है और ऐसा यथार्थवादी चिन्तन महर्षि कणाद का वैशेषिक दर्शन है।

1.1.1 कालचक्र की गति

किसी समाज की पुरातनता के विषय में सोचने को लोग इतिहास के गड़े मुर्दे उखाड़ना कहते हैं, परन्तु वास्तव में यह खेत में गड़े हुए चाँदी और सोने के कार्षापणों और निष्कों से भरे घड़े जैसा है, जिसके खुलने पर भारतीय समाज के पच्चीस सौ वर्ष पूर्व के समृद्ध होने का प्रमाण मिलता है और आज भी उन प्राप्त कार्षापणों और निष्कों को गलाकर बाजार में व्यवहार करने पर हमें मालामाल बना देता है। हो सकता है महर्षि कणाद के समय में भी बहुत लोग ऐसे हों जिनकी उनके दार्शनिक सूत्रों में गहरी रुचि न हो, किन्तु उनके सामाजिक व्यवहार और चिन्तन को कणाद के यथार्थवादी और लौकिकता के महत्व देने वाले विचारों का लाभ मिलता ही होगा। तत्कालीन समाज के पुरुषार्थी होने और जीवन को पूरी तरह जी लेने के प्रमाण प्राप्त होते हैं, जीवन में एक उन्मुक्तता थी। निश्चित ही सामाजिक व्यवहार और मान्यताओं का सम्बन्ध तात्कालिक चिन्तनधारा से अवश्य होता है। जैन-बौद्ध ग्रन्थों से सामाजिक व्यवहार सम्बन्धी पर्याप्त जानकारी मिलती है, ओझाओं और सामुद्रिकों का भी वहाँ उल्लेख है किन्तु उनकी खिल्ली उड़ाने वाले भी वहाँ हैं। प्राकृतिक संसाधनों और कृषि उत्पादों की प्रचुरता में कम से कम भुखमरी से तो लोग त्रस्त नहीं थे।

पिछले ढाई हजार वर्षों में कृषि उत्पादन के साधनों में कुछ ज्यादा परिवर्तन नहीं हुए हैं, हमारे यहाँ सामान्य ग्रामीण जीवन अभी सौ दो सौ वर्षों तक वैसा ही था जैसा वर्णन प्राचीन कथा-पुराणों में मिलता है। किन्तु रहन-सहन के अपरिवर्तनीय होने के बावजूद मानसिकता में बहुत तेजी से बदलाव आया है, क्योंकि इस बीच सामन्ती राजतंत्र की क्रूरता बढ़ी है। सामुदायिक पारस्परिकता को धार्मिक अन्ध विश्वास और कर्मकाण्ड की वजह से धीरे-धीरे आघात पहुँचता गया। विदेशियों के घुलने-मिलने से धार्मिक अनुशासन की कठोरता बढ़ी, विविध सम्प्रदायों और हजारों जातियों के घेरों में घिर जाने के कारण लोगों पर आधिपत्य का उर्ध्वाधर शिकंजा कसता गया। राजतंत्रीय सामाजिक व्यवस्था को बनाये रखने के लिये धर्मशास्त्रों की बाढ़ सी आयी- स्मृतियों पर स्मृतियाँ लिखी गयीं। अपरिवर्तनीय सामाजिक व्यवस्था में शोषण और अन्याय दैवीकोप के रूप में देखे जाते रहे हैं, इसलिये मानसिक चिन्ताओं और असुरक्षा से त्राण देने का एकमात्र

साधन देवकृपा वनी –मंत्र तंत्र, भूतपिशाच अन्ध श्रद्धा टोना टोटका स्वाभाविक रूप से सामाजिक व्यवहार बने। जब हम आज के हिन्दू समाज को देखते हैं तो भाग्यवाद् पुनर्जन्म और स्वर्ग–नरक की निष्ठा, भूतप्रेतों के उत्पात जैसे पारलौकिक विश्वास प्रत्येक व्यक्ति की गहरी मानसिकता में घुले–मिले हैं। एक अरसे से घिरे हुए तालाब के ठहरे हुए पानी को पाल टूटने के कारण बहाव मिल जाने जैसा मामला है–हमारे आज के हिन्दुस्तान का। भारतीय समाज को राजनैतिक स्वतंत्रता मिले इकसठ साल हो गये हैं जो समाज शताब्दियों से ठहरा हुआ था, वह अब बहुत तेज रफ्तार से बदल रहा है। बीसवीं शताब्दी की वैश्विक वैज्ञानिक और प्रौद्योगिकी के द्वारा प्रदत्त सारे साधन– संवाहन एवं संचारण माध्यमों के कारण हमारे चारों ओर फैले हुए हैं। भारतीय संविधान की नई सामाजिकता के लाभ का भौंचक कर देने वाला पिटारा पुरातनता प्रेमी हिन्दुस्तानियों से सामने खुल गया है। लोग चाहें न चाहें अब सामाजिक परिवर्तन तो ऊपरी दबाव बनकर उन पर हावी है। भारतीय ही क्यों अब तो दुनिया के किसी भी समाज के नागरिक के लिये अपने पुराने बन्द समाज में घिरे रहना संभव नहीं है। सभ्यता और संस्कृति अब शास्त्रीय तत्व भर नहीं रह गये हैं, दुनिया के सभी मानव समूहों को अपनी सामाजिक सांस्कृतिक क्षमताओं और कमियों पर पुनर्विचार करना आवश्यक हो गया है।

पुरातात्तिवक खोजों, पुरातन धर्मग्रन्थों, साहित्य और पुराणकथाओं तथा नृतत्व शास्त्रीय विशलेषणों से आज हमारे सामने भारतीय समाज का लम्बा इतिहास अपनी विविधताओं के साथ स्पष्ट है। वाल्मीकि रामायण और महाभारत का संकलन और कौटिल्य के अर्थशास्त्र का प्रणयन ई.पू. दो तीन शताब्दी के आसपास हो चुकने के बाबद विद्वानों में ज्यादा विवाद नहीं है, जैन और बौद्ध ग्रन्थों की जानकारियाँ, चरक संहिता, पंतजलि का महाभाष्य भी ईसवीं पूर्व के जन–जीवन के विषय में पर्याप्त जानकारी देते हैं। चारों वेदों के पाठ भी अब सहज उपलब्ध है, जिनसे भी प्राचीन समय के बारे में प्रामाणिक तथ्य एकत्र किये जा सकते हैं। सामान्य जन–जीवन के स्वरूप को जानने के लिये हमें महाभारत में चार प्रकार के जनतांत्रिक राज्यों का विवरण प्राप्त होता है – वैराज्य, पारमेष्ठय राज्य, गणराज्य और संघराज्य। वैराज्य वह शासन व्यवस्था थी जिसमें कोई भी व्यक्ति राजा नहीं होता था, वहाँ के लोग स्वधर्म पालन के प्रभाव से ही समाज की व्यवस्था को सामुदायिक रूप में संचालित करते थे। पारमेष्ठय राज्य में प्रत्येक परिवार के प्रमुख गृहपतियों की परिषद् के माध्यम से समाज की व्यवस्था चलाई जाती थी। गणराज्य में शासन संचालन का प्रतिनिधित्व जाति और कुलों के आधार पर होता था। संघ राज्य विभिन्न गणों को संगठित करके संघबद्ध ढंग से अपने

बृहत समाज की व्यवस्था देखते थे। सभापर्व में पञ्चगण, सप्तगण और दशमण्डल जैसे संघराज्यों का उल्लेख मिलता है, कृष्ण स्वयं अन्धक वृष्णि संघराज्य के प्रमुख नेता थे। [12] गणराज्यों की व्यवस्था भारतीय समाज में काफी समय तक प्रभावशील रही। महावीर स्वामी और गौतमबुद्ध के समय तक समाज के शासन और दण्ड व्यवस्था का संचालन किसी एक व्यक्ति में केन्द्रित न होकर परिषदों और गणों के सामूहिक निर्णयों और विधानों के द्वारा ही होता था।

वैदिककालीन यज्ञ के कर्मकाण्ड के पीछे सामुदायिक जीवन को व्यवस्थित रखने की प्रवृत्ति ही दिखाई देती है। गार्हपत्याग्नि, आह्वान्याग्नि और दक्षिणाग्नि के कर्मकाण्ड से ही जनतांत्रिक समाज व्यवस्था का प्रारंभ देखा जा सकता है। अथर्ववेद काण्ड 8 से दसवें सूक्त से स्पष्ट है कि समाज के आह्वनीय अवस्था से दक्षिणाग्नि अवस्था बनी फिर सभा और फिर उसके पश्चात् समिति का अस्तित्व उभरा और इन सब व्यवस्थाओं के प्रति समाज के सम्मान को यह कह कर प्रकट किया गया– सभा च मा समितिश्चावतां प्रजापतेर्दुहितरौ संविदाने (अर्थव 7–12)– सभा और समिति प्रजापति की दुहितायें हैं– कन्यायें हैं। मीमांसकों ने यज्ञीय कर्मकाण्ड को तो काफी समय बाद तक भी सक्रिय रखा, परन्तु उसकी प्रजातन्त्रीय भावना के स्थान पर धीरे–धीरे राज्यतंत्र ने अपना शासन जमा लिया। अश्वमेघ यज्ञ और बार्हस्पत्य यज्ञ के रूप में गर्वीले शासकों ने अपने शत्रुओं पर रोब गालिब किया।

भारतीय समाज में प्राचीन राज्यतंत्र का आशय सामूहिक रूप से समाज पर शासन करने और दण्ड व्यवस्था बनाये रखने याने राज्यतंत्र से ही लिया जाता था। इस सम्बन्ध में डॉ. देवीदत्त शुक्ल कहते हैं – ".......राजतंत्र का जन्म जनतंत्र से ही हुआ था और यही कारण है कि धर्ममर्यादित राजतंत्र में जनतंत्र के लगभग सभी मुख्य गुण दिखाई देते हैं .... भारतीय सूत्रों और शास्त्रों में राज्यशास्त्र का वर्णन किसी भी राज्य विशेष के लिये नहीं किया गया था। वह केवल राजा (गृहपतियों और गणों के प्रमुख) और प्रजा के पारस्परिक कर्त्तव्यों का वर्णन मात्र है, जो कि अधिकांशतः जनतंत्र और राजतंत्र दोनों के लिये माननीय था। .... भारतीय विद्वान पैत्रक गुणों को अधिक महत्व देते थे इसलिये वांछित गुणों से युक्त राजा की खोज सर्वप्रथम पूर्व राजा के पुत्रों में ही करने की प्रथा पड़ गयी और योग्य सिद्ध होने पर उसको आजीवन पदारूढ़ रखा जाने लगा।" [12, पृ. 260] कहने का आशय यह है कि जन्मजात राजाओं का कुलीनतंत्र बहुत बाद में आया और संभवतः ज्ञात इतिहास में मगध साम्राज्य को प्रथम राज्यतंत्र कहा जा सकता है। पाणिनि ने अपनी अष्टाध्यायी में तत्कालीन सामाजिक आर्थिक और

राजनैतिक अवस्था का जो उल्लेख किया है, उससे स्पष्ट होता है कि उस समय के समाज में सभी राज्य व्यवस्थायें संघराज्य या गणराज्य की व्यवस्थायें थीं, जिसमें जनसमूहों के प्रतिनिधि मिलकर दण्डनीति और शासन का संचालन करते थे। पाणिनि सूत्र (5–2–52) बहुपूग संघस्य तिथुक– पूग (आर्थिक समूह), गण (कुल समूह) और संघ (गणों के समूह) के बहुमत की सहमति से ही सामाजिक और राजकीय कार्य होना सिद्ध होता है।

पाणिनि के दामन्यादि, पार्श्वादि, यौधेयादि गणों के अन्तर्गत तैंतीस गणराज्यों के नाम मिलते हैं, जो कि इस प्रकार हैं– (1) दामिनि (2) औलपि (3) काकदन्ति (4) अच्युतन्ति (5) शत्रुन्तदि (6) सार्वसेनि (7) वैन्दवि (8) मौजायन (9) तुलभ (10) सावित्रीपुत्र (11) वैजवापि (12) औदकि (13) पर्शु (14) असुर (15) रक्षस् (16) वाह्लीक (17) वयस (18) मरुत (19) दशार्ह (20) पिशाच (21) अशनि (22) कार्षपण (23) सत्वत (24) वसु (25) यौधेय (26) शोभ्रेय (27) शौक्रेय (28) ज्याबाणेय (29) वार्त्तेय (30) धार्तेय (31) त्रिगर्त (32) भरत (33) उशीनर। उपर्युक्त सभी गण पंजाब, सिन्ध के पश्चिम में तथा सुदूर मध्य एशिया तक स्थित थे। इसके अतिरिक्त संघराज्यों के रूप में (1) मद्रवज्जि (2) अन्धकवृष्णि (3) क्षुद्रक मालव का उल्लेख भी वहाँ मिलता है। जैन बौद्ध साहित्य में उस समय के भारतीय भू–भाग पर सोलह महाजनपदों का उल्लेख प्राप्त होता है– काशि, कौसल, अंग, मगध, वज्जि, मल्ल, चेदि, वत्स, कुरु, पांचाल, मद्र, सूरसेन, अस्सक, अवन्ती, गान्धार और कम्बोज। प्रसिद्ध इतिहासकार आर.सी. मजूमदार इन बड़े महाजनपदों को भी चार विभागों में बाँटते हैं :– (1) मगध के हिरण्यक (2) कौसल के ऐक्क्ष्वाकु (3) वत्स के पौरव और (4) अवन्ति के प्रद्यौत। [56]

उपरोक्त गणों और संघों के नाम से ही स्पष्ट हो जाता है कि ये विविध भौगोलिक सामाजिक समूह विविध संस्कृति और सभ्यता के वाहक थे। स्वाभाविक है कि उनके दण्ड–विधान और जीवन पद्धतियाँ भी भिन्न थीं। उन जनसमूहों के चिन्तकों के सैद्धान्तिक विचार ही बाद के भारतीय धर्म, दर्शन और संस्कृति की विविधता की आधार भूमि बने। यह वह समय था जब वाणिज्य व्यवसाय के लिये हजारों की संख्या में लोग सार्थवाहों के साथ एक स्थान से दूसरे स्थान पर जाते थे। [10] यह यात्रायें बहुमूल्य वस्तुओं को एकत्र करने, अपनी वीरता और युद्ध कौशल का प्रदर्शन कर– सेना में भर्ती होने और दार्शनिक, पारिव्राजक, यति मुनि आदि द्वारा विविध क्षेत्रों के भ्रमण और ज्ञान अर्जन एवं अपनी विद्वता प्रदर्शन करने के लिये होती थी। सभी राजतंत्रों के संस्थागारों और विद्वत् परिषदों में वाद–

विवाद, काव्य, दर्शन और सामाजिक समस्याओं पर चिन्तन मनन होता रहता था। पश्चिम में यवन देश, मध्य एशिया के फैले भू-भाग से लेकर गंगा-यमुना के मध्य प्रदेश और दक्षिण में अपरान्त के समुद्र तट तक समुद्र में नौकासंवाहन के माध्यम से और भूतल पर सार्थवाहों के द्वारा लोग दूर-दूर तक देशाटन करते थे। उस समय में पूर्वी समुद्र तट पर ताम्रलिप्ति (तामलुक) और दक्षिण में ताम्रपर्णी तथा पश्मिम समुद तट पर भृगुकच्छ, सुर्पारक जैसे प्रसिद्ध जलपट्टन (बन्दरगाह) थे।

उपनिषदों को पढ़ने पर पता चलता है कि ऋषियों की बड़ी महाशालायें अटवियों और अरण्यों में स्थित थी, उन ऋषियों की प्रसिद्धि के अनुरूप महाशालाओं में अध्ययन के लिये दूर-दूर से विद्यार्थी आते थे। ऋषियों मुनियों के साथ ही साथ क्षत्रिय राजाओं को भी हम गूढ़ रहस्यों को उजागर करते देखते हैं। उद्दालक, आरुणि, श्वेत केतु, सत्यकाम जाबल, दृप्त बालाकि, याज्ञवल्क्य, वाचकन्वि गार्गी, मैत्रेयी जैसे आश्रमवासी विद्वान और विदुषियों के साथ जनक, विदेह, अजातशत्रु, प्रवाहण जैवालि, अश्वपति कैकय जैसे क्षत्रिय राजाओं के गूढ़ विमर्शों में जीवन, जगत, संज्ञान और विविध ऊर्जाओं के मूल श्रोत को जान लेने की अभीप्सा वहाँ दिखाई देती है। बृहदारण्यक में याज्ञवल्क्य के प्रकरणों में जहाँ वनस्पति जगत के सतत विकास प्रकिया का उल्लेख है तो वहाँ जरतकारू आर्तभाग और मैत्रेयी को अलग-अलग याज्ञवल्क्य को यह समझाते हुए देखते हैं कि मृत्यु के बाद आत्मा का पुर्नजन्म नहीं होता है, सब कुछ देह के साथ ही नष्ट हो जाता है। ये ऋषि-जिसको जान लेने से सब कुछ जान लिया जाय- ऐसे ब्रह्म को जानकर ब्रह्मविद होने के बावजूद अन्न, प्राण, मन, विज्ञान और आनन्द के रूप में जीवन के यथार्थ पक्ष को भी सिद्ध करते हैं। ऋगवेद कालीन विविध देवता जब सर्वव्यापी ब्रह्म में विलिन हो गये तब प्रकृति, जगत और मनुष्य के बीच सम्बन्धों को समझने का क्रम शुरू हुआ।

जब भारतीय भूभाग की संस्कृति का विचार होता है तब हम आर्य और व्रात्य दो प्रमुख संस्कृतियों के मेल को ॠगवेद काल से संविलयित होते हुए देखते हैं। ॠगवेद में आर्यगण भरत का अन्य गणों- यदु, तुर्वस, द्रुह्य, भृगु, पक्थ, मत्स्य, शिग्रु, अलिन, अनु और पुरु (दासराज्ञ युद्ध) के साथ संघर्ष की चर्चा देखते हैं। इनमें से कई गण- जैसा कि पाणिनि द्वारा उल्लेखित तैंतीस गणों के नामों से स्पष्ट है- हिन्दुकुश पर्वत श्रेणियों के उस पार के हो सकते हैं। पक्थ तो स्पष्ट है- फक्तून भाषा बोलने वाले पठान है। रक्षस्, असुर, वसु, मरुत, पिशाच तो पुराण कथाओं में राक्षस्, दैत्य, गन्धर्व, वानर बन गये हैं। ध्यान देने की बात है कि ॠगवेद

के दस गणों में से पाँच गणों का महाभारत में ययाति की दो पत्नियों – देवयानी और शर्मिष्ठा के पुत्रों– यदु, तुर्वस, द्रुह्य तथा अनु और पुरु के रूप में उल्लेख मिलता है।

वैदिक पद्धति में वेदों को हमेशा त्रयी ही कहा गया–ॠगवेद, युजुर्वेद और सामवेद ही आर्यों के प्राचीन ग्रन्थ हैं। अथर्ववेद को बाद का संकलन माना जाता है और इसे ब्रह्मवेद भी कहा जाता है। प्राण और बह्म का विचार उपनिषदों का केन्द्रीय तत्व है और इसके प्रणेता अर्थवा ऋषि बताये गये हैं। प्रश्नोपनिषद् (2–11) में प्राण विद्या को व्रात्य कहा गया है और अथर्ववेद के पन्द्रहवें काण्ड को भी व्रात्य काण्ड कहा जाता है, जहाँ व्रात्य को बहुत अधिक सम्माननीय बताया गया है। यह व्रात्य कौन है? व्रात्य के सही स्वरूप को जानने की समस्या बहुत पुरानी है। व्रात्य यज्ञ विरोधी थे– यह तो निश्चित है और हम देखते हैं कि पुराण कथाओं में यज्ञ विरोध को राक्षसों, असुरों से जोड़ा गया है। शिवजी के द्वारा दक्ष प्रजापति के यज्ञ विध्वंस की कथा प्रसिद्ध ही है। हम यह भी देखते हैं कि महाभारत में एक कथा में इन्द्र को व्रात्यहन्ता होने के कारण अपने पर लगे शाप का प्रायश्चित करना पड़ता है। छान्दोग्य उपनिषद की इन्द्र–विरोचन की कथा से दो विरोधी सभ्यताओं के सम्पर्क का ही संकेत मिलता है– विरोचन प्रसिद्ध दैत्य हरिण्याकश्यप के पुत्र प्रहलाद का बेटा बताया गया है।

वास्तव में व्रात्य भारतीय भूभाग के सिन्धु नदी के काठे के आस–पास बसने वाली सभ्यता के लोग थे, जो ऋषभ और यौन चिह्नों के पूजक थे। नागधारी और वृषभ पर सवारी करने वाले शिवजी आर्यों के आराध्य नहीं थे। इन्हें तो यहाँ के स्थानीय निवासी नाग और द्रविण आज तक पूजते चले आ रहे हैं। वेदों में इन्हें ही शिश्नदेव, यति, मुनि शब्दों से व्यक्त किया गया है, जो बाद की शताब्दियों में श्रमण बन गये।

भारतीय संस्कृति में ब्राह्मण और श्रमण दो धाराओं की बहुत लम्बी द्वन्द्वात्मक समन्वय की परम्परा रही है। वैदिक अर्थात् ब्राह्मण परम्परा यज्ञीय कर्मकाण्ड को महत्व देती थी। प्रारम्भ से ही यज्ञों में विविध प्राणियों (नरमेघ यज्ञ भी) की आहुति के रूप में बलि दी जाती रही– पशु हिंसा को वैदिक हिंसा नहीं माना गया। दूसरी तरफ श्रमण परम्परा में अहिंसा और इन्द्रिय दमन पर विश्वास किया गया। सामाजिक प्रवृत्ति और व्यवहार की दृष्टि से देखा जाय तो जीवन के प्रति वैदिक परम्परा प्रवृत्ति मार्गी रही तो श्रमण परम्परा निवृत्ति मार्गी।

प्राचीन भारतीय संस्कृति में जब हम सभी दृष्टियों को निरीश्वरी वादी के रूप में देखते हैं, तो इसका यह आशय नहीं कि वे सब नास्तिक थे, किसी भी प्रकार

के देवी–देवता अथवा अदृश्य शक्ति में श्रद्धा नहीं रखते थे। सभी प्रकार की धार्मिक आस्था के पीछे भय और रहस्यवादी वृत्ति ही काम करती है । आदिम मनुष्य प्राकृतिक घटनाओं की विकरालता को देखकर स्वाभाविक रूप से भयभीत हुआ और उसने उन प्राकृतिक घटनाओं को संचालित करने वाली अदृश्य शक्तियों से अपनी रक्षा के लिये प्रार्थना की। प्राचीन वैदिक समाज भी आदिम वनवासियों की भाँति प्रकृति के सान्निध्य में विचरता रहा था। वैदिक देवताओं की लम्बी सूची में जितने भी देवता है वे सभी प्राकृतिक घटनाओं से सम्बद्ध है– अग्नि, इन्द्र (वर्षा के देवता), सूर्य, अनिल, आदित्य, उषा, आप, वैश्वानर, वरुण, मित्रावरुण, वायु, द्यौ, घावापृथिवी, विष्णु (व्यापक होना) आदि आदि। आर्येतर जातियाँ यौनशक्ति और प्राकृतिक विकरालता को अदृश्य शक्ति (मातृरूप) के रूप में मानती थीं। मृत्यु पश्चात् मृत व्यक्ति को अदृश्य रूप में उनके साथ रहने की निष्ठा के कारण श्राद्ध और विविध प्रकार की बलि भी आदिम प्रवृत्ति थी। बाद के सामाजिक अन्तर्सम्बन्धों में विकेन्द्रित आर्थिक सामाजिक विविधता होने के कारण उनमें पुरुषार्थ और सामुदायिकता का विकास स्वाभाविक ढंग से हुआ। इसी कारण से केन्द्रीय शक्ति के द्योतक एक सृष्टिकर्ता नियामक ईश्वर की आवश्यकता उन्हें महसूस नहीं हुई। शरीर की विभिन्न इन्द्रियों, प्राण और मन की क्रियाओं को समझने के कारण शरीर में अदृश्य आत्मा का एकत्व उन्हें दिखाई दिया। उसी के अनुरूप प्रकृति में अन्तरिक्ष, आकाश, पृथ्वी, वायु, जल, अग्नि के अन्तर्सम्बन्ध को समझते हुए उन्होंने अदृश्य ब्रह्म शक्ति की कल्पना की, जो व्यक्तियों और प्रकृति के सभी संस्थानों में आन्तरिक स्तर पर क्रियाशील रहकर उन्हें परिणमित करती है।

जैमिनि की पूर्व सीमांसा और बादरायण की उत्तर मीमांसा (बह्मसूत्र) के सूत्रों को जब भी संकलित किया गया हो– वैदिक विचार के उन दोनों ग्रन्थों में सृष्टि के नियामक सृष्टिकर्ता ईश्वर कहीं दिखाई नहीं देते हैं। पाणिनि की अष्टाध्यायी के प्रणयन के आसपास ही सभी सूत्र ग्रन्थ रचे गये हैं। विद्वानों ने विचारपूर्वक सूत्र ग्रन्थों के रचनाकाल को ई.पू. 500 से ई. 200 के बीच ही माना है। आसुरि के सांख्य सूत्र तत्व समास, कणाद के वैशेषिक सूत्र, पतंजलि के योग दर्शन के सूत्र निश्चित रूप से मीमांसा सूत्रों के साथ ईसा पूर्व की शताब्दियों मे रचे गये हैं। महावीर स्वामी और गौतम बुद्ध के विचारों को गाथा में दिया गया है, जो परम्परा से सूत्रग्रन्थों के पूर्व से संगायित होते रहे थे। उमास्वाति के जैन मत की व्याख्या करने वाला तत्वार्थ सूत्र, ईश्वरकृष्ण की सांख्यकारिका, विज्ञानभिक्षु का सांख्यदर्शन, अक्षपाद गौतम के न्यायसूत्र बाद की रचनायें हैं। बाद की रचनाओं

में कहीं कुछ स्थान पर ईश्वर को माध्यम के रूप में उल्लेखित किया गया (न्याय, पांतजल) किन्तु उसे सत्ता अथवा प्रमेय के रूप में स्वीकार नहीं किया गया है। कहने का आशय यह है कि ये सारी दर्शन पद्धतियाँ इतिहास क्रम में विकसित होते हुए संघनित होकर सूत्र वाक्यों में प्रकट हुई और सभी निर्विवाद रूप से निरीश्वरवादी रहीं। इनका यह निरीश्वरवाद कोई दुराग्रह नहीं था, बल्कि प्रकृति और समाज के विविध धर्मी संरचना प्रक्रिया का स्वाभाविक संज्ञानात्मक प्रत्यय था। उस समय के ऋषि मुनियों को यह ज्ञात था कि दार्शनिक तत्वज्ञान में संज्ञान की द्विविध प्रक्रिया– प्रत्यक्ष और अनुमान में यथार्थ ज्ञान की अभिव्यक्ति आगमिक अर्थात् शाब्दिक होती है, इसलिये भ्रान्ति अथवा माया की संभावना सदैव बनी रहती है।

बहुत साफ है कि भारतीय संस्कृति और धर्म में ईश्वर निष्ठा का विकास बहुत बाद में हुआ। ईसापूर्व पांचवीं शताब्दी का जनतंत्रीय समाज जब मगध के विशाल साम्राज्य की प्रचण्डता में विलीन हो गया और धीरे–धीरे केन्द्रीकृत शासन तथा राजदण्ड प्रभावशील हुआ, उसके साथ ही सम्राट की भाँति सृष्टि के नियामक ईश्वर का विचार भी पुष्ट हुआ। देवानां प्रिय बौद्ध सम्राट अशोक और कनिष्क, वैदिक सम्राट पुष्यमित्र शुंग आदि के कार्यकाल में क्रमशः शाक्य मुनि गौतम बुद्ध, भगवान अलोकितेश्वर हो गये और भगवतगीता में श्रीकृष्ण को विराट पुरुष ईश्वर का अवतार घोषित किया गया। आर्थिक, सामाजिक सम्बन्धों का मानवीय चेतना पर बहुत गहरा प्रभाव पड़ता है। बहुविध गणतांत्रिक भारतीय समाज के राज्यतंत्रीय समाज में बदलने की घटना यहाँ की संस्कृति और सभ्यता के लिये एक महत्वपूर्ण प्रस्थान बिन्दू है। महाभारत के शान्तिपर्व के भीष्म युधिष्ठिर संवादों में हम इस परिवर्तन की विवेचना देख सकते हैं। ईसा की बाद की शताब्दियों में हिन्दू समाज का धर्मशास्त्र मूलतः मनुस्मृति ही रहा है। अन्य दूसरी स्मृतियाँ जो बाद में समय–समय पर रची गयी उनमें भी मनु के आदेशों को ध्यान में रखते हुए मामूली फेर–बदल किये गये। इसलिये भारतीय संस्कृति के अध्येताओं के बुद्धि में यह बात नहीं आ पाती है कि मनु प्रचेतस और मनु वैवस्वत के अतिरिक्त दूसरे धर्मज्ञ भी यहाँ हुए हैं, जिन्होंने विभिन्न मानव समाजों के लिये धर्मशास्त्रों की रचना की थी और उनके सिद्धान्त मनुस्मृति से भिन्न प्रकार के थे। महाभारत में राजधर्म के प्राचीन आचार्यों के इस प्रकार से नाम दिये गये हैं:–

(1) बृहस्पति (2) विशालाक्ष (3) शुक्र (4) सहस्राक्ष (5) महेन्द्र (6) प्राचेतस मनु (7) भरद्वाज और (8) गौरशिरस मुनि।

विशालाक्ष संज्ञा शिवजी के लिये भी प्रयुक्त होती है, इसका आशय स्पष्ट है कि जो यज्ञ विरोधी समुदाय था, उसका धर्मशास्त्र अलग था। इसी प्रकार बार्हस्पत्य और शुक्रनीति की चर्चा लौकिकवाद (लोकायतिक) के रूप में प्रसिद्ध है। इन विभिन्न राजधर्मों के अलग अलग होने की पुष्टि हमें कौटिल्य के अर्थशास्त्र से भी हो जाती है। वहाँ इन राजधर्मों की सूची इस प्रकार की गयी है- (1) मनु (2) बृहस्पति (3) उशनस (4) भरद्वाज (5) विशालाक्ष (6) पाराशर (7) पिशुन (8) कौणपदन्त (9) वातव्याधि और (10) बहुदन्ती पुत्र। कौटिल्य ने इन मतों का संक्षिप्त विवरण भी दिया है, इससे यह स्पष्ट होता है कि उस समय तक इन आचार्यों के राजधर्म विद्यमान थे। महाभारत के शान्ति पर्व के पैंसठवे अध्याय में इन्द्र मान्धाता का संवाद दिया गया है, जिससे स्पष्ट होता है कि आर्यों (वैदिकों) के अतिरिक्त अन्य कौन-सी म्लेच्छ जातियों के समाज भारतीय राजतंत्र में विलिन हुये। मान्धाता बताता है [65-13, 14,15] उसके राज्य में यवन, किरात, गान्धार, चीन, शबर, बर्बर, शक, तुषार, कंक, पह्लव, आन्ध्र, मद्रक, पौंड्र, पुलिन्द, रमठ, काम्बोज और ब्रह्म-क्षत्र से उत्पन्न म्लेच्छ जातियों के लोग निवास करते हैं। उनको शासित करने के लिए वह इन्द्र (वैदिक) से धर्मानुशासन की विधियों का निर्देश चाहता है। ये सभी प्रसंग इस तथ्य की पुष्टि करते हैं कि भारतीय समाज में विविध वर्गों और समूहों के व्यक्तियों के लिये स्वयं के पुरुषार्थ प्रकट करने के लिये भिन्न सामाजिक व्यवस्थायें थीं। मनु का वर्णाश्रम धर्म का सिद्धान्त तो बहुत बाद में ईसा की शताब्दी के प्रारंभ के आसपास प्रभाव में आया, जिसके कारण वर्ण संकर सिद्धान्त का उपयोग करते हुए मानव समूहों को जातियों के दृढ़ शिकंजे में बाँटा गया।

1.1.2 वैशेषिक पर समय की धूल

वैशेषिक दर्शन के संदर्भ में यदि हम उसके पूर्ववर्ती दृष्टियों के विषय में जान लेते हैं तो यह स्पष्ट हो जाता है कि उसके पूर्व भी उस प्रकार के बौद्धिक प्रयास होते रहे हैं और इसलिये महर्षि कणाद को अप्रतिम दार्शनिक सिद्ध करने का हमारा कोई इरादा नहीं है - यह साफ हो जाता है। श्वेताश्वतर उपनिषद् और महाभारत के मोक्षधर्म पर्व में अनेक उपदेष्टा आचार्यों की चर्चा की गई है। उनके लिये कई संज्ञायें थी- आचार्य, ऋषि, विप्र, ब्राह्मण, गणिन, गणाचार्य, तपस्वी, प्राज्ञ आदि। जैन ग्रन्थ उत्तराध्ययन सूत्र में लगभग दो सौ से अधिक दृष्टियों का उल्लेख है। बौद्ध साहित्य में बासठ दृष्टियों के विषय में जानकारी दी गई है। इन दृष्टियों के विषयों को संक्षेप में इस प्रकार रखा जा सकता है- काल, लोक पर्याय, स्वभाव,

नियति, यदृच्छा, भूत, योनि, पुरुष, संयोग, आत्म या जीव, दैव, शक्ति और प्रकृति। [5] मोक्षधर्म पर्व में इन सिद्धान्तों को देखते हुए यह विचार पुष्ट होता है कि संयोग और विभाग, संचय और विनाश, उत्पाद और व्यय घटनाओं में वस्तु के स्वभाव से ही उत्प्रेरित होते हैं। काल और लोक का भी अपना स्वभाव होता है, इसकी व्याख्या कालपर्याय और लोक पर्याय में कही गयी है। पृथ्वी, जल, तेज और वायु इन चार महाभूतों से यह भौतिक विश्व और मानव शरीर बना है। इनके अतिरिक्त यहाँ जीव या आत्मा जैसा स्वतंत्र तत्व नहीं दिखाई देता है। बार्हस्पत्य चार्वाक का विचार इसी सिद्धान्त को प्रतिपादित करता है। उन स्वभाववादियों को आधुनिक भाषा में भौतिकवादी माना जा सकता है। चैतन्य और प्रकृति के द्वन्द्व में भी स्वभाववाद के विकास को इस सांख्य दर्शन, वैशेषिक दर्शन और आर्हत (जैन) दर्शन में देखते हैं। यदृच्छा और नियतिवाद में दैववाद और प्रकृति का स्वैराचार दिखाई देता है, जिससे आगे चलकर भाग्यवाद, पुनर्जन्म, कर्मफल, पारलौकिक मुक्ति आदि निष्ठायें बलवती हुईं।

वैशेषिक दर्शन के प्रणेता महर्षि कणाद के सही समय के विषय में कुछ ज्यादा स्पष्टता नहीं है, अस्तु उसके भारतीय चिन्तन पद्धति पर प्रभाव को हम दूसरी तरह देखेंगे। भारतीय दार्शनिक पद्धति को षड्दर्शन कहे जाने की प्रवृत्ति चली आ रही है। साफ है हमारे यहाँ प्रमुख छः दर्शन माने गये हैं, किन्तु ये छः दर्शन कौन से हैं, इन्हें सम्प्रदाय भेद के कारण कभी भी स्थिर नहीं किया गया। सम्प्रदायों के आचार्यों ने अपने सिद्धान्तों की पुष्टि के लिये अन्य दर्शन पद्धतियों का खण्डन करने हेतु अन्य दर्शनों का विवरण दिया है। षड़दर्शन पद का प्रचलन जैनाचार्य हरिभद्र सूरि के ग्रन्थ षड़दर्शन समुच्चय से हुआ प्रतीत होता है। यह ग्रन्थ बारहवीं सदी में प्रणीत हुआ। इसमें बौद्ध, नैयायिक, कपिल, जैन, वैशेषिक और जैमिनि के दर्शनों की समीक्षा की गई है, परन्तु इसके पूर्व दसवीं शताब्दी में न्यायमंजरी ग्रंथ के कर्ता जयन्त भट्ट मीमांसा, न्याय, वैशेषिक, सांख्य, आर्हत्, बौद्ध तथा चार्वाक दर्शनों की समीक्षा करते हैं। सर्वमत संग्रह नामक ग्रन्थ में मीमांसा, सांख्य, तर्क, बौद्ध आर्हत तथा लोकायत का दर्शन विभाजन बताया गया है। चौदहवीं सदी में माधव रचित सर्वदर्शन संग्रह में चार्वाक, बौद्ध, आर्हत, रामानुज, पूर्णप्रज्ञ, नकुलीश,पाशुपत शैव, रसेश्वर, औलूक्य (वैशेषिक) अक्षपाद, जैमिनि,पाणिनि, सांख्य, पातंजल और शांकर वेदांत का विवेचन हुआ है। शंकराचार्य के ग्रन्थ सर्वसिद्धान्त संग्रह में लोकायत, आर्हत, बौद्ध, वैशेषिक, न्याय, भाट्ट और प्रभाकर मीमांसा, सांख्य, पतंजलि, वेद व्यास तथा वेदान्त की चर्चा है। कौटिल्य के अर्थशास्त्र में दर्शन विद्या आन्वीक्षिकी कही गई है– सांख्य योगौ लोकायतं

चेत्यान्वीक्षिकी– सांख्य योग और लोकायत– यह तीन प्रकार के दर्शन हैं। सातवीं शताब्दी में सम्राट हर्ष का चरित लिखते हुए प्रसिद्ध कवि बाणभट्ट ने दिवाकर मिश्र नामक तपस्वी के आश्रम में जिन मत–मतान्तरों के साधुओं का उल्लेख किया है, वह इस प्रकार है– आर्हतेर्मस्करिभिः श्वेत पटैः पाण्डुरिभिक्षुभिः भागवैतैर्वर्णिभिः केशोल्चंचनैः कापिलैजैने लोकायतिकैः काणादैरोपनिषदैः ईश्वरकारणिभिः– (आर्हत्, मस्करी, श्वेतपट पाण्डुरभिक्षु, भागवत्, वर्णि, केशोलुंचक, कापिल, जैन, लोकायतिक, काणाद (वैशेषिक) उपनिषैदिक, ईश्वरकारणी)। [11] जैमिनि के पूर्व मीमांसा सूत्रों को डॉ. पी.वी. काणे ई.पू. 500–200 के बीच रचा गया मानते हैं। चीनी विद्वान डॉ. ऊई ने कणाद को मीमांसकों में से अलग होकर ही अपने मत को प्रतिपादित करने का उल्लेख किया है, इसका आशय है पूर्व मीमांसा के बाद ही वैशेषिक सूत्र रचे गये होंगे। उत्तर मीमांसा अर्थात् ब्रह्मसूत्र में (2–2–11–17) वैशेषिक दर्शन का खण्डन किया गया है। इससे स्पष्ट है कि कणाद के सूत्र ब्रह्मसूत्र के प्रणयन के पूर्व सैद्धान्तिक चर्चा में विद्यमान थे। ब्रह्मसूत्र की उपस्थिति की सूचना श्रीमद्भगवतगीता में (13–4) मिलती है। डॉ. काणे गीता का रचनाकाल भी ई.पू. 500–200 मानते हैं। इस प्रकार ज्ञात तथ्यों पर विचार करते हुए यह स्पष्ट हो जाता है कि महर्षि कणाद के वैशेषिक सूत्र ई.पू. 300 के आसपास विद्यमान थे। चरक संहिता, पंतजलि का महाभाष्य और बौद्ध नागसेन के मिलिन्दपन्हो में वैशेषिक दर्शन का बहुत स्पष्ट उल्लेख है। इसलिये यह सिद्ध है कि वैशेषिक दर्शन ई.पू. 300 के आसपास सैद्धान्तिक चर्चा में आ चुका था। उपरोक्त सभी दार्शनिक पद्धतियों के विवेचनों से यह भी सिद्ध होता है कि वैशेषिक दर्शन पर लगातार सोलह सत्रह सौ वर्षों तक दार्शनिक अनुशीलन चलता रहा था।

वैशेषिक दर्शन के ऐतिहासिक महत्व को समझने के लिये कुछ समय भारतीय संदर्भ छोड़कर हम चीन में इस दर्शन का क्या महत्व रहा है यह देखने की कोशिश करेंगे। चीनी विद्वान डॉ. एच. ऊई ने सन् 1917 में केम्ब्रिज विश्वविद्यालय में वैशेषिक दर्शन पर काम करते हुए एक पुस्तक तैयार की थी, जिसमें बताया गया है कि पाँचवीं शताब्दी में ही बौद्ध भिक्षुओं द्वारा भारत से जो ग्रन्थ चीन ले जाये गये, उनमें सभी ग्रन्थ बौद्ध धर्म और दर्शन से सम्बन्धित थे। केवल दो ग्रन्थ– ईश्वर कृष्ण की सांख्य कारिका और कणाद का वैशेषिक दर्शन अन्य सम्प्रदाय के थे। यह भी कहा गया है कि वहाँ कुमार जीव और परमार्थ के समय (405–570 ई.) से ही बौद्धदर्शन के अतिरिक्त सांख्य दर्शन और वैशेषिक दर्शन पर चीनी दार्शनिक लोग अध्ययन कर रहे थे। भारतीय भिक्षु कुमार जीव ने बौद्ध विद्वान

आर्यदेव के षट्शास्त्र नामक संस्कृत ग्रन्थ का जिसमें वैशेषिक दर्शन के मूल छः पदार्थों का विवेचन है, का अनुवाद चीनी भाषा में किया था। सम्राट हर्ष के समय सातवीं शती में प्रसिद्ध चीनी यात्री ह्वेनचांग जब भारत से चीन वापस लौटा तो यहाँ से चन्द्रमति के वैशेषिक दश पदार्थ शास्त्र नामक ग्रन्थ को अपने साथ ले गया था और उसका अनुवाद (648 ई.) चीनी भाषा में किया। डॉ. ऊई ने अपनी पुस्तक में वैशेषिक दर्शन की ऐतिहासिक और दार्शनिक महत्ता बताते हुए वैशेषिक दशपदार्थ शास्त्र के चीनी अनुवाद को चीनी लिपि में मुद्रित किया है। डॉ. ऊई विद्वान अध्येता जकोबी के द्वारा इस दर्शन के समय को 200-500 ई. में रखने सम्बन्ध में लम्बा विवेचन किया गया है। अश्वघोष के ग्रन्थ सूत्रालंकार का संदर्भ देते हुए वे कहते हैं-

Ashvaghosa placed the origin of the Vaishesika in a time before Buddha, but, as stated above, there was before Buddha as yet no theory similar to the Vaishesika. We therefore understand that Kanada was, even at the time of Ashvaghosha, known to have been an ancient Risi and that the followers of the Vaishesika, had traced their doctrine back to this ancient Risi, who was never the less, not the real founder, if he indeed lived in a time priori to Buddha. [44, p. 14]

इसके पहले डॉ. ऊई अपने अध्ययन के अनुसार वैशेषिक दर्शन के तत्वों को महावीर और बुद्ध के समय में होने का विचार व्यक्त करते हैं :-

The epistemological factor of the general thought of the time of Mahavira and Buddha is not much developed in the Vaishesika, but the essential parts of these points of views (epistemology, metaphysics and ethics) are well combined in the system. The facts are therefore in favour of the conclusion that the origin of the Vaishesika was in the time of Mahavira and Buddha. (The sixth-fifth century B.C. [44, p. 33]

डॉ. ऊई मानते हैं कि कणाद ने पूर्व मीमांसा की कमियों को देखते हुए तथा आर्हत विचार के द्रव्य, गुण और पर्याय के मतों का परिष्कार कर द्रव्य, गुण, और कर्म के साथ सामान्य, विशेष और समवाय के षट् पदार्थ के सिद्धान्त को परिभाषित किया।

वादविवाद और तर्क प्रणाली के लिये हमारे यहाँ न्याय दर्शन का उल्लेख किया जाता है। किसी भी सिद्धान्त को सिद्ध करने के लिए पाँच अवयवों- प्रतिज्ञा, हेतु,

दृष्टांत, उपनय और निगमन –की पद्धति को व्यवस्थित करने का श्रेय न्याय दर्शन को दिया जाता है। न्याय दर्शन के प्रणेता अक्षपाद गौतम थे। उनके होने के समय के विषय में निश्चित जानकारी नहीं है, किन्तु वैशेषिक दर्शन के यथार्थवाद की तरह ही न्यायदर्शन मूलतः प्रमाणवादी है। वैशेषिक में मूल रूप से प्रमेयों का प्रतिपादन है तो न्याय में प्रमाणों का विवेचन। पश्चिमी विद्वान जेकोबी न्यायदर्शन की काल गणना 200–500 ई. के बीच करते हैं, क्योंकि इसमें नागार्जुन के शून्यवाद का खण्डन किया गया है, किन्तु असंग के विज्ञानवाद के विषय में कुछ भी नहीं कहा गया है। भारतीय विद्वान अक्षपाद गौतम को नागार्जुन के बाद का होना स्वीकार नहीं कर सकते, क्योंकि न्याय की प्रमाण विधि का जिक्र उपनिषदों और जैन–बौद्ध ग्रन्थों में भी किया जाता है। हेतु विद्या अथवा तर्कशास्त्र का वहाँ विस्तार से विवेचन हुआ है, इसलिये अक्षपाद गौतम को ईसापूर्व 200 के आपसास होने की ज्यादा संभावना व्यक्त की जाती है। कणाद का वैशेषिक दर्शन और अक्षपाद गौतम का न्यायदर्शन ये दो चिन्तन पद्धतियाँ पूरी तरह अपने स्वतंत्र अस्तित्व रखती हैं। चौदहवीं सदी तक दर्शन के सभी ग्रन्थों में इन्हें अलग ही माना गया। कौटिल्य के अर्थशास्त्र में, आन्वीक्षिकी के अन्तर्गत सांख्य योग और लोकायतिक की सूची में लोकायतिकों में हेतुवादी चार्वाक, जैन, बौद्ध और तार्किकों को ही लिया गया है। बौद्ध न्याय शास्त्रियों दिङ्नाग, धर्मकीर्ति स्वार्थानुमान और परार्थानुमान की तर्क पद्धति में नैयायिकों- जहाँ उनका आशय यथार्थवादी वैशेषिकों से ज्यादा है- को लक्ष्य बनाकर अपने पक्ष रखे हैं, इसलिये यह तो निश्चित है कि न्याय की प्राचीन प्रतिष्ठा है। किन्तु छठी शताब्दी में प्रशस्तपाद के द्वारा वैशेषिक विचार पर स्वतंत्र प्रकरण ग्रन्थ पदार्थ धर्म संग्रह तैयार किये जाने के बाद न्यायशास्त्रियों ने वैशेषिक दर्शन के मूल तत्वज्ञान की उपेक्षा कर अक्षपाद गौतम के न्यायदर्शन के अनुसार ही उसे मात्र प्रमाण विवेचन का साधन भर बना कर रख दिया। इस वजह से पन्द्रहवीं सदी से वैशेषिक दर्शन की स्वतंत्र सत्ता समाप्त कर नव्यन्याय के रूप में न्याय–वैशेषिक की प्रतिष्ठा की गई।

जैसा कि पहले कहा जा चुका है कि साम्राज्यों के उदय और राजनैतिक उथल–पुथल के समय दर्शन के स्थान पर धर्म को ज्यादा महत्व दिया जाता है और लोगों में धार्मिक निष्ठा प्रबल हो जाती है। ऐसी स्थिति में शुष्क दर्शन और तर्क उपेक्षित हो जाते हैं। अशोक, कनिष्क, पुष्यमित्र शुंग की प्रबल धार्मिकता और फिर गुप्तों के समय की पौराणिक श्रद्धा में वैशेषिक दर्शन के यथार्थवाद को पीछे ढकेल दिया गया। धर्म दर्शन के स्तर पर इस बीच बौद्धों का वैदिक विद्वानों से वाद–विवाद होता रहता था जिसमें वैदिक पक्ष न्यायदर्शन में वर्णित वाद–विवाद

प्रणाली से छल, जल्प, वितण्ड आदि तरीकों से अपने प्रतिद्वंद्वियों से जूझते थे। यही कारण हैं कि हम देखते हैं कि चौथी शताब्दी में वात्स्यायन ने न्याय दर्शन पर भाष्य ग्रन्थ तैयार किया जिसमें अक्षपाद गौतम के प्रत्येक सूत्र का विशद विवेचन है, किन्तु इस बीच कणाद के वैशेषिक दर्शन पर आज कोई ग्रन्थ उपलब्ध नहीं है। कहा जरूर जाता है कि कई टीकायें वैशेषिक दर्शन पर लिखी गई, किन्तु वे उपलब्ध नहीं हैं। समय की आवश्यकता के अनुसार यथार्थवाद के स्थान पर विपर्यय को ही प्रतिष्ठित किया जाता था। छठी शताब्दी में प्रशस्तपाद ने पदार्थ धर्म संग्रह नामक जो प्रकरण ग्रन्थ तैयार किया वह कणाद के छः पदार्थों का विवेचन तो जरूर करता है किन्तु उनकी मूल भावना और तत्व ज्ञान को वहाँ कोई प्रतिष्ठा नहीं दी गई। कणाद के मूल सूत्रों को ही भुला दिया गया। बाद में यही पदार्थ धर्म संग्रह वैशेषिक मत के लिये उद्धहृत किया जाने लगा। इतना ही नहीं इसी ग्रन्थ पर प्रसिद्ध नैयायिकों– श्रीधर, उदयन और व्योमशिव ने अपने भाष्य तैयार किये, जिन्हें ज्यादा से ज्यादा प्रचार मिला। प्रशस्तपाद ने ईश्वर और ईश्वर की इच्छा से सृष्टिरचना, पाप–पुण्य की धार्मिकता और आत्मा की अमरता, वर्णाश्रमधर्म की प्रतिष्ठा को वैशेषिक दर्शन पर दुराग्रहपूर्व ढंग से आरोपित किया है। बाद के टीकाकारों ने इन्हीं विचारों को प्राथमिकता देते हुए बौद्धों की अनित्यता, अनात्म और निरीश्वरवाद के खण्डन के लिये कणाद के नाम का उपयोग किया। उदयनाचार्य तो न्यायविधि से ईश्वर के अस्तित्व को सिद्ध करते हैं इनके तर्कों को अभी तक ईश्वर सिद्धि के लिये प्रमाण माना जाता है। इतना ही नहीं इन लोगों ने वैशेषिक दर्शन के मूल छः पदार्थ– द्रव्य, गुण, कर्म, सामान्य, विशेष और समवाय को अपर्याप्त मान सातवें पदार्थ अभाव को जोड़कर वैशेषिक दर्शन को सप्तपदार्थी बना दिया, क्योंकि अभाव के विचार के माध्यम से ही ईश्वर की अदृश्य सत्ता को निमित्तकारण के रूप में सिद्ध किया जा सकता है। ग्यारहवीं शती में शिवादित्य ने सप्तपदार्थ निरुपण नामक ग्रन्थ की रचना की, जिसके बाद वैशेषिक और न्याय को एक निकाय न्याय–वैशेषिक में परिवर्तित कर दिया गया। बारहवीं सदी में गंगेश उपाध्याय की न्याय चिन्तामणि इसी दृष्टि से प्रचारित हुई। तेरहवीं शताब्दी में केशव मिश्र की तर्कभाषा लिखी गई जो नव्यन्याय के प्रमुख ग्रन्थ के रूप में आज तक प्रचलन में है। इन ग्रन्थों का कणाद के मौलिक यथार्थवाद से दूर–दूर तक कोई सम्बन्ध नहीं है।

1.1.3 भारतीय विज्ञान का पारम्परिक स्वरूप

छान्दोग्य उपनिषद में नारदजी के पूछने पर सनतकुमार बताते हैं कि उन्होंने चार वेद, इतिहास, पुराण, व्याकरण, श्राद्धकल्प, गणित, उत्पातज्ञान, निधिज्ञान,

तर्कशास्त्र, नीतिशास्त्र, निरुक्त, प्रेतविद्या, धनुर्वेद, ज्योतिषशास्त्र, सर्पविद्या, संगीत और शिल्प आदि विद्याओं का अध्ययन किया है। इसके पूर्व अथर्ववेद में इतिहास पुराण नाराशंसी जैसे ज्ञान के साथ औषधियों और टोना-टोटकाओं का उल्लेख पाते हैं। प्रेत विद्या, जादू-टोना (यातुधान) के साथ नक्षत्र विद्या, गणित जैसे ज्ञान का उल्लेख इस बात की पुष्टि करता है कि आदिम अवस्था में मनुष्यों में प्राकृतिक चमत्कारों के प्रति जादूटोना और बौद्धिक जिज्ञासा दोनों साथ-साथ प्रस्फुटित हुई। प्रेत विद्या और मंत्र-तंत्र का व्यवहार हमें जैन और बौद्ध ग्रन्थों में भी दिखाई देता है। उस समय प्रत्येक घटनाओं के पीछे कार्यकारण के हेतुवाद के सिद्धान्त का प्रतिपादन उपरोक्त परिप्रेक्ष्य में बहुत बड़ी घटना थी। सांख्य, आर्हत, बौद्ध, विचार हेतुवादी थे, किन्तु समाज में प्रचलित बहुत सारे अन्धविश्वासों के विषय में वे मौन ही रहे और जीव तथा आत्मा के शरीर से अलग रहने की मान्यता को प्रश्रय देकर उन्होंने एक प्रकार से भूत प्रेत और मंत्र तंत्र को व्यवहृत होने का अवसर भी दे दिया था। चार्वाक और कणाद का हेतुवाद उपरोक्त मतों से कुछ भिन्न था। वे प्रेतबाधा और उन्माद को मानसिक रोग के रूप में देख रहे थे। शुश्रुत और चरक संहिता स्पष्ट रूप से अप्समार (हिस्टिरिया) को मानसिक रोग मान कर उसका औषधीय उपचार करते हैं। सभी मानव संस्कृतियों में विज्ञान का विकास, जादूटोना, धार्मिक आस्था और दर्शन के पूर्ण विकास के बाद ही संभव हो पाता है। जनजीवन के दैनिक व्यवहार और आवश्यकताओं के अनुरूप यंत्रों का विकास अनुभव के आधार पर होता है। फसलों के विभिन्न बीजों की खोज भी इस दृष्टि से विज्ञान ही है, सिंचाई के तरीके भी इसी प्रकार से आविष्कृत हुये। यांत्रिक आविष्कार और व्यावहारिक विज्ञान के विकास के साथ मनुष्यों के व्यवहार में अन्तर आता तो अवश्य है किन्तु जरूरी नहीं कि उनके मानसिक व्यामोह, रुढ़ियाँ और अन्धविश्वास भी उसी तरह से कम हो। आज के इक्कीसवीं सदी के प्रौद्योगिकी और विज्ञान के प्रचण्ड विस्तार के बाबजूद लोग अन्धविश्वासी और धर्म भीरू है। भारतीय समाज में तो हजारों देवीदेवताओं, अवतारों, पुनर्जन्म और भाग्यवाद के कारण परम्परा से ही अधिकांश लोग अन्धविश्वासी और मानसिक रोगी हैं। विदेशी आक्रान्ताओं की बर्बरता से भी भारतीय मानस अत्यधिक नियतिवादी और धर्मभीरू बन गया है। ऐसी स्थिति में हेतुवादी दर्शन और विज्ञान दृष्टि के विवेचन का प्रमुख लक्ष्य भारतीय मानसिक जड़ता और दासता के निर्मूल करने का ही है। महर्षि कणाद और चार्वाक का विचार हमारे प्राचीन दार्शनिक ग्रन्थों में हजारों साल से सम्मिलित हैं, उनका कभी हमारे समाज पर प्रचुर प्रभाव भी था तभी भारतीय सभ्यता दुनिया की चोटी की सभ्यताओं में हमेशा आगे गिनी

जाती रही है। इसी दृष्टि से भारतीय समाज के ऐतिहासिक उत्थान पतन की जाँच परख से हम आज आधुनिक वैज्ञानिक युग के अनुरूप अपने समाज को आगे लाने का प्रयास कर सकेंगे। वैशेषिक दर्शन एक वैज्ञानिक दर्शन है, इसकी लम्बी दार्शनिक समालोचना के पहले हमें हमारे वैज्ञानिक विकास क्रम का सिंहावलोकन अवश्य कर लेना चाहिये।

किसी भी उन्नत सभ्यता का आधार स्वतंत्र कृषि, वाणिज्य, शिक्षा और स्वास्थ्य, आवास एवं सैन्य क्षमता ही होता है, स्वाभाविक है इन क्षेत्रों की प्रगति के लिये विज्ञान और तकनीक दोनों का विकास जरूरी माना जाता है। ज्ञात इतिहास में भारतीय सभ्यता को हमेशा समृद्ध और सम्पन्न सभ्यता के रूप में देखा गया, इसलिये सभ्यता के धारक तत्व दर्शन और विज्ञान को भी यहाँ हमेशा अन्य सभ्यता और संस्कृतियों से प्रतिस्पर्धा लेते रहना पड़ा है। बहुत पीछे जायें तो मेसोपोटामिया की असुर और सुमेर सभ्यता मिस्त्र की मिस्त्री सभ्यता, फिर यवनों की ग्रीक सभ्यता, ईरान की सासानी सभ्यता, अरब देशों की इस्लामी सभ्यता, और दूसरी तरफ चीन, जापान, जावा, सुमात्रा द्वीप समूहों की सभ्यता से हमारे सम्पर्क वाणिज्य व्यवसाय के साथ ही साथ सामरिक सामर्थ के कारण भी बने हुए थे। प्राचीन विज्ञान की जानकारी के लिये हमें साहित्य की ओर ही देखना पड़ता है। पुरातत्वीय खोजें भी ताम्रकालीन और लौहकालीन सभ्यताओं के समय के संदर्भ में हमारी कल्पनाओं को पुष्ट करने का आधार बनती है। रामायण, महाभारत, पुराण साहित्य, जैन और बौद्ध धर्म ग्रन्थ बाद के संस्कृत साहित्य से भी श्रमपूर्वक विज्ञान और तकनीक की प्रगति के विषय में साम्रगी जुटाई जा सकती है।

भारतीय सभ्यता के तीसरी सहस्त्राब्दी ई.पू. की वैज्ञानिक प्रगति के आधार को हम हड़प्पा, मोहन जोदड़ों के पुरातत्वीय खोज से तय कर सकते हैं। नगरीय सभ्यता का वह प्राचीनतम प्रमाण है। नगर नियोजन, भवन निर्माण कला, जल आपूर्ति एवं निकास प्रणाली धातु के गहने और औजार, सूती वस्त्र और नौका संवाहन का आधार प्रभाण से हमारे पुराणों और रामायण महाभारत में वर्णित तकनीकी क्षमताओं के विषय मे तार्किक पुष्टि की जा सकती है। उदाहरण के लिये वाल्मीकि रामायण के किष्किंधाकाण्ड में वर्णित कथा को इस संदर्भ में लिया जाय। स्थपित (शिल्पज्ञ) मय ने शुक्राचार्य (उसनस) से शिल्प विद्या का ज्ञान प्राप्त किया था, साथ ही उसने शुक्र से शिल्प संबंधी सारे उपकरण भी प्राप्त कर लिये थे। [4,51,12] इससे आशय है मय और उसनस उस समय के दो भिन्न शिल्प पद्धतियों के ज्ञाता थे, जो एक-दूसरे के शिल्प विद्या के ज्ञान का लाभ प्राप्त

करके उन्नत तकनीक विकसित करते थे। भवनों सम्बन्धी जो जानकारी हमें प्राप्त होती है, उसमें हम देखते हैं कि प्रासादों को सप्तभौम, अष्ट भौम आदि कहा गया है। भौम का अर्थ है आवासीय भवनों की मंजिलें या तल्ला-साफ है उस समय राजभवनों में सात या आठ मंजिली भव्य इमारतें बनती थीं। प्रासाद शिखरों या गुम्बदों से अलंकृत होते थे और एक विशिष्ट प्रकार के शिखर को विमान कहा जाता था, जैसा कि प्रासादाग्रेषु विमानेषु से व्यंजित है [2, 88, 5]। स्थापित, वर्धकी और तक्षक- ये पर्याय रामायण में शिल्पज्ञों के लिये प्रयुक्त हुए हैं। ध्यान देने की बात है कि मय दानव के रूप में चर्चित स्थपित की चर्चा पुराणों में-रामायण, महाभारत मे कुशल शिल्पज्ञ के रूप में आती है। यह वही मय है जिसकी पुत्री मन्दोदरी का विवाह दैत्य राज रावण से हुआ था। उत्तरकाण्ड के मिथकों से जहाँ विभिन्न सभ्यताओं के अन्तर्सम्बन्धों का पता चलता है उसी प्रकार ताम्र और लौह युगीन अस्त्र-शस्त्रों के विषय में भी जानकारी मिलती। विष्णु और राक्षस सुमाली के भाई माल्यवान के युद्ध में काले लोहे से बने हुए और बहुसंख्यक कांटों से जड़े हुए शूल के प्रहार माल्यवान ने विष्णु की छाती पर किये [उत्तर काण्ड 8,15]। तीसरी सहस्त्राब्दी ई.पू. के विज्ञान और तकनीकी विकास को हम इन पुराण कथाओं में देखते हैं तो वहाँ एक तथ्य जो उभरकर सामने आता है, वह यह है कि मिस्त्री, सुमेर, असुर सभ्यताओं के साथ सिन्धु घाटी और माहिष्मति अपरान्तक क्षेत्र की सभ्यताओं के अन्तरावलम्बन से ज्योतिष, कृषि, अस्त्र शस्त्रों के विविध रूपों का विकास संभव हुआ।

भारतीय ज्योतिष विज्ञान में आर्यभट्ट प्रथम (499 ई.) और वराहमिहिर (505 ई.) के अध्ययनों के आधार पर पांचांग निर्माण के कार्य को हम लोग ज्योतिष विज्ञान में अप्रतिम योगदान मानते हैं। चारों युगों- सतयुग, त्रेता, द्वापर, कलि की कल्पना पाँचवीं शताब्दी में आर्यभट्ट प्रथम के समय की गई। वास्तव में ज्योतिष विज्ञान में तीसरी सहस्त्राब्दी ई.पू. की सभ्यताओं का मिस्त्र, बेबीलान (मेसोपोटेमिया) आदि की सभ्यताओं के सहयोग से धीरे-धीरे विकास हुआ है। वर्ष के बारह महीने और महीने के 30 दिन चन्द्रमा की कलाओं के निरीक्षण पर नक्षत्रों का विभाजन मिस्त्री बेबीलोन सभ्यताों की देन है। ॠगवेद काल तक हमारे यहाँ सप्ताह के सात दिनों के विधिवत नामकरण नहीं हुए थे और वेदांग ज्योतिष में युग पाँच वर्षों का माना गया था। [25] ॠगवेद में वर्ष के बारह महिने की तुलना सूर्य के रथ के पहिये के बारह अरो से की गई है [1,164,49] सूर्यग्रहण का प्राचीनतम उल्लेख ॠगवेद में मिलता है। [5, 40, 15, 9]। मध्य एशिया से भारतीय भूभाग तक फैलते हुए वैदिक सभ्यता ने मिस्त्र, बेबीलोन और चीन के

ज्योतिष विज्ञान का सहयोग प्राप्त किया। यूनानियों का ज्योतिष विज्ञान से सम्बन्ध 600 ई.पू. हुआ है और अरबी सभ्यता को ज्योतिष ज्ञान भारतीय यूनानी, ईरानी सम्पर्क से प्राप्त हुआ है। इस तरह हम देखते हैं कि विज्ञान पहले भी भौगोलिक क्षेत्र तक ही सीमित नहीं रहा। जैसे-जैसे अधिक मानव समूहों का सम्पर्क बढ़ता गया, वहाँ तक विज्ञान की पहुँच बढ़ी। आधुनिक युग में भी पश्चिमी देशों में भले विज्ञान और प्रौद्योगिकी का विकास हुआ है, किन्तु वैश्वीकरण की प्रक्रिया में सौ वर्षों के भीतर ही सारे विश्व में नये विज्ञान के लाभ मानव जाति को मिलेंगे।

ज्योतिष विज्ञान की ही भाँति कृषि के क्षेत्र में भी विभिन्न फसलों को उगाने का काम सभ्यताओं के अन्तर्सम्बन्धों से ही आगे बढ़ा। भारतीय भूभाग की जलवायु और भौगोलिक विविधता के कारण यहाँ पर दुनिया की हर तरह की फसलें प्राचीन काल से ही उगायी जा रही है। वाल्मीकि रामायण में मांसाहार और शाकाहर का वर्णन मिलता है, सुरा, मांस के साथ तण्डुल (चांवल), यव (जौ), गोधूम (गेहूँ), मुद्ग (मूंग), चणक (चना), कुलित्थ (कुलथी) और माष (उड़द) जैसे अन्न का उल्लेख आया है [7, 91, 19-20] फलों में आम, इक्षु (ईख), कदली, खर्जूर, जामुन, अनार, नारिकेल, कटहल और बेर का उपयोग सामान्य रूप में होता था। हड़प्पा संस्कृति के अध्ययन से ज्ञात होता है कि सूती वस्त्र बनाने का ज्ञान संभवतः सबसे पहले यहाँ ही हुआ। रुई की धुनायी, वस्त्रों की कताई, बुनाई और रंगाई की विधियाँ उस समय भी ज्ञात थी। खेतों की मिट्टी को हलों के माध्यम से पलटते और फाल के बारे में तो हम अन्य समय के ऐतिहासिक पात्रों मिथिला के राजा जनक, श्रीकृष्ण के बड़े भाई संकर्षण बलराम का उल्लेख देखते ही हैं। कौटिल्य ने अपने अर्थशास्त्र में कृषि के विकास के लिये शासन की ओर से विशेष ध्यान देने का उल्लेख किया है, उस समय सीताध्यक्ष (कृषि अधिकारी) का काम होता था कि वह कृषि तंत्र, गुल्म तंत्र, वृक्ष तंत्र और आयुर्वेद के विकास के लिये उचित उपाय करें। सम्राट अशोक के बारे में प्रसिद्ध ही है कि उन्होंने दूर-दूर देशों में विविध रोगों के शमन के लिये आयुर्वेदिक औषधियों के पौधे भिजवाये थे। शुश्रुत और चरक संहिता, जो कि ई.पू. तीसरी शताब्दी में संकलित हुई, उसके पहले से उन परम्पराओं के आरोग्य विधियों के अनुसार औषधियों का वैद्यगण प्रयोग करते थे।

धातुओं के उपयोग के अनुसार सभ्यताओं के विकास को इतिहासविद देखते हैं, ताम्रकालीन, लौहकालीन, मिश्र धातु कालीन और औद्योगिक रसायन के साथ धातुयों के संयोग से विकसित विधियों के समय की सभ्यताओं के रहन-सहन और जीवन यापन के तरीके भी बदले हैं। भारतीय समाज में तीसरी सहस्त्राबदी

ई.पू. में सैन्धव लोगों के द्वारा तांबे के धातुओं के औजारों के उपयोग के प्रमाण उपलब्ध हुए हैं [19] इसी काल में मिश्र धातु के रूप में ताम्र आरसेनिक और टिन-आरसेनिक धात्विकी के उपयोग से पात्र बनाये जाते थे। लौह धात्विकी का प्रवेश भारतीय सभ्यता में कब हुआ इस विषय पर पुरातत्वविद खोज कर रहे हैं। प्रारंभ में मेसोपोटिनिया में लौह धातु का उपयोग दूसरी सहस्त्राब्दी ई.पू. से ही देखा जाता है। ऋगवेद में अयस (लौह) का उल्लेख है किन्तु यह अयस वह लोहे के लिये है या किसी अन्य धातु के लिये उस पर विद्वानों में विवाद है, किन्तु पुरातत्वविदों ने 1500 ई.पू. के पुरावशेषों में लोहे के औजार प्राप्त किये हैं [19] कहा जाता है कि मगध साम्राज्य के उदय का एक प्रमुख कारण राजगृह के पास के क्षेत्र में उस समय बड़ी मात्रा में लोहे की खदानों का मिलना भी रहा है। दिल्ली में कुतुबमीनार के पास का लौह स्तम्भ कब प्रतिष्ठापित किया गया था, इस विषय पर अभी भी इतिहासकारों में मतभेद है, उस पर उत्कीर्ण चन्द्र नाम का गुप्त सम्राट चन्द्र गुप्त के लिये है या मौर्य सम्राज चन्द्रगुप्त के लिये यह तय नहीं है, किन्तु यह लौह स्तम्भ हमारी प्राचीन धात्विकी का अद्‌भुत उदाहरण है लगभग 6 टन के भार के इस स्तम्भ में शुद्धतम लोहा (99.92%) एवं जंग प्रतिरोधी गुणवत्ता आज के वैज्ञानिकों को आश्चर्यचकित करती है। सोने -चाँदी के विविध प्रकार के आभूषणों का उल्लेख तो हमारे सभी प्रमुख संस्कृत पाली प्राकृत ग्रन्थों में मिलता है, इसका आशय है कि धात्विकी का वैज्ञानिक ज्ञान हमारे यहाँ ई.पू. की सहस्त्राब्दी में सर्वत्र सुलभ था।

कृषि, धात्विकी, रसायन, शिल्प विद्याओं के विकास के साथ गणित का ज्ञान जुड़ा हुआ है। यज्ञवेदियों के निर्माण में हम ज्यामिती और त्रिकोण मिति के ज्ञान को देख सकते हैं। वैसे यह माना जाता है कि शून्य (0) संख्या और दाशमिक प्रणाली को भारतीय गणितज्ञों ने प्रारंभ किया, किन्तु यहाँ भी तीसरी सहस्त्राब्दी ई.पू. की मिस्त्र और बेबीलोन सभ्यताओं के साथ ही गणित की अवधारणाओं के विकसित होने के तथ्य सामने आते हैं। महर्षि कणाद ने संख्याओं का दार्शनिक विवेचन किया है, वे एक और एक पृथकत्व से संख्या के परार्ध (10^{12}) तक बढ़ते जाने का उल्लेख करते हैं। युजर्वेद संहिता (17,2) तैतरीय संहिता (4,42,4), (7,2,20,1) आदि से हमें एक से लेकर परार्ध (10^{12}) तक की संख्या का उल्लेख प्राप्त होता है। पहली शताब्दी के आसपास के बौद्ध ग्रन्थों में तल्लक्षण (10^{53}) जैसी बड़ी संख्या का जिक्र है। वृत्त का क्षेत्रफल निकालने के लिये π के मान के लिए $\sqrt{10}$ रखकर जैन विद्वानों ने गणना की है। बाद में भी π के मान पर आर्यभट्ट प्रथम ने शुद्धमान निकालने के लिये काफी काम किया, जिसकी वजह से पाचांग

की गणनाओं में पर्याप्त शुद्धि आयी। परमाणुवाद के जनक तो महर्षि कणाद ही माने जाते हैं किन्तु सृष्टि रचना के सम्बन्ध में जैन ग्रन्थों में बहुत अधिक विवेचन हुआ है। परमाणु यद्यपि सूक्ष्मतम नित्य कण है, किन्तु यह कभी स्वतंत्र रूप में प्राप्त नहीं होता, क्रियाशील बनाने के लिये दो परमाणु मिलकर द्वयणुक बनाते हैं कि फिर तीन द्वयणुकों के मिलने पर त्रसरेणु (त्रयणुक) बनता है। यही अणु दृष्ट होता है। इसे भी देखने के लिये सूक्ष्मदर्शी विधि अपनानी पड़ती है। अन्धेरे कमरे में सूर्य प्रकाश की किरणें किसी छेद से जब आती है देखी जाती है, तो उसमें सूक्ष्मकण तैरते हुए दृष्टिगत होते हैं–वे सूक्ष्मकण ही त्रसरेणु हैं। वराह मिहिर (505 ई.) ने त्रसरेणु की मोटाई $3 x 2^{-20}$ इकाई बताई है। इसी माप को दृष्टिगत रखते हुए एक परमाणु का आयतन $\pi x 3^2 x 2^{-16}$ घन इकाई बताया गया है। [19]

हमने यहाँ भारतीय समाज में प्राचीन विज्ञान का बहुत संक्षिप्त सिंहावलोकन किया है मध्यकाल में निर्मित किले, मन्दिर और राजभवनों के उत्कृष्ट उदाहरण हमारी वास्तुकला के मिलते हैं। हमारे यहां सुतार, लोहार और सुनार उत्कृष्ट प्रकार के औजार, गहने और यांत्रिक ढाँचे तैयार करने में माहिर हैं। उनके सामने आधुनिक प्रौद्योगिकी द्वारा तैयार कोई भी डिजाइन एक बार दिखा दी जाय और उसकी प्रतिकृति बनाने को कहा जाय तो वे उसे तैयार करने में सक्षम हैं। आशय यह है कि हम स्वयं को पिछड़ा समाज कहते समय हमारी प्रतिभाशाली विरासत का सही अंदाज लगाना भूल जाते हैं। सही समस्या अपनी सभ्यता और संस्कृति का सही मूल्यांकन करने का है। विज्ञान हमें विरासत में मिला हुआ है किन्तु हमारी मानसिकता में कार्यकारण की विवेकशीलता देखने को नहीं मिलती है। इसी विपर्यय को ग्यारहवीं सदी में अरब खगोलविद् अल बरूनी की टिप्पणी के माध्यम से समझना चाहेंगे। जिस प्रकार ईसवी सन् के आसपास की शताब्दियों में भारतीय ज्ञान विज्ञान के संपर्क मध्य एशिया के सुदूर प्रान्त, यूनान, ईरान आदि देशों की संस्कृतियाँ आई थीं, उसी प्रकार से दसवीं ग्यारहवीं सदी में अरबी विद्वानों ने भारतीय ज्योतिष, गणित और अन्य दर्शन ग्रन्थों का अपनी भाषा में अनुवाद किया और वैश्विक ज्ञान में वृद्धि की। गणित के क्षेत्र में अलजबरा (बीजगणित) अरब गणितज्ञों का अवदान माना जाता है जबकि इसके प्रारंभिक सूत्र भारतीय गणितज्ञों द्वारा विकसित किये गये हैं। ग्यारहवीं सदी में जब महमूद गजनवी ने भारतीय मन्दिरों की सम्पत्ति लूटने और बुतपरस्ती मिटाने के लिये आक्रमण किये थे, तब उसके साथ प्रसिद्ध अरब खगोलशास्त्री अल बरूनी (973–1048 ई.) भी आया था। उसने भारत के विभिन्न क्षेत्रों में घूमकर (1017–1030 ई.) यहाँ ज्योतिष, धर्म और दर्शन के बहुत सारे ग्रन्थों को एकत्र कर उनका अध्ययन किया। भारतीय

समाज के रहन-सहन और धर्म दर्शन तथा खगोल शास्त्र पर अल बरूनी ने खोजपूर्ण तथ्यों के साथ किताब उल हिन्द नामक ग्रन्थ लिखा था। स्वयं खगोलशास्त्री होने के कारण उसने आर्यभट्ट प्रथम, वराह मिहिर और ब्रह्म गुप्त की किताबों का गहराई से अध्ययन किया था, वह स्वयं विद्याव्यसनी होने के साथ स्वतंत्र चिन्तन का पक्षधर था। किताब उल हिन्द पढ़ने पर आश्चर्य होता है कि भारतीय चिन्तन के प्रचार-प्रसार की उसे कितनी चिन्ता थी। वह राजा-महाराजाओं के द्वारा पारम्परिक विद्या को संरक्षण देने की अपेक्षा रखता है, किन्तु बड़े दुःख के साथ कहता है- "वर्तमान युग में न तो राजा-महाराजाओं का विद्या को संरक्षण है और न ही जनता में इस तरफ कोई रुझान।" उसे सबसे ज्यादा दुःख इस बात पर होता है कि भारतीय दर्शन और विज्ञान के गंभीर और व्यापक ज्ञान के बावजूद न केवल साधारण जन बल्कि विद्वान भी अन्धविश्वासी और धर्मभीरू हैं। वह खगोलविद ब्रह्मगुप्त की ब्रह्मसिद्धान्त की खोजों पर मुग्ध था, किन्तु जब वहाँ उसे ब्रह्मगुप्त द्वारा आर्यभट्ट प्रथम और वराह मिहिर के सूर्यग्रहण और चन्द्रग्रहण के वैज्ञानिक खोजों के प्रति तिरस्कार प्रकट करता है, जो बताती है कि "जब चन्द्रमा पृथवी की कक्षा में प्रवेश कर जाता है तब चन्द्रग्रहण होता है और सूर्यग्रहण तब होता है जब चन्द्रमा सूर्य को ढंक कर हमसे छिपा लेता है। यही कारण है कि न तो चन्द्रग्रहण कभी पश्चिम से परिक्रमा करता है और न ही सूर्यग्रहण पूर्व से" - तो उसे बहुत ही ग्लानि होती है। अलबरूनी ने पहले ब्रह्मसूत्र के ब्रह्म सिद्धान्त में दिये गये मन्तव्य को उद्धहृत किया है "कुछ लोगों का मत है कि ग्रहण (सूर्य) का कारण शिर (राहू) नहीं है किन्तु यह विचार मूर्खतापूर्ण है क्योंकि वास्तव में वह शिर ही है जो ग्रसित करता है और संसार के जन-साधारण का यह कहना है कि ग्रसित करने वाला शिर ही है। वेद में, जो ब्रह्मा के मुख से निकली भगवद्वाणी है, कहा गया है कि शिर ही ग्रसित करता है। इसी प्रकार मनु द्वारा रचित स्मृति और ब्रह्मा के पुत्र गर्ग रचित संहिता में ही यही कहा गया है। इसके विपरीत वराहमिहिर, श्रीषेण, आर्यभट्ट और विष्णुचंद्र का मत है कि ग्रहण का कारण शिर नहीं बल्कि चन्द्रमा और पृथ्वी की छाया है। यह मत सबके सामान्य जनों के सर्वथा प्रतिकूल और जिस मत का अभी उल्लेख किया गया है उसके प्रति द्वेषभाव से प्रेरित है, क्योंकि शिर के कारण ग्रहण नहीं लगता तो वे सब रुढ़ियाँ जिनका ग्रहण के समय ब्राह्मण पालन करते हैं यथा- शरीर पर गरम तेल मलना और निर्दिष्ट पूजा-पाठ आदि सभी कर्म भ्रान्तिजनक हैं और उनके करने से कोई पुण्य प्राप्त नहीं होगा। यदि कोई व्यक्ति इन बातों को माया मोह बताता है तो सामान्यतः स्वीकृत सिद्धान्त से अलग जा पड़ता है और इसकी अनुमति नहीं दी

जा सकती।" [9, पृ. 223]

ब्रह्मगुप्त के उपरोक्त विचार से, जो ब्राह्मणवादी कर्मकाण्ड और चन्द्र, सूर्य ग्रहण के कारण राहू-केतू को बताया जाने को महत्वपूर्ण बताता है, अलबरूनी अन्धविश्वास और अवैज्ञानिक दृष्टि ही करार देता है। उसे आश्चर्य होता है कि ऐसे कौन से कारण रहे होंगे कि इतना उच्चकोटि का विद्वान ऐसी गैर जवाबदार बात करता है। अलबरूनी अपनी राय देता है- "मेरा अपना तो यही विश्वास है कि जिस बात ने ब्रह्मगुप्त से उपर्युक्त शब्द (जिनमें अन्तरात्मा के विरुद्ध पाप का भाग निहित है।) कहलवाये कोई भंयकर विपत्ति रही होगी- कुछ वैसी ही जिसका सामना सुकरात को भी करना पड़ा था- जो उसकी बहुज्ञता और बुद्धि की कुशाग्रता तथा उसकी तरुणावस्था के बावजूद उस पर आ पड़ी होगी। उसने ब्रह्मसिद्धान्त की रचना उस समय की थी जब वह केवल तीस वर्ष का था। यदि यही वह तर्क है तो हमें स्वीकार्य है और इसलिये हम इस विषय को यहीं समाप्त करते हैं।" [9, पृ. 224]

अलबरूनी इस बात की ओर पहले ध्यान आकृष्ट करता है कि ब्रह्मगुप्त स्वयं ब्राह्मण होने के नाते ब्राह्मणों के धार्मिक विश्वास पर चोट नहीं करना चाहता था। इतना तो स्पष्ट है कि ग्यारहवीं शताब्दी में एक अरब विद्वान भारतीय खगोलविद पर अन्तरात्मा के विरुद्ध वैसा ही संकट देख रहा है जैसा कि यूनानी दार्शनिक सुकरात पर ईस्वी पूर्व तीसरी चौथी शताब्दी में आया था। यह सांस्कृतिक चेतना पर आने वाले प्रचण्ड आघात के उदाहरण हैं। आज हम जब इन ऐतिहासिक घटनाओं की स्मृतियाँ दोहराते हैं तो हमारे सामने भी भारतीय सांस्कृतिक चेतना पर छाये गहरे काले बादल दिखाई दे रहे हैं। पूरा भारतीय समाज आधुनिक प्रगति के बावजूद धार्मिक अन्ध विश्वास, भूतप्रेत बाधा, नियतिवादी निराशा और मानसिक गुलामी की मनोवृत्तियों से कुण्ठित हो रहा है।

भारतीय समाज मे हजार वर्ष पूर्व ब्रह्मगुप्त को खगोलविद होने के बावजूद भी राहू-केतू की कोप दृष्टि का डर सता रहा था, तब उस समय भूत-प्रेत, मंत्र, तंत्र और देवी-देवताओं के डर से समाज भयाक्रान्त रहा हो तो उसमें क्या आश्चर्य है। महर्षि कणाद का परमाणुवाद ई.पू. तीसरी शताब्दी में भी उच्च कोटि का दार्शनिक और वैज्ञानिक विचार था किन्तु उस समय भी प्रेत विद्या और मंत्र तंत्र का अन्धविश्वास प्रचलित था। आज के प्रौद्योगिकी और वैज्ञानिक प्रगति के युग में भी मनुष्य का आत्मिक विकास उतना नहीं हुआ है कि वह आत्मविश्वासपूर्वक अपने व्यक्तित्व को सही ढंग से प्रस्फुटित कर सके। यूरोप, अमेरिका जैसे विकसित समाज की आज सबसे बड़ी समस्या मनोरोग और अन्धविश्वास है।

आशय यह है कि मात्र वैज्ञानिक जानकारियों से और तकनीकी सुविधाओं से मनुष्य की आन्तरिक चेतना में क्रान्तिकारी परिवर्तन नहीं आ जाता, उसके लिये उच्च दार्शनिक मान्यताओं और सामाजिक व्यवहारों के लिये सामाजिक मानसिकता बदलने की जरूरत होगी। विज्ञान, मात्र मनुष्य को साधन सम्पन्न बना सकता है, किन्तु वैज्ञानिक दृष्टि ही–जिसे दार्शनिक सम्यक तत्वज्ञान कहा जाना चाहिए–मानव जाति के व्यक्तित्व में पूर्णता और कृतकृत्यता का भाव उत्पन्न कर सकती है। अतएव महर्षि कणाद का चिन्तन न केवल भारतीय समाज के लिये जरूरी है, बल्कि उभरती हुई वैश्विक सभ्यता और संस्कृति के लिये यह एक महत्वपूर्ण मार्गदर्शक तत्वज्ञान सिद्ध होगा।

1.1.4 जन स्मृतियों का पुरातत्व

ऐतिहासिक काल प्रवाह में सामाजिक सम्बन्धों के धरातल पर कल्पनातीत परिवर्तन हो जाते हैं। आर्थिक और तकनीकी स्वरूप के परिवर्तन के साथ सोचने का ढंग, जीवन जीने के तरीके सब कुछ एकदम बदल जाते हैं। स्वाभाविक है सामाजिक चेतना के अनुरूप ही धर्म और दर्शन भी प्रतिष्ठापित होते हैं। मनुष्य के विचार भले ही अदृश्य हों, किन्तु वे समाज में ठोस परिणाम देते हैं। प्राकृतिक कार्य कारणों के परिणामों को स्थूल स्तर पर नापजोख की जा सकती है, किन्तु सामाजिक स्तर पर जो परिणाम काम करते हैं, उनके कारण और यथार्थता का नापजोख बहुत मुश्किल है। भाषा, विचार, स्मृति, सामाजिक सम्बन्ध–ये ऐसे कारक हैं, जो भाषिक यथार्थ तैयार करते हैं, प्राकृतिक सत्य की तरह सांस्कृतिक सत्य निर्वैयक्तिक अथवा निरपेक्ष सत्य नहीं होता है। और यही कारण है कि सभ्यताओं और संस्कृतियों में मानव निर्मित यथार्थ ही क्रियाशील और प्रभावी होता है, उसमें भ्रान्तियाँ, विपर्यय और मिथक भी अपना यथार्थ अस्तित्व रखते हैं। एक विशिष्ट विचार–वैशेषिक दर्शन के संदर्भ में हमने भारतीय समाज की लम्बी ऐतिहासिक जाँच पड़ताल कर ली और देखा कि यह सूक्ष्म विचार पृष्ठ भूमि में ही रहा और धीरे–धीरे इसने अपने अस्तित्व को भी खो दिया।

जैन, वैदिक, शैव–शाक्त, भागवत् बौद्ध आदि धर्म हजारों वर्ष बाद भी किसी न किसी रूप में आज भी प्रभावशील है। उनका सामाजिक आधार है, किन्तु शुद्ध दर्शन–चार्वाक, सांख्य, वैशेषिक, न्याय, पाणिनि आदि का कहीं कोई नामो–निशान नहीं बचा, क्योंकि उनका कोई व्यावहारिक आधार नहीं बना, वे कोई सामाजिक कर्मकाण्ड तैयार नहीं कर सके। यहाँ पर ही महत्वपूर्ण प्रश्न उपस्थित होता है– क्या इसका आशय यह है कि दर्शन या विचार का कोई महत्व नहीं है,

व्यवहार ही सब कुछ है? इस प्रश्न का उत्तर इतना आसान नहीं है, किन्तु जब हम एक सचेतन व्यक्ति होकर देखते हैं कि सामाजिकता को संचालित करने वाली अदृश्य शक्ति सामाजिक सम्बन्धों, आर्थिक तकनीकी उत्पादों और मनुष्य की इच्छाओं के अन्तर्सम्बन्धों में अन्तर्निहित है, तब विचार और व्यवहार, चिन्तन और सत्ता की द्वन्द्वात्मकता का सही महत्व स्पष्ट होता है।

इस लम्बे ऐतिहासिक पर्यवेक्षण में ही तो हम सतयुग, त्रेतायुग, द्वापर युग की यात्रा कर आये और वे हमें इसी धरती पर के मानवनिर्मित समाज के रूप में ही दिखाई दिये। उन सभी को एक सूत्र में जोड़ने वाला तत्व क्या है? वह दर्शन ही तो है। आदिम पशुचारी जीवन से आज के सुसंस्कृत साधन सम्पन्न जीवन तक हम कैसे पहुँचे होते, यदि चार्वाक की भूत चैतन्यवादी शक्ति हमें न मिली होती कपिल प्रणीत सांख्य की प्रकृति और पुरुष (चेतना) की त्रिगुणात्मक सामर्थ का पता हमें न चलता और कणाद के क्रियाशील जगत के कार्यकारण श्रृंखला की हेतुवादी दृष्टि साफ न हुई होती ? जितना सूक्ष्म विवेचन वाला दर्शन होता है, वह उतने ही गहरे और व्यापक क्षेत्र के एकत्व को देख पाता है। परन्तु वह स्वयं उस एकत्व को –सत्ता को स्थिर बनाने वाले सामाजिक सम्बन्धों को तैयार नहीं कर सकता है, वह दृढ़ सत्ता तो मानव के कठिन प्रयत्नों से ही तैयार होती है।

हम अपनी बात साफ करने के लिए वर्तमान भारतीय समाज के जनजीवन के व्यवहार से कुछ उदाहरण उठा सकते हैं, जो पुरातत्वीय सामाजिक अस्तित्व को सिद्ध करते हैं। सबसे ज्यादा प्रचलित और प्राचीन व्यवहार तो शिव मन्दिरों में नन्दी सहित शिवलिंग का पूजन ही है। यह ऋग्वेद में वर्णित शिश्न् देव और अर्थववेद के व्रात्यकाण्ड के व्रात्य शिव का मोहनेजोदड़ों के लोगों के द्वारा ऋषभ और यौन प्रतीकों के प्रति श्रद्धा का ही वर्तमान रूप है– जिसे विरोधी पक्ष ने धीरे–धीरे स्वीकार कर लिया। प्रजापति दक्ष की कन्या उमा के शिव पत्नि होने और शिव द्वारा यज्ञ विध्वंस किये जाने की पुराणकथा जिसे हमारे यहाँ महिलायें बड़े श्रद्धाभाव से सुनती है कि उन्हें भी शिव जैसा पति प्राप्त हो–यह भी आर्यों (वैदिकों) और व्रात्यों के मिलन की कथा है। भागवत पुराण की सभी कथाओं के पुरातत्वीय आधार ढूंढे जा सकते हैं।

नागपंचमी की पूजा के पीछे अन्धक वृष्णि गण के प्रमुख कृष्ण का नागजाति (निषाद, आस्टेलियाइद) के वासुकिनाग से सन्धि की स्मृति है और गोर्वधनपूजा याद दिलाती है कि किस तरह यदुकुल नायक कृष्ण ने आर्यों के नायक इन्द्र की पूजा को बन्द करवाया। दक्षिण के ओणम त्योहार पर राजा बलि के प्रत्येक परिवार

में आगमन की निष्ठा के पीछे विष्णु के द्वारा छल से दैत्य राज बलि को राज्यच्यूत करने की घटना की स्मृति है जहाँ महिलायें आज भी उस दानी प्रजा प्रिय राजा की सनातन प्रतीक्षा कर रही है। ज्ञातव्य है कि राजाबलि हरिण्याकश्यप की चौथी पीढ़ी के (प्रपौत्र) थे– विरोचन के पुत्र। कथाओं के अतिरिक्त दैनन्दिन जीवन के साधनों पर विचार करें तो प्रत्येक घर में अभी पच्चीस तीस वर्ष पूर्व तक उपयोग में आते सील–बट्टा (मसाला पीसने का पत्थर का साधना), चकिया, ऊखल–मूसल यहाँ तक कि परम्परा गत खेत जोतने का हल–हजारों वर्ष पूर्व के स्वरूप में ही –बिना किसी परिवर्तन के हमारे संसर्ग में बने रहे। खेतों में सिंचाई के तरीके – लीवर सिस्टम से लकड़ी की बल्लियों के ढांचे की सहायता से एक सिरे पर चमड़े की मोट और दूसरे सिरे पर हाथों की सहायता से दबाव और कुंओं से बैलों की सहायता से जल निकालने की विधियाँ हजारों साल पुरानी है। जादू–टोना शब्द भी वेदों में प्रयुक्त हुये यातुधान का अपभ्रंश है। ऋृषिपंचमी पर महिलाओं द्वारा व्रत के समय आदिझाड़ा (अपामार्ग) पौधे के साथ स्नान भी अथर्ववेद में वर्णित स्त्रीरोगों की अचूक औषधि का अनुकरण है।

सारे हिन्दुस्तान में हिन्दुओं के मांगलिक कार्यों में सबसे पहले विघ्न–विनायक गणेश की पूजा की जाती है। मंत्रोच्चार के साथ–गणानां गणपति हवामहे–वास्तव में ऋृगवैदिक काल में जैसे प्रत्येक कार्य में गणनायक, विशपति की आज्ञा ली जाती थी, उसी गणपति को परम्परा से गणेश देवता बना दिया गया है। हमारे यहाँ सामान्य जनता के बीच यह बात कही जाती रही है कि रह गया काम तो रावण से भी पूरा नहीं हुआ। रावण चाहता तो स्वर्ण में सीढ़ी लगा देता, आग से धुँये को हटा देता और मृत्यु को हमेशा के लिये खतम कर देता। ध्यान देने की बात है कि उक्त तीनों बातें रावण की वैज्ञानिक क्षमता को याद करके कही जाती है। जनस्मृतियों में जितनी सरलता से जो बातें युगों–युगों तक चलती आई हैं, उनका ऐतिहासिक आधार ढूँढ़ना उतना आसान नहीं है। परन्तु यहाँ यह बताना आवश्यक लगता है कि संस्कृत भाषा के विद्वानों का मानना है कि वैशेषिक दर्शन की एक गूढ़ टीका रावण के द्वारा लिखी गई थी, जो कि अनुपलब्ध है।

1.1.5 जो अदृश्य है, जो कहा नहीं गया

इतिहास विवेचन में बड़ी घटनायें, राजा, महाराजा, संत, महापुरुष, युद्ध और विनाश जैसी विशेष स्थितियों का उल्लेख तो होता है, किन्तु सामान्य जन किस प्रकार अपना जीवन यापन कर जाते हैं, उस पर कम ही ध्यान दिया जाता है। सामाजिक व्यवस्था अपार जनसमूह के लिये ही होती है, विदेशी आक्रमण,

राज्यतंत्रों के बीच युद्ध के परिणामस्वरूप जो जनसाधारण का जीवन अस्त-व्यस्त हो जाता है, उसे तत्कालीन सामाजिक प्रभुसत्ता अपने में समेट लेती है। हम पिछले दो हजार वर्षों के इतिहास के विषय में सहजता से बोल जाते हैं, किन्तु इस बीच मानव जीवन पर कितने भीषण अत्याचार हुये- हत्यायें, आगजनी, क्रर यातनायें, मानव बस्तियों का उजाड़ा जाना, बड़े मानव समूह को दासत्व के लिये मजबूर करना, एक सभ्यता का दूसरी सभ्यता को पराभूत कर अपने तंत्र को थोपना, जबरदस्ती धर्मपरिवर्तन कराना- इस प्रकार की कई विपत्तियों में से मूक और निरीह जनता अपने जीवन को बचाकर आगे की जीवनधारा को अजस्र रखती है। कहा जाता है कि भारतीय समाज में दुनिया की सभी नस्लों, सभ्यताओं और संस्कृतियों का समय-समय पर संविलयन हुआ है। शक, हूण, कुषाण, यवन, तुर्क, अरब, मंगोल, आततायी आर्यों ने यहाँ तबाही मचायी और फिर यहाँ के जन-जीवन में रच पच गये। आज के तथाकथित हिन्दू समाज का ही जिक्र करें तो वर्ण व्यवस्था के अनुसार ब्राह्मण, क्षत्रिय, वैश्य और शूद्र के चार विभाग के अनुसार इन चारों वर्गों की आबादी पूरी आबादी का एक चौथाई होना चाहिये। किन्तु भारत शासन के 1980 के पिछड़ा वर्ग आयोग की रिपोर्ट के अनुसार हिन्दू समाज में ब्राह्मण 5.5%, ठाकुर और राजपूत 3.9%, ऊँची वैश्य जातियाँ 1.83%, शेष जातियाँ जो शूद्र वर्ण में गिनी जाती है, उनका प्रतिशत 68.33 है। आदिवासी और अस्पृश्य जातियों की संख्या लगभग पैंतीस करोड़ की होगी। समाज में परम्परा से प्रतिष्ठा, व्यक्तित्व, शिक्षा और सम्पत्ति केवल ब्राह्मण, ठाकुर और वैश्यों के ही पास रही है। शेष लोगों को तो कामगार माना गया, उनके श्रम का अपरिमित शोषण किया गया। आज भारतीय संविधान के अन्तर्गत सभी भारतीय नागरिकों को समान अधिकार और अवसर प्रदान किय गये हैं। पिछले दो हजार वर्षों के इतिहास के परिप्रेक्ष्य में यह एक बहुत बड़ी ऐतिहासिक उपलब्धि है।

स्वतंत्रता और समानता उन करोड़ों लोगों- दलितों और शोषितों को मिल चुकी है, जिनके पूर्वज इसी भारतीय समाज में अमानवीय यातनायें भुगतते रहे थे। वह अदृष्ट यातना यंत्र था- वर्णाश्रमधर्म, जिसने शताब्दियों तक बिना शोरशराबा किये चुपचाप मानव श्रम का भरपूर शोषण किया। उसे ही दुनिया के प्रसिद्ध अर्थशास्त्रियों और समाजशास्त्रियों ने श्रम विभाजन की अभूतपूर्व सामाजिक व्यवस्था कहा।

हमारे भारतीय ऐतिहासिक पुरुषार्थ सम्बन्धी एक बात का अक्सर जिक्र होता है कि भारतीय सभ्यता ने कभी भी दूसरी सभ्यता पर जबरन कब्जा नहीं किया। जब कभी शत्रुओं को पराजित किया तो उन्हें पुनः स्वतंत्र कर अपने सहयोगी के

रूप में उनको प्रतिष्ठा दी। इस संदर्भ में यदि यूनानी योद्धा सिकन्दर के आक्रमण के पश्चात के विदेशी आक्रमणों पर हमारी निगाह दौड़ायें तो पाते हैं कि भारतीय सेनायें हमेशा ही हारी हैं। इसके कारणों पर जायें तो एक ही तथ्य उभरता है– भारतीय राजाओं के बीच परस्पर शत्रुता और सामान्य जन की विदेशी आक्रमण के प्रति उपरामता।

कहते हैं कि 712 ई. में जब मुहम्मद बिन कासिम जिसकी उस समय उम्र महज उन्नीस–बीस साल की थी– ने जब सिंध पर हमला किया तो ऐसी भी स्थिति आई कि उसकी सेना हताश होकर पीछे हट रही थी। वैसे समय में किसी भारतीय ने उसे यह रहस्य बताया कि यदि वह मन्दिर के ऊपर फहरा रही ध्वजा को किसी तरह गिरा देवे तो हिन्दुस्तानी सिपाही यह मान लेंगे कि मन्दिर के देवता उनसे कुपित हो गये और अब उनकी जीत नहीं होगी। ऐसी स्थिति में सिपाही हथियार फेंक देंगे। हुआ भी वहीं। अन्धविश्वास ने उस लड़ाई में भारतीयों को हराया। महमूद गजनवी ने भी सोमनाथ के मन्दिर पर हिन्दू धर्मावलम्बियों की देवता के प्रति अपरिमित अन्ध श्रद्धा के कारण ही आसानी से कब्जा कर लिया था।

महमूद गजनवी के पिता सुबुक्तजीन (977 ई.) ने भी जब काबुल के हिन्दू शाही राजा जयपाल पर आक्रमण कर उसे हराया तो उसने अन्य हिन्दू राजाओं से सहायता माँगी थी, एक बार कुछ राजा युद्ध के समय उपस्थित भी हुये, किन्तु बाद मे शाही राजवंश अकेला ही सुबुक्तजीन और महमूद गजनवी से लड़ता रहा। जयपाल के पुत्र आनन्दपाल और उसके पुत्र त्रिलोचन अपनी अकेली सेना के बल पर आक्रान्ता का मुकाबला करते रहे और अन्त में शाहीवंश परास्त हु आ। यदि उस समय भारतीय राजवंशों की सेनायें एकत्र होकर विदेशी आक्रमणकारी का मुकाबला करती तो संभव था कि सुबुक्तजीन और उसका पुत्र महमूद आगे बढ़ने की हिम्मत न जुटा पाते। किन्तु हम जानते हैं कि हिन्दू राजाओं की आपसी फूट ने भारतीय सभ्यता की किस तरह फजीहत की। महमूद गजनवी ने कई बार आक्रमण किया और हिन्दू मन्दिरों – मुलतान, मथुरा, कन्नौज, बनारस और सोमनाथ के देवताओं की प्रतिष्ठा धूलधूसरित कर वहाँ एकत्रित हीरे जवाहरात, सोना–चाँदी लूटकर गजनी ले गया। जब महमूद सोमनाथ का मन्दिर लूट रहा था (1025 ई.) तब धार में प्रसिद्ध परमार राजा भोज सिंहासन पर आसीन थे और गुजरात में चालुक्य राजा भीम– जो आपस में परम्परागत युद्ध करते रहे थे और स्वयं को पराक्रमी बता रहे थे।

1192 ई. में जब तराईन की दूसरी लड़ाई में पृथ्वीराज चौहान को मुहम्मद

गोरी ने युद्ध में हराया तब भी कन्नौज के गहरवारों और गुजरात के चालुक्यों ने पृथ्वीराज चौहान की मदद करना तो दूर उससे भर कोशिश दुश्मनी ही निभाई। भारतीय युद्धवीरों का एक लज्जास्पद उदाहरण तो मुहम्मद बिन बख्तियार खिलजी (1197 ई.) के द्वारा पूरे उत्तर भारत के आगजनी और लूट का है। वह कुछ गिनती के घुड़सवार सिपाहियों को दिल्ली से लेकर गंगा–यमुना के काठे, बिहार और बंगाल तक बिना किसी मुकाबले के जन–जीवन को तबाह करता गया। बंगाल का शासक लक्ष्मण सेन (1202 ई.) लम्बे हाथों वाले पठान बख्तियार को देखते ही भाग गया, क्योंकि उसे ज्योतिषियों ने पहले से बता रखा था कि लम्बे हाथों वाले किसी म्लेच्छ से उसकी हत्या होगी। उसी अन्धविश्वास में बंगाल का सेनवंशी सम्राट लक्ष्मण सेन अपनी जनता और सेना छोड़कर भाग खड़ा होता है।

ऐसी बहुत सारी ऐतिहासिक घटनायें सूचीबद्ध की जा सकती है, जब भारतीय लड़ाकों के अन्धविश्वास, आपसी बैरभाव और सेना की बदइन्तजामी की वजह से भारतीयों को दुश्मन से हार का मुँह देखना पड़ा। राजाओं और नवाबों की सेना में वेतनभोगी सिपाही केवल वेतन पाने और लूट का माल हड़पने के लिये दूर–दूर से आकर भरती होते थे। जब सिपाहियों को युद्ध नहीं करना होता था और उन्हें वेतन नहीं दे सकने की स्थिति बनती थी तब राजा और नवाब सैनिकों को दुश्मनों के इलाके में डाकेजनी और लूटखसोट करने देते थे। चौथ वसूली से सेना की गुजारे की बात के किस्से कहानियाँ तो अभी तक लोगों के बीच कही सुनी जाती हैं। ऐसी स्थिति में बेचारी जनता के लिये घरबार गाँव, खेत–खलिहान छोड़कर जंगलों में भाग जाने के सिवाय कोई और रास्ता नहीं था।

अंग्रेजों की ईस्ट इंडिया कम्पनी और अन्य यूरोपीय कम्पनियाँ भारत में व्यापार करने के लिये आयी थीं। प्रारंभ में तो बादशाह और राजा–नवाब भी उनके व्यापार में हिस्सेदारी करते थे। जब उन्होंने यहाँ के राजा नवाबों की दुर्दशा देखी, वेतनभोगी भ्रष्ट सिपाहियों के आचरण देखे तो उन्होंने चालाकी से अपनी फौजी टुकड़ियाँ बना लीं और धीरे–धीरे यूरोपीय और हिन्दुस्तानी सिपाहियों की भरती कर राजा–नवाबों को डरा–धमकाकर कब्जा बढ़ाना शुरू किया। सन् 1857 ई. में जब अंग्रेजों ने दिल्ली पर अपनी हुकुमत जमायी, उसके पहले से ही यहाँ का राजतंत्र उनके लिये शासन करने की सारी स्थितियाँ बना चुका था। अंग्रेजों ने हिन्दुस्तान को जीता नहीं बल्कि उन्हें भारतीयों ने राज्यशासन सौंपा, बहुत ही विचित्र तथ्य है– ऐतिहासिक सचाइयों को जानने पर आज शर्मिन्दा होने के सिवाय हम और क्या कर सकते हैं। [39, 72, 76]

अंग्रेजों ने जब भारत छोड़ा तब भी साधारण जनता की स्थिति किसी तरह

आधापेट खाकर जी लेने से ज्यादा बेहतर नहीं थी। जमीन के मालिक राजा, जमींदार, नवाब लोग ही होते थे या फिर उनके मुँह लगे कुछ स्थानीय लोग। किसान खेत में पसीना बहाकर फसलें उगाते थे और प्रजा की तरह उन्हें जीने भर के लिये कुछ अनाज दे दिया जाता था, बाकी पर कब्जा जमींदारों का था। आजादी के बाद से सरकारी आयोगों (1997) द्वारा जो आंकड़े दिये जाते रहे हैं, उसके आधार पर यह स्पष्ट होता है कि खेती की कुल जमीन का 65% हिस्सा, 15% जमींदारों के पास था। शेष जमीन में ज्याद छोटी जोत के किसान थे। रिजर्व बैंक ऑफ इण्डिया द्वारा ग्रामीण ऋण एवं पूंजी नियोजन सर्वे के अनुसार 30 जून 1971 तक ग्रामीण परिवारों में से 70% के पास कुल ग्रामीण सम्पत्ति का 20% से भी कम भाग था, जबकि उच्च श्रेणी के 15% परिवारों के पास 61% से अधिक सम्पत्ति कब्जे में थी और मध्यम श्रेणी के 15% परिवार 19% भाग पर नियंत्रण रखते थे। इस रिकार्ड का बहुत मोटे तौर पर भी खयाल किया जाय तो अभी हाल तक भारतीय समाज में कुलीन और सुसंस्कृत कहे जाने वाला शासक वर्ग आबादी की दृष्टि से बहुत ही कम संख्या वाला रहा है। फिर भी, सांस्कृतिक कर्मकाण्ड, धार्मिक व्यवहार और धर्मशास्त्रों के नियमों का पालन शत-प्रतिशत भारतीय जनता के द्वारा किया जाता रहा है। यह सब इसलिये संभव रहा है कि जनता ने यह स्वीकार कर लिया है कि जीवन में जो कुछ प्राप्त होता है, वह सब पूर्व जन्म का फल होता है। जिन्होंने पिछले जन्म में धर्म और पुण्य कार्य किये हैं, उन्हें ही इस जन्म में ऊँचे कुल और जाति में पैदा होने का फल मिलता है, जितने पिछले जन्म में धर्मशास्त्रों में बताये गये नियमों का पालन नहीं किया- देवता और ब्राह्मण का अपमान किया, उन्हें ही नीच कुल में जन्म दिया गया है। इस जन्म में धर्मशास्त्र विहित कर्म करो तो अगले जनम में पुण्य प्राप्त होगा- स्वधर्मे निधनं श्रेयः परधर्मोभयावहः।

विचारणीय तथ्य यह है कि दो हजार वर्षों से समाज के लोगों में जो विषमता, अज्ञानता, व्यक्तित्वहीनता जातिगत संस्कार, हीनताबोध आदि मानसिक पिछड़ेपन की स्थिति बनी हुई थी, उसे एक झटके में 26 जनवरी 1950 को भारतीय संविधान लागू कर समाप्त कर दिया गया। कानून के राज में कानून के सामने सब एक जैसे मान लिये गये। चौदह लोकसभा के राष्ट्रीय निर्वाचन, विधानसभाओं, नगर पालिकाओं, ग्राम पंचायतों के नियमित चुनावों के माध्यम से साधारण से साधारण महिला और पुरुष को जनप्रतिनिधि के रूप में चुने जाने के प्रावधान का लाभ मिल चुका है। आरक्षण व्यवस्था के चलते दलित, पिछड़े आदिवासी और महिलायें भी आज राजकाज मे हिसेस्दारी निभा रहे हैं। यथार्थ

स्थिति क्या है इसे जनता अब जान रही है। भ्रष्टाचार, गुण्डागर्दी, धनबल, बाहुबल, तरह तरह के छलछिद्र की राजनीति के बीच देश का राजनीतिक वातावरण स्वतंत्रता और समान अवसर की आकांक्षा से भरा हुआ है। समाज के सही विकास के विषय में तरह–तरह के संशय हो सकते हैं – सहमतियाँ, असहमतियाँ अपनी जगह हैं, किन्तु एक तथ्य निर्विवाद है कि पिछले इकसठ वर्षों में भारतीय समाज में सामाजिक सांस्कृतिक स्तर पर प्रचण्ड परिवर्तन हुए हैं। एक अपरिवर्तनीय समाज अब परिवर्तन के दौर से गुजर रहा है। ऐसे समय में बहुत लोग है जिन्हें मानसिक रूप से बहुत अधिक विक्षोभ है– विनाश ही विनाश– कहीं भी कुछ नया संतुष्टिकारक बन नहीं पाया है। यह सवाल बराबर उठना चाहिये कि हम कहाँ खड़े होकर परिस्थितियों को देख रहे हैं। जिनसे कुछ लोग असहमत हो सकते हैं, दूसरे बहुत सारे लोग हैं जो नई स्थितियों, नये अवसरों और नये अधिकारों को अपने पक्ष में पाते हैं। यह सब प्रस्तुत वातावरण भारतीय समाज में तीव्र सांस्कृतिक परिवर्तन को परिलक्षित करता है, ऐसे ही वातावरण में जरूरत है अपनी सभ्यता और संस्कृति की सही ताकत पहचानने की।

❑❑❑

द्वितीय अध्याय
सत्ता और ज्ञान का द्वन्द्व

1.2.1 सत्-असत् का द्वन्द्व

सत्-असत्, प्रवृत्ति-निवृत्ति, मुक्ति-भुक्ति जैसे सामासिक पद भारतीय दर्शन में ऋग्वेदकाल से लेकर मध्ययुगीन ज्ञानमार्गीय भक्तिमार्गीय चिन्तकों की भाषा में बराबर बने रहे हैं, इसलिये भारतीय चिन्तन प्रणाली को द्वन्द्वात्मक चिन्तन प्रणाली कहने में अतिश्योकित नहीं की जा रही है। बृहदारण्यक उपनिषद में एक मंत्र है :-

द्वे वाव ब्रह्मणो रूपे मूर्तं चैतामूर्तं चमर्त्यंचामृतं।

च स्थितं च यच्च सच्च त्यच्च ॥ (3,2,1)

ब्रह्म के दो रूप हैं- मूर्त और अमूर्त, मर्त्य और अमृत, स्थित और चर (यत) तथा सत् और त्यत् (प्रत्यक्ष और परोक्ष)।

इसका आशय निर्विवाद रूप से जगत के कार्य प्रपंच में द्वन्द्वात्मकता की अनिवार्यता को ही स्पष्ट करता है।

भारतीय दर्शन के इस द्वन्द्व को ऋग्वेद (ई.पू. 2500-1500) के दशम् मण्डल में व्यक्त नासदीय सूक्त (129) में देखा जा सकता है -

नासदायीन्नो सदासीत् तदानी नासीद्रजोनोव्योमा परोयत्।

असत् भी नहीं था, सत भी नहीं था, नहीं थी किसी तरह की गति (ऋृज)। आकाश के पार कुछ भी नहीं था। सूक्तकार पूछता है - कहाँ था ब्रह्माण्ड और खुद ही शंका भी करता है कि इसके प्रारंभ को कोई जानता भी है कि नहीं। असत का सामान्य अर्थ लिया जाता है जो सत् न हो, परन्तु सत् का क्या अर्थ है ? यह प्रश्न इसलिये समीचीन है कि ऋग्वेद के सैकड़ों वर्ष बाद उपनिषद् के ऋषि असत से सत् की उत्पत्ति मानते हैं।

असद्वाइदमग्रआसीत। ततो वै सद्जायत [तैतरीय 2-7]

असदेववेदमग्र आसीत। तत्सदाआसीत। तत्समभवत्।
तदाण्डं निरवर्तत। [छन्दोग्य 3-19]

तैतरीय और छन्दोग्य दोनों उपनिषद् के ऋषि मानते हैं कि पहले असत् ही था फिर असत् से सत् संभव हुआ अण्डे के रूप में।

ये उद्धहरण यह स्पष्ट करते हैं कि असत् 'था' और उससे सत् सत्ता स्वरूप बना। यहाँ असत् से आशय यह नहीं है कि कुछ भी नहीं था। वास्तव में असत् का प्रयोग उस स्थिति के लिये किया गया है जब क्रियात्मकता अर्थात् गति नहीं थी, जिससे सत्ता के स्वरूप को अनुभूत किया जा सके। सत् इन्द्रिय बोध अथवा सत्ता के क्षेत्र में तभी आता है, जबकि वह क्रियाशील हो जाता है।

सत्-असत् सम्बन्धी इसी दुविधा को छन्दोग्य के छठे अध्याय में आरुणि ऋषि का अपने पुत्र श्वेतकेतु से किये गये संवाद में स्पष्टीकरण दिया गया है।

सदैव सोम्येदमग्र आसीदेकमेवाद्धितीयम्। तद्धैक

आहुर सदेवेदमग्र आसीदेकमेवाद्धितीयं तस्मादसतः सज्जायत।

कुतस्तु खलु सौम्यैंवस्यादिति होवाच। कथमसतः सज्जायेति।

सत्तवेव सोम्येदमग्रआसीदेकवा द्धितीयम। तदैक्षत

बहुस्यां प्रजायेयेति। [छा. 6-2]

– हे सोम्य। आरंभ में एकमात्र सत् ही था– पूर्णतया अद्धितीय। उसी के विषय में कुछ लोगों ने कहा है कि प्रारंभ में एकमात्र असत् ही था– पूर्णतया अद्धितीय। उसी असत् से सत् का जन्म हुआ। लेकिन है सोम्य। वास्तव में ऐसा कैसे हो सकता है? असत् से सत् का जन्म कैसे हो सकता है ? इसलिये सत्य यह है कि प्रारंभ में एकमात्र सत् ही था– पूर्णतया अद्धितीय। उसने इच्छा की कि मैं बहुरूप हो जाऊँ– प्रजा की उत्पत्ति करूँ।

स्वाभाविक है कि आरुणि ने इस सत् को क्रियाशील माना क्योंकि वह इच्छावान है। इसी सत् की इच्छा से तेज,जल और अन्न उत्पन्न हुये। इन तीनों तत्वों से ही उस सत् ने आण्डज, जीवज और उद्‌भिज प्राणियों की रचना की। फिर इन प्राणियों के नामरूप का व्याकरण किया। तीनों तत्वों ने प्रत्येक प्राणियों का त्रिवृत्त किया अर्थात् तेज, जल और पृथ्वी के सम्मिलन से ही वनस्पतियों और प्राणियों की सृष्टि हुई। यहाँ यह ध्यातव्य है कि आरुणि प्राणियों की सृष्टि के लिये केवल तीन तत्व-तेज, जल और अन्न को आवश्यक मानते है और त्रिवृत्त का महत्वपूर्ण सिद्धान्त प्रतिपादित करते हैं। आगे की कथा में आरुणि अपने पुत्र को यह समझाने के लिए कि चेतना का सम्बन्ध अन्न (भौतिक तत्व) से है– वे उसे लम्बे समय तक उपवास करने के लिए कहते हैं। जब उसका शरीर

पूरी तरह क्षीण हो जाता है तो वह न तो बोल पाता है, न सोच पाता है और न ही अच्छी प्रकार से श्वांस ले पाता है। तब आरुणि उसे समझाते हैं कि मन अन्नमय है, प्राण (श्वास) जलमय है और वाणी तेजोमयी है। छान्दोग्य की इस कथा से उपनिषदकार यह प्रतिपादित करना चाहता है कि असत् से सत् की उत्पत्ति नहीं हो सकती है। वास्तव में सत् प्रारंभ में साम्यावस्था में रहता है– असंतुलित होने पर या कहे विक्षोभ होने पर उसमें क्रिया उत्पन्न होती है, जिससे भौतिक तत्वों का निर्माण होता है। बाद में हम इस सत् को सांख्य दर्शन में निष्क्रिय और कूटस्थ (पुरुष) माना जाते हुए देखते हैं जहाँ साम्यावस्था में प्रकृति से सत् (पुरुष) का सानिध्य होने पर सत्व, रज और तम– त्रिगुणों के रूप में सृष्टि की रचना का विधान तैयार किया गया है।

भगवत् गीता में भी कहा गया है– नासतो विद्यते भावोना भावोविद्यते सतः– असत् का अस्तित्व ही नहीं है और सत् का अभाव नहीं है। भारतीय चिन्तन में माया अथवा मिथ्या जगत की अवधारणा का स्रोत यही है। सर्वसत्तात्मक ब्रह्म अथवा कह लें ईश्वर अदृश्य और अमूर्त है उसका कहीं भी अभाव नहीं है, वह सर्वव्यापी है। परन्तु जो क्रियात्मक जगत है वह विनाशशील है इसलिये असत् है। ऋग्वेद और उपनिषद के असत् को जो कि इन्द्रिय गोचर नहीं है उसे सत् (परम) मानकर संसार चक्र से बाहर कर देने में द्वन्द्वात्मकता का ही तिरस्कार है। वास्तव में तो असत् और सत् दोनों की स्वीकृति से ही क्रियाशीलता सधती है और तभी जगत की गतिशीलता का आशय स्पष्ट होता है।

1.2.2 लौकिक और लोकायतिक

ई.पू. चौथी शताब्दी के विष्णुगुप्त चाणक्य के अर्थशास्त्र के विद्या सम्बन्धी विवरण से तत्कालीन सांस्कृतिक दार्शनिक स्थिति का समुचित विवेचन संभव होगा। कौटिल्य चाणक्य कहते हैं :–

आन्वीक्षिकी त्रयी वार्ता दण्डनीतिश्चेति विद्या ....

.............सांख्य योगो लोकायतं चेत्यान्वीक्षिका (विद्योद्देश प्रकरण)

आन्वीक्षिकी, त्रयी, वार्ता और दण्डनीति– ये चार प्रकार की विद्या हैं। .... सांख्य–योग और लोकायत को आन्वीक्षिकी के अन्तर्गत माना गया है।

ये चार विद्यायें क्या थीं। त्रयी से आशय तीन वेद– ऋग्वेद, यजुर्वेद और सामवेद के अध्ययन से है। कृषि, व्यवसाय और पशुपालन को वार्ता कहा गया है। दण्डनीति से आशय राजधर्म के अनुसार शासन और विधि का ज्ञान और

आन्वीक्षिकी से आशय है– सूक्ष्म चिन्तन विश्लेषण अर्थात दर्शनशास्त्र। यहाँ यह स्पष्ट है कि कौटिल्य चाणक्य त्रयी को आन्वीक्षिकी के अन्तर्गत नहीं रखते हैं। क्योंकि, यज्ञीय कर्मकाण्ड और वैदिक व्यवहार का स्वरूप दार्शनिकता की बनिस्बत एक विशेष प्रकार के आचरण पर जोर देता था, जिसे हम जैमिनि के पूर्व मीमांसा में देखते हैं। मीमांसक ऋग्वेद विहित प्राकृतिक देवताओं को मंत्रोच्चार सहित यज्ञ कर्म के लिये आहूत करने में किसी अन्य चिन्तन मनन की आवश्यकता नहीं देखते हैं। वे ईश्वर में भी विश्वास नहीं करते हैं जैसा कि शबर स्वामी के भाष्य और बाद में कुमारिल भट्ट, प्रभाकर मिश्र, मुरारि मिश्र आदि के ग्रन्थों से स्पष्ट है। सांख्य योग और लोकायत उल्लेखित वर्गों की पहचान करते समय यह तो स्पष्ट हो गया कि यह वर्ग अवैदिक है। कठिन तपस्या करके शरीर और इन्द्रियों को राग और वासना से मुक्त करने वाले संप्रदाय का उल्लेख हम वेदों में यति, वातरसन, मुनि, मौनेय, उन्मदित आदि विश्लेषणों के द्वारा श्रमणों (व्रात्यों) के लिए देखते हैं। [32] ताण्डय ब्राह्मण में इन यतियों को इन्द्र का शत्रु कहा गया है, अस्तु सांख्य योग के अन्तर्गत इन्हें रखा जा सकता है, कठ, मुण्डक और श्वेताश्वतर उपनिषदों में सांख्य योग शब्द का उल्लेख है। कपिल मुनि प्रणित सांख्यदर्शन वेदविहित नहीं है, कपिल संज्ञा भी पिशंगवस्त्रधारी मुनियों की ओर इंगित करता है। अस्तु संभावना यही है कि कपिल वैदिक परम्परा से भिन्न व्रात्यों में से ही होंगे। लोकायतिक संज्ञा से स्पष्ट है– जो वर्ग लौकिक सिद्धान्तों में विश्वास करे, जो किसी प्रकार के रहस्यवादी चिन्तन को श्रेयस्कर न माने, वह है लोकायतिक। बार्हस्पत्य चार्वाक को लोकायतिकों का प्रतिनिधि माना जाता है और भी अन्य वर्ग जो भौतिक जगत को ही वास्तविक संसार मानते थे और उनके विधि व्यवहार लौकिक थे– वे सभी लोकायतिक थे। बाद के ग्रन्थों में अवैदिक वर्ग को लोकायतिक पक्ष कहा गया है। पुराणों में जैन, बौद्ध, पाशुपत, चार्वाकों को लोकायतिक कह कर उनकी निन्दा की गई है। वाल्मीकि रामायण में अयोध्या काण्ड के सर्ग 108 में श्रीराम अपने भाई भरत को लोकायिते (जाबालि) के प्रभाव में होने पर निन्दा करते है। [25] यहाँ प्रस्तुत संदर्भ को ज्यादा स्पष्ट करने के लिये भारत रत्न महामहोपाध्याय डॉ. पा.वि. काणे के 'धर्मशास्त्र का इतिहास' प्रथम खण्ड के निम्न अर्थ सहित उद्धरण को प्रस्तुत करते हैं जिसे उन्होंने षट्त्रिंशमत एवं ब्रह्माण्ड पुराण से उद्धृत किया है –

बौद्धा न पाशुपतांश्चैव लोकायतिक नास्तिकान।
विकर्म स्थान द्विजानं स्पृष्टवास चैलोजलमाविशेत ॥

बौद्धों, पाशुपतों, जैन, लोकायतों, कापिलों (सांख्य), धर्मच्युत ब्राह्मणों, शैवों और नास्तिकों को छूने पर वस्त्र के साथ पानी में स्नान कर लेना चाहिए। [26]

समाज में साम्प्रदायिक आधार पर जब वर्ग भेद उत्पन्न होते हैं, तो हितों के विरोध के कारण परस्पर घृणा और अपने विरोधी को निष्प्रभावी बनाने के प्रयत्न तो होते ही हैं। भारतीय समाज में धार्मिक निष्ठा के कारण वर्गघृणा का यह केवल एक उदाहरण है। निर्मल चित्त वाले हमारे ऋषियों ने तो यथार्थ जीवन और लौकिक व्यवहार को ही महत्व दिया है। उपनिषदों के कथ्यों में प्राकृतिक संसर्ग में मानव जीवन की महत्ता सर्वत्र प्रतिष्ठित दिखाई देती है। उपनिषद के ऋषि में जीवन को भरपूर जी लेने का उत्साह है। अन्न, प्राण, मन, विज्ञान और आनन्द के पंचस्तरीय जीवन में प्राणों की ऊर्जा से ही वह मृत्यु के पार जाने की अभिलाषा रखता है, अमृत पुत्र बनना चाहता है। उपनिषदकारों में मृत्यु का भय नहीं है, वे मृत्यु के रहस्य को समझकर जीवन के मधु को पीना चाहते हैं। बृहदारण्यकोपनिषद में मधु विद्या के मंत्रों को पढ़कर आश्चर्य होता है कि ऋषि मनुष्य के जीवन को इस पृथवी पर कितना महत्वपूर्ण मान रहा है। अपने आत्मतत्व का चतुर्दिक फैले वातावरण से तादात्म्य स्थापित करके वह अमृतमय बनने की अभिलाषा करता है। मनुष्य जाति की लौकिक सत्ता का वह अभिनन्दन करता है।

> इदं मानुषं सर्वेषां भूतानां मध्यस्य मानुषस्य।
> सर्वाणि भूतानि मधु यशचायमस्मिन मानुषे तेजोमयोऽमृतमयः पुरुषोः॥
> यश्चायमध्यात्मं मानुषस्तेजोमयोऽमृतमयः।
> पुरुषोऽयमेव स योऽयमात्मेदमृतमिदं ब्रह्मेदं सर्वम् [बृहद 2–5–15]

यह मनुष्य जाति समस्त भूतों का मधु है और समस्त भूत इस मनुष्य जाति के मधु हैं। यह जो इस मनुष्य जाति में तेजोमय अमृतमय पुरुष है और जो यह अध्यात्म मानुष तेजोमय अमृतमय पुरुष है। यही वह है जो कि आत्मा है। यही अमृत है, यही ब्रह्म है यही सर्व है।

साधारणतया उपनिषदों को लोग ब्रह्म और आत्मा के रहस्यात्मक विचार को प्रकट करने वाले ग्रन्थ के रूप में देखते हैं। वे ऋषि की क्रियात्मक सर्वसमावेशी सजगता को नहीं देख पाते हैं। ब्रह्म और आत्मा बिना प्राण के, बिना शरीर और इन्द्रियों के निरर्थक हैं। इसलिये पंचाग्नि विद्या के लोक, पर्जन्य, पुरुष, स्त्री और वैश्वानर अग्नि की विद्या उसे इसी लोक के जीवन से जोड़ती है। कठोपनिषद

का नचिकेता इसी जीवन में लौकिक मुक्ति का ज्ञान प्राप्त करता है। उपनिषदों का सार मृत्योर्माऽमृतगमय– मृत्यु के अमृत की ओर चलने का ज्ञान इहलौकिक जीवन की सार्थकता का ज्ञान है।

जैन और बौद्ध ग्रन्थों का केन्द्रीय तत्व धर्मदर्शन होने के कारण उस समय के जनजीवन के विषय में उनमें आनुपातिक रूप से कम जानकारी मिलती है, परन्तु संघराज्यों, गणों और जनपरिषदों के उस युग की मूल धारणा तो लोकपर्याय की ही थी। कौटिल्य के अर्थशास्त्र में वर्णित राज्य व्यवस्था और लोकजीवन से सम्बन्धित नियमन की जो विधियाँ वहाँ हम देखते हैं, उससे स्पष्ट है कि जनजीवन में उल्लास, विषय भोग प्रवृत्ति और पुरुषार्थ को प्रकट करने की इच्छा के अवसर पर्याप्त ढ़ंग से उपलब्ध थे। लोकायत दृष्टि की परम्परा से ही स्पष्ट है कि लोग उस समय लौकिक और व्यावहारिक जीवन को ज्यादा महत्व देते थे।

लोकायत चार्वाक के दर्शन के बारे में चर्चा करते समय आज लोगों में भले व्यंग्य का भाव दिखाई देता हो, किन्तु लगभग सभी दर्शन ग्रन्थों में भौतिकता के प्रचारक के रूप में चार्वाक दर्शन का उल्लेख अवश्य होता है। यह सच है कि धार्मिक दुराग्रह के कारण चार्वाक दर्शन के मूल स्वरूप को लगभग नष्ट ही कर दिया गया, पुराणों में उसकी पर्याप्त निन्दा की गई। हाँलाकि ग्रन्थों से ही पता चलता है कि कभी नालन्दा, विक्रमशिला विश्वविद्यालयों में इस दर्शन पर गंभीर अध्ययन होता था और वहाँ कई ग्रन्थ इसी के तत्वों के विवेचन के लिये लिखे गये थे। डॉ. उमेश मिश्र ने अपने ग्रन्थ 'भारतीय दर्शन' में चर्वाक के मूल सूत्रों को विविध ग्रंथों से एकत्र कर एक सम्पूर्ण विचार पद्धति के रूप में प्रस्तुत किया है, ये सूत्र बृहस्पति के नाम पर भी जाने जाते हैं। इन्हें पढ़कर ही स्पष्ट हो जाता है कि जीवन के यथार्थ पक्ष के लिये चार्वाक में कितनी वैचारिक दृढ़ता थी।

1. अथातः तत्वं व्याख्यास्यामः– अब हम इस मत के तत्वों का निरुपण करेंगे।
2. पृथिव्यापस्तेजोवायुरिति तत्वानि– पृथ्वी, जल, तेज और वायु ये चार तत्व हैं।
3. तत्समुदाये शरीरेन्द्रिय विषयसंज्ञा– इन्हीं भूतों के संघटन को शरीर, इन्द्रिय तथा विषय नाम दिया गया है।
4. तेभ्यश्चैतन्यम– इन्हीं भूतों के संघटन से चैतन्य उत्पन्न होता है

5. किण्वादिभ्योमदशक्तिवद् विज्ञानम्– जिस प्रकार किण्व आदि अन्न के संघटन से मादक शक्ति उत्पन्न होती है, उसी प्रकार इन भूतों के संघटन से विज्ञान (चैतन्य) उत्पन्न होता है।
6. भूतान्येव चेतयन्ते– भूत ही चैतन्य उत्पन्न करने का कार्य करते हैं।
7. चैतन्य विशिष्टः कायः पुरुषः– चैतन्य युक्त स्थूल शरीर ही पुरुष (आत्मा) है।
8. जलबुद्बुद्वज्जीवाः– जल के ऊपर जैसे बुलबुले दिखाई देते हैं और शीघ्र अपने आप नष्ट हो जाते हैं, उसी प्रकार प्राणियों का जीवन भी है।
9. परलोकिनोऽभावात् परलोकाभावः– परलोक में रहने वाले कोई नहीं होते अतएव परलोक भी नहीं है।
10. धूर्तप्रलापीस्त्रयी स्वर्गोत्पादकत्वेन विशेषाभावात्– स्वर्ग का सुख धूर्तों के प्रलाप जन्य सुख से भिन्न नहीं है, इसलिये स्वर्ग (सुख) को देने वाले तीनों वेद वस्तुतः धूर्तों का प्रलाप ही है।
11. अर्थकामो पुरुषार्थो– अर्थ और काम ये दो ही पुरुषार्थ हैं।
12. मरणमेवापवर्गः– एकमात्र मरण ही मोक्ष है।
13. दण्डनीतिरेव विद्या (अत्रवार्ताअन्तर्भवति)– राजनीति (दण्डनीति) ही एकमात्र विद्या है, इसी में कृषिशास्त्र (वार्ता) भी सम्मिलित है।
14. प्रत्यक्षमेव प्रमाणम्– प्रत्यक्ष ही एकमात्र प्रमाण है।
15. लौकिकोमार्गोऽनुसर्तव्यः– लौकिक मार्ग का ही अनुसरण करना चाहिये।

इन सूत्रों के अतिरिक्त परम्परा से यह भी कहा जाता रहा है कि चार्वाक मतानुसार लौकिक जगत में व्यवस्था का नियंत्रण करने वाला राजा ही ईश्वर है, परलोक में कोई ईश्वर नहीं है– निग्रहानुग्रहकर्ता राजाः ईश्वरः। माधवाचार्य अपने प्रसिद्ध ग्रन्थ सर्व दर्शन संग्रह में चार्वाक का मुक्ति और बन्ध सम्बन्धी सूत्र उद्धृत करते हैं –

स्वातंत्र्यम् मुक्तिः पारतन्त्रम् बंधः। [27]

जैसा कि हम जानते हैं वैदिक यज्ञीय कर्मकाण्ड में लौकिकता तो थी, परन्तु जब उसमें स्वर्ग प्राप्ति और दैवीय कृपा का विचार प्रबल होने लगा, पशु बलि

की हिंसा अत्यधिक बढ़ गई, तो पाप–पुण्य की भावना भी आनुषंगिक रूप से पनपी। वैदिक हिंसा और भोगविलास की प्रतिक्रिया स्वरूप समाज में जैन और बौद्ध मतों के त्याग, तपस्याशील और शुचिता तथा इच्छाओं के दमन का निवृत्ति मार्ग प्रभावशील हुआ। धीरे–धीरे त्रयी विद्या के यज्ञ विधान के प्रति लोगों में रुचि कम हुई। समाज में यज्ञीय कर्मकाण्ड करने वाले वेदपाठी बहुत कम रह गये। उपनिषद की ज्ञान मीमांसा के विपरीत वैदकी यज्ञ कर्मकाण्ड सामुदायिक जीवन का एक व्यावहारिक तरीका रहा है। अतएव, जैमिनी ने अपने पूर्ववर्तियों के मतों का संकलन करते हुए पूर्व मीमांसा ग्रन्थ का प्रणयन किया और वैदिक परम्परा को पुनर्जीवित करने का प्रयास शुरू हुआ। संभवतः ईसापूर्व तीसरी–चौथी शताब्दी में जैमिनी का मीमांसा दर्शन प्रभाव में आया। मीमांसा का दर्शन यज्ञ कर्म और वेद के प्राकृतिक देवताओं के आह्वान के विविध विधियों तक ही सीमित है। इन्हीं यज्ञीय कर्मों के 'अपूर्व' नामक फल की प्राप्ति होती है और जीवन में सुख (स्वर्ग) मिलता है। मीमांसा में ईश्वर की आराधना नहीं है। उनके लिये वेद ही अपौरुषेय नियामक है। वैदिक नियम ही वहाँ धर्म कहे गये हैं। इसी धर्म जिज्ञासा को जैमिनी ऋषि अर्थवाद भी कहते हैं क्योंकि आगम (शब्द) उनके लिए प्रमुख प्रमाण हैं।

भारतीय समाज में ई.पू. तीसरी–चौथी शताब्दी में निवृत्ति –प्रवृत्ति का द्वन्द्व बहुत गहरे स्तर पर कार्य कर रहा था। हम देखते हैं कि लगभग सभी दर्शन पद्धतियों को इसी काल क्रम में सूत्रबद्ध या गाथाबद्ध किया गया। महर्षि कणाद को अपनी विचार सरणि को तैयार करने के लिये जैमिनी की मीमांसा, महावीर स्वामी और गौतम बुद्ध की प्राकृत पाली की गाथायें, कपिल मुनि के सांख्य दर्शन के विचार (आसुरि मुनि का तत्व समास) और अन्य अल्पज्ञात दार्शनिकों के मत उपलब्ध थे। धर्म और कर्म के ये दो तत्व ही उस समय प्रमुख चिन्तन के विषय थे। द्वन्द्वात्मक चिन्तन में इन्हीं तत्वों की व्याख्या से वैशेषिक दर्शन प्रस्फुटित हुआ।

जब अदृश्य सत्ता के विषय में विचार किया जाता है तो वहाँ कल्पना और रहस्यात्मकता का कुछ न कुछ अंश तो अवश्य आ ही जाता है। उपनिषद के अद्दश्य ब्रह्म की धारणा ब्रह्माण्ड व्यापी सूक्ष्म सत्ता की है। प्रज्ञानघनं ब्रह्म–वह ब्रह्म ज्ञान युक्त है। सर्वं खिल्विदं ब्रह्म– जो कुछ भी है वह सब कुछ ब्रह्म है। अर्थात् सृष्टि प्रक्रिया के पीछे जो अस्तित्व है उसे ब्रह्म माना जा रहा है। यह ब्रह्म प्रकृति के काम में गत्यावरोध उत्पन्न नहीं करता है और नियामक की तरह सृष्टा की भूमिका भी नहीं निभाता है। जब यही ब्रह्म एकत्व की धारणा को प्रकट करता

है, तो उसका कुछ न कुछ काल्पनिक स्वरूप तो बनता है– जब वह एक ही है और वही सृष्टि का कारण है तो उसे ईश्वर के रूप में मान्यता मिलनी ही है।

श्वेताश्वतर उपनिषद में यह बात स्पष्ट हो जाती है, उसके पहले के उपनिषद सर्वव्यापी सत्ता को ब्रह्म कहते हैं, किन्तु श्वेताम्बर का ऋषि उसे शिव–महेश्वर कहता है।

तमीश्वराणां परमं महेश्वर तं देवतानां परमंच दैवतम्।
पति पतीनां परमं परस्ताद्विदाम देवं भुवनेशमीड्यम्॥ (6–7)

उस ईश्वरों के भी परम महेश्वर सम्पूर्ण देवताओं के भी परम देवता पतियों के भी परम पति तथा समस्त ब्रह्माण्ड के स्वामी एवं स्तुति करने योग्य उस देव को सबसे अलग जानते हैं।

श्वेताश्वतर में भी हम कपिल के संदर्भ में सांख्य योग का विचार प्रकट किया जाता देखते हैं। ऋग्वेद और अथर्ववेद में दिये गये प्रसिद्ध मंत्र– द्वासुपर्णा सयुजाशखायं – को यहाँ पुनः लिया गया है – जीव और ब्रह्म दो पक्षी की तरह वृक्ष की एक शाखा पर बैठे हैं। जीव मोह ग्रस्त सांसारिकता में लिप्त है जबकि ब्रह्म (शिव) मुक्त स्वभाव से उसे केवल देख रहा है। जब संसारी जीव कामनाओं से मुक्त हो जायेगा तब वह भी शिवमय हो जायेगा। ऐसा ही वहाँ आशय है। ईश्वर और ब्रह्म का यह द्वैध भारतीय चिन्तन में बाद में अपना प्रभाव बढ़ाता गया। सत् और असत्, विद्या और अविद्या के द्वन्द्व में अधिकांश चिन्तक भावात्मक रहस्यवाद के शिकार हुये। निश्चित ही कपिल के सांख्य और कणाद के वैशेषिक दर्शनों में ईश्वर की सत्ता को स्वीकृति नहीं मिली है तो यह उन चिन्तकों की श्वेताश्वतर में वर्णित धारणा के परिष्कार के कारण ही संभव हुआ होगा। प्रकृति में घटने वाली कार्यकारण युक्त घटनाओं की विवेचना में वे दोनों ही किसी नियामक सृष्टिकर्ता को नहीं रखते हैं, परन्तु बाद में उनके अनुयायियों में इसी महत्वपूर्ण बिन्दु पर भ्रान्ति उत्पन्न हुई।

1.2.3 वैशेषिक दर्शन का संक्षिप्त तात्पर्य

वैशेषिक दर्शन के प्रवर्त्तक महर्षि कणाद के जीवन और काल के विषय में स्पष्ट जानकारी उपलब्ध नहीं है। उनके प्रचलित नाम– कणाद, कणभुक, कणव्रत, उलूक, औलूक्य, पैलुक और काश्यप से व्यक्त विशेषण के अनुसार उनके बारे में किंवदन्तियाँ प्रचलित हैं। लगता है वे ई.पू. तीसरी चौथी शताब्दी के पहले विद्यमान थे। कश्यप गोत्र में होने के कारण काश्यप कहे गये और वैदिकेतर निष्ठा के कारण माहेश्वर तथा पाशुपत माने गये। सूक्ष्मतम परमाणु

केन्द्रित प्रकृत-दर्शन के व्याख्याता होने के कारण इन्हें कणाद कहा गया। पीलु शब्द का अर्थ भी परमाणु होता है- फलों के सूर्यरश्मियों के प्रभाव में पकने पर आन्तरिक गुण परिवर्तन को पीलुपाक (सिद्धान्त) भी कणाद के संदर्भ में ही कहा जाता है। उलूक की भाँति रात्रि में खेतों में पड़े बीज एकत्र कर भोजन करने वाले कणाद ऋषि चरित्र से अपरिग्रही और त्यागी मनीषी रहे होंगे। ई.पू. तीसरी शदी में संकलित प्रसिद्ध ग्रन्थ चरक संहिता और पतंजलि मुनि के महाभाष्य में उन्हें श्रद्धेय ऋषि माना गया है। प्रकृति भूत विशेष सत्ताओं के व्यवच्छेदक सिद्धान्तों के कारण यह दर्शन वैशेषिक कहा गया है।

यह दर्शन दस अध्यायों में अपनी विचार सरणि प्रस्तुत करता है, प्रत्येक अध्याय दो आह्निकों में विभक्त है। ये अध्याय तत्व विशेष को व्याख्यायित करते हैं। संक्षिप्त में इन अध्यायों के तात्पर्य को यहाँ दिया जा रहा है।

1. जो जीवन के अभ्युदय और निःश्रेयस को सिद्ध करे -वही धर्म है। धर्म विशेष से उत्पन्न छः पदार्थ- द्रव्य, गुण, कर्म, सामान्य, विशेष, समवाय और उनके साधर्म्य तथा वैधर्म्य का तत्वज्ञान निःश्रेयस की प्राप्ति कराता है। पृथवी, आप, तेज, वायु, आकाश, दिक, काल, आत्मा और मन- ये नौ द्रव्य है। सत्रह गुण और पाँच प्रकार के कर्म होते हैं। द्रव्य, गुण और कर्म में ही सामान्यतः सत्(नित्य) अनित्य, कार्य-कारण, सामान्य विशेष की प्रक्रिया चलती रहती है। अनपेक्ष संयोग विभाग प्रकिया से द्रव्य, गुण और कर्म परिभाषित होते हैं। द्रव्य और गुण तो परस्पर कारण और कार्य हो सकते हैं, किन्तु कर्म से कर्म ही उत्पत्ति नहीं होती। कर्म सदैव समवेत संयोग विभाग से ही कारणपूर्वक होता है।

   सामान्य विशेष का निर्धारण बुद्धि करती है। सतइति- यह ऐसा है- की धारणा के कारण किसी भी सत्ता (भाव) में हमेशा एकत्व होता है।

2. पृथ्वी में रहने वाले चार गुण- रूप, रस, गंध, और स्पर्श- जल, तेज और वायु में एक-एक कर कम होते जाते हैं। आकाश में ये गुण नहीं होते हैं। वायु स्थूल रूप में नहीं दिखाई देती है, किन्तु गुण के आधार पर अनुमान के द्वारा वायु की सत्ता की सिद्धि की जाती है। विशिष्ट भेदकों का ध्यान रखकर व्यक्त वस्तु का नामकरण किया जाता है। आकाश के गुण शब्द का विचार करते हुए आकाश की सत्ता सिद्धि होती है। सहअस्तित्व के सम्बन्धों का विवेचन करते हुए गुणों का अनुमान किया जाता है।

काल द्रव्य की सत्ता का अनुमान इसी प्रकार से होता है। इसी प्रकार दिक की सत्ता भी सम्बन्ध का विचार करते हुए सिद्ध होती है। सम्बन्धों में सामान्य-विशेष का विचार करते हुए संशय उत्पन्न होता है और स्मृति भी संशय का कारण बनती है। शब्द अनित्य होने के कारण द्रव्य नहीं बल्कि गुण है।

3. इन्द्रियों के माध्यम से अर्थ ग्रहण करने पर ही ज्ञान उत्पन्न होता है। इन्द्रियों द्वारा सही ढ़ंग से बाह्य वस्तु का अर्थ ग्रहण न करने से ही अज्ञान उत्पन्न होता है। साध्य (बाह्य वस्तु) और इन्द्रियों द्वारा ग्रहित प्रभाव से भिन्न होता है- अर्थत्व (ज्ञान), इसलिये उसमें दोष की संभावना बनी रहती है। यह ज्ञान चार प्रकार से उत्पन्न होता है- संयोग से, समवाय से, एकार्थ समवाय से और विरोध से। इन्द्रियों की ग्रहण क्षमता- गुणदोष के अनुसार ही ज्ञान उद्‌भूत होता है। जब इन्द्रियों के साथ आत्मिक तन्मयता बाह्य वस्तु के साथ तादातम्य स्थापित करती है तब प्राप्त किये गये ज्ञान में दोष कम होता है। इन्द्रियों के साथ आत्मिक तन्मयता का होना या न होना ही मन की सत्ता को सिद्ध करता है। प्रत्येक व्यक्ति में अनुमान के द्वारा एक मन के होने की सिद्धि होती है। प्रत्येक व्यक्ति के शरीर में श्वास-प्रश्वास प्रक्रिया, मन और इन्द्रियों की जीवनी शक्ति, सुख के होने का बोधक है। आत्मा की सत्ता का अनुमान ही किया जाता है। इस औपचारिक सत्ता के प्रति संदेह होना स्वाभाविक है। फिर भी अहम भाव सम्पन्न शरीर स्वतंत्र निर्णय लेता है, इसलिये आत्मा का होना व्यावहारिक है। उसकी सत्ता मानी जानी चाहिये। प्राणियों के शरीर के अनुसार नाना प्रकार की आत्मायें हैं।

4. नित्य सत् वही हो सकता है जिसका कोई कारण न हो। नित्य सत् और कारणता का द्योतक कार्य है। कार्य अनित्य होते हैं, इसलिए उनके कारणों के प्रतिरोधी कारण भी अनित्य होते हैं। इस प्रकार किसी घटना की विद्यमानता नष्ट होती है। द्रव्य के सूक्ष्म परमाणुओं के आपस में मिलने से स्कन्ध निर्माण होता है। बड़े (महत) रूप में दिखाई देने वाले तथा प्रभावशील होने वाले संस्कार प्रकट होते हैं। अनेक द्रव्यों के समवेत होने पर कारणों के अनुसार उनका स्वरूप बनता है। संघनित रूप में प्रकट हो जाने पर ही उन वस्तुओं से संख्या, परिमाण, पृथकत्व, संयोग-विभाग, परत्व, अपरत्व और कर्म को प्रत्यक्ष देखा जा सकता

है। प्राणियों के शरीर इन्द्रिय और विषय की निर्मिति पृथ्वी, जल और तेज–तीन महाभूतों से ही होती है – पाँच महाभूत से नहीं। सूक्ष्म अणुओं के संयोग से विविध प्रकार के शरीर वाले प्राणी उत्पन्न होते हैं जो योनिज या अयोनिज हो सकते हैं।

5. आत्मा के हस्त से प्रयत्नपूर्वक संयोग होने पर हस्तकर्म होता है। इसी प्रकार, दूसरी इन्द्रियों के माध्यम से आत्मा कर्म करता है। मूसल और हाथ के संयोग से मूसल में क्रिया उत्पन्न होती है और प्रयत्नपूर्वक मूसल में अभिघात नामक शक्ति निर्मित की जाती है, जिससे ऊखल में प्रहार किया जाता है। आत्मा, हस्त, मूसल और ऊखल में संयोग संयुक्त समवायी कर्म से अभिघात नामक शक्ति से कार्य की क्षमता निर्धारित होती है। जब यह संयोग विच्छिन्न होता है तब ऊपर उठा हुआ मूसल गुरुत्व शक्ति के प्रभाव में नीचे गिरता है। इसी प्रकार से ऊपर फेंकी जाने वाली वस्तु में आत्मा के प्रयत्न से विशेष प्रकार की शक्ति नोदन उत्पन्न की जाती है। यह नोदन नामक विशिष्ट शक्ति प्रवृत्त हुये कार्य में वेग और त्वरण उत्पन्न करते हुए दिशा का निर्धारण करके फेंके गये बाण से अभीष्ट कार्य सम्पादन करवाती है। यहाँ भी वेगाख्य संस्कार नोदन के प्रभावहीन होते ही बाण गुरुत्व के प्रभाव में नीचे गिरता है।

नोदन और अभिघात नामक इन विशेष प्रकार की शक्तियों को– जो कि अदृश्य रूप से कार्य करती हैं, प्रयत्नपूर्वक ही निर्मित किया जाता है, जिनकी सहायता से कार्य क्षमता को बढ़ाया जा सकता है। प्रकृति में विभिन्न प्रकार के जो अदृष्टकारित कार्य दिखाई दे रहे हैं, उनके पीछे ऐसी ही नोदन अथवा अभिघात नामक शक्तियाँ काम करती हैं। आत्मा, मन और इन्द्रियों के अर्थपूर्ण सन्निकर्ष से ही इच्छित अथवा अनिच्छित कर्म होते हैं, जिनके कारण सुख अथवा दुःख उत्पन्न होता है। जब मन को आत्मा में विलीन कर लिया जाता है, तब शरीर में होने वाले दुःख की अनुभूति नहीं होती– यही योग है। शरीर में अदृष्ट कारणों से कई प्रकार की क्रियायें होती रहती हैं। शरीर की उन आन्तरिक क्रियाओं के न होने पर अथवा आत्मा और मन से संयोग के न होने पर उन क्रियाओं की उत्पत्ति का न होना ही मोक्ष है– दुःखनाश है। दिक, काल और आकाश में न दिखाई देने वाली कई क्रियायें समान और विपरीत दिशा में क्रियारत शक्तियों के कारण संतुलित अथवा कर्म शून्य हो जाती हैं। इसलिये इनके गुण और कर्म अदृश्य होते हैं,

परन्तु कारण सहित कई तरह के गुण इन दिक, काल और आकाश में अवस्थित रहते हैं। अतएव, आकार-प्रकार के गुणों से युक्त ही दिक है और कारणों से ही काल है।

6. वेदों की सभी ऋचायें बुद्धिपूर्वक व्यक्तियों के द्वारा ही रची गई हैं, क्योंकि वहाँ विभिन्न ब्राह्मण भागों में मंत्रकर्ता ऋषियों के नाम उपलब्ध है। किसी को दान दिया जाता है तो वह भी बुद्धिपूर्वक ही दिया जाता है तथा किसी से कुछ प्रतिग्रह प्राप्त किया जाता है तो वह भी विवेकपूर्ण ढ़ंग से होता है। किसी एक व्यक्ति के द्वारा किये गये दान-पुण्य किसी अन्य व्यक्ति के दान-पुण्य के कारक नहीं होते हैं। दोषपूर्ण हिंसा से लिया या दिया गया भोजन या दान व्यर्थ होता है। हिंसा से युक्त व्यक्तियों के साथ व्यवहार करना भी दोष है। शुभ प्रवृत्तियों में लगना चाहिये। विशिष्ट, सम और हीन- ऐसे तीन प्रकार के व्यक्तियों के साथ व्यवहार करते समय यथोचित व्यवहार करना चाहिये।

प्रयोजन दो प्रकार से सिद्ध होते हैं - दृष्ट अथवा अदृष्ट। अद्दष्ट प्रयोजनों से व्यक्ति के जीवन में अभ्युदय प्राप्ति की जा सकती है। सारे सामाजिक व्यवहार में शुद्धता रखनी चाहिये, अकुशल कर्मों से बचना चाहिये, कुशल कर्म करने चाहिये। असंयमी व्यक्ति के साथ व्यवहार करने से कभी भी अभ्युदय नहीं हो सकता है और जो संयमी व्यक्ति है उनमें कुछ दोष भी हो तो भी उनका साथ अभ्युदय देने वाला होता है। अधिक सुख अथवा आसक्ति से राग उत्पन्न होता है, शारीरिक तथा अन्य कारणों से भी राग उत्पन्न हो सकता है, उससे बचना चाहिये। जीवन में सभी कुशळ और अकुशल प्रवृत्तियों के कारण इच्छा और द्वेष है। उनके संयोग और विभाग के कारण सुख और दुःख होते हैं। अपने ही शुभ कर्मों से दुःखों से मुक्ति पायी जा सकती है।

7. पृथ्वी, आप, तेज और वायु में गंध, रस, रूप और स्पर्श जैसे विषयों की नित्यता अथवा अनित्यता तथा गुण कारणों के अनुगत होते हैं। लघुतम कणों तथा महानतम स्कन्धों का बनना, बिगड़ना सृष्टि में सतत चलता ही रहता है। विशेष कारणों से विशेष ढ़ंग की संरचना अथवा प्रक्रिया होती है। वस्तुओं के अणु और महत स्वरूप में होने से उनका अणुत्व और महत्व का सामान्य जाति या गुण विशिष्ट होता है, ऐसा ही गुण और कर्म पदार्थों के विषय में भी सही है। इसी तरह ह्रस्व

और दीर्घ गुणों के विषय में भी समझना चाहिये। नित्यों से नित्य और अनित्यों से अनित्य ही प्रकट होगा, परन्तु परमाणु का परिमण्डल सदैव नित्य ही रहता है अनित्य नहीं, इन परमाणुओं से ही अनित्य स्कन्ध बनते हैं। आकाश और आत्मा, विभुत्वान और महत परिमाण वाले द्रव्य हैं, उसके विपरीत अणु और मन का परिमाण लघुतम होता है। अणुत्व और महत्व के गुणों के परिप्रेक्ष्य में ही दिक की व्याख्या हो जाती है और ऐसे ही कारणों में काल निमित्त कारण होता है।

पूर्वानुसार, वस्तुओं के पृथक अस्तित्व होने के कारण एकत्व और एक पृथकत्व को परिभाषित किया जा सकता है, किन्तु गुणों और कर्मों के लिए ऐसा नहीं है। वस्तुओं में एकत्व का प्रयोग लाक्षणिक ही है। सभी प्रकार के कार्यों में संयोग और विभाग गुण की बहुत महत्ता है, किन्तु समवायी सम्बन्धों में युतसिद्धि के अभाव में संयोग–विभाग नहीं होता है। शब्द और अर्थ में परस्पर सम्बन्ध सिद्ध नहीं है। सामाजिक प्रभाव के संदर्भ में ही शब्दों के अर्थ ग्रहण किये जाते हैं। इहइदम इति– इससे यह होता है– ऐसा समवेत कार्य–कारण सम्बन्ध ही समवाय कहा जाता है। समवाय एक सिद्धान्त है, इसलिये इसमें द्रव्यत्व, गुणत्व नहीं होता है।

8. ज्ञान का कारण द्रव्य ही होता है। इन्द्रियों की सहायता से गुण और कर्मों के सन्निकर्ष से ज्ञान की निष्पत्ति होती है– इसलिए ज्ञान का कारण द्रव्य ही है। बुद्धि सापेक्ष विधि से सामान्य विशेष पदार्थों का उपयोग करते हुए द्रव्य, गुण और कर्मों का यथोचित ज्ञान होता है। द्रव्य के ज्ञान के लिए गुण और कर्म पदार्थों की अपेक्षा रहती है किन्तु गुणों और कर्मों के ज्ञान के लिए अन्य गुण या कर्म की अपेक्षा नहीं रहती है। समवाय सम्बन्ध से वर्तमान श्वेत गुण से और श्वैत्य ज्ञान से भी श्वेत द्रव्य (शंख) में ज्ञान होता है– यहाँ समवाय सम्बन्ध कारण है और ज्ञान कार्य। किसी द्रव्य का ज्ञान स्वयं से अन्योन्याश्रित नहीं है और न ही इस ज्ञान से अन्य द्रव्य का ज्ञान संभव है।

यह है, वह है, तुमने किया है, उसे भोजन कराओ–जैसे ज्ञान में बुद्धि की अपेक्षा होती है, क्योंकि जो प्रत्यक्ष है उसी का ज्ञान उत्पन्न होता है और जो अदृश्य (अप्रत्यक्ष) है उसका नहीं। द्रव्य, गुण और कर्म के अन्तर्सम्बन्धों का ज्ञान ही अर्थ कहा जाता है। शरीर आदि की रचना

पृथ्वी, जल और तेजस से ही होती है, पंचमहाभूतों से नहीं, वायु और आकाश का प्रत्यक्षीकरण नहीं होता है । पृथवी महाभूत में गंध की विशिष्टता होने से गंध ज्ञान पार्थिवता का सूचक है इसी प्रकार रस, रूप और स्पर्श क्रमशः जल, तेजस और वायु के होने के बोधक (विषय) है ।

9. क्रिया और गुण के प्रत्यक्ष व्यवहार न होने से पहले कार्य नहीं हुआ था- यह तथ्य प्रागभाव नामक अभाव धारणा को सिद्ध करता है । जो अभी सत् (अस्तित्ववान) है, वह नष्ट भी हो जायेगा- ऐसा धारणा प्रध्वंसाभाव कही जाती है । अविद्यमान वस्तु के क्रिया और गुण व्यवहार के नहीं होने के कारण यह भाव (अस्तित्व) का अर्थान्तर (अभाव) है । जैसे घट होने पर - पट का वहाँ नहीं होना- इसे अन्योन्याभाव कहते हैं । त्रिविध अभाव होने पर अन्यन्ताभाव होता है । पूर्व में किसी वस्तु के देखे जाने की स्मृति से उसका विचार प्रध्वंसाभाव का उदाहरण है। प्रध्वंसाभाव की तरह प्रागभाव का भी विचार के रूप में प्रत्यक्षीकरण किया जा सकता है । यह घट नहीं है, यह गौ नहीं है- इस तरह धर्म विभिन्नता के आधार पर अन्योन्याभाव भी प्रत्यक्ष हुआ । अपने शरीर में आत्मा और मन के संयोग से विचारों और बाह्य वस्तुओं का प्रत्यक्ष होता है । यह इसका कारण है- ऐसे कार्य कारण के बोधक अनुमान तीन प्रकार के हैं- संयोगी, विरोधी और समवायी । ये ही अनुमान और शब्द प्रमाण हुये । हेतु, अपदेश, लिंग, प्रमाण और कारण एक ही आशय के पर्याय हैं । यह इस कारण से है- यह धारणा बुद्धि सापेक्ष से (विचार से) होती है । आत्मा और मन के संयोग से संस्कार, स्मृति, स्वप्न, कल्पना आदि उद्‌भूत होते हैं । इन्द्रिय दोष और संस्कार दोष से ही अविद्या होती है । दोष रहित ज्ञान ही विद्या है । ऋषियों और धर्मज्ञों के संस्कार शुद्ध होने से ही वे लोग सम्यक ज्ञान प्राप्त करते हैं ।

10. सहकारी अथवा विरोधी कारण से ही इष्ट अथवा अनिष्ट अवस्था की प्राप्ति होती है इन्हें ही सुख अथवा दुःख कहा जाता है । ज्ञान की शुद्धता के अनुसार ही निश्चयात्मक अथवा संशयात्मक ज्ञान होता है, किन्तु सुख अथवा दुःख की स्थिति ऐसी नहीं है, इसलिये इसे ज्ञान की कोटि में रखना उचित नहीं । सुख और दुःख की अनुभूति होती है, वे ज्ञान के श्रेणी में भले न आये किन्तु उनके प्रभावों का प्रत्यक्षीकरण या

अनुमान लगाया जा सकता है। सुख और दुःख भी कारण जन्य ही होते हैं, उनके परिणामों को तो प्रत्यक्ष भोगा ही जाता है। एक ही व्यक्ति में विभिन्न कारणों इष्ट अथवा अनिष्ट परिणाम देखे जा सकते हैं, वह अच्छे कारणों से सुख प्राप्त करता है, वहीं कुछ दूसरे अनिष्ट कारक कारणों से उसे दुःख भी हो सकता है। अतएव यह हमेशा संभव है कि एक ही व्यक्ति में सुख भी हो और दुःख भी, क्योंकि सुख और दुःख के कारण भिन्न-भिन्न होते हैं।

द्रव्यों में जिस कारण की समवेतता से कार्य उत्पन्न करने वाले कारणों का असमवायिकारण कहा जाता है। एक ही द्रव्य में अवयव रूप में जो भिन्न भिन्न कार्य उत्पन्न करने वाले कारण होते हैं, उन्हें एकार्थ समवायि कारण कहा जाता है। कारण के भी कारण होते हैं- समवायिकारण का समवायिकारण तथा समवायिकारण असमवायिकारण जो क्रमशः असमवायिकारण और संयुक्त समवायिकारण कहे जाते हैं। प्रत्यक्ष घटनाओं के प्रयोजनों को तो देखा समझा जा सकता है किन्तु जो अदृष्ट प्रभाव उत्पन्न करने वाले परिणाम है, उनके लिए विशेष प्रकार के उपाय-प्रयोग, प्रयत्न आदि करने से अभ्युदय की प्राप्ति होती है।

1.2.4 कणादीय चिन्तन सांख्य एवं जैन दर्शन के परिप्रेक्ष्य में

मज्झिम निकाय में श्रमण गौतम बुद्ध के द्वारा उनकी साधना के सम्बन्ध में दिये गये विवरणों में बताया गया है कि गृह त्याग के बाद वे मुक्ति का मार्ग ढूंढ़ते हुए आलार कालाम और उद्दक रामपुत्त के आश्रमों में गये और उनके मार्गदर्शन में साधना करके आकिंचनायतन और नैव संज्ञानासंज्ञायतन धर्मपर्यायों की उपलब्धि की। उस समय आलार कालाम और उद्दक रामपुत्त सत्काय दृष्टि और आत्मवाद के प्रतिपादक माने जाते थे, जो सांख्ययोग पद्धति की ही दृष्टि थी। इससे स्पष्ट है कि कपिल मुनि प्रणीत सांख्य दर्शन का पर्याप्त प्रभाव गौतम बुद्ध के समय के पूर्व से ही भारतीय समाज में था। अपनी साधना की कठोरता और विलक्षणता का जिक्र करते हुए वे पार्श्वनाथ की पुरुषादानीय अचेलक साधना की विधियों के सम्पन्न करने की स्वीकृति भी देते हैं। गौतम बुद्ध के ही समय में निगंठ ज्ञातपुत्त (महावीर स्वामी) भी अपने श्रमणों के साथ धर्मदेशना देते हुए विचरण करते थे जिसका उल्लेख भी मज्झिम निकाय की गाथाओं में मिलता है। महावीर स्वामी की साधना भी निगंठ श्रमणों की परम्परा में मानी जाती है, तपस्या, वैराग्य और सभी प्रकार की वासनाओं के त्याग का यह पुरुषादानीय मार्ग उस

समय बड़ी श्रद्धा से देखा जाता था। बताया जाता है कि निगंठ ज्ञात पुत्त ने स्वतंत्र रूप से वैशालिक श्रावक के रूप में पुरुषादानीय साधना की थी। उन्होंने किसी अन्य श्रमण से शिष्य वृति की दीक्षा नहीं ली थी। अर्हत् पार्श्व ने अनगारों के लिए केवल चार व्रत निरुपित किये गये थे– प्राणी हिंसा त्याग, मृषावाद त्याग, अदत्त वस्तु का त्याग तथा परिग्रह त्याग, इसीलिये इस मार्ग को चातुर्यामी धर्म कहा गया। महावीर स्वामी ने इसमें पाँचवां व्रत– ब्रह्मचर्य भी सम्मिलित किया और निगंठव्रती चिन्तन का परिष्कार किया, जिसे हम आज जैन दर्शन के रूप में देखते हैं। अतएव हम कह सकते हैं कि भारतीय समाज मे ंऔपनिषेदिक और वैदिक विचारों की ही भाँति कपिल मुनि का सांख्य दर्शन और महावीर स्वामी का आर्हत (जैन) दर्शन गौतम बुद्ध के समय में बड़े पैमाने पर प्रचारित था। सांख्यदर्शन के प्रभाव को तो अन्य सभी भारतीय सम्प्रदायों में देखा जा सकता है, भगवद् गीता और सभी भक्तिमार्गी शाखायें पुरुष और प्रकृति के विचार को मानते हैं। आयुर्वेद की पद्धति का दार्शनिक आधार भी सांख्यदर्शन ही है, शैव दर्शन ने भी इसमें कुछ सिद्धान्तो को जोड़कर पुरुष तत्व को परमशिव बना दिया है। जैन दर्शन सम्प्रदाय के रूप में भारतीय समाज के बड़े हिस्से को भले ही न प्रभावित कर सका हो किन्तु दार्शनिक दृष्टि से उसकी महत्ता हमेशा बनी रही। बल्कि भारतीय समाज के व्यवहार में कर्म सिद्धान्त अहिंसा और नियतिवाद का गहरा प्रभाव जैन दर्शन के कारण ही हुआ है। मीमांसकों ने यज्ञीय कर्मकाण्ड और व्यवहार को ही ज्यादा श्रेय दिया, इसलिये वहाँ दार्शनिक संशिलष्टता उतनी नहीं है, जितनी की सांख्य और जैन दर्शन में दिखाई देती है। महर्षि कणाद की दर्शन पद्धति में बौद्ध विचारों की शब्दावली दृष्टिगत न होने से कुछ विद्वानों की राय है कि कणाद गौतम बुद्ध से पहले हुए होंगे। सांख्य और जैन दोनों मतों में नित्यता– जीव और पुरुष की नित्यता पर जोर दिया गया है जबकि बौद्ध मत में सभी कुछ अनित्य है। कणाद का द्रव्य नित्य और अनित्य दोनों स्थितियों का समाधान प्रस्तुत करता है इसलिये इसे सांख्य, मीमांसा, जैन और बौद्ध विचारों के परवर्ती परिष्कृत चिन्तन के रूप में हम देख सकते हैं। यहाँ हम सांख्य और जैन विचारों की गंभीरता के संदर्भ मे ंवैशेषिक दर्शन के परिप्रेक्ष्य को समझने का प्रयास करेंगे।

सांख्यदर्शन के आदि प्रवर्तक कपिल मुनि के ऐतिहासिक समय के विषय में स्पष्टता नहीं है, किन्तु श्वेताश्वतर उपनिषद और पुराण ग्रन्थों के उल्लेख से यह तो निश्चित है कि वे ई.पू. सातवीं आठवीं शताब्दी के आस–पास हुए होंगे। सांख्य आचार्यों का क्रम कुछ इस प्रकार दिया जाता है। भगवान कपिल ने अपने

शिष्य आसुरि को सांख्य का उपदेश दिया। आसुरि ने पंचशिख को सांख्य योग की शिक्षा दी। बाद में विन्ध्यवास, वार्षगण्य, जैगीषव्य, देवल, वोढु आदि ने इस विचार को प्रचारित किया। सांख्यदर्शन को षष्टि तंत्र की संज्ञा से जाना जाता है और विश्वास किया जाता है कि पंचशिखाचार्य ने षष्टितंत्र नामक ग्रन्थ लिखा था। आसुरि मुनि के सांख्य तत्व के ग्रन्थ को तत्वसमास कहा जाता रहा था किन्तु उसके पाठ की उपलब्धि न होने के कारण सांख्यदर्शन के प्राचीन ग्रंथ के रूप में ईश्वर कृष्ण की सांख्य कारिका को देखा जाता था, ईश्वर कृष्ण ईसवी सन् की प्रारंभिक शताब्दियों में हुए थे। दूसरा ग्रंथ विज्ञानभिक्षु का सांख्य सूत्र है जिसमें छः अध्यायों में सूत्र के रूप में सांख्य विचार की विवेचना हुई है। हम यहाँ आचार्य आसुरि के तत्वसमास के मूल पाठ को उद्धहृत करते है जिसे ओमानन्द तीर्थ ने अपने ग्रन्थ पातंजल योग प्रदीप में सम्मिलित किया है, यह षष्टि तंत्र के भी पहले सांख्य तत्वों को अपने बावीस सूत्रों में विवेचित करता है। अथातस्तत्वसमासः (1) अष्टौ प्रकृतयः (2) षोडश विकाराः (3) पुरुषः (4) त्रैगुण्यम् (5) संचराः प्रतिसंचाराः (6) अध्यात्मधिभूतमधिदैवं च (7) पंचाभिबुद्धयः (8) पंचदृग्योनयः (9) पंचवायवः (10) पंचकर्मात्मानः (11) पंचपर्वा अविद्या (12) अष्टाविशतिधाऽशक्ति (13) नवधातुष्टि (14) अष्टधा सिद्धिः (15) दश मौलिकार्थाः (16) अनुग्रहः सर्गः (17) चतुर्दशविधो भूतसर्गः (18) त्रिविधो बन्धः (19) त्रिविधो मोक्षः (20) त्रिविधं प्रमाणम् (21) एतत् सम्यगज्ञात्वा कृतकृत्यः स्यात न पुनस्त्रिविधेन दुःखेनाभिभूयते (22)।

उपरोक्त सूत्रों में वर्णित तत्वों का ही विस्तार ईश्वर कृष्ण की सांख्यकारिका और विज्ञान भिक्षु के सांख्य सूत्र में है। हम विस्तार से बचते हुए केवल सांख्य के तात्विक आधार की चर्चा करेंगे जिससे उसके नित्यता और सत्कार्यवादी सम्बन्धी सिद्धान्त का स्पष्टीकरण होता है। सांख्य को सत्कार्यवादी और परिणामवादी इसलिये कहा जाता है कि ब्रह्माण्ड मे जो कार्य घटनायें प्रकट होती है, वे पहले से ही उनके कारण में अवस्थित हैं। सारा ब्रह्माण्ड पुरुष और प्रकृति के संसर्ग का परिणाम है पुरुष चैतन्य स्वरूप कूटस्थ और अपरिणामी है, यह न तो किसी का कारण है और न ही कार्य। अव्यक्त प्रकृति के साम्यावस्था मे रहने पर कहीं कोई परिणाम नहीं हो सकता। जब यह प्रकृति पुरुष के संसर्ग में आती है तो उसमें प्रथम विकार महत (बुद्धि) प्रकट होती है। यहाँ अव्यक्त प्रकृति कारण है और महत उसका कार्य। यही महत कारण रूप में (प्रकृति) अहंकार (विकृति) रुपी कार्य को प्रकट करती है। अहंकार से विकार रूप में परिणाम रूप मे पांच तन्मात्रायें- गंध, रस, रूप, स्पर्श और शब्द उत्पन्न होती हैं जो पाँच

महाभूतों का कारण है । अहंकार से ही मन और दस इन्द्रियाँ प्रकट होती हैं जो पाँच महाभूतों के साथ मिलकर कुल सोलह विकृतियों को बनाती है । इस प्रकार एक तो अव्यक्त प्रकृति है जिससे सात प्रकृति-विकृति और इनसे सोलह केवल विकृति उत्पन्न होती है । पुरुष न तो प्रकृति है और न हीं विकृति, इसलिये उसे कारण भी नहीं कहा जाता है,किन्तु उसके संसर्ग के बिना मूल प्रकृति क्रियाशील भी नहीं होती है । समष्टि और व्यष्टि के व्यवहार से पुरुष को भी नाना कार्यों में देखा जाता है, व्यक्तियों की चैतन्यता को यहाँ व्यष्टि पुरुष कहा गया है ।

प्रकृति त्रिगुणात्मक है- सत्व, रजस और तमस क्रमशः प्रकाश क्रिया और जड़ता को उत्पन्न करते हैं और इस प्रकार की क्रिया प्रतिक्रियायें तीन प्रकार के वर्ग में विभक्त की जा सकती है - अध्यात्म, अधिभूत और अधिदैव । बुद्धि (ज्ञान) का वर्गीकरण यहाँ पाँच प्रकार का है- प्रमाण, विपर्यय, विकल्प, निद्रा और स्मृति । महाभूतों और इन्द्रियों के संयोग से संसार में विविध प्रकार के परिणाम उत्पन्न होते हैं, जहाँ अविद्या, अस्मिता, राग, द्वेष और अभिनिवेश के कारण व्यक्ति तरह तरह के बन्धन में पड़ता है । सांख्य दर्शन को विवेक सम्मत दृष्टि की मान्यता मिली हुई । सबसे महत्वपूर्ण धारणा जिसकी चर्चा कम होती है, वह यह है कि सांख्यमत का मोक्ष जीवन की कृतकृत्यता है, तत्वसमास का अन्तिम सूत्र भी इसकी पुष्टि करता है । जीवन मुक्ति- आत्यन्तिक दुःख की निवृत्ति पुरुषार्थ से ही सिद्ध होती है । विज्ञान भिक्षु ने तो अपना ग्रन्थ का प्रारंभ ही इसी भावना से किया है- अथ त्रिविध दुःखात्यन्त निवृत्तिरत्यन्त पुरुषार्थः (1,1,) कार्य-कारण की चेतना से पारलौकिक भय की निवृत्ति भी इस विचार से होना चाहिए क्योंकि इसका तात्पर्य तो इसी मरणधर्मा जीवन में ही मुक्ति प्राप्त करने का है-कारण लयात कृतकृत्यता मग्नवदुत्थानात् (3, 54) तथा अत्यन्त दुःख निवृत्या कृतकृत्यता (6, 5)। श्वेताश्वतर उपनिषद मे चार प्रकार की दृष्टियों का उल्लेख पाते हैं - काल, स्वभाव, नियति और यदृच्छा । कार्यकारण के हेतु को मानने वाला विचार स्वभाववाद, काल पर्याय या वाद भी कारण को ही प्रधानता देता है जबकि नियतिवाद (ईश्वरवाद) और यदृच्छावाद किसी तरह के हेतु को मान्यता नहीं देते हुए मानते हैं कि संसार में जो कुछ हो रहा है वह सब ईश्वर की इच्छा से हो रहा है, वहाँ किसी प्रकार का कार्य कारण का हेतुत्व काम नहीं करता । यह ध्यान में रखने वाली महत्वपूर्ण बात है कि भारतीय हेतू मूलक चिन्तन निरीश्वरवादी हैं और यह अनावश्यक नहीं है कि ये दृष्टियाँ भूतचतुष्ट- पृथ्वी, जल, तेज और वायु को प्रधानता देती है, आकाश की परिभाषा यहाँ अलग से दी जाती है । वस्तु स्वभावो धर्मः- इनका आधार वाक्य

है सभी वस्तुओं का अपना आन्तरिक स्वभाव होता है। चार्वाक विचार मूलतः भौतिकवादी है, किन्तु अन्य विचार सांख्य, जैन, बौद्ध और वैशेषिक पूरी तरह भौतिकवादी न भी हों तो भी ये चार्वाक सहित सभी मत कार्य-करण श्रृंखला हेतु में विश्वास करते हैं। श्वेताश्वतर उपनिषद में ईश्वरवाद और स्वभाववाद का अन्तर्द्वन्द्व स्पष्ट दिखाई देता है। उपनिषदकार कपिल मुनि का उल्लेख करते हुए भी यदृच्छावादी ईश्वर की इच्छा के अनुसार मायाजनित संसार का व्यामोह रचता है। जैसा कि हमने ऊपर उल्लेख किया है। कपिल मुनि का मूलदर्शन हेतुवादी है, इसलिये वहाँ पुरुषार्थ को ही प्रधानता मिलनी चाहिये।

आर्हत् (जैन) विचार भी निरीश्वरवादी है, वस्तु के स्वभाव को ही समझ कर परभाव की अविद्या हटाने का ही इसका ध्येय है। यह जड़ और चेतन दो वर्गों में संसार को बाँट देता है, चेतन तत्व-जीव है और अजीव, जो कि पूरी तरह जड़ है, वे पाँच प्रकार के हैं- पुद्गल, धर्म, अधर्म, आकाश और काल। जैन विचार में ये छः द्रव्य कहलाते हैं। जीव के स्वभाव को मूलतः चैतन्यता में देखा गया है, पुद्गल से आशय चार महाभूत, पृथवी, जल, तेज और वायु से है। ये मूर्तिक भी कह जाते हैं, शेष अमूर्तिक है। सांख्य दर्शन के पुरुष की भाँति जीव भी चैतन्य है। यहाँ ज्ञान केवल जीव का ही धर्म है, जड़ पुद्गल कभी भी चेतनशील नहीं हो सकता है। जीव से कर्मणा पुद्गल परमाणु चिपक कर उसे परिणमनशील संसार में भटकाते हैं जब चारित्र और दर्शन के तप और त्याग पूर्ण व्यवहार से कर्म का क्षयकर दिया जाता है तो जीव सामान्य आत्मा की श्रेणी से उठकर परमात्मा बन जाता है, वही उसकी केवल्यावस्था है। यहाँ जीव अनन्त है और पुद्गल परमाणु भी अनन्त है। द्रव्यों के अन्तरावलम्बन से संसार सदैव अस्तित्व में रहता है इसका न आदि है और न अन्त। ईश्वर नाम की कोई सत्ता नहीं है। जैन विचार हेतुवादी और पुरुषार्थी तो कहा जा सकता है। वह स्वयं को क्रियावादी भी कहलाना पसन्द करता है, किन्तु इसका मानुषी पुरुषार्थ- मनुष्य जीवन से ही प्राप्त किया गया कैवल्य-मनुष्य की सारी अभीप्साओं, लालसाओं और मानवी गुणों के त्याग करने पर ही प्राप्त होता है। जीव का इहलोक बन्धन है, परलोक में ही जीव परमात्मा बनता है, प्रस्तुत कर्ममय संसार में अहिंसा और तपस्या ही व्यक्ति का सम्यक चारित्र होता है।

निगंठ ज्ञातपुत्त- महावीर स्वामी ने बहुत ही गंभीर तत्व विवेचना की है। मानव जीवन की सार्थकता या निरर्थकता की समस्या को हम यहाँ पर न उठाकर उनके तार्किक विवेचन को समझना चाहेंगे जो जगत के अन्तर्क्रियाओं और घटनाओं के रहस्य को गंभीरतापूर्वक व्याख्यायित करते हैं। आठवीं शताब्दी में

हुए आचार्य नेमिचन्द्र ने जैन दर्शन के तत्वों को एक साथ ही गाथा में रख दिया है –

छद्दव पंच अत्थी सत्तवि तच्चाणिणव पयत्थाय।
भंगुप्पाय धुक्ता णिद्धिट्ठा जेण सो जिणो जयड।

जिन्होंने छः द्रव्य, पाँच अस्तिकाय, सात तत्व, नौ पदार्थ और उत्पाद व्यय ध्रौव्य का निर्देश किया, वे श्री जिनेन्द्र देव जयवन्त रहे।

छः द्रव्य– जीव, पुद्गल, धर्म, अधर्म, आकाश और काल में काल को छोड़कर पांच द्रव्य बहुप्रदेशी होने के कारण अस्तिकाय कह गये हैं। जीव, अजीव, आस्रव, बंध, संवर, निर्जरा और मोक्ष ये सात तत्व कहे जाते हैं, इनमें ही पाप और पुण्य को मिला देने पर नौ पदार्थ कहे गये हैं। कुन्दकुन्दाचार्य ने पहली ईसवीं सदी के लगभग अपने ग्रन्थ प्रवचनसार में द्रव्यों की तात्विकता का वर्णन किया है।

अत्थोखलु दव्यमओ दव्वाणि गुणप्पगाणि भणिदाणि।
तेहिं पुणो पज्जाया पज्जय मूढ़ा हि पर समय ॥ 93॥

सभी पदार्थ (अर्थ) वास्तव में द्रव्यमय है, द्रव्य गुणात्मक कहे गये हैं। द्रव्य और गुणों से ही पर्याय होते हैं। जो जीव केवल पर्याय में ही लिप्त हैं, वे मूढ़ पर समय (मिथ्या दृष्टि) में ही पड़े हुए हैं।

जो स्वभाव को छोड़े बिना उत्पाद्, व्यय ध्रौव्य संयुक्त तथा गुण और पर्याय सहित है, वही द्रव्य है– ऐसा जिनवर महावीर ने कहा है। (95)

स्वभाव में स्थित द्रव्य सत् है, वास्तव में द्रव्य का जो उत्पाद, व्यय और ध्रौव्य सहित परिणाम है– वह पदार्थों का स्वभाव है। (99)

अन्य दृष्टि से भिन्न एक विशेष कल्पना यहाँ अलोकाकाश की है, जो आधुनिक विज्ञान के ब्लेक होल अथवा डार्क मेटर का ध्यान दिलाता है। इस विचार में कहा गया है कि धर्म और अधर्म वे दोनों ही द्रव्य लोकप्रमाण है। आकाश लोक और अलोक में व्याप्त हैं, काल केवल समय क्षेत्र अर्थात् मनुष्य क्षेत्र में ही है। अलोक आकाश में द्रव्यों की स्थिति नहीं है फिर भी आकाश लोक और अलोक दोनों स्थान पर व्याप्त है। जीवों और पुद्गलों में नित्य होने वाले अनेक प्रकार के परिवर्तन या पर्याय मुख्यतः कालद्रव्य के आधार से होते हैं। पुद्गल दो प्रकार के होते हैं– परमाणु और स्कन्ध। स्कन्ध का निर्माण करने वाले परमाणु भी दो प्रकार के होते हैं – कारण परमाणु और कार्य परमाणु। जैन विचार में कर्म को

पुद्गल परमाणु के रूप में देखा गया है, जो जीव से चिपके रहते हैं, जब इन कर्मपुद्गल से जीव मुक्त होता है तभी उसे कैवल्य या परमात्मा का पद मिलता है। कर्म के विषय में प्रवचन सार में कहा गया है –

आदा कम्ममलिमसो परिणामं लहदि कम्मसंजुत्तं ।

तत्तो सिलिसदि कम्मं तम्हा कम्मं तु परिणामो ॥12॥

– कर्म से मलिन आत्मा कर्म संयुक्त परिणाम को प्राप्त करता है, उससे कर्म का बन्ध होता है, इसलिये ये परिणाम ही कर्म है।

जैन विचार जीव को ही चैतन्यता और ज्ञान का कारक मानता है, इसलिये यहाँ प्रत्यक्ष और परोक्ष को जीव की शुद्धता के साथ देखा जाता है। ज्ञान के पाँच प्रकार– मति, श्रुत, अवधि, मनःपर्याय और केवल में वास्तविक प्रत्यक्षता केवल ज्ञान में ही होती है, शेष ज्ञान पर्यायों के विवेचक हैं। इसलिये सात तत्वों के ज्ञान (अर्थ) को दो प्रकार से जाना जाता है– एकदेश और सर्वदेश से। उमास्वाति ने अपने ग्रन्थ तत्वार्थसूत्र में यही विवेचन– प्रमाणनयैरधिगमः– प्रथम अध्याय के छठे सूत्र के द्वारा व्यक्त किया है। प्रमाण सर्वदेशीय ज्ञान का ग्रहण करता है जबकि नय के द्वारा ज्ञान का एकदेशीय पक्ष ही ग्रहण होता है। नय के ही दो भेद कहे गये हैं– द्रव्यार्थिक और पर्यायार्थिक। यह नय ही वस्तु के अनेकान्त पक्ष का विवेचन करता है, जिसकी स्याद्वाद के नाम से प्रसिद्धि है। जैनमत के अनुसार सभी वस्तुयें द्रव्य पर्यायात्मक अथवा सामान्य विशेषात्मक हैं।

हमने सांख्य और जैन मत जगत को किस प्रकार समझते हैं – उनका संक्षिप्त में विवरण प्रस्तुत किया है। दर्शन का प्रमुख लक्ष्य प्रकृति और चेतना के कार्य व्यवहार का विश्लेषण करना ही होता है– समाज और इतिहास मनुष्य की संज्ञान क्षमता के अनुसार ही सृजित और विकसित होते हैं। सृष्टि का आधार तत्व चेतना है या भौतिक पदार्थ– यह द्वन्द्व प्राचीन तत्व चिन्तकों में भी देखा जाता है और अर्वाचीन तत्व चिन्तक तथा वैज्ञानिक भी इसी समस्या को सुलझाने का प्रयत्न कर रहे हैं। सांख्य और जैन दोनों ही मतों में हम चेतना (पुरुष, जीव) को ही प्रधानता दिये जाते देखते हैं। वैशेषिक दर्शन में कणाद ने भी स्वभाववादी दृष्टिकोण से जगत के आन्तरिक गुण धर्मों को धर्म नामक संज्ञा से व्याख्यायित किया है। उनके सामने सांख्य और आर्हत् विचार प्रादर्श के रूप में उपस्थित थे, इनके अन्तर्विरोधों को समझने का अवसर कणाद को प्राप्त था। सांख्य विचार के साम्यावस्था की अव्यक्त प्रकृति की धारणा में सृष्टि को लय का विचार समाहित है, किन्तु पुरुष और प्रकृति सदैव विद्यमान हैं, इसलिये प्रकृति का

व्यक्त और अव्यक्त होना भी सतत् क्रिया के रूप में देखा जा सकता है। जैन विचार में जीवों की अनन्त संख्या मे उपस्थिति मान्य है, लोक और अलोक आकाश सदैव अस्तित्व में है, लोकाकाश में द्रव्यों के पर्याय के रूप में ही सृष्टि का रचना क्रम अनवरत चलता रहता है। जैन विचार के गति-क्रिया का स्वरूप बहुत अस्पष्ट है पुद्गल और जीव विभिन्न अवस्थाओं में रहते हैं, पर्याय ही को वहाँ -गति-अवस्था परिवर्तन के रूप में देखना होगा। धर्म और अधर्म द्रव्य गति और स्थिति के कारक के रूप में नहीं बल्कि अवस्था के बोधक ही प्रतीत होते हैं। यहाँ तक कि कर्म का विचार क्रिया या गति का बोधक नहीं है बल्कि पुद्गल परमाणुओं के द्वारा जीव को आविष्ट किये रखने -घेरे रखने का ही है। ब्रह्माण्ड व्यापी घटनाओं और प्रक्रियाओं की अन्तरावलम्बित ढंग से एकीकृत करने का एकमात्र माध्यम गत्यात्मकता ही हो सकती है। परमाणु पद्गल स्कन्ध निर्माण के लिये परस्पर संयुक्त होते हैं, इसीलिये कारण परमाणु और कार्य परमाणु का भेद सिद्ध होता है। सांख्य दर्शन में त्रिगुण सत्व, रजस और तमस क्रिया में अवस्था भेद को ही प्रकट करता है। तत्व समास का सूत्र संचरः प्रतिसंचरः गति से उत्पन्न संयोग विभाग की स्थिति की ओर इंगित करता है। शुद्ध जीव और पुरुष की व्याप्ति पूरे ब्रह्माण्ड मे मानी गयी है, उससे चैतन्यता के ब्रह्माण्ड व्यापी होने का संकेत मिलता है, किन्तु यह चैतन्यता दोनों विचारों में जड़ महाभूतों से पूरी तरह विच्छिन्न है। ढाई हजार वर्ष पूर्व इन दर्शन दृष्टियों के द्वारा प्रकृति और ब्रह्माण्ड के रहस्यों के विषय में ये प्रकल्पनायें की गई थीं। हम यहाँ आसानी से संशय प्रकट कर सकते हैं, किन्तु इन मनीषियों ने पूरी सृष्टि की आन्तरिक संरचना के सम्बन्ध में मौलिक आधार बिन्दुओं की प्रकल्पित कर लिया यही आश्चर्यजनक तथ्य है। जैन विचार में पुद्गलों के सूक्ष्मतम स्वरूप परमाणु के परस्पर बन्धन के कारणों को भी स्निग्ध और रुक्ष गुण के आधार पर रेखांकित किया गया है- स्निग्ध रुक्षत्वादबन्धः (तत्वार्थ सूत्र 5-33) जो डाल्टन के परमाणु सिद्धान्त के समान रासायनिक क्रियाओं का प्रारंभिक वर्णन है। यहाँ भौतिक उद्विकास के रूप में चेतना को भले न देखा गया हो, किन्तु जीवों के स्थावर और त्रस दो वर्ग जैविक विकास को ही प्रदर्शित करते हैं- पृथ्वी आदि महाभूत और वनस्पतियों को यहाँ स्थावर कहा गया है, जिनकी एक इन्द्रिय होती है। त्रस के अन्तर्गत वे जीव है, जिनकी दो, तीन, चार और पाँच इन्द्रियाँ होती हैं। इन इन्द्रियों के माध्यम से ही जीव संज्ञानात्मक चेतना प्रदर्शित करते हैं जिसे अर्थ (विषय) कहा गया है- स्पर्शरसगन्धवर्णशब्दासतदर्थाः (तत्वार्थसूत्र 2-20) तत्वार्थ सूत्र के रचियता उमास्वामी ने ईसवी प्रथम शताब्दी में महावीर स्वामी की

इन धारणाओं को व्यक्त किया था। परमाणु और योनिज तथा अयोनिज प्राणियों का वर्णन हम महर्षि कणाद के सूत्रों में भी पाते हैं। इसके लिये मौलिक दृष्टा का श्रेय किसे दिया जाय, यह हमारे लिये महत्वपूर्ण नहीं है। यहाँ यह तथ्य महत्वपूर्ण है कि इन विचारकों ने जिन वैश्विक दृष्टियों का विकास किया, उसके लिए उस समय का जिज्ञासु भारतीय समाज ही उत्प्रेरक था।

कणाद के वैशेषिक दर्शन का उपरोक्त संदर्भों में विचार कते समय यह तथ्य ध्यान में रखा जाना चाहिए कि जैन मत किसी भी वस्तु की सत्ता या अर्थ को द्रव्य, गुण और पर्याय के रूप में देखता है। पदार्थ शब्द का उपयोग वहाँ द्रव्य, गुण और पर्याय के त्रिक के साथ ही साथ पाप, पुण्य, जीव अजीव, आस्रव, बंध, संवर, निर्जरा के नौ आचरण सम्बन्धी धारणा के लिये भी किया गया है। जिसका तात्पर्य यह है कि जैन मनीषियों के समक्ष प्राकृतिक रहस्यों के सही ज्ञान जानने से ज्यादा महत्व जीव को कर्म बन्धन से मुक्त कर कैवल्य प्राप्त करवाना था। कणाद में हम इस द्दष्टि से एक भावना निरपेक्ष वैज्ञानिक को देखते हैं जिसके मन में प्रस्तुत लौकिक जगत को यथार्थ दृष्टि से समझ लने की ही अभीप्सा थी। कुन्दकुन्दाचार्य पर्याय में लिप्त होने को मूढ़ता कहते हैं, क्योंकि जागतिक प्रपंच पर्याय ही है, विभिन्न अवस्थाओं और स्थितियों के परिवर्तन। महर्षि कणाद के सामने बाह्य सत्ता का पर्यायात्मक विचार आया ही होगा। यथार्थ दृष्टि से जागतिक पर्यायों की सत्ता मनुष्यों के संज्ञान अथवा स्वीकृति से पूरी तरह निरपेक्ष है– वस्तुओं की सत्ता मनुष्य के द्वारा वस्तु का संज्ञान न लेने के बावजूद भी अस्तित्व में रहती है। कणाद ने इस बाह्य यथार्थ सत्ता को द्रव्य, गुण और कर्म के अन्योन्याश्रित्व में देखा, उन्होंने इसी भावात्मक सत्ता को अर्थ के रूप में स्वीकार किया। महावीर स्वामी का अर्थ द्रव्य, गुण और पर्याय है। उनके अनुसार द्रव्य ही सत्ता है। प्रवचनसार में (110) कहा गया है कि इस विश्व मे ंकोई भी गुण या पर्याय द्रव्य के बिना नहीं है और द्रव्यत्व भाव ही स्वभाव है, इसलिये द्रव्य स्वयं ही सत्ता है।

महर्षि कणाद का अवदान बाह्य सत्ता के यथार्थवादी व्याख्या मे ंही स्पष्ट होता है, वे कहते हैं–

सदिति यतो द्रव्य गुण कर्मसु सासत्ता (1,2,7)
द्रव्यगुणकर्मभ्योऽर्थान्तर सत्ता (1,2,8)
गुणकर्मसु च भावान्न कर्म न गुणः (1,2,9)

सत् है– इस प्रकार ज्ञान तथा व्यवहार जिससे होता है, द्रव्य गुण तथा कर्म पदार्थों मे वह सत्ता नामक सामान्य है। द्रव्य, गुण तथा कर्म पदार्थों से अन्य पदार्थ हैं सत्ता नामक जाति, इसलिये सत्ता के अस्तित्व के लिये गुण और कर्म दोनों साथ में होने ही चाहिये। केवल अकेले गुण अथवा अकेले कर्म से सत्ता विद्यमान नहीं हो सकती।

यहाँ पर्याय की धारणा के स्थान पर कर्म का रखा जाना बहुत महत्वपूर्ण है। वैशेषिक दर्शन की कर्म की धारणा आर्हत कर्म से बिल्कुल ही भिन्न प्रकार की है। कर्म किसी एक द्रव्य में अनपेक्ष भाव से सतत् संयोग विभाग का कारण है, जो वस्तुतः क्रिया सातत्य है। कणाद अर्थ की परिभाषा भी द्रव्य, गुण और कर्म के अन्तरावलम्बन में करते हैं –

अर्थ इति द्रव्य गुण कर्मसु (8, 2,3)

अर्थ हमेशा बुद्धि सापेक्ष होता है सत्ता सापेक्ष नहीं, इसलिये यथार्थ सत्ता का उचित ग्रहण नहीं हो पाता। बुद्धि द्वारा विभिन्न वस्तुओं के सम्बन्ध का ज्ञान ही अर्थ होता है, इसलिये जैन विचार में जहाँ प्रारंभ में अर्थ को द्रव्य, गुण और पर्याय के आलम्बन के रूप में देखा गया वही बाद में कैवल्य प्राप्ति के मार्ग के साधन के रूप में रूढ हो गया। वैशेषिक दर्शन की महत्ता स्वीकार करने वाले अक्षपाद गौतम ने भी अपने न्यायादर्शन में अर्थ को कणाद की दृष्टि से न देखते हुए उसका विस्तार पाँच महाभूतों के विषयों में कर दिया– गन्धरसरूपस्पर्शशब्दाः पृथिव्यादि गुणास्तदर्थाः (1,1,15)। चौदहवीं शताब्दी में केशव मिश्र ने अपने ग्रन्थ तर्क भाषा में कणाद के छः पदार्थों को ही अर्थ निरूपित किया है। अर्थाः षट् पदार्थाः तेज द्रव्यगुण कर्म सामान्य विशेष समवायाः।

हम यहाँ अर्थ शब्द की विभिन्न व्याख्याओं पर इसलिये जोर दे रहे हैं कि यथार्थ चिन्तन का सम्बन्ध जहाँ व्यवहार अथवा क्रिया से विच्छिन्न हुआ, वैसे ही बुद्धि सापेक्ष व्याख्या में अमूर्तता बढ़ती जाती है और सत्ता का स्वरूप वायवीय होता जाता है। महर्षि कणाद की इस मूल धारणा के साथ बाद के समय में ऐसा ही विपर्यय देखने में आता है।

हम देखते हैं कि जैन और सांख्य मतों में जीव और पुरुष ही चैतन्य और कूटस्थ हैं, वे पुद्‌गल और प्रकृति से पूरी तरह भिन्न स्वभाव के हैं। मनुष्य का ज्ञान उसकी जैविक संरचना, शरीर, इन्द्रिय और मन के बाह्य जगत के सन्निकर्ष से ही उत्पन्न होता है, इसी प्रक्रिया में ब्रह्माण्ड, चेतना, संसार, जीवन की धारणायें बनती हैं। शुद्ध पुरुष या चैतन्य की अपरिणमनशीलता और व्याप्ति को

व्याख्यायित करना असंभव प्रतीत होता है, इस जगत–गच्छतिति स जगतः अथवा संसरणीति स संसारः – की प्रतिति तो पुरुष और प्रकृति, जीव और अजीव की सम्बद्धता में ही प्रकट होती है। यदि ज्ञान भूतेन्द्रियात्मक है तो निश्चित रूप से वह गत्यात्मक भी होगा। यहाँ भी स्वाभाविक रूप से प्रश्न उठता है कि क्या चैतन्यता भी गत्यात्मक है। जो कूटस्थ और अपरिणामी है, वह गतिशील नहीं हो सकता है। इसी दुविधा में चैतन्यता और ज्ञान को भिन्न मानने वाले भी हैं, चैतन्य सर्वव्यापक है और ज्ञान परिणामी गतिशील। भारतीय चिन्तन में विभिन्न मतों का इस सम्बन्धें अपना दृष्टिकोण है। वेदान्ती ज्ञान और चैतन्य को भिन्न–भिन्न मानकर ब्रह्म को चैतन्य तथा ज्ञान को अन्तःकरण के आश्रित मानते हैं। शुद्ध ब्रह्म में अर्थ अथवा विषय मूलक ज्ञान का कोई अंश विद्यमान नहीं होता। मीमांसकों के लिये आत्मा और ज्ञान में कोई भेद नहीं है, जैन परम्परा में भी जीव ज्ञानमय ही है, कर्म पुद्गल के प्रभाव में जीव पर आस्रवों का बन्ध रहता है जिसकी वजह से पाप–पुण्य का उदय होता है। बौद्ध मत में विज्ञान (ज्ञान) नाम का चित्तरूप है, निर्वाण की स्थिति में विशुद्ध प्रज्ञा की शून्यता ही शेष रह जाती है। सांख्य दर्शन में पुरुष चैतन्यमय है, किन्तु ज्ञान (महत प्रकृति बुद्धि) प्रकृति का गुण है। इस प्रकार से ज्ञान विषयक दुविधा का कारग पूर्ण व्याप्ति और स्थिति विशेष की अन्तर्क्रिया का द्वैत दिखाई देता है।

भूत चैतन्यवादी चार्वाक के सामने यह दुविधा नहीं है, वे निर्विवाद रूप से कहते हैं– भूतान्येव चेतयन्ते– भूतों के परस्पर सन्निवेश से ही चेतना उत्पन्न होती है। यहाँ पर भूत स्थूल स्वरूप में ही नहीं है, वे सूक्ष्म स्तर पर भी क्रियाशील होकर परस्पर सम्बद्ध होते हैं, जिससे विशेष स्थिति में चेतना प्रकट होती है– चैतन्य विशिष्टकाय पुरुषः। वैशेषिक दर्शन में आत्मा को द्रव्य माना गया है, इस द्रव्य में जब शरीर और इन्द्रियों के संसर्ग से मन का सन्निकर्ष बनता है तब ज्ञान नामक गुण उत्पन्न होता है, यहाँ द्रव्य और गुण भिन्न है, किन्तु द्रव्य क्रियात्मक स्थिति में गुण के बिना नहीं रह सकता है। गंभीरतापूर्वक विचार करें तो चार्वाक और कणाद के मत में सैद्धान्तिक भिन्नता नहीं है। स्पष्ट रूप से इनके अनुसार ज्ञान जो चेतना स्वरूप है, द्रव्यात्मक ही है।

सांख्य और वैशेषिक दर्शन की तुलना में चीन के विद्वान कणाद के दर्शन के वैशेषिक नामकरण का कारण उसकी सांख्य दर्शन से विशिष्टता बताते हैं। सांख्य के सत्कार्यवादी और परिणामवादी होने के विपरीत वैशेषिक असत्कार्यवादी और आरंभवादी है। सृष्टि का आरंभ कारणता के कार्य रूप में परिणित होने मे है। डॉ. ऊई कहते हैं कि सांख्य में पुरुष को ही ज्ञान (चैतन्य) कहा गया है

जबकि वैशेषिक दर्शन में आत्मा में ज्ञान उस समय तक उत्पन्न नहीं होता, जब तक कि मन और इन्द्रियाँ उसके सन्निकर्ष में न आयें। ज्ञान आत्मा नामक द्रव्य का गुण है [44,पृ. 4] सांख्य और वैशेषिक की तुलना में हम कुछ सूक्ष्म अन्तर देखते हैं कि जहाँ वैशेषिक में जड़ द्रव्यों में पृथवी, जल, तेज और वायु के परमाणु तथा मन को अणु (सूक्ष्म) और आकाश, दिक और काल को विभु-व्यापक रूप में निरवयव और नित्य माना है, वहाँ सांख्य ने दिक और काल को जड़ द्रव्यों में सम्मिलित नहीं किया है। सांख्य दिक और काल को वास्तविक तत्व ही नहीं मानता है, इसके अनुसार दोनों एक क्रम से दूसरे क्रम में और एक स्थान से दूसरे स्थान में परत्व, अपरत्व बतलाने के लिये केवल बुद्धि द्वारा निर्मित सत्तायें हैं, स्वयं में इनका कोई अस्तित्व नहीं। वैशेषिक जहाँ स्थूल (महाभूतों) से आरंभ कर सूक्ष्म जगत की ओर अग्रसर होता है, वहाँ सांख्य सूक्ष्म तत्वों से आरंभ कर स्थूल जगत तक आता है। जैन मत में भी हम देखते हैं कि वहाँ दिक और काल को स्वतंत्र सत्ता नहीं माना गया है। दिक को आकाश में ही अन्तर्निहित कर दिया गया है और काल को एक प्रदेशीय होने के कारण अस्तिकाय नहीं कहा गया जबकि जीव, पुद्गल, धर्म, अधर्म तथा आकाश बहुप्रदेशीय होने के कारण पंच अस्तिकाय कहे गये।

1.2.5 बुद्ध का प्रतीत्य समुत्पाद और कणाद की अर्थक्रियाकारी सत्ता

बौद्धग्रन्थ दीघनिकाय के ब्रह्मजाल सुत्त में शाक्यमुनि गौतम अपने शिष्यों को उस समय प्रचलित धार्मिक और दार्शनिक दृष्टियों के विषयों की समालोचनात्मक व्याख्या करते हुए बासठ दृष्टियों का उल्लेख करते हैं। वे इन्हें लोक और आत्मा सम्बन्धी सिद्धान्तों के अनुसार दो प्रकार की- पूर्वान्त (18) और अपरान्त (44) धारणाओं के समूह में बाँटते हैं। पूर्वान्त धारणाओं का भी पाँच श्रेणियों में विभाजन करते हैं- (1) शाश्वतवाद (2) नित्यता अनित्यतावाद (3) सान्त-अनन्तवाद (4) अमराविक्षेपवाद (अनेकवाद) और (5) अकारणवाद। अपरान्त दृष्टियाँ मृत्यु पश्चात् संज्ञी आत्मा, असंज्ञीआत्मा, न संज्ञी न असंज्ञी आत्मा, आत्मा का उच्छेद और इसी जन्म में निर्वाण सम्बन्ध में अपने मत का प्रतिपादन करती हैं। तथागत गौतम बुद्ध आदि अन्त वाली इन दोनों तरह की दृष्टियों को मिथ्या दृष्टि बताकर जीवन में बने रहने के मूलकारण को भवतृष्णा में देखते हैं। ब्रह्मजाल सूत्र से आगे सामञ्ञफल सुत्त में अजात-शत्रु के मानसिक भय के निवारण के लिए जिन छः तत्ववेताओं के नाम का उल्लेख हुआ है, वे हैं- पूर्ण काश्यप, मक्खलि गोसाल, अजितकेशकम्बल,

निगण्ठ ज्ञातपुत्त, पुकुथ काच्चायन और संजयवेलट्ठिपुत्त। इन दोनों ही सुत्तों के विषय वस्तु से स्पष्ट होता है कि उस समय यज्ञयाग कर्मकाण्डों का जोर बढ़ा हुआ था। अपने सम्प्रदाय के प्रचार के लिये श्रमण, ब्राह्मण पारिव्राजक लोक और आत्मा के सम्बन्ध में उठने वाले गूढ़ प्रश्नों पर विचार–विमर्श करते हुए अपनी–अपनी शिष्य मण्डली को साथ लेकर समाज में भ्रमण करते रहते थे।

नित्यता अनित्यता और आत्मा का स्वरूप– ये दो विषय प्रमुख रूप से उस समय के दार्शनिकों के बीच बहस के मुद्दे होते थे। उपरोक्त दार्शनिकों की सूची में निगण्ठ ज्ञातपुत्त, महावीर स्वामी का उस समय का प्रचलित नाम था। आर्हत जैन मतावलम्बियों के तेइसवें तीर्थंकर पार्श्वनाथ की शिक्षा के अनुसार साधना करने वाले लोग उस समय बहुतायत में थे– वे चातुर्यामी पुरुषादानीय साधक कहे जाते थे। इनकी साधनायें शरीर को सुखा देने वाली कठोर तपस्याओं के रूप में थी– स्वयं गौतम बुद्ध ने कुछ समय तक इन साधनाओं को किया था। निगण्ठ ज्ञातपुत्त के साथ ही मक्खलि गोसाल और संजय वेलट्ठिपुत्त पुरुषादानीय पार्श्व परम्परा में ही थे। बाद में उनमें ही अचेल (नग्न) सचेल (वस्त्र धारण) ब्रह्मचर्य, कर्म आदि के विषय में मतभेद के अनुरूप साम्प्रदायिक विभेद होते गये। यज्ञयाग, कर्मकाण्ड करने वाले मीमांसकों पर भी इनकी दार्शनिक पद्धति का प्रभाव पड़ रहा था, जटिल, तीर्थक, पारिव्राजक जैसे विविध वैदिक परम्परा के साधुओं ने भी समाज में विचार स्वातंत्र्य और बौद्धिक सजगता के अपने ऋषियों के मतों का पुनर्विचार प्रारंभ कर दिया था। यहाँ इस तथ्य को अधिक स्पष्ट करना चाहिए कि तत्कालीन समाज में धार्मिक सम्प्रदायों की दृष्टि से वैदिक परम्परा के साधक ब्राह्मणों का ही बाहुल्य नहीं था। जनजीवन पर उस समय श्रमण और ब्राह्मण साधकों का बराबर का प्रभाव बना हुआ था। वैदिक परम्परा से इतर जो भी साधक और विचारक उस समय समाज में घूम रहे थे, वे श्रमण कहे जाते थे। अस्तु, कपिल और कणाद मुनि यदि अवैदिक कहे जाते हैं तो इसमें कोई आश्चर्य की बात नहीं है। जैन, बौद्ध, ग्रन्थों में लोकायत और प्रामाणिक (नैयायिक) आचार्यों की चर्चा आती है, किन्तु कणाद संज्ञा का कहीं उल्लेख नहीं है, इससे लगता है कि उस समय तक वैशेषिक दर्शन का विधिवत संकलन नहीं हुआ होगा। उपरोक्त वर्णित आचार्यों में पुकुथ कच्चायन के विचार सरणि मे सुख, दुःख, आत्मा और द्रव्य सम्बन्धी जो विवेचन हुआ है, उसे ही विद्वान लोग वैशेषिक दर्शन के बहुत नजदीक पाते हैं।

श्रमण गौतम बुद्ध मध्यमा प्रतिपद को महत्व देते थे, वे गूढ़ तार्किक चिन्तन के स्थान पर सजगता– अप्रमाद को प्रतिष्ठित करते थे। अपनी साधना से जो

उन्हें अनुभव प्राप्त हुआ था उसके आधार पर शरीर को कठोर तप के क्षीण कर लेने को वे उचित न मानकर स्वाभाविक शील और मैत्री भाव की प्रशंसा करते थे। मज्झिम निकाय के चूल सकुलुदायि सुत्त में निगण्ठ ज्ञात पुत्त (महावीर) का सर्वज्ञ (सब कुछ जानने वाला) के रूप में उल्लेख आया है, जहाँ उदायी नामक साधक तथागत बुद्ध के पास निगण्ठ ज्ञातपुत्त से अपने प्रश्नों के सही उत्तर नहीं पाने के बाद अपनी जिज्ञासा शान्त करने के लिये आया था। श्रमण गौतम उदायी को पांच नीवरणों को त्यागकर चित्तमलों को ध्यान के माध्यम से साफ करके जीवन कृतार्थ करने की ही सलाह देते हैं। वे रहस्यात्मक ज्ञान की बनिस्बत व्यवहार को ही श्रेयस्कर बताते हैं। गौतम बुद्ध ने रहस्यात्मकता सम्बन्धी दस प्रश्नों के पोट्ठपाद के द्वारा पूछे जाने पर उनका उत्तर न देते हुए उन प्रश्नों को न अर्थयुक्त माना न ही धर्मयुक्त। उनसे लौकिक जीवन का कल्याण नहीं होता इसलिये उन्हें अव्याकृत (अनिर्वचनीय) कहा। तत्कालीन समय की दार्शनिक जिज्ञासा के विषय में स्पष्टता हो इसलिये हम भी उन दस अव्याकृत प्रश्नों को यहाँ पर संकलित करते हैं। वे दस प्रश्न हैं- (1) लोक नित्य है (2) लोक अनित्य है (3) लोक अन्तवान है। (4) लोक अनन्त है (5) वही जीव है वही शरीर है (6) जीव दूसरा है, शरीर दूसरा है (7) तथागत मरने के बाद फिर उत्पन्न होते हैं। (8) मरने के बाद तथागत फिर उत्पन्न नहीं होते हैं। (9) मरने के बाद तथागत होते भी है और नहीं भी होते हैं और (10) मरने के बाद तथागत न होते हैं और न नहीं भी होते हैं। गौतम बुद्ध के मूल वचनों का तात्पर्य बहुत स्पष्ट है – लौकिक जीवन को ही वे प्राधान्य देते थे, उनके द्वारा बताये गये साधन-शील, समाधि और प्रज्ञा मानव जीवन को कृतार्थ और निर्द्वन्द्व बनाने के लिए ही हैं।

पूर्ण सजगता और संलग्नता के कारण गौतम बुद्ध प्रकृति और समाज सम्बन्धी समस्याओं की गहराई को सही ढंग से देख लेते थे, इसलिये अनावश्यक बौद्धिकता को महत्व न देने के बावजूद उन्होंने जो निराकरण बताये उनसे दर्शन के गूढ़ और गंभीर प्रश्नों का भी समाधान हुआ। मूल बौद्ध विचार वस्तुतः व्यावहारिक मनोविज्ञान है, जो सामाजिक सांस्कृतिक अन्तर्विरोधों के बीच मनुष्य को सुख और शान्ति से जीवन निर्वाह करने के योग्य बनाता है। तत्कालीन समाज में मानव जीवन के समक्ष जो समस्यायें स्वाभाविक रूप से आ रही थीं, उनका समाधान तो ढूँढ़ा ही जाना था। उसके लिये गौतम बुद्ध ने वैज्ञानिक पद्धति का ही मार्ग चुना याने कि लौकिक जीवन की सार्थकता के लिए उनके अग्रगामियों

ने जो समाधान सुझाये थे, उनका ही सम्यक विचार करके अप्रमादित रहते हुए परिष्कार करना।

भारतीय चिन्तन में हेतुवादियों में गौतम बुद्ध का जो प्रमुख स्थान है, उस सम्बन्ध में स्पष्टता के लिए ही उनकी निम्न गाथा को सम्राट अशोक ने प्रस्तर स्तम्भों पर दूर-दूर तक खुदवाया, जिसे हम भी बार-बार दुहरा रहे हैं-

ये धम्मा हेतुप्पभवा, तेस हेतुं तथागत आह।
तेसं चयो निरोधो, एवं वादी महासमण ॥

– जो धर्म हेतु प्रभव है उनके हेतु और निरोध का ही तथागत ने उपदेश दिया है।

गौतम बुद्ध और महर्षि कणाद के ऐतिहासिक तारतम्य के सम्बन्ध में हमारे पास कोई उचित प्रमाण न रहने के बावजूद उनके द्वारा दिये गये गाथा और सूत्रों के आधार पर दोनों विचार पद्धतियों के आन्तरिक सम्बन्धों को समझा जा सकता है। बौद्ध दर्शन के आधार विचार के रूप में उनके प्रतीत्य समुत्पाद सिद्धान्त को रखा जाता है, जिसकी पाली परिभाषा निम्नानुसार दी गई हैं :-

इमस्मि सति इदं होति, इमस्स उप्पादा इदं उपज्जति।
इमस्मि असति इदंन होति, इमस्स निरोधा इदं निरुज्झति ॥

इसके होने पर यह होता है, इसके उत्पाद से यह उत्पन्न होता है। इसके न होने पर यह नहीं होता है, इसके निरोध से यह निरुद्ध होता है।

अस्मिन सति इदं भवति- बौद्ध प्रतीत्य समुत्पाद के बिल्कुल समानान्तर वैशेषिक सूत्रों अस्येदमिति, अस्येदं, इहेदमिति- इससे यह होता है- पद चार सूत्रों में आया है। विभिन्न द्रव्यों के अवयव के रूप में प्रयुक्त होने से प्राप्त नयी वस्तु की निर्मिति का कारण समवाय सम्बन्ध होता है। उसकी परिभाषा महर्षि कणाद ने निम्नानुसार दी है :-

इहेदमिति यतः कार्यकारणयोः स समवायः (7,2,26)

यहाँ इससे यह है- इस प्रकार कार्यकारण मे होने वाला सम्बन्ध समवाय कहलाता है।

इस्येदं कार्यकारण सम्बन्धश्चावयवाद्भवति। (9,2,2)

इससे यह है – इस प्रकार के कार्यकारण सम्बन्ध से ही अवयवों से अवयवी (अवयवात्) की संघटना होती है।

अवयव और अवयवी, धर्म और धर्मी के विचार को सांख्यमत में काफी महत्व दिया गया है, वहाँ पुरुष (आत्मा) संहत्यकारी परिणामी वस्तुओं से अन्य है। जैनमत में द्रव्य और सत्ता अभिन्न है। वैशेषिक दर्शन में सत्ता सांख्य की ही भाँति द्रव्य, गुण और कर्म से उत्पन्न परिणाम रूपी सत्ता है जो अपने अवयवों से भिन्न है– द्रव्य गुणकर्मभ्योऽर्थान्तरं सत्ता (1,2,8)। गौतम बुद्ध का अनात्म भी विज्ञान की लाक्षणिकता में व्यक्त होता है रूप, वेदना, संज्ञा, संस्कार और विज्ञान के पंचस्कन्धात्मक अवस्थाओं से गुजरती हुई सत्ता प्रकट होती है, जिसके बिखरने पर केवल शून्यता शेष रहती है। बुद्ध कहते हैं– सब्बे धम्मा अनत्ता– घटना बनाने वाले सभी धर्म (कार्यकारण, उपादान) अनात्म है। सारी समस्या परिणामी एकत्व के संज्ञा करण की है। इसी से आत्मा का विचार उत्पन्न होता है। पातंजल सूत्र में यही तथ्य दूसरे ढ़ंग से कहा गया है– परिणामैकत्वाद् वस्तुतत्वम्। परिणाम के एकत्व से ही वस्तु का तत्व बनता है।

मज्झिम निकाय में तथागत गौतम ने मूल पर्याय सूत्र में यही समस्या उठाई है– पृथकजन आर्य धर्म से अपरिचित पृथ्वी को पृथ्वी के तौर पर समझता है। पृथ्वी को पृथ्वी के तौर पर समझकर पृथ्वी को मानता है, पृथ्वी में मानता है, पृथवी से मानता है, पृथ्वी मेरी है मानता है। परन्तु जो अर्हत है क्षीणास्रव है जो भली प्रकार से जानकर मुक्त हो चुका है, वह भी पृथवी को पृथवी के तौर पर पहचानता है, पृथवी को पृथवी के तौर पर पहचान कर न पृथवी को मानता है, न पृथवी में मानता है, न पृथवी से मानता है और न ही पृथवी मेरी है मानता है। [8]

स्वभाववाद या हेतुवाद में इस बुनियादी सिद्धान्त के मतभेद के आधार पर ही आत्मदृष्टि में भिन्नता रही, पुरुष, जीव, आत्मा को परिणामी, अपरिणामी, शाश्वत और शून्य के रूप में इन चिन्तकों ने देखा। गौतम बुद्ध के अनात्मवाद के अनुसार किसी भी घटना का निर्माण करने वाले घटक जब तक संयुक्त रहते है, वह घटना क्रियाशील और अस्तित्ववान होती है और जैसे ही घटना का विनाश होता है, घटक छिन्न–भिन्न हो जाते हैं, फिर वहाँ केवल शून्यता रह जाती है– अनात्म सिद्ध हो जाता है।

कहने की आवश्यकता नहीं है कि सम्यक सम्बुद्ध गौतम ने आत्मा की सत्ता को ही स्वीकार नहीं किया। पचंस्कान्धात्मक नाम रूप के जगत में वे विज्ञान को निसृत होते देखते हैं– विज्ञान ही षडायतन–गंध, रस, रूप, स्पर्श, शब्द और मन के संयुक्त व्यवहार को संचालित करता है। जब शरीर मृत्यु को प्राप्त होता

है तब विज्ञान भी शरीर के साथ ही नष्ट हो जाता है। महर्षि कणाद ने अपने नौ द्रव्यों में आत्मा और मन को भी द्रव्य बताया है, जहाँ सभी द्रव्य नित्य बताये गये हैं, इसलिये उनके कुछ व्याख्याकार वैशेषिक दर्शन को नित्य आत्मवादी मानते हैं। यहाँ यह तथ्य ध्यान में रखना चाहिए कि कणाद स्वयं नित्यता और अनित्यता को कारणता तथा अकारणता के संदर्भ में निश्चित करते हैं। कणाद अपने सूत्रों में वायु, आकाश, काल, दिक, आत्मा और मन के अस्तित्व को अनुमान प्रमाण (सामान्यतोदृष्ट) के द्वारा सिद्ध करते हैं और इन सब की सत्ता (भाव) को वे बराबर– तस्य द्रव्यत्व नित्यत्वे वायुना व्याख्याते– (इनका द्रव्यत्व और नित्यत्व वायु की ही भाँति व्याख्यायित हुआ) कह कर सिद्ध करते हैं।

मन और आत्मा की सत्ता को वैशेषिक दर्शन में लाक्षणिक विधि से सिद्ध किया गया है।

आत्मेन्द्रियार्थ सन्निकर्ष ज्ञानस्य भावोऽभावश्च मनसोलिंगम्। (3,1,1)

मन के आत्मन (शरीर) और इन्द्रियों के सन्निकर्ष से प्राप्त होने वाले ज्ञान के उत्पन्न होने अथवा न होने के लक्षण से ही मन की सत्ता सिद्ध होती है।

प्राणाऽपान निमिषोन्मेष जीवन मनोगतीइन्द्रियान्तर विकाराः सुख दुःखेच्छा द्वेष प्रयत्नात्मनोलिंगानि। (3,1,4)

स्वासोच्छवास, निमेष, उन्मेष, जीवन, मन और इन्द्रियों के व्यवहार, विकार, सुखदुःख, इच्छा द्वेष और प्रयत्न आत्मा के लक्षण है।

आत्मा के अस्तित्व के जो लक्षण यहाँ बताये गये हैं, वे सभी शरीर स्थित अवयवों के गुण हैं। सुख दुःख, इच्छा, द्वेष और प्रयत्न अनुभव और भावनायें हैं– जो चेतना के माध्यम से प्रादुर्भूत होती हैं।

वैशेषिक दर्शन के तीसरे अध्याय के प्रथम आह्निक के ग्यारहवें और बारहवें सूत्रों के व्यक्तियों के शरीर के माध्यम से अहम भाव की उत्पत्ति व्यक्तित्व की सत्ता को प्रामाणिक रूप से सिद्ध किया गया है, किन्तु यहाँ जिसे आत्मा कहा जा रहा है, वह तो एक औपचारिक विचार ही है और वहाँ कणाद के मन में संशय भी है–

सन्दिग्धास्तूपचाराः (3,1,13,16)

यह उपचार– अहम विषयक प्रत्यक्ष को शरीर में स्थित आत्मा के विषय में मानना– भी तो संदिग्ध ही है।

गौतम बुद्ध के चरित्र में त्याग–तपस्या, संयम और विवेक सम्मत ज्ञान का क्रमशः विकास दिखाई देता है। वे मानवीय मुक्ति के उन्नायक थे। प्राकृतिक

जगत के बाहर परलोक, स्वर्ग-नरक ईश्वर के अस्तित्व को उन्होंने बहुत स्पष्टता से अस्वीकृत किया था। परन्तु, वे जीवन का अन्त मृत्यु के साथ ही नहीं मानते थे, इसीलिये चार्वाक के उच्छेदवाद से उनकी सहमति नहीं थी। साथ ही, आर्हत् जैन और सांख्य मत के आत्म तत्व-जीव और पुरुष की शाश्वता और कूटस्थता भी उन्हें स्वीकार नहीं थी। उनका यह संशय ही उनके बाद के बौद्धमत में विस्तार पाता रहा।

विचार करने पर पूरे भारतीय सांस्कृतिक विकास प्रक्रिया में सत्ता और सत्ता की व्यापकता का ही द्वन्द्व दिखाई देता है। इन्द्रिय ज्ञान के माध्यम से प्राकृतिक बाह्य सत्ता की पूर्णरूपेण सिद्धि न हो सकने के कारण अनुमान, कल्पना अथवा आगम का सहारा लेना पड़ता है। ज्ञान की प्रकृति के विवेचन के साथ अनुमान प्रमाण के विविध प्रकार विकसित होते जाते हैं। अस्तु, सत्ता मीमांसा के साथ ज्ञान मीमांसा का अमूर्त विस्तार धीरे-धीरे परलोक, ईश्वर, माया, भाग्य जैसी अवधारणाओं को दृढ़ करता गया।

हमारा ध्येय प्राकृतिक और सामाजिक यथार्थ के सम्यक प्रकार से स्पष्ट करने का है, इसलिये अमूर्त और विकल्प जनित प्रश्नों को हम अपनी प्राथमिकता में नहीं ले रहे हैं। गौतम बुद्ध और महर्षि कणाद के वैचारिक द्वन्द्व में हमें वे बिन्दु स्पष्ट दिखाई दे सकते हैं, जहाँ से उनके बाद की शताब्दियों में वैचारिक व्यामोह का अन्धकार बढ़ता गया। गौतम बुद्ध जीवन के समस्त दुःखों को तृष्णा के कारण उत्पन्न हुआ मानते हैं, किन्तु वैशेषिक सूत्रों में हम कणाद के तप, त्याग आधारित कठोर साधना का कोई प्रमाण नहीं पाते हैं। बल्कि, वहाँ हम मानवीय प्रवृत्ति को यथार्थ परक ढ़ंग से परिभाषित किया जाता देखते हैं :-

इच्छा द्वेष पूर्विका धर्माऽधर्म प्रवृत्तिः। (6,2,14)

सामाजिक नैतिकता और अनैतिकता को उत्पन्न करने वाली मानवीय प्रवृत्ति का मूल कारण इच्छा और द्वेष है। यहाँ इच्छा और तृष्णा के भेद को समझा जाना चाहिये, जब मनुष्य की सहज स्वाभाविक प्राकृतिक इच्छाओं को तृष्णा कहा जाता है तो वहाँ मनुष्य जीवन के प्रति तिरष्कार भाव है। द्वेष से उत्पन्न शत्रुभाव और हिंसा के समुदय को तो सामाजिक व्यवस्था में अन्तनिर्हित दोष के कारण गर्हित माना जा सकता है, जिसे कणाद ने भी माना है- (2-1-,4)। किन्तु, सहज मानवीय प्रवृत्तियों को, जो कि मानव जीवन के विकास के साथ सम्बद्ध है और जो ऐन्द्रिक संलग्नता के कारण स्वाभाविक इच्छा के रूप में प्रकट होती है उनका तिरस्कार किसी तरह विवेक सम्मत नहीं कहा जा सकता है। इस दृष्टि

से हम कणाद मुनि को गौतम बुद्ध की तुलना में अधिक मानवीय पाते हैं। वैशेषिक दर्शन के छठे अध्याय में कणाद की सामाजिक दृष्टि की अभिव्यक्ति हुई है। वे हिंसा की निन्दा करते हैं :- दुष्टं हिंसायाम्। (6,1,7) सभी प्रकार की हिंसा दुष्टता (दोषपूर्ण व्यवहार) के कारण होती है।

कणाद सामाजिक व्यवहार की दृष्टि से तीन प्रकार के व्यक्तियों का वर्गीकरण करते हैं- सम, हीन और विशिष्ट। हीन व्यक्ति में दुष्टता होती है और विशिष्ट व्यक्ति परोपकारी और उदात्त चरित्र वाला होता है इसलिये अपने समान (सम) व्यक्तियों के साथ कुशल व्यवहार करते हुए समाज हित में त्यागवृत्ति को ही कणाद श्रेयस्कर मानते हैं। जो समाज हित मे लगे हुए विशिष्टजन हैं, उनके सहयोग के लिए जरूरी हो तो आत्मत्याग भी करना चाहिये- विशिष्टे आत्मत्याग इति। (6,1,16)

पारम्परिक भाष्यकार वैशेषिक सूत्र- यतोऽभ्युदयानिःश्रेयससिद्धिः स धर्मः - में आये निःश्रेयस पद को पारलौकिक मोक्ष के लिए प्रयुक्त बताते हैं। जबकि स्वयं कणाद ने निःश्रेयस की परिभाषा सूत्र (1,1,4) में षट पदार्थों के तत्वज्ञान को सम्यक ढ़ंग से समझने के लिये की है। पारलौकिक मुक्ति (मोक्ष) का वहाँ कोई विचार नहीं है। मोक्ष शब्द के तात्पर्य के लिये दो सूत्र दिये गये हैं, जिनके सही अर्थों का विवेचन स्वयं कणाद ने ही कर दिया है।

तद्भावे संयोगाभावोऽप्रादुर्भावश्च मोक्षः। (5,2,18)

आत्मा और मन के साथ संयोग न होने पर शरीर स्थित इन्द्रियों के विविध क्रियाओं और अनुभवों (सुख -दुःख) का प्रादुर्भाव नहीं होगा- वही मोक्ष है।

आत्मकर्मसु मोक्षो व्याख्यातः। (6,2,16)

अपने स्वयं के कर्मों (प्रयत्नों) के अनुसार मोक्ष की व्याख्या की गई है।

यहाँ यह ध्यान देने की बात है कि यह सूत्र उपरोक्त इच्छा द्वेष जनक प्रवृत्तियों (6,2,14) के संदर्भ में ही दिया गया है। गौतम बुद्ध द्वारा प्रतिपादित निर्वाण तृष्णा के शान्त होने पर प्राप्त होता है। वैसे ही कणाद की आत्मा और मन के द्वारा इच्छाओं में आसक्ति के त्याग को मोक्ष बताते हैं और वे दृढ़तापूर्वक कहते हैं कि व्यक्ति स्वयं अपने कर्मों से मोक्ष प्राप्त करता है, कोई इसे मोक्ष नहीं दिलाता है और कणाद का कर्म क्रियाशीलता तथा प्रयत्न है- ध्यान या मंत्र तंत्र नहीं।

दुःख की आत्यन्तिक निवृत्ति को सभी दर्शन दृष्टियाँ मुक्ति कहती हैं। दुःख सुख के सम्बन्ध में तथागत बुद्ध के वचन धम्म पद के प्रथम दो गाथाओं में दिये

गये हैं। मन सभी प्रवृत्तियों का अगुआ है, मन उनका प्रधान है, वे मन से ही उत्पन्न होती है। यदि कोई दूषित मन से बोलता या करता है तो दुःख उसका अनुसरण उसी प्रकार करता है, जिस प्रकार कि चक्का गाड़ी खींचने वाले बैलों के पैरों का। (1,1)

इसी तरह सुख के लिये कहा गया है कि प्रसन्न मन से काम करने वाले का सुख उसी तरह अनुसरण करता है, जैसे कि कभी साथ न छोड़ने वाली छाया।

मनो पुब्बगंमा धम्मा मनो सेट्ठा मनोमया।
मनसा चे पसन्नेन भासति वा करोति वा।
ततो नं सुखमन्वेति छाया व अनपायिनी॥ (1,2)

कणाद मुनि इसी तथ्य को एक सूत्र में व्याक्त करते हैं –

आत्मेन्द्रियमनोऽर्थसन्निकर्षात् सुख दुःखे। (5,2,15)

आत्मा, मन और इन्द्रियों के विषय जब परस्पर सम्बन्ध बनाते हैं, तो सुख और दुःख की अनुभूति होती है और कुछ समय पूर्व हमने ऊपर (5,2,18) में बताया है कि जब यह सम्बन्ध विच्छिन्न हो जाता है तो मनुष्य सुख दुःख के द्वन्द्वों से मुक्त हो जाता है।

श्रमण गौतम के अनुसार– सब्बे संखारा अनित्तादि............ सब्बे धम्मा अनत्तादि– सभी संस्कार अनित्य है और सभी धर्म अनात्म है। अतएव बौद्ध चिन्तन में नित्यता की धारणा किसी प्रकार से स्वीकृत नहीं की जा सकती है, किसी भी अन्तिम सत् के लिए वहाँ स्थान नहीं है। वैशेषिक दर्शन में सत् को अकारणवत नित्य बताया गया है– सदकारणवन्नित्यम्। (4,1,1)। हालांकि यह सत क्रियाशील नहीं हो सकता, फिर भी इससे आदि सत्ता के रूप में पुरुष की कल्पना का अवसर यहाँ भी है। इसलिये इसे सांख्यदर्शन के समतुल्य रखने की प्रवृत्ति बनती है। कणाद ने अपने आत्मा के प्रकरण में ज्ञान को आत्मा के गुण के रूप में रखा है जबकि सांख्य में पुरुष (आत्मा) ही ज्ञानमय है, स्वयं चैतन्य है।

वैशेषिक दर्शन पर अदृश्य कर्त्ता की स्वीकृति का आरोपण किया जाता है, इसी अदृष्ट कर्ता को ही बाद में ईश्वर का पद दे दिया गया। स्वयं कणाद ने कहीं भी ईश्वर की सत्ता को स्वीकार नहीं किया है। जिन सूत्रों में अदृष्ट शक्ति का उल्लेख हुआ है, उनकी सही व्याख्या से भी अदृष्ट कारण अभीष्ट है, कोई देवी

शक्ति नहीं। पाँचवें अध्याय में जहाँ प्राकृतिक घटनाओं के कार्यकारण का विवरण है और अभिघात तथा नोदन जैसे अद्दश्य बल के सिद्धान्त का निर्धारण किया गया है। वहाँ ही चुम्बक की आकर्षण शक्ति, जो कि दिखाई नहीं देती है, उसके अद्दश्य कारण से सुई के आकृष्ट होने की घटना का विवरण है।

मणिगमनं सूच्यभिसर्पणमद्दष्टकारणम्। 5,1,15)

अयस्कान्त मणि (चुम्बक पत्थर) के साथ संचालन के साथ लोहे की सुई में गति अद्दष्ट कारण से होती है।

इसी प्रकार पृथ्वी की आकर्षण शक्ति के विषय मे पूरी स्पष्टता न होने पर भी उसमें ऐसी शक्ति के होने की संभावना को ही वे नोदन और अभिघात के रूप में परिभाषित करते हैं। पृथ्वी पर बादलों के द्वारा जल बरसाया जाना, किसी भी वस्तु को ऊपर फेंकने पर उसका नीचे गिरना, किसी वस्तु के आश्रयहीन स्थिति में उसका नीचे गिरना- इस घटनाओं को वे गुरुत्व के रूप में पहचानते हैं। इसी संदर्भ में वहाँ कहा गया है-

तद्विशेषणादृष्टकारितम्। (5,2,2)

ऐसी विशेष घटनायें पृथवी के द्वारा अदृष्ट शक्ति लगाने पर ही होती है।

अग्नि की ज्वाला के उर्ध्वजलन, वायु वेग से उसके साथ छोटे कणों का तिर्यक गमन और मन में इच्छा के उत्पन्न होने को अद्दष्ट कारण बताया है (5,2,13) संस्कार पद का उपयोग अदृष्ट रूप से संग्रहित शक्ति के लिये ही किया है। उपरोक्त सूत्रों में अदृष्टकारित बल के लिए विवेचन के पश्चात् इससे ईश्वर की धारणा का आरोपण करना स्पष्ट रूप से दुराग्रह है।

प्रकृति में प्रत्येक कार्य स्वतः निरपेक्ष ढ़ंग से हो रहा है, केवल कार्य कारण ही उसके लिए नियन्ता है- इस तथ्य को कणाद के द्वारा कर्म पदार्थ की परिभाषा से भी प्रकट हो जाता है।

एक द्रव्यमगुणं संयोग विभागेष्वनपेक्षकारणमिति कर्मलक्षणम्। (1,1,19)

यहाँ संयोगविभागेष्वनपेक्षकारणमिति- संयोग विभाग में अनपेक्ष कारण- के रूप में ही कर्म को परिभाषित किया गया है। यदि किसी अद्दष्ट कारण से संयोग विभाग का संचालन करवाना कणाद को अभीष्ट होता तो यहाँ 'अनपेक्ष' पद को नहीं रखते। स्पष्ट है- "एक द्रव्य समवेत गुण शून्य एवं संयोग विभाग के लिये अनपेक्ष कारणी भूत पदार्थ है कर्म"- ऐसी परिभाषा से कर्मपदार्थ को पूर्ण स्वतंत्र रखा गया है। इसलिए वैशेषिक दर्शन पर 'ईश्वर' के द्वारा सृष्टि का नियंत्रण और

संचालन का आरोपण करना पूरी तरह बेबुनियाद है। ब्रह्मसूत्र [2,2,11-12] में बादरायण भी कणाद के निरीश्वरवादी होने के संदर्भ में ही वैशेषिक के उपरोक्त विचारों का खण्डन करते हैं। इसलिये, यह बात साफतौर से कही जा सकती है कि बाद के नैयायिकों ने (नव्यन्याय) महर्षि कणाद पर ईश्वर की सत्ता का समर्थक होने का मिथ्या आरोप लगाया था।

जैसा कि हमने अन्यत्र देखा है कि भारतीय हेतु मूलक चिन्तन में स्वभाववाद का आशय प्रकृति के सभी क्रियाकलापों में कुछ सुनिश्चित नियमों का अन्तिर्निहित होना है। सभी वस्तुयें अपने स्वभाव के अनुसार बरतती है, क्योंकि उनकी सत्ता की निर्मिति उनकी आन्तरिक संरचना के परसपरावलम्बित अन्तर्सम्बन्धों से उन्हें स्वतः संगठित होने की क्षमता प्रदान कर देते हैं और साथ ही कुछ बाह्य अदृष्ट कारण उनके अस्तित्व को बनाये रकने में सहायक होते हैं। स्वभाववादी यह जानते थे कि वस्तु का स्वभाव स्वकेन्द्रित नहीं है बल्कि अन्य बाह्य कारणों से आबद्ध है। गौतम बुद्ध का प्रतीत्य समुत्पाद का सिद्धान्त- इसके होने से यह होता है- इसी तथ्य की पुष्टि करता है। कहने की आवश्यकता नहीं है कि महर्षि कणाद भी अस्य इदम् की कार्य कराण श्रृंखला में सभी अवयवी की उत्पत्ति विभिन्न अवयवों के समवाय सम्बन्ध में देखते हैं (1,2,2) कारणता की इस स्वभाववादी व्याख्या में अभिधर्मकोष के रचियता बौद्ध आचार्य वसुबन्धु तो यहाँ तक कहते हैं कि- स्वयं विकाय सर्वे धर्माः स्वतोऽन्ये कारण हेतुः -स्वयं एकमात्र अपने को छोड़कर सभी धर्म (सत्ता) संसार की अन्य सभी घटनाओं के कारण होते हैं [2-50] कणाद ने जिस यथार्थवादी सत्ता का निरुपण द्रव्य, गुण और कर्म के अन्योन्याश्रय सम्बन्धों में किया है, उसे आगे बौद्ध नैयायिकों दिङ्नाग और धर्मकीर्ति ने वस्तु के अर्थ क्रियाकारित्व में किया। धर्मकीर्ति अपने ग्रन्थ 'न्याय बिन्दु' में यथार्थ सत्ता की कुछ ऐसी ही परिभाषा देते हैं -

अर्थ क्रिया सामर्थलक्षणत्वाद् वस्तुनः (1-15)

अर्थ क्रिया में सामर्थ ही यथार्थ वस्तु का लक्षण है।

भारतीय सभ्यता ने अपने यहाँ पन्द्रह सौ वर्षों तक बौद्ध धर्मदर्शन के विकास और विनाश प्रक्रिया को देखा। इस प्रक्रिया को इतिहास के वैचारिक परिवर्तन के दौर की तरह भी देखा जा सकता है। श्रमण गौतम के बाद के पाँच सौ वर्षों तक हीनयानी सौत्रान्तिक और वैभाषिक आचार्यों ने बाह्य प्रत्यक्षवाद का समर्थन किया। बाद के पाँच सौ वर्ष माध्यमिक शून्यवाद के प्रभाव में रहे, जहाँ नागार्जुन ने प्रमाण और कारणता को ही निरर्थक बताया, मानव बुद्ध के स्थान पर लोकोत्तर

बुद्ध स्थापित किये गये और अन्तिम तीसरे दौर में शुद्ध दार्शनिकता हाबि रही, विज्ञानवाद के खेमे में वसुबन्धु दिङ्नाग और धर्मकीर्ति से उद्भट विद्वान हुये। कहते हैं धर्मकीर्ति की गंभीर तात्विक विवेचना के प्रभाव में आचार्य शंकर ने बुद्ध चेतना को विवर्तवाद में बदल कर बुद्ध धर्म को ही भारत से विदा कर दिया।

1.2.6 चार्वाक और कणाद

महाभारत के शान्तिपर्व में युधिष्ठिर के राज्यारोहण के पूर्व चार्वाक के वहाँ पहुँचने का उल्लेख है और श्रीकृष्ण द्वारा चार्वाक के सम्बन्ध में कहा गया है कि वे पुराकृत युग में बदरिकाश्रम में तप किया करते थे। इससे यह तो स्पष्ट है कि चार्वाक दर्शन बौद्ध, सांख्य, वैशेषिक आदि दर्शनों से प्राचीन है। गौतम बुद्ध ने उच्छेदवादियों के रूप में चार्वाक जैसे दार्शनिकों का ही उल्लेख किया है। चार्वाक भूत चतुष्टयवादी थे, आकाश को उन्होंने महाभूतों में सम्मिलित नहीं किया है, महावीर के पुद्गल के अन्तर्गत भी चार भूत– पृथवी, जल, तेज और वायु ही लिये गये हैं। चार्वाक स्पष्ट रूप से प्राणियों के शरीर को महाभूतों के संघटन से ही उद्भूत मानते हैं– तत्समुदाये शरीरेन्द्रिय विषय संज्ञा। और उसी संघटन से ही चेतना उत्पन्न होती है– तेभ्यशचैतन्यम्। वे चेतना के उत्पन्न होने की प्रक्रिया की तार्किक विवेचना भी करते हैं –भूतान्येव चेतन्यन्ते, किण्वादिभ्यो मदशक्तिवद विज्ञानम्, चैतन्यविशिष्टः कायः पुरुषः।

सांख्य, आर्हत् (जैन), बौद्ध, वैशेषिक सभी मतों के लिए चैतन्यता का सही विवेचन करने की समस्या बनी हुई थी, इसीलिये वे पुरुष, जीव आत्मा के रूप में उसे शरीर से भिन्न मानते थे केवल चार्वाक ही बहुत स्पष्ट शब्दों में इस तथ्य पर जोर देते थे कि चेतना शरीर में कहीं बाहर से नहीं आती बल्कि शरीर और इन्द्रियों के अन्तरावलम्बन से उत्पन्न होती है। कणाद के सूत्रों में पुरुष का उल्लेख नहीं है और वे चेतना की चर्चा भी नहीं करते हैं। चेतना के स्थान पर वे ज्ञान की बात करते हैं और ज्ञान को वे शरीर में उत्पन्न इच्छा, द्वेष, सुख दुःख, बुद्धि के ऐन्द्रिक अनुभूति के रूप में देखते हैं –जो द्रव्य (आत्मा) का गुण है। आत्मा और मन दोनों संवेदनात्मक तत्वों को कणाद द्रव्य कहते हैं। नौ द्रव्य– पाँच महाभूत, काल, दिक, आत्मा और मन को उन्होंने नित्य माना है। इन द्रव्यों के बीच अन्तरावलम्बन है या वे एक किसी विशिष्ट द्रव्य के विकसित रूप हैं– ऐसा कुछ सूत्र से स्पष्ट नहीं होता है। नित्य होने के कारण इन्हें शरीरेन्द्रिय से उद्भूत न मानने की परेशानी है। वैसे कणाद का सूत्र –

द्रव्याणां द्रव्यं कार्यं सामान्यम् (1,1,23)

द्रव्यों के बीच कार्य रूप में द्रव्य का होना सामान्य है। इसका तात्पर्य तो यही होता है कि द्रव्य आपस में अन्तर्क्रिया करके विविध द्रव्यों को उत्पन्न करते हैं। इस तथ्य को यदि स्वीकार कर लिया जये तो आत्मा और मन को कारण द्रव्यों के कार्य द्रव्य के रूप में देखा जा सकता है। कोई भी द्रव्य नित्य अवस्था में तभी रहते हैं जब वे अकारणवत् हो- सद कारणवन्नित्यम्। महाभूतों की नित्यता का आशय उनके परमाणु रूप पारिमण्डल्य में माना गया है, इससे हम यह कह सकते हैं कि कणाद नौ द्रव्यों के रूप में प्रकृति की प्रक्रियाओं को वर्गीकृत कर रहे थे। बहरहाल, कणाद आत्मा और मन दोनों द्रव्यों के अस्तित्व को लाक्षणिक रूप में व्याख्यायित करते हैं।

आत्मेन्द्रियार्थसन्निकर्षज्ञानस्य भावोऽभावश्च मनसो लिंगम् – (3,2, 1)

– आत्मा और इन्द्रियों के सन्निकर्ष में मन के रहने या न रहने के कारण ही ज्ञान उत्पन्न होता है या नहीं उत्पन्न होता है- यह मन का लक्षण है। इसी प्रकार से आत्मा के विषय में कहा है।

प्राणाऽपान निमेषोन्मेष जीवन मनोगतीन्द्रियान्तर विकाराः सुख दुःखेच्छा द्वेष प्रयत्नाश्चात्मनोलिंगानि–(3,2,4)

– स्वासोच्छवास, नेत्रों का उन्मीलोनोन्मीलन, जीवन और मन के इन्द्रियों सम्बन्धी विकार, सुखदुःख, इच्छा द्वेष, प्रयत्न का होना ही आत्मा का लक्षण है। उपरोक्त सभी लक्षण शरीरेन्द्रियगत मनो भावों के ही लक्षण हैं, इन्हें ही आत्मा कहा जा रहा है- चैतन्यता नहीं।

कणाद आत्मा के इन लक्षणों से अनुमान पूर्वक ही शरीर के भीतर आत्मा के होने का अनुमान करते हैं और मानते हैं कि यह अनुमान संदिग्ध है- सन्दिग्धास्तूपचाराः – (3,2,13,16)

इस विवेचन से यह तो स्पष्ट है कि कणाद चार्वाक की भाँति संवेदनात्मक तत्व आत्मा और मन को सीधे सीधे शरीर और इन्द्रियों से उत्पन्न परिणाम नहीं कह रहे हैं। गौतम बुद्ध ने इस स्थिति को संस्कार और विज्ञान कहा है। वे शरीर के विकास को रूप, वेदना संज्ञा के प्रकारों में विकसित होते देखते हैं जिसका अगला चरण संस्कार और विज्ञान है और इस तरह वे शरीर में स्थित शाश्वत आत्मा की सत्ता को अनावश्यक बताते हैं। कणाद के इस अनिश्चय को समझा जा सकता है उनके सामने सांख्य का पुरुष और आर्हत् (जैन) मत का जीव है जो ब्रह्माण्ड व्यापी है, चैतन्यता को ब्रह्माण्ड व्यापी मानना आवश्यक है अन्यथा ब्रह्माण्ड में अन्तनिर्हित नियम और व्यवस्था का उचित निराकरण नहीं किया जा

सकता। गौतम बुद्ध इस चैतन्यता को प्रज्ञा कहते हैं, कणाद इसे आत्मा के रूप से रखना उचित मानते हैं-

विभवान्महानाकाशस्तथा चात्मा (7,1,22)

आकाश और आत्मा सर्वव्यापक होने के कारण महत्परिमाण (विभु) से युक्त द्रव्य है।

आत्मा के विभुत्व से विपरीत मन के परिमाण को उन्होंने अणुवत बताया-
तदभावादणु मनः। (7, 1,23)

कणाद के सामने ब्रह्माण्ड व्यापि एकत्व को समझने की समस्या थी, जिसमें स्थानीय और दूरस्थ स्थितियों के बीच अन्तरावलम्बन को समझाया जा सके। वे बताना चाहते थे कि आत्मा किसी व्यक्ति के शरीर में रहते हुए भी ब्रह्माण्ड व्यापी है, मन केवल शरीर में स्थित है जिससे सम्पर्क में आने पर ही व्यक्ति की वैयक्तिक ज्ञान प्रणाली काम करती है। इसी परिप्रेक्ष्य में वे दिक और काल के विस्तार को भी देखते हैं जो अनिवार्यतः कार्यकारण श्रृंखला से आबद्ध हो-
गुणैर्दिग्व्याख्याता। कारणेकालः। - (7,1,24,25)

चार्वाक का चिन्तन मनुष्य के सामाजिक सन्दर्भों तक ही सीमित था इसलिये वे व्यक्ति के ब्रह्माण्ड व्यापि संशिलष्ट अमूर्त सम्बन्धों के विषय में नहीं सोच रहे थे ज़बकि कणाद के सामने व्यक्ति की सामाजिक और प्राकृतिक व्याप्ति की समस्या को विधिवत समझने का लक्ष्य था। यहाँ यह बात ध्यान में रखने की है कि कणाद भी चार्वाक की भाँति किसी रहस्यात्मक नियामक सृष्टिकर्ता की सत्ता को स्वीकार नहीं करते हैं। आत्मा की रहस्यात्मकता भी उन्हें स्वीकार्य नहीं है, प्राकृतिक नियमों में जो अदृष्टकारित शक्तियाँ हैं, उसे वे कार्यकारण श्रृंखला से अलग करके नहीं देखते हैं।

चिकित्साविज्ञानी चरक ने अपने ग्रन्थ चरक संहिता के शरीरस्थान प्रकरण में कणाद के उपरोक्त आत्मा (पुरुष) के विचार को निश्चयात्मक ढंग से हेतुज कह कर संशय का निवारण किया है।

अनादि पुरुषो नित्यो विपरीतस्तु हेतुजः।
सद्कारणवन्नित्यं दृष्टं हेतुजमन्यथा॥ (59)

आधुनिक भौतिकवादी चिन्तन के परिप्रेक्ष्य में कणाद की स्थिति को इस प्रकार स्पष्ट किया जा सकता है कि वे सृष्टि का आधार द्रव्य को मानते होंगे जो क्रियांशील और गुणवत है। चूंकि आत्मा और मन संज्ञानात्मक चैतन्य हैं वे शरीर

में कारणता (हेतु) से ही प्रकट होते हैं। इसलिये उन्हें शरीराश्रयी ही कहा जाना चाहिये। कणाद के निरीक्षण के इस तथ्य को भी ध्यान रखा जाना चाहिये कि आकाश, दिक और काल तथा समवाय के अस्तित्व (भाव) के लिये वे क्रमशः चार बार– तत्वम्भावेन (2,1,29), (2,2,8), (2,2,12) और (7,2,28) कह कर पुष्टि करते हैं। आधुनिक वैज्ञानिक जानते हैं कि आकाश, दिक और काल भी सूक्ष्म स्तर पर भौतिक वैरल्य के विशिष्ट स्वरूप (Modes) है। वैसे ही आत्मा और मन (द्रव्य होने से) भी भौतिक प्रक्रिया या सत्ता के स्वरूप होंगे। कणाद के मन में संशय था इसलिये उन्होंने आत्म और मन को पूर्ववत वायु की ही भाँति द्रव्यत्व और नित्यत्व का अनुमान करते हुए भी उनके लिये तत्वम्भावेन– की पुनरावृत्ति नहीं की। तत्कालीन परिस्थितियों मे सृष्टि क्रम को द्रव्य के रूप में देखना ही बहुत महत्वपूर्ण था। एक विशेष तथ्य यह ध्यान में रखा जाना चाहिये कि कणाद प्रत्येक द्रव्य को कारण द्रव्य और कार्य द्रव्य के रूप में देखते हैं जिसका आशय है परिणामी द्रव्यों मे उत्पन्न होने वाले कार्यों की कारणता (हेतु) उन द्रव्यों में ही सन्निहित है, कहीं बाहर नहीं। इसलिये परिणामी द्रव्यों के सभी प्रकार के गुण भी उन्हीं में सन्निहित होने चाहिये जैसा कि चार्वाक स्पष्ट रूप से मानते हैं। यदि सृष्टि की संरचना सूक्ष्मतम द्रव्य परमाणुओं से हुई है तो सभी प्रकार के द्रव्यों का स्वरूप परमाणुओं के संयोग से निर्धारित हो सकता है। महाभूतों के परमाणु गंध, रस, रूप और स्पर्श गुणों के अनुसार चार द्रव्य में बंट जाते हैं। परमाणुओं में गुण प्रकट नहीं होता और किसी भी संघनन को तब तक द्रव्य नहीं कहा जा सकता जब तक कि वह गुण युक्त नहीं। गुण युक्त द्रव्य बनने की प्रक्रिया इस प्रकार है– पहले दो परमाणु मिलकर द्वयणुक निर्मित करते हैं, फिर तीन द्वयणुक मिलकर एक त्रयणुक या त्रसरेणु बनाते हैं। यह त्रसरेणु ही गुणयुक्त द्रव्य होता है। परमाणुओं के संघनन (स्कन्ध) की प्रक्रिया पर जैन और बौद्ध ग्रन्थों में विवरण प्राप्त होते है। जैन आचार्य उमास्वाति ने प्रथम शताब्दी में 'तत्वार्थ सूत्र' में पुद्गल परमाणुओं के स्कन्ध बनने की प्रक्रिया में अणुओं में स्निग्ध और रुक्ष गुण होने पर अणु परस्पर बंधते हैं यदि केवल स्निग्ध अथवा केवल रुक्ष गुण वाला अणु हुआ तो वह स्कन्ध नहीं बन सकेगा और वह बन्ध भी तभी होगा जब अणुओं के बीच दो गुणों का अन्तर हो। अर्थात् दो गुण वाले परमाणुओं के स्कन्ध का बन्ध चार गुण वाले के साथ और इसी प्रकार तीन गुण वाले परमाणुओं के स्कन्ध का पाँच गुण वाले के साथ बन्ध हो सकता है। बन्ध होने पर अधिक गुण वाला स्कन्ध कम गुण वाले स्कन्ध को अपने गुण में समेट लेता है। [तत्वार्थ सूत्र 5, 33, 34, 36, 37]।

बौद्ध आचार्य वसुबन्धुने अपने अभिधर्मकोष में प्रथम कोशस्थान में बावीसवीं कारिका में परमाणुणों से स्कन्ध बनने का उल्लेख किया है, उनके गुण परमाणुओं की संख्या से निश्चित होते हैं।

कामेऽष्ट द्रव्यकोऽशब्दः परमाणुरनिन्द्रियः ।

कायेन्द्रियों नवद्रव्यो दशद्रव्योऽपरेन्द्रियः ॥ 22 ॥

– कामधातु में जो परमाणु अशब्द, अनिन्द्रिय है वे अष्ट द्रव्यक हैं। जब इनमें कायेन्द्रिय होता है तब यह नवद्रव्यक होता है, जब इसमें अपरेन्द्रिय होता है तब यह दशद्रव्यक होता है।

यहाँ परमाणुओं के संघनन को संघात कहा गया है और स्कन्ध को संघाताणु। सभी क्रियाओं में कम से कम आठ द्रव्यों का सहोत्पाद होता है और ये अष्ठद्रव्यक अशब्द, अनिन्द्रिय संघाताणु होते है ं। यह द्रव्य क्या है? चार महाभूत, चार उपादान अर्थात् रूप, रस, गन्ध और स्पर्श। शब्द गुण सम्मिलित करने के लिये संघाताणु मे ंदस द्रव्य होंगे।

चार महाभूत, चार उपादान, शब्द और कायेन्द्रिय, जिह्वा से उत्पादित शब्द में ग्यारह द्रव्य होते हैं, इसमें जिह्वेन्द्रिय की वृदिध होती है। संघाताणु के बनने की प्रक्रिया के बारे में बताया गया है कि द्रव्य परमाणु अकेला नहीं रहता है। कम से कम सात परमाणु द्रव्यों का संघात होता है– चार पार्श्व, एक उर्ध्व और एक निम्नतल इस प्रकार छः तत्वों का आयतन इसके अतिरिक्त एक परमाणु इनके बीच में स्थित होता है। यह सात परमाणुओं का संघात परमाणु एक द्रव्य परमाणु (कार्य) कहा जाता है। माना कि यह सात परमाणुओं का संघात परमाणु पृथ्वी कार्य परमाणु है, इसी तरह से जल, तेज और वायु के अलग अलग सात परमाणुओं के कार्य परमाणु मिल कर एक भूत चतुष्क द्रव्य परमाणु बनायेंगे, जिसमें कुल 7 x 4 = 28 द्रव्य परमाणु होंगे। बौद्ध आचार्यों के अनुसार यह एक भूत चतुष्क द्रव्य परमाणु अकेला नहीं रहता है– भौतिक रूप के एक द्रव्य परमाणु के आश्रय भूत सात का समुदाय होता है। 7 x 28 = 196 द्रव्य परमाणु। एक भूत चतुष्क द्रव्य परमाणु के साथ एक भौतिक रूप को मिलाकर 1 + 196 = 197 परमाणुओं का भौतिक संघात बनता है और हमेशा सात संघातों के मिश्रित रूप में रहते हैं अर्थात् भौतिक रूप के दव्य परमाणु में कुल 7 x 197 = 1379 द्रव्य परमाणु होते है ं। [19, पृ.118] यह सिद्धान्त सौत्रान्तिक बौद्ध आचार्यों ने तय किया था। इससे स्पष्ट होता है कि भौतिक द्रव्यों के संगठना के सम्बन्ध में पहली दूसरी शती में काफी गंभीर ढंग से वैज्ञानिक तत्व चिन्तन हुये थे।

पाँचवीं छठी शताब्दी मे आर्यभट्ट प्रथम और वराहमिहिर ने पृथ्वी नक्षत्रों की दूरियों के साथ ही सूक्ष्मतम पारमाणविक दूरियों के सम्बन्ध मे भी विचार किया था। वराहमिहिर (505 ई.) ने अपने ग्रन्थ पंच सिद्धांतिका में गणना करके एक त्रसरेणु की मोटाई $3 x 2^{-20}$ इकाई की तय की है। [19, पृ. 204] इस सम्बन्ध में एक श्लोक भी दिया गया है।

जालान्तर्गते भानौ यत सूक्ष्मं दृश्यते रजः।
तस्य षष्ठतमो भागः परमाणु प्रकीर्तितः॥

– अंधेरे कमरे मे सूर्य की किरणों के अन्तर्गत जो सूक्ष्मकण दिखाई देते हैं वे एक त्रसरेणु है उनका छठा भाग एक परमाणु होता है। परमाणु सम्बन्धी इन विवरणों से साफ है कि चार्वाक और कणाद ने जो भौतिक पदार्थों के सूक्ष्म गुणों के विषय में चिन्तन किया, उसे भारतीय समाज में बहुत बाद तक जारी रखा गया है– उसी की वजह से गुप्त काल में विविध वैज्ञानिक और ज्योतिष विषयों का विकास हुआ।

1.2.7 वैशेषिक दर्शन और चरक संहिता

भारतीय समाज में चिकित्सा का आदि स्रोत वेद को ही माना जाता है– पुनर्वसु आत्रेय ने भरद्वाज ऋषि से आयुर्वेद की शिक्षा प्राप्त की। पुनर्वसु आत्रेय की परम्परा में ही अग्निवेश, चरक और दृढ़बल ने चरकतंत्र के चिकित्साविज्ञान को आगे बढ़ाया। आज जो चरक संहिता का पाठ उपलब्ध है, वह इन तीनों मनीषियों के द्वारा संकलित किया गया है। आयुर्वेद की दूसरी परम्परा सुश्रुत की रही है, परन्तु इन दोनों परम्पराओं में ज्यादा भेद नहीं है। ये दोनों त्रिदोष सिद्धान्त– वात, पित्त और कफ के आधार पर (जो कि त्रिवृतकरण– तेज, अप और अन्न से सम्बन्धित है) कार्य करती है। सुश्रुत को चरक परम्परा से प्राचीन बताया गया है, परन्तु परम्परा से पीढ़ी दर पीढ़ी चलते जाने के कारण इनके काल भेद के विषय में निश्चयात्मक ढंग से कुछ नहीं कहा जा सकता है। चरक संहिता का संकलन काल सम्राट अशोक और सम्राट पुष्यमित्र के बीच माना जाता है।

चरक संहिता के प्रथम प्रकरण सूत्रस्थान के प्रथम अध्याय में ही वैशेषिक दर्शन के षट् पदार्थों का प्रामाणिक विवेचन प्रस्तुत किया गया है।

महर्षयस्तेददृशुर्यंयथावज्ज्ञान चक्षुषा।
सामान्यं च विशेष च गुणान द्रव्याणिकर्मच॥

समवायं च तज्ज्ञात्वा तन्त्रोक्तं विधिमास्थिताः।
लेभिरे परमं शर्म जीवितं चाप्यनित्वरम्॥– (1–28, 29)

– उन महर्षियों को जब आयुर्वेद का ज्ञान प्राप्त हो गया, तब उनने ज्ञानचक्षु से ठीक–ठीक रूप में (1) सामान्य (2) विशेष (3) गुण (4) द्रव्य (5) कर्म और (6) समवाय इन छः पदार्थों को समझा। इन पदार्थों को समझकर तंत्र में बतायी हुई विधि में आस्थादृढ़ की, इससे उन्हें परम शान्ति मिली जिससे उन्होंने जीवन की निरन्तरता को प्राप्त किया। विस्तार में न जाकर हम इन पदार्थों की जो परिभाषा चरक संहिता में दी गयी है, उसका पाठ यहाँ प्रस्तुत कर रहे हैं।

सर्वदा सर्व भावानां सामान्यं वृद्धिकारणम्। ह्रासहेतु विशेषश्च प्रवृत्तिरुमयस्यतु ॥
सामान्यमेकत्वकरं विशेषस्तु पृथकत्वकृत। तुल्यार्थताहि सामान्यं विशेषस्तु विपर्ययः ॥
सत्वमात्मा शरीरं च त्रयमेतत्त्रिदण्डवत। लोकस्तिष्ठति संयोगातत्र सर्वं प्रतिष्ठितम् ॥
सपुमांश्चेतनं तच्च तच्चाधिकरणं स्मृतम्। वेदस्यास्य तदर्थं हि वेदोऽयं संप्रकाशितः ॥
खादीन्यात्मा मनः कालोदिशश्च द्रव्य संग्रहः। सेन्द्रियं चेतनं द्रव्यनिरिन्द्रयमचेतनम् ॥
सार्थगुर्वादयो बुद्धिः प्रयत्नान्ताः परादयः। गुण प्रोक्ता प्रयत्नादि कर्मचेष्टितमुच्यते ॥
समवायोऽपृथग्भावो भूम्यादीनां गुणैर्मतः। सनित्यो यत्र हि द्रव्यं न तत्राभिश्चतोगुणः ॥
यत्राश्चिताः कर्मगुणाः कारणं समवायियत्। तद्द्रव्यं समवायी त निश्चेष्टः कारण गुणः ॥
संयोगे च विभागे च कारणं द्रव्यमाश्रितम्। कर्त्तव्यस्य क्रिया कर्मकर्मानान्यदपेक्षते ॥
इत्युक्तं कारणं कार्य धातुसाम्यमिहोच्यते। धातु साम्य क्रिया चोक्ता तंत्रस्यास्य प्रयोजनम् ॥

(1, 44–52)

– सदा सभी भावों में वृद्धि करने वाला सामान्य होता है और ह्रास (कम करने वाला) का कारण विशेष होता है। आयुर्वेद शास्त्र में सामान्य और विशेष दोनों की प्रवृत्ति की जाती है। एकत्व बुद्धि को उत्पन्न करने वाला सामान्य होता है, जो विभिन्न बुद्धि को उत्पन्न करता है, वह विशेष याने भेद बताने वाली बुद्धि है, उसे विशेष कहा जाता है। सामान्य तुल्य अर्थ को बताता है, विशेष इससे विपरीत अर्थ का बोध कराता है। तीन दण्ड के समान सत्व, आत्मा और शरीर है। इनके संयोग से वह लोक अर्थात् जीवात्मायुक्त शरीर रहता है और इसी शरीर मे सब कुछ प्रतिष्ठित है। ख (आकाश) आदि पंचमहाभूत आत्मा, मन, काल और दिक ये नौ प्रकार के द्रव्य होते हैं। पुनः चेतन और अचेतन रूप से इनका दो विभाग है। चेतन द्रव्य इन्द्रिय युक्त और अचेतन इन्द्रिय रहित होते हैं। अर्थ (शब्द, स्पर्श, रूप, रस और गन्ध) के साथ गुरु, मन्द आदि बीस, बुद्धि जिसके अन्त में प्रयत्न है ऐसे सुख दुःख, इच्छा, द्वेष प्रयत्न और परादि दस– इन्हें गुण कहा जाता है। इस प्रकार कुल एकतालिस गुण हैं। प्रयत्ना आदि (संस्कार गुरुत्वादि जन्य क्रिया) के द्वारा की गई चेष्टा को कर्म कहते हैं। पृथ्वी

आदि द्रव्यों के साथ गुणों का अपृथग्भाव (अलग न होना) ही समवाय माना जाता है। यह नित्य (अविनाश्व) है क्योंकि जहाँ द्रव्य रहता है, वह समवाय सम्बन्ध से गुण अवश्य रहता है। कभी भी द्रव्यों में गुण अनिश्चित नहीं रहता अर्थात् निश्चित ही रहता है, जिसमें कर्म और गुण आश्रित रहते हैं और जो कर्म और गुण का समवायिकारण है– वह द्रव्य है। जो समवाय सम्बन्ध वाला हो, चेष्टा रहित हो और ग्रहण में कारण हो उसे गुण कहते हैं। जो एक ही साथ संयोग और विभाग में कारण हो, उसे गुण कहते हैं। जो एक ही साथ संयोग और विभाग में कारण हो एवं द्रव्य के आश्रित हो उसे कर्म कहते हैं। कर्त्तव्य की क्रिया को ही कर्म कहते हैं। यह कर्म संयोग विभाग में किसी अन्य की अपेक्षा नहीं करता है अर्थात् कर्म केवल क्रिया की अपेक्षा करता है। इस प्रकार जगत के सभी कार्य समूहों के कारणों का निर्देश कर दिया गया है। इस आयुर्वेद शास्त्र में धातुओं का साम्य करना कार्य है। इस तंत्र ग्रन्थ का प्रयोजन भी धातु को साम्य करना ही है।

कणाद के वैशेषिक दर्शन की वैज्ञानिकता के प्रमाण के लिये ये उद्धहरण बहुत महत्वपूर्ण हैं। प्राचीन आयुर्वेद पद्धति के लिये इसका आधारभूत दृष्टि के रूप में उपयोग निश्चित ही इस तथ्य की पुष्टि करता है कि ई.पू. दूसरी तीसरी शती से वैशेषिक दर्शन की न केवल वैचारिक सांस्कृतिक श्रेष्ठता थी, बल्कि इसका चिकित्सीय विज्ञान जैसे महत्वपूर्ण व्यावहारिक ज्ञान के लिये उपयोग भी किया गया है। चरक इसी दर्शन के माध्यम से मानव शरीर को लौकिक प्रतिष्ठा देते हैं और दृढ़तापूर्वक यह बताते हैं कि शरीर के स्वास्थ्य से ही लौकिक सम्पन्नता सिद्ध होती है।

चरक के सात सौ वर्ष बाद वैशेषिक दर्शन के प्रमुख प्रवक्ता प्रशस्तपाद अपने 'पदार्थ धर्म संग्रह' में प्रारंभ में ही कणाद के स्वभाववाद के प्रतिकूल यह घोषणा करते दिखाई देते हैं– तच्चेश्वर चोदनाभिव्यक्ताद्धर्मादेव– ईश्वर की प्रेरणा से ही सभी धर्म होते हैं। जबकि चरक के उपरोक्त उद्धहरण से किसी ईश्वर की अपेक्षा नहीं किये जाने की कणाद की भावना बहुत स्पष्ट है– सभी प्रकार की क्रियायें अनवरत संयोग और विभाग के अनपेक्ष कारण से उत्पन्न होती है। मानव शरीर की उत्पत्ति में भी वे किसी अलौकिक शक्ति को नहीं देखते हैं बल्कि भौतिक क्रियाओं के परिणामस्वरूप ही सत्व (मन) आत्मा और शरीर के संयोग से भौतिक (लोकस्त्तिष्ठति) मानव देह उत्पन्न होती है। शरीर स्थान नामक प्रकरण में चरक बताते हैं :–

न चात्मासत्स्विन्द्रियेषु ज्ञः असत्सु वा भवत्यज्ञः न ह्यसत्वः कदाचिदात्मा सत्व विशेषाच्चोपलभ्यते ज्ञान विशेष इति । (अध्याय 3–18)

आत्मा इन्द्रियों के साथ होने पर ज्ञ (ज्ञानी) और इन्द्रियों के साथ न होने पर अज्ञ (अज्ञानी) होती है । आत्मा कभी भी बिना मन (सत्व) के नहीं रहती है । सत्व विशेष (मनविशेष) से ज्ञान विशेष की प्राप्ति होती है । यह विचार कणाद की यथार्थवादी चिन्तन का ही विस्तार है जिससे यह प्रकट होता है कि ज्ञान मन आत्मा और शरीर के अन्तर्क्रिया से उत्पन्न एक गुण है, कोई अलौकिक सत्ता नहीं ।

चरक संहिता और पतंजलि का महाभाष्य लगभग एक ही काल की रचनायें प्रतीत होती है । महाभाष्य में पतंजलि भी अपने ग्रन्थ का प्रारंभ षट पदार्थों के विवेचन से ही करते है ।

वृत्ति समवायार्थ उपदेशः– अथ कः समवायः?
वर्णानामानुपूर्ण्येण संनिवेशः ।– (म. 1,1,1)
यत्तर्हि तद्भिन्नेष्वभिन्नं छिन्नेष्वछिन्नं सामान्यभूतंस शब्दः ।
नेत्याह आकृतिर्नाम सा । किं पुनः सामान्यः को वा विशेषः ।
गौ सामन्यम् कृष्णोविशेषः –(म. 1, 1, 66–67)

वहाँ समवाय, सामान्य, विशेष, द्रव्य, गुण और क्रिया की परिभाषा तथा उदाहरण भाषा की दृष्टि से दिये गये हैं। [22, भूमिका] अतएव हम निसंदेह रूप से महर्षि कणाद के वैशेषिक दर्शन को ई.पू. 300 में प्रतिष्ठित मान सकते हैं। सूत्रस्थान के प्रथम अध्याय से वैशेषिक पदार्थों का विवेचन किया है, वहीं शरीरस्थान नामक प्रकरण मे शरीर, इन्द्रिय, मन और आत्मा सम्बन्धी कणाद के विचारों को चरक ने अपने चिकत्सिकीय अनुभव के आधार पर प्रतिपादित किया है। जैसी कि स्थिति बनी हुई, भारतीय चिन्तन पद्धति में वैशेषिक दर्शन के मूल तत्वों की काफी उपेक्षा हुई है । इसलिये चरक संहिता में कणाद के मन्तव्य की पुष्टि स्वरूप जो उल्लेख हमें मिलता है, उसे यहाँ रेखांकित करना आवश्यक प्रतीत होता है ।

मन के विषय में कणाद की भाँति ही चरक कहते हैं कि मन अणु स्वरूप होता है और उसमें एकत्व होता है–

अणुत्वमथ चैकत्वं द्वे गुणौ मनसः स्मृतौ । (19)

आत्मा के लिये कणाद ने पुरुष की संज्ञा का प्रयोग नहीं किया है । सांख्यदर्शन मे पुरुष प्रकृति से अलग कूटस्थ और नित्य माना गया है । चरक का आयुर्वेद

सांख्य और वैशेषिक दोनों दर्शन दृष्टियों का उपयोग करता है। चरक आत्मा के लिये पुरुष शब्द का प्रयोग करते हैं। कणाद ने जिस तरह नित्यता और अनित्यता के लिये अकारणवत और कारणवत कहा वैसे ही चरक आत्मा (पुरुष) की दो श्रेणियों अनादि और हेतुज का उल्लेख करते हैं। विशेष बात यह है कि चिकित्सा दृष्टि से चरक का पुरुष शरीराश्रयी अनित्य है। वे पुरुष की परिभाषा निम्नानुसार देते हैं :-

खादयश्चेतनाषष्ठा धातवः पुरुष स्मृतः।
चेतनाधातुरेप्येकः स्मृतः पुरुष संज्ञक (16)

आकाश, वायु, अग्नि, जल और पृथ्वी ये पांच महाभूत और छठी चेतना धातु को पुरुष कहते हैं। केवल एक चेतना धातु को भी पुरुष कहते हैं।

स्पष्ट है कि चरक चेतना धातु शब्द के साथ यह निश्चयात्मक तथ्य देना चाहते हैं कि चैतन्यता भूतात्मक है। वे आत्मा के इस विचार को कणाद की दृष्टि के अनुरूप और अधिक स्पष्ट करना चाहते हैं।

न ह्येको वर्तते भावो वर्तते नाप्य हेतुकः।
शीघ्रगत्वात्स्वभावात्वभावो न व्यति वर्तते (58)

भाव पदार्थ जब अकेला अपने सहकारी कारण रूप सामग्री से शून्य होता है तब कार्य करने में प्रवृत्त नहीं होता। भाव पदार्थ बिना हेतु के अस्तित्व में भी नहीं रहता है। जबकि अभाव शीघ्रग स्वभाव होने से अपने शीघ्रग स्वभाव को नहीं छोड़ता है। (अर्थात् अभाव नाश का हेतु (विरोध) होता है इसलिये विरोधि स्थितियाँ सक्रिय होती हैं।)

अनादि पुरुषो नित्यो विपरीतस्तु हेतुजः।
सद्कारणवन्नित्यं दृष्टं हेतुजमन्यथा (59)

अनादि पुरुष नित्य है, हेतुज अर्थात मोह इच्छा, द्वेष, धर्म अधर्म से उत्पन्न होने वाला राशिपुरुष विपरीत अर्थात् अनित्य होता जाता है। जो सत् हो अर्थात सत्ता वाला हो परन्तु कारणवान हो उसे नित्य कहते हैं। (कणाद) हेतु से उत्पन्न पुरुष सत्ता होते हुए भी सकारण होनें से अनित्य है।

चरक भी कणाद की भांति ही आत्मा को किसी कृतक ईश्वर से सम्बद्ध नहीं करते हैं बल्कि स्पष्टता से कहते हैं सभी प्राणी अपने अपने कर्म के अनुसार स्वयं आत्मा के सभी तरह की योनियों में प्राण से युक्त करते हैं अन्य कोई दूसरा उसका तन्त्रक अर्थात् नियामक नहीं है।

यथास्वेनात्मना ऽऽ त्मानां सर्वः सर्वासु योनिषुः ।
प्राणैस्तन्त्रयते प्राणी न ह्यन्योऽसत्यस्य तन्त्रकः (77)

सृष्टि क्रम में आत्मा और प्राणी जगत के अनादिकाल को वे निम्नानुसार व्यक्त करते हैं –

आदिर्नास्त्यात्मनः क्षेत्रपारम्पर्य मनादिकम् ।
अतस्तयोरनादित्वात् किं पूर्वमितिनोच्यते (82)

आत्मा का आदि (उत्पत्ति) नहीं है और क्षेत्र (शरीर) की परम्परा भी अनादि है (जीवन अनादि है) अतः पहले क्षेत्र है या क्षेत्रज्ञ यह कहना निरर्थक है ।

चरक ने भी दुःखों का कारण उपधा (कणाद) को बताया है ।

उपधा हि परो हेतुर्दुःखाश्रयप्रदः ।
त्यागः सर्वोपधानां च सर्वदुःख व्यपोहकः (95)

उपधा ही दुःख (वै. 6–2–4) और दुःख का आश्रय भूत शरीर के उत्पत्ति में मूल कारण है । सभी प्रकार की उपधाओं (दुष्टकर्मों) का त्याग करना सम्पूर्ण दुःखों का नाशक माना जाता है ।

सुख और दुःख की अनुभूतियों को चरक कणाद के अनुसार ही शरीर, इन्द्रिय और मन की लिप्तता के कारण उत्पन्न होना मानते हैं :–

नात्मेन्द्रियं मनोबुद्धि गोचरं कर्म वा विना ।
सुखदुःखं यथायच्च बोद्धव्यं तत्थोच्यते (132)

इच्छा और द्वेष से ही तृष्णा (वै. 6–2–14) की उत्पत्ति होती है और फिर वही तृष्णा सुख और दुःख कारण बनती है, ऐसा चरक कहते हैं –

इच्छाद्वेषात्मिका तृष्णा सुखदुःखात् प्रवर्तते ।
तृष्णा च सुखदुःखनां कारणं पुनरुच्यते (134)

कणाद इस विचार को अपने निम्न सूत्र के अनुसार रखते हैं :–

ईष्टानिष्ट कारणविशेषाद्विरोधाच्च मिथः सुखदुःख योरर्थान्तर भावः – (10–1–1)

ईष्ट और अनिष्ट के कारणों में परस्पर भेद तथा विरोध होने के कारण सुख और दुःख उत्पन्न होते हैं ।

❑❑❑

तृतीय अध्याय

पदार्थों का संग्रह

1.3.1 ईश्वर की जरूरत

सामाजिक मान्यतायें सदैव जनविश्वासों से निर्मित होती हैं। अभी तीन चार सौ वर्ष पूर्व तक दुनिया के लोग यही मानते थे कि पृथवी समतल है और सूर्य तथा चन्द्रमा ईश्वर की व्यवस्था के अनुसार दिन और रात बनाने के लिए पृथ्वी के चारों ओर चक्कर लगाते रहते हैं। कोपरनिकस, गेलिलियो, केपलर आदि खोगलविदों के प्रयत्नों से धीरे–धीरे सोलहवीं सत्रहवीं शताब्दी के पढ़े लिखे लोगों ने पुराने सत्य की सीमा को समझा और पृथ्वी के गोल होने के नये सत्य को स्वीकारने का मन बनाया। सभ्यता और संस्कृति में मूल्य निर्धारण का काम मनीषि, महात्मा अथवा चिन्तक करते हैं। वे सामान्यजन में प्रचलित धारणओं के अनुकूल स्थापित सत्य की परिभाषा बना देते हैं और वह सत्य हजारों हजार वर्ष तक चलता रहता है। यहाँ यह स्पष्ट होना जरूरी है कि हमारा यह आशय कदापि नहीं है कि प्राकृतिक नियमों के निर्धारण में, जिन्हें निरपेक्ष सत्य के रूप में विवेचित किया जाता है, मनुष्य की कोई हस्तक्षेप मूलक भूमिका होती है। सामाजिक जन–जीवन के लिये उसके पर्यावरण की घटनाओं का अर्थतत्त्व होना जरूरी है यह अर्थतत्त्व ही सामाजिक सत्य है। सामाजिक रुढ़ियों, श्रद्धा और मिथक की सही व्याख्या समय –समय पर प्रबल इच्छाशक्ति और बौद्धिक सजगता वाले महामना करते हैं। फिर धीरे–धीरे जन सामान्य उन्हें नये धर्म, नये संस्कार और नये कर्मकाण्ड की तरह स्वीकार कर लेता है।

यह सब हमें इसलिये कहना पड़ रहा है कि आधुनिक युग में जो बातें स्कूलों में किशोरवय में बालक जान–समझ रहे हैं और विज्ञान तथा प्रौद्योगिकी के माध्यम से जो बातें दैनन्दिन जीवन के क्रियाकलाप का हिस्सा बन रही हैं, वे परम्परागत धार्मिक आस्थाओं और कर्मकाण्डों के विपरीत जाती हैं। सामाजिक, सांस्कृतिक कारणों से जो लोग यथास्थिति को बनाये रखना चाहते हैं, वे आधुनिक विवेकशीलता को बुद्धिवाद कहते हैं। स्वाभाविक तौर पर जन–सामान्य की आस्थायें दरकती हैं, उनका परम्परागत संसार बिखरता है तो वे तय नहीं कर पाते हैं कि नई स्कूली शिक्षा का नया ज्ञान और उनकी श्रद्धा भक्ति तथा धार्मिक

ज्ञान में से सही क्या है? इन दिनों प्रौद्योगिकी और खुले बाजार की प्रतिस्पर्धा से जो मानसिक और बौद्धिक व्यामोह तैयार हुआ है, उसमें धार्मिक सुरक्षात्मक प्रवृत्तियों को अपना प्रभाव बनाये रखने में सुविधा हो रही है। चूंकि सांस्कृतिक मूल्यों का आधार सदैव मानव जीवन को सुख, शान्ति समरसता और स्वतंत्रता दिलाना होता है और वर्तमान राजनैतिक, सामाजिक वातावरण में हिंसा, अन्याय और उपभोग की अदम्य लालसा सभी दूर साफ दिखाई दे रही है, इसलिये लोग वैज्ञानिक–दार्शनिक अवधारणाओं के प्रति स्वाभाविक तौर पर उदासीन हैं। भारतीय अध्यात्म और धर्मदर्शन की ख्याति आज भी विश्व स्तर पर है, अतएव उसकी समीक्षा और आलोचना के प्रति स्वाभाविक तौर पर शंका उठती है।

भारतीय वेदान्त दर्शन, योग और न्याय दर्शन के प्रति विश्व के विद्वानों तथा सांस्कृतिक अभिक्रमों में बहुत सक्रियता आयी है। माना जा रहा है कि भारतीय संस्कृति की आध्यात्मिक दृष्टि से आगामी वैश्विक सभ्यता का निर्माण होगा। हमारे प्रस्तुत अध्ययन में हमारी प्रमुख समस्या ही यह रही है कि परम्परागत भारतीय सांस्कृतिक मूल्यों की आधुनिक प्रासंगिकता किस प्रकार निश्चित की जाय। आचार्य शंकर का वेदान्त दर्शन, पतंजलि मुनि का योगदर्शन और अक्षपाद गौतम का न्यायदर्शन– भारतीय संस्कृति और मनीषा की अप्रतिम उपलब्धियाँ रही हैं, उनके प्रति हमारे मन में तनिक भी अनादर भाव नहीं है। मूल प्रश्न समकालीन समाज की सांस्कृतिक संचेतना का है, वर्तमान जगत की समस्याओं का सही समाधान द्वन्द्वात्मक पद्धति से यथार्थ सत्ताओं को ढूँढ़ निकालने और उनकी सही समझ बनाने से ही प्राप्त होगा। हमारे वर्तमान भारतीय समाज का सामाजिक यथार्थ देववाद और मायावाद है, भक्ति की मानसिकता ही हमें जीवन में सुख शान्ति देती है। विगत अतीत में हमारा जीवन इन्हीं सांस्कृतिक दृष्टियों से संचालित हुआ है, उसके परिणामों से भी हम अवगत हैं। अब जो आधुनिक वैश्विक सांस्कृतिक उथल पुथल हो रही है, क्या हम उसमें इन्हीं दृष्टियों से अपना स्वत्व बचाये रखना चाहते हैं या फिर वर्तमान सच्चाइयों के परिप्रेक्ष्य में नये उदात्त मानव जीवन का आलिंगन करना चाहते हैं? भारतीय मनीषा के पास बहुत कुछ ऐसा हो जो नये मानव जीवन को स्फूर्तिवान और ऊर्जस्वित बना सकता है। दरअसल में, हमारे लम्बे पाँच हजार वर्षों के सांस्कृतिक इतिहास में वस्तुवाद और भाववाद का सतत् द्वन्द्व चलता रहा है। पिछले मध्ययुगीन अतीत में भाववादी शाश्वतता बोध ने बाह्य यथार्थ की कठोरता के प्रति हममें एक प्रकार की उपरामता भर दी है, जिससे वैज्ञानिक दृष्टि में हमें एक तरह का पापमय दोष दिखाई देता है।

मध्ययुगीन प्रवृत्तियों के बहुत पीछे ईसा पूर्व की शताब्दियों के इतिहास पर जब हमारी दृष्टि जाती है तो वहाँ हमारे ही भारतीय सामाजिक जीवन में उन्मुक्तता, स्वतंत्रता और उल्लास का वातावरण दिखाई देता है। उस समय आर्थिक सामाजिक समृद्धि और समरसता के कारण लोगों के मन पर अदृश्यभय की छाया नहीं थी। इसलिये, उस समय के चिन्तन में पारलौकिक निष्ठा के लिये भी कोई स्थान नहीं था। वे लोग पुरुषार्थी और साहसी हुआ करते थे, स्वाभाविक तौर पर उन्हें अदृश्य शक्तियों से अपने सौभाग्य के लिये प्रार्थना करने की जरूरत महसूस नहीं होती थी। जैसे-जैसे समाज में सामन्ती मनोवृत्ति बढ़ने लगी, सत्ताधारियों के वर्चस्व के कारण साधारण जन को अपने पुरुषार्थ प्रकट करने के अवसर कम होते गये, उसी के साथ नियतिवाद को अपना प्रभाव बढ़ाने का मौका मिला।

सत्ता की केन्द्रीयता के साथ नियन्ता ईश्वर का विचार भी उभरा। ईसवी सन् की प्रारंभिक शताब्दियों में हम भारतीय समाज में दो प्रमुख प्रवृत्तियों को उभरते हुए देखते हैं। वर्णाश्रधर्म व्यवस्था- जिससे विविध समूहों को मनुस्मृति के निर्देशानुसार जातियों के घेरे में जन्म के आधार पर उनकी जीविका और सामाजिक व्यवहार को स्थिर कर दिया गया और उसके साथ ही धार्मिक निष्ठा में ईश्वर और पारलौकक मुक्ति की धारणा को सुदृढ बनाया गया।

उपनिषद साहित्य पर गंभीर अध्ययन करने वाले विद्वान आर.डी. रानाडे की मान्यता है कि प्राचीनतम उपनिषद बृहदारण्यक और छान्दोग्य के रचनाकाल ई.पू. लगभग बारह शताब्दी से लेकर बाद के श्वेताश्वतर और माण्डूक्य उपनिषद करीब ई.पू. छठी शताब्दी तक संकलित किये जाते रहे। प्रमुख उपनिषदों में वे माण्डूक्य को प्राचीनता की दृष्टि से अन्तिम मानते है और श्वेताश्वतर के विषय में भी उनकी राय है कि यह उपनिषद भी अन्य उपनिषदों के बाद की रचना है [24] इन दोनों उपनिषदों में स्पष्ट रूप से ईश्वर की अवधारणा को प्रतिपादित किया गया है। माण्डूक्य में ब्रह्म की चार पादों में व्याख्या की गई है ओंकार के अ, उ और म के प्रथम तीन वर्ण वैश्वानर, तैजस और प्राज्ञ अवस्थाओं का बोध कराते हैं, जिसमें तृतीय पाद प्राज्ञ ब्रह्माण्ड को सम्पूर्ण कारण जगत को माप लेने की क्षमता रखता है, यही सर्वज्ञ और सर्वेश्वर है जो सभी प्राणियों (भूतों) की उत्पत्ति, स्थिति और लय का नियंत्रक है। सूक्ष्म ध्वनि मूलक चतुर्थ पाद प्रपञ्चोपशम् शिव अद्वैत व्यवहार शून्य सर्वव्यापी ब्रह्म है। श्वेताश्वतर में सृष्टि की रचना और नियंत्रण का कर्ता महेश्वर है जो सभी देवों और योनियों (प्राणियों) का अधिष्ठाता है। श्वेताश्वतर शैवमत के प्रतिपादन के साथ सांख्यदर्शन के

प्रणेता कपिल मुनि की प्रकृति और पुरुष की दृष्टि को महेश्वर की महिमा में समेटता है। बाद में भी कई उपनिषद रचे गये जिनमें सृष्टिकर्ता–प्राणियों का भाग्य निर्माता ईश्वर प्रतिष्ठित हुआ है। भगवतगीता का प्रणयन इसी दौर में हुआ जब सांख्य, जैन, बौद्ध निरीश्ववाद को हेतु मूलक कार्यकारण से उद्भूत सत्ताओं का एकमेव नियंत्रक परमेश्वर बना।

ऋगवेद काल में भी श्रद्धा के केन्द्र बिन्दु थे– किन्तु वे सभी प्राकृतिक देवी देवता थे, जिन्हें यज्ञीय कर्मकाण्ड के सामुदायिक जीवन में अपने निकटस्थ सहयोगी के रूप में देखा जाता था। प्रकृति की आन्तरिक संरचना के सर्वव्यापी अमूर्त शक्ति की पहचान ब्रह्म के रूप में अथर्वा ऋषि ने, अथर्ववेद जिसे ब्रह्मवेद भी कहा जाता है– में की थी। ब्रह्म का विचार निरीश्वरवादी विचार है, उसी के साथ कार्यकारण, स्वभाव, काल आदि धारणाओं को सांख्य, बौद्ध, वैशेषिक, आर्हत जैन आदि निरीश्वरवादी चिन्तन में दार्शनिक सूक्ष्मता प्राप्त हुई थी। यह वह समय था जब सामाजिक व्यवस्था में खुलापन था– गणराज्य, संघराज्य और निगम, पूग जैसे आर्थिक संगठन और गणतांत्रिक व्यवहार जनजीवन के सहज स्वाभाविक क्रियाकलाप थे। किन्तु कौशल और मगध साम्राज्यों के उदय के साथ धीरे–धीरे गणतंत्रीय व्यवस्था सिमटते सिमटते मगध साम्राज्य के एकक्षत्र आधिपत्य में आकर सिमट गई। उसी समय विदेशी शक, हूण, कुषाण आदि के आक्रमणों से जनजीवन पर राज्यतंत्र की कठोरता बढ़ी और सामाजिक तथा मानसिक सुरक्षा के लिये दण्ड व्यवस्था को नियंत्रित करने वाले राजा की आवश्यकता महसूस हुई। पुष्यमित्र शुंग और अन्य दण्डाधिपतियों के द्वारा बर्बरतापूर्वक जनता की आकांक्षाओं के दमन की कथाओं का निहितार्थ यही है कि मनुस्मृति की आज्ञाओं के कठोरतापूर्ण पालन से ही समाज में सुख–शान्ति स्थापित की जा सकती है और उसे ईश्वर का प्रतिनिधि राजा ही स्थापित कर सकता है।

यह ध्यान देने लायक बात है कि भारतीय चिन्तन के महत्वपूर्ण घटक, उपनिषद, मीमांसा दर्शन, जैन दर्शन, सांख्य दर्शन, वैशेषिक दर्शन और बौद्ध दर्शन के मूल सिद्धान्तों में सृष्टि नियंता और इहलौकिक जगत के भाग्यविधाता के रूप में ईश्वर को कहीं भी किसी तरह की प्रतिष्ठा नहीं दी गयी, क्योंकि उनके प्रणेताओं को उन विचार सरणियों को तैयार करते समय ऐसी कोई आवश्यकता ही प्रतीत नहीं हुई। जबकि बाद में हम देखते हैं कि इन्हीं सिद्धान्तों के मूल स्वरूप को बदलकर आवश्यकतानुसार ईश्वर, माया, पुनर्जन्म, भाग्य, स्वर्ग–नरक आदि परालौकिक निष्ठाओं के लिये उचित स्थान बनाया गया। गौतम बुद्ध

के वचनों में ईश्वर ही नहीं बल्कि रहस्यात्मक आत्मा के अस्तित्व को स्पष्ट रूप से नकारा गया था, परन्तु बाद में महायान के माध्यमिक और विज्ञानवादी सम्प्रदायों ने शाक्यमुनि गौतम को ही अपदस्थ कर उनके स्थान पर लोकोत्तर अवलोकितेश्वर और विविध बोधिसत्वों को बैठा दिया। फिर मंत्र तंत्र और वामाचार ने भूत-प्रेत, भैरव भैरवियों के मायाजाल में बुद्धत्व के विवेक की ही इतिश्री हो गई। जैन विचार में सम्यक ज्ञान, सम्यकदर्शन और सम्यकचारित्र की आचरण शुद्धि के स्थान पर णमोकार मंत्र से ही सारी मनोकामना पूर्ण होने का आश्वासन श्रावकों को मिला और वे मन्दिरों में वैष्णव भक्तों की तरह अन्य हिन्दू मतावलम्बियों जैसे ही परमात्मा से पापों के क्षय की प्रार्थना कर रहे हैं। वहाँ भी मंत्र-तंत्र के बल पर ही तिर्यक और नारकी जीवन से बचने का गुरुमंत्र मिला हुआ है।

जिसे हम आज हिन्दू धर्म कहते हैं, उसकी संरचना और विकास पर विद्वानों ने काफी कुछ लिखा है, हमने भी अन्यत्र इस विषय पर चर्चा की है। छठी-सातवीं ई. शताब्दी के बाद ही प्राचीन भारतीय समाज हिन्दू समाज बना जिसका नियमन ऋषियों की आर्य दृष्टि से नहीं बल्कि धर्मशास्त्रों के आदेशों से हो रहा है। कहा जाता है कि ईश्वर और देवताओं को भी परमपद (मोक्ष) प्राप्त करने के लिये यहाँ की कर्मभूमि पर जन्म लेना पड़ता है।

ईसवीं शताब्दी प्रारंभ होने के आसपास के काल में लिखे गये अक्षपाद गौतम के न्यायदर्शन, पंतजलि मुनि के योगदर्शन और विज्ञानभिक्षु के सांख्यदर्शन में ईश्वर पद का उल्लेख हुआ है, इसलिये परम्परा प्रेमी विद्वानों का यह आग्रह रहता है कि सांख्य और न्यायदर्शन ईश्वरवादी है। इसलिये यहाँ पर हम उन प्रसंगों का विवेचन कर यह बताना चाहेंगे कि ये सभी चिन्तक भी ईश्वर की धारणा को उस समय एक साधन के रूप में देख रहे थे।

सांख्य योग की- जीवन को विवेक सम्मत व्यवहारिक ढ़ंग से जीने के सिद्धान्त की चर्चा उपनिषदों में भी है। पतंजलि मुनि ने जो सूत्ररूप में योगदर्शन प्रस्तुत किया है, उसकी साधना पद्धति में शरीर के आन्तरिक भागों इन्द्रियों, स्नायुओं, शिराओं और मस्तिष्क को स्वस्थ रखने के लिये जो प्राणिक क्रियायें (प्राणायाम, प्रत्याहार आदि) बतायी हैं, वह तत्कालीन ज्ञात सभी सम्प्रदायों की विधियों का समन्वय है। जैन और बौद्ध साधना पद्धति भी उसमें समाहित है।

उपरोक्त माण्डूक्य उपनिषद की दृष्टि के अनुरूप चित्तवृत्तियों को संयमित करने के लिये जो क्रिया योग यहाँ बताया गया है, उसमें ईश्वर प्राणिधान भी एक साधन है- तपः स्वाध्यायेश्वर प्राणिधाननि क्रियायोगः (2-1), इस ईश्वर की

परिभाषा भी पंतजलि ने दी है, जिसमें सृष्टिकर्ता, नियामक की भूमिका वाला ईश्वर नहीं है बलिक ब्रह्म (पुरुष) की कूटस्थ अपरिणामी समरसता और व्याप्ति ही यहाँ अभीष्ट है-

क्लेशकर्म विपाकाशयैरपरामृष्ट पुरुष विशेष ईश्वरः (1,24)

विज्ञान भिक्षु ने सांख्यदर्शन में अध्याय तीन में प्रकृति के जड़ होने तथा स्वतः कार्य में प्रवृत हो सकने में असमर्थ रहने के प्रसंग में चैतन्य पुरुष के सान्निध्य से ही सृष्टि कार्य संचरित होने का विवरण दिया है। वहाँ वे पुरुष के स्थान पर ईश्वर शब्द का प्रयोग करते हैं- ईदशेश्वरसिद्धिः सिद्धा (3-57)

पाँचवें अध्याय में विज्ञान भिक्षु स्पष्ट रूप से ईश्वर को अधिष्ठाता अथवा कर्म का नियामक नहीं होने का मन्तव्य प्रकट करते हैं :-

नेश्वराधिष्ठिते फलनिष्पत्तिः कर्मणातत्सिद्धेः (5-2)

कार्यों के फल की प्राप्ति कर्म से होती है, ईश्वर उन कर्मों का अधिष्ठाता नहीं है।

यहाँ हमारे इस विचार की कि केन्द्रित सामाजिक व्यवस्था में राजा की सत्ता को प्रतिष्ठित करने के लिए ईश्वर की धारणा जरूरी हुई पुष्टि के लिये विज्ञानभिक्षु का सूत्र प्रमाण-रूप में रखा जा सकता है।

लौकिकेश्वरवदितरथा। (5-4)

वह पुरुष लौकिक समाज के किसी राजा के समान हो जायेगा।

अक्षपाद गौतम का न्यायदर्शन सैद्धान्तिक वादविवाद में अपने प्रतिस्पर्धी को किस प्रकार अपने बुद्धि कौशल से पराजित करे इसकी विधि बताता है। इसी बीच प्रमाणों की सिद्धि के अन्तर्गत तात्विक चिन्तन भी हुआ है, वहाँ किसी प्रकार का आदर्शवाद दृष्टिगत नहीं होता है। भारतीय चिन्तन का बुद्धिवाद न्याय दर्शन में है। उसका प्रथम सूत्र प्रमाण, प्रेमय, संशय, प्रयोजन, दृष्टान्त, सिद्धान्त, अवयव, तर्क, निर्णय, वाद, जल्प, वितण्डा, हेत्वाभास, छल, जाति और निग्रह स्थान नामक सोलह पदार्थों के ज्ञान से विरोधी को परास्त करना ही श्रेयस्कर मानता है। अक्षपाद गौतम ने अपने जो बारह प्रमेय लिखे हैं वे हैं - आत्मा, शरीर, इन्द्रिय, अर्थ, बुद्धि, मन, प्रवृत्ति, दोष, प्रेत्य, भाव, फल, दुःख और मोक्ष- इनमें ईश्वर कहीं नहीं है।

न्यायदर्शन में जहाँ ईश्वर का उल्लेख हुआ है, उस सूत्र के निराकरण से ईश्वर की अनावश्यकता ही स्पष्ट होती है।

सांख्य दर्शन के उपरोक्त विज्ञानभिक्षु के तर्क की भाँति यहाँ भी कर्म को ही प्रधानता दी गई है, ईश्वर को नहीं।

ईश्वरःकारणं पुरुष कर्माफल्य दर्शनात्। (4,1,19)

मनुष्य (पुरुष) के कर्मों की विफलता देखकर ईश्वर का कारण होना प्रतीत होता है। यह प्रश्न किया गया है इसके प्रति उत्तर में कहा गया है।

न पुरुषकर्माऽभावे फलानिष्पत्ते। (4,1,20)

मनुष्य के कर्म के अभाव में फल की निष्पत्ति नहीं होती है, इसके लिए ईश्वर को कारण बताना निरर्थक है।

आचार्य शंकर आठवीं–नौवीं शताब्दी में हुए, उस समय तक भारतीय समाज में ईश्वरवाद काफी फैल चुका था, भागवत और शैव सम्प्रदाय में पौराणिक निष्ठा के अनुरूप परमेश्वर प्रतिष्ठित थे। उस समय सैद्धान्तिक दृष्टि से बौद्ध और जैन मतावलम्बी ही निरीश्वरवादी थे तथा बौद्ध चिन्तकों का काफी प्रभाव था। आचार्य शंकर के सामने बौद्ध निरीश्वरवाद की ही चुनौती थी। वहाँ भी नागार्जुन के शून्यवाद की माया की अवधारणा से यथार्थवादी कार्यकारण का तिरस्कार किया जा रहा था। आचार्य शंकर ने व्यवहारिक भूमिका का निर्वाह किया। उस समय के सभी सम्प्रदायों की दर्शन दृष्टि को समझ कर एक समन्वित अवधारणा बनाने की कोशिश की। ब्रह्म, ईश्वर, दैववाद, अवतार, शक्ति आदि विचारों को यथार्थ और प्रपंच की द्वन्द्वात्मकता में जाँचते हुए उन्होंने तीन प्रकार की सत्ता का निरुपण किया– पारमार्थिक, प्रातिभासिक और व्यावहारिक। व्यावहारिक सत्ता में दैववाद को प्रतिष्ठा दी, पंचदेव उपासना की स्मार्त पद्धति से मन्दिरों में विविध सम्प्रदायों के पांच देवों को उनकी प्रधानता के अनुकूल अपने अराध्य को श्रेष्ठ पद देने की स्वीकृति प्रदान कर लगभग सभी सम्प्रदायों को सनातन धर्म में समेट लिया। दार्शनिकता के क्षेत्र में ब्रह्म और माया के विवर्तवादी चिन्तन से उन्होंने ईश्वर की प्रतिष्ठा को सुरक्षित रखा, ईश्वर को माया से अविच्छिन्न ब्रह्म का स्वरूप बताकर और सर्वव्यापी निराकार, कूटस्थ अपरिणामी ब्रह्म तो माया से विच्छिन्न है ही। पारलौकिकता प्रतिष्ठित हुई उनके प्रसिद्ध सिद्धान्त से –

ब्रह्म सत्यं जगत मिथ्या जीवोब्रह्मेवनापरः – ब्रह्म ही सत्य है यह जगत मिथ्या है, समस्त जीव ब्रह्म के ही रूप है।

इस प्रकार, हम देखते हैं कि पिछले दो हजार वर्षों में सामन्ती सामाजिक व्यवस्था की मानसिकता के अनुरूप भारतीय चिन्तन में ईश्वरवाद की स्थापना

हुई है। मध्य युग की पतनशील सभ्यता में- पराजय और शरणागति की आत्यन्तिक स्थिति मे ही रामानुजाचार्य, वल्लभाचार्य आदि भक्ति सम्प्रदायों के आचार्यों ने ईश्वर निष्ठा को और अधिक प्रबल बनाया तथा शरणागति को ही एकमात्र मोक्ष का मार्ग निश्चित किया।

1.3.2 पदार्थ तथा प्रमाण

न्यायदर्शन के प्रवर्त्तक अक्षपाद गौतम को भारतीय विचारक ईसा पूर्व की शताब्दियों में कभी हुआ बताते हैं, किन्तु इन सूत्रों में महायानी आदर्शवाद के खण्डन का उल्लेख होने से इस ग्रन्थ को ईसवीं सन् की दूसरी शताब्दी के आसपास संकलित किया जाना माना गया है। जैसा कि हमने पहले कहा है कि न्यायदर्शन में मुख्यतया वादविवाद में अपने पक्ष को गंभीरतापूर्वक रखकर विपक्षी के तर्कों को निरर्थक सिद्ध करने की प्रक्रिया का वर्णन है। विद्वानों के बीच अपने सिद्धान्तों की पुष्टि के लिये वाद-विवाद-वाकोवाक का उल्लेख उपनिषदों में भी मिलता है। इसलिये संभव है कि अक्षपाद गौतम सूत्रों के संकलन के पूर्व हुए हों और उनके समर्थकों ने जब भी सूत्रों को संकलित किया हो, उसमें अपने द्वारा रचित सूत्र भी उसमें जोड़ दिये हों। किन्तु विद्वानों में उस तथ्य पर कोई मतभेद नहीं है कि महर्षि कणाद अक्षपाद गौतम से पर्याप्त समय पूर्व समाज मे सम्मानीय स्थान बना चुके थे। वैशेषिक दर्शन के पूर्ण रूप से प्रतिष्ठित हो जाने के सौ दो सौ वर्ष बाद ही न्यायदर्शन का स्वरूप तय हुआ है।

अक्षपाद गौतम अपनी तात्विक दृष्टि के लिये कणाद मुनि के प्रमेयों को आधार रूप में ग्रहण तो करते हैं किन्तु कहीं कहीं वे स्वयं अपने सिद्धान्त को स्वतंत्र रूप से प्रतिपादित करते हैं। उनका न्याय दर्शन प्रमाणों पर ज्यादा जोर देता है, जबकि कणाद का वैशेषिक दर्शन मूलतः सत्ता और प्रमेय को व्याख्यायित करने पर ही स्वयं को केन्द्रित करता है। आज हमारे यहाँ नैयायिक परम्परा को न्याय-वैशेषिक कहने का जो प्रचलन चला है, वह बहुत भ्रामक है। इससे ऐसा प्रतीत होता है कि न्याय दर्शन वैशेषिक दर्शन से श्रेष्ठ है। वास्तव में सामाजिक स्थितियों के परिवर्तन आ जाने पर किस तरह चिन्तन के क्षेत्र में भी अर्थ विपर्यय प्रकट होते हैं, उसका यह एक उदाहरण है। वैशेषिक दर्शन के पास एक स्वतंत्र वैश्विक दृष्टि है जो कि अक्षपाद गौतम के न्याय दर्शन को उपलब्ध नहीं है और उससे ज्यादा महत्वपूर्ण यह बात है कि कणाद अपने पूर्ववर्तियों के चिन्तन के प्रति एक सम्माननीय भाव रखते हुए सांख्य, आर्हत्, जैन और बौद्ध चिन्तन की विचार सरणियों का परिष्कार करने की कोशिश करते हैं। बाद के नैयायिकों ने

न्याय दर्शन के अनुमान प्रमाण का विस्तार करते हुए जो अन्य तर्क मूलक प्रमाण बनाये, उनका प्रमुख लक्ष्य बौद्ध मतावलम्बियों के विचारों के खण्डन का ही था।

प्राकृतिक और सामाजिक यथार्थ को यथा उचित रूप से व्यक्त करने के लिये प्रत्यक्ष और अनुमान प्रमाण पर्याप्त हैं। वहाँ भी अनुमान को प्रत्यक्षता की भूमि से विच्छिन्न नहीं होने देना चाहिए अन्यथा मिथ्याज्ञान के अवसर बढ़ते जाते हैं। वैशेषिक दर्शन में ज्ञान की मिथ्या होने के खतरों के विषय में पर्याप्त विचार हुआ है। चूंकि वह मीमांसा दर्शन के शब्द तत्व की नित्यता मूलक प्रामाणिकता को प्रारंभ से ही नकारता है, इसलिये अर्थापत्ति आदि शब्द प्रमाणों की व्याख्या में नहीं जाता है। कणाद जब हेतु को लिंग या अपदेश के रूप में विस्तारित करते हैं तब वहाँ कार्यकारण के त्रिविध– संयोग, समवाय और विरोध सम्बन्धों का ही विस्तार होता है। वे स्पष्ट करते हैं कि–

हेतुरपदेशो लिंग प्रमाणं करणमित्यनर्थान्तरम्। (1,2,4)

हेतु, अपदेश, लिंग, प्रमाण, करण इत्यादि शब्द पर्यायवाची हैं।

लक्षण के आधार पर प्रत्यक्ष में अन्तर्निहित अर्थत्व को व्याख्यायित करने के लिये लिंग अथवा अनुमान का सहारा लेना होता है – वहीं शब्दों में व्यक्त होता है, जिसके लिए कणाद कहते हैं– एतेन शाब्दं व्याख्यातम्। (9,2,3)

अक्षपाद गौतम के न्यायदर्शन का प्रथम सूत्र है– प्रमाण प्रमेय संशय प्रयोजन दृष्टान्त सिद्धान्ता वयवतर्क निर्णयवादजल्प वितण्डा हेत्वाभासच्छल जाति निग्रह स्थानानां तत्वज्ञाना न्निःश्रेयसाधिगमः।

यहाँ ऐसी तर्क बुद्धि और भाषा के द्वारा जिसमें अपने प्रयोजन को जल्प, वितण्डा, झूठ छल से विरोधी को पराजित करने का तरीका बताया गया हो, जो तत्व ज्ञान प्राप्त किया जाता है उसे निःश्रेयस (मुक्ति) का साधन कहा गया है। महर्षि कणाद के निःश्रेयस की उच्चतर भावना ऐसी वाकचातुरी के लिये नहीं है। उनका लक्षण (लिंग) प्रमाण यथार्थ को निच्छल भाव से व्यक्त करने का माध्यम है, यही तथ्य स्पष्ट कर देता है कि जहाँ गौतम के अनुमान आगम (शब्द) प्रमाण के उद्देश्य में ही छल प्रपंच है, वहाँ लोक कल्याण और सत्य की प्रतिष्ठा के ध्येयपूर्ति की अपेक्षा कैसे की जा सकती है? साम्प्रदायिक विद्वेष और घृणा भाव से विरोधियों को परास्त करने का यह बौद्धिक खेल भारतीय समाज के विद्वत परिषदों में लगभग सात–आठ शताब्दियों तक चलता रहा है और आज भी उसकी छाया से हमारा समाज मुक्त नहीं हुआ है। राज दरबारों और विद्वत

मण्डलियों के बीच जैन और बौद्ध अनुयायियों के विरुद्ध वैदिकों – नैयायिकों ने उपरोक्त सूत्र की भावना के अनुसार ही शास्त्रार्थ किये और अपने सिद्धान्तों को दृढ़तापूर्वक प्रतिपादित किया। स्वाभाविक है ऐसी स्थिति में कणाद की अपेक्षा गौतम के न्याय को ही प्राथमिकता मिली। न्याय दर्शन में प्रकारान्तर में वैशेषिक दर्शन के यथार्थवाद को सम्मिलित करके पन्द्रहवीं शताब्दी तक आते-आते प्रशस्तपाद, व्योमशिवाचार्य, श्रीधराचार्य, उदयनाचार्य, वाचस्पति मिश्र, जयन्त भट्ट, गंगेश उपाध्याय, केशवमिश्र आदि नैयायिकों ने वैशेषिक दर्शन की स्वतंत्र सत्ता ही समाप्त करके नव्यन्याय को प्रतिष्ठा दी। [31]

जहाँ तक न्यायदर्शन की तात्विकता का प्रश्न है, वह पूरी तरह यथार्थवादी और निरीश्वरवादी तत्व चिन्तन है वहाँ किसी भी प्रकार का रहस्यवाद दिखाई नहीं देता है इसलिये उसके प्रभाव से कम से कम भारतीय विद्वानों में लौकिकता और सांसारिक ऐहिक इच्छाओं के प्रति लगाव बना रहा। धार्मिक कर्मकाण्डों और अन्धविश्वासों के बावजूद चिन्तन के स्तर पर सांसारिकता को निष्कृट नहीं माना गया, राजदरबारों में इसके लक्षण बराबर उपलब्ध रहे। सामान्यतः अक्षपाद गौतम ने कणाद के सभी तत्वों को मानकर ही प्रमाण शास्त्र को विस्तार दिया है। उन्होंने तो अभाव तत्व को पदार्थ नहीं माना किन्तु बाद में नैयायिकों ने वैशेषिक दर्शन के छः पदार्थों के साथ सातवें अभाव पदार्थ को जोड़कर सप्त पदार्थ निरूपण (शिवादित्य) नाम से ग्रन्थ तैयार कर दिया। उसके बाद सभी नैयायिकों ने अभाव को वैशेषिक दर्शन के सातवें पदार्थ के रूप में ही देखा उसका प्रमुख कारण ईश्वर की सत्ता की सिद्धि था। निमित्त कारण का अस्तित्व हमेशा अभाव के रूप में ही देखा जाता है और यदि ईश्वर की सत्ता को सिद्ध करना है तो उसे सृष्टि का निमित्त कारण बताना होगा।

अक्षपाद गौतम ने चार प्रकार के प्रमाण माने हैं – प्रत्यक्ष, अनुमान, उपमान और शब्द। हालांकि वे कहते हैं कि इन प्रमाणों के अतिरिक्त ऐतिह्य, अर्थापत्ति, संभव और अभाव को भी प्रमाण कहा जाता है किन्तु उन्हें उपरोक्त प्रमुख चार प्रमाणों में ही अन्तर्निहित किया जा सकता है। इससे स्पष्ट है कि गौतम अभाव तत्व को उतना महत्व नहीं देते थे जितना कि उसे बाद के नैयायिकों ने दिया निमित्त कारण ईश्वर की सिद्धि के लिये तो उदयनाचार्य ने अपने ग्रन्थ कुसुमांजलि में दस तर्कों के साथ सिद्ध करके बताया है कि सभी दर्शन किसी न किसी रूप में ईश्वर की सत्ता में विश्वास करते हैं। उनके बारे में इसी संदर्भ में प्रचलित एक किंवदन्ती का उल्लेख कौतुक के लिये उचित होगा।

कहते हैं कि आचार्य उदयन जब जगन्नाथजी के दर्शन करने गये उस समय मन्दिर के पट बन्द थे। इससे उन्होंने व्यंग्यवचन पूर्वक उनकी इस प्रकार स्तुति की :-

ऐश्वर्यमदमत्तोसि मामवज्ञाय वर्तसे ।
उपस्थितेषु बौद्धेषु मदधीनातव स्थितिः ॥

जगत के नाथ (ईश्वर) होने से मत्त होकर आप मेरा तिरस्कार कर छिप गये हैं, किन्तु बौद्धों (नास्तिकों) का सामना होने पर आपकी सत्ता मेरे तर्कों से ही सिद्ध हो सकती है। [17, पृ.112]

1.3.3 पदार्थ धर्मसंग्रह

पाश्चात्य विद्वानों ने संस्कृत साहित्य, सूत्र ग्रन्थ, पुराण आदि के रचनाकाल निर्धारण पर गहरा अध्ययन किया है। जेकोबी जैसे विद्वान का मत है कि इन अधिकांश ग्रन्थों को गुप्तकाल में संकलित और परिष्कृत किया गया। वात्स्यायन और प्रशस्तपाद सौ दो सौ वर्षों के अन्तराल में गुप्त सम्राटों के काल में ही हुए। गुप्तकाल भारतीय इतिहास का स्वर्णिमकाल माना जाता है, उस समय साहित्य, दर्शन, कला और आयुर्वेद विज्ञान के क्षेत्रों में काफी काम हुआ। महरोली का लौहस्तम्भ, जिसे देखकर आधुनिक वैज्ञानिक भी आश्चर्य चकित होते हैं, चन्द्र (संभवतः चन्द्रगुप्त प्रथम) के द्वारा अपनी विजयी आकांक्षा को इतिहास प्रसिद्ध कर देने के लिये स्थापित किया गया था। जहाँ तक वैज्ञानिक प्रगति की चर्चा की बात उठती है, वह गहरे खोज का विषय है, परन्तु यह तो निश्चित है कि सुश्रुत और चरक जैसे आयुर्वेद के मूर्धन्य आचार्य गुप्त काल के पूर्व ही हो चुके थे। प्रसिद्ध दार्शनिक नागार्जुन को रासायनज्ञ भी माना जाता है। प्रशस्त पाद के ग्रन्थ 'पदार्थ धर्म संग्रह' के अध्ययन करने पर पदार्थों (वस्तुओं) के गुणों, परमाणुओं के द्वारा विविध भौतिक पदार्थों के निर्माण की प्रक्रिया, गुण और कर्म जैसे विषयों पर जो व्याख्या वहाँ प्रस्तुत की गई है, उससे प्रशस्तपाद की गंभीर वैज्ञानिक दृष्टि का परिचय प्राप्त होता है। परन्तु वैशेषिक दर्शन के संदर्भ में जब हम प्रशस्तपाद का उल्लेख करते हैं तो सांस्कृतिक ऐतिहासिक स्तर पर किस प्रकार बौद्धिक विपर्यय-यदि अनुचित न समझा जाय तो कहे कि दार्शनिक प्रवंचना और छल को प्रवर्तित किया जा सकता है- उसका यह उदाहरण है।

प्रशस्तपाद गंभीर वैज्ञानिक समझ रखने के बावजूद लगता है तत्कालीन सामाजिक दबाव में वैशेषिक दर्शन को समयानुकूल ढ़ंग से प्रस्तुत करने का

प्रयत्न कर रहे थे। 'पदार्थ धर्म संग्रह', महर्षि कणाद के वैशेषिक दर्शन का भाष्य किसी भी प्रकार से नहीं है। वहाँ हम ईश्वर निष्ठा, पारलौकिक अन्धविश्वास, सामाजिक दुराग्रह, वर्णाश्रम धर्म की प्रशंसा, भाग्यवादी कर्मसिद्धान्त जैसी धारणाओं को वैज्ञानिक विचारों के ऊपर आरोपित किया जाता हुआ देखते हैं। विद्वानों ने 'पदार्थ धर्म संग्रह' को एक प्रकरण ग्रन्थ माना है, जिसमें आवश्यकतानुसार लेखक ने वैशेषिक दर्शन का उपयोग कर लिया है।

संभवतया महर्षि कणाद की मूल वैज्ञानिक दृष्टि– यथार्थवादी लौकिक निष्ठा को विलोपित कर देने के ध्येय से उन सभी महत्वपूर्ण सूत्रों को जिससे निरीश्वरवादी भूतात्मक वैश्विक दृष्टि सिद्ध होती है – छोड़कर समन्वयपरक धार्मिकता को ही वहाँ प्रतिपादित किया गया है। सन्तोष की बात यह है कि यहाँ कणाद द्वारा प्रवर्तित छः पदार्थों– द्रव्य, गुण, कर्म, सामान्य, विशेष और समवाय को मूल रूप में स्वीकार कर उनकी स्वतंत्र ढंग से व्याख्या की गई है। प्रमुख विपर्यय तो धर्म शब्द को लेकर ही है। कणाद ने अपनी विचार सरणि में धार्मिक निष्ठा की दृष्टि से धर्म शब्द का उपयोग नहीं किया है। वे उसे प्रकृति और समाज की प्रत्येक घटना में अन्तर्निहित स्वभाव को विश्लेषित करने के लिये– वैज्ञानिक स्वभाववाद के लिये प्रयुक्त करते हैं। आश्चर्य तो तब होता है जबकि भारतीय संस्कृति में धर्म के विचार को व्याख्यायित करने के लिये कणाद के जिस सूत्र– यतोऽभ्युदय निःश्रेयस सिद्धिः स धर्मः– (1,1,2) को सबसे ज्यादा उद्धृत किया जाता है, वह सूत्र वैशेषिक दर्शन के आधार ग्रन्थ के रूप में माने जाने वाले पदार्थ धर्म संग्रह में सम्मिलित ही नहीं किया गया है। कणाद की वैश्विक दृष्टि को प्रकट करने वाला सूत्र–

धर्म विशेष प्रसूताद द्रव्य गुण कर्म सामान्य विशेष समवायानां पदार्थानां साधर्म्य वैधर्म्याभ्यां तत्वज्ञानान्निः श्रेयसम्। (1,1,4)

– वहाँ खण्डित रूप में दिया गया है। उसके प्रथम अंश "धर्मविशेष प्रसूताद्" को छोड़ दिया गया है। इस अंश के मूल सूत्र के साथ रहने पर ही निःश्रेयस शब्द की ऐहिक भावनाप्रकट होती है और धर्म शब्द का आशय लौकिक प्रत्यय के रूप में ही ग्रहण किया जा सकता है। महर्षि कणाद धर्म शब्द को – धारयति इति स धर्मः के अर्थ में देख रहे थे। महाभारत के शान्तिपर्व के सत्यानृताध्याय में भीष्म ने युधिष्ठिर को इसी धर्म के विचार की व्याख्या की है–

धारणाद्धर्ममित्यादुर्धर्मेण विधृताप्रजाः।
यःस्याद्धारण संयुक्तः स धर्म इति निश्चयः॥ (109–11)

धर्म संज्ञा का आशय है– जो सबको धारण करे वह है धर्म। धर्म ने सारी प्रजा को धारण कर रखा है, इसलिये जिससे धारण पोषण हो वही धर्म है– ऐसा दृढ़ निश्चयपूर्वक कहा जा सकता है।

धर्म जैसे व्यापक अर्थ वाले शब्द के अर्थ में संशय होने के कारण को समझने के लिये हमें कणाद ऋषि की ऐतिहासिक पृष्ठभूमि को समझना होगा। महर्षि कणाद काश्यप मीमांसको के समूह से विचार वैभिन्न्य होने के कारण अलग हुए प्रतीत होते हैं। मीमांसक लोग यज्ञयाग और विभिन्न वैदिक संस्कारों को विधिवत करने को धर्म मानते थे। पूर्व मीमांसा का प्रथम सूत्र है– अथातो धर्म जिज्ञासा। (1,1,1) वहाँ उनके द्वारा धर्म की परिभाषा भी दी गई है–

चोदनालक्षणोऽर्थो धर्मः। (1,1,2)

वेदों के द्वारा प्राप्त प्रेरक शब्दों के लक्षण और अर्थ ही धर्म है।

तत्काल उसके बाद के सूत्रों में कहा गया है कि वैदिक कर्मकाण्ड के धर्म में प्रत्यक्ष प्रमाण जरूरी नहीं है शब्द (आगम) के साथ अर्थ का सम्बन्ध नित्य है, अस्तु जैमिनि ने वेद वाक्यों को ही प्रमाण माना है। कणाद के वैशेषिक दर्शन का प्रस्थान सूत्र है– अथातो धर्म व्याख्यास्यामः (1,1,1) वे धर्म की जिज्ञासा से आगे जाकर धर्म की व्याख्या करने का मन्तव्य प्रकट करते हैं। उनका धर्म जीवन के अभ्युदय और निःश्रेयस की सिद्धि के लिये है :

यतोऽभ्युदयनिःश्रेयससिद्धिःस धर्मः।

अतएव, यहाँ पर तत्कालीन समाज में प्रचलित दो प्रकार के धर्म की धारणा का अन्तर स्पष्ट हो जाता है। कणाद का निःश्रेयस लौकिक ऐहिक यथार्थ ज्ञान से सिद्ध होता है जबकि जैमिनि के लिये वैदिक कर्मकाण्ड ही श्रेयस्कर है। अर्थ की धारणा की व्याख्या से भी स्पष्ट बल्कि बिल्कुल विपरीत आशय प्रकट होता है। जैमिनि के शब्द और अर्थ के नित्य सम्बन्ध की मान्यता के विरुद्ध कणाद कहते हैं –

शब्दार्थावसम्बन्धौ। (7,2,18)

शब्द और अर्थ में परस्पर कोई सम्बन्ध सिद्ध नहीं होता है।

महर्षि कणाद अपनी परम्परा से विद्रोह करके सत्यान्वेषण के लिये आगे आते हैं और पूर्व मीमांसा, सांख्य तथा आर्हत् जैन– तीनों दृष्टियों का परिष्कार करने का प्रयत्न करते हैं। इतिहास में सामाजिक धाराप्रवाह के विरुद्ध जाने वाले

व्यक्तियों के साथ जो होता रहा है, वही कणाद के साथ भी हुआ। महर्षि कणाद को सर्वत्र विरोध का सामना करना पड़ा। ऐसा प्रतीत होता है कि प्रशस्तपाद कणाद को वैदिक परम्परा में बनाये रखने के लिए समन्वयात्मक समझौते करते हैं। इसलिए जो कुछ भी वैशेषिक दर्शन में बौद्धिक दृष्टि से उत्कृष्ट है, उसे वे वैदिक सम्प्रदाय की ही थाती बनाये रखने के लिये उसकी क्रान्तिकारिता को पीछे धकेल कर उस पर तात्कालिक विश्वासों का मुलम्मा चढ़ाने की कोशिश करते हैं।

सम्पूर्णानन्द संस्कृत विश्वविद्यालय द्वारा प्रकाशित प्रशस्तपाद भाष्य पदार्थ धर्मसंग्रह की भूमिका में इस तरह का अन्तर्विरोध स्पष्ट दिखाई देता है। संपादक श्री दुर्गाधर झा लिखते हैं– "इस दर्शन (वैशेषिक दर्शन) के ऊपर सबसे अधिक प्रहार हुए हैं और हो रहे हैं, अपने यूथ के दार्शनिकों द्वारा और त्रयी बाह्य बौद्धादि के द्वारा भी। किन्तु ये सभी विरोधी इस शास्त्र के प्रसंग में आचार्य महर्षि प्रशस्त पाद को ही सबसे प्रामाणिक रूप में मानते चले आ रहे हैं ..... वैशेषिक दर्शन के प्रसंग में जो कुछ भी टीकादि ग्रन्थों का निर्माण हुआ, सब इसी ग्रन्थ को आधार मान कर हुआ। जिनमें (1) मिथिला के श्री उदयनाचार्य की किरणावली (2) वंगकुलालंकार श्री श्रीधर भट्ट की न्यायकन्दली और (3) विद्वत्कुलालंकरण श्री व्योमशिवाचार्य की व्योमवती– ये तीन प्राचीन टीकायें अधिक प्रसिद्ध हुई।" [2, पृ. 8–9] इसके पहले वे बताते हैं कि– "स्थिति यह मालूम होती है कि प्रशस्तपाद की भाष्य रचना के बाद उसके सौष्टव के कारण सूत्र (कणाद के सूत्र) की तरफ से सबका ध्यान ही हट गया और वैशेषिक दर्शन के सम्बन्ध में जितने भी कुछ विचार हुये या ग्रन्थ रचनायें हुईं, सभी प्रशस्तपाद भाष्य को आधार मानकर ही होने लगी।" [पृ. 5]

इस स्पष्टीकरण के पश्चात् यह तथ्य भी सामने आता है कि ग्रन्थ की उसी भूमिका में, जहाँ स्वयं प्रशस्तपाद कणाद के दर्शन के छः पदार्थों का ही विशद विवेचन कर रहे हैं, संपादक श्री दुर्गाधर झा परम्परागत मान्यता के अनुसार वैशेषिक दर्शन को सात पदार्थ (अभाव पदार्थ को सम्मिलित मानकर) का प्रतिपादन करने वाला शास्त्र बता रहे हैं। आखिर कणाद के वैशेषिक सूत्रों में ऐसी कौन–सी बुराई छिपी हुई है कि उसे छिपाकर उस पर अपने थोपे हुए विचार आरोपित किये जा रहे हैं। आधुनिक विज्ञान के युग में तो उन सूत्रों की प्रामाणिकता और अधिक बढ़ जाती है, जिससे प्राचीन भारतीय चिन्तन की प्रभविष्णुता ही प्रकट होती है।

हम विस्तार में न जाकर प्रशस्त पाद के उन अंशों पर चर्चा करेंगे जो कणाद की तात्विक दृष्टि के विपरीत मत प्रकट करते हैं। धर्म शब्द की अभी हमने चर्चा की है, देखें कि प्रशस्तपादजी धर्म की क्या व्याख्या देते हैं–

धर्मः पुरुष गुणः। कर्तुः प्रियहित मोक्षहेतुः अतीन्द्रियोऽन्त्य सुख संविज्ञान विरोधी पुरुषान्तःकरण संयोग विशुद्धाभिसन्धिजः, वर्णाश्रमिणां प्रति नियत साधननिमित्तः। तस्य तु साधनानि श्रुतिस्मृति विहितानि वर्णाश्रमिणां सामान्य विशेष भावेनावस्थितानि द्रव्य गुण कर्माणि। [पृ. 660]

धर्मपुरुष (जीव) का गुण है। वह अपने उत्पादक जीव के प्रिय, हित और मोक्ष का कारण है एवं अतीन्द्रिय है। अन्तिम सुख और संविज्ञान का विरोधी है। पुरुष और अन्तःकरण के संयोग और संकल्प से इसकी उत्पत्ति होती है। यह धर्म चातुर्वर्ण्य के पालन करने वाले के लिए निश्चित किये गये विहित कर्म और साधनों का कारण है। वेद और धर्मशास्त्रों में चार वर्णों और आश्रमों के सामान्य और विशेष धर्मों के साधन के लिये कहे गये द्रव्य, गुण और कर्म भी इसके कारण हैं।

इस उद्धरण से पाठक स्वयं अर्थ विपर्यय का परीक्षण कर सकते हैं। कणाद ने अपने सूत्रों में आत्मा के लिये पुरुष शब्द का उपयोग नहीं किया है। यह भेद जानना इसलिये आवश्यक है कि सांख्यदर्शन में आत्मा को पुरुष कहा गया है और कणाद पुरुष के उस विचार से सहमति व्यक्त नहीं करते हैं। सूत्र (3,2,4) में आत्मा के गुणों का उल्लेख है उसमें धर्म कहीं नहीं है। उसके विपरीत वे मनुष्य के मन की इच्छा और द्वेष की प्रवृत्ति के अनुसार धर्म और अधर्म (नैतिकता और अनैतिकता) की उत्पत्ति बताते हैं। हम अपने इस अध्ययन में धर्म और दर्शन की मान्यताओं के लिये तत्कालीन आर्थिक और सामाजिक व्यवस्था को कारण बताते रहे हैं। यहाँ प्रशस्तपाद जी उसी सत्य को प्रमाणित कर रहे हैं। ईश्वर और चातुर्वर्ण्य व्यवस्था ही उस समाज को स्थिर बनाये रखने के कारण थे। इसीलिये सभी धर्माचार्यों को इस व्यवस्था के हित में ही अपनी तात्विकता और नीति का प्रतिपादन करना अनिवार्य था। चातुर्वर्ण्य व्यवस्था में ब्राह्मण, क्षत्रिय और वैश्य को मनुस्मृति द्वारा निर्धारित कर्म करना विहित था और शुद्रों के लिये श्रुतिस्मृति विहित धर्म था –

शूद्रस्य पूर्ववर्ण पारतंत्र्यमंत्रिकाश्च क्रिया। [पृ. 669]

पूर्व में वर्णित उच्च तीन वर्णों की पराधीनता तथा बिना मंत्र के सेवा कार्य।

महर्षि कणाद ने चातुर्वर्ण्य व्यवस्था का उल्लेख ही नहीं किया है, संभवतः उस समय वर्णाश्रमधर्म व्यवस्था का प्रचलन ही शुरू नहीं हुआ था, वे चातुराश्रम व्यवस्था की बात करते हैं जो प्रत्येक व्यक्ति के जीवन काल को- ब्रह्मचर्य, गृहस्थ, वानप्रस्थ और संन्यास अवस्थाओं में विभक्त करता है। कणाद के सामाजिक शील को समझने के लिये वैशेषिक दर्शन के छठे अध्याय का अध्ययन करना चाहिए। वहाँ वे इन अवस्थाओं के व्यवहार और शील में गुण दोष की संभावना भी व्यक्त करते हैं।

चातुराश्रम्यमुपधाअनुपधाश्च। (6,2,3)

भावदोषउपधाऽदोषोऽनुपधा। (6,2,4)

चातुराश्रम व्यवस्था में भी उपधा (छल कपट) और अनुपधा (छलकपट रहित) व्यवहार हो सकता है। भाव में दोष होने पर उपधा होती है और जब निर्मल हृदय से दोषरहित व्यवहार करते हैं तो अनुपधा होती है।

यहाँ पर यह कहना दुःखद है कि कणाद के द्रव्य, गुण और कर्म की वैज्ञानिक भावात्मकता को प्रशस्तपाद के ऊँच-नीच और शोषण आधारित वर्ण व्यवस्था के गुणधर्म को सामान्य विशेषात्मक तर्क बुद्धि से सिद्ध किया है जो निर्मल हृदय कणाद की दृष्टि के प्रतिकूल है। प्रशस्तपादजी कहते हैं कि जो लोग इस सामाजिक धर्म का पालन नहीं करते हैं (अधर्म करते हैं) उन्हें मरने के बाद तिर्यग्ययोनि एवं नारकीय शरीरों के सम्बन्ध से बार-बार संसार रूप बन्धन मिलता है। उनका वाक्य है- प्रवृत्तिलक्षणणाद् धर्मादधर्मसहिताद देव मनुष्य तिर्यङ्नारकेषु पुनः पुनः संसारबन्धोभवति। [पृ. 679]

महर्षि कणाद प्रकृति और समाज में अन्तर्निहित धर्म (स्वभाव) को छः पदार्थों (वर्गीकरण) में विभक्त कर सत्तात्मक द्रव्य, गुण और कर्म की विवेक सम्मत ढंग से समवायात्मक, सामान्य विशेषात्मक विवेचन से जिसमें साधर्म्य और वैधर्म्य के भेदाभेद स्पष्ट हों- ऐसे तत्वज्ञान को समझने के बाद प्रत्येक व्यक्ति को जीवन की निःश्रेयसता (कृतकृत्यता) को विश्वास दिलाते हैं। किन्तु प्रशस्तपादजी मनुष्य के ऐसे ऐहिक जीवन को भी ईश्वर की इच्छा के अधीन कर देते हैं। उनका कहना है-

तच्चेश्वर चोदनाभिव्यक्ताद्धर्म्मादेव-

उस निःश्रेयस की प्राप्ति ईश्वर की विशेष प्रकार की इच्छा से कार्य करने में उन्मुख हुए धर्म से ही होती है। [पृ. 18]

पाँचवी छठी शताब्दी में ही महर्षि कणाद के प्राकृतिक स्वभाववाद की वैश्विक दृष्टि को पूरी तरह ध्वस्त कर दिया गया था। विज्ञान सम्मत परमाणुओं के परस्परावलम्बन और समवेत क्रियाशीलता से सृष्टि के निर्माण और संहार के स्वतः चलते रहने के कणाद के सिद्धान्त को ईश्वरीय इच्छा में परिणित कर दिया गया [पृ. 122-131] ऐसे कृत्य के लिये हमारे मनीषियों को किसी भी प्रकार का संकोच नहीं हुआ। जब एक बार वैज्ञानिक चिन्तक के नाम पर अन्धविश्वासों को स्वीकृति दे दी गई तो स्वाभाविक तौर पर बाद में ईश्वर की सत्ता को प्रमाण के द्वारा सिद्ध करने के कौशल भी तैयार किये गये। उदयनाचार्य ने अकाट्य तर्क से ईश्वर की सत्ता के होने के दस कारण गिना दिये और इन्हीं तर्कों का उपयोग नैयायिकों ने जैन तथा बौद्ध विद्वानों को परास्त करने के लिए अस्त्र शस्त्र के रूप में उपयोग किया।

जो वस्तु अस्तित्व में नहीं है उसकी सत्ता सिद्ध नहीं की जा सकती है। किन्तु भाषा में कई प्रकार के वाक्यों का सृजन किया जा सकता है जिससे शाब्दिक सम्बन्धों के आधार पर अर्थ निकाले जा सकते हैं- ये अर्थ बुद्धि सापेक्ष होते हैं इसलिये उन्हें प्रामाणिक बताया जाता है। तर्क विद्या और प्रमाण शास्त्र भारतीय चिन्तन में विशेष स्थान रखते हैं। जैसा कि पहले बताया गया कि ई.पू. तीसरी शताब्दी से ही मीमांसक शब्द (वेद वाक्य) को अकाट्य प्रमाण मानते रहे हैं। शब्दों की सत्ता को वहाँ अर्थवाद कहा गया है, इसलिये अर्थापत्ति का अपना विशेष महत्व है। पौराणिकों के लिए पुराण कथा (ऐतिह्य) की घटनाओं और पात्रों में शंका करना भयंकर पाप दृष्टिगोचर हुआ, उनका तर्क था दैवी शक्तियों के लिये कोई भी कार्य असंभव नहीं है। अपने श्रद्धेय ऋषियों और मनीषियों के द्वारा समाज के हित के लिये जो भी मार्ग सुझाये गये हैं, उनके प्रति अविश्वास करना महान पातक है, इसलिये आगम (शब्द प्रमाण) को सामाजिक स्वीकृति मिली।

किसी वस्तु का दृष्टिगत न होना अभाव है, किन्तु उसकी सत्ता को अनुमान द्वारा सिद्ध किया जा सकता है, परन्तु साथ ही यह खतरा भी है कि जो अदृश्य और अस्तित्ववान भी नहीं है, उसकी कल्पना (अनुमान) भी की जा सकती है। अनुमान प्रमाण में ही संभव प्रमाण भी है- किसी भी संभावना को अस्वीकृत नहीं किया जाना चाहिये- ऐसा स्वाभाविक तौर पर तर्क उभरता है। इस तरह हम देखते हैं कि सत्ता की सिद्धि का एकमेव साधन प्रत्यक्ष प्रमाण, अनुमान (अप्रत्यक्ष) के माध्यम से तर्क बुद्धि के प्रभाव में हमारे नैयायिकों और पौराणिकों के लिये आठ प्रकार का हो गया- प्रत्यक्ष अनुमान, शब्द , उपमान, अर्थापत्ति,

अभाव, संभव और ऐतिह्य। हमारा लक्ष्य यहाँ पर प्रमाण विवेचन नहीं है, किन्तु ज्ञान मीमांसा में अभाव अथवा अनस्तित्व के विषय में काल्पनिक विचार कहाँ तक मिथ्यावाद को सांस्कृतिक महत्ता दे सकते हैं– यह तथ्य जरूर यहाँ स्पष्ट हो जाता है।

वैशेषिक दर्शन में अभाव तत्व की विशद व्याख्या नौवें अध्याय में की गई है, इसलिये यह नहीं कहा जा सकता है कि महर्षि कणाद ने अभाव की स्थिति की उपेक्षा की है। सभी प्रकार की घटनाओं के लिये कार्यकारण सम्बन्ध (हेतु)– संयोग, समवाय और विरोध को कणाद ने विवेचित किया है, इनके माध्यम से सभी प्रकार की संरचना, प्रक्रिया, घटना तथा अदृश्य समतुलन को समझा जा सकता है। कार्य–कारण में सह सम्बन्ध होना बहुत आवश्यक है, जरूरी नहीं कि जो कारण किसी कार्य विशेष के लिये उत्तरदायी हैं, वही वहाँ अन्य प्रकार के कार्य अथवा गुण के लिये भी उत्तरदायी माना जाय। विरोध हेतु में ही अनुलब्धि और अभाव अन्तर्निहित है, वस्तुतः तो अभाव को कारण के रूप में देखना ही भ्रान्ति है। कारणों की सक्रियता में जब क्रिया वैधर्म्य की स्थिति में दो या दो से ज्यादा कारणों का विपरीत दिशा और शक्ति से सम्पर्क बनता है तब समतुलन की अवस्था आ जाती है– स्थिरता या निष्क्रियता दिखाई देती है, जिसमें अभाव की स्थिति भी बनती है। अभाव स्वयं में कोई तत्व नहीं है। कणाद ने इस स्थिति का दिक, काल और आकाश के संदर्भ में सूत्र (5,2,21) में विवेचन किया भी है।

हमने पहले भी कहा है कि सातवें पदार्थ अभाव के लिये दुराग्रह का कारण ईश्वर और दैवी सत्ताओं की रहस्यवादी धारणा को स्वीकृति दिलाने का है। किसी भी असंभव कार्य को केवल ईश्वर ही संभव बना सकता है क्योंकि वह ही सभी कार्यों का निमित्त कारण है। इस विसंगति को स्पष्ट समझने के लिये हमें नैयायिकों के कारणवाद को समझना होगा। किसी भी कार्य को सिद्ध करने के लिए कुछ तात्कालिक उपादान या साधन आवश्यक होते हैं। जो उपादान अत्यावश्यक होते हैं जिनके बिना कार्य सम्पन्न न हो वे ही प्रमुख कारण कहे जाते हैं। उनके अतिरिक्त बहुत सारे साधन उस प्रमुख कार्य को सम्पन्न किये जाने में सहयोगी होते हैं, उन्हें निमित्त कहा जाता है। उदाहरण के लिये वस्त्र बनाने के लिये सूत जरूरी है, सूत से ताने बाने के रूप में बुन जाने के बाद वस्त्र रुपी कार्य सम्पन्न हो जाता है, इसलिये वस्त्र का प्रमुख कारण सुत (सूत्र) है। वस्त्र में उन्हीं सूतों के उपयोग से विविध रूप रंग (डिजाइन) तैयार किये जाते हैं, इसमें प्रमुख उपादान सूत से अतिरिक्त गुण और कार्य उत्पन्न हो गये। सूत के

लिए कपास, सूतों से वस्त्र बनाने के लिये करघा, करघा चलाने वाला कारीगर आदि कई सहयोगी साधनों उपादानों की भी जरूरत होती ही है।

इन सहयोगी उपादानों की उपेक्षा नहीं की जा सकती परन्तु ये निमित्त है इन निमित्तों को विविध उपायों से कम भी किया जा सकता है। इस प्रकार हमने तीन वर्गों में कारणों को देखा। सूत को द्रव्य के रूप में समवायिकारण कहा जाता है, वस्त्र के ताने बाने के बनाने के ढ़ंग से, रूप रंग प्रकट हुआ जिसे गुण और कर्म कह सकते हैं, इसका एक द्रव्य कारण है, इसे असमवायिकारण कहा जाता है। इसके अतिरिक्त अन्य सहयोगी उपादानों या निमित्तों को निमित्त कारण कहा जाता है। निमित्तकारण कार्य में कहीं भी प्रदर्शित नहीं होता है, वह हमेशा ही अदृश्य रहेगा। जैसा कि हमने पहले कहा कि कार्यकारण के सहसम्बन्ध से घटना घटती है, बहुत सारे निमित्तों को कल्पना के आधार पर घटना का कारण बताना असंगत और भ्रामक है। नैयायिक लोग निमित्त कारण पर इसीलिए जोर देते हैं कि काल्पनिक ईश्वर को भी कारण बताकर उसकी सत्ता सिद्ध की जाय। यही कारण रहा है कि उन्होंने अभाव नामक सातवां पदार्थ जोड़कर वैशेषिक दर्शन को सप्त पदार्थी बनाया, जिसमें महर्षि कणाद की कोई भूमिका नहीं रही है। बल्कि यों कहना चाहिए कि कणाद के विरोध हेतु की सही समझ न बनने की वजह से इन नैयायिकों ने अपनी भ्रान्ति को कणाद पर थोपा।

चीन देश में पाँचवी छठी शताब्दी में भारतवर्ष से जो वैशेषिक दर्शन गया, उसमें दस पदार्थ बताये गये हैं, उसका नाम ही दशपदार्थ शास्त्र है। चीनी विद्वान डॉ. एच. ऊई ने उस ग्रन्थ को आधार मानकर कणाद के दर्शन की विद्वतापूर्ण समालोचना प्रस्तुत की है। [44] इस दश पदार्थ शास्त्र के संकलन कर्त्ता चन्द्रमति बताये गये हैं, जिन्होंने कणाद के छः पदार्थों के अतिरिक्त चार अन्य पदार्थ शक्ति, अशक्ति, सामान्य-विशेष और अभाव को जोड़कर पदार्थों की संख्या दश कर दी। पदार्थ (पद +अर्थ) शब्द वैशेषिक के प्रणेता कणाद ने धारणा के भाव तथा अभाव के दो वर्गों के बुद्धि सापेक्ष सम्बन्धों को समझने के लिए प्रयुक्त किया था- द्रव्य, गुण और कर्म भावात्मक (सत्तात्मक) है वहीं सामान्य विशेष और समवाय अमूर्त सम्बन्धों के विवेचक हैं। अर्थ शब्द को चिन्तकों ने विविध रूपों में देखा है जहाँ कणाद द्रव्य, गुण और कर्म को अर्थ कहते हैं, वहीं आर्हत् जैन द्रव्य, गुण और पर्याय को अर्थ कहते हैं। अक्षपाद गौतम पाँच महाभूतों के विषयों को अर्थ कहते हैं। ये ही पदार्थ भी कहे गये हैं। जैनमत में जीव, अजीव, आश्रव, बंध, संवर, निर्जरा और मोक्ष के साथ पाप और पुण्य को मिलाकर जो धारणा बनती है, उसे पदार्थ कहते हैं। आशय यह है कि पदार्थ को अमूर्त

सम्बन्धों के रूप में दार्शनिक धारणा की तरह बुद्धि सापेक्ष विवेचन के लिये देखा जाने लगा, जिससे कल्पना प्रसूत भाषिक तत्वों की वृद्धि होती गई।

1.3.4 न्यूटन के गति के समीकरण और कणादीय सूत्र

प्रसिद्ध वैज्ञानिक आइसक न्यूजन ने 1686 ई. में गति सम्बन्धी अपने तीन नियमों को प्रतिपादित किया। वे तीनों नियम निम्नानुसार हैं :-

1. ब्रह्माण्ड में प्रत्येक वस्तु सदैव या तो स्थिर अवस्था या फिर गतिशील अवस्था में एक निश्चित दिशा में बनी रहती है, जब तक कि उसकी अवस्था परिवर्तन के लिए कोई बाह्य बल उस पर न लगाया जाए।
2. एक पिण्ड (वस्तु) के संवेग परिवर्तन की दर उस पर लगाये गये बाह्य बल के अनुपाती होता है और यह संवेग परिवर्तन लगाये गये बल की दिशा में क्रियाशील होता है।
3. प्रत्येक क्रिया की समान प्रतिक्रिया होती है जो कि क्रिया के विपरीत दिशा में काम करती है।

उपरोक्त गति के नियम सभी प्रकार के द्रव्यों (वस्तुओं) की गतिशीलता और स्थिरता के लिये उस पर कार्य कर रहे किसी बाह्य बल के अस्तित्व पर जोर देते हैं। यह बाह्य बल ही उस द्रव्य में गतियों की विभिन्न स्थितियाँ उत्पन्न करता है। कणाद ने बल के लिये वेग संस्कार शब्द प्रयुक्त किया है जिसे न्यूटन वेलासिटी कहते हैं, वह यहाँ गमन शब्द द्वारा व्यक्त किया गया है। यह बाह्य बल दृष्ट या अदृष्ट कारण है जो क्रिया को उत्पन्न करता है। लगातार प्रयुक्त बाह्यबल वस्तु की वेलोसिटी (गमन) में भी परिवर्तन लाता है। यह वेलासिटी परिवर्तन की दर वस्तुओं द्वारा विभिन्न रूप में क्रियाशील होने के लिये बहुत महत्वपूर्ण घटक है, इसे अंग्रेजी में एक्जलरेशन कहा जाता है, हिन्दी भाषा में उसे त्वरण कहते हैं। न्यूटन ने बल को पिण्ड के परिमाण (m) और त्वरण (f) के गुणा के रूप में परिभाषित किया है। त्वरण का माप (परिमाण) ज्ञात हो जाने के बाद विभिन्न यांत्रिक क्रियाओं के परिमाणों को ज्ञात किया जा सकता है, ऊर्जा (इनर्जी), दबाव (प्रेशर) संवेग (मामेन्टम) आदि सभी यांत्रिक क्रियाओं के परिणाम ज्ञात करने के लिये प्रक्रिया या संरचना के त्वरण की जानकारी गेलिलियो और न्यूटन की बहुत महत्वपूर्ण खोज मानी जाती है, इससे ही यांत्रिक क्षमता को विकसित करने में सहायता मिलती है।

प्राकृतिक घटनाओं का निरीक्षण करते हुए अध्येतागणों ने प्राचीन समय में ही यह अनुभव किया था कि कोई भी वस्तु दूसरी वस्तु पर जो दबाव बनाती है,

वह उसके परिमाण और उसकी गति के अनुपाती होती है। एक ही वस्तु अलग-अलग वेलासिटी से किसी दूसरी वस्तु पर अलग-अलग दबाव (बल) डालती है। इसी प्रकार से ज्यादा या कम परिमाण की वस्तुयें परिमाण के अनुपात में ज्यादा या कम दबाव उत्पन्न करती हैं। न्यूटन ने इस स्थिति को वस्तु का मामेन्टम (संवेग) कहा और बताया कि किसी भी गतिशील वस्तु का मामेन्टम (संवेग) वस्तु के परिमाण और वेलासिटी (गमन) के गुणा के बराबर होता है। वैशेषिक सूत्रों में कणाद ने इस स्थिति को वेग संस्कार, गुरुत्व, अभिघात, नोदन आदि के रूप में व्यक्त किया है।

ब्रह्माण्ड के सभी द्रव्यों (वस्तुओं) के बीच सदैव संयोग और विभाग चलता रहता है, इसी संयोग और विभाग से ही वस्तुयें सदैव गतिमान या स्थिर रहती है। कणाद ने द्रव्य (वस्तु) का प्रमुख लक्षण क्रियाशीलता ही माना है, वे द्रव्य को अनवरत रूप से क्रियाशील और गुणवत (विभिन्न गुणात्मक स्थितियाँ) अवस्था मे बने रहने की अनिवार्यता मानते हैं - क्रियागुणवत् समवायिकारणमिति द्रव्यलक्षणम् (1,1,5)

यह सूत्र न्यूटन के प्रथम गति के नियम की भावना को व्यक्त करता है। जैसा कि कहा गया है बाह्य बल को कणाद अभिघात, नोदन, संस्कार की संज्ञा के माध्यम से व्यक्त करते हैं। कयी सूत्रों में इस कारण को प्रयत्न के रूप में बताया गया है।

गुरुत्वप्रयत्न संयोगातामुत्क्षेपणम् - (1,1,29)

प्रयत्नविशेषान्नोदन विशेषः- (5,1,9)

न्यूटन के द्वितीय गति के नियम का आशय इन सूत्रों के द्वारा स्पष्ट किया जा सकता है।

न्यूटन के तीसरे गति के नियम को तो कणाद ने लगभग उसी तरह व्यक्त किया है :-

कार्य विरोधि कर्म- (1,1,14)

कार्य का विरोध कर्म के द्वारा होता है, कर्म को कणाद ने प्रतिक्षण द्रव्यों के बीच होने वाले संयोग और विभाग के रूप में परिभाषित किया है जिससे स्पष्ट ही कर्म सदैव क्रिया का परिणाम ही होता है। प्रत्येक कर्म उत्पन्न होने के बाद चौथे क्षण में समाप्त हो जाता है, इस प्रकार कर्म सतत् क्रिया में विनाशशील होते हुए घटना की क्रियात्मकता को बनाये रखता हैं। कणाद ने वैशेषिक दर्शन के पाँचवे

अध्याय में कर्म के विविध रूपों का विवेचन किया है, वहाँ वे बताते हैं कि हाथों द्वारा जो कर्म किया जाता है उसके लिये हाथ, मन और आत्मा के संन्निकर्ष से, प्रयत्न से होता जाता है। यह प्रयत्न प्रक्रिया में एक आवेग लाता है, यही आवेग क्रिया को त्वरण देता है। आत्म संयोग प्रयत्नाभ्यांहस्तेकर्म- (5,1,1) तथा हस्तसंयोगाच्च मुसले कर्म -(5,1,2) अभिघातजे मुसलादौ कर्मणि व्यतिरेकाद कारण हस्त संयोगः- (5,1,3)

पहले आत्मा और हाथ के संयोग से मूसल मे उत्क्षेपण कर्म उत्पन्न होता है, फिर उत्क्षेपण कर्म युक्त हाथ से मूसल के संयोग होने से मूसल में उत्क्षेपणाख्य (आवेग) कर्म की उत्पत्ति होती है। अब आगे ऊखल में जो अभिघात (आवेग) से उत्पन्न होने वाले मूसल के गिरने को जो कर्म है, उसमें हाथ और मूसल निमित्त मात्र रहते हैं। क्रिया पहले उत्पन्न हुए अभिघात या कहे आवेग के कारण होती है। इस वर्णन से कणाद यह बताना चाहते है कि ऊपर उठे हुए मूसल में एक शक्ति (पोटेंसियल) आ गई, यह उसका मामेण्टम या संवेग है जिसके कारण ऊखल पर मूसल का स्वतः प्रहार होता है। जब कोई भारी वस्तु ऊपर उठायी जाये और फिर उसको उठाने वाला आधार हटा लिया जावे तो उस वस्तु का भार ही संवेग का कारण बन सकता है, क्योंकि पृथ्वी उसे अपनी ओर आकृष्ट करके उसमें गति उत्पन्न कर देती है।

– संयोगाभावे गुरूत्वात् पतनम् – (5,1,7)

नोदन रूपी बल को भी इच्छा के प्रयत्नों से फेंकने वाली वस्तुओं में उत्पन्न किया जाता है, उस नोदन के अनुपात में ही वस्तु पृथ्वी के आकर्षणशक्ति के विरोध में उस समय तक आगे बढ़ती है, जब तक कि नोदन गुरुत्वाकर्षण से ज्यादा होता है।

नोदनविशेषाभावान्नोर्ध्वं न तिर्यग्गमन् – (5,1,2)

नोदन के अभाव मे वस्तु को न ऊपर फेंका जा सकेगा और न ही तिरछे फेंका जा सकेगा।

संचित आवेग या कहें प्रयुक्त पोटेंशियल (नोदन) का एक अन्य उदाहरण धनुष से बाण छोड़े जाने का दिया जाता है। जब धनुष को खींचकर उस पर बाण को रखा जाता है तो वहाँ यह आवेग उस प्रक्रिया में धनुष की डोर में सन्निहित होता है। खींचे हुए धनुष को स्वतंत्र छोड़ देने पर बाण आवेग के साथ आगे बढ़ता है और तब तक आगे बढ़ता जाता है, जब तक आवेग (नोदन) नष्ट न हो जाए।

नदोनादाद्यमिषोः कर्म तत्कर्मकारिताच्च संस्कारदुत्तरं तथोत्तर मुत्तरं च–(5, 1,17)

कणाद इन सभी उदाहरणों से यह बताना चाहते हैं कि इन सभी कार्यों का जो अदृष्ट कारण है, वह ही वैगारव्य (बल) है जो या तो प्रयत्न द्वारा संचित किया जाता है या फिर संरचना और अवस्था विशेष से आवेशित किया जाता है। अंग्रेजी में भौतिक शास्त्र में इस प्रकार के बल प्रेशर, इम्पेक्ट और पोटेन्शियल कहे जाते है ं।

अब हम कणाद के सूत्रों से न्यूटन के गति के समीकरण और संवेग की अविनाशिता के नियम को प्राप्त करेंगे। जैसा कि बताया गया कि वेगाख्य ही किसी क्षण विशेष मे ंद्रव्य (वस्तु) के परिमाण और उसके गमन (वेलासिटी) के गुणा के बराबर होता है, यही संवेग (मोमेन्टम) उस क्षण द्रव्य के द्वारा किया गया कर्म है। माना कि किसी बाह्य बल के प्रभाव से एक पिण्ड जिसका परिमाण m है A बिन्दु से B बिन्दु तक जाता है। A बिन्दु पर उसकी वेलासिटी (गमन) u है और बिन्दु B पर t (टाईम) के पश्चात् v वेलासिटी के साथ पहुँचता है तब t समय में m परिमाण वाले पिण्ड से जो कार्य किया गया– वह होगा = बल x दूरी = mfs (न्यूटन के अनुसार) A बिन्दु पर पिण्ड का कर्म (संवेग) mu है और B बिन्दु पर कर्म होगा = mv इसलिये इन कर्मों की बीच अन्तर हुआ = mv - mu

कणाद के सूत्र (1, 1, 14) के अनुसार –

कार्य विरोधि कर्म

किया गया कार्य = कर्मों का परिवर्तन

$$mfs = mv - mu$$

दूरी s को औसत गमन के साथ t (समय) का गुणा कर प्राप्त किया जा सकता है, वैसी स्थिति में f (त्वरण) का मान निकाला जा सकता है, परन्तु हम मूलतः त्वरण (एक्सलरेशन) ज्ञात करने के लिये mfs के स्थान पर t समय तक लगे हुए बाह्य कारण के लिए ले लेते हैं, अस्तु

$$P=mkt = mv-mu$$

$kt = v - u$ जिसमें दांई ओर का आयाम (डायमेन्शन) LT^{-1}

क्योंकि वेलोसिटी का आयाम निश्चित होता है स्थिति परिवर्तन की दर से–

अब $k=\frac{u-u}{t}$

यहाँ दांई ओर का आयाम होगा LT^{-2}

जिसका यह आशय हुआ कि k कोई ऐसा मापांक है जो निश्चित होता है, स्थिति परिवर्तन के दर परिवर्तन के दर परिवर्तन से। अस्तु k मापांक वेलासिटी परिवर्तन की दर दर्शाता है जिसे त्वरण (f) कहा जा सकता है। अतएव

$$f=\frac{v-u}{t}$$

$$v = u + ft$$

यही न्यूटन का गति का प्रथम समीक्रस्ण है। द्वितीय समीकरण ज्ञात करने के लिये दोनों बिन्दुओं A और B के बीच औसत गमंन V लेकर दूरी के लिये समीकरण $s=Vt=(\frac{u+v}{2})t$ जिसमें V का मान उपरोक्त प्रथम समीकरण से रखकर हम ज्ञात कर लेते हैं।

$s=ut + ½ ft^2$ यह न्यूटन का द्वितीय समीकरण है, इन दो समीकरणों के बीच t को विलोपित करने पर हम प्राप्त करते हैं - $v^2 = u^2 + 2ft$ यह न्यूटन का तीसरा गति समीकरण है।

गतिज ऊर्जा और स्थितिज ऊर्जा के अविनाशिता के नियम को सिद्ध करने के लिये हम कणाद के सूत्र

संस्कारभावे गुरुत्वात् पतनम्– (5,1,8) लेते हैं, जिसके अनुसार कोई पिण्ड धरातल से h ऊँचाई से स्वतंत्र रूप से पृथ्वी के गुरुत्वाकर्षण बल से नीचे गिरता है। यदि एक पिण्ड h ऊँचाई से प्रारंभिक गमन शून्य (u=0) से नीचे गिरता है, को तीसरे समीकरण से s के स्थान पर h और u के स्थान पर शून्य रख कर धरातल के गमन के लिए प्राप्त करते हैं $v^2 = 2gh$ I

धरातल पर पिण्ड गिरने पर गमन (वेलोसिटी) v^2 होता है। यदि हम यहाँ प्राप्त समीकरण में दोनों ओर पिण्ड के परिमाण का गुणा करें तो हमें प्राप्त होगा

$$½ mv^2 = mgh$$

धरातल पर पिण्ड की गतिज ऊर्जा = पिण्ड की ऊँचाई h पर स्थितिज ऊर्जा।

इससे ऊर्जा की अविनाशिता का नियम सिद्ध हुआ।

संवेग (मामेण्टम) के अविनाशिता के नियम को सिद्ध करने के लिये हम कल्पना करते हैं कि दो पिण्ड जो कि पूर्ण रूप से स्थिति स्थापक (perfectly elastic) हैं, जिनका परिमाण क्रमशः m_1 और m_2 है। वे क्षैतिज रेखा में विपरीत दिशा से आकर टकराते हैं, टकराने के पहले उनकी वेलासिटी क्रमशः (गमन) u_1 और v_1 है और टकराने के बाद ये वेलासिटी क्रमश u_2 और v_2 हो जाती है।

अब कणाद का सूत्र

संयोगविभाग वेगानां कर्म समानम् – (1,1,20)

संयोग और विभाग के समय कर्म समान (बराबर) ही होता है।

अस्तु पिण्डों के टक्कर (संघात) के समय का समीकरण पूर्वोक्त परिभाषाओं के अनुसार –

m_1 का कर्म परिवर्तन = - m_2 का कर्म परिवर्तन।

दाँयी ओर ऋण (–) का चिह्न विपरीत दिशा में गमन होने के कारण लिया गया है। अतः

$$m_1 (u_2-u_1) = - m_2 (v_2-v_1)$$

$$m_1u_1 + m_2v_1 = m_1u_2 + m_2v_2$$

टकारने के पूर्व का कुल संवेग = टकारने के पश्चात् का कुल संवेग

इस प्रकार हम देखते हैं कि कणाद के सूत्रों की उचित व्याख्या करके उनके सूत्रों के द्वारा भी सत्रहवीं शताब्दी में न्यूटन द्वारा परिभाषित गति विज्ञान के नियमों को सिद्ध किया जा सकता है।

महर्षि कणाद से सूत्रों के संदर्भ से न्यूटन के गति के नियमों को निकालते हुए हम केवल इतना ही बताना चाहते हैं कि पच्चीस सौ वर्ष पूर्व भारतीय मनीषा की प्रखरता को यदि सही वातावरण बाद में भी मिलता रहता है तो हमारे यहाँ भी यूरोप की भाँति ही विज्ञान और प्रौद्योगिकी का विकास बहुत पहले हो चुका होता। यूरोप में भी जो वैज्ञानिक प्रगति इस पन्द्रहवीं सोलहवीं सदी से देखते हैं, वह यूनान में ईसवीं पूर्व शताब्दियों में हुए दार्शनिकों के द्वारा दी गई प्रकल्पनाओं के आधार पर आगे बढ़ी है। वहाँ भी लगभग पन्द्रह सौ वर्षों में कोई विशेष वैज्ञानिक दार्शनिक विकास दिखाई नहीं देता है। महर्षि कणाद को परमाणु से ही सृष्टि की रचना के मत का हम हमारे यहाँ आदि प्रवर्तक कहना चाहते हैं, किन्तु यूनान में चौथी–पाँचवी सदी ईसापूर्व डेमाक्रिट्स नामक दार्शनिक हुए थे जो कणाद की ही तरह कहते थे कि सृष्टि की रचना का आदि कारण सूक्ष्म अणु है इन्हीं अणुओं के संघनन से ही चार महाभूत– पृथवी, जल, अग्नि और वायु

उत्पन्न हुए हैं। इनके पहले थेल्स, एनाक्सीमेन्दर, पेथागोरस, हेराक्लुतस, इम्पेडोकल्स आदि ऐसे कई दार्शनिकों के नाम ध्यान में आते हैं, जिन्होंने कई वैज्ञानिक प्रकल्पनायें दी थीं– वे सभी भूत चतुष्ट्य– पृथवी, जल, अग्नि और वायु के प्रतिपादक थे। सुकरात, प्लेटो और अरस्तू को सर्वांगीण चिन्तन करने की वजह से ज्यादा ख्याति मिली। जिस तरह हमारे यहाँ चार्वाक किसी भी तरह की रहस्यात्मकता के विरोधी नास्तिक दार्शनिक हुए हैं, वैसे ही तीसरी शताब्दी ईसा पूर्व यूनान में इपीक्यूरस हुये हैं। मध्य एशिया, यूनान और मिस्त्र की सभ्यतायें ईसापूर्व की सहस्त्राब्दी में अपनी संस्कृति और बौद्धिक क्षमता में भारतीय सभ्यता और संस्कृति से बहुत पीछे थी– ऐसा नहीं कहा जा सकता है। उपरोक्त यूनानी दार्शनिकों का समय और हमारे भारतीय चिन्तकों के होने के समय में थोड़ा बहुत अन्तर हो सकत ाहै। आज यह कहना उचित नहीं होगा कि यूनानी दार्शनिकों ने जो सिद्धान्त प्रतिपादित किये, उन्होंने उसे भारतीय दार्शनिकों या महापुरुषों से ही ग्रहण किया हो। सभ्यताओं के बीच सदैव सम्पर्क होते रहे हैं और विचार तथा दृष्टि किसी एक मानव समूह की थाती नहीं है।

❑❑❑

भाग 2

वैशेषिक सूत्र: प्राचीन विज्ञान दृष्टि

प्रथमाध्याय

2.1.1. प्रथमाह्निकम्

अथातो धर्मं व्याख्यास्यामः ॥1॥

सूत्रार्थ – अथ = अब, अतः = इस प्रकार, धर्मम् = धर्म की, व्याख्यास्यामः = व्याख्या करेंगे ।

व्याख्या : सूत्र ग्रन्थों के प्रणयन में प्रथम सूत्र में ग्रन्थ के प्रयोजन को बताने का नियम रहा है । यहाँ महर्षि कणाद कहते हैं कि अब यहाँ से हम धर्मतत्व की व्याख्या करेंगे । जैमिनि के मीमांसा दर्शन का प्रथम सूत्र – अथातो धर्म जिज्ञासा है जिससे भी धर्मतत्व को जानने की जिज्ञासा प्रकट होती है । बादरायण के ब्रहसूत्र (उत्तर मीमांसा) का प्रथम सूत्र– अथातो ब्रह्म जिज्ञासा है । सांख्य दर्शन का प्राचीनतम सूत्र ग्रन्थ तत्व समास है, उसका प्रथम सूत्र– अथातस्तत्वसमासः– अब हम तत्वों का सामासिक विवरण प्रस्तुत करते हैं । पातंजल योगदर्शन का प्रथम सूत्र है– अब योगानुशासनम् । इन सभी प्रसिद्ध ग्रन्थों के प्रथम सूत्रों को यहाँ उद्धृत करने का प्रयोजन यह प्रकट करना है कि तत्कालीन सभी मनीषियों ने अपने ग्रन्थों को प्रारंभ करते समय प्रार्थना या शरणागति निवेदन नहीं किया है । जबकि बाद में प्रथम सूत्र को मंगलाचरण कहा जाने लगा, क्योंकि उसमें ग्रन्थकर्ता अपने आराध्य की प्रार्थना करते हुए यह याचना करता है कि प्रस्तुत ग्रन्थ निर्विध्न समाप्त हो । हम वैशेषिक दर्शन के प्रकरण ग्रन्थ 'पदार्थ धर्म संग्रह' में प्रशस्तपाद को ईश्वर की प्रार्थना करने के पश्चात् कणाद को नमस्कार करने के साथ ग्रन्थ का प्रारंभ करते देखते हैं । 'वैशेषिक सूत्रोपस्कार' ग्रन्थ का प्रारंभ भी शंकर मिश्र भगवान शंकर की प्रार्थना के साथ करते हैं । तात्विक चिन्तन की शुद्धता और प्रामाणिकता तभी सधती है जबकि चिन्तक पूरी तरह मुक्त भाव से चिन्तनीय विषय का अनुशीलन कर सके । किसी भी प्रकार के प्रभाव फिर चाहे वह धार्मिक निष्ठा हो या पूर्व निर्धारित आग्रह उन के दबाव में शुद्ध चिन्तन संभव नहीं है । धार्मिक श्रद्धा और शरणागति भाव से किया गया चिन्तन पूर्वाग्रहयुक्त होता है, उस चिन्तन में शुद्ध सत्य अथवा यथार्थ को देखने की क्षमता ही नहीं होती है ।

यतोऽभ्युदयनिःश्रेयससिद्धिः स धर्मः ॥2॥

सूत्रार्थ – यतः = जिससे, अभ्युदयनिःश्रेयस् सिद्धिः = अभ्युदय और निःश्रेयस की सिद्धि हो, स = वह, धर्मः = धर्म कहा जाता है ।

व्याख्या : महर्षि कणाद धर्मतत्व की अपनी परिभाषा देते हैं कि जिससे जीवन का अभ्युदय हो– विकास हो और जिससे जीवन की सार्थकता – कृतकृत्यता सिद्ध हो– वही धर्म है । भारतीय परम्परा में धर्म की इस परिभाषा का सबसे ज्यादा प्रयोग किया गया है, क्योंकि यह लौकिक जीवन के प्रयोजन की सिद्धि पर जोर देती है । धर्म शब्द का निर्वैयक्तिक आशय है– धारयेति इति स धर्मः – जो धारण करता है, वही धर्म है । धर्म (धृ + मन्) – ध्रियते– विद्यमान होना –रहते रहना अर्थात प्रत्येक वस्तु का जो आन्तरिक स्वभाव है, उसी के अनुसार उसकी सत्ता प्रकट होती है । स्वभाववाद एक दार्शनिक विचार है। सांख्य, जैन, बौद्ध और वैशेषिक दर्शन स्वभाववादी है– महावीर स्वामी ने कहा है– धम्मो वत्थु सहावो– वस्तु का स्वभाव ही धर्म है । गौतम बुद्ध ने भी धर्म की व्याख्या हेतु के रूप में की –

ये धम्मा हेतुप्पाभवा, तेसं हेतुं तथागतो आह ।

तेसं चयो निरोधो, एवंवादी महासमण ॥

स्वभाववाद एक वैज्ञानिक अवधारणा है जो स्पष्ट करती है कि प्रकृति में जो भी घटनायें घटित होती हैं, वे कार्य कारण श्रृंखला में कारणों के प्रभाव में उत्पन्न होती हैं– बिना कारण के कोई कार्य नहीं होता । इसके विपरीत यदृच्छावाद को मानने वाले लोग कहते थे कि संसार की घटनाओं के पीछे कोई कारण नहीं है, ये अपने आप बिना उद्देश्य के उत्पन्न हो जाती हैं । इसी प्रकार ईश्वरवादी मानते थे कि सारी सृष्टि का रचियता एक ईश्वर है, उसकी इच्छा के अनुसार ही यह संसार चल रहा है । स्पष्ट है कि स्वभाववादी विचार में वैज्ञानिक दृष्टि है चूंकि वह किसी भी कार्य अथवा संरचना को बिना हेतु के प्रकट होने में शक्य नहीं मानता है, इसलिये उस मत से ईश्वरवाद की संगति नहीं बैठ सकती । जैमिनि का मीमांसा दर्शन भी धर्म की परिभाषा देता है, उसके अनुसार – चोदना लक्षणोऽर्थो धर्मः (1,1,2)– जो लक्षण और अर्थ को जानने की प्रेरणा दे, वही धर्म है । कहा जाता है कि महर्षि कणाद मीमांसकों से वैचारिक मतभेद के कारण अलग हुए थे । मीमांसा दर्शन यज्ञीय कर्मकाण्ड और वैदिक प्राकृतिक देवताओं की स्तुति करने वाला लौकिक मार्ग देता है, वह भी सृष्टिकर्ता ईश्वर को नहीं मानता । लक्षण और धर्म से घटना को समझने से भी आशय प्रस्तुत यथार्थ को भाषागत अभिव्यक्ति देना है, इसीलिये मीमांसा को अर्थवादी भी कहा जाता है

। स्वाभाविक है कणाद अन्य मतों की धर्मतत्व के धारणाओं का परिष्कार करते हुये उसे व्यापकता देना चाहते थे, सांख्य की प्रकृति और पुरुष, जैनों के जीव और अजीव और चार्वाक तथा बौद्धों के महाभूतों से निसृत चैतन्य को अभिव्यक्त करने वाले हेतुवाद का ऐसा स्वरूप तय करना चाहते थे, जो प्रकृति और समाज दोनों क्षेत्रों के यथार्थ को अपने में समेट ले। बाद के नव्य नैयायिकों के द्वारा वैशेषिक दर्शन पर ईश्वरवादी धारणा आरोपित की गई, किन्तु कणाद के मूल सूत्रों की तार्किक व्याख्या से स्पष्ट हो जाता है कि वह केवल दुराग्रह और साम्प्रदायिक द्वेष वृत्ति के कारण से ही हुआ।

तद्वचनादाम्नायस्य प्रामाण्यम् ॥ 3 ॥

सूत्रार्थ – तत् = उस (धर्म के), वचनात् = व्याख्यायित होने में, आम्नायस्य = परम्परा का, प्रामाण्यम् = प्रमाण प्राप्त होता है।

व्याख्या : धर्म की धारणा को परम्परा से विकसित किया गया है, इसलिये उसकी प्रामाणिकता को पारम्परिक व्यवहार से सिद्ध किया जा सकता है। आम्नाय शब्द का अर्थ परम्परा से प्रचलित धारणा है, उसके लिये केवल वैदिक व्यवहार को ही नहीं लेना चाहिये। भाष्यकारों ने इस सूत्र के आम्नाय शब्द का अर्थ केवल वैदिक परम्परा मानकर यह सिद्ध करने का प्रयत्न किया है कि महर्षि कणाद ने अपने वचनों की सिद्धि के लिए वेद को ही आधार माना था। वस्तुतः कणाद अपने सूत्रों में ही वेद की सर्वोपरिता को अस्वीकृत करते हैं। वैदिकमतावलम्बी वेद को अपौरुषेय मानते थे जबकि कणाद स्पष्ट रूप से कहते हैं– बुद्धिपूर्वा वाक्यकृतिर्वेदे (6,1,1)– वेदों के वाक्य बुद्धिपूर्वक ऋषियों द्वारा कृत (रचित) है। ब्राह्मणे संज्ञाकर्म सिद्धिलिंगम– (6,1,2) वेदों के सूक्तों की रचना विभिन्न ऋषियों के नाम पर दी गयी है, इससे ही सिद्ध है कि वेदों के विविध मंत्रों और सूक्तों को विभिन्न ऋषियों ने बनाया। कणाद को वेद की परम्परा को अपनी सांस्कृतिक परम्परा मानने में संकोच नहीं है, वे प्रगति में विश्वास रखते हैं इसलिये अन्य परम्पराओं – व्रात्य, कापिल, आर्हत, बौद्ध विचारों का भी अनुशीलन करते हुए अपने मत की परीक्षा करते हैं, आम्नाय से उनका आशय – लौकिक रूप से प्रचलित धारणाओं से है।

धर्मविशेषप्रसूताद द्रव्य गुण कर्म सामान्य विशेष समवायानां पदार्थानां साधर्म्य वैधर्म्याभ्यां तत्वज्ञानान्निः श्रेयसम् ॥ 4 ॥

सूत्रार्थ – धर्मविशेषप्रसूताद् = धर्म विशेष से उत्पन्न, द्रव्यगुण कर्म सामान्य विशेष समवायानां = द्रव्य, गुण, कर्म, सामान्य, विशेष और समवाय नामक,

पदार्थानां = छः पदार्थों के, साधर्म्यवैधर्म्याभ्यां = सह धर्म और विरुद्ध धर्मों के तत्वज्ञानात् = तत्वज्ञान के जान लेने से, निःश्रेयसम् = निःश्रेयस की प्राप्ति होती है।

व्याख्या : धर्म विशेष के द्वारा अर्थात् विशिष्ट संरचना, प्रक्रिया और आन्तरिक सम्बन्धों के द्वारा प्रसूत हुये– सर्जित हुए छः पदार्थ– द्रव्य, गुण, कर्म, सामान्य, विशेष और समवाय के परस्परावलम्बित साधर्म्य और वैधर्म्य को तात्विक रूप से समझ लेने पर जीवन की सार्थकता प्राप्त की जा सकती है। यहाँ पदार्थ शब्द वस्तु वाचक नहीं है, पद +अर्थ की समुचित व्याख्या के अनुरूप विशिष्ट भाषिक पदों के अर्थों को अन्वय व्यतिरेक , सपक्षता– प्रतिपक्षता, साधर्म्य–वैधर्म्य की दृष्टि से वर्गीकृत परिभाषा को अभिव्यक्त करते हैं– पदार्थ। जगत की संज्ञानात्मक व्याख्या के लिये कणाद छः प्रकार के पारिभाषिक पदार्थ निश्चित करते हैं, ये पदार्थ विभिन्न रूपों में उनके पूर्ववर्ती दार्शनिक सम्प्रदायों में व्याख्यायित होते रहे थे। जैसे मीमांसकों ने भाव, जाति, द्रव्य और गुण, द्रव्य, गुण, कर्म तथा अवयव, आर्हत सम्प्रदाय में द्रव्य, गुण और पर्याय बाद में बौद्ध–नैयायिक (दिङ्नाग) वैशेषिक मत के वर्गीकरण के समान्तर – नाम, जाति, गुण, क्रिया और द्रव्य को रखा। मीमांसा दर्शन के बारह विषयों में कर्म, सामान्य विशेष की चर्चा की गई है। अनुपलब्धि या अभाव ही बौद्धमत का शून्य है– कणाद ने भी अभाव को अवस्था विशेष के रूप में नौवें अध्याय में विवेचित किया है, किन्तु उन्होंने इसे पदार्थों के मौलिक वर्गीकरण में स्थान नहीं दिया। बाद में नैयौयिकों ने अभाव को सातवां पदार्थ मानते हुए न्याय– वैशेषिक सम्प्रदाय में वैशेषिक को सप्त पदार्थी कहा। निश्चित ही यह उनका दुराग्रहपूर्व आरोपण था। मूल वैशेषिक मत में छः पदार्थ ही रहे है, इसका प्रमाण ईसवी पूर्व की शताब्दियों में रचे गये ग्रन्थ चरक संहिता और पतंजलि के महाभाष्य से मिलता है। प्रशस्तपाद ने अपने पदार्थ धर्म संग्रह ग्रन्थ में भी उपरोक्त छः पदार्थों का ही विवेचन किया है। यहाँ यह ध्यातव्य है कि महर्षि कणाद का यह सूत्र ही संक्षिप्त में उनके तत्वज्ञान को प्रदर्शित करता है। मीमांसक जैमिनि और वैशेषिक कणाद दोनों को ही ईश्वर की सत्ता को प्रतिपादित करने की आवश्यकता नहीं महसूस हुई। यहाँ तक कि बाद में वैशैषिकमत के पक्षधर– न्यायदर्शन के प्रणेता अक्षपाद गौतम ने भी अपने द्वादश प्रमेयों में ईश्वर को स्थान नहीं दिया। किन्तु प्रशस्तपाद के प्रकरण ग्रन्थ 'पदार्थ धर्म संग्रह' से ही वैशेषिक मत पर ईश्वर की धारणा का आरोपण प्रारंभ हो गया। प्रशस्तपाद ने प्रामाणिकता से बचने के लिए वैशेषिक सूत्रों को अपने ग्रन्थ में उद्धृत ही नहीं किया। इस सूत्र में आये पदार्थों की विवेचना के लिये

उन्होंने सूत्र का प्रारंभ का अंश धर्म विशेषप्रसूतात को छोड़कर शेष अंश का उल्लेख किया है क्योंकि वे धर्म शब्द को स्वभाववादी व्याख्या के अन्तर्गत नहीं रखना चाहते थे।

पृथिव्यापस्तेजोवायुराकाशं कालोदिगात्मा मन इति द्रव्याणि ॥ 5 ॥

सूत्रार्थ – पृथिवी, आपः = जल, तेजः = तेज, वायुः = वायु, आकाशं = आकाश, कालः = काल, दिग् = दिशा, आत्मा = आत्मा, मन = मन, इति = इस प्रकार, द्रव्याणि = नौ द्रव्य कहे गये हैं।

व्याख्या : कणाद ने द्रव्य नौ माने हैं– पृथ्वी, जल, तेज (अग्नि), वायु, आकाश, काल, दिक आत्मा और मन। तत्व और द्रव्य दोनों शब्द गूढ़ अर्थ रखते हैं। बाद में इन शब्दों का सामान्य अर्थ वस्तु के रूप में लिया जाने लगा किन्तु उस समय ये तात्विक शब्द थे। जैनमत में जगत का वर्गीकरण छः द्रव्यों द्वारा किया गया है– जीव, पुद्गल, धर्म, अधर्म, आकाश और काल। उन्होंने जीवन प्रक्रिया को सात तत्वों में विभक्त किया है– जीव, अजीव, आस्रव, बंध, संवर, निर्जरा और मोक्ष। अजीव पाँच अचेतन द्रव्यों– पुद्गल, धर्म, अधर्म, आकाश और काल को कहा है। सात तत्वों में पुण्य और पाप को सम्मिलित कर लिया जाय तो उनके नौ पदार्थ हो जाते हैं। यहाँ पदार्थ संज्ञा ज्ञानवाचक है, जीव विभिन्न द्रव्यों के साथ ज्ञानात्मक अर्थ ग्रहण कर पदार्थ में लिप्त होता है। कणाद ने जैनमत के इन तात्विक विवेचन से भावात्मक सत्ता– द्रव्य, गुण और कर्म का निश्चय किया। जैनमत के ज्ञानात्मक जीव अजीव के विभिन्न पर्यायों से संबद्ध होता है। पर्याय विभिन्न अवस्थायें हैं और कर्म को पुद्गल के रूप में देखा गया है, वे जगत को द्रव्य, गुण और पर्याय के रूप में व्यक्त करते हैं। कणाद ने क्रियात्मक जगत को द्रव्य और गुण से सम्बद्ध करते हुए सत्ता की व्याख्या द्रव्य गुण और कर्म के द्वारा की।

रूपरसगन्धस्पर्शाः संख्याः परिमाणानि पृथकत्वं संयोग विभागो परत्वापरत्वे बुद्धयः सुखदुःखै इच्छा द्वेषौ प्रयत्नाश्यगुणाः ॥ 6 ॥

सूत्रार्थ – रूप रस गन्ध स्पर्शाः संख्या परिमाणानि = रूप, रस, गन्ध, स्पर्श, परिमाण, पृथकत्वं संयोग विभागौ = पृथकत्व तथा संयोग और विभाग, परत्वापरत्वे = परत्व और अपरत्व, बुद्धयः सुखदुःखै इच्छाद्वेषो प्रयत्नाश्च = बुद्धि, सुख-दुःख इच्छा, द्वेष, प्रयत्न, च = भी, गुणाः = गुण ही हैं।

व्याख्या : सभी द्रव्य गुणात्मक होते हैं– द्रव्यों में सत्रह गुणों को रेखांकित किया गया है– रूप, रस, गन्ध, स्पर्श, संख्या, परिणाम, पृथकत्व, संयोग,

विभाग, परत्व, अपरत्व, बुद्धि, सुख–दुःख, इच्छा, द्वेष और प्रयत्न। इनके अतिरिक्त भाष्यकारों ने गुरुत्व, द्रवत्व, स्नेह, संस्कार, धर्म, अधर्म और शब्द को भी गुणों में सम्मिलित किया है। वैशेषिक दर्शन पर कार्यकरने वाले अधिकांश विद्वानों ने द्रव्यों के गुणों पर विस्तार से अनुशीलन किया है। प्रशस्तपाद ने जिन सत्रह गुणों के अतिरिक्त सात गुणों का विवरण दिया है, उनमें धर्म और अधर्म को भी व्यक्यियों का गुण बताया है तथा बुद्धि के विश्लेषण में प्रमाणशास्त्र का भी संक्षिप्त विवेचन कर दिया है। ध्यान देने की बात यह है कि प्रशस्तपाद का पदार्थ धर्म संग्रह ही बाद के विद्वानों के लिये वैशेषिक दर्शन का पर्याय बन गया। कणाद की निर्दोष दृष्टि पर भाष्यकारों ने जो आरोपण किये है, उसकी चर्चा से भी संशय उत्पन्न होता है। हम सूत्र में वर्णित गुणों के वर्गीकरण में ही कणाद की वैज्ञानिक दृष्टि की परीक्षा कर सकते हैं। रूप से लेकर अपरत्व तक के ग्यारह गुण भौतिक वस्तुओं में पाये जाने वाले निरवैयक्तिक गुण है, बाद के छः गुणों बुद्धि, सुख, दुःख, इच्छा, द्वेष और प्रयत्न व्यक्तियों के संवेदनात्मक गुण हैं। इन्हें आत्मा और मन को गुणों के रूप में बताया गया है।

उत्क्षेपणमवक्षेपणमाकुंचनं प्रसारणं गमनमिति कर्माणि ॥ 7 ॥

सूत्रार्थ – उत्क्षेपणम् = ऊपर फेंकना, अवक्षेपण = नीचे फेंकना, आकुंचन = अपनी ओर खींचना, प्रसारणं = फैलाना, गमनं = गमन करना, इति = इस प्रकार, कर्माणि = पाँच प्रकार के कर्म हैं।

व्याख्या : उत्क्षेपण (ऊपर की ओर फेंकना) अवक्षेपण (नीचे की ओर गिरना) आकुंचन (सिकुड़ना), प्रसारण (फैलना) और गमन (गति)– इस प्रकार पाँच विधियों के कर्म होते हैं। क्रिया के परिणाम के रूप में कर्म को व्याख्यायित किया गया है, इसलिये केवल क्रिया या गतिमानता के कारण कर्म को न बताकर उसके पाँच प्रकारों का उल्लेख किया गया है।

सद्नित्यं द्रव्यवत्कार्यं कारणं सामान्यविशेषवदिति द्रव्यगुणकर्मणामविशेषः ॥ 8 ॥

सूत्रार्थ – सत् = अस्तित्व, अनित्यं= नाशवान, द्रव्यवत् = द्रव्य के समान, कार्यकारणं = कार्य और कारण श्रृंखला वाले, सामान्य विशेषवत् = सामान्य और विशेष जैसे, इति = इस प्रकार, द्रव्यगुणकर्मणाम् = द्रव्य, गुण और कर्म के, अविशेषः – विशेषता रहित (सामान्य) धर्म हैं।

व्याख्या : द्रव्य, गुण और कर्म सामान्य रूप में सदैव सत्तावान पदार्थ हैं, संसार में जो कुछ भी प्रकट और अप्रकट है, वह इन तीनों की अन्तर्क्रिया का परिणाम है। तात्विक विवेचन के लिये इनके भी सूक्ष्म धर्मों का विवरण यहाँ दिया

गया है। ब्रह्माण्ड का अस्तित्व आदि अन्त के बिना सदैव रहता है, नित्यता अनित्यता गति और काल का प्रकटीकरण कारण (हेतु) पर निर्भर है। कारणों के आवृत्ति और व्यावृत्ति के अनुसार महत और सूक्ष्म स्तर पर घटनायें अस्तित्व में आती है। सृष्टि रचना सम्बन्धी जिज्ञासा का प्राचीनतम संदर्भ ऋगवेद का नासदीयसूक्त है जहाँ ऋषि कहता है – असत नहीं था, सत भी नहीं था, न ही थी किसी प्रकार की गति। वह पूछता है यह ब्रह्माण्ड कहाँ से आया। सत् से असत हुआ या असत् से सत इस पर छान्दोग्य उपनिषद का ऋषि भी विचार करता है और यह निश्चय किया जाता है कि सत् से ही असत् (गतिमान) प्रकट होता है। कणाद उसी परिप्रेक्ष्य में इस सूत्र के द्वारा ब्रह्माण्डीय सत्ता का विवेचन करते हैं। बीसवीं शताब्दी के खगोलविदों ने अपने परीक्षणों और निरीक्षणों के आधार पर यह निष्कर्ष निकाला था कि लगभग पन्द्रह अरब वर्ष पूर्व ब्रह्माण्ड का संघनित तत्व बिगबेंग (बड़े धमाके) के साथ विस्फोट के रूप में फैला। ब्रह्माण्ड के पदार्थ (मैटर) का फैलना तब से लगातार जारी है, जिसके कारण विविध आकाश गंगायें और बड़े सितारों के समूह बनते बिगड़ते रहे। हमारी पृथ्वी लगभग साढ़े चार अरब वर्ष पूर्व हमारे सूर्य से छिटक कर अलग हुई। सूर्य परिवार के अन्य ग्रहों के अस्तित्व में आने और उनकी कक्षाओं में नियमित घूमते रहने से जो पर्यावरण तैयार हुआ। उसके कारण पृथ्वी पर जीवन का प्रारंभ हुआ। बिगबेंग के पहले का द्रव्य कैसे संघनित हुआ और बाद में फैलने के साथ ही गति और काल का जन्म हुआ, इस सम्बन्ध में बीसवीं शताब्दी के खगोलविद अभी तक शोध कर रहे हैं। फण्डामेण्टल या एलीमेंण्टरी पार्टीकल्स जो सूक्ष्मातिसूक्ष्म कण हैं और प्रचण्ड शक्ति के वाहक हैं और विकराल दबाव और तापमान पर ही स्वतंत्र अवस्था में रह सकते हैं। ठण्डे होते ही वे पदार्थ (मेटर) के रूप में संघनित होते हैं। ब्रह्माण्ड के विशाल स्वरूप को बनाये रखने के लिये प्रतिपदार्थ (एण्टीमेटर) के ब्लेक होल की कल्पना की गई। उन्हें डार्क मेटर भी कहा गया। आज स्टीफन हॉकिंग अपने ब्लेक होल के सिद्धान्त में फेरबदल करना चाहते हैं और बिगबेंग की घटना के विषय में पुनर्विचार कर रहे हैं। जहाँ इस प्रकार की वैज्ञानिक जानकारी हमें बीसवीं– इक्कीसवीं सदी में मिल रही है, वहीं कणाद के द्वारा आज से तेबीस– चौबीस सौ वर्ष पूर्व इस सूत्र में की गई प्रकल्पना आश्चर्यजनक है जो मोटे तौर पर आधुनिक विज्ञान से मिलती–जुलती है। कणाद जिस सत् के विषय में कह रहे हैं– वह नित्य और अकारणवत् है– वह द्रव्य तो है किन्तु गतिहीन है उसमें दिक और काल का विचार नहीं किया जा सकता। उस सत् का स्वरूप–परमाणु अथवा परिमण्डल के रूप में कणाद बताते

हैं। कणाद अनित्यता के रूप में ही कार्य (क्रिया) को परिभाषित करते हैं– तस्य कार्यलिंगम् (4,1,2)।

उन्होंने सभी कारण द्रव्यों को नित्य माना है अर्थात् वे केवल परमाणु की अवस्था में ही नित्य है। कार्य द्रव्य अनित्य हैं। सत् में जब कारण का उद्वेग होता है तब गतिशीलता प्रकट होती है जो अनित्य सत्ताओं की सृष्टि करती है। ये सत्तायें द्रव्यवत्– द्रव्य के समान ही है और इनके आपस में मिलने और नये द्रव्य के बनने में कारण और कार्य की श्रृंखला दायित्व निर्वाह करती है। इस कारण और कार्य की श्रृंखला की अनुवृत्ति और व्यावृत्ति से सामान्य और विशेष प्रकार की रचनायें होती रहती हैं। इस प्रकार जगत की सभी सत्तायें– द्रव्य, गुण और कर्म के अन्योन्याश्रित सम्बन्ध से सामान्य रूप में बर्तती रहती है।

द्रव्यगुणयोःसजातीयारम्भकत्व साधर्म्यम् ॥ 9 ॥

सूत्रार्थ – द्रव्यगुणयोः = द्रव्य तथा गुण पदार्थ का, सजातीयारम्भकत्व = अपने समान जाति के पदार्थ उत्पन्न करना, साधर्म्यम् = साधर्म्य है।

व्याख्या : विविध प्रकार के द्रव्य समवायी सम्बन्ध से नये द्रव्य को उत्पन्न करते हैं– ऐसे ही समवायी सम्बन्धों को समवायिकारण कहा गया है। चूंकि सभी द्रव्य गुणवान और क्रियावान होते हैं, इसलिये जब वे परस्पर संयोग करते हैं तो जो नया द्रव्य निर्मित होता है वह भी कारणों के अनुरूप गुणवान और क्रियाशील होता है। यहाँ कणाद यह ध्यान दिलाते हैं कि द्रव्य और गुण अपने अनुरूप ही सजातीय द्रव्य और गुण का उत्पाद करेंगे, अर्थात् परिणामी द्रव्य कोई भी गुण प्राप्त करने के लिए स्वतंत्र नहीं है। साधर्म्य से उनका आशय यह है कि विशेष प्रकार के द्रव्य और गुण से विशेष प्रकार के परिणामी द्रव्य और गुण– सजातीय द्रव्य और गुण ही प्राप्त किये जा सकते हैं। उदाहरण के लिये स्वर्ण धातु से विविध प्रकार के आभूषण बनेंगे किन्तु उन आभूषणों में सोने का गुण हमेशा विद्यमान रहेगा। गुणों के विविध प्रकार हो सकते हैं, किन्तु कारण द्रव्यों के अनुरूप ही गुण की विशिष्टता में गुण का साधर्म्य कहा गया है।

द्रव्याणि द्रव्यान्तरमारभन्ते गुणाश्च गुणान्तरम् ॥ 10 ॥

सूत्रार्थ – द्रव्याणि = पृथिवी आदि द्रव्य, द्रव्यान्तरम् = दूसरे द्रव्यों को, आरभन्ते = उत्पन्न करते हैं, गुणाःच = और गुण पदार्थ, गुणान्तरम् = दूसरे गुणों को (उत्पन्न करते हैं)।

व्याख्या : पिछले सूत्र को ही ज्यादा स्पष्ट करने के लिये यहाँ कणाद कारण द्रव्यों और कारण गुणों के परिणामी कार्य द्रव्य और कार्यगुण की विशिष्टता पर

जोर दे रहे हैं। उत्पादित द्रव्य और गुण का आरंभ उसके पूर्ववर्ती कारण स्वरूप द्रव्यों और गुणों में अन्तर्निहित हैं। इसलिये यहाँ वे कहते हैं कि द्रव्यों से ही नये द्रव्य निर्मित होते हैं और गुणों से नये प्रकार के गुण उत्पन्न होते हैं। इस तथ्य को समझने के लिये हम बीजों का उदाहरण लेते हैं। एक खेत में आम, जामुन, इमली जैसे भिन्न प्रकार के बीज बोये गये। उन बीजों से वृक्ष बनने के लिये द्रव्य बीज, खेत की मिट्टी, जल धूप आदि का कारण रूप से सहकार मिला। किन्तु आम के बीज से आम का वृक्ष, जामुन के बीज से जामुन का वृक्ष और इमली के बीज से इमली का वृक्ष अपनी अपनी विशेषताओं –विशेष गुणों के साथ परिणामी गुणों के रूप में उत्पन्न होते हैं। उनका साधर्म्य अपने मूल द्रव्य और उसके गुण से बना रहता है, वे अपने कारण द्रव्य से ही नियंत्रित होते हैं। इन सूत्रों में जो सिद्धान्त महर्षि कणाद ने प्रतिपादित किया उसी के कारण वैशेषिक दर्शन को आरम्भवाद के नाम से जाना जाता है।

कर्मकर्म साध्यं न विद्यते ॥ 11 ॥

सूत्रार्थ –कर्म = कर्म पदार्थ, कर्मसाध्यं = कर्म से उत्पन्न हुए, न विद्यते = नहीं ज्ञात होते।

व्याख्या : पिछले दो सूत्रों में जिस साधर्म्य का विवेचन द्रव्य और गुण पदार्थ के लिए किया गया है वैसा साधर्म्य कर्म पदार्थ के लिये नहीं देखा जाता। कर्म एक ही द्रव्य के द्वारा क्रिया के अन्तर्गत संयोग और विभाग से उत्पन्न और नष्ट होता है। कर्म को कणाद ने शीघ्र विनाशी के रूप में परिभाषित किया है। संयोग के कारण उत्पन्न कर्म कुछ क्षणों पश्चात् विभाग के साथ नष्ट हो जाता है। यह प्रक्रिया सतत चलती रहती है। द्रव्यों की गतिशीलता को व्याख्यायित करने का यह महर्षि कणाद का अपना मौलिक विश्लेषण है। यह ध्यान देने की बात है कि कणाद कार्य और कर्म को एक नहीं मानते है वस्तुतः कार्य या क्रिया को वे संयोग और विभाग के सातत्य में देखते हैं, वे कहते हैं संयोग और विभाग कर्म के कार्य है (1–1–30) एक कर्म से दूसरे कर्म की उत्पत्ति नहीं होती, सामान्यतया द्रव्य और कर्म का कारण कर्म नहीं हो सकता है (1–1–31) इसलिये इस सूत्र के द्वारा कणाद स्पष्ट करते हैं कि द्रव्य और गुण की भाँति कर्मका कारण कर्म नहीं होता।

न द्रव्यं कार्यं कारणञ्च वधति ॥ 12 ॥

सूत्रार्थ –न = नहीं, द्रव्य = द्रव्य पदार्थ, कार्य = कार्य को, कारणं च = और कारण को भी, वधति = नष्ट करता है।

व्याख्या : द्रव्य का नाश कारणत्व अथवा कार्यत्व से नहीं होता है। इसका आशय है कोई भी द्रव्य जब कारण स्वरूप दूसरे द्रव्य से मिलकर परिणाम रूपी कार्य द्रव्य की उत्पत्ति में निमित्त बनता है तो द्रव्य की केवल अवस्था या स्वरूप बदल जाता है। रासायनिक क्रियाओं में दो या दो से अधिक द्रव्य मिलकर नये द्रव्यों को उत्पन्न करते हैं, तब उनके स्वरूप और गुण मे परिवर्तन दिखाई देता है, किन्तु द्रव्य का पूर्णतया नाश नहीं होता। वह दूसरे स्वरूप में परिवर्तित हो जाता है। कणाद की यह प्रतिपत्ति आधुनिक विज्ञान के ला ऑफ कान्सर्वेशन ऑफ मास (पदार्थ के अविनाशिता का नियम) के अनुरूप है। कणाद तत्कालीन समय में इतने महत्वपूर्ण वैज्ञानिक तथ्य की विश्वासपूर्वक परिकल्पना इसलिये कर सके क्योंकि उन्होंने द्रव्य के मूल घटक परमाणु की अविनाशिता को प्रतिपादित किया था और आश्चर्य की बात यह है कि आइन्सटीन ने बीसवीं शताब्दी में पदार्थ और ऊर्जा के परस्पर परिवर्तन के सिद्धान्त को सिद्ध किया। मूल रूप से इसी तथ्य को कणाद का यह सूत्र प्रतिपादित करता है।

उभयथा गुणाः ॥ 13 ॥

सूत्रार्थ –उभयथा = (कार्य तथा कारण) दोनों से, गुणाः = गुण पदार्थ (नष्ट होते हैं)

व्याख्या : पूर्व सूत्र में नाशतत्व के विचार को नकारा गया था, उसके विपरीत प्रस्तुत सूत्र उस विचार से सहमति प्रकट करता है। अर्थात् गुण पदार्थ कारणत्व या कार्यत्व दोनों ही स्थितियों में स्थिर नहीं रहता। कार्य और कारण दोनों ही द्रव्यों के गुणों को नष्ट कर देते हैं। रासायनिक क्रियाओं में ही हम देखते हैं पूर्ववर्ती द्रव्यों के रंग और रूप पश्चाद्वर्ती द्रव्य में भिन्न रंग में या रूप की अवस्था भेद में दिखाई देते हैं। इससे सिद्ध होता है कि गुणों का नाश होता रहता है, किन्तु मूलभूत द्रव्य का नाश नहीं होता है।

कार्यविरोधि कर्म ॥ 14 ॥

सूत्रार्थ –कार्य विरोधि = कार्य से नष्ट होता है, कर्म = कर्म पदार्थ।

व्याख्या : कणाद के कर्म पदार्थ की संश्लिष्टता और सूक्ष्मता को समझने पर वैशेषिक दर्शन की मूलभूत वैज्ञानिक दृष्टि सप्ष्ट होती है। कर्म क्रिया या कार्य का परिणाम है, क्रिया के द्वारा ही कर्म संपादित होता है, क्रिया के द्वारा ही कार्य सम्पन्न होता है। क्रिया में प्रतिक्षण संयोग और विभाग के रूप में सांतत्य बना रहता है। जब कोई क्रिया किसी बाह्य कारण के अन्तर्गत संचालति होती है तो उसकी गति भी परिवर्तित होती रहती है, इसलिये कर्म का परिमाण (माप) भी

प्रतिक्षण बदलता रहता है। कार्य के परिणामस्वरूप कर्म सम्पन्न होता है, जैसे ही कर्म सम्पन्न हुआ, कार्य रुक जाता है। बाह्य कारण जिससे कार्य होता है, उसे बल (फोर्स) कहा जाता है अभीष्ट कर्म की प्राप्ति के लिये कुछ काल (समय) विशेष तक द्रव्य पर बल क्रियाशील रहता है। आगे के सूत्रों से स्पष्ट होगा कि विशेष काल में कर्म का अपना विशेष वेगाख्य संस्कार रहता है वही उसका परिमाण है। हम देखते हैं कि कोई स्थिर मात्रा की वस्तु अलग अलग गति के साथ चलायमान हो तो गति के अनुपात में वेगाख्य संस्कार कम या ज्यादा होता है। इसी प्रकार यदि वस्तु की मात्रा को बढ़ाया या घटाया जाय तथा गति को एक समान रखा जाय तो भी वेगाख्या संस्कार मात्रा के बढ़ने या घटने के अनुपात में बढ़ता या घटता है। आधुनिक विज्ञान में यह वेगाख्य संस्कार वस्तु में उत्पन्न मामेण्टम (संवेग) कहा जाता है, जो कि वस्तु की मात्रा और उसके तत्कालीन गमन (वेलोसीटी) के गुणनफल के बराबर होता है। किसी द्रव्य पर कार्य कर रहा बाह्य कारण (बल) द्रव्य को गतिमान बनाना चाहता है, जबकि द्रव्य अपने संवेग (कर्म) के द्वारा उसका विरोध करता है। यही जड़ता का नियम है, जिसे आधुनिक विज्ञान में न्यूटन ने प्रतिपादित किया।

क्रियागुणवत समवायिकारणमिति द्रव्यलक्षणम् ॥ 15 ॥

सूत्रार्थ –क्रियागुणवत् = क्रियावान और गुणवान होना , समवायिकारणं = समवायिकारण होना, इति = इस प्रकार, द्रव्य लक्षणम् = द्रव्य पदार्थों का सामान्य लक्षण है।

व्याख्या : इस सूत्र में कणाद द्रव्य पदार्थ की परिभाषा निश्चित कर रहे हैं। किसी भी द्रव्य में क्रिया और गुण सदैव विद्यमान रहते हैं और वह अन्य द्रव्यों से समवेत सम्बन्ध बनाकर अन्य द्रव्य की सृष्टि करता है। संयोग और विभाग की स्थिति में द्रव्यों का अस्थायी सम्बन्ध बनता है जैसा कि पहले कहा गया कि कर्म शीघ्र ही नष्ट हो जाता है– संयोग से कर्म का प्रारंभ होता है और विभाग से उसका अन्त शुरू हो जाता है, किन्तु स्थायीत्व की स्थितियों में सम्बन्ध को दो प्रकार में वर्गीकृत किया जा सकता है– एक ऐसा सम्बन्ध जो कुछ समय तक बना रहे और दूसरा, ऐसा सम्बन्ध जो परिणामी द्रव्य के अस्तित्व बने रहने पर्यन्त तक स्थिर हो। पहले सम्बन्ध को युतसिद्ध सम्बन्ध कहते हैं और दूसरे को अयुत सिद्ध सम्बन्ध। समवायिकारण को समझने के लिये इन विचारों को समझना जरूरी है। समवायिकारण हमेशा अयुतसिद्ध सम्बन्ध से ही प्रतिफलित होता है। समवायिकारण के लिए सदैव एक से ज्यादा द्रव्यों की आवश्यकता होती है,

द्रव्य की ही यह विशेषता है कि वह समवायिकारण के रूप में विभिन्न द्रव्यों की सृष्टि कर सकता है। एक द्रव्य में भी चूंकि क्रियाशीलता और गुण होते हैं इसलिये वह भी कारण स्वरूप विविध गुण और कर्म सर्जित कर सकता है, किन्तु उसे समवायिकारण न कहते हुए असमवायिकारण कहा जाता है।

द्रव्याश्रय्यगुणवान् संयोग विभागेष्वकारणमनक्षेप इति गुणलक्षणम् ॥ 16 ॥

सूत्रार्थ –द्रव्याश्रयि = द्रव्य के आश्रय में रहने वाला, अगुणवान् = गुण से रहित, संयोग विभागेषु अकारणं = संयोग और विभाग मे कारणरहित, अनक्षेप = अपेक्षा रहित हो, इति = इस प्रकार, गुण लक्षणम् = गुण के लक्षण होते हैं।

व्याख्या : इस सूत्र में कणाद गुण पदार्थ की परिभाषा देते हैं। गुण सदैव किसी न किसी द्रव्य के ही आश्रित होता है जब किसी एक गुण का विचार किया जा रहा है तो अन्य गुणों से उसकी असंलग्नता होनी ही चाहिए। इसी आशय में यहाँ अगुणवान कहा है। द्रव्य क्रियावान होता है, इसलिये उसमें सतत संयोग विभाग की स्थितियाँ बनती रहती है, किन्तु संदर्भित गुण न तो उन संयोग विभाग का कारण होता है और न ही उनकी क्रियाशीलता से कुछ अपेक्षा रखता है। इन शर्तों का पालन करते हुए कोई भी गुण द्रव्य में स्वाभाविक तौर पर उद्‌भावित होगा। सहज संयोग-विभाग से ही विविध प्रकार के गुण उद्‌भूत होते हैं यदि संयोग-विभाग के क्रम अथवा अवस्था में कोई विशेष प्रकार की अपेक्षा हो तो विशेष गुण ही प्रकट होगा। द्रव्यों के निश्चित स्वभाव हैं इसलिये उनके गुण भी उनकी आन्तरिक संरचना पर निर्भर हैं प्रकृति की इस अनपेक्ष प्रक्रिया से सहजरूप से गुण प्रकट हो रहे हैं। यदि उन्हें कोई अपनी इच्छा के अनुसार बदलेगा तो प्रकृति के सारे व्यवहार में ही व्यवधान उत्पन्न हो जायेगा। काल्पनिक दृष्टि से यह क्षमता केवल सृष्टिकर्ता ईश्वर में ही संभावित है। यह स्पष्ट है कि यदि कणाद यहाँ अनपेक्ष भाव से गुण उद्‌भूत होने की आवश्यक शर्त लगा रहे हैं तो वे किसी सृष्टिकर्ता ईश्वर की अपेक्षा को ही अस्वीकृत कर रहे हैं।

एकद्रव्यमगुणं संयोग विभागेष्वनपेक्षकारणमिति कर्मलक्षणम् ॥ 17 ॥

सूत्रार्थ –एकद्रव्यम् = एक ही द्रव्य में आश्रित, अगुण = गुणरहित, संयोगविभागेषुअनपेक्ष = संयोगविभाग में अनपेक्ष रहते हुए, कारणं = जो कारण है, इति = ऐसा, कर्मलक्षणम् = कर्म का लक्षण है।

व्याख्या : इस सूत्र में कर्म पदार्थ की परिभाषा दी गई है। यह ध्यान देने की बात है कि कणाद कर्म को किसी एक विशिष्ट द्रव्य के द्वारा सम्पन्न होता हुआ

बता रहे हैं। एक द्रव्य में जहाँ उसके गुण के विषय में विचार नहीं किया जा रहा हो, वहाँ संयोग और विभाग वाली क्रिया अनपेक्ष भाव से चल रही हो, उसमें संयोग–विभाग की क्रिया का कारण होता है– कर्म। संसार के प्रत्येक द्रव्य में कर्म लगातार अनपेक्ष भाव से सम्पन्न हो रहा है, जिससे विविध घटनायें, संरचनाये और प्रक्रियायें चल रही हैं। कर्म संयोग विभाग का अनपेक्ष कारण है। यहाँ भी पूर्व सूत्र की भाँति कणाद निश्चयपूर्वक कहते हैं कि किसी भी प्रकार की क्रियाओं (संयोग–विभाग) का कारण कर्म अनपेक्षभाव से प्रतिफलित हो रहा है। यदि संयोग–विभाग के क्रम या स्थिति में किसी की इच्छा की अपेक्षा होगी तो फिर प्रकृति के स्वभाव में व्यवधान उत्पन्न होगा, क्योंकि सम्पूर्ण प्रकृति में– सभी द्रव्यों में संयोग विभाग की क्रिया अन्तरावलम्बित ढ़ंग से चल रही है। यदि कहीं भी गत्यावरोध उत्पन्न हुआ तो उसके परिणामस्वरूप प्रकृति का सामंजस्य प्रभावित होगा। प्रकृति की सम्पूर्ण संरचना और व्यवस्था में अभ्यान्तरिक सुसम्बद्धता है, इसकी प्रत्येक इकाई पूरी प्राकृतिक सत्ता को अभिन्न भाग के रूप में क्रियान्वित होती है। जब यह कहा जाता है कि प्रकृति का कोई भी भाग अनपेक्ष भाव से क्रियाशील है तो उससे यह आशय होता है उसकी क्रियात्मकता सहज भाव से स्वाभाविक तौर पर पूरी ब्रह्माण्ड के तारत्म्य में संचरित होती है। निश्चित ही प्रकृति की प्रत्येक घटना में एक गूढ़ गणितीय संयोजन अन्तर्निहित होता है। ऐसे आश्चर्यजनक संयोजन को देख समझ कर विद्वान लोग अनुमान लगाते हैं कि इस व्यवस्था का– इस संयोजन का कोई संयोजक– व्यवस्थापक अवश्य होगा। उसे ही वे सृष्टिकर्त्ता ईश्वर मानते हैं, जो बाहर से प्रकृति की पूरी व्यवस्था को संचालित करता है। ऐसा करने में उसकी बुद्धि और इच्छा की अपेक्षा से सारे कार्य होते हैं। जबकि विवेक सम्मत ढ़ंग से प्रकृति की गणितीय व्यवस्था को समझा जाता है तो प्रकृति की आन्तरिक संरचना का उद्विकास उसके घटकों के बीच परस्पर अन्तर्क्रिया और अन्तर्सम्बन्धों से निसृत होता दिखाई देता है। तब सारी व्यवस्था में एक सहजता होती है जिसे स्वभाव कहा गया है– इसके अन्तर्गत सभी क्रियायें अनपेक्ष भाव से क्रियाशील रहती है। महर्षि कणाद उनके जैसे अन्य निरीश्वरवादी दार्शनिकों की तरह ब्रह्माण्ड की आन्तरिक सुसम्बद्धता को प्राकृतिक प्रक्रिया में से ही उद्‌भूत देखते हैं। इसीलिये उनकी कर्म पदार्थ की व्याख्या में आन्तरिक अनपेक्ष संयोजन बहुत ही महत्व का तत्वज्ञान है।

द्रव्यगुणकर्माणां द्रव्यं कारणं सामान्यम् ॥ 18 ॥

सूत्रार्थ –द्रव्यगुणकर्मणां = द्रव्य, गुण और कर्म पदार्थों का, द्रव्यं = द्रव्य, कारणं = समवायिकारण होता है, सामान्यम् = सामान्य रूप से।

व्याख्या : वैशेषिकदर्शन में द्रव्य, गुण और कर्म का अन्योन्याश्रियत्व केन्द्रीय महत्व रखता है क्योंकि किसी भी अस्तित्वमान सत्ता की यथार्थता को उसकी गत्यात्मक सार्थकता से ही सिद्ध किया जा सकता है। सभी प्रकार की गत्यात्मक सत्ताओं का आधार या आश्रय द्रव्य होता है। आधुनिक भौतिकवाद भी यही धारणा प्रतिपादित करता है कि ब्रह्माण्ड की सभी तरह की घटनाओं– प्रक्रिया, विचार, चेतना आदि का आधार भौतिक है, भौतिक पदार्थों से ही सभी प्रकार की आश्चर्यजनक घटनायें उद्भूत होती हैं। विभिन्न प्रकार के द्रव्य जब विशेष अवस्था में समवाय या संयोग सम्बन्ध बनाते हैं तो द्रव्य, गुण और कर्म संयुक्त रूप से घटनाओं या सत्ताओं को प्रकट करते हैं– प्रकृति में सामान्यतया यही होता है। द्रव्यों के सम्बन्धित होने में समवायिकारण से द्रव्य उत्पन्न होता है।

तथा गुणाः ॥ 19 ॥

सूत्रार्थ –तथा = उसी प्रकार, गुणाः = सभी गुण भी (द्रव्य, गुण तथा कर्म में असमवायिकारण होते हैं)

व्याख्या : पूर्व सूत्र के अनुरूप जैसे द्रव्य को उत्पन्न करने के लिये द्रव्यों के समवेत सम्बन्ध में समवायिकारण कारण के रूप में द्रव्य, गुण और कर्म संयुक्त रहते हैं। उसी प्रकार नये गुणों का उद्भव भी द्रव्य, गुण और कर्म के परस्पर सम्बन्धित होने पर निसृत होता है। किन्तु गुणों की उत्पत्ति का कारण असमवायि कहा जाता है क्योंकि उसके लिये एक से ज्यादा द्रव्यों के बीच सम्बन्ध होना आवश्यक नहीं है। एक द्रव्य में भी द्रव्य, गुण और कर्म सम्बन्धों के संयोजन से नया गुण उत्पन्न कर सकते हैं। गुण और कर्म का उद्भव हमेशा असमवायिकारण से होता है।

संयोगविभागवेगानां कर्म समानम् ॥ 20 ॥

सूत्रार्थ –संयोगविभागवेगानां = संयोग विभाग और वेग में, कर्म = कर्म, समानम् = समान होता है।

व्याख्या : भूतों के संयोग और विभाग से जो क्रिया उत्पन्न होती है और भूतों में गति (गमन) के कारण जो वेगाख्य संस्कार उत्पन्न होता है इन सबके लिये कर्म को उत्तरदायी बताया गया है। जैसा कि पहले कहा गया है वैशेषिक दर्शन में कर्म पदार्थ का विचार बहुत गूढ़ है। संयोग और विभाग को साधारणतया स्थूल वस्तुओं के मिलने और अलग होने के अर्थ में ही देखा जाता है, किन्तु कणाद सूक्ष्म स्तर पर– यहाँ तक की परमाणु के स्तर पर विभिन्न द्रव्यों के संयोग और विभाग को देख रहे हैं। द्रव्यों के सूक्ष्मतम कण–परमाणु, द्व्यणुक, त्रयणुक या

अन्य स्कन्ध परस्पर संयोग करते हैं और तत्क्षण विभाग (अलग होना) करते हैं, यह आवृत्ति बहुत तीव्रता से होती है जिसके कारण क्रिया का सातत्य बनता है । यह सूत्र प्रकृति की गत्यात्मकता को गंभीर ढ़ंग से उद्घाटित करता है । उस समय आधुनिक विज्ञान की तरह गति के विविध पक्षों को परिभाषित नहीं किया था, स्पीड (गति), वेलोसिटी (गमन) एक्सलरेशन (त्वरण) सदिश और अदिश राशि का विचार भी वहाँ दृष्टिगत नहीं होता है । इन्हीं विभिन्नताओं को रेखांकित करने के उद्देश्य से यह सूत्र बनाया गया है । इस सूत्र में वेग शब्द वेगाख्य संस्कार के लिये प्रयुक्त हुआ है वेलोसिटी के अर्थ में नहीं । कणाद संदर्भित वेग आज का संवेग है– मामेण्टम है और कर्म शब्द भी मामेण्टम **(m x v)** को ही अभिव्यक्त करता है ।

न द्रव्याणां कर्म ॥ 21 ॥

सूत्रार्थ –न = नहीं होता, द्रव्याणां = द्रव्यों का, कर्म = कर्म (समान) ।

व्याख्या : द्रव्यों की उत्पत्ति कर्म से नहीं हो सकती, उसके लिये द्रव्य ही उत्तरदायी होते हैं । कोई भी कर्म बिना द्रव्य के अस्तित्व में ही नहीं रह सकता है, इसलिये कर्म को कभी भी द्रव्य का कारण नहीं माना जा सकता है ।

व्यतिरेकात् ॥ 22 ॥

सूत्रार्थ –व्यतिरेकात् = व्यतिरेक होने के कारण से ।

व्याख्या : द्रव्य और कर्म पदार्थों का स्वरूप भिन्न है जैसा कि पूर्व सूत्र में विचार किया गया है द्रव्य से ही द्रव्य उत्पन्न होगा । द्रव्य के होने पर ही बाद में द्रव्य के कारण कर्म की उत्पत्ति होती है, बिना द्रव्य के कर्म का विचार निरर्थक है । जब दो द्रव्य मिलते हैं तब संयोग होता है उसके बाद विभाग होता है और के बाद जब नया संयोग होता है, उसके साथ ही पूर्व कर्म नष्ट हो जाता है, नया कर्म उत्पन्न होता है । कर्म शीघ्रनाशी है । द्रव्य से द्रव्य के संयोग पर द्रव्य का सातत्य बनता है किन्तु इसके विपरीत कर्म द्रव्यों के संयोग के तुरन्त बाद विभाग के कारण नष्ट होता है – यही द्रव्य और कर्म के बीच व्यतिरेक है ।

द्रव्याणां द्रव्य कार्य सामान्यम् ॥ 23 ॥

सूत्रार्थ –द्रव्याणां = अनेक द्रव्यों का, द्रव्य = एक द्रव्य के रूप में, कार्य = कार्य होना, सामान्यम् = सामान्य धर्म है ।

व्याख्या : एक से ज्यादा बहुत सारे द्रव्यों के सम्मिलन से उनके कारणभूत परिणाम के रूप में एक द्रव्य का होना सामान्य घटना है । बहुत से द्रव्यों के कारण

एक द्रव्य कार्य के रूप में प्रकट होता है– यह एक सामान्य बात है ।

गुणवैधर्म्यान्न कर्मणां कर्म ॥ 24 ॥

सूत्रार्थ –गुणवैधर्म्यात् = गुणों के विरोधि धर्म होने के कारण, न = नहीं होता, कर्मणां = अनेक कर्मों का, कर्म = अन्य कर्म (कार्य) ।

व्याख्या : एक से ज्यादा द्रव्यों अथवा गुणों के कारण रूप में सम्मिलित होने पर द्रव्य अथवा गुण उत्पन्न हो सकते हैं– ऐसा पहले कहा गया है । हालांकि सूत्र कर्म कर्म साध्यं न विद्यते– से यह स्पष्ट हो गया है कि एक कर्म से दूसरा कर्म उत्पन्न नहीं होता। किन्तु यहाँ एक से ज्यादा द्रव्य, गुण के संदर्भ एक से ज्यादा कर्मों के सम्मिलन की बात की जा रही है । इसलिये निशचयात्मक रूप मे ंकर्म के चरित्र को द्रव्य और गुण के भिन्न देखते हुए यह कहा जा रहा है कि गुणं के चरित्र से कर्म का चरित्र भिन्न है । इसलिए कर्मों के सम्मिलन के कारण कार्य रूप में कर्म प्राप्त नहीं किया जा सकता है ।

द्वित्वप्रभृतयः संख्याः पृथकत्व संयोग विभागाश्च ॥ 25 ॥

सूत्रार्थ –द्वित्वप्रभृतयः = दो–तीन आदि, संख्या = संख्या, पृथकत्व संयोग विभागाश्च = पृथकत्व, संयोग तथा विभाग (अनेक द्रव्यों से उत्पन्न होते हैं)

व्याख्या : वस्तुओं के स्वतंत्र अस्तित्व से एकत्व का बोध होता है, कणाद ने एकत्व को बाद में परिभाषित किया है । यहाँ वे संख्या के विचार को स्वतंत्र पृथक सत्ताओं को समूह के रूप में देखते हैं– पृथक सत्तायें एक साथ रहे या एक साथ नहीं रहे– इन दो तरह के संयोग और विभाग से संख्या बढ़ेगी या घटेगी । संख्याओं को परिभाषित करने के लिये एक की सत्ता को पूर्व मान्यता देने पर ही एक और एक को साथ रखने पर दो की संख्या बनेगी । कणाद पृथकत्व के विचार के संदर्भ में दो से आगे बढ़ती हुई संख्याओं के होने के तथ्य की ओर इंगित करते हैं । उस समय परार्ध (10^{12}) तक संख्यायें गिनी जाती थीं।

असमवायात्सामान्य कार्य कर्म न विद्यते ॥ 26 ॥

सूत्रार्थ –असमवायात = समवेत न होने से, सामान्य कार्य = किसी सामान्य कार्य को, कर्म = कर्म, न विद्यते = नहीं जाना जाता ।

व्याख्या : बहुत सारे द्रव्यों और गुणों के कारण होने वाले कार्यों को कर्म के विचार से असम्बद्ध करने के लिये ही इस सूत्र को दिया गया है । कणाद जिस प्रकार से कर्म को परिभाषित कर रहे हैं, उसके अनुसार कर्म सदैव एक ही द्रव्य में निहित रहता है। गत्यात्मकता– क्रिया तो द्रव्यों और गुणों के सम्मिलन में भी

है, इसलिये सामान्य रूप से कार्य सर्वत्र दिखाई देता है, किन्तु वह कर्म नहीं है। कर्म को असवायिकारण से उत्पन्न माना गया है, वह एक ही द्रव्य में रहता है। एक से ज्यादा द्रव्यों में कर्म की स्थिति नहीं है।

संयोगानां द्रव्यम् ॥ 27 ॥

सूत्रार्थ –संयोगानां = (अनेक द्रव्यों के) संयोग का, द्रव्यम् = (एक) द्रव्य (कार्य होता है)।

व्याख्या : बहुत सारे घटकों के संयोग से कोई एक द्रव्य बनता है। यहाँ जिस प्रकार द्रव्य की उत्पत्ति का विचार किया गया है, वह मूलत भौतिकद्रव्य– पृथ्वी, जल, तेज, और वायु के संयोग से बनता है। अन्य पाँच द्रव्य पदार्थ, आकाश, काल, आत्मा और मन का चरित्र भौतिक द्रव्य पदार्थों से भिन्न है– वे अमूर्त और अनुमानात्मक हैं। इस सूत्र से स्पष्ट है कि घटकों या अवयवों के संयुकत होने पर ही विविध भौतिक द्रव्य निर्मित होते हैं। जगत में सारी वस्तुगत घटनायें विविध संयोगों से ही उत्पन्न होती हैं।

रूपाणांरूपम् ॥ 28 ॥

सूत्रार्थ –रूपाणां = (अनेक) रुपों का, रूपम् = (एक) रूप (होना साधर्म्य है।)

व्याख्या : पिछले सूत्र के संदर्भ से ही आगे बढ़ते हुए जैसे द्रव्यों के संयोग से द्रव्य उत्पन्न होता है, वहाँ समवायिकारण कहा जाता है, यहाँ अगर एक ही द्रव्य के अंशों को जिनका कोई रूप बन चुका है उनके विविध अंशों (रूपों) के संयोग से जो परिणाम मिलेगा वह भी उसी द्रव्य का रूप होगा। बाद वाला संयोग सम्बन्ध असमवायिकारण कहा जाता है। इसका महत्व यहे है कि एक ही द्रव्य में विविध घटक विविध रूपों में हो सकते हैं, वे सब घटक (अवयव) मिलकर एक सत्ता (व्यक्ति) तैयार करते हैं। इस प्रकार के सम्बन्ध को एकार्थसमवायी कहा गया है।

गुरुत्व प्रयत्न संयोगानामुत्क्षेपणम् ॥ 29 ॥

सूत्रार्थ –गुरुत्व प्रयत्न संयोगानाम् = गुरुत्व, प्रयत्न और संयोग गुणों का, उत्क्षेपणं = ऊपर फेंकना (एक कार्य है।)

व्याख्या : पिछले सूत्रों में घटकों या अवयवों के सम्बन्ध में निर्मित एक परिणाम– एक कार्य का, जो विचार दिया गया है, उसी को यहाँ अन्य प्राकृतिक

घटना के रूप में प्रस्तुत किया जा रहा है। किसी भारी वस्तु को ऊपर फेंकने में तीन प्रकार के गुणों का संयुक्त प्रयोग होता है। भारी वस्तु में गुरुत्व –वह पृथ्वी की ओर खिंचती है, उसे ऊपर फेंकने के लिए हाथ और इच्छा (मन) के संयोग से प्रयत्न निर्मित होगा, फिर गुरुत्व के विरोधी प्रयत्न के संयोग से वस्तु ऊपर की ओर फेंकी जाती है।

संयोगविभागाश्य कर्मणाम् ॥ 30 ॥

सूत्रार्थ –संयोगविभागाः च = संयोग और विभाग गुण, कर्मणां = कर्म पदार्थों के (कार्य हैं।)

व्याख्या : संयोग और विभाग नामक गुण मिलकर कर्म पदार्थ को बनाते हैं याने कर्म के लिये संयोग और विभाग जरूरी है। संयोग और विभाग के तीव्र आवृत्ति से कर्मों का क्रम निर्मित होता जाता है और उन कर्मों को व्यवस्थित ढंग से रखे जाने पर परिणाम रूप में घटना प्रकट होती है। इस सूत्र को समझने के लिये विश्लेषिक ज्यामीति में बिन्दुओं के क्रम से निर्मित होने वाली वक्र रेखा को लिया सकता है। कणाद कर्म को संयोग और विभाग से उत्पन्न और विनष्ट होने वाला बताते हैं, किन्तु यह प्रक्रिया सहज चलती रहती है इसलिये परिणाम स्वरूप घटना का सातत्य बनता है। कर्म को संयोग और विभाग का कारण कहा है वास्तव में यह संशिलष्ट संबंध अन्योन्याश्रित है। संयोग और विभाग को कार्य माना जाता है तभी कर्म उनका कारण बनता है।

कारणसामान्ये द्रव्यकर्माणां कर्माकारणमुक्तम ॥ 31 ॥

सूत्रार्थ –कारणसामान्ये = कारण सामान्य के वर्ग में, द्रव्यर्कर्मणां = द्रव्य तथा कर्मों का, कर्म = कर्मपदार्थ, अकारणं = कारण नहीं होता, उक्तम् = ऐसा कहा गया है।

व्याख्या : पिछले एक सूत्र में कर्म को कर्म का कारण नहीं होना बताया गया, किन्तु प्रस्तुत सूत्र के पहले सूत्र से प्रकट होता है कि संयोग और विभाग कर्म के कार्य हैं। इसी कठिनाई को दृष्टिगत रखते हुए कणाद यहाँ स्पष्ट करते हैं कि सामान्यतया तो द्रव्य तथा कर्मों का कर्म कारण नहीं होता है किन्तु विशेष रूप से संयोग और विभाग का कर्म कारण कहा गया है। कणाद की तीक्ष्ण दृष्टि में सूक्ष्मता के स्तर पर कारण–कार्य की श्रृंखला में इस विशेष स्थिति की पकड़ से ही यह निश्चित होता है संसार में सभी दूर गत्यात्मकता अन्तर्निहित है।

❑❑❑

प्रथम अध्याय

2.1.2. द्वितीयाह्निकम्

कारणाभावात्कार्याभावः ॥ 1 ॥

सूत्रार्थ –कारणाभावात् = कारण के अभाव होने से, कार्याभावः = कार्य का अभाव होता है।

व्याख्या : गत्यात्मकता को कार्य–कारण धारणा के द्वारा परिभाषित करने का कार्य सांख्य और वैशेषिक मतों ने अपने–अपने ढंग से किया है। सत् असत् के रूप मे ंदर्शन शास्त्र की आदि जिज्ञासा अस्तित्व सम्बन्धी रही है। सांख्य मत मे ंसत् को अव्यक्त प्रकृति कहते हैं, उसमें गति नहीं है पुरुष के संसर्ग से उसमें विक्षोभ (गति) उत्पन्न होती है अर्थात् वहाँ आदिकारण पुरुष है। सांख्य के सत्कार्यवाद कहा जाता है क्योंकि उसके अनुसार सारे कार्य कारण में पहले से विद्यमान हैं। कारणता पर विचार करें तो यह शब्द स्वयं कृ धातु से बना है जो गति, कार्य, क्रम आदि को अभिव्यक्त करता है। कारणता के लिये क्रम आवश्यक है, कणाद कार्य की पूर्व कल्पना नहीं करते हैं। कारण की भिन्नता के साथ कार्य की भी भिन्नता होती है, कारण केवल एक नहीं है बहुत सारे कारणों से कोई कार्य उत्पन्न होता है और कारणों के व्यवधान से कार्य नष्ट हो जाता है, इसलिये वैशेषिक दर्शन को असतकार्यवाद भी कहा जाता है। कणाद आदि कारण के विषय में चर्चा नहीं करते हैं, जब कारण नहीं है तभी सत् है– तभी नित्य है, अन्यथा सर्वत्र अनित्य और क्रियाशील जगत है। कारण के होने पर ही कार्य होता है और कार्य का चरित्र भी कारण के द्वारा निर्धारित होता है। कारण के बिना कार्य असंभव है, परन्तु इसका विपरीत सही नहीं है। कार्य नहीं हो रहा है तो हम नही ंकह सकते हैं कि वहाँ कारण नहीं है।

न तु कार्याभावात् कारणाभावः ॥ 2 ॥

सूत्रार्थ –न तु = न कि, कार्याभावात् = कार्य के अभाव से, कारणाभावः = कारण का अभाव होता है।

व्याख्या : कार्य का अभाव तभी होगा जब वस्तु स्थिर होगी। स्थिरता में कार्य दृष्टिगत नहीं होता है। इस सूत्र से कणाद इस बात पर जोर देना चाहते हैं कि जहाँ कार्य दृष्टिगत नहीं है वहाँ कारण भी नहीं होगा– ऐसा निश्चयपूर्वक

नहीं कहा जा सकता है। संसार का सारा व्यवहार कारणों की सक्रियता से ही सम्पन्न हो रहा है कभी कारण दिखाई देते हैं और कभी कारणों को नहीं देखा जाता है परन्तु वहाँ कारण का अभाव नहीं होता है। स्थिति या स्थिरता में कार्य का अभाव इसलिये हैं कि विचारणीय वस्तु या संरचना पर विविध कारण व्यवहृत हैं किन्तु वे परस्पर भिन्नता की वजह से क्रियावैधर्म्य उत्पन्न कर निष्क्रियता अथवा स्थिरता के संतुलन स्थापित कर दे रहे हैं।

सामान्यं विशेष इति बुद्ध्यपेक्षम् ॥ 3 ॥

सूत्रार्थ –सामान्यं विशेष इति = सामान्य और विशेष दोनों ही, बुद्ध्यपेक्षम् = (अनुगत और व्यावृत्ति रूप) बुद्धि की अपेक्षा से सिद्ध होते हैं।

व्याख्या : सामान्य और विशेष पदार्थ विचार परक हैं– ये धारणायें हैं इन्हें मूर्तरूप में प्रकट नहीं किया जा सकता है। उदाहरण के लिये एक विशाल वन की कल्पना की जाय जिसमें विविध प्रकार के वृक्ष हैं। आम, जामुन, पीपल, कटहल, महुवा, गूलर, बरगद आदि विविध जातियों के वृक्षों का समुच्चय वह वन है। जब हम कहते हैं – वृक्षों का वन– तब यह हुआ सामान्य विचार, परन्तु जब हम कहते हैं आम का वृक्ष– तब हम विशेष वृक्ष को निर्दिष्ट करते हैं। आम के वृक्ष कहने पर समस्त आम के वृक्षों का समुच्चय लक्षित होता है, जो वन के परिप्रेक्ष्य में आम के वृक्षों का विशेष समुच्चय है। इसी प्रकार जामुन के वृक्ष, पीपल के वृक्ष, महुआ के वृक्ष आदि विशेष समुच्चय होंगे। किन्तु इन्हीं विशेष समुच्चयों का अलग–अलग विचार किया जाय तो ये सामान्य जाति के वृक्षों का विचार देते हैं और वहाँ भी किसी एक वृक्ष का निर्देश करना हो तो वह विशिष्ट वृक्ष अन्त्य विशेष वृक्ष होगा। यह सारा विचार बुद्धि की अपेक्षा से संभव है।

भावोऽनुवृत्तेरेव हेतुत्वात् सामान्यमेव ॥ 4 ॥

सूत्रार्थ –भावः = सत्ता, अनुवृत्तेः एव = अनुगत बुद्धिका ही, हेतुत्वात् = कारण होने से, सामान्यं एव = सामान्य ही है।

व्याख्या : सामान्य पदार्थ के लिए किसी एक प्रकार की वस्तु का बार–बार, अधिक संख्या में विचार किया जाता है। सामान्य एक धारणा है इसलिये अनुवृत्ति के लिए बार–बार एक से अधिक बार जिस भाव या सत्ता का विचार किया जा रहा है, जरूरी नहीं है कि वह मूर्त वस्तु हो, वह विचार, गुण, द्रव्य, सत्ता जैसी धारणात्मक भाव भी हो सकता है।

द्रव्यत्वं गुणत्वं कर्मत्वञ्च सामान्यानि विशेषाश्च ॥ 5 ॥

सूत्रार्थ –द्रव्यत्वं गुणत्वं = द्रव्यत्व, गुणत्व, कर्मत्वञ्च = और कर्मत्व (ये तीनों ही), सामान्य विशेषाञ्च = सामान्य भी है और विशेष भी ।

व्याख्या : जब द्रव्य से द्रव्यत्व, गुण से गुणत्व और कर्म से कर्मत्व संज्ञाओं का विचार किया जाता है तो ये सामान्य धारणा को निर्देशित करती है। द्रव्यत्व द्रव्य के गुणों वाली जाति, गुणत्व, गुण पदार्थ को अभिव्यक्त करने वाली जाति या सामान्य विचार और कर्मत्व कर्म के विचार करने वाले समुच्चय को निर्दिष्ट करते हैं। इन विभिन्न सामान्य अवधारणाओं में से भेद के आधार पर सीमित करते हुए विशेष भाव को भी प्राप्त किया जा सकता है। सामान्य जाति से अनुवृत्ति के विचार से सामान्य और व्यावृत्ति भेद या सीमा निर्दिष्ट करने पर विशेष प्राप्त होता है।

अन्यत्रान्त्येभ्यो विशेषेभ्यः ॥ 6 ॥

सूत्रार्थ –अन्यत्र= (द्रव्यत्व गुणत्व और कर्मत्व से) अन्यत्र, अन्त्येभ्यः = अन्त्य (वस्तुओं) विशेषेभ्यः = विशेषत्व (ही होता है।)

व्याख्या : विशिष्ट वस्तु को निर्दिष्ट करने के लिये सामान्य के विचार को सतत् हटाते जाना होगा है। शुद्ध विशिष्टता किसी के केन्द्रित भाव या विचार में होगी। इस सूत्र में इसी बात को कहा गया है कि सामान्य के विचार को छोड़ते छोड़ते लगातार व्यावृत्ति (भेद) करते हुए हम एक ऐसे विशेष को प्राप्त करते हैं, जिससे किसी भी अन्य वस्तु की तुलना या साधर्म्य नहीं बताया जा सकता है।

सदिति यतोद्रव्यगुणकर्मसु सा सत्ता ॥ 7 ॥

सूत्रार्थ –सत् = सत् है, इति = इस प्रकार (ज्ञान और व्यवहार), यतः = जिससे (होता है), द्रव्यगुणकर्मसु = द्रव्य, गुण और कर्म पदार्थों में, सा = वह, सत्ता = सत्ता (नामक सामान्य है)।

व्याख्या : ज्ञान और व्यवहार के लिये जिसके विषय में हम कह सकें कि यह ऐसा है, इस प्रकार की सत्ता के द्रव्य, गुण और कर्म का परस्पावलम्बन आवश्यक है। यह सत्ता एक सामान्य भाव प्रस्तुत करती है। संसार में किसी प्रकार की भी सत्ता हो उसकी सार्थकता और यथार्थ भाव को सिद्ध करने के लिये द्रव्यत्व, गुणत्व और कर्मत्व (क्रियात्मकता) ही मूलभूत आधार होते हैं। यह सत्ता स्वयं द्रव्य, गुण या कर्म नहीं है बल्कि उन पर आश्रित भाव है।

द्रव्यगुणकर्मभ्योऽर्थान्तरं सत्ता ॥ 8 ॥

सूत्रार्थ –द्रव्यगुणकर्मभ्यः = द्रव्य, गुण और कर्म पदार्थों से (अन्य), अर्थान्तरं = दूसरा ही पदार्थ है, सत्ता = सत्ता नामक जाति।

व्याख्या : सत्ता की धारणा को और अधिक स्पष्ट करने के लिए महर्षि कणाद कहते हैं – अन्योन्याश्रित द्रव्य, गुण और कर्म तीनों गुणकों से सर्जित घटक (सत्ता) इन तीनों से अन्य प्रकार का ही है। जैसे विभिन्न अवयवों से सर्जित अवयवी अलग ही होता है, उसी प्रकार से सत्ता द्रव्य, गुण और कर्म के परस्परावलम्बन से निर्मित भाव है।

गुणकर्मसु च भावान्न कर्म न गुणः ॥ 9 ॥

सूत्रार्थ –गुणकर्मसु च = गुण और कर्म पदार्थों में भी, भावात = रहने पर भी, न = नहीं है, कर्म = कर्म पदार्थ, न गुणः = और न ही गुण पदार्थ (सत्ता गुण और कर्म से अलग ही है।)

व्याख्या : सत्ता की भावना के लिये गुण और कर्म तो जरूरी ही है जो द्रव्य में ही अस्तित्ववान होते हैं, किन्तु सत्ता न केवल गुण है और न केवल कर्म है। कणाद द्वारा दी गयी सत्ता की यह परिभाषा यथार्थवाद की आधारशिला है। भावनात्मक और भाषागत अभिव्यक्तियों में सत्ता के जो प्रतीक–प्रतिबिम्ब अधिकांश धार्मिक और साहित्यिक भाव जगत की सृष्टि करते हैं, वे सामान्यतः भ्रान्तिमूलक होते हैं।

सामान्यविशेषाभावेन च ॥ 10 ॥

सूत्रार्थ –सामान्यविशेष अभावेन च = और सामान्य तथा विशेष के सत्ता में न होने से भी (सत्ता जाति है व्यक्ति रूप नहीं।)

व्याख्या : सत्ता में द्रव्यत्व, गुणत्व और कर्मत्व– सामान्य विशेषों की उपलब्धि नहीं होती है इसलिये यह व्यक्ति रूप नहीं है। यद्यपि द्रव्य, गुण, कर्म में सामान्य होने या विशेष होने की उपलब्धि होती है, किन्तु इन तीनों के अन्योन्याश्रित सम्बन्ध में प्रकट सत्ता में न तो सामान्यता पायी जाती है, न ही विशेषता।

अनेकद्रव्यवत्वेन द्रव्यत्वमुक्तम ॥ 11 ॥

सूत्रार्थ –अनेकद्रव्यवत्वेन = अनेक द्रव्यों के समवायिकारण होने से, द्रव्यत्वं = द्रव्यत्व जाति, उक्तं = कही गयी है।

व्याख्या : अनेक द्रव्यों में द्रव्यपना (द्रव्यत्व विशेषण) होता है, इसलिये द्रव्यों के विशेषण से द्रव्यत्व नामक सत्ता कही जाती है। यह द्रव्यत्व स्वयं द्रव्य नहीं है बल्कि एक प्रकार की अभिव्यंजना है जिससे द्रव्यों की सत्ता का अभिज्ञान

होता है।

सामान्यविशेषाभावेन च ॥ 12 ॥

सूत्रार्थ –सामान्यविशेषाभावेन च = सामान्य और विशेष के द्रव्यत्व में न रहने से भी (द्रव्यत्व जाति कही गयी है।)

व्याख्या : चूँकि द्रव्यों में द्रव्यपना जो उनकी सत्ता को अभिव्यंजित करता है वह न तो सामान्य है और न ही विशेष बल्कि एक भाव है।

तथा गुणेषुभावाद् गुणत्वमुक्तम् ॥ 13 ॥

सूत्रार्थ –तथा = इसी प्रकार, गुणेषु = सभी गुणों में, भावात् = वर्तमान होने से, गुणत्व = गुणत्व जाति, उक्तम् = कही गयी है।

व्याख्या : पहले की तरह हम कह सकते हैं कि गुणों में गुणत्व के विशेषण से उसकी सत्ता को अभिव्यक्त किया जा सकता है, यह अभिव्यक्ति स्वयं गुण नहीं है, बल्कि एक भाव है।

सामान्यविशेषाभावेन च ॥ 14 ॥

सूत्रार्थ –सामान्य विशेष अभावेन च = सामान्य और विशेष के गुणत्व जाति में न रहने से भी (व्यक्ति रूप नहीं कहा गया।)

व्याख्या : गुणत्व एक भाव है, उसमें न तो कोई सामान्यता है और न ही कोई विशेषता। गुणों की सत्ता को एक विचार के रूप में कहा जाता है।

कर्मसु भावात् कर्मत्वमुक्तम् ॥ 15 ॥

सूत्रार्थ –कर्मसु = पाँचों प्रकार के कर्मों में, भावात = वर्तमान होने से कर्मत्व = कर्मत्व जाति, उक्तम् = कही गयी है।

व्याख्या : बहुत सारे कर्मों को हम तदानुकूल कर्मत्व की संज्ञा देते हैं, जिससे संदर्भित कर्म की सत्ता को अभिव्यंजित किया जा सके।

सामान्यविशेषाभावेन च ॥ 16 ॥

सूत्रार्थ –सामान्य विशेष अभावेन च = कर्मत्व में सामान्य और विशेष के न रहने से (उसे व्यक्ति बोधक न कह जातिबोधक कहा गया।)

व्याख्या : कर्मत्व स्वयं कर्म नहीं है, एक अभिव्यक्ति मात्र है, इसलिये उसमे न कोई सामान्यता है न ही कोई विशेषता। सत्ता की अवधारणा– यह ऐसा है– इस प्रकार के भाव को प्रकट करती है। एक यथार्थ परक सत्ता को सिद्ध करने के लिए द्रव्य, गुण और कर्म को समन्वित कोई विशेषण प्रयुक्त होता है जो स्वयं में ये तीनों पदार्थ है। सत्ता स्वयं वस्तु नहीं उसका विचार है, इस धारणा में कोई

संशय न रह जाये उसके लिए कणाद ने द्रव्य की सत्ता के लिये द्रव्यत्व, गुण की सत्ता के लिए गुणत्व, कर्म की सत्ता के लिए कर्मत्व के विशेषण बताते हुए प्रत्येक के साथ– सामान्यता और विशेषता न होने कारण– पद को जोड़कर निश्चयपूर्वक एक अमूर्त निर्दिष्ट भाव के होने पर जोर दिया है।

सदितिलिंगाविशेषाद विशेषलिंगाभावाच्चैको भावः ॥ 17 ॥

सूत्रार्थ –सत् इति = यह है इस प्रकार, लिंगअविशेषात् = लिंग (लक्षण) में कुछ विशेषता न होने से, विशेषलिंग अभावात् च = और विशेष साधक भेद के न प्रकट होने से भी, एकः = एक होती है, भावः = सत्ता रूपी जाति।

व्याख्या : पिछले सूत्रों में सत्ता सम्बन्धी जो अवधारणा समझाई जा रही थी, उसे ही यहाँ पर दुहराया जा रहा है। सत्ता के विचार को विशेषण के माध्यम से, चिह्न विशेष के संदर्भ में कहा जाता है– यह ऐसा है। उदाहरण– यह आम है, गुलाब लाल होता है, वह जाता है। किसी भी सत्ता को अभिव्यंजित करते समय कुछ निश्चित विशेषण या चिह्न लगाना पड़ता है उसके अतिरिक्त किसी अन्य चिह्न को वहाँ नहीं लगा सकते, उसमें न कोई सामान्यता होती है न कोई अन्य विशेषता। इस प्रकार सत्ता एक निश्चित भाव की अभिव्यक्ति है।

❑❑❑

द्वितीय अध्याय

2.2.1 प्रथमाह्निकम्

रूपरसगन्धस्पर्शवती पृथिवी ॥ 1 ॥

सूत्रार्थ –रूप रस गन्धस्पर्शवती = रूप, रस, गन्ध और स्पर्श का आश्रय, पृथिवी = पृथिवी नामक द्रव्य है।

व्याख्या : पृथ्वी नामक द्रव्य में रूप, रस, गंध तथा स्पर्श गुण पाये जाते हैं। कणाद पृथ्वी महाभूत में चार गुणों की उपस्थिति बता रहे हैं जो क्रमशः एक एक कर अन्य महाभूतों में कम होते हैं। पृथ्वी में गन्ध गुण की विशेषता है आगे के सूत्र में जल मे गन्ध को छोड़कर रूप, रस और स्पर्श गुणों की उपलब्धि बताते हैं जहाँ जल में रस की विशेषता निर्दिष्ट होती है।

रूपरसस्पर्शवत्य आपो द्रवाः स्निग्धाः ॥ 2 ॥

सूत्रार्थ –रूप रस स्पर्शवत्यः = रूप, रस और स्पर्श गुणों वाला, आपः = जल है, द्रवाः स्निग्धाः = जो कि द्रवण और स्नेह गुण से युक्त है।

व्याख्या : जल महाभूत में रूप, रस और स्पर्श गुण होते हैं। रस की विशेषता को द्रवण और स्नेह जैसे विशिष्ट चरित्र के साथ बताकर कणाद रस को न केवल जल बल्कि द्रव रूप मे रहने वाले अन्य द्रव्यों की ओर भी इंगित करते हैं। द्रवण और स्नेह पिघली हुई अवस्था में रहने वाले द्रव्यों में उनके सूक्ष्म कणों के बीच परस्पर आकर्षण शक्ति को दर्शाते हैं। कणाद ने जो गुण पदार्थों की सूची दी है उसमें द्रव और स्नेह गुण नहीं दर्शाया गया है स्वाभाविक है वे उन्हें रस में अन्तर्निहित मानते थे ताकि रस गुण को रसायन विद्या के अन्तर्गत विस्तार से समझा जा सके।

तेजो रूपस्पर्शवत् ॥ 3 ॥

सूत्रार्थ –तेजः = तेज नामक द्रव्य, रूपस्पर्शवत् = रूप तथा स्पर्श गुण वाला होता है।

व्याख्या : तेज द्रव्य के दो गुण बताये गये हैं– रूप और स्पर्श। कणाद ने तेज को अग्नि नहीं कहा है जबकि अग्नि महाभूत यहाँ तेज में समाहित है। तेज कहने से उनका अभिप्रायः व्यापक आग्नेय ऊर्जा को दृष्टिगत रखना रहा

होगा। स्थूल अग्नि (ज्वलनशील) के अतिरिक्त सूक्ष्म कणों में ताप ऊर्जा का महत्व बहुत ज्यादा है, यह ताप ऊर्जा ही है जो वस्तु के कणों को संयोजित करके उनका स्थूल रूप प्रदान करती है। सांख्य वाले अग्नि का गुण रूप ही बताते हैं जबकि जैन मत में तेज (अग्नि) का गुण वर्ण (रंग) बताया गया है। जैन मत तेज ऊर्जा के सूक्ष्म व्यवहार को प्रदर्शित करता है। वास्तव में यह रूप वस्तु का स्वरूप तय करता है, जिससे वस्तु का बाह्य आभास प्रकट होता है।

स्पर्शवान् वायुः ॥ 4 ॥

सूत्रार्थ –र्स्पशवान् = स्पर्श गुण वाला, वायुः = वायु नामक द्रव्य है।

व्याख्या : वायु द्रव्य का गुण स्पर्श है। वायु विरल होती है, उसे साधारणतया संघनित स्थिति में प्राप्त नहीं किया जा सकता है। महाभूतों के संदर्भ में यह बात विचारणीय है कि चार्वाक, बौद्ध और वैशेषिक भूत चतुष्टयवादी है, वे आकाश को मूर्त (रूपी) भूतों में नहीं गिनते। स्वाभाविक है ये ही मत ईश्वर की धारणा में विश्वास न कर प्रकृति में अन्तर्निहित प्रक्रिया और संयोजन के स्वत:स्फूर्त विश्व के अस्तित्व को मान्यता देते हैं। कणाद द्वारा महाभूतों में अन्तर्निहित गुणों के क्रमवार एक–एक कम होते जाने में भी यह तथ्य विचारणीय है कि पृथ्वी में जल, अग्नि और वायु के गुण भी उपलब्ध हैं, जिससे संभावना बनती है कि भौतिक वस्तु (पार्थिव) मूल रूप से ऊर्जाओं का संघनन ही है जो क्रमशः जल, तेज और वायु में विरल होता जाता है।

ते आकाशे न विद्यन्ते ॥ 5 ॥

सूत्रार्थ –ते = वे सब गुण, आकाशे = आकाश नामक द्रव्य में, न विद्यन्ते = विद्यमान नहीं रहते हैं।

व्याख्या : आकाश द्रव्य में चारों गुण– गंध, रस, रूप और स्पर्श उपलब्ध नहीं होते हैं। कणाद वायु और आकाश द्रव्यों की सत्ता (अस्तित्व) को अन्य महाभूतों से भिन्न रूप में देखते हैं। स्थूल वस्तुयें आसानी से प्रत्यक्ष हो जाती है, जबकि सूक्ष्म वस्तुओं के अस्तित्व को प्रमाणित करने के लिये संभावना पर आधारित होना पड़ता है, उनके चिह्नों –लिंग, लक्षण आदि की परीक्षा करके अनुमान द्वारा उनका प्रत्यक्षीकरण होता है। हम आगे देखेंगे कि शब्द को कणाद आकाश का गुण बताने में संशय व्यक्त करते हैं, क्योंकि शब्द सूक्ष्म कणों के स्पन्दन से प्रकट होता है। यदि शब्द को आकाश गुण कहा जा रहा है तब आकाश में सूक्ष्म कणों की उपस्थिति– भले ही फिर वे कितने भी विरल हों– मानने पर आकाश में ऊर्जा की उपस्थिति माननी होगी।

सर्पिर्जतुमधूच्छिष्टानामग्निसंयोगाद् द्रवत्वमद्भिःसामान्यम् ॥ 6 ॥

सूत्रार्थ –सर्पिर्जतुमधूच्छिष्टाना = घी, लाख, शहद का छत्ता इनमें, अग्निसंयोगात् = अग्नि के संयोग से, द्रवत्वं = द्रवत्व गुण उत्पन्न होता है, अद्भि = जो जल के साथ, सामान्य = सामान्य है ।

व्याख्या : द्रवण गुण पार्थिव वस्तुओं में भी हो सकता है, इसे बताने के लिए कणाद घृत, लाख, मधु के छत्ते का उदाहरण देते हैं। ये वस्तु स्थूल (पार्थिव) हैं, किन्तु जब अग्नि के सम्पर्क में आती है तब ये पिघल कर द्रव की अवस्था में आ जाती हैं। यहाँ वे रस की सामान्य द्रव अवस्था की ओर ध्यान आकृष्ट करते हैं। जिससे स्पष्ट ही वे इस संभावना की ओर इंगित कर रहे हैं कि पार्थिव तत्वों में सूक्ष्म अणुओं का संघनन ही उनकी अवस्था के लिये उत्तरदायी है ।

त्रपुसीसलोहरजतसुवर्णानामग्निसंयोगाद् द्रवत्वमद्भिः सामान्यम् ॥ 7 ॥

सूत्रार्थ –त्रपुसीसलोहरजतसुवर्णानां = जस्ता, सीसा, लोहा, चाँदी और स्वर्ण जैसे धातु, अग्निसंयोगात् = अग्नि के साथ संयोग होने पर, द्रवत्वं = द्रव गुण में बदल जाते है जबकि, अद्भि सामान्यम् = जल के लिये यह द्रवत्व गुण सामान्य है ।

व्याख्या : यहाँ पिछले द्रवण के विचार को ही अन्य कठोर वस्तुओं के जिनका संघनन बहुत अधिक होता है, अग्नि के ताप से द्रव अवस्था में परिवर्तित होने की घटना द्वारा पुष्ट करते हैं। जस्ता, लोहा, सीसा, चाँदी और स्वर्ण जैसी कठोर धातुयें भी अग्नि के प्रचण्ड ताप से द्रव बन जाती है जबकि जल स्वाभाविक रूप में द्रव रहता है । जल का बर्फ बनना विशेष गुण है, जो कि तेज (अग्नि) के निम्न ताप पर जाने से होता है ।

विषाणी कुकुद्मान प्रान्तेबालधिः सास्नावान इति गोत्वे दृष्ट लिंगम् ॥ 8 ॥

सूत्रार्थ –विषाणी = ऋंगवाली, कुकुद्मान = कन्धे की हड्डी वाली, प्रान्ते बालधि = पूँछ के अन्त में बाल वाली, सास्नावान = गले में लटकती खाल वाली, इति = इस प्रकार, गोत्वे = गौ में वर्तमान, गोत्व जाति के गौ में, लिंगम् = लक्षण प्राप्त होते हैं ।

व्याख्या : इस सूत्र में कणाद लक्षण (लिंग) के महत्व को प्रतिपादित करने के लिये गाय का उदाहरण ले रहे हैं। पशुओं में विशेष जाति गाय की है उसे गाय कहने के साथ उसकी विशेषताओं (लिंग) का ध्यान हमारी बुद्धि में आता है । सींग वाली, कन्धे की हड्डी वाली, पूँछ के अन्त में बालों वाली, गले में लटकती

खाल वाली– इतने लक्षणों से युत जो पशु है– वह है गाय। गाय को गाय न कहकर औपचारिक लिंगों के माध्यम से उसकी सत्ता को सिद्ध करने का प्रयास किया जा रहा है। यहाँ कणाद वायु की सत्ता को सिद्ध करने के लिए उपाय तैयार कर रहे हैं। यह उपाय लक्षण पर आधारित– सामान्यतोदृष्ट– सामान्य रूप से लोगों द्वारा देखा जाने वाला अर्थात् सामान्य मान्यता प्राप्त –लिंग है जिसे ही बाद में अनुमान प्रमाण कहा जाने लगा।

स्पर्शश्च वायोः ॥ 9 ॥

सूत्रार्थ –स्पर्शश्च = (इसी प्रकार) स्पर्श गुण भी, वायोः = वायु नामक द्रव्य का लिंग (लक्षण) है।

व्याख्या : पिछले सूत्र में जिस प्रकार लिंग (लक्षण) के आधार पर किसी सत्ता को सिद्ध करने का उदाहरण किया है, वैसा वायु द्रव्य के अस्तित्व को सिद्ध करने के लिये कणाद स्पर्श को वायु का लक्षण मानते हैं। वायु दृष्ट नहीं है किन्तु स्पर्श की अनुभूति देने का जो उसका गुण है, उससे वायु की उपस्थिति का अनुभव होता है।

न च दृष्टानां स्पर्श इत्य दृष्ट लिंगो वायुः ॥ 10 ॥

सूत्रार्थ –न च = और न ही, दृष्टानां = दिखाई देने वाला, स्पर्श = स्पर्श गुण है, इति = इस प्रकार, अदृष्ट लिंगः = अद्दष्ट लक्षण (लिंग) वाला, वायुः = वायु द्रव्य है।

व्याख्या : कणाद स्वयं कहते हैं कि दिखाई देने वाले भूतों के गुण, रस, रूप, गंध जैसा स्पर्श द्दष्ट नहीं है, उसकी अनुभूति होती है। स्पर्श एक अदृष्ट लिंग (लक्षण) है जो वायु द्रव्य की सत्ता को सिद्ध करता है। लक्षण के आधार पर ही किसी वस्तु के अस्तित्व को प्रमाणित करने की विधि को अनुमान प्रमाण कहा जाता है।

अद्रव्यवत्वेन द्रव्यम् ॥ 11 ॥

सूत्रार्थ –अद्रव्यवत्वेन = किसी अन्य द्रव्य की भाँति न होने से (वायु), द्रव्यम् = एक द्रव्य ही है।

व्याख्या : वायु किसी अन्य द्रव्य की भाँति नहीं है – वह किसी अन्य द्रव्य का आश्रित नहीं है और उसमें स्पर्श नामक गुण का लक्षण है, इसलिये वह एक स्वतंत्र द्रव्य है।

क्रियावत्वाद गुणवत्वाच्च ॥ 12 ॥

सूत्रार्थ –क्रियावत्वाद् = क्रियावान होने के कारण, गुणवत्वाच्च = और गुणवान होने के कारण भी (वायु एक द्रव्य है।)

व्याख्या : कोई भी द्रव्य सदैव क्रियावान और गुणवान है, इस परिभाषा के अनुसार भी वायु एक स्वतंत्र द्रव्य है, क्योंकि स्पर्श का गुण वायु कणों की गतिमानता के कारण ही शरीर पर स्पर्श की अनुभूति देता है। स्पर्श की क्रिया, गुण और कर्म दोनों की उपस्थिति बताती है और गुण तथा कर्म सदैव किसी द्रव्य के ही आश्रित होते हैं, इसलिये स्पर्श का आश्रय वायु एक द्रव्य ही है।

अद्रव्यत्वेन नित्यत्वमुक्तम् ॥ 13 ॥

सूत्रार्थ –अद्रव्यत्वेन= किसी अन्य द्रव्य पर आश्रित न होने से, नित्यत्वं = वायु में नित्यत्व, उक्तम् = कहा गया है।

व्याख्या : वायु मे ं किसी अन्य द्रव्य की सामान्यता (द्रव्यत्व) नहीं है, वह एक स्वतंत्र द्रव्य है। किसी अन्य द्रव्य का परिणाम नहीं है, इसलिये वह अकारणवत होने की वजह से नित्य है। वायु के परमाणु कारण द्रव्य के रूप में नित्य है। जब कारण द्रव्य वायु के परमाणु परस्पर मिलते हैं तो वे कार्य द्रव्य वायु के कणों का निर्माण करते हैं। स्पर्श की अनुभूति वायु कणों के सम्पर्क में आने पर होती है।

वायोर्वायु सम्मूर्च्छनं नानात्वे लिंगम् ॥ 14 ॥

सूत्रार्थ –वायुः = वायु द्रव्य का, वायुसम्मूर्च्छन = वायु द्रव्य से संयोग, नानात्व लिंगम् = अनेकता का बोधक है।

व्याख्या : कार्य द्रव्य वायु कण अनित्य होते हैं, वे कण आपस में वेग के साथ मिलकर वात्याचक्र आँधी की तरह विविध रूपों में दिखाई देते हैं। वायु का परमाणु अदृष्ट ही रहता है, किन्तु द्रव्य से द्रव्य संयोग करने पर द्रव्य ही प्राप्त होता है, यह बात पहले कही जा चुकी है। अस्तु आँधी के रूप में जो संघनित वायु के वेग दिखाई देते हैं, वे वायु के विविध रूपों का ही प्रदर्शन करते हैं।

वायुसन्निकर्षे प्रत्यक्षाभावाद् दृष्ट लिंग न विद्यते ॥ 15 ॥

सूत्रार्थ –वायुसन्निकर्षे = वायु के संयोग सम्बन्ध में, प्रत्यक्षाभावात् = प्रत्यक्षता का अभाव होने से, दृ ष्ट लिंगं = दिखाई देने वाला लक्षण, न विद्यते = प्राप्त नहीं होता है।

व्याख्या : जैसा कि पहले कहा गया है कि नित्य कारण द्रव्य– वायु परमाणु दृष्ट नहीं है। वे परमाणु जब परस्पर संयोग कर वायु अणुओं का निर्माण करते

हैं तो भी उनका सन्निकर्ष प्रत्यक्ष दिखाई नहीं देता है। कणाद के समय में वायु के सूक्ष्म कणों को दृष्टव्य बनाने के साधन नहीं थे, हालांकि बाद के ग्रन्थों में किसी अन्धेरे कमरे में किसी छेद से सूर्य की रोशनी में त्रयणुकों को दृष्टिगत होने के विवरण मिलते हैं। यहाँ उनका मन्तव्य यह है कि वायु द्रव्य सूक्ष्मातिसूक्ष्म होने के कारण प्रत्यक्ष दृष्टिगत नहीं होता है – स्पर्श की अनुभूति भी दिखाई नहीं देती है, केवल उसके होने के लक्षण प्रकट होते हैं। कणाद किसी अदृष्ट वस्तु के अस्तित्व के प्रमाण के लिये अनुमान प्रमाण के विचार को यहाँ प्रतिपादित करना चाहते हैं। यह मन्तव्य आगे स्पष्ट हो जाता है।

सामान्यतोदृष्टाच्चाविशेषः ॥ 16 ॥

सूत्रार्थ –सामान्यतोदृष्टात् च = (इस प्रकार) सामान्यतोद्दष्ट (अनुमान प्रमाण) ढ़ंग से ही, अविशेषः = (वायु) की साधारणतया सिद्धि की जाती है।

व्याख्या : सामान्यतोदृष्ट विचार में ज्यादा से ज्यादा लोगों के द्वारा किसी तथ्य की स्वीकृति प्रदान करने की धारणा है। जब सामान्य रूप से सभी लोग एक जैसा ही अनुभव बतायें, तो उसे यथार्थ तथ्य के रूप में स्वीकार कर लिया जाता है। सिद्धि में यथार्थ (सत्य) को सिद्ध करने के लिये एकमात्र प्रत्यक्षता के आधार को न मानकर युक्तियुक्त लक्षणों के परीक्षण से भी यथार्थ ज्ञान प्राप्त किया जा सकता है – यह विचार प्रतिपादित करने का ध्येय ही यहाँ पर कणाद का है। वे प्रत्यक्ष के साथ ही अनुमान प्रमाण को भी यथार्थ ज्ञान प्राप्त करने का साधन मानते हैं। अदृष्ट वायु के अस्तित्व को अनुमान प्रमाण से सिद्ध करके वे आगे और बहुत सारी अदृष्ट सत्ताओं और तथ्यों की जाँच अनुमान प्रमाण की सहायता से करते हैं। ध्यान देने की बात यह है कि वे यथार्थवादी और लौकिक निष्ठा के प्रवर्त्तक हैं, इसलिये प्रमाण के अन्य प्रकार जैसे कि अर्थापत्ति, ऐतिह्य, संभव, उपमान, शब्द आदि के प्रयोगों से बचना चाहते हैं, किन्तु समस्या, अद्दष्ट कारणों के प्रभावों को यथार्थवादी ढ़ंग से व्याख्यायित करने की है, इसलिये वे लक्षण अनुमान और ज्यादा से ज्यादा लोगों की मान्यता (सामान्यतोदृष्ट) को यथार्थ की व्याख्या के लिये स्वीकार करते हैं।

तस्मादागमिकम् ॥ 17 ॥

सूत्रार्थ –तस्मात् = इस कारण से, आगमिकम् = वायु द्रव्य को परम्परा से प्राप्त ज्ञान से ही समझा जाता है।

व्याख्या : कणाद मीमांसा दर्शन के शब्द प्रमाण और अर्थवाद के समर्थक नहीं थे, किन्तु उन्हें यह स्पष्ट तौर पर दिखाई दे रहा था कि प्रकृति में कई अदृष्ट

शक्तियाँ कार्य कर रही हैं। उनका सत्यपरक अन्वेषण करने के लिये चार्वाक की मान्यता के अनुसार एकमेव प्रमाण प्रत्यक्ष से ही प्रयोजन सिद्ध नहीं होता है। वे सामाजिक अनुभव और मान्यताओं को भी सीधे-सीधे अस्वीकृत नहीं करना चाहते थे। अनुमान प्रमाण की सम्यकता-विवेक परकता सांख्य, जैन और बौद्ध मतों ने भी मानी थी, किन्तु अनुमान प्रमाण के उपयोग के कारण ही अधिक से अधिक विपर्यय और संशय भी बढ़े। जैनों को जीव तत्व और सांख्य के पुरुष तत्व की मान्यता से ईश्वर और पारलौकिकता के संभ्रम से नहीं बचा जा सका। कणाद के अनुमान प्रमाण के प्रतिपादन हेतु दिये गये इन सूत्रों में यह संशय-संदिग्धता स्पष्ट दृष्टिगोचर होती है। वायु के अस्तित्व को परम्परा से स्वीकार (आगामिक) किया गया है और उसे बुद्धिसम्मत ढ़ंग से सिद्ध भी किया जा सकता है। यही मन्तव्य कणाद का यहाँ पर है।

संज्ञाकर्मत्वस्मद्विशिष्टानां लिंगम ॥ 18 ॥

सूत्रार्थ -संज्ञाकर्म तु = विवेक सम्यक चेतना और व्यवहार से ही, अस्मद् विशिष्टानां = हम सब लोग विशिष्टता को, लिंगम् = लक्षण प्रदान करते हैं।

व्याख्या : कणाद इस सूत्र में यह बताना चाह रहे हैं कि मनुष्य की सजगता, चैतन्यता और प्रयत्नपूर्वक कर्म से विशेष प्रकार के लक्षणों से यथार्थ को समझा जा सकता है। अस्मद् विशिष्टानां -पद से स्पष्ट है कि कणाद उत्तम पुरुष सम्बन्धी सर्वनाम- हम सब को संज्ञा + कर्म - चैतन्यता और कर्म (व्यवहार, प्रयत्न) से विशिष्ट प्रकार के लक्षणों का परीक्षण करना है- ऐसी धारणा प्रकट कर रहे हैं। हम जैसे विशिष्ट विवेकी लोगों को पूर्ण सजगता और प्रयत्न से लक्षणों को समझने पर जो ज्ञान प्राप्त होगा वह यथार्थ को प्रकाशित करेगा। इस सूत्र के पहले के सूत्रों में वायु की सत्ता का विवेचन हुआ था, यहाँ से वे अन्य सूक्ष्म तत्वों की व्याख्या के लिए प्रवृत्त हो रहे हैं, इसलिये संज्ञा कर्म की विशिष्टता पर ध्यान दिया है।

प्रत्यक्षप्रवृत्तत्वात् संज्ञाकर्मणः ॥ 19 ॥

सूत्रार्थ -प्रत्यक्षप्रवृतत्वात् = प्रत्यक्षता के साथ प्रवृत्ति होने के कारण, संज्ञाकर्मणः = (सामाजिक) संज्ञान और व्यवहार उत्पन्न होते हैं।

व्याख्या : इस सूत्र से भी संज्ञाकर्म की सम्बद्धता प्रत्यक्ष प्रवृत्तियों से ही जोड़ी जा रही है। इसलिये कणाद जिस लिंग (लक्षण) से यथार्थ ज्ञान प्राप्त करना चाहते हैं, वह विपर्ययात्मक या संशयात्मक नहीं हो सकता है। सूत्र स्पष्ट करता है कि प्रत्यक्ष प्रवृत्ति होने के कारण हमारी अप्रमादपूर्ण सजगता के कारण

हमारी संज्ञा (चैतन्यता) और कर्म (व्यवहार) से उपलब्ध तत्वज्ञान यथार्थ (सत्य) का प्रतिपादन करता है।

निष्क्रमणं प्रवेशनमित्याकाशस्य लिंगम् *// 20 //*

सूत्रार्थ –निष्क्रमणं = बाहर निकलना, प्रवेशनं = प्रवेश करना, इति = यह, आकाशस्य = आकाश का, लिंग = लक्षण है।

व्याख्या : यहाँ से अगले सूत्रों में कणाद आकाश द्रव्य के अस्तित्व के सम्बन्ध में विचार करते हैं। आकाश का विवेचन अन्यमत (सांख्यादि) अवकाश के रूप में करते हैं। अवकाश विरल स्थान में होता है जिसमें निर्बाध ढ़ंग से निकलना, घुसना संभव होता है। इसलिये आकाश के लक्षण के रूप में यहाँ विचार किया जा सकता है कि आकाश में आसानी से घुसा जा सकता है, निकला जा सकता है, इसलिये यह उसका लक्षण हुआ, किन्तु ये लक्षण नहीं है बल्कि क्रिया है।

तद्लिंगमेकद्रव्यत्वात् कर्मणः *// 21 //*

सूत्रार्थ –तत् = वे निष्क्रमणादि कार्य, अलिंगम् = अदृष्य रहते हैं, एक द्रव्यत्वात् = एक ही द्रव्य के, कर्मणः = कार्य होने से।

व्याख्या : निर्बाध कहीं घुस जाना और निकल आना यह क्रिया है जिसे कर्म के रूप में देखा जा सकता है। कर्म सदैव एक ही द्रव्य का आश्रित होता है इसलिए उपरोक्त कर्म को आकाश द्रव्य के आश्रित तो माना जा सकता है किन्तु लक्षण नहीं है, इसलिये इस प्रकार के कर्म से आकाश द्रव्य के अस्तित्व की सिद्धि नहीं हो सकती।

कारणान्तरानुक्लृप्ति वैधर्म्याच्च*// 22 //*

सूत्रार्थ –कारणान्तरानुक्लृप्ति वैधम्यति् च = और अन्य असमवाविकारण के लक्षण के विरुद्ध धर्म होने से भी (निष्क्रमणादि क्रिया आकाश के बोधक नहीं हो सकते।)

व्याख्या : निर्बाध निकलने और घुसने की क्रिया के आकाश को कारण नहीं माना जा सकता है क्योंकि मूर्त रूप में कोई दृष्टिगत होने के लिये एक से अधिक द्रव्यों का समवायी सम्बन्ध बनना चाहिये तभी वहाँ समवायिकारण की उपस्थिति मानी जावेगी। समवायिकारण के सहयोगी कारण की तरह गुण और कर्म के लिये असमवायिकारण का विचार बनता है, किन्तु यहाँ आकाश द्रव्य को किसी अन्य द्रव्य से संयुक्त होते नहीं देखा जाता।

संयोगादभावः कर्मणः *// 23 //*

सूत्रार्थ –संयोगात् = संयोग के (प्रतिबंधक) होने से, अभाव = अभाव होता है, कर्मणः = क्रियाओं का।

व्याख्या : जैसा कि पिछले सूत्र में कारणों की शर्तों का अनुपालन नहीं होना बताया गया है, निर्बाध घुसने और निकलने की क्रिया को। वही तथ्य यहाँ स्पष्ट किया जा रहा है कि आकाश द्रव्य का किसी अन्य द्रव्य से संयोग नहीं हो रहा है, इसलिये उपरोक्त क्रियायें– कर्म के रूप में आकाश द्रव्य के आश्रित नहीं माना जा सकती है।

कारणगुणपूर्वकः कार्यगुणो दृष्टः *// 24 //*

सूत्रार्थ –कारणगुणपूर्वकः = कारण में गुण समाहित रहता है और, कार्यगुणः दृष्ट = कार्य से गुण प्रकट हो जाता है।

व्याख्या : आकाश की व्यापकता और नित्यता को दृष्टिगत रखकर इस तथ्य की ओर ध्यान आकृष्ट किया जा रहा है कि कारण यदि दृष्ट नहीं है तो भी उसके परिणामों की संभावना उनमें अन्तर्निर्हित रहती है। कार्य दृष्टिगत हो जाता है कारण दृष्टिगत नहीं होता है, किन्तु जो कार्य प्रकट हुआ है, वह कारण का ही गुण है, कार्य नहीं दिखाई दे तब भी यह कार्य रूपी गुण कारण में समाहित है। यह तर्क इसलिये किया जा रहा है कि इसके पूर्व आकाश में होने वाली क्रियाओं को आकाश द्रव्य के आश्रित बताना संभव नहीं हो सका, इसलिये यदि आकाश एक द्रव्य तो हमें उसके भीतर गुण और क्रिया की उपस्थिति सिद्ध करनी ही होगी। इसके लिये कणाद शब्द तत्व की परीक्षा करना चाहते हैं। शब्द तत्व द्रव्य है या गुण– ऐसी शंका उपस्थित होती है। मीमांसकों के लिये तो शब्द की ही महत्ता रह है, वे उसे नित्य मानते हैं इसलिये उसे स्वतंत्र द्रव्य के रूप में प्रतिपादित करते हैं।

कार्यान्तराप्रादुर्भावाच्च शब्द स्पर्शवतामगुणः *// 25 //*

सूत्रार्थ –कार्यान्तर अप्रादुर्भावात च = वीणा –वेणु आदि विभिन्न यंत्रों में एक जैसे ही कार्य (ध्वनि) के प्रकट न होने से, शब्दः = शब्द गुण को, स्पर्शवतां = स्पर्शवान द्रव्यों का, अगुणः = गुण नहीं कहा जा सकता।

व्याख्या : शब्द ध्वनि के कारण निर्मित होता होता है, ध्वनि का स्वरूप स्थिर नहीं होता। वस्तुओं के संसर्ग, आघात आदि के कारण कोई भी ध्वनि तीव्र हो सकती है, वही ध्वनि मन्द हो जाती है। इस प्रकार ध्वनि अथवा शब्द के कार्यों

की विभिन्नता को देखते हुए उसे समरस गुण नहीं कहा जा सकता है। पृथ्वी, जल, अग्नि और वायु महाभूतों (द्रव्यों) के गुणों गन्ध, रस,रूप और स्पर्श जैसा शब्द का स्वभाव चरित्र नहीं दिखाई देता है। शब्द की इस प्रकृति पर पिछले सूत्र के संदर्भ में ही विचार किया जा रहा है। देखा जाता है कि विभिन्न वाद्य यंत्रों- तबला, वीणा, बांसुरी आदि को जब तक ध्वनि उत्पन्न करने के लिए व्यवहत नहीं किया जाता, उनमें जो ध्वनि विद्यमान है- गुणपूर्वक समाहित है वह प्रकट नहीं होती, किन्तु जैसे ही उन्हें विधिपूर्वक व्यवहृत तबले पर आघात, बांसुरी में वायु (सांस) का फूंकना किया जाता है तो ध्वनि (शब्द) गुण दृष्ट हो जाता है। कणाद यह बता रहे हैं कि शब्द कोई अलौकिक रहस्यमय पदार्थ नहीं है, बल्कि एक प्राकृतिक घटना ही है। भौतिक वस्तुओं की टकराहट से भी शब्द प्रकट होता है, इसलिये शब्द को मीमांसको जैसा दिव्य गुण वे नहीं मान रहे हैं।

परत्रसमवायात् प्रत्यक्षत्वाच्च नात्मगुणो न मनोगुणः *// 26 //*

सूत्रार्थ –परत्र = (शब्द को) अन्यत्र अवयवों में, समवायात् = समवेतरूप से, प्रत्यक्षत्वात् = प्रत्यक्ष देखे जाने से भी, न आत्मगुणः = न तो आत्मा का गुण, न मनोगुणः = और न ही मन का गुण माना जा सकता है।

व्याख्या : कणाद यहाँ स्पष्ट करते हैं कि शब्द या ध्वनि को परत्र–अन्यत्र कहीं भी वस्तुओं के संसर्ग के द्वारा प्रत्यक्ष रूप में प्राप्त किया जा सकता है। जब दो वस्तुयें टकराती हैं तब उनसे ध्वनि निसृत होती है, इससे यह तो सिद्ध हो ही गया है कि वह द्रव्य के कारण ही उत्पन्न होती है। शब्द द्रव्याश्रित ही है। पहले चार द्रव्य- पृथ्वी, जल, तेज और वायु के गुणों की परीक्षा हो चुकी है- आकाश द्रव्य के गुण का विचार चल रहा है। शब्द (ध्वनि) प्रत्यक्ष की जा सकती है, इसलिये वह भौतिक द्रव्य का ही गुण होगी। इस आधार पर वे कहते हैं शब्द आत्मा द्रव्य का गुण नहीं है, शब्द मन द्रव्य का भी गुण नहीं है। प्रत्यक्ष दृष्टिगत होने के कारण व्यापक दिक और काल को भी जो कि अदृष्ट हैं- शब्द का आश्रय स्थान नहीं माना जा रहा है। स्पष्ट है नौ द्रव्यों में से आठ द्रव्य- पृथ्वी, जल, तेज, वायु आत्मा, मन, दिक और काल में शब्द तत्व के न होने का तर्क सिद्ध किया गया है।

परिशेषाल्लिंगमाकाशस्य *// 27 //*

सूत्रार्थ –परिशेषात् = परिशेष (अविशिष्ट) होने से, लिंगम् =(शब्द) बोधक है, आकाशस्य =आकाश नामक द्रव्य का।

व्याख्या : जब शब्द को नौ द्रव्यों मे से आठ द्रव्यों का आश्रित गुण या लिंग नहीं माना जा सकता है, तो शेष केवल आकाश बचता है, इसलिये शब्द आकाश द्रव्य का बोधक सिद्ध हुआ। इस प्रकार इन आठ सूत्रों में तर्क के माध्यम से आकाश द्रव्य के अस्तित्व को सिद्ध किया गया। द्रव्य किय्रावान और गुणवान होता है, यह बताने के लिए ही निर्बाध रूप से घुसने और निकलने की क्रिया को आकाश आश्रित बताया गया और उसके गुण के रूप मे शब्द की निष्पत्ती की गयी। ध्यातव्य है कि आकाश के नित्य, व्यापक और एक होने की सिद्धि अनुमान प्रमाण द्वारा की गई है। जैसे वायु के विषय में सामान्यतोदृष्ट अनुमान से उसके द्रव्यत्व और नित्यत्व को सिद्ध किया गया, उसी प्रकार से आकाश द्रव्य को भी देखा जा सकता है।

द्रव्यत्व नित्यत्वे वायुना व्याख्याते *// 28 //*

सूत्रार्थ –द्रव्यत्वनित्यत्वे = द्रव्यत्व जाति और नित्यता की, वायुना = वायु द्रव्य में, व्याख्याते = व्याख्या की गई।

व्याख्या : कणाद अपने पिछले तर्कों के आधार पर आकाश द्रव्य के अस्तित्व को सिद्ध कर चुके हैं। वायु द्रव्य की सत्ता जिस प्रकार लक्षणों की परीक्षा करके सिद्ध की गई, उसमें जिस प्रकार से द्रव्यत्व, नित्यत्व देखा गया, ठीक उसी प्रकार से आकाश द्रव्य की सत्ता भी सिद्ध होती है।

तत्वम्भावेन *// 29 //*

सूत्रार्थ –तत्वं = एकत्व रूपी तत्व की, भावेन = सत्ता रूपी जाति से व्याख्या हुई।

व्याख्या : आकाश द्रव्य को नित्य, अपरिणामी और व्यापक रूप में देखा जा सकता है, उस पर द्रव्यत्व का आरोपण भी वायु की भाँति क्रियावान और गुणवान बता कर किया गया है। तत्वम्भावेन कहकर कणाद् आकाश की सत्ता को एक नित्य तत्व के रूप में स्वीकृत कर रहे हैं। आधुनिक विज्ञान के संदर्भ में हम कह सकते हैं कि ब्रह्माण्ड की अतिशय व्यापकता को व्यक्त करने के लिए आकाश का विचार जरूरी है, किन्तु हम जानते हैं कि स्पेस– टाइम – दिक् काल एक चतुर्आयामी सांतत्य प्रस्तुत करता है, जिसकी संरचना ब्रह्माण्ड में समाहित द्रव्य (मेटर) से ही निर्धारित होती है। महाभूतों– मूर्त द्रव्यों की नित्यता के साथ ही आकाश, दिक काल की अवस्थायें सम्बद्ध हैं। तत्कालीन समय में अपने चतुर्दिक विश्व को समझने के लिये तात्विक वर्गीकरण किये गये थे। सांख्य, जैन, बौद्ध सभी दार्शनिक पद्धतियों ने भी अपने अनुसार तत्वों का वर्गीकरण

किया है। वैशेषिक दर्शन सत्ता मीमांसा के लिए यथार्थवादी प्रयत्नों का सृजन करता है, किन्तु कणाद की बौद्धिक सजगता संशयात्मक स्थानों पर उन्हें ठिठकने को मजबूर करती है। हम देखते हैं कि वे आकाश, दिक, काल, आत्मा और मन के द्रव्यत्व और नित्यत्व को वायु की सूक्ष्मता और लैंगिकता (लक्षण) पर ही आश्रित कर देते हैं।

शब्दलिंगाविशेषाद्विशेषलिंगाभावाच्च *// 30 //*

सूत्रार्थ –शब्दलिंगाविशेषात् = सामान्य रूप से शब्द के आकाश का लक्षण होने से, विशेषलिंगाभावात् च = और किसी अन्य विशेषत्व (भेद) के साधक न रहने के कारण से भी (आकाश एक है।)

व्याख्या : आकाश द्रव्य के एकत्व के लिए शब्द (ध्वनि) की व्यापकता को कणाद आधार मानते हैं। वे कहते हैं कि सामान्य रूप से शब्द ही आकाश का एक मात्र लक्षण दृष्टिगत होता है। उसके अतिरिक्त अन्य कोई लक्षण आकाश के अस्तित्व का कारण दिखाई नहीं देता है। इसलिये आकाश अनन्त प्रदेश तक एक सत्ता के रूप में व्याप्त है।

तदनुविधानादेकपृथक्त्वञ्चेति *// 31 //*

सूत्रार्थ –च इति = और इस कारण से, तत् अनुविधानात् = उस विधान के अनुसार, एकपृथक्त्व = एक पृथकत्व गुण भी (परिभाषित हुआ)।

व्याख्या : आकाश द्रव्य के माध्यम से कणाद ब्रह्माण्ड के एकत्व को देखते हैं। जब सम्पूर्ण ब्रह्माण्ड एक ईकाई के रूप मे मान्य हो गया तो इस एक सत्ता के विविध अंशों को पृथक–पृथक भागों में विभक्त किया जा सकता है। ब्रह्माण्ड एक होने की परिकल्पना का आधुनिक दृष्टि से विरोध नहीं है, क्योंकि आधुनिक विज्ञान मानता है कि ब्रह्माण्ड में स्थित प्रत्येक वस्तु ब्रह्माण्ड के शेष हिस्सों से अनिवार्यतः अन्तरावलम्बित है। अन्तरावलम्बन और अन्तर्क्रिया तभी संभव हो सकेगी, जबकि एक पृथक इकाई के रूप में स्थानीय वस्तुयें शेष ब्रह्माण्ड से अन्योन्याश्रित ढ़ंग से सम्बन्धित हों।

❑❑❑

द्वितीय अध्याय

2.2.2 द्वितीयाह्निकम्

पुष्पवस्त्रयोः सति सन्निकर्षे गुणान्तराप्रादुर्भावो वस्त्र गन्धाभावलिंगम् ॥ 1 ॥

सूत्रार्थ –पुष्पवस्त्रयोः = पुष्प और वस्त्र के, सति = साथ रहते, सन्निकर्षे = संयोग सम्बन्ध कारण से, गुणान्तर अप्रादुर्भावः = गुणों में परिवर्तन न होना, वस्त्रे = वस्त्र में, गन्ध अभाव लिंगम् = गन्ध के अभाव को परिलक्षित करता है।

व्याख्या : इस सूत्र के द्वारा कणाद द्रव्यों के स्वाभाविक और औपाधिक गुणों के अन्तर को स्पष्ट कर रहे हैं। जब एक सुगन्धित पुष्प को किसी वस्त्र के साथ कुछ समय के लिये रख दिया जाता है, तब उस वस्त्र में उस पुष्प की गंध आने लगती है, यह गंध वस्त्र की स्वाभाविक गंध नहीं है, बल्कि औपाधिक है। पुष्प में जो गंध है, वह स्वाभाविक है। वस्त्र में जो औपाधिक गंध है, वह कुछ समय बाद नष्ट हो जायेगी, जिससे यह स्पष्ट है कि वस्त्र और पुष्प के संयोग से वस्त्र ने गंध को स्वाभाविक तौर पर ग्रहण नहीं किया है। थोड़े समय के लिए वस्त्र में जो गन्ध आ रही थी, उससे वस्त्र में गन्ध होने का भ्रम था, वास्तव में तो वस्त्र में उस पुष्प की गन्ध थी ही नहीं।

व्यवस्थितः पृथ्वियां गन्धः ॥ 2 ॥

सूत्रार्थ –व्यवस्थितः = स्वाभाविक रूप से, पृथिव्यां = पृथिवी द्रव्य में, गन्धः = गन्ध गुण है।

व्याख्या : पार्थिव वस्तुओं में उनकी स्वाभाविक गन्ध होती है, यह स्वाभाविक गन्ध है, उस पार्थिव वस्तु का स्वाभाविक गुण है।

ऐतेनोष्णता व्याख्याता ॥ 3 ॥

सूत्रार्थ –ऐतेन = इस (पृथिवी मे गन्ध लक्षण) जैसे औपाधिक गुण, उष्णता = उष्णता की तेज द्रव्य के संदर्भ में, व्याख्याता = व्याख्या की गयी।

व्याख्या : जैसे पार्थिव वस्तुओं में उनके स्वाभाविक और औपाधिक गुण बताये गये हैं, उसी प्रकार अन्य द्रव्यों में भी ऐसी स्थिति बन सकती है। कई वस्तुयें गर्म प्रतीत होती है जबकि यह गर्मी औपाधिक होती है, वही वस्तु जो गर्म थी अन्य समय पर शीतल भी हो सकती है। यह गर्मी उस वस्तु में तेज द्रव्य के संसर्ग से आयी है। यह उसका स्वाभाविक गुण न होकर औपाधिक गुण है।

तेजस उष्णता ॥ 4 ॥

सूत्रार्थ –तेजस = तेज में, उष्णता = उष्णता स्वाभाविक गुण है।

व्याख्या : तेजस (अग्नि) द्रव्य का स्वाभाविक उष्णता है। जहाँ भी अग्नि होगा उसमें अनिवार्य रूप से उष्णता का गुण प्राप्त होगा।

अप्सु शीतता ॥ 5 ॥

सूत्रार्थ –अप्सु = जल से, शीतता = शीत स्पर्श गुणाधारता स्वाभाविक लक्षण है।

व्याख्या : जल का स्वाभाविक गुण शीतलता है, जल को अग्नि के संसर्ग से गर्म किया जा सकता है। यह गर्मी उसमें औपाधिक रूप से आरोपित की गई है। तेज द्रव्य के संसर्ग हटने के कुछ देर बाद वही जल जो गर्म था, स्वाभाविक रूप से शीतल हो जायेगा।

अपरस्मिन्नपरं युगपत चिरं क्षिप्र मिति काल लिंगानि ॥ 6॥

सूत्रार्थ –अपरस्मिन न परं = दैशिक अपर वस्तु में परत्व का तथा दैशिक पर वस्तु में अपरत्व का ज्ञान, युगपत = दो कार्यों का एक साथ ही होने का ज्ञान, चिरं = विलम्बता, क्षिप्रं = शीघ्रता, इति = ये सभी ज्ञान काललिंगाति = काल के बोधक हैं।

व्याख्या : काल (समय) द्रव्य में क्षण के क्रमों की विशिष्टता है। एक निश्चित दिशा में किसी स्थान पर वर्तमान से पहले के क्षणों का क्रम और वर्तमान के बाद के क्षणों का क्रम होता है। दो स्थानों पर वर्तमान या एक ही क्षण में ही दो भिन्न कार्यों का होना, किसी कार्य विशेष का शीघ्रता से होना या धीरे धीरे होना – ये सब लक्षण काल के होते हैं। यहाँ पर ध्यान में आता है कि काल और दिक की सत्ता को समझने के पहले कणाद द्रव्यों के स्वाभाविक और औपाधिक गुणों का उल्लेख विशेष लक्ष्य को स्पष्ट करने के लिये करते हैं। काल औ र दिक की सत्ता भौतिक द्रव्यों की क्रियाशीलता और गुणत्व के आधार पर ही सिद्ध होती है।

द्रव्यत्व नित्यत्वे वायुना व्याख्याते ॥ 7 ॥

सूत्रार्थ –द्रव्यत्व नित्यत्वे = द्रव्यत्व और नित्यत्व जाति (काल में भी), वायुना = वायु के समान ही, व्याख्याते = व्याख्यायित किये गये।

व्याख्या : काल द्रव्य भी दृष्टिगत नही होता है, उसके होने का अनुमान लक्षणों और घटनाओं के क्रमों को देखकर ही लगाया जाता है। काल एक अमूर्त तत्व है। कणाद ने जिन नौ मौलिक द्रव्यों का वर्गीकरण किया है, उसमें काल

को भी एक द्रव्य माना है। वे काल के द्रव्यत्व और नित्यत्व का पृथक से विवेचन नहीं करते हैं। वैसे आधुनिक परिप्रेक्ष्य में देखा जाए तो आकाश, काल और दिक को द्रव्य (सबस्टेंस) कहना उचित नहीं दिखाई देता है, किन्तु कणाद की समस्या थी विस्तारित ब्रह्माण्ड में घटनाओं के परस्पर सम्बन्ध से घटित होते बताये जाने की। आधुनिक विज्ञान के आधार पर यह तो कहा जा सकता है ब्रह्माण्ड में जो मेटर है– सबस्टेंस (द्रव्य) है, उसकी क्रियाशीलता और गुणत्व के प्रतिफलन के स्वरूप में ही आकाश और काल विनिर्मित हो जाते है (दिक को आकाश में सम्मिलित करके ही स्पेस टाइम का सांतत्य (कन्टिन्यूयम) निसृत होता है। वैसे कणाद अनित्य द्रव्य की स्थिति को स्वीकारते है– द्रव्यांणा द्रव्यं कार्य सामान्यम् (1,1,23) इसलिये द्रव्यों के अन्तरावलम्बन में गत्यामकता के आधार पर निर्मित होने वाले आकाश, दिक और काल द्रव्य की नित्यता के अनुसार ही नित्य बने रहेंगे। संभवतः इसलिये कणाद आकाश, काल और दिक की सत्ता को सिद्ध करने के लिए बार–बार वायु के अस्तित्व के– जो कि विरल और सूक्ष्म रूप में द्रव्य है– द्रव्यत्व और नित्यत्व की व्याख्या को ही आधार बनाते हैं।

तत्वं भावेन ॥ 8 ॥

सूत्रार्थ –तत्वं = काल की एकता भी, भावेन = सत्ता के समान सिद्ध है।

व्याख्या : काल द्रव्य की सत्ता एक तत्व के रूप में सदैव अस्तित्व में बनी रहती है। क्षणों के क्रम, वर्तमान, अतीत और भविष्य की धारणा के व्यक्त करने के लिये काल की सदैव आवश्यकता महसूस होती है।

नित्येष्वभावादनित्येषु भावात्कारणे कालाख्येति ॥ 9 ॥

सूत्रार्थ –नित्येषु अभावात् = नित्य पदार्थों में न होने से, अनित्येषुभावात = अनित्यों में होने से, कारणे काल आख्या इति = उत्पत्ति वाले सभी कार्यों के कारण में काल संज्ञा है, इति = इसी कारण।

व्याख्या : काल द्रव्य की नित्यता सदैव अनित्य कार्यों के उत्पत्ति और विनाश के कारण होते रहने के कारण हैं। काल स्वयं नित्य पदार्थ में नहीं रहता है, परन्तु कारणों के फल स्वरूप उत्पन्न और विनिष्ट होने वाले सभी अनित्य कार्यों में काल की उपस्थिति बनी रहती है। स्वाभाविक रूप में कारणों में से काल निसृत होता है।

इत इदमिति यतस्तद्दिश्यं लिंगम् ॥ 10 ॥

सूत्रार्थ –इतः = इससे, इदं = यह (पर है–दूर है), इति = इस प्रकार, यतः = जिस द्रव्य से (प्रतीति होती है), तत् = वह, दिश्यं = दिशासाधक, लिंगम् = लक्षण है।

व्याख्या : दिक की धारणा किसी भी वस्तु की स्थिति बताने के लिए जरूरी होती है। किसी स्थिर ढाँचे के संदर्भ से किसी वस्तु की स्थिति निर्धारित करने के लिये कहा जाता है – यह इससे इतनी दूर है, यह उससे इतनी दूर है। इस प्रकार दो तीन या अधिक स्थिर वस्तुओं के परिप्रेक्ष्य से अभीष्ट वस्तु की स्थिति का निश्चय हो जाता है। ये स्थिर ढाँचे ही दिक की सत्ता निर्धारित करते हैं। कणाद पृथ्वी पर स्थित घटनाओं को दिक (दिशा) के संदर्भ निश्चित करने के लिये इसकी नित्य सत्ता को प्रतिपादित करते हैं।

द्रव्यत्वनित्यत्वे वायुना व्याख्याते ॥ 11 ॥

सूत्रार्थ –द्रव्यत्व नित्यत्वे = (दिक में), द्रव्यत्व और नित्यत्व की धारणा, वायुना = वायु द्रव्य की भाँति ही, व्याख्याते = कही गयी है।

व्याख्या : जैसा कि पहले समझा गया है दिक (दिशा) की सत्ता का निर्धारण पृथ्वी, सूर्य आदि स्थिर द्रव्यों के परिप्रेक्ष्य में किया जाता है। जैसे वायु के अस्तित्व को अनुमान प्रमाण से सिद्ध किया गया है उसी प्रकार से दिक की सत्ता के द्रव्यत्व और नित्यत्व का निर्धारण किया गया है।

तत्वंभावेन ॥ 12 ॥

सूत्रार्थ –तत्वं = दिक के तत्वता की एकता, भावेन = सत्ता जाति की भाँति कही गयी।

व्याख्या : दिक एक स्थिर ढाँचा है उसकी सत्ता भी सदैव बनी रहती है। दिक का निर्धारण धारणात्मक है, जो नित्य द्रव्यों से उत्पन्न अनित्य कार्य द्रव्यों की स्थिति से निर्धारित होता है।

कार्यविशेषेणनानात्वम् ॥ 13 ॥

सूत्रार्थ –कार्य विशेषेण = कार्यों की विभिन्नता की दृष्टि से (दिक में) नानात्वम् = अनेकता दिखाई देती है।

व्याख्या : स्थिति को गतिशीलता के परिप्रेक्ष्य में विभिन्न दिशाओं के द्वारा अभिव्यक्त किया जाता है। चार दिशा या दश दिशायें आवश्यकता के अनुसार सूर्य की स्थिति और पृथ्वी के ऊपर के आकाश और नीचे की दिशा से तय किये गये हैं। दिशाओं का यह अनेकत्व स्वाभाविक नहीं, बल्कि औपाधिक है।

आदित्यसंयोगाद् भूतपूर्वाद्भविषयतो भूताच्च प्राची ॥ 14 ॥

सूत्रार्थ –आदित्य संयोगाद् = सूर्य के संयोग से, भूतपूर्वात् = जो पूर्वकाल में हुआ हो, भविष्यतः = जो भविष्य में होगा, भूतात् च = और जो अभी भौतिक रूप में है, उससे प्राची = पूर्व दिशा का भान होता है।

व्याख्या : सूर्य की अवस्थिति को दृष्टिगत रखते हुए पूर्व दिशा का निर्धारण इस तरह किया जाता रहा है कि जिस दिशा में सूर्य अतीत में स्थित था, उसी दिशा में वह वर्तमान में भी स्थित है और भविष्य में स्थित रहेगा, उस दिशा को प्राची (पूर्व दिशा) कहा जाता है।

तथा दक्षिणा प्रतीची उदीची ॥ 15 ॥

सूत्रार्थ – तथा = उसी प्रकार, दक्षिणा प्रतीची उदीची = दक्षिण, पश्चिम और उत्तर दिशा को दर्शाया जाता है।

व्याख्या : पूर्व सूत्र के ही तारतम्य में पूर्व के विपरीत दिशा को प्रतीची (पश्चिम) और पूर्व–पश्चिम के उर्ध्वाधर ऊपर की दिशा को उत्तर तथा उसके विपरीत दिशा को दक्षिण कहा जाता है।

एतेन दिगन्तरालानि व्याख्यातानि ॥ 16 ॥

सूत्रार्थ – एतेन = इन मुख्य चार दिशाओं के वर्णन से, दिगन्तरालानि = उनके मध्यवर्ती विदिशाओं की, व्याख्यातानि = व्याख्या की गयी।

व्याख्या : पूर्व, पश्चिम, उत्तर और दक्षिण दिशाओं के निर्धारण हो जाने के पश्चात् दिशाओं के बीच मध्य कोणों पर और चार दिशाओं को मानकर उनका नामकरण किया गया है। इन आठ दिशाओं के अतिरिक्त पृथ्वी तल के ऊपर और नीचे की दिशा भी मानी गयी है, उस प्रकार दश दिशाओं निश्चित की गयी है।

सामान्य प्रत्यक्षाद्विशेषा प्रत्यक्षाद्विशेषस्मृतेश्च संशयः ॥ 17 ॥

सूत्रार्थ – सामान्य प्रत्यक्षात् = सामान्य धर्म के प्रत्यक्ष होने पर, विशेषा प्रत्यक्षात् = विशिष्ट धर्म के दिखाई न देने पर, विशेषस्मृते च = और कुछ विशिष्ट स्मृतियों के उदय होने के कारण, संशयः = संशयात्मक ज्ञान होता है।

व्याख्या : इस सूत्र में संशय के विषय में विचार किया गया है। संशय उत्पन्न होने पर ज़िज्ञासा उत्पन्न होती है, सांख्य दर्शन में संशय ही विपर्यय ज्ञान है। कणाद कहते हैं कि जब किसी घटना के विषय में सामान्य रूप से प्रत्यक्षता के

कारण सारी जानकारियाँ उपलब्ध हों और उसी घटना के विषय में कुछ विशेष बतायी गयी स्मृतियाँ मस्तिष्क में हो परन्तु उस घटना में वैसी विशेषता न दिखाई देती हो, तब अपने ज्ञान के विषय में संशय उत्पन्न होता है। प्रत्यक्षता से केवल इन्द्रियों के द्वारा सन्निकर्ष से प्राप्त सामान्य ज्ञान ही उपलब्ध होता है, इसलिये प्रत्यक्ष ज्ञान को सम्पूर्ण ज्ञान नहीं कहना चाहिये। जो प्रत्यक्ष है उसमें और कई विशेषतायें हैं जिनके कारण अदृष्ट है, उन बतायी गई विशेषताओं को हम समझ भी नहीं पा रहे हैं। ऐसी स्थिति में अपने जानने की क्षमता पर संशय होता है। ज्ञान–विज्ञान के व्यापक से व्यापकतर होते जाने के पीछे अधिक जानने की जिज्ञासा ही कार्य करती है और यह निश्चयात्मक न होकर संशयात्मक ही होती है। वैशेषिक दर्शन के संशय के विचार के बाद में अक्षपाद गौतम ने अपने न्याय दर्शन के सूत्रों पर विस्तार से विचार किया और बताया कि प्रमेय की विशिष्टता को सिद्ध करने के लिये प्रमाण जरूरी होते हैं।

दृष्चञ्च दृष्टवत् ॥ 18 ॥

सूत्रार्थ – दृष्टं च = जो प्रत्यक्ष देखा जा रहा है उसे, दृष्टवत् = पूर्व में देखे गये दृष्ट की स्मृति के अनुसार मानने पर भी (संशय होता है।)

व्याख्या : मनुष्य जब से पैदा होता है, उसके मस्तिष्क में विविध स्मृतियाँ संग्रहित रहती हैं। यहाँ दृष्टवत पद बहुत महत्वपूर्ण है– मस्तिष्क में संग्रहित प्रतिबिम्ब, पूर्वज्ञान, मान्य विचार–संस्कार हमको प्रभावित करते हैं – जब हम किसी वस्तु को देखते हैं। जो प्रत्यक्ष दिखाई दे रहा है, उसे हम हमारी स्मृतियों और संस्कारों के आधार पर व्याख्यायित करते हैं। भ्रान्ति या संभ्रम के उत्पन्न होने का यह बुनियादी कारण है। अन्धेरे में किसी एक खम्भे को देखा, वह अन्य साधनों से ऐसा प्रतिबिम्ब बना देता है कि हमें किसी पुरुष (व्यक्ति) की भाँति दिखाई देता है। खम्भे में व्यक्ति दिखाई देना एक भ्रान्ति है– यह भ्रान्ति हमारे मस्तिष्क में संग्रहित व्यक्ति के प्रतिबिम्ब की स्मृति से उत्पन्न हुई। जब हम नजदीक जाकर खम्भे की परीक्षा करते हैं तो वहाँ कोई व्यक्ति न होकर मात्र एक खम्भा होता है।

यथादृष्टमयथादृष्टत्वाच्च ॥ 19 ॥

सूत्रार्थ – यथादृष्टम् = जैसा पूर्व में देखा गया है, अयथादृष्टत्वात् च = वैसा ही न दिखाई देने पर भी (संशय होता है।)

व्याख्या : पिछले सूत्र के तारतम्य में यह सूत्र भी स्मृति के प्रभाव को व्याख्यायित कर रहा है। किसी वस्तु या घटना को हम जिस प्रकार से पहले देख

चुके हैं, वैसी वस्तु या घटना जब बाद में पहले की भाँति नहीं दिखायी देती है तो संशय उत्पन्न होता है कि यह वही पहले वाली वस्तु या घटना है या फिर कुछ अन्य। ऐसे संशय के उत्पन्न होने पर हम हमारे ज्ञान की कमी के विषय में सचेत होकर खोज करते हैं और निकटता या सन्निधान से उस कमी के विषय में स्पष्टता हो जाती है, फिर हमारा संशय दूर हो जाता है।

विद्याऽविद्यातश्च संशयः ॥ 20 ॥

सूत्रार्थ – विद्याऽविद्यातःच = विद्या और अविद्या दोनों से भी, संशयः = संशय होता है।

व्याख्या : विद्या और अविद्या शब्दों को सामान्यतया ज्ञान और अज्ञान की तरह प्रयोग में लिया जाता है। विविध जानकारियों के बीच जब कुछ असमानतायें होती है, तो स्वाभाविक रूप से लगता है कि कहीं कुछ छूट रहा है और उसके अभाव में सही ज्ञान उपलब्ध नहीं हो पा रहा है, वहीं संशय का कारण है। विद्या शब्द का एक अर्थ विद्यमानता भी है, जो विद्यमान (उपस्थित) है उसके जैसी सही विद्यमानता की स्मृति न होने के कारण संशय उत्पन्न होता है। पहले सूत्र में यह विचार अभिव्यक्त हो चुका है। स्पष्ट है प्रत्यक्ष अथवा दृष्ट अनुभव ही वस्तु की सम्पूर्ण सत्ता के विषय में पर्याप्त ज्ञान उपलब्ध कराने में समर्थ नहीं है। अदृष्ट कारणों के विषय में सजगता–जिज्ञासा उत्पन्न होने पर यथार्थ का क्षेत्र विस्तृत होता जाता है। इसलिये संशय के सही परिप्रेक्ष्य को समझना जरूरी है।

श्रोत्रग्रहणो योऽर्थः स शब्दः ॥ 21 ॥

सूत्रार्थ – श्रोत्रग्रहणः = श्रोत्रेन्द्रिय से ग्रहित होने वाला, यः = जो, अर्थः = विषय है, स = वह, शब्दः = शब्द है।

व्याख्या : संशय के विचार को उठाने के पश्चात् कणाद शब्द के अर्थ के विषय में स्पष्टता देते हैं। वे कहते हैं कि श्रोत्रेन्द्रिय से ग्रहण होने वाला जो अर्थ है, वही शब्द है। जैन मत में भी अर्थ पद का विचार हुआ है, वहाँ वे उनके तत्वों के बीच सम्बन्धों की समझ को ही अर्थ बताते हैं। श्रोत्र ही नहीं विविध इन्द्रियों से ग्रहित विषयों की समझ के माध्यम से मनुष्य अपने चतुर्दिक विश्व का ज्ञान उपलब्ध करता है। यहाँ शब्द को श्रोत्रेन्द्रिय के साथ जोड़ा गया है। जैसा कि कहा गया है मीमांसाओं ने वेद की अपौरुषेयता के आधार पर वेदमंत्रों को सत्ता को शाश्वत माना इसलिये वे शब्द को अत्यधिक महत्व देते हैं। कणाद संशय के प्रसंग के उठाने के बाद शब्द और उसके अर्थ की ओर हमारा ध्यान आकृष्ट करते

हैं। शब्द एक साधन है– वह हमारी स्मृतियों और अनुभवों का वाहक है – शब्दो को अर्थ प्रदान किया जाता है, वह सामाजिक स्मृति और संस्कार पर आधारित होता है।

तुल्यजाती येष्वर्थान्तरभूतेषु विशेषस्य उभयथा दृष्टत्वात् ॥ 22 ॥

सूत्रार्थ – तुल्यजातीयेषु = समान जाति वाले गुण पदार्थों में, अर्थान्तर भूतेषु = अन्य पदार्थ द्रव्य तथा कर्मों में, विशेषस्य = विशिष्टता के भेद के, उभयथा = दोनों में, दृष्टत्वात् = दृष्टिगत होने से (शब्द गुण है, द्रव्य है अथवा कर्म ऐसा संशय होता है।)

व्याख्या : शब्द की प्रकृति का विचार करते हुए कणाद इस संशय को प्रस्तुत कर रहे हैं कि शब्द को किस पदार्थ में वर्गीकृत किया जाय। शब्द के विविध प्रकार से अभिव्यक्त होने के कारण उसमें शब्द तत्व नामक गुणवाचक जाति है, शब्द श्रोत्र इन्द्रिय के द्वारा सुना जाता है, इसलिये श्रोत्र द्रव्य और ध्वनि के कर्म से सम्बद्ध है। ध्वनि और स्फोट के द्वारा व्यक्त मन्द, तीव्र और अस्पष्ट ढंग से व्यावृत होने वाला शब्द गुण और कर्म दोनों वर्गों के लक्षण बताता है। इसलिये यह संशय स्वाभाविक है कि शब्द को क्या कहा जाए– यह द्रव्य है या गुण या फिर कर्म?

एकद्रव्यत्वान्न द्रव्यम् ॥ 23 ॥

सूत्रार्थ – एकद्रव्यत्वात् = (शब्द) एक द्रव्य से उत्पन्न होने के कारण, न द्रव्यम् = द्रव्य नहीं हो सकता।

व्याख्या : सही वर्गीकरण के लिये कणाद निराकरण प्रस्तुत करते हैं : शब्द किसी एक द्रव्य नगाड़ा, बांसुरी, मुख आदि से ही उत्पन्न होता है। द्रव्य होने के लिये आवश्यक शर्त है कि वह दो या दो से ज्यादा द्रव्यों के संयोग से समवायिकारण से उत्पन्न हो– शब्द के लिये यह लक्षण नहीं प्राप्त होता है, अतः शब्द द्रव्य नहीं है। शब्द के आकाश नामक द्रव्य से उत्पन्न मानने के कारण यहाँ कहा जा रहा है कि शब्द एक द्रव्य में ही रहता है।

नापि कर्माचाक्षुषत्वात् ॥ 24 ॥

सूत्रार्थ – न अपिकर्मः = (शब्द) कर्म भी नहीं हो सकता क्योंकि, अचाक्षु त्वात् = नेत्रों से दिखाई नहीं देता है।

व्याख्या : जो वस्तु या घटना क्रियाशील हो, उसे कर्म कहा जाता है यद्यपि शब्द कर्म की भाँति एक द्रव्य से उत्पन्न होता है, किन्तु उसका कार्य आँखों के

द्वारा दृष्टिगत नहीं होता है। इसलिये शब्द को क्रियाशील नहीं कहा जा सकता है अस्तु शब्द को कर्म भी नहीं कहा जा सकता है। शब्द की क्रियाशीलता दिखाई नहीं देती है, किन्तु वह एक ही द्रव्य से उत्पन्न होने के कारण कर्म हो सकता है, यह संभावना कणाद व्यक्त करते हैं। अदृष्ट क्रियाशीलता (ध्वनि तरंगों की गति) के लिये यहाँ हम कणाद की कल्पना को सही दिशा में ही देखते हैं, उस समय इस प्रकार की परिकल्पना करना आश्चर्यजनक ही थी।

गुणस्यसतोऽपवर्गः कर्मभि साधर्म्यम् ॥ 25 ॥

सूत्रार्थ – गुणस्य = (शब्द) गुण का, सतः अपवर्ग = उत्पत्ति के बाद शीघ्र नष्ट होने से, कर्मभिः = कर्म के समान साधर्म्यम् = साधर्म्य है।

व्याख्या : समानार्थी शब्दों को प्रकट करने के कारण शब्द को गुण माना जा सकता है, शब्द के गुण रहते हैं किन्तु शब्द उत्पन्न होने के बाद नष्ट भी हो जाता है। उत्पन्न होना और शीघ्र नष्ट हो जाना यह कर्म के लक्षण हैं। इस प्रकार हम देखते हैं कि शब्द में गुण और कर्म दोनों के धर्म उपलब्ध हैं।

सतोलिंगाभावात् ॥ 26 ॥

सूत्रार्थ –सतः = सदा रहने वाले नित्य शब्द का, लिंग अभावत् = प्रमाण नहीं मिलता।

व्याख्या : शब्द स्थायी नहीं रहता है, कोई भी ऐसे लक्षण प्राप्त नहीं है, जिससे कहा जा सके कि शब्द उत्पन्न होने के बाद नष्ट नहीं होता है।

नित्यवैधर्म्यात् ॥ 27 ॥

सूत्रार्थ – नित्यवैधर्म्यात् = नित्य पदार्थों के विरुद्ध धर्म होने के कारण से।

व्याख्या : शब्द की उत्पत्ति होती है और वह नष्ट होता है, इसलिये उसमें नित्यता के कोई भी धर्म नहीं है– वह अनित्य है। नित्य पदार्थ उत्पन्न नहीं होते हैं, न ही नष्ट होते हैं, नित्यता अकारणवत होती है।

अनित्यश्चायं कारणतः *॥ 28 ॥*

सूत्रार्थ – अनित्यः च = और अनित्य भी है, अयं = यह शब्द गुण, कारणतः = कारण से उत्पन्न होने की वजह से।

व्याख्या : नगाड़ा बजाने, बांसुरी से ध्वनि निकालने आदि उदाहरणों से देखा जा सकता है कि शब्द को कारणों के द्वारा उत्पन्न किया जाता है। जो वस्तु कारण से उत्पन्न होती है, वह अनित्य होती है, अस्तु शब्द अनित्य है।

नचासिद्धं विकारात् ॥ 29 ॥

सूत्रार्थ – न च = और न ही (शब्द की), असिद्धं विकारात् = ध्वनियों के तीव्रत्व–मन्दत्व आदि विकारों के कारण जन्यता को असिद्ध किये जाने से याने कि ध्वनियों के विकार के कारणों को सिद्ध किये जा सकने से यह सिद्ध किया जा सकता है कि शब्द कारण जन्य अनित्य हैं।

व्याख्या : शब्द में कई प्रकार के विकार भी पाये जाते हैं, ध्वनि की विविधता से शब्द के स्वरूप में परिवर्तन होता रहता है। इसलिये यह कहा जा सकता है कि शब्द किसी कारण से ही उत्पन्न होता है। पास का सुना शब्द तीव्र होता है जबकि दूर का शब्द मन्द होता है।

अभिवयक्तौ दोषात् ॥ 30 ॥

सूत्रार्थ – अभिव्यक्तौ दोषात् = शब्दों की अभिव्यक्ति मानने में कई प्रकार के दोष होने से भी शब्द का अनित्य होना ही सिद्ध होता है।

व्याख्या : शब्द को सदैव एक ही प्रकार का और एक ही अर्थ में भी प्रयुक्त होता हुआ नहीं देखा जाता है। उसकी अभिव्यक्ति में सुनने और सुनाने वालों के कारण कई तरह के दोष देखे जाते हैं, इसलिए भी कहा जा सकता है कि शब्द अनित्य है।

संयोगाद्विभागाच्च शब्दाच्च शब्द निष्पत्तिः ॥ 31 ॥

सूत्रार्थ – संयोगात् = संयोग से, विभागात् च = और विभाग से, शब्दात् च = तथा ध्वनियों के द्वारा, शब्द निष्पत्तिः = शब्द की निष्पत्ति होती है।

व्याख्या : शब्द की उत्पत्ति कई ध्वनियों और वर्णों से मिलकर बनती है। वस्तुओं से भी जब शब्द प्रकट होता है तो वहाँ संयोग विभाग– जैसे ढोलक पर हाथ की थाप देने पर शब्द का निकलना देखा जाता है इसलिये भी कहा जा सकता है कि शब्द को उत्पन्न किया जाता है– यह विविध कारणों से ही उत्पन्न होता है।

लिंगाच्चानित्यः शब्दः ॥32॥

सूत्रार्थ – लिंगात च = लक्षणों द्वारा व्यक्त होने से भी, अनित्यः शब्दः = शब्द अनित्य ही सिद्ध होता है।

व्याख्या : शब्द को विविध लक्षणों के द्वारा प्रकट किया जाता है इसलिये भी शब्द अनित्य ही हैं। कणाद शब्द को अनित्य बताने के लिये इतने अधिक प्रमाण इसलिये दे रहे हैं कि उस समय वेदमंत्रों के शब्दों के प्रति अगाध निष्ठा थी। वेदों के मंत्रों को अपौरुषेय मानने से यह कहा जाता था कि शब्द शाश्वत

है– शब्द नित्य है। बहुत बड़ा वर्ग उस समय शब्द को नित्य मानता था इसलिये कणाद के लिये यह एक चुनौती थी कि वे प्रमाण के द्वारा यह सिद्ध करें कि शब्द अनित्य है।

द्वयोस्तु प्रवृत्योरभावात् ॥ 33 ॥

सूत्रार्थ – द्वयोःतु = किन्तु अध्यापक और शिष्य दोनों की, प्रवृत्योः = अध्यापन और अध्ययन की प्रवृत्ति होने में, अभावात् = शब्द के अनित्य मानने में (ज्ञान का) अभाव होने लगेगा ?

व्याख्या : यहाँ से वैदिक मंत्रों की वाचिक परम्परा की निरन्तरता को दृष्टिगत रखते हुए शब्दों की नित्य प्रकृति की भ्रान्ति का निराकरण किया जा रहा है। आचार्य और शिष्यों के बीच मंत्रों के आदान–प्रदान के व्यवहार की सार्थकता की ओर इंगित करने वाले लोग शंका करते हैं कि जब परम्परा से आचार्य और शिष्य के बीच शब्द सतत् अपना स्थायी स्वभाव बनाये हुए हैं, तो हम उसे अनित्य कैसे कह सकते हैं ?

प्रथमाशब्दात् ॥ 34 ॥

सूत्रार्थ – प्रथमाशब्दात् = त्रि प्रथमां इत्यादि उपनिषद् में प्रथमा शब्द होने से (शब्द नित्य है।)

व्याख्या : यज्ञ प्रकरण में अग्नि को उत्पन्न करने के जो ऋचाओं का तीन तीन बार उच्चारण किया जाता है, उस व्यवहार की सिद्धि शब्द के नित्य होने पर ही मानी जाती है। इस प्रकार के कर्मकाण्ड में परम्परा से शब्दों– वेदमंत्रों के स्थायी प्रयोग के कारण शब्द की नित्यता वैदिक सम्प्रदाय वाले मानते हैं। इन दोनों सूत्रों में जो कारण शब्द की नित्यता के बताये जा रहे हैं, वह सामाजिक सतत व्यवहार की सातत्यता की वजह से हैं। सामाजिक स्मृति में उन शब्दों के संग्रहित रहने के कारण उन्हें नित्य कहा जा रहा है।

सम्प्रतिपत्तिभावाच्च ॥ 35 ॥

सूत्रार्थ – सम्प्रतिपत्तिभावात् च = और स्मृति द्वारा पहिचान का संज्ञान होने से शब्द (आगम) की नित्यता मानी जानी चाहिए।

व्याख्या : कणाद स्वयं पिछले दो सूत्रों में शब्दों के नित्य बताये जाने की शंका का निवारण करते हैं। पारम्परिक स्मृति और व्यवहार के संज्ञान के कारण वेदपाठी आचार्य– शिष्यों के बीच व्यवहृत वेदमंत्र स्थायी और नित्य के रूप में स्वीकृत किये गये हैं। यदि उन्हीं वेदमंत्रों को अन्य सम्प्रदाय के बीचपढ़ा जाये

तो उनका वहाँ कोई अर्थ नहीं होगा। इससे यह सिद्ध किया जा सकता है कि वे शब्द वेदपाठियों के अतिरिक्त अन्य व्यक्तियों के बीच किसी भी प्रकार से नित्य नहीं ठहराये जा सकते हैं। इस प्रकार भी शब्द की अनित्यता ही सिद्ध होती है।

संदिग्धाः सति बहुत्वे ॥ 36 ॥

सूत्रार्थ –संदिग्धाः सति बहुत्वे = शब्द के अनेकान्तिक व्यभिचारी और बहुत होने के कारण उसकी नित्यता संदिग्ध ही है।

व्याख्या : कणाद आगे कहते हैं कि वेद मंत्रों में भी प्रयुक्त शब्दों में बहुत सारे वर्ण और पद मिलकर मंत्र बनाते हैं, इसलिये उन मंत्रों में ध्वनि और उच्चारण के दोष उत्पन्न होते हैं। इसलिये उन शब्दों की नित्यता कैसे मानी जायेगी। ऐसी पारम्परिक निष्ठा पर आधारित नित्यता का कोई औचित्य नहीं है। मंत्रों के विविध शब्दों और वर्णों से बनने के कारण उनकी नित्यता निश्चित रूप से संदिग्ध है।

संख्याभावः सामान्यतः ॥ 37 ॥

सूत्रार्थ – संख्या भावः सामान्यतः = जिस प्रकार संख्या की सत्ता में अनेकता से विभिन्न संख्यायें बनती है, सामान्यतः उसी प्रकार शब्दों के संयोजन से ज्ञान (शब्द) गुण प्रकट होता है।

व्याख्या : शब्दों की रचना होती है, वे एक से ज्यादा वर्णों के द्वारा बनाये जाते हैं। जिस तरह पृथकता के आधार पर संख्यायें बनती है, वैसे ही शब्द भी बनते हैं। जब हम संख्याओं को गुण मानते हुए अनित्य कहते हैं, उसी प्रकार शब्द भी सामान्य ढंग से अनित्य ही हैं।

❑❑❑

तृतीय अध्याय

2.3.1 प्रथमाह्निकम्

प्रसिद्धा इन्द्रियार्थाः ॥1॥

सूत्रार्थ – प्रसिद्धा = प्रसिद्धि है, इन्द्रियार्थाः = इन्द्रियों के विषयों की।

व्याख्या : मनुष्य के शरीर की इन्द्रियाँ सम्बन्धित विषयों को सम्पर्क के माध्यम से ग्रहण करती है और उन विषयों को एक समन्वित अर्थ प्रदान करती हैं – इसे ही इन्द्रियार्थ कहा गया है। यही इन्द्रियार्थ ज्ञान बन जाता है, किन्तु यह ज्ञान वैयक्तिक नहीं होता बल्कि सामान्य अनुभवों के अनुकूल होता है। ज्ञान की सिद्धि सामाजिक स्वीकृति में है, जब सामान्य जन साधर्म्य के आधार पर किसी अर्थ विशेष में सहमति व्यक्त करते हैं, तब उसे ज्ञान होने की महत्ता प्राप्त हो जाती है। कणाद द्वारा ज्ञान के लिये यहाँ प्रसिद्धि शब्द का प्रयोग इसी आशय को स्पष्ट करता है। सूत्र–श्रोत्र ग्रहणो योऽर्थः स शब्दः – के अनुसार श्रोत्र से ग्रहण होने वाले विषय का अर्थ शब्द होता है, इसी प्रकारः गन्ध, रूप, रस और स्पर्श के क्रमशः घ्राण, चक्षु, जिव्हा और त्वचा से प्रत्यक्ष होने वाले विषयों के अर्थ हैं। ये विभिन्न अर्थ विभिन्न साधनों द्वारा अनुभूत होते हैं, किन्तु समन्वित ज्ञान में उन्हें सामान्य सामाजिक स्वीकृति के अनुसार एकीकृत कर दिया जाता है। जैसे मैं खाना खाता हूँ– कहने पर हालांकि खाना मुँह द्वारा खाया जाता है, किन्तु उसे व्यक्ति के द्वारा खाया जाना ही स्वीकार किया जाता है।

इन्द्रियार्थ प्रसिद्धिरिन्द्रियार्थेभ्योऽर्थान्तरस्य हेतुः ॥ 2 ॥

सूत्रार्थ – इन्द्रियार्थ प्रसिद्धिः = इन्द्रियों और उनके विषयो से उत्पन्न ज्ञान, इन्द्रियार्थेभ्यः = इन्द्रियों और विषयों से, अर्थान्तरस्य = अन्य विषयों (ज्ञान) की उत्पत्ति का, हेतुः = कारण है।

व्याख्या : जैसा कि पिछले सूत्र में कहा गया है कि विभिन्न इन्द्रियों के विषय और अर्थ भिन्न हैं, किन्तु उनके समन्वित अर्थ के ज्ञान के रूप में मान्यता मिल जाती है। इन्द्रियार्थ प्रसिद्धि अर्थात् जिस समन्वित ज्ञान को मान्य किया जा रहा है, वह इन्द्रियों के द्वारा अलग अलग ढंग से अनुभूत किये गये विषयों से भिन्न है, इसलिये वह ज्ञान अनुभूत अर्थों से भिन्न अर्थ देने का कारण बनता है। विभिन्न इन्द्रियों के द्वारा ग्रहण किये अर्थों को समन्वित करने में त्रुटियाँ होना संभव है या

इन्द्रियों के द्वारा विषयों के ग्रहण करने में जैविक शारीरिक दोष की संभावना भी बनी रहती है। ऐसी स्थिति में सामान्यतोदृष्ट (प्रसिद्धि के अनुसार) ग्रहण किया गया ज्ञान स्वाभाविक रूप से दोषपूर्ण होगा।

सोऽनपदेशः ॥ 3 ॥

सूत्रार्थ – सः = वह (संज्ञान), अनपदेशः = दोषपूर्ण हेतु है– वह व्यभिचारित ज्ञान है।

व्याख्या : पिछले सूत्र की व्याख्या के अनुसार इन्द्रियों के कारण विषयों के वैभिन्न्य के होने से और सामान्यतोदृष्ट पूर्वज्ञान के तारत्मय में उत्पन्न ज्ञान दोषपूर्ण हेतु है– दोषपूर्ण साधन है। विविध अर्थों को सम्यक ढंग से समन्वित करने का कार्य आत्मा और मन के द्वारा किया जाता है। जब वे शरीर की सभी इन्द्रियों की क्रियाओं से यथाउचित तादात्मय स्थापित करते हैं, तभी अव्यभिचारित ज्ञान–शुद्ध ज्ञान प्राप्त होने की संभावना रहती है। अन्यथा उनमें सही समन्वय और तादाकारता नहीं होने से जो ज्ञान प्राप्त होगा वह दोषपूर्ण होगा। अपदेश शब्द हेतु के समान आभास देने वालों के लिये प्रयुक्त होता और अनपदेश का प्रयोग त्रुटि पूर्ण अपदेश के लिये होता है। इसलिये अपदेश के साथ आभास, प्रतिबिम्ब या एक प्रकार का छद्म जुड़ा हुआ है। वस्तु के द्वारा इन्द्रियों पर होने वाले प्रभावों का आभास या प्रतिबिम्ब पूरी तरह वस्तु के यथार्थ स्वरूप को प्रस्तुत नहीं कर सकता है। वैशेषिक दर्शन के इस अपदेश के विचार पर बाद के नैयायिकों ने माया, प्रपंच, संभ्रम के लिये हेत्वाभास सम्बन्धी मत विकसित किये हैं।

कारणाज्ञानात् ॥ 4 ॥

सूत्रार्थ – कारणअज्ञानात् = कारणों के सही ज्ञान न होने के कारण वह ज्ञान दोषपूर्ण होता है।

व्याख्या : शरीर की विभिन्न इन्द्रियों के संसर्ग से उत्पन्न विषयों के अर्थ का सही मूल्यांकन या सही कारण विश्लेषित न कर पाने की स्थिति में प्रसिद्धिपूर्वक ग्रहण किया गया हेतु स्वरूप अर्थ (ज्ञान) दूषित ही होगा।

कार्येषु ज्ञानात् ॥ 5 ॥

सूत्रार्थ – कार्येषु = केवल कार्यों में ही, ज्ञानात् = ज्ञान के होने की धारणा से।

व्याख्या : स्वतंत्र रूप से स्थित किसी वस्तु की सत्ता का इन्द्रियों के माध्यम से ज्ञान प्राप्त करना कितना कठिन है, इसी तथ्य को कणाद इन सूत्रों में अभिव्यक्त

कर रहे हैं। प्रस्तुत सूत्र मे कहा जा रहा है कि कोई वस्तु या घटना के द्वारा जो कार्य किया जा रहा है, उसे देख कर ही उसके कारणों का अनुमान लगाया जाता है। यदि केवल कार्य का ज्ञान है– जानकारी है किन्तु उसके कारणों का ज्ञान नहीं होने पर कल्पना से कारणों के विषय में विचार किया जाता है, ऐसी स्थिति में कारण–कार्य के सही प्रभाव को समझने में कठिनाई आती है– यह भी एक प्रकार का अनपदेश है।

अज्ञानाच्च ॥ 6 ॥

सूत्रार्थ – अज्ञानात् च = और सही ढंग से ज्ञान न होने से भी वह हेतु दोषपूर्ण होता है।

व्याख्या : वस्तु या घटना के विषय में यदि हमें आवश्यक जानकारी ही उपलब्ध नहीं है, हम उस विषय में अज्ञानी हैं, तो उसके यथार्थ तत्व को नहीं समझ सकेंगे।

अन्यदेव हेतुरित्यनपदेशः ॥ 7 ॥

सूत्रार्थ – अन्यत् एव = साध्य से भिन्न ही होता है, हेतु = बोधक माध्यम, इति = इस कारण, अनपदेश = वह हेतु (लिंग) पूरी तरह दोष रहित नहीं होता।

व्याख्या : पिछले तीन सूत्रों में अनपदेश के हेत्वाभास के तीन प्रकार बताये– कारणों के विषय में ही सही ज्ञान का न होना, केवल कार्यों को देखकर कारणों का अनुमान लगाना और कार्य कारण के विषय में ज्ञान का न होना। यहाँ फिर इन्द्रियार्थ को जैसे अध्याय के प्रारंभ में विवेचित किया गया, उसी तथ्य को दूसरे शब्दों में कहा जा रहा है। विभिन्न साधनों से साध्य की उत्पत्ति होती है और साध्य को निर्मित करने वाला हेतु उससे अलग ही होता है– अन्य ही होता है। तादात्म्य की स्थिति में साधन और साध्य में तदाकारता होती है, उनमें कोई भेद नहीं होता है, किन्तु तदुत्पत्ति की स्थिति में कारण और कार्य के बीच त्रुटि की संभावना बनी रहती है। हेतु के दूषित अथवा दूषित न होने के विषय में ही यह सूत्र स्पष्टीकरण प्रस्तुत कर रहा है। चूँकि साध्य को साधनों के माध्यम से सर्जित करने वाला हेतु उनसे ही होता है, इसलिये हेत्वाभास (अनपदेश) की संभावना हमेशा बनी रहती है।

अर्थान्तरं अर्थान्तरस्यानपदेशः ॥ 8 ॥

सूत्रार्थ – अर्थान्तरं = अर्थवैभिन्न्य होता है, अर्थान्तरस्य = अर्थो की विभिन्नता के कारण इसलिये, अनपदेशः = ऐसा ज्ञान प्रामाणिक नहीं हो सकता।

व्याख्या : जब बहुत सारे विषयों का संयोजन होना है जिनके विभिन्न अर्थ हैं, तो वहाँ उन विभिन्न अर्थों के कारण सही तत्व ज्ञान का होना कठिन होता है। हेत्वाभास (अनपदेश) के होने का यह एक प्रमुख कारण है कि भिन्न-भिन्न अर्थों के सम्मिलन से नये अर्थ को जानने की प्रक्रिया में दोष उत्पन्न होना स्वाभाविक है, इसलिये दोषपूर्ण ज्ञान प्राप्त होता है।

संयोगि समवायेकार्थसमवायि विरोधि च ॥ 9 ॥

सूत्रार्थ – संयोगि = संयोग सम्बन्ध वाला, समवाय = समवाय सम्बन्ध वाला, एकार्थ समवाय = एक द्रव्य में समवेत सम्बन्ध वाला और, विरोधि = विरोध सम्बन्ध वाला = ऐसे चार प्रकार के हेतु (लिंग) होते हैं।

व्याख्या : विभिन्न साधनों से साध्य की उत्पत्ति के लिये जो हेतु (कारण) होते हैं, उनका वर्गीकरण यहाँ किया जा रहा है। कणाद बताते हैं कि हेतुओं को चार प्रकार के वर्ग में रखा जा सकता है– (1) संयोग सम्बन्ध के कारक (2) समवाय सम्बन्ध के कारक (3) एकार्थ समवाय के कारक और (4) विरोधी सम्बन्धों के कारक। विभिन्न वस्तुयें, घटनायें या प्रक्रियायें उनके घटकों के माध्यम से उपरोक्त चार प्रकार के कारकों से उत्पन्न होती है, जब दो या दो से ज्यादा घटक आपस में संयोग करते हैं, तो वे एक नयी घटना की उत्पत्ति करते हैं। यह घटना चूंकि संयोग है इसलिये जब घटकों को विभक्त किया जाता है या वे छिन्न भिन्न हो जाते हैं तो घटना नष्ट हो जाती है। इन्हें भौतिक क्रिया के रूप में देखा जा सकता है। समवायी सम्बन्ध के कारण जो सत्तायें बनती हैं, वे उनके घटकों से पूर्णतया भिन्न होती हैं, चूंकि समवायिकारण दो या दो से अधिक द्रव्यों से नये द्रव्य बनाता है। यहाँ उत्पन्न घटना अयुत सिद्ध होती है। रासायनिक क्रियाओं को समवायी हेतु के रूप मे देखा जा सकता है। एकार्थ समवायी ऐसी घटनायें हैं, जिनमें एक ही घटना के अन्तर्गत विविध अंश संयोजित होते हैं और विरोधि सम्बन्ध वाली घटनायें स्पष्ट हैं विरोधी प्रकृति के घटकों के अन्तर्क्रिया से उत्पन्न होती हैं।

कार्यं कार्यान्तरस्य ॥ 10 ॥

सूत्रार्थ – कार्यं कार्यान्तरस्य = एक ही द्रव्य में जब विभिन्न प्रकार के कार्य हो तो वह एकार्थ समवाय का उदाहरण होगा जैसे एक आम के फल में रस और रूप अलग अलग गुण के साथ रहते हैं।

व्याख्या : एकार्थ समवायी हेतु का विवेचन यहाँ किया जा रहा है– एक ही कार्य के अन्दर जब विभिन्न कार्यों का समावेश हो तो वह एकार्थ समवायी कारक

कहा जाता है। एकार्थ समवायी घटना में एक ही परिणामी घटक के अन्तर्गत ही विविध घटक विविध रूपों में कार्य करते हैं। कणाद ने स्वयं एकार्थ समवायी हेतु का उदाहरण अध्याय दश के सातवें सूत्र में दिया है। एक ही मानव शरीर के अन्तर्गत हाथ, पैर, मस्तिष्क, उदर आदि विभिन्न अंग सीमित भाग में स्वतंत्र रूप से कार्य करते हैं, किन्तु वे सभी भाग पूरे शरीर की ही क्रिया माने जाते हैं। एक वृक्ष को उदाहरण के रूप में देखें तो वृक्ष की शाखायें, पत्ते, फूल, फल आदि भिन्न गुण धर्म वाले होते हुए भी वृक्ष के ही गुण धर्म कहे जाते हैं।

विरोध्यभूतं भूतस्य ॥ 11 ॥

सूत्रार्थ – विरोधि अभूतं भूतस्य = 'जो है', 'जो नहीं है' का विरोधि हेतु है।

व्याख्या : सभी उत्पन्न होने वाली घटनायें अनिवार्य रूप से नष्ट होती हैं। कहा ही जाता है कि जिसका जन्म हुआ है, उसकी मृत्यु भी होगी। प्रत्येक संरचना या प्रक्रिया में परस्पर विरोधी शक्तियाँ कार्यरत रहती हैं। विरोधी शक्तियों के कारण ही वस्तुओं की स्थिति अवस्था बनी रहती है। यह सूत्र बताता है कि जो है और जो नहीं है, का जोड़ा सदैव बना रहता है। यह भारतीय दर्शन की प्राचीन द्वन्द्वात्मकता है जो गौतम बुद्ध के विचार में भी थी, महावीर के मत मे भी। आधुनिक दार्शनिक हेगेल और मार्क्स का उल्लेख द्वन्द्वात्मकता के लिये बहुधा होता है, किन्तु हम यहाँ देखते हैं कि कणाद इस विचार को गंभीरतापूर्वक ईसा पूर्व तीसरी चौथी सदी में व्यक्त कर रहे थे। कणाद अपने द्वारा व्यक्त चौथे हेतु के रूप में विरोध को कारक मानते हैं। घटनायें परस्पर विरोध के अन्तरावलम्बन से एक स्थिति ग्रहण करती है और जब तक उनकी अन्तर्क्रियाओं में संतुलन बना रहता है, तब तक स्थिर रहती हैं। जब विरोधी शक्तियों में असंतुलन बनता है तो ताकतवर शक्ति के प्रभाव में वह प्रक्रिया नष्ट हो जाती है।

भूतमभूतस्य ॥ 12 ॥

सूत्रार्थ – अभूतस्य = जो वर्तमान नहीं है, उसका विरोधि है, भूतम् = जो वर्तमान है।

व्याख्या : पिछले सूत्र का सातत्य इस सूत्र में भी है भूतम् अभूतं पद क्रमशः अस्तित्व और अनस्तित्व के बोधक हैं। विरोध के कारक सदैव परस्पर विपरीत धर्म के वाहक होते है। जहाँ भी विरोध है वहाँ वर्तमान स्थिति को नष्ट करने

वाली विरोधी शक्ति उसे अवर्तमान– अनस्तितत्ववान बनाने का प्रयत्न करती रहती है।

भूतो भूतस्य ॥ 13 ॥

सूत्रार्थ – भूतस्य = जो विद्यमान है, उसका विरोध हो सकता है, भूतम् = अन्य प्रकार के विद्यमान वस्तु से।

व्याख्या : विरोध दो अस्तित्ववान सत्ताओं में भी हो सकता है। वे दोनों सकारात्मक सत्तायें विपरीत परिस्थितियों में एक–दूसरे के विरोध में हो सकती हैं। विपरीत दिशा से आगमन करती हुई दो सार्थक शक्तियाँ आपस में टकराने पर एक–दूसरे का नाश करती हैं।

प्रसिद्धिपूर्वकत्वादपदेशस्य ॥ 14 ॥

सूत्रार्थ – प्रसिद्धिपूर्वकत्वाद् = ऐसा हेतु (लिंग) सामाजिक रूप से बहुत ज्यादा प्रचलन में आ गया हो उसके कारण (पूर्वाभास), अपदेशस्य = हेतु (लिंग, प्रमाण (9–2–4) की प्राप्ति हो जाती है।

व्याख्या : प्रस्तुत अध्याय के प्रथम सूत्र –प्रसिद्धा इन्द्रियार्थाः के आशय को विस्तार से विवेचित करते हुए कणाद इस सूत्र में पुनः प्रसिद्धि के तारतम्य में हेतु – अपदेश, प्रमाण, कारण की प्रतिष्ठा करते हैं। ज्ञान की शुद्धि का आधार अधिक से अधिक मनुष्यों के द्वारा उसकी यथार्थता की पुष्टि में होता है– सम्प्रतिप्रति, अविसंवादित्व आदि शब्द ऐसे निर्मल ज्ञान के लिए प्रयुक्त होते हैं। अपनी इन्द्रियों के विषयों के अनुभव से मनुष्य जो ज्ञान प्राप्त करता है, उसमें त्रुटि की संभावना रहती है, किन्तु ऐसे इन्द्रियार्थ ज्ञान की पुष्टि समाज में अधिक से अधिक लोगों के द्वारा हो जाय तो उसका दोष निवारित होकर शुद्ध ज्ञान शेष रह जाता है। वही अपदेश है।

अप्रसिद्धोऽनपदेशोऽसन् सन्दिग्धश्चानपदेशः ॥ 15 ॥

सूत्रार्थ – अप्रसिद्ध = जो ज्यादा व्यवहार में नहीं हो, वह हेतु (प्रमाण), अनपदेश = दोषपूर्ण होता है और असन् = जिसे सिद्ध न किया गया हो तथा संदिग्ध च = जो सन्देहास्पद भी हो वह, अनपदेशः = हेत्वाभास (अप्रमाणिक) ही है।

व्याख्या : वे सत्य की प्रतिष्ठा को सामाजिक अनुभव के प्रसंग से ही देखते हैं। यहाँ अपदेश को प्रसिद्धि और सामाजिक पुष्टि के दोहरे परीक्षण की बात कही जा रही है। यदि किसी विचार या ज्ञान को सामाजिक और व्यवहारिक

प्रामाणिकता नहीं मिली है तो वह हेत्वाभास (अनपदेश) है। जो सिद्ध नहीं किया गया है जिसमें संदिग्धता–संशय बना हुआ है वह विचार या ज्ञान भी शुद्ध नहीं है। हेत्वाभास पर बाद के नैयायिकों ने बहुत काम किया है। इस सूत्र में शंकर मिश्र तीन हेत्वाभास को देखते हैं– (1) जिसमें व्याप्ति ज्ञान न हो तथा विपरीत व्याप्ति ज्ञान हो ऐसा अप्रसिद्ध (2) असन् पक्ष में न रहने वाला तथा (3) पक्ष में साध्य की सत्ता तथा असत्ता दोनों कोटि के संशय को उत्पन्न करने वाला संदिग्ध। [*1, पृ. 219*]

यस्माद्विषाणी तस्मादश्वः ॥ 16 ॥

सूत्रार्थ – यहाँ व्याप्यत्वासिद्ध, विरुद्ध और स्वरूपासिद्ध ऐसे तीन हेत्वाभास (अनपदेश) का उदाहरण दिया गया है– यस्मात् = जिस कारण, विषाणी = श्रृंगवाला है, तस्मात् = उस कारण से, अश्वः = यह अश्व है।

व्याख्या : शंकर मिश्र के अनुसार इस सूत्र में तीन प्रकार के हेत्वाभास व्याप्यत्वासिद्ध, विरुद्ध तथा स्वरूपसिद्ध का उदाहरण दे दिया गया है। रासभ (गधे) को देखकर अश्व है श्रृंगवान होने से ऐसा जो पुरुष मोह से अनुमान करता है। यह समझकर कि जो अश्व नहीं होता वह श्रृंगवान नहीं होता इस अनुमान में व्याप्त सिद्धि अश्वता तथा श्रृंगवत्ता की व्याप्ति न होना तथा अश्व में श्रृंगवत्ता स्वरूप की असिद्धि एवं अश्वतारहित गौ आदि में श्रृंग हो से विरोध भी होने से श्रृंगवत्ता हेतु व्याप्यत्वासिद्ध, स्वरूपासिद्ध एवं विरुद्ध नामक हेत्वाभास है। [*1, पृ. 219*]

यस्माद्विषाणी तस्माद् गौरिति चानैकान्तिकस्योदाहरणम् ॥ 17 ॥

सूत्रार्थ – यस्मात् = जिस कारण, विषाणी = श्रृंगवाला है, तस्मात् = इस कारण, गौः = यह गौ है, इतिच = बस इतना ही बताना, अनैकान्तिकस्य = अनेकान्तिक हेत्वाभास का, उदाहरणम् = उदाहरण दिया गया है।

व्याख्या : इस सूत्र में अनैकान्तिक हेत्वाभास का उदाहरण दिया गया है। जो पशु श्रृंगवान होता है वह गौ है– इतना कहने भर से केवल सींग को गौ का लक्षण बताया है। सींगवाले बहुत सारे पशु होते हैं। किन्तु वे गाय नहीं होते हैं। इसलिये इसे अनैकान्तिक हेत्वाभास कहा गया है।

आत्मन्द्रियार्थसन्निकर्षाद्यन्निष्पद्यते तदन्यत् ॥ 18 ॥

सूत्रार्थ – आत्मः इन्द्रिय अर्थ सन्निकर्षात् = आत्म, इन्द्रियों तथा अर्थ के सन्निकर्ष से, यत = जो, निष्पद्यते = निष्पन्न होता है, तत् = वह ज्ञान (प्रमाण), अन्यत् = अन्य प्रकार का (हेत्वाभास नहीं) है।

व्याख्या : हेत्वाभास के दूषित ज्ञान की चर्चा के पश्चात् कणाद यहाँ यह बताना चाहते हैं कि विशुद्ध ज्ञान भी प्राप्त किया जा सकता है। जब आत्मा, मन, इन्द्रिय और उनके विषयों में निकटतम सन्निकर्ष होता है– तदाकारिता होती है– साक्षात्कार होता है, तब जो अर्थ ग्रहण किया जाता है, वह दूषित ज्ञान से भिन्न शुद्ध ज्ञान होता है। इसी प्रकार के ज्ञान को सांख्य दर्शन निर्वितर्क, निर्विचार की श्रेणी मे ंरखता है।

प्रवृत्तिनिवृत्ति च प्रत्यगात्मनि दृष्टे परत्र लिंगम् ॥ 19 ॥

सूत्रार्थ – प्रवृत्ति निवृत्तीच = (इच्छा और द्वेष के कारण) प्रवृत्ति और निवृत्ति के होने को, प्रत्यागात्मनि = अपने स्वयं के शरीर और इन्द्रियों में होते हुये, दृष्टे = निरीक्षण करने पश्चात्, परत्र = दूसरों के भीतर भी, लिंगम = अपने जैसी आत्मा के होने का अनुमान होता है।

व्याख्या : जब मनुष्य अपने शारीरिक प्रवृत्तियों और निवृत्तियों के विषय में पर्याप्त सजग होकर इच्छा और द्वेष और अन्य विकारों को अच्छी तरह समझ लेता है, तब वह अपने ही जैसे दूसरे मनुष्यों के विषय में भी अनुमान करने में समर्थ होता है। कणाद यहाँ पर मनुष्य को अप्रमादित चैतन्यता से स्वयं के विषय में ज्ञान प्राप्त करने की क्षमता विकसित कर लेने के पश्चात् दूसरों की मनोभावनाओं को समझ सकने की योग्यता का उल्लेख कर रहे हैं।

❑❑❑

तृतीय अध्याय

2.3.2. द्वितीय आह्निकम्

आत्मन्द्रियार्थसन्निकर्षे ज्ञानस्य भावोऽभावश्चमनसोलिंगम् ॥1 ॥

सूत्रार्थ – आत्मेन्द्रियार्थसन्निकर्षे = आत्मा, इन्द्रियों तथा अर्थ का सन्निकर्ष होने पर, ज्ञानस्य = ज्ञान की, भावः = उत्पत्ति होती है या, अभावःच = उत्पत्ति नहीं होती है, मनसःलिंगम = मन ही (उस ज्ञान के भाव और अभाव का) कारक है।

व्याख्या : कणाद ने भौतिक वस्तुओं की सत्ता को गुणों और क्रिया के आधार पर सिद्ध किया है, वहाँ प्रत्यक्षता के कारण किसी प्रकार की शंका नहीं थी। वायु कण सूक्ष्म होने के कारण भले न दिखाई देते हों, किन्तु वे विरलावस्था में आकाश मे फैले होते हैं, उनके अस्तित्व की परीक्षा के लिये सामान्यतः दृष्ट अनुमान को साधन बनाया गया। उसके पश्चात् अदृष्ट कारणो की परीक्षा के लिये लक्षण, स्वाभाविक और औपाधिक गुण तथा अर्थ की प्राप्ति के लिये साधन के दोषों का विचार करते हुए शुद्ध ज्ञान प्राप्ति के लिये आत्मा (मन) और इन्द्रियों की सन्निकटता और तदाकारता की महत्ता का प्रतिपादन किया। यथार्थ तत्व को ज्ञान, गुण और क्रिया के विवेचन से ही प्रामाणिक सिद्ध किया जा सकता है। यहाँ प्रस्तुत आह्निक में शेष दो द्रव्य– आत्मा और मन के तत्वज्ञान को समझना है, क्रम के अनुसार तो पहले आत्मा की चर्चा की जानी थी, किन्तु आत्मा के अस्तित्व की अमूर्तता और संदिग्धता को द्दष्टिगत रखकर कणाद मूर्त शरीर की क्रियाओं और गुणों के कारक तत्व मन की पहले चर्चा करते हैं। वैशेषिक दर्शन चैतन्यता की अपेक्षा ज्ञान के विवेचन पर जोर देता है। प्रस्तुत सूत्र से यह स्पष्ट है कि कणाद ज्ञान को शरीर इन्द्रिय और विषयों की अन्तर्क्रिया के रूप में प्रतिपादित करते हैं, याने कि ज्ञान को संयुक्त समवाय सम्बन्ध से वे शरीर, मन और आत्मा का गुण होना सिद्ध करते हैं। विशेष तथ्य यहाँ यह प्रकट किया जा रहा है कि आत्मा नहीं बल्कि मन ज्ञान की उत्पत्ति का कारक है। यदि मने सक्रिय नहीं हो तो ज्ञान की उपलब्धि नहीं होगी। ज्ञान का उपलब्ध होना या न होना मन का लक्षण कहा गया है। शरीर में स्थित सभी इन्द्रियाँ (स्नायुतंत्र), उनके विषय (संवेदन) और अर्थ तथा व्यापक आत्मा के बीच में परस्पर संयोग होता

है और इस तरह विविध संयोगों में जब मन का सन्निकर्ष बनता है तब संबन्धित ज्ञान उद्भूत होता है। यदि मन का सन्निकर्ष न हो तो वह ज्ञान प्रकट नहीं होगा। स्पष्ट है कि मन शरीर के सभी छोटे-बड़े अवयवों से शीघ्र संयोग करने मे समर्थ है, इसलिये कणाद इसे व्यापक न मानकर अणु स्वरूप में देखते हैं। सूक्ष्म अणु होने से मन तत्काल विभिन्न अवयवों से सम्बन्ध बनाकर अन्य इन्द्रियों तथा उनके विषयों (अर्थ) और आत्मा के सानिध्य में ज्ञान को प्रकट कर देता है। जब उसका संसर्ग नहीं होता है, अन्य के क्रियाशील बने रहने के बावजूद- तब ज्ञान प्रकट नहीं होता।

तस्य द्रव्यत्वनित्यत्वे वायुना व्याख्याते ॥ 2 ॥

सूत्रार्थ – तस्य = उस (मन) का, द्रव्यत्वनित्यत्वे = द्रव्यत्व और नित्यत्व, वायुना = वायु द्रव्य के समान ही, व्यारव्याते = व्याख्यायित है।

व्याख्या : शरीर के विविध अंग मूर्त है उनकी क्रियाओं और गुणों को देखा जा सकता है, किन्तु मन अमूर्त है- परमाणु रूप है इसलिये उसकी सत्ता को लक्षण और अनुमान प्रमाण के द्वारा ही सिद्ध किया जा सकता है। कणाद यहाँ पुनः वायु की सत्ता को सिद्ध करने की विधि का संदर्भ देते हुए निश्चयपूर्वक कहते हैं कि जिस प्रकार वायु का द्रव्यत्व और नित्यत्व सामान्यतोदृष्ट अनुमान प्रमाण के माध्यम से सिद्ध किया गया वैसे ही मन की सत्ता को भी सिद्ध किया जा सकता है।

प्रयत्नायौगपद्याज्ज्ञानायौगपद्याच्चैकम् ॥ 3 ॥

सूत्रार्थ – प्रयत्नायौगपद्यात् = प्रयत्नों के एक साथ नहीं होने से, ज्ञानायौगपद्यात् च = और अनेक ज्ञानों के भी एक साथ न होने से, एकं = मन का एक होना सिद्ध होता है।

व्याख्या : प्रत्येक शरीर में एक ही मन होता है, यह निश्चय करने के लिये कणाद तर्क देते हैं कि शरीर की विविध इन्द्रियो और अंगों द्वारा एक ही समय में एक साथ उनकी क्रियायें अथवा प्रयत्न नहीं हो सकते। अलग-अलग अवयवों द्वारा अभीष्ट क्रियायें योजनाबद्ध ढंग से होती हैं, जब मन का उनसे संसर्ग बनता है। तदानुसार ज्ञान के प्रकार भी भिन्न -भिन्न होते हैं, क्योंकि स्थानीय इन्द्रियाँ विषय और उनके अर्थों की संवेदना-संज्ञान स्थानीयता पर निर्भर होते हैं। यदि एक शरीर में केवल एक मन नहीं होता, तो शरीर और इन्द्रियों का नियंत्रण ही संभव नहीं होता। बहुत सारे मन अपने अपने ढंग से एक साथ ही क्रियायें करके अव्यवस्था फैला देते उन क्रियाओं में अन्तर्निहित योजना का कोई एकत्व बन

नहीं पाता। अस्तु, शरीर, इन्द्रिय और अर्थ के द्वारा विवेकशील व्यवस्था संचालित होने का कारक मन प्रत्येक शरीर मे ंएक ही है।

प्राणापाननिमेषोन्मेषजीवन मनोगतीन्द्रियान्तरविकाराः सुखदुःखेच्छा द्वेष प्रयत्नाश्चात्मनो लिंगानि ॥ 4 ॥

सूत्रार्थ – प्राणापाननिमेषोन्मेषजीवनमनोगतिन्द्रियान्तर विकाराः = प्राण तथा अपान की क्रियायें, नेत्रों का खुलना–बन्द होना, जीवन और मन की गतियाँ तथा इन्द्रियों के विभिन्न विकार, सुख–दुःखेच्छाद्वेष प्रयत्नाः च = और सुख दुःख, इच्छा द्वेष तथा प्रयत्न नामक विशेष गुण भी, आत्मनः = आत्मा नामक द्रव्य के, लिंगाति = लक्षण (प्रमाण) हैं।

व्याख्या : कणाद मनुष्य के शरीर में आत्मा के अस्तित्व को भी शरीर की विविध क्रिया–प्रतिक्रियाओं, गुण–धर्मों के उपलब्ध होने के आधार पर ही सिद्ध करते हैं। शरीर की सारी क्रियाओं का आधार स्वासोच्छवास है– प्राणों की सक्रियता से ही शरीर के सूक्ष्म से सूक्ष्म अंगों में रक्त संचार होता है। नेत्र पलकों का सहजता से खुलना बन्द होना भी शरीर की स्वाभाविक क्रिया को दर्शाता है। शरीर में जीवन की उपस्थिति का आशय है कि शरीर में कहीं घाव हो या टूट–फूट हो तो शरीर स्वतः उन्हें ठीक करता है या ठीक करने का प्रयत्न करता है। हृदय की धड़कनें स्वतः आजीवन चलती रहती हैं और शरीर में शक्तिप्रदान करती हैं। शरीर में स्थित मन अपरिमित गति वाला है, क्षण के हजारवें हिस्से से भी कम समय में वह शरीर के भीतर और बाहर कहीं भी संसर्ग बना लेता है। इन्द्रियों के क्रियाकलाप और विकारों से संवेदनायें प्रकट होती हैं, सुख, दुःख, इच्छा द्वेष और प्रयत्न जैसे भाव जड़ वस्तुओं में नहीं पाये जाते– ये सचेतन शरीर के ही धर्म हैं। ये शरीर स्थित सारे लक्षण शरीर में आत्मा के अस्तित्व को प्रमाणित करते हैं।

तस्यद्रव्यत्व नित्यत्वे वायुना व्याख्याते ॥ 5 ॥

सूत्रार्थ – तस्य = उस (आत्मा) का, द्रव्यत्वनित्यत्वे = द्रव्यत्व और नित्यत्व की (सामान्यता), वायुना = वायु द्रव्य के समान ही, व्याख्याते = व्याख्यायित की गयी है।

व्याख्या : आत्मा को किसी ने देखा नहीं है, किन्तु जीवन और चेतना के रहस्य को अभी तक नहीं समझा जा सका है। सभी प्रकार के जैविक वस्तुओं में चैतन्यता दिखायी देती है। कणाद चैतन्यता के विषय में कुछ न कह केवल उसके लक्षणों की ओर इंगित करते हैं। ज्ञान, सुख–दुःख, इच्छा, द्वेष और प्रयत्न

ये ऐसे गुण हैं जो सचेतन जीव में ही देखे जाते हैं। ज्ञान को कणाद स्पष्ट रूप से शरीराश्रयी सिद्ध करते हैं– इस अर्थ में वे भौतिकवादी हैं चार्वाक की भाँति। गौतम बुद्ध भी विज्ञान को शरीराश्रयी ही मानते हैं आत्मा को अस्तित्वहीन शून्यता में विलीन होते देखते हैं – वे शरीर की सजीव सत्ता को ही आत्मा कहते हैं। कणाद भी आत्म तत्व को संशयात्मक स्थिति के कारण लक्षणों के माध्यम से ही परिभाषित करते हैं। यद्यपि उन्होंने नित्य द्रव्य रूप में आत्मा को वर्गीकृत किया है, किन्तु द्रव्यों की नित्यता और अनित्यता को वे कारण– कार्य के संदर्भ में रखते हैं और आवश्यकतानुसार नाना प्रकार की आत्माओं के होने की स्वीकृति देते हैं। बहरहाल, प्रस्तुत सूत्र वायु की सत्ता के संदर्भ में अनुमान प्रमाण के द्वारा आत्मा के द्रव्यत्व और नित्यत्व को सिद्ध करता है।

यज्ञदत्त इति सन्निकर्षे प्रत्यक्षाभावाद् दृष्टं लिंग न विद्यते । 6 ॥

सूत्रार्थ – यज्ञदत्त = यह यज्ञदत्त है, इति = इस प्रकार, सन्निकर्षे = इन्द्रिय से संयोगसन्निकर्ष होने पर, प्रत्यक्षाभावात् = प्रत्यक्ष न होने कारण, दृष्टं = दिखाई देने वाले, लिंगं = लक्षण, न विद्यते = नहीं हैं।

व्याख्या : कणाद आत्मा की सत्ता के विषय में संशयात्मक स्थिति में हैं। आगे के सूत्रों से स्पष्ट है कि कणाद आत्मा के विचार को औपचारिक सत्ता के रूप में ही प्रतिपादित करते हैं। एक मनुष्य है जिसका नाम यज्ञदत्त है, वह सचेतन, क्रियाशील रूप में हमारे संसर्ग में आता है। यज्ञदत्त नामक व्यक्ति का शरीर तो दिखाई देता है किन्तु आत्मारूपी यज्ञदत्त का प्रत्यक्षीकरण नहीं होता है, आत्मा के कोई भी दृष्टिगत लक्षण प्राप्त नहीं होते हैं।

सामान्यतो दृष्टाच्चाविशेषः ॥ 7 ॥

सूत्रार्थ – सामान्यतोदृष्टात् च = और पूर्वोक्त सामान्यतोदृष्ट अनुमान से, अविशेष = आत्मा की सिद्धि में किसी प्रकार की विशेषता नहीं है।

व्याख्या : उस यज्ञदत्त को सभी लोग यज्ञदत्त के ही रूप में स्वीकार करते हैं। यज्ञदत्त नाम (संज्ञा) सामान्यतो दृष्ट अनुमान प्रमाण रूप में व्यक्ति विशेष के विषय में मान्य तो है, किन्तु आत्मा सम्बन्धी कोई विशेषता उस यज्ञदत्त नामक व्यक्ति में दिखाई नहीं देती है। वह अन्य सामान्य मनुष्यों जैसा ही एक मनुष्य है।

तस्मादागमिकः ॥ 8 ॥

सूत्रार्थ – तस्मात् = उस अनुमान में जिस द्रव्य की सिद्धि होती है वह, आगिमिकः = आगम शास्त्रों द्वारा भी व्यक्त है।

व्याख्या : आगम प्रमाण सामाजिक मान्यता से स्वीकृत होता है। उस व्यक्ति को सभी लोग यज्ञदत्त कहते हैं। उसके माता-पिता और परिवार ने उसका नाम यज्ञदत्त रखा- इसे आगम प्रमाण के रूप में स्वीकार कर लिया गया। परम्परा से लोग व्यक्तियों में आत्मा होने की बात सुनते आ रहे हैं, इस प्रकार आगम प्रमाण से ही आत्मा के अस्तित्व को मान्यता दी गई है।

अहमितिशब्दस्य व्यतिरेकान्नाभागमिकम् ॥ 9 ॥

सूत्रार्थ – अहम् इति = यह मैं हूँ, शब्दस्य = शब्द के, व्यतिरेकात् = पृथ्वी आदि अष्ट द्रव्यों से व्यावृतित होने के कारण, न = नहीं है, आगमिकम् = केवल शब्द प्रमाण के द्वारा ही सिद्ध।

व्याख्या : कणाद आत्मा के अस्तित्व के बारे में आगम प्रमाण को ज्यादा महत्वपूर्ण न मानकर व्यक्ति के साथ आत्मतत्व के अस्तित्व को व्यक्तित्व के रूप में प्रतिपादित करते हैं। प्रत्येक व्यक्ति अपने स्वयं के अस्तित्व के विषय में पूर्णरूप से आश्वस्त है, वह कहता है कि मैं हूँ। उस व्यक्ति का होना अन्य व्यक्तियों से भिन्न है और वह स्वयं अपने होने के प्रमाण को लोगों के सामने सिद्ध करता है, इसलिये उसके आत्मतत्व को आगमिक कहने की कोई आवश्यकता नहीं है। आगम प्रमाण में शाब्दिक मान्यता होती है, किन्तु यहाँ तो व्यक्ति के होने (आत्मन) का प्रत्यक्ष प्रमाण उपलब्ध है।

यदि दृष्टमन्वक्षमहं देवदतोऽहं यज्ञदत्त इति ॥ 10 ॥

सूत्रार्थ – यदि = जबकि, दृष्टे = प्रत्यक्ष दिखाई देता है, अन्वक्षं = इन्द्रिय जन्य ज्ञान होने से, अहं देवदत्तः = मैं देवदत्त हूँ, अहं यज्ञदत्तः = मैं यज्ञदत्त हूँ, इति = इस प्रकार से आत्मन शरीर जन्य प्रत्यक्ष होता है।

व्याख्या : इस सूत्र में भी कणाद का किसी भी मनुष्य के आत्मन (व्यक्तित्व) की सत्ता को प्रतिपादित करने का आग्रह है। जब प्रत्यक्ष रूप से दृष्ट व्यक्ति अपने लिये कहते हैं कि मैं देवदत्त हूँ, मैं यज्ञदत्त हूँ, उनके व्यक्ति होने की सत्ता को किसी तरह से अस्वीकृत नहीं किया जा सकता है। यहाँ यह स्पष्ट करना जरूरी है कि कणाद का व्यक्तित्व की सत्ता- अहमभाव की प्रतिष्ठा पर अटूट विश्वास है। वे अपने समकालीन त्यागी, तपस्वी, संन्यासी महापुरुषों जैसे अहमभाव को विगलित करने के पक्ष में नहीं हैं। गौतम बुद्ध और महावीर इच्छा, तृष्णा, कर्म को अहंकार के आत्मबोध के रूप में मानने को अविद्या, मोह, अज्ञान आदि कहते हैं। जबकि कणाद शरीराश्रयी आत्मा की सत्ता को लौकिक जीवन का आधार मानते हैं।

दृष्टयात्मनि लिंगे एक एव दृष्टत्वात् प्रत्यक्षवत् प्रत्ययः ॥ 11 ॥

सूत्रार्थ – दृष्टे = प्रत्यक्ष की तरह देरव लेने पर, आत्मनि = अपने स्वयं को, लिंगे = अनुमान लक्षण के साथ, एकएव = एक ही आत्मरूप विषय में, दृढ़त्वात् = दृढ़ होने से, प्रत्यक्षवत् = प्रत्यक्ष के समान, प्रत्ययः = निश्चय रूप ज्ञान होता है।

व्याख्या : पिछले सूत्र के सातत्य में ही कणाद पुनः स्पष्ट करते हैं कि जब एक मनुष्य अपने शरीर, इन्द्रिय और मन आदि का प्रत्यक्ष लक्षणों के साथ अनुभव करता है और अन्य व्यक्तियों से भिन्न एक विशिष्ट आत्मन के रूप में उसकी स्वयं में दृढ धारणा बन जाती है तो वह धारणा ही उसका आत्मतत्व है। प्रत्यक्षवत् प्रत्ययः –पद से स्पष्ट है कि व्यक्ति की आत्मनिष्ठा धारणा के रूप में उसके व्यक्तित्व को दृढता प्रदान करती है। उसकी इच्छाशक्ति को प्रबल बनाती है।

देवदत्तो गच्छति यज्ञदत्तौ गच्छतीत्युपचाराच्छरीरे प्रत्ययः ॥ 12 ॥

सूत्रार्थ – देवदत्तः गच्छति = देवदत्त नामक व्यक्ति जाता है, यज्ञदत्तः गच्छति = यज्ञदत्त नामक व्यक्ति जाता है, इति = इस प्रकार, उपचारात् = संकेतात्मक ढंग से, शरीरः = शरीर में, प्रत्ययः = आत्मा का ज्ञान होता है।

व्याख्या : कणाद आत्मा की दृढ धारणा को और अधिक स्पष्ट करते हैं। देवदत्त जाता है, यज्ञदत्त जाता है– इस प्रकार से व्यक्तियों के विशिष्ट व्यक्ति को समाज स्वीकार करता है। व्यक्तियों के शरीर की आन्तरिक क्षमताओं को आत्मतत्व के रूप में औपचारिक सत्ता की तरह स्वीकृति मिलती है। कणाद कहते हैं कि आत्मा जीवित शरीर के लिये औपचारिक प्रत्यय है।

सन्दिग्धस्तूपचारः ॥ 13 ॥

सूत्रार्थ – तु = परन्तु, सन्दिग्धः = सन्देहास्पद है यह, उपचारः = प्रतीकात्मक आरोपण।

व्याख्या : कणाद आत्मा की स्वतंत्र सत्ता के विषय में निश्चयात्मक निष्कर्ष नहीं देते हैं। सांकेतिक उपचार का यह विचार महर्षि कणाद के बाद अन्य दार्शनिकों अक्षपाद गौतम, वैयाकरण भूर्तहरि आदि के द्वारा भी प्रतिपादित किया गया। शरीर व्यापि आत्मा का यह सांकेतिक विचार–औपचारिक धारणा–सुविधा के लिये स्वीकार की गई है। कोई अलौकिक आत्मा स्वतंत्र रूप से शरीर में रहती

है जैसा कि अन्य दार्शनिक –सांख्य, आर्हत (जैन) मानते हैं, उसे कणाद संदिग्ध ही कहते हैं।

अहमिति प्रत्यगात्मनि भावात् परत्राभावादर्थान्तर प्रत्यक्षः ॥ 14 ॥

सूत्रार्थ – अहंइति = मैं हूँ ऐसा, प्रत्यगात्मनि = स्वयं के शरीर में, भावात् = सत्तात्मक भाव होने से, परत्र = अन्य व्यक्ति में, अभावात् = न होने से, अर्थान्तर प्रत्यक्षः = आत्मा की भिन्नता को प्रत्यक्ष देखा जाता है ।

व्याख्या : प्रत्येक शरीर और व्यक्तित्व में विभिन्नता होती है । अहम् यह प्रतीति स्वयं के लिये ही होती है– जो मैं हूँ वह अन्य नहीं है । इसका आशय यह हुआ कि दूसरे के शरीर के भीतर दूसरी आत्मा है । दूसरे शरीर में दूसरी आत्मा होने को प्रत्यक्ष किया जाता है किन्तु वह दूसरा व्यक्तित्व है, दूसरे का व्यक्तित्व स्वयं के व्यक्तितत्व से भिन्न है इसलिये अहम् और परत्र की भिन्नता है ।

देवदत्तो गच्छतीत्युपचारादभिमानात्तावच्छरीर प्रत्यक्षोऽहंकारः ॥ 15 ॥

सूत्रार्थ – देवदत्तः गच्छति = देवदत्त जाता है, इति = इस प्रकार, उपचारात् = आरोपण करन`से, अभिमानात् = स्वयं को मान लेने से, तावत = उस प्रकार से, शरीर प्रत्यक्षः = शरीर के भीतर प्रत्यक्षता के साथ, अहंकारः = अहं प्रत्यय का साक्षात्कार होता है ।

व्याख्या : देवदत्त जाता है– ऐसा कहना उपचार विधि से उस व्यक्ति को लक्षित करने का तरीका भर है । उस व्यक्ति पर देवदत्त होने का आरोपण उसके शरीर में स्थित उसके व्यक्तितत्व (अहंकार) को मान्यता देना भर है । प्रत्यक्षतः दूसरा व्यक्ति हमारे सामने है, वह अपनी इच्छा के अनुसार क्रियाशील है, इसलिये उसकी अपनी सचेतना उसकी आत्मा है ।

सन्दिग्धस्तूपचारः ॥ 16 ॥

सूत्रार्थ – संदिग्धः तु = परन्तु सन्देहात्मक है, उपचारः = यह प्रतीकात्मक आरोपण ।

व्याख्या : यहाँ पुनः कणाद शरीर पर औपचारिक प्रत्यय आरोपित किये जाने को उस शरीर की आत्मा कह रहे हैं । यह आत्मतत्व का प्रत्यय संदिग्ध उपचार मात्र ही है ।

न तु शरीर विशेषाद यज्ञदत्त विष्णुमित्रयोर्ज्ञानं विषयः ॥ 17 ॥

सूत्रार्थ – । तु = किन्तु नहीं है, शरीर विशेषात = दो भिन्न शरीर के विशिष्ट होने से, यज्ञदत्त विष्णुमित्रयोः = यज्ञदत्त विष्णुमित्र नामक दो व्यक्तियों के, ज्ञानं विषयः = आत्म विषयक ज्ञान भिन्न ।

व्याख्या : कणाद यहाँ स्पष्ट रूप से कह रहे हैं कि यह उपचार केवल सुविधा नहीं है, क्योंकि दो विभिन्न व्यक्तियों के दो विशिष्ट व्यक्तित्व है। यज्ञदत्त और विष्णुमित्र दो व्यक्तियों के शरीर विशेष को ही भिन्न बताने के लिये उनके भिन्न नाम नहीं रखे गये हैं, बल्कि उन दो भिन्न व्यक्तियों के ज्ञान, स्मृति, इच्छा, संवेदना भी बिल्कुल भिन्न है। यह आन्तरिक व्यक्तित्व ही उनकी आत्मा है।

अहमिति मुख्ययोग्याभ्यां शब्दवद्व्यतिरेकाव्यभिचाराद्विशेषसिद्धेर्नागमिकः ॥ 18 ॥

सूत्रार्थ – अहम् इति = यह मैं हूँ इस प्रकार, मुख्ययोग्याभ्यां = प्रधान तथा व्यवहार योग्य होने से, शब्दवत् = शब्दगुण के समान, व्यतिरके अव्यभिचारात् = भेदबोधक अव्यभिचार (नियम) होने से, विशेषसिद्धेः = विशेष की सिद्धि होने के कारण, न आगमिकः = (आत्मा की सिद्धि) शब्द प्रमाण से नहीं की गयी।

व्याख्या : ऋषि का जोरदार प्रतिपादन है कि आत्मा का विचार केवल आगम प्रमाण के अनुसार शाब्दिक प्रत्यय भर नहीं है। यह मैं हूँ– ऐसा दृढ़ इच्छाशक्ति के साथ अपनी क्षमता और योग्यता के प्रति निष्ठाप्रकट कर कोई व्यक्ति बोलता है। वह स्वयं को अन्य व्यक्तियों से भिन्न जानता हुआ अपनी विशिष्टता में विश्वास रखता है। इसलिये इसे किसी तरह भी आगमिक नहीं कहा जा सकता है।

सुख दुःख ज्ञान निष्पत्य विशेषादैकात्म्यम् ॥ 19 ॥

सूत्रार्थ – सुख दुःख ज्ञान निष्पत्ति अविशेषात् = सुख दुःख तथा ज्ञान गुणों की उत्पत्ति में असामान्यता न होने के कारण, ऐकात्म्यम् = एक प्रकार की ही आत्मा सब शरीरों में होती है।

व्याख्या : सामान्यतः सभी व्यक्तियों में एक प्रकार के सुख दुःख और ज्ञान की निष्पत्ति देखी जाती है, इसलिये ऐसी भावना का होना स्वाभाविक है कि सभी शरीरों में एक ही आत्मा होती है। यह तर्क अन्य सम्प्रदाय सांख्य और जैन के चिन्तकों द्वारा दिया जाता रहा है इसलिये कणाद भी इसका उल्लेख कर अगले सूत्र में स्पष्ट रूप से कहते हैं कि आत्मायें अनेक होती हैं।

व्यवस्थातो नाना ॥ 20 ॥

सूत्रार्थ – व्यवस्थातः = परिस्थितियों और व्यवस्था की भिन्नता के कारण यथानुसार शरीरों में, नाना = नाना प्रकार की आत्मायें होती है।

व्याख्या : शरीरों, व्यक्तित्वों और सामाजिक परिस्थितियों के अनुसार व्यक्तियों में अन्तनिर्हित आत्मायें विभिन्न ही होती हैं।

शास्त्रसामर्थ्याच्च ॥ 21 ॥

सूत्रार्थ – शास्त्रसामर्थ्यात् च = विभिन्न शास्त्रों के विवेचन के अनुसार भी जीवों (आत्माओं) की शरीरानुसार बहुलता है।

व्याख्या : कणाद यहाँ तत्कालीन समाज में चलित अन्य शास्त्रों और मतियों का उल्लेख करते हुये उनके मतों को यथा उचित महत्व देते हुए कहते हैं- विभिन्न शास्त्रों ने अपने अपने अनुसार आत्म तत्व का विवेचन किया है। वे सभी मानते हैं कि व्यक्तियों के शरीर में आत्मा होती है।

❑❑❑

चतुर्थ अध्याय

2.4.1 प्रथम आह्निकम्

सदकारणवन्नित्यम् ॥1 ॥

सूत्रार्थ – सत् = अस्तित्ववान जाति वाला, अकारणवत् = जिसका कोई कारण नहीं है, नित्यं = वही नित्य है ।

व्याख्या : महर्षि कणाद द्रव्य की दो स्थितियाँ बताते हैं– कारण द्रव्य और कार्य द्रव्य । यदि इस ब्रह्माण्ड का कोई नियन्ता और सृष्टिकर्त्ता नहीं है और यह सृष्टि स्वयमेव आन्तरिक कारणों से बिना आदि अन्त के चलती रहती है तो इसके लिए सृष्टि के मूल कारण द्रव्य का सदैव बने रहना आवश्यक है । सत् वही कारण द्रव्य है जो नित्य है । नित्य कारण द्रव्य परमाणु की अवस्था मे रहता है । नौ द्रव्यों में प्रथम चार द्रव्य– पृथ्वी, जल, तेज और वायु–मूर्तरूप ग्रहण करते हैं और अन्य पाँच द्रव्य में मन को अणु रूप में मान बचे आकाश, काल, दिक और आत्मा को व्यापक और नित्य कहा है । प्रथम चार पृथ्वी आदि द्रव्य कार्य द्रव्य है उनके नित्य परमाणु (कारण द्रव्य) क्रियाशील होकर महाभूतों की सृष्टि करते हैं । गौतम बुद्ध ने नित्यता को स्वीकार नहीं किया है किन्तु वे सृष्टि के आदि कारण के विषय में भी मौन रहते हैं । कणाद का जगत भी क्रियाशील जगत है, इसलिये इस जगत में भी सब कुछ अनित्य है, क्योंकि वह कारणवान है । इस प्रकार कणाद बुद्ध की अनित्यता को भी अपने दर्शन में समेट लेते हैं और दार्शनिक स्तर पर आधुनिक विज्ञान की प्रतिपत्तियों से भी उनका विरोध नहीं होता है– परमाणु को एलिमेण्टरी पार्टिकल्स की भाँति देखकर । जो सत् है वह अवयव हीन है इसलिये उसमें क्रिया भी नहीं है, उसमें कारण भी गुणपूर्वक है । यह गुणपूर्वक कारण ही यहाँ अकारणवत् कहा गया है । जो नित्य है उसका कोई कारण नहीं होता है । जब द्रव्य के परमाणु अकारणवत् होंगे तो सत् केवल नित्य ही होगा ।

तस्य कार्यंलिंगम् ॥ 2 ॥

सूत्रार्थ – तस्य = उस नित्यता का (जिसका कोई कारण नहीं है), कार्यं = (कारणवान) कार्य, लिंगम् = हेतु प्रमाण है ।

व्याख्या : निरवयव परमाणु क्रियाशील नहीं हो सकते जब सावयव अणु व्यक्त होंगे तभी कार्यशीलता प्रकट होगी। कार्यद्रव्यों के संयोग से ही महाभूतों के अणु द्वयणुक और त्रयणुक के रूप में वस्तु स्वरूप धारण करते हैं। इसलिये यहाँ कहा जा रहा है कि उस अव्यक्त सत् का लक्षण कार्य है– क्योंकि कार्य गुण दृष्ट हैं जबकि कारण गुण पूर्वक अदृष्ट हैं।

कारणभावात् कार्यभावः ॥ 3 ॥

सूत्रार्थ – कारण भावात् = कारण के रहने पर ही, कार्यभावः = कार्यों की उत्पत्ति होती है।

व्याख्या : जहाँ भी कार्य दृष्टिगत है, वहाँ कोई न कोई कारण अवश्य होगा, क्योंकि बिना कारण के कार्य नहीं हो सकता है। सभी उत्पत्ति विनाशशील वस्तुयें कारणवान होती है, इसलिये संसार में क्रियाशीलता ही सारी घटनाओं का मूल कारण कही जाती है।

अनित्य इति विशेषतः प्रतिषेधभावः ॥ 4 ॥

सूत्रार्थ – अनित्यः इति = यह अनित्य है ऐसा कहने का आशय, विशेषतः = नित्यत्व की विशेषता का, प्रतिषेध भावः = प्रतिरोध भाव बताना याने सत्ता का निषेध करना ही है।

व्याख्या : कारणवान घटनायें अनित्य ही होंगी। यहाँ कणाद एक विशेष तथ्य की ओर ध्यान आकृष्ट करते हैं कि अनित्यता तो वास्तव में नित्यता का प्रतिषेध है। विरोध, प्रतिबंध अथवा निषेध नाश का कारण होता है, वैसे सूक्ष्मता से विचार किया जाये तो विनाश की स्थिति में कारण का लय होता है। निषेध ही अभाव को जन्म देता है। यदि निषेध से विनाश है तो निषेध के निषेध से उत्पत्ति होगी। ठीक यही विचार मार्क्सवादी द्वन्द्वात्मक भौतिकवाद के चिन्तन में उल्लेखित हुआ है। निषेध एक प्रकार से क्रिया भी है और उसी क्षण गुण भी है इसलिये होना और न होना की द्वन्द्वात्मकता निषेध की स्थिति मे ही होती है।

अविद्या ॥ 5 ॥

सूत्रार्थ – अविद्या = जो विद्यमान नहीं है, जो यथार्थः नहीं है।

व्याख्या : यहाँ केवल एक पद अविद्या का देकर कणाद ने उत्पत्ति और विनाश की तारत्म्यता की ओर इंगित किया है। भारतीय चिन्तन में अविद्या शब्द की विविध संदर्भों में व्याख्या हुई है। अविद्या का प्रचलित अर्थ अज्ञान और माया लिया जाता है, कुछ लोग अविद्या को भेद दृष्टिनानात्व में भी देखते हैं। अनित्यता

और प्रतिबंध के परिप्रेक्ष्य में अविद्या के निरसन, नकारना हटाना के आशय में देखने पर निरवयव का सावयव होना फिर सावयवों की निरवयव होने की ओर प्रवृत्ति से परमाणुओं के संघनित होने और बिखरने की सतत् क्रिया का ही विचार आता है । जगत्, संसार माया आदि शब्द इसी तरह की विद्यमानता और अविद्यमानता की अविद्या की ओर इंगित करते हैं। संभवतः कारणता और निषेध को अलग करके देखने की प्रवृत्ति को अविद्या कहा गया है ।

महत्यनेक द्रव्यवत्वात् रूपांच्चोपलब्धि ॥ 6 ॥

सूत्रार्थ – महति = महत्परिमाण वाले में, अनेक द्रव्यवत्वात् = अनेक द्रव्यों की सावयवता से, रूपात च = और रूप के होने से भी, उपलब्धि = प्रत्यक्ष ज्ञान होता है ।

व्याख्या : परमाणु जिनसे सृष्टि की रचना होती है, वे दिखाई नहीं देते और नही वे स्वतंत्र रूप से रह पाते हैं, वे ही परमाणु द्रव्य अनेक संख्या में सम्मिलित होकर अनित्य द्रव्यों के कण में दृष्टिगत होते हैं। यहाँ पर अणुत्व और महत्व के दो परस्पर विरोधी स्थितियों का विवेचन किया जा रहा है । कणाद द्रव्यों के परमाणुओं के विविध गुण धर्मों के साथ समवाय सम्बन्ध से संघनित होने की बात कर रहे हैं। क्रियाशील सभी संघनित महत् परिणाम वाली वस्तुयें, घटनायें, विविध द्रव्यों के कारणता के साथ स्थूल रूप धारण करती हैं, जिन्हें उनके गुण धर्मों के साथ प्रत्यक्ष देखा जा सकता है। यह जो दृष्ट्य रूप है कई सूक्ष्म कणों के कई प्रकार के सम्बन्धों (कारणों) के संयोजन से निर्मित होता है। जो दिखाई दे रहा है, वह अनित्य और आभासी है जब तक उसके मूलभूत कारणों को न जाना जाय तब तक उसके विषय में नाना प्रकार के दोषपूर्ण निश्चय किये जाते हैं।

सत्यपि द्रव्यत्वे महत्वेरूप संस्काराभावा द्वायोरनुपलब्धिः ॥ 7 ॥

सूत्रार्थ – सति अपि = वर्तमान होने पर भी, द्रव्यत्व = द्रव्यत्व जाति के, महत्वे = तथा महत परिमाण के, रूप संस्कार अभावात् = रूप तथा संस्कार के न होने के कारण, वायोः = वायु द्रव्य की, अनुपलब्धि = उपलब्धि नहीं होती है ।

व्याख्या : स्थूलता और सूक्ष्मता के द्वन्द्व को ही दृष्टिगत रखते हुए इस विशेष प्रसंग पर फिर विरल द्रव्य वायु के गुण धर्म का उल्लेख किया जा रहा है। कणाद कहते हैं कि वायु द्रव्य सभी दूर विद्यमान है किन्तु सूक्ष्मकणों के कारण उसे प्रत्यक्ष नहीं देखा जाता है। अदृष्ट और दृष्ट के विषय में संशय को स्पष्ट

करते हुये वे कहते हैं कि वायु में द्रव्यत्व अर्थात् वायु कणों का बहुलता से होना। महत्व से आशय है संघनित या स्कन्ध के रूप में दिखाई देना और रूप संस्कार से आशय है कि वायु कणों के विविध आकार प्रकार तथा गुणो और कर्मों का होना, यद्यपि प्रकट रूप में दिखाई नहीं देते हैं किन्तु वे वायु में भी है। हम जानते हैं कि जब तूफान और आँधी आती है तब तीव्र वेग और शक्ति के साथ वही विरल वायु प्रचण्ड रूप धारण करता है और तरह तरह की विकराल आकृतियाँ भी बनाता है। आशय स्पष्ट है अदृष्ट सूक्ष्मता यदि दिखाई नहीं दे रही है तो वह क्रियाशील या प्रभावी नहीं है– ऐसा कहना एक प्रकार की अज्ञानता है।

अनेक द्रव्यसमवायात् रूप विशेषाच्च रूपोपलब्धिः ॥ 8 ॥

सूत्रार्थ – अनेक द्रव्य समवायात् = अनेक द्रव्यों के समवेत होने के कारण, रूपविशेषात् = रूप की स्थूलता विशेष की उत्पत्ति होने से, रूप उपलब्धिः = रूप गुण का प्रत्यक्षीकरण हो जाता है।

व्याख्या : जैसा कि पिछले सूत्र में समझा गया है, जब सूक्ष्म से सूक्ष्म कण भी अनेक संख्या में संघनित होते हैं तो वे बड़ा रूप धारण कर लेते हैं। एक से अधिक द्रव्यों के समवाय सम्बन्ध से जब परिणामी द्रव्य निर्मित होता है तब उसमें विविध गुण और धर्म उत्पन्न होते हैं। विशेष रूपों की सृष्टि द्रव्यों के बीच प्रभावी समवायिकारण की वजह से स्थूलता आकार–प्रकार भिन्न–भिन्न गुण और क्रियाओं से होती है। उन सभी स्थूल रूपों और गुण धर्मों को प्रत्यक्ष देखा जा सकता है।

तेन रसगन्धस्पर्शेषु ज्ञानं व्याख्यातम् ॥ 9 ॥

सूत्रार्थ – तेन = उस रूप के प्रत्यक्ष ज्ञान से, रसगन्धस्पर्शेषु = रस, गन्ध तथा स्पर्श गुणों का, ज्ञानं व्याख्यातम् = ज्ञान व्याखायित होता है।

व्याख्या : जिस प्रकार पिछले सूत्र में रूप गुण की स्थूलता की व्याख्या की गई, उसी प्रकार महाभूतों के अन्यगुण रस, गन्ध और स्पर्श के बड़ी मात्रा में संपृक्त होने पर उनके सम्बन्ध में प्रत्यक्ष ज्ञान प्राप्त किया जा सकता है।

तस्याभावादव्यभिचारः ॥ 10 ॥

सूत्रार्थ – तस्य = उस रूपत्वादि स्वरूप उक्त रूप विशेषों के, अभावात = न होने से, अव्यभिचारः = व्यभिचार (न जानने का दोष) नहीं कहा जा सकता है। (कई अदृश्य कारण जानने में नहीं आते, किन्तु उनके परिणामों से उनकी सिद्धि होती है।)

व्याख्या : कणाद ऋषि अदृष्ट शक्तियों के प्रभावों का वैज्ञानिक दृष्टि से प्रतिपादन कर रहे हैं। उनका सारा प्रयास यह समझाने में लगा है कि जो दिखाई नहीं दे रहा है, वह कारण भी प्रभावशाली है– उसकी वजह से ही कार्य हो रहे हैं। कोई भी कार्य बिना कारण के नहीं हो सकता। यह सूत्र इसी तथ्य को बताता है। यदि कहीं स्थूल, मूर्त और दृष्ट ढंग से घटनायें प्रत्यक्ष नहीं हो रही हैं तो इससे यह नहीं कहा जा सकता है कि जो भी प्रभाव या परिणाम प्रकट हो रहे हैं, वे कोई जादू टोना हैं– बिना कारण के ही हो रहे हैं। निश्चित ही न समझ में आने वाली कई घटनायें जिन्हें लोग चमत्कार कहते हैं, वे स्वाभाविक प्राकृतिक घटनायें होती हैं, उनके कारणों का पता लगाया जा सकता है।

संख्याः परिमाणानि पृथकत्वं संयोगविभागौ परत्वापरत्वे कर्म च
रूपि द्रव्य समवायात् चाक्षुषाणि ॥ 11 ॥

सूत्रार्थ – संख्या = एक दो संख्यायें, परिमाणानि = महत दीर्घादिपरिमाण, पृथकत्वं = पृथकत्व, संयोगविभागौ = संयोग तथा विभाग, परत्वापरत्वे = दैशिक तथा कालिक परत्व और अपरत्व, कर्मच = और तरह तरह की क्रियायें भी, रूपिद्रव्य समवायात् = रूपि द्रव्यों के समवाय होने से, चाक्षुषाणि = चक्षु इन्द्रिय के द्वारा प्रत्यक्ष होते हैं।

व्याख्या : जब बहुत से द्रव्यों का समवाय सम्बन्ध बनता है तो रूपवान महत–स्थूल वस्तुयें निर्मित होती हैं। ये परिणामी स्कन्धात्मक वस्तुयें पृथक–पृथक अपने में पूर्ण होती हैं। इसलिये बहुत होने से उनकी गणना की जा सकती है, उनके परिमाण (मात्रा) नापे जा सकते हैं, वे एक दूसरे से अलग होने के कारण उनका परत्व, अपरत्व बताया जा सकता है। उनमें संयोग विभाग हो सकता है। वे स्थूल रूपवान होने की वजह से आँखों से साफ दिखाई देती हैं।

अरूपिष्वचाक्षुषाणि ॥ 12 ॥

सूत्रार्थ – अरुपिषु = रूप रहित द्रव्यों में, अचाक्षुषाणि = चाक्षुष प्रत्यक्ष नहीं होता है।

व्याख्या : जो परिणामी द्रव्य (वस्तु) बहुत सूक्ष्म होते हैं, वे रूपी–मूर्त स्वरूप में न होने के कारण आँखों से नहीं देखे जाते हैं। यहाँ कणाद रूपी और अरूपी वस्तुओं के विषय में चर्चा कर रहे हैं। रूपी या मूर्त वस्तुयें आँखों से देखी जाती हैं और जो अरूपी वस्तुयें हैं, वे आँखों से देखने में नहीं आतीं।

एतेन गुणत्वे भावे च सर्वेन्द्रियं ज्ञानं व्याख्यातम् ॥ 13 ॥

सूत्रार्थ – एतेन = पूर्वोक्त कथन से, गुणत्वे = गुणत्व जाति में, भावे च = और सत्ता जाति में भी, सर्वेन्द्रियं = सम्पूर्ण इन्द्रियों से होने वाला, ज्ञानं = ज्ञान उत्पन्न होता है, व्याख्यातम् = यह व्याख्या की गयी।

व्याख्या : इस प्रकार वस्तुओं के पृथक पृथक अपने गुणों के साथ निर्मित होने के वर्णन से ये वस्तुयें अपनी गुणत्व जाति से सामान्य विशेष ढंग से पहचानी जा सकती हैं और अपने में पूर्ण होने के कारण उनकी सत्ता का भी स्पष्ट ज्ञान हो सकता है। मनुष्य अपनी इन्द्रियों की सहायता से इन वस्तुरूपों के गुण और सामर्थ के बारे में जरूरी ज्ञान प्राप्त कर सकता है। इस प्रकार इस आह्निक में कणाद ने निरवयवी परमाणु की नित्यता, कर्महीनता तथा अरूपीपन से प्रारंभ करके यह बताया कि कारणों के अन्तर्गत जब अनेक द्रव्य संयोग करते हैं, अपनी विभिन्न ईकाइयों में अपने गुणधर्मों के साथ पृथक अस्तित्व में आ जाते हैं, तो उनके साथ सभी प्रकार के व्यवहार किये जा सकते हैं।

❑❑❑

चतुर्थ अध्याय

2.4.2 द्वितीय आह्निकम्

तत् पुनः पृथिव्यादिकार्य द्रव्यं त्रिविधं शरीरेन्द्रियविषय संज्ञकम् ॥ 1 ॥

सूत्रार्थ – तत् = वह, पुनः = फिर से (कहा जा रहा है), पृथिव्यादि कार्य द्रव्यं = पृथिवी, जल, तेज, आदि कार्य द्रव्य, त्रिविधं = तीन प्रकार के है, शरीरेन्द्रिय विषय संज्ञकं = शरीर, इन्द्रिय और विषय नाम के ।

व्याख्या : जिस प्रकार से पिछले आह्निक में कार्यद्रव्यों के द्वारा अनेकों की संख्या में समवाय सम्बन्ध के माध्यम से मूर्त वस्तुओं के निर्मित होने की व्याख्या की गई, उसी विवरण को यहाँ आगे बढ़ाया जा रहा है । पृथ्वी, जल, तेज और वायु महाभूतों को कणाद यहाँ कार्य द्रव्य कह रहे हैं, इन कार्य द्रव्यों से ही मूर्त जगत का निर्माण होता है । मानव शरीर की भी इन्हीं कार्यद्रव्यों के द्वारा ही निर्मिति होती है । अन्य दार्शनिक पाँच महाभूतों के द्वारा पाँच पाँच ज्ञानेन्द्रिय और कर्मेन्द्रियों की निर्मिति बताते हैं (सांख्य, बौद्ध) किन्तु कणाद शरीर के निर्माण में महाभूतों की भूमिका को तीन वर्गों में बाँटते हैं जिसका आधार सूक्ष्मता और संश्लिष्टता है– शरीर में स्थूलता ज्यादा है, उससे कम स्थूलता इन्द्रियों में है और इन्द्रियों के विषय सूक्ष्म हैं, उनके अर्थ को ग्रहण करने के लिए कारकों का सहारा लेना पड़ता है । इन तीन– शरीर, इन्द्रिय और विषय को सुविधा की दृष्टि से स्थूल, सूक्ष्म और कारण शरीर भी कहा जा सकता है ।

प्रत्यक्षाप्रत्यक्षाणां संयोगस्याप्रत्यक्षत्वात् पंचात्मकं न विद्यते ॥ 2॥

सूत्रार्थ – प्रत्यक्ष अप्रत्यक्षाणां = प्रत्यक्ष और अप्रत्यक्ष पदार्थों के, संयोगस्य = संयोग सम्बन्ध के, अप्रत्यक्षत्वात् = प्रत्यक्ष न होने के कारण, पंचात्मकं = पंचमहाभूतात्मक, न विद्यते = (शरीर) नहीं होता है ।

व्याख्या : कणाद सांख्य और बौद्ध दर्शन के अभिमत से अपनी असहमति स्पष्ट तौर पर यहाँ व्यक्त कर रहे हैं जो कि इन्द्रियों के विषय और संज्ञान को पंचमहाभूतात्मक मानते हैं । वे पृथ्वी महाभूत के गुण गंध के अनुसार घ्राणेन्द्रि या विषय गंध और इसी प्रकार जल महाभूत के गुण रस का आश्रय रसना, तेज महाभूत से नेत्रेन्द्रिय का विषय रूप वायु महाभूत से त्वकेन्द्रिय का विषय स्पर्श

तथा आकाश महाभूत से श्रोत्रेन्द्रिय का विषय शब्द मानते हैं। कणाद शरीर निर्माण में पाँच महाभूतों के पृथक रहते हुए संयोग को नहीं देखते हैं, वे समवाय सम्बन्ध से इन द्रव्यों के परिणाम के रूप में शरीर द्रव्य की उत्पत्ति मानते हैं। इसीलिये शरीर द्रव्य के अन्तर्गत (एकार्थ समवायी) इन्द्रियों और उनके विषयों के विकास को देखते हैं। स्वाभाविक है कि शरीर, इन्द्रिय और विषय को त्रिविध कहने को उनका आशय यह कदापि नहीं है कि कार्य द्रव्य पृथ्वी, जल और तेज से ही ये तीनों निर्मित हुए हैं।

गुणान्तराप्रादुर्भावाच्च न त्र्यात्मकम् ॥ 3 ॥

सूत्रार्थ – गुणान्तर अप्रादुर्भावात् च = कारण गुणपूर्वक दूसरे गुणों के प्रकट न हो सकने के कारण भी, न = नहीं है, त्रयात्मकम् = शरीर तीन भूत स्वरूप।

व्याख्या : शरीर के विविध अंगों से विविध गुणों की अनुभूति होती है और जो कुछ गुण प्रकट नहीं होते, वे भी अप्रकट भाव से वहाँ हो सकने की स्थिति में कारण के गुणपूर्वक होने की वजह से हो सकते हैं। इस दृष्टि से शरीर को पंचात्मक या त्र्यात्मक कहना उचित नहीं है। इस सूत्र में कणाद स्वयं अपने द्वारा शरीर को त्रिविध देखने के उपरान्त भी त्र्यात्मक नहीं मान रहे हैं। आधुनिक जीव विज्ञान की दृष्टि से कणाद का यह मत ज्यादा उचित दिखाई देता है। कार्य द्रव्यों के परमाणुओं को द्रव्य के निश्चित गुण (रूप, रस, गंध, स्पर्श, शब्द) के साथ देखने के कारण वर्गीकरण पहले से ही निर्धारित हो जाता है। आधुनिक विज्ञान में इलिमेण्टरी पार्टिकल्स ऊर्जावान तो हैं किन्तु रासायनिक तत्वों के अनुसार पूर्वनिर्धारित गुण उनमें नहीं हैं। ढ़ाई हजार वर्ष पूर्व द्रव्य (मेटर या सबस्टेंस) को इस प्रकार देखना संभव नहीं हुआ, किन्तु कणाद ने इस प्रकार का संशय प्रकट किया जिससे परमाणुओं को गुणमुक्त होने की संभावना बनती है। रसायनज्ञों ने उस समय (चरक संहिता) विविध औषधियों को रासायनिक संयोग से ही प्राप्त किया था। वहाँ वे कणाद के सिद्धान्त –द्रव्यों के समवाय सम्बन्ध से द्रव्य प्राप्त होता है– का ही व्यावहारिक प्रयोग कर रहे थे।

अणुसंयोगस्त्व प्रतिसिद्धः ॥ 4 ॥

सूत्रार्थ – अणुसंयोगः तु = किन्तु महाभूतों के अणुओं के संयोग, अप्रतिषिद्धः = शरीर में किसी प्रकार निषिद्ध नहीं हैं।

व्याख्या : पिछले सूत्र की व्याख्या के अनुसार ही कणाद यहाँ अणु के संयोग से वस्तु की निर्मिति बता रहे हैं। परमाणुओं के संयोग से स्थूल स्कन्ध कैसे बनते हैं– इस विषय में जैन और बौद्ध ग्रन्थों में विवरण मिलते हैं। सामान्य तौर पर

दो परमाणु संयोग कर द्वयणुक बनाते हैं ये द्वयणुक स्वतंत्र नहीं रह सकते, जब तीन द्वयणुक संयुक्त होते हैं, तब त्रसरेणु या त्रसेणु बनता है। यही त्रसरेणु ही स्वतंत्र अवस्था में गुण धर्म के साथ विभिन्न क्रियाओं मे सम्मिलित होता है। प्रस्तुत सूत्र में कणाद अणुओं के संयोग से ही विविध वस्तुओं (शरीर) के बनने की संभावना को स्वीकृति देते हैं। किसी भी अणु के किसी दूसरे अणु से संयुक्त होने में वे कोई बाधा नहीं देखते हैं, इस प्रकार हर प्रकार के गुण धर्म वाले स्कन्ध के सृजन के लिये उनकी स्वीकृति है।

तत्र शरीरं द्विविधं योनिजमयोनिजञ्च ॥ 5 ॥

सूत्रार्थ – तत्र = इसलिये पार्थिव शरीर को, द्विविधं = दो प्रकार का कहा जा सकता है, योनिजं अयोनिजं च = योनिज तथा अयोनिज भी।

व्याख्या : जैविक स्कन्धों के निर्माण से ही वनस्पति कीटाणु पशु, मनुष्य आदि विविध सचेतन सत्ता बनती है। विविध कारणों के साथ अणुओं के संयोग से विविध गुण धर्म वाले स्कन्ध बनने की बात पिछले सूत्र मे कणाद ने कही। उसमें ही जैविक स्कन्ध बनने का आशय समाहित है। प्राणीजगत के सृजन को अणुओं के समवायी सम्बन्ध से निसृत होने के विचार से आगे कणाद दो प्रकार के जैविक प्राणियों की सत्ता की पुष्टि करते हैं। जैविक स्कन्धों के विषय में जानकार न होने का कारण लोग अयोनिज प्राणियों के अस्तित्व को मानने में हिचकते हैं। आधुनिक जीव विज्ञान के लिए यह कोई रहस्य की बात नहीं है। अरबों वर्ष पूर्व धरती पर जब जीवन के उत्पन्न होने की परिस्थितियाँ बनी तब करोड़ों वर्ष तक धरती पर केवल जीवाणु बैक्टेरिया ही रहे जिनके संयोग से आगे वनस्पतियाँ, कीटाणु और पशुओं का उद्‌विकास हुआ। इस सूत्र में कणाद कह रहे हैं कि प्राणी शरीर दो प्रकार के हैं– योनिज और अयोनिज। जैनमत में प्राणियों के उद्‌विकास की विशेष चर्चा है, वे जीव के एकेन्द्रिय, द्वि इन्द्रिय, त्रियेन्द्रिय, चतुषेन्द्रिय और पंचेन्द्रिय के रूप में देखते हैं। सामान्य रूप से प्राणियों को चार वर्गों में विभक्त किया गया है– उद्‌भिज, स्वेदज, अण्डज और जरायुज। पशु और मनुष्य जरायुज होते हैं, सरीसृप और नभचर अणुज, अन्य दो प्रकार के उद्‌भिज और स्वेदज अयोनिज प्राणी हैं।

अनियतदिग्देशपूर्वकत्वात् ॥ 6 ॥

सूत्रार्थ – अनियत = अनिश्चत प्रकार के, दिग्देश पूर्वकत्वात् = दिक और प्रदेश के समायोजन के कारण अणुओं के संयोग तदनुकूल होने से अयोनिज

प्राणी उत्पन्न होते हैं।

व्याख्या : कणाद अयोनिज प्राणियों की उत्पत्ति के विषय में जो तथ्य देते हैं, वह है– दिशा और देश का अव्यवस्थित होना। जल, द्रव और कलिल स्थितियों में जीवाणु उद्भूत होते देखे जाते हैं। जैविक स्कन्ध प्राकृतिक वातावरण के अनुकूल विकसित होते हैं, कणाद की यह दृष्टि महत्वपूर्ण है, प्राणियों में इन्द्रियों का उद्विकास परिस्थितियों के अनुसार अपने अस्तित्व को संरक्षित करने के लिये होता है। यही बात वे आगे के सूत्र में कहते हैं।

धर्म विशेषाच्च ॥ 7 ॥

सूत्रार्थ – धर्म विशेषात् च = महाभूतों के विशेष स्वभाव और प्रकृति के कारण भी अयोनिज प्राणियों का स्वरूप बनता है।

व्याख्या : प्राकृतिक वातावरण की विशेषताओं से ही जीवाणुओं कीटाणुओं के स्वरूप का निर्धारण होता है। सड़ते हुए जल में जहाँ विविध प्रकार की वनस्पतियाँ और अन्य जैविक पदार्थ सड़न पैदा करते हैं, वहाँ कई प्रकार के प्राणी उत्पन्न होते हुए देखे जाते हैं। हवा, धूप, पहाड़, नदी, गुफा इत्यादि विविध विशेषता वाले वातावरण में ही करोड़ों वर्षों से जलचर और नभचरों का उद्विकास हुआ। इन्हीं विशेषताओं की ओर ही कणाद का इशारा है। धर्म शब्द की व्याख्या पूर्व टीकाकारों ने अलौकिक शक्तियों के गुणों के लिये की जो निश्चित ही संभ्रम है।

समाख्याभावाच्च ॥ 8 ॥

सूत्रार्थ – समाख्या भावात् च = प्राणियों के विविध स्वरूपों के बारे में चर्चा से भी, अयोनिज प्राणियों का पता चलता है।

व्याख्या : महर्षि कणाद यथार्थवादी थे, वे किसी भी प्रकार के अतार्किक कल्पनाप्रसूत मत को स्वीकार नहीं कर सकते थे। हम देख रहे हैं कि वैशेषिक दर्शन का प्रमुख लक्ष्य ही प्रकृति के अदृष्टकारी शक्तियों की विवेकपूर्ण, तार्किक (वैज्ञानिक) व्याख्या करना है। टीकाकार इस सूत्र के समाख्या भाव –पद का विवेचन धार्मिक ग्रन्थों के मिथकों के प्राणियों के विषय मे करते हैं जो पूर्णतया भ्रामक है। समाख्याभाव का आशय परम्परा से मनुष्य के अनुभवों के आधार पर धरती के विविध भागों मे पाये जाने वाले ऐसे प्राणियों से है जिनके बारे में दूर देश के लोग कुछ भी नहीं जानते। समुद्र के किनारे रहने वाले समुद्रीय जीवों के बारे मे ज्यादा जानते हैं जबकि समुद्र से दूर पहाड़ों पर रहने वालों के लिए ऐसे

जीव आश्चर्यजनक ही लगेंगे। इसी प्रकार से इस भूमण्डल पर लाखों प्रकार की जानकारी प्राप्त की जा सकती है, ऐसा आशय कणाद का इस सूत्र से है।

संज्ञाया आदित्वात् ॥ 9 ॥

सूत्रार्थ – आदित्वात् = सृष्टि के प्रारंभ से ही, संज्ञाया = विविध प्रकार की चैतन्यता प्रकट हुई।

व्याख्या : महर्षि कणाद की जीवन के प्रति अपार निष्ठा इस सूत्र से प्रकट होती है। प्रत्येक जैविक सत्ता में चैतन्यता होती है। यहाँ पर संज्ञा पद संज्ञान और सजगता–चेतनता के लिये प्रयुक्त हुआ है, न कि नामकरण के लिये। वे आग्रहपूर्वक जैविक स्कन्ध के विकास के संदर्भ में ही विविध प्राणियों की मूल प्रवृत्ति को ध्यान आकृष्ट करते हैं– जीवन का मूल लक्षण है चेतना–संज्ञा। ऋषि कहते हैं कि प्रारंभ से ही भूमण्डल पर विविध प्रकार की चैतन्यता प्रकट हुई है।

सन्तयोनिजाः ॥ 10 ॥

सूत्रार्थ – सन्ति = बहुत सारे प्रकार के हैं, अयोनिजाः = अयोनिज प्राणी प्रकृति में।

व्याख्या : भूमण्डल के प्राणी जगत के विषय में जब ध्यान जाता है तो लाखों प्रकार के प्राणियों के मिलने की पुष्टि होती है। उस समय व्यापारी, चिन्तक और यात्री दूर दूर के देशों में भ्रमण करते थे। उन्हें विचित्र प्राणियों को देखने का अवसर मिलता था। कणाद इसलिये योनिज प्राणियों के बनिस्बत अयोनिज प्राणियों के विषय में ज्यादा सूत्र दे रहे हैं ताकि जैविक विकास सम्बन्धि इस आह्निक के प्रारंभ में जो तर्क दिये गये थे, जिसके अनुसार अणुओं का संयोग निर्बाध रूप से होता है, शरीर निर्माण के लिए (4–2–4) जैविक स्कन्धों के विकसित होते जाने के साथ ही प्राणियों के शरीर में इन्द्रियाँ विकसित होती हैं। वे शरीर न पंचभूतात्मक है, न ही त्रयभूतात्मक।

वेदलिंगाच्च ॥ 11 ॥

सूत्रार्थ – वेदलिंगात् च = परम्परागत जानकारियों से भी पता चलता है कि प्राणियों के विविध प्रकार के शरीर होते हैं।

व्याख्या : कणाद के वैशेषिक सूत्रों में वेद की अपौरुषेयता का खण्डन है, वे मीमांसाकों– वेद समर्थकों के शब्द तत्व की नित्यता के विचार का पूरी तरह

खण्डन करते हैं, इसलिये कणाद वेद में वर्णित देवताओं की सत्ता को स्वीकार नहीं कर सकते। वे पारलौकिक और ईश्वरीय व्यवस्था के समर्थक नहीं हैं, ऐसी स्थिति में अयोनिज प्राणियों के लिए वेद में वर्णित प्रतीकात्मक भाषा के आधार देवताओं को अयोनिज कदापि नहीं मानते। वैसे भी वेद प्राकृतिक चमत्कारों और स्थितियों का विवेचक है। वेद में जो प्राणियों की विविधता का उल्लेख हुआ है, उसे ही कणाद इस सूत्र से परम्परागत ज्ञान और अनुभव के प्रति अपना सद्भाव प्रकट करने के लिये संदर्भित कर रहे हैं।

❑❑❑

पंचम अध्याय

2.5.1 प्रथम आह्निकम्

आत्मसंयोग प्रयत्नाभ्यां हस्ते कर्म ॥ 1 ॥

सूत्रार्थ – आत्मसंयोग प्रयत्नाभ्यां = आत्मा के संयोग तथा प्रयत्न दोनों से, हस्ते = हाथ में, कर्म = क्रिया उत्पन्न होती है।

व्याख्या : इस अध्याय के प्रथम आह्निक में क्रियाशील वस्तुओं की क्रियात्मक समार्थ्य के विवेचन के माध्यम से यांत्रिकता और गतिविज्ञान का प्रारंभिक स्वरूप विकसित किया गया है । प्रथम अध्याय में वेग संस्कार के विषय में– संयोग–विभाग, कार्य और कर्म से उत्पन्न सामर्थ्य के रूप में कुछ चर्चा हुई है । वेग संस्कार किसी बड़ी मात्रा वाली वस्तु में गति के अनुपात में आवृत आवेश होता है, यह आवेश उस वस्तु की क्षण विशेष में कार्यक्षमता को प्रदर्शित करता है । आधुनिक विज्ञान में जिसे पोटेंशियल इनर्जी कहते हैं, वह किसी मात्रायुक्त वस्तु की स्थिति विशेष अथवा उसके आकार–प्रकार पर निर्भर उसकी संपूर्ण कार्य–सामर्थ्य होती है । महर्षि कणाद इसी प्रकार से वस्तु के यांत्रिक सामर्थ को अभिघात और नोदन नामक दो विशेष पदों के द्वारा परिभाषित करते हैं । जब कोई भौतिक मात्रायुक्त वस्तु विशेष आवेश के साथ किसी अन्य वस्तु पर संघात करती है तो विशेष कार्य सम्पन्न होता है, यह अभिघात है । और जब कोई विशेष आवेश जिसमें कार्य करने की विशेष सामर्थ होती, किसी कार्य के निमित्त कहीं प्रयुक्त होता है तो वह नोदन है ।

यहाँ पहले छः सूत्र ऊखल और मूसल के बीच हुई क्रिया को अभिघात नाम यांत्रिक सामर्थ का विवेचन करते हैं। मनुष्य जब अपनी आत्मा (सचेतन शरीर) में स्थित प्रयत्न नामक विशेष गुण को संचरित करता है, तो उसके कारण उसके हाथ में क्रिया उत्पन्न होती है ।

तथा हस्तसंयोगाच्च मुसले कर्म ॥ 2 ॥

सूत्रार्थ – तथा = फिर उसी प्रकार, हस्तसंयोगात् च = हाथ के (मुसल से) संयोग होने पर ही, मुसले = मुसल में, कर्म = क्रिया उत्पन्न होती है ।

व्याख्या : मनुष्य के हाथ की क्रिया का संयोग मुसल से होता है तब मुसल को हाथ ऊपर की ओर विशेष प्रयत्न के साथ उठाता है । इस विशेष प्रयत्न से

जब वेग के साथ मुसल ऊपर उठता है तब उसमें वेग संस्कार नाम विशेष कार्य सामर्थ्य आवेशित होता है जो अभिघात नामक विशेष आवृत आवेश है। आधुनिक विज्ञान की भाषा में ऊपर उठे मसूल में विशेष मामेण्टम या पोटेन्शियल इनर्जी समाहित है।

अभिघातजे मुसलादौ कर्मणि व्यतिरेकादकारणं हस्त संयोग ॥ 3 ॥

सूत्रार्थ – अभिघातजे = ऊखल में मुसल के बलपूर्वक टक्कर से उत्पन्न अभिघात नामक बल के प्रतिक्रिया स्वरूप, मुसलादौ कर्मणि = मुसल, हाथ आदि में जो ऊपर उठने की क्रिया होती है, व्यतिरेकात् = अभिघात विरोधि होने के कारण से, अकारणं हस्त संयोग = इस ऊपर उठने की क्रिया में मुसल हाथ के संयोग का कोई कार्य नहीं होता, वे बिना प्रयत्न के विरोधि बल के कारण ऊपर उठते हैं।

व्याख्या : जब यह विशेष अभिघात नामक आवृत आवेश मुसल से ऊखल में संघात करता है, तब जितना मूसल में अभिघात नामक बल आविष्ट था, ठीक उसी के बराबर ऊखल में प्रतिक्रिया स्वरूप बल उत्पन्न होता है। उस प्रतिक्रिया के कारण मूसल अपने आप (स्वतः बिना कारण के) ऊपर की ओर उठता है। बाद की मूसल की क्रिया में आत्मा, प्रयत्न और हाथ आदि की कोई भूमिका नहीं होती है। मूसल में अभिघात नामक आवृति, आवेश को प्रयत्नपूर्वक आविष्ट किया गया था, किन्तु जब वह ऊखल में संघात करता तो प्रतिक्रिया स्वरूप ऊखल से उतना ही संवेग (मामेण्टम) उद्‌भूत हुआ, जितने संवेग (अभिघात) के साथ मूसल ने संघात किया था। आधुनिक विज्ञान के अनुसार यह पूरी क्रिया संवेग के अविनाशिता के नियम (लॉ ऑफ कान्जरवेशन ऑफ मामेण्टम) को सिद्ध करता है।

तथात्मसंयोगो हस्तकर्मणि ॥ 4 ॥

सूत्रार्थ – तथा = उसी प्रकार पहले की भाँति, आत्मसंयोग = प्रयत्नवान आत्मा का संयोग भी, हस्तकर्मणि = हाथ की ऊपर उठने की क्रिया में किसी प्रकार का सहभागी नहीं होता– कारण नहीं बनता है।

व्याख्या : संघात के बाद स्वतः ऊपर उठा हुआ मूसल, अपने में पूर्वानुसार आत्मा प्रयत्न, हाथ के क्रिया से जितनी सामर्थ बनायी गई थी, उतनी ही सामर्थ की ऊखल की प्रतिक्रिया से आविष्ट है। जैसा कि पिछले सूत्र में कहा गया–

ऊखल ने भी मूसल का विरोध विपरीत दिशा में बराबर के सामर्थ के साथ किया।

अभिघातान्मुसलसंयोद्धस्ते कर्म ॥ 5 ॥

सूत्रार्थ – अभिघातात् = अभिघात नामक बल के होने से, मुसल संयो गात् = और मुसल के संयोग होने से, हस्ते = हाथ में, कर्म = ऊपर उठने की क्रिया बिना प्रयत्न के प्रतिक्रिया के रूप में होती है।

व्याख्या : महर्षि कणाद स्वयं आधुनिक विज्ञान द्वारा निर्धारित संवेग के अविनाशिता के नियम को अपनी भाषा में प्रस्तुत करते हैं। अभिघात नामक वेगाख्य संस्कार जो मूसल में हाथ के संयोग से बनाया गया था, वही ऊखल में संघात करने के बाद प्रतिक्रिया स्वरूप हाथ और मूसल मे वापस आया। पहले सूत्र से जो क्रिया शुरू हुई, वही विपरीत दिशा में पाँचवें सूत्र में समाप्त हुई।

आत्मकर्म हस्तसंयोगाच्च ॥ 6 ॥

सूत्रार्थ – आत्मकर्म = शरीर की आत्मिक इच्छा चेष्टा से उत्पन्न क्रिया, हस्तसंयोगात् च = हाथ और मुसल के संयोग होने से अभिघात नामक वेग संस्कार उत्पन्न हुआ और प्रतिक्रिया स्वरूप हाथ और मूसल ऊपर उठे।

व्याख्या : यह अभिघात नाम वेगाख्य संस्कार मुसल में नहीं था, उसमें तो आत्मा (शरीर) की इच्छा और प्रयत्न से और हाथ के संयोग से मसूल में विशेष कार्य करने की सामर्थ्य पैदा हुई।

संयोगाभावे गुरुत्वात् पतनम् ॥ 7 ॥

सूत्रार्थ – संयोगाभावे = हाथ और मसुल के संयोग न होने से ऊपर उठा हुआ मुसल हाथ के प्रतिरोधि बल के न रहने पर, गुरुत्वात् = मुसल पर पृथिवी के गुरुत्वाकर्षण होने से, पतनम् = अपने आप नीचे गिरता है।

व्याख्या : इस सूत्र में स्पष्ट रूप से अभिघात नामक वेगाख्या संस्कार के न रहने के बाद की स्थिति के विषय में कहा जा रहा है। जब मूसल से हाथ का संयोग नहीं रहा याने ऊपर उटे हुए मूसल से शरीर और हाथ ने सम्पर्क हटा लिया तब मूसल अपने भार के कारण (गुरुत्व) पृथ्वी की ओर स्वतः गिरता है।

इससे आगे के सूत्रों में नोदन नाम विशेष आवेशित बल के प्रयोग का विवरण है। यह नोदन प्रयत्नपूर्वक किसी वस्तु पर विशेष स्थिति या आकार प्रकार के संयोजन से व्यवहृत किया जाता है। नोदन के प्रभाव में वस्तु में वेग (संवेग) उत्पन्न होता है और अभीष्ट कार्य को सम्पन्न करता है, नोदन का प्रयोग यांत्रिक

सामर्थ्य उत्पन्न करने में हेतु है।

नोदन विशेषाभावान्नोर्ध्वं न तिर्यग्गमनम् ॥ 8 ॥

सूत्रार्थ – नोदनविशेषाभावात् = नोदन नामक विशेष बल के बिना लगाये कोई वस्तु, न उर्ध्व = न तो ऊपर फेंकी जा सकती है, न तिर्यंक गमनं = और न ही तिरछी फेंकी जा सकती है।

व्याख्या : कणाद कहते हैं कि किसी वस्तु को ऊपर फेंकना है तो शरीर और हाथ के विशेष प्रयत्न से फेंकी जाने वाली वस्तु विशेष कार्य सामर्थ्य युक्त बल को लगाना जरूरी होता है। यह कार्य सामर्थ्ययुक्त बल ही नोदन है। यदि फेंकी जाने वाली वस्तु पर नोदन बल कार्य नहीं करता है तो वस्तु ऊपर की ओर बढ़ेगी ही नहीं। नोदन के न लगने पर, उस वस्तु तिरछे किसी दिशा विशेष मे फेंकना हो तो वह उस दिशा में भी नहीं जावेगी।

प्रयत्नविशेषान्नोदन विशेषः ॥ 9 ॥

सूत्रार्थ – प्रयत्नविशेषात् = किसी वस्तु पर जितने ही विशेष प्रयत्न से बल लगाया जायेगा, उसी अनुपात में उस वस्तु में, नोदन विशेषः = नोदन नामक विशेष विभव (Potential) उत्पन्न होगा।

व्याख्या : शरीर और हाथ के द्वारा किये गये विशेष प्रयत्न से ही नोदन आविष्ट होता है। जैसा प्रयत्न होगा, उसी अनुपात में आवृत आवेश (नोदन) भी उत्पन्न होगा।

नोदनविशेषादुदसनविशेषः ॥ 10 ॥

सूत्रार्थ – नोदनविशेषात् = नोदन विशेष विभव के अनुपात में ही, उदसन विशेषः = दूर तक ऊपर जाने की शक्ति वस्तु में उत्पन्न होती है।

व्याख्या : जब हम जितना अधिक नोदन बल वस्तु पर प्रयुक्त करेंगे तो उसी अनुपात में वह वस्तु ऊपर की ओर बढती जायेगी। कम नोदन पर वस्तु थोड़ी दूर तक फेंकी जायेगी, ज्यादा नोदन पर वही वस्तु बहुत दूर तक उर्ध्व गमन करेगी।

हस्तकर्मणा दारककर्म व्याख्यातम् ॥ 11 ॥

सूत्रार्थ – हस्तकर्मणा = यहाँ वर्णित हाथ द्वारा किये गये कार्यों को, दारककर्म = एक अबोध बालक द्वारा किये गये कर्म (खेल) के रूप में, व्याख्यातम् = व्याख्या की जाना चाहिये।

व्याख्या : इन सूत्रों में जो अभिघात और नोदन नामक विशेष कार्य सामर्थ्य उत्पन्न करने वाले जो बल हाथ के द्वारा किये जाना बताये गये हैं, वे सहज भाव

से ही हो जाते हैं। जैसे कोई बालक किसी खेल को जानता है, तब उसे नहीं लगता कि वह कुछ विशेष कर्म कर रहा है। इसी प्रकार मानव स्वभाव से अपने अनुभवों के आधार पर व्यक्ति अभिघात और नोदन को स्वाभाविक तौर पर प्रयुक्त करता रहता है। किन्तु कोई विवेकी, विद्वान व्यक्ति ही कारणों को– जो कि प्रत्यक्ष दिखाई नहीं देते हैं, जानने की जिज्ञासा से ही जान पाता है।

तथा दग्धस्य विस्फोटने ॥ 12 ॥

सूत्रार्थ – तथा = कारण जनित इन कार्यों को उसी प्रकार देखा जाना चाहिये जैसे, दग्धस्य = किसी आग में जले हुए मनुष्य के शरीर पर हुये, विस्फोट ने = फोड़ों का होना– यह सब प्राकृतिक कर्म है इनमें किसी प्रकार की रहस्यात्मकता (पाप–पुण्य की) नहीं है।

व्याख्या : कारणों के तारत्मय में ही कार्य होते हैं, उसके कुछ और सहज उदाहरण कणाद देकर यह बताना चाहते हैं कि इन कार्यों के पीछे रहने वाले कारणों पर शायद ही कभी ध्यान जाता हो। यहाँ एक जले हुए व्यक्ति के फोड़े का उदाहरण दिया जा रहा है। जलने के कारण शरीर में छाला उभरा और बड़ा फोड़ा बना और फिर वह कष्ट देते हुए फूटा। फोड़े के विस्फोट से कष्ट होता है, निश्चित ही जलने के कारण ही फोड़ा हुआ, किन्तु इसलिये कोई अदृश्य पाप–पुण्य को कारण मानन मूर्खता पूर्ण होगा।

यत्नाभावे प्रसुप्तस्य चलनम् ॥ 13 ॥

सूत्रार्थ – यत्नाभावे = चेष्टा या प्रयत्न के बिना भी प्राकृतिक कारणों से भी कार्य होते हैं, जैसे, प्रसुप्तस्य चलनम् = निद्रावस्था में भी कुछ लोग बिना जाने बूझे भी चलते हैं।

व्याख्या : दूसरा उदाहरण कुछ लोगों के नींद में चलने का दिया जा रहा है। जो व्यक्ति नींद में भी चल रहा है, उसे जागने पर चलने के बारे में पूछा जाय तो उसे खुद को विस्मय होगा, किन्तु नींद में रहते हुए भी स्वप्न में आये कुछ विचारों की वजह से उसका शरीर क्रियाशील है। उसके शरीर की स्वास–प्रश्वांस, पाँव का चलना आदि की क्रियायें सुप्तावस्था में भी हो रही हैं। यह उदाहरण वास्तव में कारण–कार्य के द्वारा ही व्यवहार होने के विरोधी लोगों के द्वारा दिया जाता है। कणाद कह रहे हैं कि कहा जाता है कि यत्न के अभाव में सोता हुआ व्यक्ति चलता है, परन्तु इस क्रिया पर विचार किया जाय तो साफ हो जायेगा कि उस व्यक्ति की सांसे चल रही हैं, शरीर काम कर रहा है, हाथ–पाँव चल रहे हैं, इसलिये उसके मस्तिष्क में विचार भी होंगे जो स्वप्नावस्था में काम करते हैं। वह भले जागृत नही हैं, किन्तु स्वप्न के विचारों के कारण वह

चल रहा है।

तृणे कर्म वायुसंयोगात् ॥ 14 ॥

सूत्रार्थ – तृणे कर्म = इसी प्रकार घासफूस के द्वारा किये गये कार्यों को देखा जा सकता है, वायु संयोगात् = जब जोर की आँधी आती है तो वायु के संयोग से घासफूस भी बहुत वेग के साथ उड़ते हैं।

व्याख्या : यहाँ मामूली घास फूंस का उदाहरण दिया जा रहा है, जो हलकी घास वायु में कम गति पर संवेगहीन रहती है, वही जब तीव्र आँधी में अतिवेगवान वायु के साथ प्रचण्ड रूप मे घातक हो जाती है। इस उदाहरण से भी कणाद का तात्पर्य वेग संस्कार (मामेण्टम) के प्रभाव को ध्यान मे लाने का ही है।

मणिगमनं सूच्यभिसर्पणमदृष्टकारणम् ॥ 15 ॥

सूत्रार्थ – मणिगमनं = जैसे अयस्कान्त मणि (चुम्बक) की ओर लोहे का आकृष्ट होना, सूच्यभिसर्पणं = लोहे की सूई का चुम्बक से चिपकना, अदृष्टकारणम् = ये क्रियायें न दिखाई देने वाले कारणों से प्रेरित होती है।

व्याख्या : अयस्कान्त मणि, जिसे आजकल चुम्बकीय पत्थर कहा जाता है, सामान्य पाषाण दिखाई देता है, किन्तु उसके भीतर आवृत आवेश संघनित है, जो उसमें चुम्बकीय शक्ति भर देता है। लोहे की सुई या कण चुम्बक की ओर आकृष्ट होते हैं। जो लोग चुम्बक के गुण के बारे में नहीं जानते हैं, उन्हें लोहे का उस पाषाण की ओर आकृष्ट होना चमत्कार लगेगा, वे अदृश्य शक्ति के प्रति आदर भाव प्रकट करेंगे। किन्तु अदृष्ट चुम्बकीय शक्ति अभिघात, नोदन जैसी ही छिपी हुई शक्ति है, जो लोहे में विशेष क्रिया उत्पन्न कर देती है।

इषावयुगपत्संयोगविशेषाः कर्मान्यत्वे हेतुः ॥ 16 ॥

सूत्रार्थ – इषौ = प्रत्यंचा से निकले हुए तीर की भांति, अयुगपत = एक साथ न होते हुए क्रमशः, संयोगविशेषाः = उत्तरोत्तर क्षणों में विशेष संयोग के साथ, कर्म अन्यत्वे = चलता हुआ तीर अपने से अलग लक्ष्य भेद का कर्म करने में, हेतु = हेतु होता है।

व्याख्या : पोटेन्शियल इनर्जी का वह बहुत ही उपयुक्त उदाहरण दिया जा रहा है। जब धनुष की प्रत्यन्चा को खींचा जाता है तो वह गोलाकार में आकर धनुष के अन्दर बहुत अधिक आवेश संग्रहित कर लेता है। वैसी स्थिति में जब बाण को धागे पर रखकर छोड़ा जाता है तो धनुष अपनी पूर्व स्थिति धारण करना चाहता है। स्थिति स्थापक गुण के कारण और अपने संग्रहित आवेश को बाण पर प्रयुक्त कर देता है। बाण पर लगा यह संग्रहित आवेश उसे वेग के साथ आगे

बढ़ाता है। यह संग्रहित आवेश नोदन हैं और बाण के हवा में आगे बढ़ते जाने के लिये उपयुक्त बल को प्रदान करता है। जब तक यह नोदन बल काम करता रहेगा, बाण उसके प्रभाव में अपने लक्ष्य की ओर बढ़ेगा।

नोदनादाद्यमिषोः कर्म तत् कर्मकारिताच्च संस्कारादुत्तरं तथोत्तरमुत्तरञ्च ॥ 17 ॥

सूत्रार्थ – नोदनात् = नोदन नामक विशेष दबाव से, आद्यं = प्रथम क्षण में, इषोः = तीर की, कर्म = क्रिया शुरू होती है, तत्कर्मकारितात् च = उस क्रिया से प्राप्त संवेग से, संस्कारात् = आवेशित होने से तीर, उत्तर = आगे बढ़ता है, तथोत्तरमुत्तरञ्च = तीर में वेगाख्य संस्कार होने से वह आगे और आगे बढ़ता ही जाता है।

व्याख्या : पिछले सूत्र में धनुष बाण की क्रिया का जो उदाहरण दिया जा रहा था, उसी के विषय में और अधिक स्पष्टीकरण यहाँ दिया गया है। धनुष की प्रत्यंचा से बाण के अलग होने के प्रथम क्षण में ही उसमे ंनोदन नामक बल आविष्ट हो गया। उसी नोदन के प्रभाव में अगले क्षणों में बाण मे ंवेग संस्कार बनता चलता है और बाण आगे बढ़ते जाता है। जब तक नोदन द्वारा आविष्ट बल बाण मे ंकाम करेगा तब तक वह बाण उत्तरोत्तर आगे बढ़ते ही जायेगा और लक्ष्य वेधन करेगा।

संस्काराभावो गुरुत्वात् पतनम् ॥ 18 ॥

सूत्रार्थ – संस्काराभावे = उसी तीर में जब वेग संस्कार नहीं रह जाता है तब, गुरुत्वात् = तीर पर गुरुत्वकर्षण बल लगे रहने के कारण गुरुत्व प्रतिरोधि बल के हटते ही, पतनम् = वह नीचे गिर जाता है।

व्याख्या : धनुष से छूटा हुआ बाण नोदन के प्रभाव में उत्तरोत्तर आगे बढ़ता जाता है। अब यदि उसमें आविष्ट नोदन– वेग संस्कार बीच में ही समाप्त हो गया तब बाण आगे नहीं बढ़ेगा। नोदन के अभाव में वह बाण अपने भार–गुरुत्व के कारण नीचे गिरेगा। आह्निक के पहले भाग में मूसल में अभिघात नाम वेग संस्कार की क्रिया समझाते हुए अन्त में संस्कार के अभाव में मूसल के नीचे गिरने का उल्लेख किया था। उसी प्रकार नोदन नाम वेग संस्कार की क्रिया का विवेचन करते हुए संस्कार के अभाव में यहाँ बाण के नीचे गिरने की बात कही जा रही है।

इस आह्निक में अदृश्य रहकर वस्तु में जिन क्रिया सामर्थ्य को आविष्ट करने वाले कारणों का विवेचन किया गया, उनका प्रयोग करके बाद मे ं वैज्ञानिकों ने यांत्रिक क्षमता को विकसित करते हुए विविध प्रकार के प्रौद्योगिकी यंत्रों का निर्माण किया है।

❑❑❑

पंचम अध्याय

2.5.2 द्वितीय आह्निकम्

नोदनाभिघातात् संयुक्तसंयोगाच्च पृथिव्यांकर्म ॥ 1 ॥

सूत्रार्थ – नोदन अभिघातात् = नोदन और अभिघात नामक विशेष आविष्ट गुण से, संयुक्त संयोगात च = और इन दोनों प्रकार के विशिष्ट सामर्थ के साथ साथ काम करने से भी, पृथिव्यां = पृथिवी नामक द्रव्य में, कर्म = विभिन्न प्रकार की क्रियायें होती हैं।

व्याख्या : इस दूसरे आह्निक में महर्षि कणाद पहले आह्निक के अन्तर्गत प्रतिपादित अभिघात और नोदन के क्रिया सामर्थ्य को सम्पन्न करने वाले अदृश्य कारणों के विवेचन के पश्चात् महाभूतों के द्वारा स्थूल कार्यों के करने सम्बन्धी विचार को सूक्ष्म और कारण स्तर तक मन और आत्मा, दिक और काल तक विस्तृत करते हैं। कणाद के द्वारा यहाँ स्थूल, सूक्ष्म और कारण जगत का गंभीर विवेचन किया गया है। इन्हें सही संदर्भ मे समझने पर जगत में ही मनुष्य की मानसिक सुख शान्ति और आध्यात्मिक सम्पन्नता का विवेकशील मार्ग उपलब्ध होता है।

प्रस्तुत सूत्र में पृथ्वी महाभूत के साथ ही भूमण्डल के द्वारा अदृश्य शक्तियों (गुरुत्वाकर्षण, पृथ्वी महाभूत के विविध स्वरूपों में क्रियाकलाप) के रूप में कार्य करने सम्बन्ध मे ध्यान आकृष्ट किया गया है। अभिघात नामक अदृष्ट कार्य सामर्थ्य संघात (इम्पेक्ट) क्रियाओं में देखी जाती है, जहाँ संघात में ऊर्जा प्रदान की जाती है, ऊर्जा का विभाग होता है– वह अलग होती है, जबकि नोदन में यह अद्दश्य कार्य सामर्थ्य क्रियाशील वस्तु पर सतत् लगी रहती है अर्थात् उसका संयोग बना रहता है। आश्चर्य है कि ऋषि संयोग विभाग के अपने सूक्ष्म विचार के आधार पर अभिघात को विभाग के साथ और नोदन को योग के साथ जोड़ते हैं।

पृथ्वी के द्वारा किये गये कर्म को वे नोदन और अभिघात के संयुक्त संयोग के रूप में देखते हैं। इसका उदाहरण कीचड़ मे चलने की क्रिया में देखा जा सकता है, कीचड़ में जब पाँव रखा जाता है, तो नोदन के कारण पाँव गीली धरती में धंस जाता है और जब पाँव को ऊपर उठाया जाता है तो अभिघात के कारण

पाँव ऊपर उठता है, किन्तु उसके लिए आवश्यक बल लगाना पड़ता है। धरती के धरातल पर जो भी कार्य हो रहे हैं, वे पृथ्वी के गुरुत्वाकर्षण के विरुद्ध हो रहे हैं। पहाड़ पर चढ़ना, दौड़ना, छलांग लगाना, ढलान पर फिसलना आदि सारे कार्य पृथ्वी के द्वारा संग्रहित अदृश्य कार्य सामर्थ्य के उदाहरण हैं, जिन्हें आधुनिक विज्ञान में पृथ्वी का गुरुत्वाकर्षण कहते हैं और कणाद इसे अभिघात नोदन के रूप में पृथ्वी कर्म कह रहे हैं।

तद् विशेषेणादृष्टकारितम् ॥ 2 ॥

सूत्रार्थ – तद् = वे विभिन्न क्रियायें, विशेषेण = कारण– कार्य के विशिष्ट संयोग तदनुरूप विशेष प्रकार की होती है, अदृष्टकारितम् = उनके कारणों को स्पष्टता से देखा नहीं जा सकता।

व्याख्या : पिछले सूत्र में हमने जो स्पष्टीकरण दिया है, उसी बात को यहाँ सूत्र में निर्दिष्ट किया गया है। पृथ्वी की गुरुत्वाकर्षण शक्ति दिखाई नहीं हेती है, किन्तु वह धरती के धरातल से लेकर वायुमण्डल में काफी ऊँचाई तक के क्षेत्र में प्रत्येक वस्तु पर नीचे की ओर खींचने का कार्य करती है। हवाई जहाज के पायलेट और ऊँची छलांग लगाने वाले खिलाड़ी इस अदृश्य शक्ति को प्रत्यक्ष अनुभव करते हैं।

अपां संयोगाभावे गुरुत्वात् पतनम् ॥ 3 ॥

सूत्रार्थ – वर्षा का होना कोई रहस्यात्मक घटना नहीं है, क्योंकि, अपां = वर्षा मेघ मे जब जल के कणों का, संयोगाभावे = मेघ के संघनित अवस्था से विभाग हो जाता है– जल कण अलग हो जाते हैं, गुरुत्वात = जल कणों के भार के कारण –गुरुत्व के कारण, पतनम् = जल कण वर्षा के रूप में नीचे गिरते हैं।

व्याख्या : इस सूत्र में पृथ्वी के गुरुत्वाकर्षण शक्ति का उदाहरण वर्षा की बूंदो के नीच गिरने में दिया जा रहा है। कोई भी वस्तु पृथ्वी के धरातल से ऊपर स्थिर तभी रह सकती है, जब उसे किसी प्रकार के ठहरने का साधन उपलब्ध हो। यह साधन उस वस्तु पर लगने वाली पृथ्वी की गुरुत्वाकर्षण शक्ति का विरोध करती है। आकाश से घूमने वाले पानी के बादल, आन्तरिक संघननता के गुण के कारण ठोस बने रहते हैं, जब वे वायु के कारण या फिर गुरुत्वाकर्षण की प्रतिक्रिया में बिखरते हैं, तब जल की बूंदे अपने भार के कारण धरती की ओर गिरती हैं।

द्रवत्वात् स्यन्दनम् ॥ 4 ॥

सूत्रार्थ – द्रवत्वात् = द्रवों में द्रवण गुण होने से, स्यन्दनम् = उनमें स्यन्दन (बहने की क्रिया) होता है।

व्याख्या : पृथ्वी के धरातल पर नदियाँ हमेशा ऊँचाई से नीचे की ओर बहती है। नदी का जल या कोई भी द्रव अपने संघनन (कोहेसिव) के आन्तरिक गुण के कारण कणों को परस्पर जोड़े रहते हैं। उन्हें अलग करने या खींचने के लिये बाहर से बल लगाना जरूरी होता है। नदियों या द्रव का बहना पृथ्वी के गुरुत्वाकर्षण के प्रभाव में होता है, इसलिये वे स्वतः कभी भी अपनी सतह की ऊँचाई से ऊपर की ओर नहीं बह सकती हैं।

नाड्यो वायुसंयोगादारोहणम् ॥ 5 ॥

सूत्रार्थ – नाड्य = सूर्य की किरणें, वायुसंयोगात् = वायु के संयोग से, आरोहणम् = जल वाष्प को ऊपर ले जाती है।

व्याख्या : इस सूत्र में जल के ऊपर अदृश्य शक्ति के प्रभाव को देखा जा रहा है। नदी, तालाब के जल पर सूर्य की किरणों के माध्यम से सूर्य की गरमी अपना प्रभाव बताती है। सूर्य की धूप से और वायु के संयोग से जल वाष्प बन कर ऊपर उठता है और बादल बन वायुमण्डल में घूमता रहता है। इस क्रिया में कभी अदृश्य शक्तियाँ काम करती है– सूर्य की गरमी, पृथ्वी की गुरुत्वाकर्षण शक्ति, वायु की गति, आन्तरिक संघनन, आकर्षण आदि।

नोदनापीड़नात् संयुक्तसंयोगाच्च ॥ 6 ॥

सूत्रार्थ – नोदन आपीड़नात् = वर्षा पूर्व वात्याचक्रों के रूप में नोदन नामक विशेष दबाव से ऊपर उठते हुए मेघ, संयुक्त संयोगात्च = जल एवं वायु के संयुक्त संयोग से आकाश में पहुँचते हैं।

व्याख्या : पिछले सूत्र के तारतम्य में ही इस सूत्र को देखना चाहिये। जल वाष्प का ऊपर उठना और बादल बन कर एक स्थान से दूसरे स्थान तक घूमते रहने के लिये बादलों में आन्तरिक आपीड़न (संघनन) का गुण, जो कि एक प्रकार का आकर्षण बल काम करता है। बादलों पर वायु के वेग से नोदन तथा जल की बूंदों के नीचे आन्तरिक आकर्षण (कोहेसिव फोर्स) ही आपीडन है, उनके संयुक्त संयोग से बादल आकाश में विचरण करते हैं।

वृक्षाभिसर्पणमित्यदृष्टकारितम् ॥ 7 ॥

सूत्रार्थ – इति = इस प्रकार दिखाई न देने वाले कारणों के कार्य दिखाई देते हैं, वृक्ष अभिसर्पणं = बड़े बड़े वृक्ष अपनी जड़ों से धरती से रस प्राप्त करते हैं,

अदृष्टकारितम् = पृथिवी का वह कार्य अदृष्ट रूप से वृक्ष को पल्लवित करता है।

व्याख्या : महर्षि कणाद ये सारे उदाहरण अद्दष्ट क्रिया सामर्थ्य वाली शक्तियों के दे रहे हैं। कार्य तो सम्पन्न होता हुआ दिखाई देता है किन्तु उनके कारणों के बारे में स्पष्टता नहीं होती है। ये सारे अदृष्ट कारित कारण चमत्कार या ईश्वरेच्छा नहीं है जैसा कि सामान्य रूप में पूर्ववर्ती टीकाकारों ने किया है। कणाद के समग्र चिन्तन में, उनके सूत्रों के पारस्परिक विवेचन में कहीं भी अलौकिक दैवी शक्ति का कार्य–कारण के उल्लंघन का कोई उदाहरण नहीं है। यहाँ वे वृक्षों के पोषण और वृद्धि में अदृष्ट कारणों की ओर ध्यान आकृष्ट कर रहे हैं। सभी वृक्ष अपनी जड़ों के माध्यम से पृथ्वी की ऊर्वरा पोषण क्रिया से आहार ग्रहण करते हैं। धरती उन्हें पोषक तत्व देकर उनकी वृद्धि करती है। धूप, हवा, जल इत्यादि के अदृश्य प्रभाव में वे वृक्ष हरे भरे बने रहते हैं। आधुनिक विज्ञान बताता है कि क्लोरोफिल तत्व उनकी हरियाली में सूर्य की किरणों के माध्यम से बनता है।

अपां संघातो विलयनञ्च तेज संयोगात् ॥ 8 ॥

सूत्रार्थ – अपां संघातो = जल का संघनित होकर बर्फ बन जाना, विलयनं च = और पिघलकर पुनः जल बनना, तेज संयोगात् = तेज द्रव्य के संयोग से होता है।

व्याख्या : यहाँ पर जल और तेज (अग्नि) के अदृष्ट गुणों का वर्णन करते हैं। बहने वाला जल संघनित होकर ठोस बर्फ में बदल जाता है और वहीं बर्फ गरमी मिलने पर फिर द्रव जल में परिवर्तित होता है। इन क्रियाओं के कारणों को प्रत्यक्ष नहीं देखा जाता है, किन्तु इन क्रियाओं के पीछे तेज का गुण काम करता है। तेज का तापमान जब काफी कम होता है तब तेज के इस विशेष गुण से जल बर्फ बनता है और जब तेज का तापमान ज्यादा होता है तब बर्फ पिघलकर जल में बदल जाती है।

तत्र विस्फूर्जथुर्लिंगम् ॥ 9 ॥

सूत्रार्थ – तत्र = उस तेज द्रव्य के प्रभाव के कारण से, विस्फूर्जथुः = जल से भरे बादलों में विद्युत शक्ति का घोर गर्जन, लिंगम् = जल, तेज और वायु द्रव्यों के अद्दश्य कार्य का लक्षण है।

व्याख्या : पिछले सूत्र के तारतम्य में ही जल और तेज के संयुक्त संयोग से उत्पन्न होने वाले बादलों में बिजली चमकने और गरजने का उदाहरण दिया

जा रहा है। जल और अग्नि (तेज) के विशेष गुण –शीतलता और ऊष्णता एक दूसरे के विपरीत हैं, किन्तु बादलों में चुम्बकीय शक्ति के उत्पन्न होने के कारण बादलों के बीच टकराहट होती है और अग्नि क्रियाशील होकर विद्युत के रूप में चमकती और गरजती है।

वैदिकञ्च ॥ 10 ॥

सूत्रार्थ – वैदिकञ्च = इस प्रकार के कई संदर्भ वैदिक श्रुतियों से भी बताये जा सकते हैं।

व्याख्या : वर्षा के जल और विद्युत के सम्बन्ध में वैदिक ऋषियों ने भी वेदों में इन घटनाओं का उल्लेख किया है।

अपां संयोगाद्विभागाच्च स्तनयित्नोः ॥ 11 ॥

सूत्रार्थ – अपां संयोगात् विभागात् च = निश्चित ही जल द्रव्य के संयोग से तथा विभाग से (वायु के साथ), स्तनयित्नोः = मेघ में विद्युत की गड़गड़ाहट उत्पन्न होती है।

व्याख्या : पिछले सूत्रों के तारतम्य में बादलों के संदर्भ में अदृष्ट कारणों का विवेचन हो रहा है। कणाद ने सभी प्रकार की क्रियाओं को संयोग–विभाग गुण के रूप में देखा है। जैसा कि पहले कहा गया कि जल की बूंदे वाष्प के रूप में ऊपर उठकर बादल बनाती है। बादलों में संघनन के आन्तरिक गुण के कारण जल की बूँदे एक–दूसरे के साथ संघनित होकर कठोर और स्थूल स्वरूप ग्रहण करती हैं। जब हवा का वेग बढ़ता है, दबाव कम ज्यादा होता है, ऐसी स्थिति में बादलों के टूटने की प्रक्रिया होती है। उसमें जल के हिस्से एक दूसरे से विभक्त होते हैं, वैसे समय में बादलों का मेघगर्जन होता है और कड़क के साथ बिजली चमकती है।

पृथिवी कर्मणा तेजः कर्म वायुकर्मच व्याख्यातम् ॥ 12 ॥

सूत्रार्थ – इन उदाहरणों के द्वारा, पृथिवी कर्मणा = पृथिवी द्रव्य की क्रियाओं को, तेजः कर्म = तेज द्रव्य की क्रियाओं तथा, वायुकर्म = वायु द्रव्य की क्रियाओं का भी, व्याख्यातम् = यहाँ वर्णन किया गया।

व्याख्या : कणाद उद्देश्यपूर्ण ढंग से पिछले सूत्रों को कह रहे हैं– उनका उद्देश्य प्रकृति में जो भी कार्य अदृश्य कारणों से हो रहे हैं, उनके विषय में मिथ्या धारणा को नष्ट करना ही है। वे स्वयं इस सूत्र में उल्लेख करते हैं कि पृथ्वी के द्वारा किये गये अदृश्य कार्य सामर्थ्य के साथ तेज और वायु के भी अदृश्य कार्य

सामर्थ्य के उदाहरणों द्वारा अदृष्ट कार्य कारित घटनाओं की अच्छी प्रकार से व्याख्या की गई है।

अग्नेरुर्ध्व वायोस्तिर्यक्पवनमणूनां मनश्चाद्यं कर्मादृष्टकारितम् ॥ 13 ॥

सूत्रार्थ – जिस प्रकार, अग्नेः उर्ध्वज्वलनं = अग्नि का ऊपर की ओर जलना होता है, वायोः = वायु का, तिर्यक्पवनं = तिरछे फटकना (पवनं) होता है, उसी प्रकार, अणूनां मनः च = अणुओं और मन के भी, आद्यं = आरंभक कार्यों को, कर्मादृष्टकारितम् = अदृष्टकारित कर्म कहा गया है।

व्याख्या : स्थूल महाभूतों के द्वारा अदृष्ट कार्य सामर्थ्य की व्याख्या करते हुये कणाद सूक्ष्म जगत की ओर बढ़ते हैं। यही सूक्ष्मता क्रमशः मन और आत्मा के अदृश्य कार्यों को कारण के रूप में वर्णित की जाती है। प्रस्तुत सूत्र में वे कहते हैं कि जिस प्रकार अग्नि का स्वभाव ऊपर की ओर जलना है, वायु का स्वभाव तिरछे चलना है, उसी प्रकार सूक्ष्म अणुओं, मन (और आत्मा) आदि के द्वारा अपने स्वभाव के अनुसार अदृष्ट कार्य भी किये जाते हैं। मन को अणु की तरह सूक्ष्म माना गया है, जो पूरे शरीर की इन्द्रियों और संवेदनाओं से जब संपृक्त होता है और आत्मा का सन्निकर्ष भी उसे प्राप्त होता है, तब वैसी स्थिति में जो ज्ञान हमें प्राप्त होता है, उस पर कई बार हम स्वयं आश्चर्य करते हैं, किन्तु उसमें कोई आश्चर्य की बात नहीं है, क्योंकि सचेतनता के कारण उस समय हमारी संज्ञानात्मक क्षमता बहुत शुद्ध और निर्मल रहती है।

हस्तकर्मणामनसः कर्म व्याख्यातम् ॥ 14 ॥

सूत्रार्थ – हस्तकर्मणा = हाथ आदि इन्द्रियों के संयोग से किये गए कर्म, मनसः कर्म = मानसिक कर्मों के अन्तरावलम्बन को, व्याख्यातम् = इस प्रकार व्याख्यायित किया गया।

व्याख्या : हमारे स्थूल कर्म भी जिन्हें हम अपनी बाह्य इन्द्रियों– हाथ, पाँव, नाक, मुँह आदि से करते हैं, वे वास्तव में न दिखाई देने वाले मन के ही कर्म होते हैं। जैसा कि पहले विवेचित किया गया है जब मन का संयोग इन्द्रियों से होता है, तभी हमारी कर्मेन्द्रियाँ और ज्ञानेन्द्रियाँ काम करती हैं।

आत्मेन्द्रियमनोऽर्थ सन्निकर्षात् सुखदुःखे ॥ 15 ॥

सूत्रार्थ –आत्मेन्द्रियमनोऽर्थ = आत्मा, इन्द्रिय, मन तथा द्रव्य, गुण और कर्म आधारित अर्थ के, सन्निकर्षात् = परस्पर सन्निकर्ष होने से, सुखदुःखे = सुखदुःख की आन्तरिक भावना उत्पन्न होती है।

व्याख्या : हमारे जैविक शरीर (बायोलॉजिकल बॉडी) की ही अन्तर्क्रियाओं से हमारी भावनायें और विचार प्रसूत होते हैं। आधुनिक विज्ञान में आज तक प्रयोगशालाओं में मनुष्य के शरीर के विभिन्न हिस्सों, हृदय, मस्तिष्क आदि पर इलेक्ट्रोड के सम्पर्क से मनुष्य की भावनायें आनन्द, भय, स्मृतियाँ, अचेतन अवस्था में विदेशी भाषा सीखना, संगीत एवं चित्रकारी सीखने जैसी प्रवृत्तियों को संचालित और नियंत्रित करने के प्रयोग हो रहै हैं। यह तथ्य प्रमाणित हो चुका है कि सुखदुःख की भावनात्मक अनुभूति का सम्बन्ध हमारे शरीर, मन–मस्तिष्क की रासायनिक क्रियाओं से है। इस सूत्र में कणाद इसी तथ्य को रेखांकित कर रहे हैं– जब इन्द्रियों और उनके विषय (अर्थ) से मन और आत्मा का निकट सम्पर्क बनता है, तभी सुख अथवा दुःख की अनुभूति होती है।

तदनारम्भ आत्मस्थे मनसि शरीरस्य दुःखाभावः स योगः ॥ 16 ॥

सूत्रार्थ –तत् = पूर्वोक्त (आत्मा, इन्द्रिय, मन और अर्थ) का, अनारम्भः = अनारम्भकत्व होने, आत्मस्थे = आत्मा के, मनसि = मनके और, शरीरस्थ = शरीर के साथ, दुःखाभावः = दुःख का अभाव हो जाना, स =वह ही, योगः = योग कहा गया है।

व्याख्या : शरीर, इन्द्रिय, मन और आत्मा की प्रवृत्तियों और व्यवहारों को सजगतापूर्वक समझा जा सकता है। जब किसी भी प्रक्रिया या संरचना के आन्तरिक संयोजन की पूरी पूरी जानकारी हो जाती है तब हम उस पर आसानी से नियंत्रण करने में सक्षम हो जाते हैं। कणाद ने अपने विवेचन में पाप–पुण्य का कहीं उल्लेख नहीं किया है, बल्कि वे इच्छा–द्वेष से प्रवृत्तियों के उत्पन्न होने की स्पष्टता देते हैं। आशय यह है कि महर्षि कणाद धार्मिक श्रद्धा की अपेक्षा निर्वैयक्तिक संज्ञान के माध्यम से जीवन की कृतकृत्यता को प्रतिपादित कर रहे हैं। इस सूत्र में पिछले सूत्र के तादात्मय में ही सुखदुःख की सांसारिक अनुभूति से आगे मानसिक शान्ति और आत्मिक परिपूर्णता की उपलब्धि को योग कह रहे हैं। बहुत अधिक संभावना इस बात की है कि यह योग की परिभाषा पतंजलि मुनि के पूर्व में दी जा चुकी थी, क्योंकि कणाद शुंगकाल के पहले ही हुए थे। अनारम्भ पद से आशय है कि पिछले सूत्र में वर्णित शरीर, इन्द्रिय, विषय, मन और आत्मा के संसर्ग को उल्टी प्रक्रिया में ले आने पर दुःख की अनुभूति का पूरी तरह अभाव हो जाता है। जब आत्मा में मन, विषय, इन्द्रिय और शरीर की अवस्थिति हो जाती है, तब विचार प्रक्रिया स्थिर हो जाती है, निर्विचार की स्थिति में ही योग की समाधि सिद्ध होती है।

अपसर्पणमुपसर्पणमशितपीत संयोगाः कार्यान्तर संयोगश्चेत्यद्दष्टकारितानि ॥ 17 ॥

सूत्रार्थ –अपसर्पणं = शरीर में प्राणों का बाहर निकलना, उपसर्पणं = भीतर जाना, अशित पीत संयोगाः = खाये हुए अन्न और पिये हुये जल का संयोग, कार्यान्तर संयोगाः च = शरीर के भीतर विभिन्न प्रकार के कार्यों के अन्तरावलम्बन भी, इति = ये सभी कर्म, अद्दष्टकारितानि = अद्दष्टकारणों के द्‌ारा सम्पन्न होते हैं।

व्याख्या : पिछले विवेचन से यह तथ्य स्पष्ट है कि अदृष्ट कारणों को ही कणाद समझना चाह रहे हैं, उसके प्रति भय की भावना उनमें नहीं है। वे शरीर की स्थूल, सूक्ष्म सभी प्रकार की गतिविधियों को प्रत्यक्ष देख रहे हैं और व्याख्या कर रहे हैं कि इन्हीं प्रक्रियाओं के अतिक्रमण से आत्मा की व्याप्ति तक पहुँचा जा सकता है। शरीर में होने वाली श्वास प्रश्वास की क्रिया, अन्न जल और खाद्य पदार्थ के खाने और विसर्जित करने तथा शरीर के अन्दर की तरह–तरह की होने वाली क्रियाओं जैसे रक्तवाहिनी शिराओं और स्नायुतंत्र के कार्य सब कुछ यथा नियम से संचालित है। उनके कारणों को द्दष्टि से भले न देखा जा रहा हो, किन्तु सचेतन रहते हुए विवेक का उपयोग कर हम उन अदृष्ट कारणों की उपस्थिति को अनुभूत कर सकते हैं।

तद्‌भावे संयोगाभावोऽप्रादुर्भावश्च मोक्षः ॥ 18 ॥

सूत्रार्थ –तत्‌अभावे = पूर्वोक्त प्राणापान, भोजन पाचन आदि क्रियाओं का शरीर में न होना, संयोगाभावः = विभिन्न द्रव्यों का संयोग न होना, अप्रादुर्भावः च = और उन सबका प्रकट न होना ही, मोक्षः = मोक्ष है– मृत्यु है।

व्याख्या : भारतीय चिन्तन में मोक्ष, केवल्य, निर्वाण की धारणा को बहुत अधिक महत्व प्राप्त है। इस सूत्र में कणाद मोक्ष पद का उल्लेख कर रहे हैं। प्रश्न स्वाभाविक तौर पर यही उठेगा कि यह मोक्ष पारलौकिक है या लौकिक? महर्षि कणाद जो कहीं भी पारलौकिक देवी, देवता, ईश्वर आदि की चर्चा नहीं करते हैं, आत्मा की सत्ता के लिये भी संदिग्ध भाव से विवेकपूर्ण समाधान निकालते हैं। वे मनुष्य जीवन के बाहर– मृत्यु के बाद के मोक्ष के विषय में कैसे सोच सकते हैं ? उनके पहले के तत्व चिन्तन, सांख्य और बौद्ध दर्शन मे ंमोक्ष को जीवन मुक्ति याने इसी जीवन में कृतकृत्यता और तृष्णा के त्याग को ही मोक्ष प्रतिपादित किया गया है। कणाद एक वैज्ञानिक चिन्तक की भाँति उन मतों के परिष्कार का प्रयत्न कर रहे हैं। इस सूत्र में मनुष्य के शरीर, इन्द्रिय, मन और आत्मा के अभाव और उनके बीच आन्तरिक सम्बन्ध न होने की ही बात कही जा रही है। चार्वाक

उनके पहले मरणमेवापवर्गः- मृत्यु ही मोक्ष है कह चुके हैं। इस परिप्रेक्ष्य में इस सूत्र का आशय है- दुःखाभाव के बाद शारीरिक, मानसिक और आत्मिक सन्निकर्ष से मुक्ति-संभ्रम से छुटकारे के बाद संवेदनाओं के निरसन में ही मोक्ष है।

द्रव्यगुणकर्मनिष्पतिवैधर्म्यादभावस्तमः ॥ 19 ॥

सूत्रार्थ -द्रव्य गुण कर्म निष्पत्ति = द्रव्य, गुण और कर्म पदार्थों के परस्पर निष्पन्नता के, वैधर्म्यात = विरुद्ध धर्म होने से, अभावः = भाव का न होना (द्रव्य, गुण और कर्म आधारित सत्ता का न होना, तमः = तम (तमः लोक) है।

व्याख्या : मोक्ष जैसे रहस्यात्मक अवधारणा की चर्चा के तत्काल बाद तम (अन्धकार) विषय पर विचार के निहितार्थ को भी समझना चाहिये। सृष्टि के प्रारंभ होने के पहले सत् को अकारणवत बताया ही जा चुका है, जहाँ कार्य द्रव्यों से विविध प्रकार की सृष्टि निसृत हुई। इन सभी प्रकार की क्रियात्मक सत्ताओं का आश्रय प्रथम तीन पदार्थ- द्रव्य, गुण और कर्म है। यहाँ तम को अन्धकार की भाँति देखने का आशय तो प्रकाश का अभाव माना जाना चाहिये। प्रकाश के द्रव्य की तीव्रतम क्रिया के रूप मे ंसांख्य मत में सत्व गुण द्वारा प्रकट किया जाता है। कणाद ने सूत्रों में प्रकाश का कहीं उल्लेख नहीं किया है, तेजस को ही यहाँ प्रकाश की भाँति भी देखा जाता है। ध्यान देने की बात है कि तम को अकारणवत नहीं कहा गया है अर्थात् तम की अवस्था में भी कारण कार्यरत है। सूत्र में कहा जा रहा है जिन धर्मों (कारणों) से द्रव्य, गुण और कर्म की निष्पत्ति होती है, उन धर्मों के विरुद्ध धर्म होने से (वैधर्म्यात्) जो अभाव प्रकट होता है वह है तम। कहीं यहाँ मृत्यु को तो तम के रूप में नहीं रखा जा रहा है ? मृत्यु के क्षण में व्यक्ति की सत्ता के सारे कारण और प्रक्रिया का विलय हो जाताहै, जो अभाव उपस्थित हुआ है, उसकी व्याख्या संभव नहीं हो पाती है। निश्चित ही कणाद का तात्पर्य यहाँ तम-पद से केवल प्राकृतिक आवरणों से उत्पन्न अन्धकार से ही नहीं है। ब्रह्माण्ड में आधुनिक खगोलविद ऐसी घटना को 'ब्लेक होल' की तरह देख रहे हैं। [74]

तेजसो द्रव्यान्तरेणावरणाच्च ॥ 20 ॥

सूत्रार्थ -तेजसः = तेज द्रव्य के, द्रव्यान्तरेण = द्रव्य के परिवर्तन (प्रकाश का अभाव हो जाने) आवरणात् च = तेज (प्रकाश) के ढंक जाने के कारण भी, तम (अन्धकार) होता है।

व्याख्या : कणाद स्वयं तम की उत्पत्ति का अन्य कारण तेजस द्रव्य के द्रव्यान्तरण से बने आवरण में ही देख रहे हैं। इस आवरण, प्रकाश को नहीं आने

देने के लिए उससे निर्मित तम और पिछले सूत्र के तम को एक ही प्रकार का कहना इसलिए उचित नहीं होगा, क्योंकि कणाद ही तम की उत्पत्ति में द्रव्य, गुण और कर्म तीनों का ही अभाव वहाँ देख रहे है वहाँ क्रियावैधर्म्य भी है, गुण वैधर्म्य भी, इसलिए द्रव्य का भी सामान्य स्वरूप वहाँ नहीं है। प्राकृतिक आवरण से जब प्रकाश का प्रवेश पूरी तरह रोका जायेगा तब वहाँ जो अन्धकार होगा, उसमें मनुष्य की आँखें वहाँ स्थित वस्तुओं को तो नहीं देख सकेंगी, किन्तु द्रव्य की सत्ता के अस्तित्व का नाश भी तो नहीं होगा। जहाँ द्रव्य, गुण और कर्म आश्रित सत्ता विपरीत धर्मों से विलीन हो जाए वह तम कैसा होगा? जैन विचार में लोकाकाश के प्रतिस्पर्धी अलोकाकाश की कल्पना है, जहाँ जीव और अजीव का द्रव्य, गुण, पर्याय वाला लोक न होकर केवल एकदेशीय अजीव आकाश भर है। आधुनिक खगोलशास्त्र में वर्णित ब्लेकहोल से क्या इनका कुछ सम्बन्ध बताया जा सकता है ?

दिक्कालावाकाशञ्च क्रियावद्वैधर्म्यान्निष्क्रियाणि *॥ 21 ॥*

सूत्रार्थ –दिक्कालैः = दिक और काल द्रव्य, आकाशं चं = औ!र आकाश द्रव्य भी, क्रियावत् वैधर्म्यात् = क्रियावान द्रव्यों के विरुद्ध धर्म होने से, निष्क्रियाणि = क्रिया से शून्य है।

व्याख्या : इस सूत्र में दिक, काल आकाश की व्यापकता में क्रियाशून्य व्याप्ति को देखा जा रहा है। आकाश, दिक और काल को द्रव्य कहा गया है और द्रव्यों में गुण तथा क्रिया का होना आवश्यक बताया गया है। इस विरोधी स्थिति का समाधान कणाद क्रियावत् वैधर्म्य के गुण का विवेचन करके निकालते हैं। उनका कहना है कि आकाश, दिक और काल में भी गुण और कर्म पदार्थ की उपस्थिति तो है किन्तु वे दृष्टि गम्य नहीं है, संतुलन की अवस्था के कारण जब कहीं दो या दो से ज्यादा क्रियायें एक बिन्दु पर कार्य कर रही हों और उनकी दिशायें भिन्न हों तो बराबर और विपरीत दिशा में दो परिणामी बलों की क्रिया परस्पर संतुलित हो जाती है, इस कारण वे क्रिया को ही निष्क्रिय कर देती हैं।

एतेन कर्माणि गुणाश्च व्याख्याताः ॥ 22 ॥

सूत्रार्थ –एतेन = दिक् काल और आकाश जैसे निष्क्रिय द्रव्यों में, कर्माणि = कर्म पदार्थ, गुणाः च = और गुण पदार्थ का भी, व्याख्याताः = व्याख्यान किया गया (अर्थात् दिक, काल और आकाश द्रव्यों की निष्क्रियता से गुण और कर्म के सूक्ष्म भाव से विलिन (क्रियावैधर्म्यात्) रहने की व्याख्या की गई)

व्याख्या : पिछले सूत्र में क्रियावत वैधर्म्य से उत्पन्न निष्क्रियता की अवस्था के विचार को ही यहाँ दुहराया जा रहा है। कणाद पहले तो आकाश दिक और काल में निष्क्रियता का समाधान बताते हैं और फिर समझाते हैं कि उन द्रव्यों में विपरीत धर्मी क्रिया (कर्म) और गुणों के परस्पर एक दूसरे को निष्प्रभावी कर देने की वजह से गुण और कर्म दृष्टव्य नहीं है।

निष्क्रियाणां समवायः कर्मभ्योनिषिद्धः ॥ 23 ॥

सूत्रार्थ –निष्क्रियाणां = उपरोक्त द्रव्यों में क्रिया रहित गुण और कर्म का, समवायः = समवाय सम्बन्ध होने से, कर्मभ्योंनिषिद्धः = परिणामी कर्म प्राप्त नहीं होते।

व्याख्या : पूर्ण व्याति वाले निष्क्रिय द्रव्यों आकाश, दिक और काल के बीच समवाय सम्बन्ध का विचार किया जा सकता है। समवाय सम्बन्ध दो द्रव्यों के बीच होता है, जिससे नये द्रव्य बनते हैं। कणाद यह मान रहे हैं कि आकाश, दिक और काल में आन्तरिक सम्बन्ध बनते हैं जिससे नयी स्थितियाँ निर्मित होती है ं। (आइन्स्टाइन ने स्पेस–टाइम कन्टीन्यूयम मे ं सापेक्षित स्थितियों पर विचार किया है) इस प्रकार के समवाय सम्बन्ध से निर्मित नयी स्थितियों मे ंपहले से ही गुण और कर्मों की अनुपलब्धि से क्रियाशीलता का परिणाम प्राप्त नहीं होता है।

कारणन्त्वसमवायिनो गुणाः ॥ 24 ॥

सूत्रार्थ –कारणं तु = किन्तु कारण तो अवश्य होते हैं, असमवायिनः = असमवायि रूप में, गुणाः = गुण बनकर।

व्याख्या : कणाद निश्चयात्मक ढंग से कहते हैं कि आकाश, दिक और काल के बीच कारण तो हैं, किन्तु वे अदृश्य गुणपूर्वक हैं। असमवायिकारण किसी द्रव्य में आकार, प्रकार, रंग, रूप, सममीति, स्थिति, अवस्था आदि के रूप में रहते हैं, वे गुण हैं। उदाहरण के लिये धागों से एक वस्त्र का निर्माण होता है– यह वस्त्र बनना तो समवायिकारण है, किन्तु उसी वस्त्र में ताने बाने से उकेरी गयी विविध आकृतियाँ वस्त्र का गुण है– यह गुण असमवायिकारण है। आकाश, दिक और काल के अन्तरावलम्बित सम्बन्धों से कई प्रकार की ब्रह्माण्डीय घटनायें होती हैं। उदाहरण के लिए सूर्य से सापेक्षिक सम्बन्ध के कारण भूमण्डल पर दिन, रात, ऋतुयें आदि बनते हैं। वर्ष के दिनों की गणना पृथ्वी के अपनी धुरी पर एक पूरा चक्कर लगाने के चौबीस घण्टे की आवृत्ति से होती है। ये सब गुण आकाश, दिक और काल की व्यापकता में अदृष्ट रूप से रहते हैं।

गुणौर्दिग् व्याख्याता ॥ 25 ॥

सूत्रार्थ –गुणैः = गुण पदार्थों से, दिग् = दिक द्रव्य की, व्याख्याता = व्याख्या हो गयी।

व्याख्या : कणाद स्वयं उदाहरण देते हैं कि दिक की स्थितियाँ आकाश और काल के सम्बन्ध से एक प्रकार का गुण है। वे कहते हैं कि दिक की गुण के रूप में व्याख्या की जानी चाहिए।

यहाँ आधुनिक गणित विज्ञान की एक विशेष घटना का– जिसने ज्यामितीय ज्ञान में आमूलचूल परिवर्तन ला दिया, उपरोक्त सूत्र के संदर्भ में जिक्र किया जा सकता है। जब प्रसिद्ध गणितज्ञ जार्ज फेड्रिक बर्नहार्ड रिमां 1854 ई. में ज्यामिती के मूलभूत आधार पर व्याख्यान दे रहे थे, तो उन्होंने यह महत्वपूर्ण तथ्यात्मक प्रश्न उठाया था कि ठोस ज्यामिती की प्रकल्पनायें यह मानकर चलती है कि दिक और दिक के भीतर आकार निर्माण करने का गुण पहले से ही मौजूद है, जबकि ऐसा नहीं होना चाहिये [70, पृ. 165] बाद में 'नान यूक्लीडियन ज्यामेट्री' या कहें 'रिमानियन जामेट्री' का विकास हुआ, जिसमें आइन्सटाइन ने अपने सापेक्षवाद के सिद्धान्त को सिद्ध किया। अमूर्त ज्यामिती से ही स्पन्दनात्मक क्षेत्रों का दिक तैयार होता है। इस आधुनिक घटना को यदि कणाद के उपरोक्त सूत्र के साथ जोड़ कर देखे तो यही तथ्य उभरता है कि दिक द्रव्यों का गुण है, स्वयं द्रव्य नहीं।

कारणेन कालः ॥ 26 ॥

सूत्रार्थ –कारणेन = निमित्त कारणों के द्वारा, कालः = काल द्रव्य व्याख्यायित होता है।

व्याख्या : महर्षि कणाद के इस छोटे से सूत्र में गंभीर रहस्य छिपा हुआ है। काल (समय) मूर्त अथवा वस्तु रूप नहीं है, वह ब्रह्माण्ड में द्रव्यों (सबस्टेंस) की अवस्था परिवर्तन के बोधक का कार्य करता है। वर्षा ऋतु में बादलों से पानी के गिरने के कारण को इस काल (समय) में देखते हैं, उसे निमित्तकारण कहा जाता है। वस्तुतः वर्षा ऋतु या अन्य गुणों वाली दूसरी ऋतुयें सूर्य के चारों ओर भूमण्डल (पृथ्वी) के चक्कर लगाने से प्रकट हुई है, इसलिये वर्षा रूपी काल का निर्माण कारण –सूर्य के चारों ओर पृथ्वी का चक्कर लगाना –से हुआ है। संस्कृत का कारणेन पद कारण पद की तृतीय विभक्ति है जिससे निसृत होता है– कारण के द्वारा। ध्यातव्य है कि कणाद ने महत्त और अणु जैसे व्यापकता

और सूक्ष्मता के संदर्भ मे काल को कारणेकालः (7, 1, 25) सूत्र के माध्यम से परिभाषित किया है, जहाँ उसका तात्पर्य- कारणों में काल-व्याख्यायित हुआ है, इस सूत्र में कारण पद की छठी विभक्ति प्रयुक्त हुई है।

यहाँ भी आधुनिक विज्ञान के द्वारा काल के विचार को समझा जाय तो वैज्ञानिक मानते हैं कि सृष्टि के निर्माण होने के पहले काल के अस्तित्व का कोई अर्थ नहीं है। स्टीफन हॉकिंग कहते हैं कि जब एक वस्तु गतिमान होती है या बल क्रियाशील होता है, तब यह दिक-काल के वर्तुल (कर्वेचर) को प्रभावित करता है और उसी प्रकार दिक-काल का वर्तुल वस्तु की गतिशीलता अथवा क्रियाशील बल को प्रभावित करता है। [74, पृ. 36] अस्तु, कणाद यदि कहते है कि कारणों से ही काल होता है तो स्पष्ट है कि वे दिक के साथ काल को कारणों से उद्भत मानते हैं। अतएव, दिक और काल को जागतिक व्यवस्था में महत्वपूर्ण तत्व होने के कारण ही कणाद ने उन्हें द्रव्य होने की प्रतिष्ठा दी होगी।

❑❑❑

षष्ठम् अध्याय

2.6.1 प्रथम आह्निकम्

बुद्धिपूर्वा वाक्यकृतिर्वेदे ॥ 1 ॥

सूत्रार्थ – बुद्धिपूर्वा = बुद्धिपूर्वक हुई है, वाक्यकृतिः = वाक्यों की रचना, वेदे = वेदों में।

व्याख्या : वैशेषिक सूत्रों के छठे अध्याय में कणाद के समय के लगभग तैवीस सौ वर्ष पूर्व के भारतीय समाज के आचार विचार सम्बन्धी जानकारी मिलती है। वैदिक यज्ञ कर्म में उस समय पशुओं की बलि देने की प्रथा बहुत ज्याद बढ़ चुकी थी। इस कर्मकाण्ड के प्रति व्रात्यों (जो वैदिक मतावलम्बी आर्य नहीं थे) के द्वारा किया जाने वाले तिरस्कार भाव का जैन पुराण ग्रन्थों से पता चलता है। महावीर स्वामी और गौतम बुद्ध के मत में अहिंसा वृत्ति को अधिक महत्व दिये जाने के पीछे भी यही भावना कार्य कर रही थी। श्रीमद् भगवतगीता का संकलन काल भी ई.पू. दूसरी शताब्दी का कहा जाता है। उसमें भी चौथे अध्याय में श्रीकृष्ण के मुख से ब्राह्मणों द्वारा किये जाने वाले द्रव्यमय यज्ञ से ज्ञान यज्ञ को ही श्रेष्ठ बताया गया है। सामाजिक नैतिकता और आचार व्यवहार हमेशा काल सापेक्ष होते हैं, फिर भी यम नियम और निःस्वार्थ सामाजिक सहयोग वृत्ति की आवश्यकता तो हमेशा रहती है। महर्षि कणाद प्रतिपादित आचरण को इसी दृष्टि से देखना चाहिये। इस अध्याय में दिये गये सूत्रों से ही यह सिद्ध होता है कि कणाद वेद को अपौरुषेय नहीं मानते थे और न ही यज्ञीय कर्मकाण्ड तथा ब्राह्मण भोजन के अन्ध समर्थक थे। इस सूत्र में कणाद कहते हैं कि वेदों में जो सूक्त और मंत्र संकलित किये गये हैं, वे ऋषियों के द्वारा विवेक (बुद्धि) का उपयोग करके ही सर्जित किये हैं। बुद्धिपूर्वक वाक्य रचना मनुष्यों के द्वारा ही की जाती है, अस्तु वेदों के मन्त्रों के सृष्टा ऋषिगण हैं। वेद मनुष्यकृत है, अपौरुषेय नहीं।

ब्राह्मणे संज्ञाकर्म सिद्धिलिंगम् ॥ 2 ॥

सूत्रार्थ –ब्राह्मणे = वेद संहिता के विभिन्न भागों में, संज्ञाकर्म = नामकरण और विधि इत्यादि का वर्णन, सिद्धिलिंगम् = बौद्धिक विभेदीकरण का ही प्रकटीकरण है।

व्याख्या : पिछले सूत्र के तारतम्य में कणाद अपने तर्क को आगे बढ़ाते हुए कहते हैं कि वेद संहिताओं के भागों (ब्राह्मण) में विभिन्न ऋषियों के नाम सूत्रों और मंत्रों के रचियता के रूप में दिए गये हैं। वे मंत्र ऋषियों की बुद्धि और संज्ञान के सापेक्ष में अलग–अलग विषयों को प्रतिपादित करते हैं, जिससे भी यही बोध होता है कि वे मंत्र मनुष्य कृत हैं।

बुद्धिपूर्वो ददातिः ॥ 3 ॥

सूत्रार्थ –बुद्धिपूर्वः = बुद्धिपूर्वक ही, ददातिः = वेद में दान करने के लिए ददाति शब्द कहा गया है।

व्याख्या : दान तथा अन्य प्रतिग्रहों को ऋषियों और ब्राह्मणों को देते समय उसके औचित्य पर बुद्धिपूर्वक विचार किया जाता था। जब गाय के दान करते समय यह जाता जाता था– स्वर्गकामो गां दद्यात्– स्वर्ग सुख की इच्छा करने वाला गाय दान करे– तो स्पष्ट है गाय दान में सुख की कामना कितनी छिपी होती थी। इस प्रकार वेदों में जो मंत्र दिये हैं, उनसे मनुष्य की कामनाओं का निर्वचन मिलता है।

तथा प्रतिग्रहः ॥ 4 ॥

सूत्रार्थ –तथा = इसी प्रकार, प्रतिग्रहः = दान लेने की विधि भी वेद में बुद्धिपूर्वकता की बोधक है।

व्याख्या : जैसे दान देने के औचित्य का विचार किया गया है, उसी प्रकार दान लेने के बारे में भी दान ग्रहणकर्त्ता के लिए विधान है। कौन व्यक्ति दे रहा है उससे दान ग्रहण करना चाहिये या नहीं– इसका विवेकपूर्ण ढंग से विचार करने का निर्देश है।

आत्मान्तरगुणानामात्मान्तरेऽकारणत्वात् ॥ 5 ॥

सूत्रार्थ –आत्मान्तरगुणानां = किसी भी आत्मा के गुण–दोष, आत्मान्तरे = किसी अन्य आत्मा के, अकारणत्वात् = गुण–दोष के कारक नहीं होते हैं।

व्याख्या : किसी भी व्यक्ति के द्वारा किये गये कर्म, व्यवहार के गुण–दोष किसी दूसरे व्यक्ति की आत्मा के गुण–दोष नहीं बन जाते। प्रत्येक व्यक्ति के सामाजिक व्यवहार उसके अपने हित–अहित के साधन होते हैं, वे दूसरों के हितअहित के कारण नहीं बन सकते हैं। इसी प्रकार कोई व्यक्ति क्या खातापीता है, उसके क्या पसन्द है जिसे वह अपने पास रखना चाहता है, जरूरी नहीं कि दूसरे को भी वैसा ही भाये। यह बात इसलिये कही जा रही है कि उस समय

किसी के परिवार में कोई व्यक्ति मर जाता था तो श्राद्धकर्म में ब्राह्मणों को वैसी ही भोजन कराया जाता था और वे सामग्रियाँ दान दी जाती थी, जिसे वह पसन्द करता था। कणाद यहाँ श्राद्ध कर्मकाण्ड की विवेक सम्मतं आलोचना कर रहे हैं।

तद्दुष्टभोजने न विद्यते ॥ 6 ॥

सूत्रार्थ –तत् = श्राद्धकर्म में पितृों के निमित्त, दुष्ट भोजने = दोष युक्त ब्राह्मण को भोजन कराने से, न विद्यते = पुण्य कर्म नहीं होता है।

व्याख्या : कणाद स्पष्ट रूप से श्राद्ध कर्म में अनधिकारी दुष्ट प्रवृत्ति वाले ब्राह्मण को भोजन करवाने या दान देने की निन्दा कर रहे हैं।

दुष्टं हिंसायाम् ॥ 7 ॥

सूत्रार्थ –दुष्टं = वे लोग दुष्ट है जो, हिंसायाम् = हिंसा, द्वेष, अपराध आदि निषिद्ध कर्मों में लिप्त है।

व्याख्या : कणाद कहते हैं कि जो व्यक्ति हिंसा कर्मों में रत है, वह दुष्ट है। यज्ञ कर्म काण्ड में अनर्गल ढंग से पशुओं का वध करना हिंसा कर्म ही है। ऐसा हिंसा कर्म अथवा दूसरे व्यक्तियों का अनिष्ट करना, उन्हें तरह–तरह की यातना देना हिंसा ही कहलाती है। कणाद अपने समय की हिंसा की प्रवृत्ति से दुःखी थे, तभी इस प्रकार का सूत्र देना उन्होंने जरूरी समझा। जो हिंसक है उन्हें प्रतिष्ठा नहीं दी जा सकती है, ऐसा यहाँ कणाद का मन्तव्य है।

तस्यसमभिव्याहारतो दोषः ॥ 8 ॥

सूत्रार्थ –तस्य = ऐसे दुष्ट ब्राह्मणों के साथ, समभिव्याहारतः = एक पंक्ति में बैठकर भोजन करना तथा अन्य प्रकार के संसर्ग रखना, दोषः = दोषपूर्ण कार्य है।

व्याख्या : कणाद पिछले सूत्र के तारतम्य में ही आगे कहते हैं कि जो व्यक्ति हिंसा कर्म में लिप्त है, दुष्टतापूर्ण व्यवहार करता है, उसके साथ मैत्री भी नहीं की जाना चाहिये। समभिव्यवहार से आशय यह है कि किसी के साथ भाईचारे का सम्बन्ध बनाना, साथ उठना बैठना, खाना पीना। कणाद दुष्ट और हिंसक व्यक्तियों के साथ सामाजिक व्यवहार को भी त्याज्य बता रहे हैं– उसे वे दोष कह रहे हैं।

तददुष्टे न विद्यते ॥ 9 ॥

सूत्रार्थ – तत् = वह दोष (पाप), अदुष्टे = दोषरहित ब्राह्मण के संसर्ग करने पर, न विद्यते = नहीं होता है।

व्याख्या : कणाद सज्जन व्यक्तियों या ब्राह्मणों को दान देने या व्यवहार करने को बुरा नहीं कह रहे हैं। उनका आशय सिर्फ इतना है कि यदि आर्थिक या सामाजिक कर्मकाण्ड हम कर रहे हैं तो देखें कि उसका लाभ कोई दुष्ट दुर्जन व्यक्ति तो नहीं उठा रहा है। जो दुष्ट नहीं है, उनके साथ व्यवहार करना उचित है।

पुनर्विशिष्टे प्रवृत्तिः ॥ 10 ॥

सूत्रार्थ – पुनः =फिर सत्पात्र मिलने पर, विशिष्टे = विशिष्ट श्रेष्ठ व्यवहार करने वाले के साथ ही, प्रवृत्तिः = व्यवहार करने के लिए प्रवृत्त होना चाहिये।

व्याख्या : कणाद का आग्रह है कि समाज में जो भी श्रेष्ठ व्यक्ति है, सज्जन व्यक्ति है, उनके साथ उठना बैठना, दान देना और अन्य उचित व्यवहार करने की प्रवृत्ति श्रेयस्कर है।

सम हीने वा प्रवृत्तिः ॥ 11 ॥

सूत्रार्थ –सम = अपने समान चरित्र वाले, हीने वा = अथवा अपने से हीन चरित्र वाले का साथ, प्रवृत्ति = उचित प्रवृत्ति होनी चाहिये।

व्याख्या : कणाद चरित्र और व्यवहार की श्रेष्ठता का विचार करते हुए समाज में तीन प्रकार के व्यक्तियों का वर्गीकरण करते हैं। पहला वह जो संयमी, श्रेष्ठ आचरण वाला है, वह विशिष्ट है। दूसरा वह जो सामान्य जन है, उसका आचरण दानकर्त्ता के समान ही है, उसे सम कहा गया है। और तीसरा वह जो चरित्र और व्यवहार से दानकर्त्ता से हीन प्रवृत्ति का है, दुष्ट है उसे हीन कहा गया है। कणाद कहते हैं कि हमें दूसरों के साथ व्यवहार करने में उसके चरित्र और आचरण को देखना चाहिये। विशिष्ट को सम्मान देना चाहिए और सम के साथ समान व्यवहार तथा हीन के साथ व्यवहार करने में बचना चाहिये – उससे मैत्री करना ठीक नहीं है।

एतेन हीन सम विशिष्ट धार्मिकेभ्यः परस्वादानं व्याख्यातम् ॥ 12 ॥

सूत्रार्थ – एतेन = इस प्रकार, हीन समविशिष्ट धार्मिकेभ्यः = गुण व व्यवहार में न्यून, समान तथा अधिक धर्मकार्य करने वालों से, परस्वादानं = प्रतिग्रह रूप दूसरे का धन ग्रहण करने के लिए, व्याख्यातम् = कहा गया है।

व्याख्या : जैसे विशिष्ट, सम और हीन व्यक्तियों को दान देने अथवा उनके साथ सामाजिक व्यवहार करने के लिए विवेक का उपयोग करने की बात कही गयी है, उसी प्रकार स्वयं ऐसे विशिष्ट, सम और व्यक्तियों से प्रतिग्रह स्वरूप दान अथवा उनसे किसी भी प्रकार सहायता प्राप्त करते समय उचित-अनुचित व्यवहार का विचार अवश्य कर लेना चाहिये।

तथा विरुद्धानां त्यागः ॥ 13 ॥

सूत्रार्थ –तथा = इसी प्रकार, विरुद्धानां = विरुद्ध आचरण करने वालों का, त्यागः = त्याग करना चाहिये ।

व्याख्या : पिछले सूत्र के संदर्भ में ही कहा जा रहा है कि विरुद्ध चरित्र अर्थात् दुष्टता और हीनतापूर्ण व्यवहार करने वाले व्यक्तियों का त्याग करना चाहिये । उनसे किसी प्रकार की सहायता या दान ग्रहण नहीं करना चाहिये ।

हीने परे त्यागः ॥ 14 ॥

सूत्रार्थ –हीन = हीन अथवा अपने से न्यून गुण वाले का, परे = दूर रखकर, त्याग = त्याग करना चाहिये ।

व्याख्या : जो व्यक्ति हीन प्रवृत्तियों वाला है, दुष्टता पूर्ण व्यवहार करता है, उसका त्याग करना चाहिये । यहाँ दोनों सूत्रों में ऐसे व्यक्तियों से व्यवहार न करने की सलाह दी जा रही है, जो स्वयं के व्यवहार के विपरीत चरित्र वाले हैं और अपने से न्यून अथवा हीन चरित्र के हैं ।

समे आत्मत्यागः पर त्यागो वा ॥ 15 ॥

सूत्रार्थ –समे = अपने जैसे समान गुण वाले के लिए, आत्मत्यागः = अपने हितों का त्याग करना चाहिये, पर त्यागः वा = अथवा उचित हो तो उसका त्याग करना जैसी स्थिति हो वैसे विवेक पूर्ण ढंग से छोड़ने की प्रवृत्ति होनी चाहिये ।

व्याख्या : कणाद सामाजिक व्यवहार में समान चरित्र, स्थिति और गुण-दोष वाले व्यक्ति के साथ कैसा बरतना चाहिए। इस विषय में सलाह दे रहे हैं । जो व्यक्ति समान सामाजिक स्थिति और चरित्र का है उसके हितों के लिये जरूरी हो तो आत्म त्याग करना चाहिये या फिर किसी अन्य को उसके लिए छोड़ना पड़े तो छोड़ना चाहिए । उचित अनुचित कर्त्तव्यों का विचार करते हुए जैसी स्थिति हो वैसा निर्णय लेना चाहिये- यदि वह व्यक्ति अनुचित व्यवहार कर रहा है तो उसका त्याग करना चाहिये ।

विशिष्टे आत्मत्याग इति ॥ 16 ॥

सूत्रार्थ –विशिष्टे = स्वयं से जो श्रेष्ठ हो उनके लिये, आत्मत्यागः = अपने हितों का त्याग करना, इति = उचित है।

व्याख्या : कणाद पिछले सूत्र की त्याग प्रवृत्ति के अनुरूप ही सलाह देते हैं कि हमें स्वार्थी नहीं होना चाहिये। समाज में हमसे जो श्रेष्ठ चरित्र वाले हैं, उनकी सहायता के लिये हमेशा तैयार रहना चाहिए। विशिष्ट व्यक्तियों के व्यवहार सिद्धि के लिए यदि अपने हितों का त्याग करना पड़े तो त्याग करने में हमें हिचकना नहीं चाहिये।

❑❑❑

षष्ठम् अध्याय

2.6.2 द्वितीय आह्निकम्

दृष्टादृष्टप्रयोजनानां दृष्टाभावे प्रयोजनमभ्युदयाय ॥ 1 ॥

सूत्रार्थ – दृष्टादृष्ट प्रयोजनानां = प्रत्यक्ष और अप्रत्यक्ष दो प्रकार से प्रयोजन सिद्ध होते हैं, दृष्टाभावे = जो प्रत्यक्ष दिखायी नहीं देते ऐसे, प्रयोजनं = प्रयोजन से, अभ्युदयाय = भविष्य में विकास–सुख उन्नति आदि की प्राप्ति के हेतु होते हैं।

व्याख्या : कणाद सामाजिक जीवन में सुख शान्ति प्राप्त करने के लिए उचित और श्रेष्ठ व्यवहार करने की सलाह जिस प्रकार पिछले आह्निक में दे रहे थे, उसी बात को यहाँ आगे बढ़ाया जा रहा है। प्रयोजन पद विवेकपूर्ण ढंग से उन साधनों और कर्मों के लिए प्रयुक्त किया जा रहा है जो जीवन के अच्छे परिणाम दे सकें। प्रयोजन वही कार्य होते हैं, जिसमें भविष्य की दृष्टि से परिणाम प्राप्ति की विवेकपूर्ण योजना होती है। दृष्ट और अदृष्ट प्रयोजन से आशय है कि कुछ प्रयोजन (उपाय) तो तात्कालिक लाभ देते हैं। यात्रा में सहयात्रियों के साथ रहने पर सुरक्षा और सहायता का दृष्ट लाभ मिलता है। कृषि, पशुपालन व्यवसाय के दृष्ट उपायों से सम्पत्ति की प्राप्ति होती है। किन्तु कुछ ऐसे प्रयोजन होते हैं जो दिखाई नहीं देते, अभी दृष्टिगत नही है किन्तु वे आगामी समय में फल देंगे। समाज में हमारा सद्व्यवहार दूसरों के हित के लिए कष्ट सहना, विविध किस्म की कलायें या प्रवीणतायें सीखना ऐसे प्रयोजन हैं जो तत्काल परिणाम नहीं देते हैं, किन्तु भविष्य में हमारी उन्नति, उदय (विकास), सुखादि के परिणाम देने वाले होंगे।

अभिषेचनोपवास ब्रह्मचर्य गुरुकुल वासवानप्रस्थ यज्ञदानप्रोक्षणदिङ नक्षत्र मन्त्रकाल नियमाश्चादृष्टाय ॥ 2 ॥

सूत्रार्थ –वैदिक सामाजिक व्यवहार के अनुसार अभिषेचन, उपवास, ब्रह्मचर्य, गुरुकुल वास,वानप्रस्थ, यज्ञ, दान, जल से शुद्धि करना, दिशा और नक्षत्र, मन्त्र काल आदि का नियमपूर्वक आह्वान अदृष्टाय (अपूर्व कर्म) करना चाहिये।

व्याख्या : अदृष्ट प्रयोजनों की सूची तो कणाद ने स्वयं दे दी है– वैदिक सामाजिक व्यवहार के अनुसार स्नान, उपवास, ब्रह्मचर्य, आश्रम में गुरुकुलवास,

वानप्रस्थ, यज्ञ, दान, जल में शुद्धि, दिशा, नक्षत्र, उचित मंत्र, काल आदि का विवेकसम्मत ध्यान रखना। वैदिक जीवन पद्धति के अनुसार कणाद तात्कालिक जीवन का व्यावहारिक विवरण दे रहे हैं। उस समय के नैतिक मूल्यों और परस्पर व्यवहार के लिये व्यक्ति का उचित व्यक्तित्व विकसित हो- इसलिये शिक्षा, स्वास्थ्य, प्राकृतिक पर्यावरण का ज्ञान और भविष्य की सुरक्षा का ध्यान रखना जरूरी था।

चातुराश्रम्यमुपधा अनुपधाश्य ॥ 3 ॥

सूत्रार्थ – चातुराश्रम्यं = ब्रह्मचर्य, गृहस्थादि चार आश्रमों के धर्मसाधन, उपधाः = श्रद्धा के दोष सहित तथा, अनुपधाः च= श्रद्धा में किसी दोष के बिना- दो प्रकार के होते हैं।

व्याख्या : वैदिक जीवन पद्धति में बचपन से लेकर मृत्युपर्यन्त की सामाजिक योजना निर्धारित थी। चातुराश्रम व्यवस्था से आशय- ब्रह्मचर्य, गृहस्थ, वानप्रस्थ और संन्यास आश्रम से है। वानप्रस्थी होने पर वनों में स्थित ऋषियों के आश्रम में जाकर रहने और मृत्यु पर्यन्त चिन्तन मनन निदिध्यासन में संन्यस्त भाव से जीवनयापन का सहज व्यवहार उस समय था। ढाई हजार वर्ष पूर्व के भारतीय समाज में न तो आज जैसी आवश्यकतायें अधिक थीं और न ही सामाजिक विषमतायें और क्रूरतायें, लोग पर्याप्त प्राकृतिक संसाधनों के द्वारा सहजता से जीवन यापन कर लेते थे। वानप्रस्थियों और संन्यासियों को समाज में आदर की दृष्टि से देखा जाता था, गृहस्थ लोग यथाउचित ढंग से उनका ख्याल रखते थे। ध्यान देने की बात यह है कि कणाद वर्णाश्रमधर्म व्यवस्था की बात नहीं कह रहे हैं। उस समय समाज में विभिन्न श्रेणियों गृहपति, निगम, पुग, कर्मी, दास, पणि आदि विभिन्नताओं के विषय में उल्लेख मिलता है, किन्तु चार वर्णों का ऊर्ध्वाधर विभाजन और जातियों का फैलाव उनके समय में नहीं हुआ था। वर्णाश्रम व्यवस्था ने शुंगकाल के बाद धीरे धीरे अपना प्रभाव बताना शुरू किया। इसी संदर्भ मे ंकणाद कह रहे हैं कि ब्रह्मचर्य, गृहस्थ, वानप्रस्थ और संन्यास आश्रम मे ंलोग दोष सहित ढंग से जी रहे हैं या फिर उन दोषों का निवारण कर आश्रम के सम्यक व्यवहार का पालन कर रहे हैं।

भावदोष उपधाऽदोषोऽनुपधा ॥ 4 ॥

सूत्रार्थ –भावदोष = श्रद्धा के दोष, उपधा = उपधा कहे जाते हैं और, अदोष = दोष रहित श्रद्धा को, अनुपधा = अनुपधा कहा जाता है।

व्याख्या : चातुराश्रम व्यवस्था में जो लोग निष्ठा के साथ ब्रह्मचर्य, गृहस्थ या वानप्रस्थ आश्रम के नियमों का सही ढंग से पालन नहीं कर रहे थे, उनसे

सामाजिक दोष (उपधा) उत्पन्न होते थे और जो लोग इन आश्रमों के नियमों का आदर सहित पालन करते थे, उनके जीवन में शान्ति और सुख प्राप्त था, वे अनुपधा–छल कपट रहति जीवन जी रहे थे।

यदिष्ट रूप रसगन्धस्पर्शं प्रोक्षितमभ्युक्षितञ्च तच्छुचि ॥ 5 ॥

सूत्रार्थ –यत = जो, इष्टरूप रस गन्ध स्पर्शं = शास्त्रोचित्त रूप, रस, गन्ध और स्पर्श गुण होता है, प्रोक्षितं = अभिमंत्रित जल सिंचित पाठ, अभ्युक्षितंच = और बिना मंत्र के केवल शुद्ध जल से सिंचित, तत् = वैसे सब कर्म, शुचि = शुद्ध होते हैं।

व्याख्या : महर्षि कणाद तत्कालीन समय में जो उचित आर्य परम्परा चली आ रही ती, उसे छल कपट रहित (अनुपधा) ढंग से जीने के पक्ष घर थे, क्योंकि उस जीवन में सुख, आनन्द और शान्ति थी। यहाँ वे शुद्ध प्राकृतिक जीवन के विषय में कह रहे है। महाभूतों और प्रकृति के सान्निध्य से प्राप्त सभी उचित और इष्ट, रूप, रस, गन्ध स्पर्श जनित संवेदनाओं और कामनाओं को प्रोक्षित और अभ्युक्षित जल द्वारा उचित शुद्धि करके उपभोग करने को ही वे शुचि (पवित्रता) बता रहे हैं।

अशुचीति शुचिप्रतिषेधः ॥ 6 ॥

सूत्रार्थ – अशुचि इति = यह अपवित्र है ऐसा, शुचि प्रतिषेधः = पवित्रता निषेध है।

व्याख्या : शुचिता का निषेध अशुचिता में होगा। कणाद ने पिछले सूत्र में शुचि कर्म इष्ट और विधानोक्त रूप, रस, गंध, स्पर्श गुणों वाले पदार्थों का उपभोग माना है। स्वाभाविक तौर पर अशुचि से आशय ऐसे कर्मों से है जो अनुपधा नहीं है, जिनमें छल कपट और अन्याय अन्तनिर्हित है। जब किसी कर्म को प्रोक्षित और अभ्युक्षित क्रिया जाता है – मंत्रोच्चार के साथ, तब यह मान लिया जाता है कि उक्त कर्म विधानोक्त और प्राकृतिक नियमों के अनुकूल है।

अर्थान्तरञ्च ॥ 7 ॥

सूत्रार्थ – अर्थान्तरंच = विहित कर्म न किये जाने के अतिरिक्त मानसिक दोष और निन्दित कर्मों को भी अशुचि कहा जाना चाहिये।

व्याख्या : शुचि अथवा पवित्रता का विधान तो इसलिये बनाया गया कि लोग श्रद्धापूर्वक उचित व्यवहार करें। यदि शोषण और अन्यायपूर्ण कार्य किया

जा रहा है, दुष्टतापूर्वक व्यवहार किया जा रहा है। भावना और वचन से जहाँ हिंसा प्रकट हो रही है, वह कर्म भी अशुचि माना जावेगा। शुचि और अशुचि का विचार ऋषियों ने इस तात्पर्य से बनाया कि प्रकृति और मानव समाज के स्वाभाव के अनुकूल ही मनुष्य की प्रवृत्तियाँ विकसित हों, ताकि उनके जीवन में कम से कम विरोध और उद्विग्नता प्रकट हो।

अयतस्य शुचि भोजनादभ्युदयोन विद्यते नियमाभावात
विद्यतेवाऽर्थान्तर त्वात् यमस्य ॥ 8 ॥

सूत्रार्थ – अयतस्य = संयम और नियम रहित मनुष्य का, शुचिभोजनात् = पवित्र भोजन करने से, अभ्युदयः = धर्म या पवित्र कार्य , न विद्यते = नहीं होता है जबकि, नियमाभावात् = नियम के अनुसार न किये जाने के बावजूद, विद्यते वा= होता ही है, अर्थान्तरत्वात् = अच्छी भावना और अच्छे उद्देश्य से किया गया, यमस्य = एक संयमी और तपस्वी का भोजन अभ्युदय कारक।

व्याख्या : कणाद के इस सूत्र से यह स्पष्ट हो जाता है कि सामाजिक सामंजस्य और व्यवस्था बनाये रखने के लिये मनुष्यों को अपनी प्रवृत्तियों और व्यवहार पर संयम रखना होगा। पवित्रता की धारणा में धार्मिक आडम्बर नहीं होना चाहिये– यह बात इस सूत्र से साफ झलकती है। किसी असंयमी और विहित विधान को न पालने वाले व्यक्ति के यहाँ का शुद्ध और सुस्वाद भोजन खाने से व्यक्ति का कल्याण (अभ्युदय) नहीं हो सकता। जबकि नियमानुकूल भोजन न भी बना हो किन्तु असंयमी व्यक्ति के विपरीत किसी संयमी और सज्जन व्यक्ति के यहाँ वह भोजन बना हो तो उसे खाने से कल्याण होगा।

असति चाभावात् ॥ 9 ॥

सूत्रार्थ –असति च = वह दोषपूर्ण (असत) ही होता है, अभावात् = संयम नियम के अभाव में (कर्मदोष और भावदोष की स्थिति में किया गया भोजन असत (अपवित्र) ही है।

व्याख्या : यम-नियम से विहित कर्म (यतस्य, यमस्य) जहाँ पर नहीं है, वे कर्म उपधा ही कहे जायेंगे। ऐसे असंयमी व्यक्ति के साथ सममिव्यवहार (6,1,8) करना दोषपूर्ण ही माना जायेगा।

सुखाद्रागः ॥ 10 ॥

सूत्रार्थ – सुखात् = विषय भोग जन्य सुख से, रागः = इच्छा की उत्पत्ति होती है।

व्याख्या : महर्षि कणाद कहते हैं कि राग (इच्छा) की उत्पत्ति सुख भोग की आसक्ति से ही होती है। राग, वासना, इच्छा मनुष्य को विविध सांसारिक कर्मों में उलझाते हैं, उसी के कराण जब इच्छा की पूर्ति नहीं होती तब द्वेष उत्पन्न होता है।

तन्मयत्वाच्च ॥ 11 ॥

सूत्रार्थ – तन्मयत्वात् च = मानसिक आसिक्त और मोहग्रस्त होने से भी राग द्वेष उत्पन्न होता है।

व्याख्या : जब हम किसी एक स्थिति से आसक्त हो जाते हैं, उसके प्रति मोह भाव बन जाता है, तब भी राग उत्पन्न होता है।

अदृष्टाच्च ॥ 12 ॥

सूत्रार्थ –अदृष्टात् च = सामाजिक प्रभाव और मनोवैज्ञानिक अदृष्ट कारणों से भी राग–द्वेष उत्पन्न होते हैं।

व्याख्या : महर्षि कणाद यहाँ पर यह भी बताना चाहते हैं कि कई अदृष्ट कारण हैं जिनसे मनुष्य सांसारिक प्रपंचों में फँसता जाता है। हमने देखा है कि उनके पूरे वैशेषिक दर्शन में कार्य–कारण सिद्धान्त को प्रधानता दी गई है। पिछले अध्यायों में उन्होंने कई अदृष्ट कार्य सामर्थ्यों की व्याख्या की है, फिर भी उनमें प्रकृति के रहस्यों के प्रति एक विवेकशील व्यक्ति का श्रद्धाभाव है। वे उदण्ड भौतिकवादी नहीं हैं, उनकी मान्यता है कि बहुत सारे अदृष्ट कारित प्रभाव हमारे जीवन को प्रभावित करते हैं। उपनिषदों के ऋषि की भाँति महर्षि कणाद एक सजग, सचेतन व्यक्ति की तरह मानव जीवन की यथार्थ अर्थवत्ता की खोज जारी रखते हैं।

जाति विशेषाच्च ॥ 13 ॥

सूत्रार्थ –जाति विशेषात् च = प्राणियों की विभिन्न सामान्य जातियों के विशेष गुण धर्म के कारण उनमें विशेष प्रकार की वासनायें उत्पन्न होती हैं।

व्याख्या : जाति विशेष का खानपान, रहन–सहन और वातावरण भी प्राणियों के चित्त की प्रवृत्तियों को प्रभावित करता है। जो जिस वातावरण और संस्कार में पलता है, वैसे ही उसकी इच्छायें और भावनायें बनती हैं। यहाँ जाति शब्द का आशय जन्म अथवा उत्पत्ति के कारण विशेष से है।

इच्छाद्वेषपूर्विका धर्माधर्मप्रवृत्तिः॥ 14 ॥

सूत्रार्थ – इच्छाद्वेषपूर्विका = मनुष्य में इच्छा (राग) और द्वेष के कारण ही, धर्माधर्म =धर्म (नैतिक) और अधर्म (अनैतिक), प्रवृत्तिः = प्रवृत्तियों का उदय होता है।

व्याख्या : इस सूत्र में मनुष्य की उचित और अनुचित प्रवृत्तियों का कारण उसके चित्त में अनुस्यूतः इच्छा और द्वेष है। इच्छा और द्वेष दो प्रकार की ऐसी भावनायें हैं जो परस्पर विरोधी हैं। इच्छा के कारण मनुष्य में आशा और आकांक्षायें– कामनायें पनपती हैं, उन्हें प्राप्त करने के लिये वह सक्रिय होता है। गौतम बुद्ध इसी इच्छा को तृष्णा कहा करते थे और तृष्णा को निर्मूल करने को ही निर्वाण मानते थे। परन्तु यहाँ यह ध्यान देने की बात है कि महर्षि कणाद इच्छा और द्वेष को मनुष्य के स्वभाव के रूप में देखते हैं और उसी तरह धर्म और अधर्म के लिये क्रमशः इच्छा और द्वेष को हेतु मानते हैं। उनका धर्म कोई पारलौकिक ईश्वर प्रदत्त दैवी चमत्कार नहीं है बल्कि हेतु मूलक परिणाम है। द्वेष भाव से क्रोध और अहंकार उत्पन्न होता है, इसलिये जब द्वेष सक्रिय होता है तब नीति और संयम की स्मृति विलुप्त हो जाती है और आदमी अधर्म –अनैतिकता की ओर प्रवृत्त होता है।

तत्संयोगो विभागः ॥ 15 ॥

सूत्रार्थ – तत् = उन इच्छा और द्वेष का, संयोगः विभागः = (मन और आत्मा से) संयोग और विभाग होता रहता है और उसी के अनुसार अच्छी या बुरी प्रवृत्ति उत्पन्न होती है।

व्याख्या : इच्छा और द्वेष की कणाद अपनी मौलिक दृष्टि– संयोग और विभाग से जोड़कर व्याख्या करते हैं। जब आत्मा और मन का संयोग इच्छा से होता है तब मनुष्य में राग, कामना और वासनायें उत्पन्न होती है। उन्हीं के वशीभूत होकर मनुष्य अच्छे बुरे काम के लिए प्रवृत्त होता है। जब आत्मा और मन से इच्छा अथवा द्वेष का संयोग नहीं होता– विभाग हो जाता है तब शरीर में मानसिक संवेग उत्पन्न नहीं होते हैं, इसलिये सुख और दुःख की अनुभूति भी नहीं होती है।

आत्मकर्मसु मोक्षो व्याख्यातः ॥ 16 ॥

सूत्रार्थ – आत्मकर्मसु = मनुष्य के स्वयं के आत्मिक संचेतना और कर्म से ही, मोक्षः = मोक्ष (मुक्ति) प्राप्त होता है, व्याख्यातः = ऐसा व्याख्यायित किया गया।

व्याख्या : महर्षि कणाद अपनी तात्विक दृष्टि का केन्द्रीय तत्व यहाँ पर प्रस्तुत कर रहे हैं। पहले भी उन्होंने मनुष्य के मन में सुख और दुःख की अनुभूति के न रहने को ही योग और मोक्ष कहा है (5, 2, 16–18) यहाँ भी वे आत्मकर्म

को ही मोक्ष का कारण बता रहे हैं। किसी दूसरे की कृपा या कर्म से मनुष्य अपने सामाजिक बन्धनों से मुक्त नहीं हो सकता है, उसके स्वयं के प्रयत्न से ही वह स्वतंत्र होता है। यहाँ यह ध्यातव्य है कि न केवल उनके दर्शन में बल्कि मीमांसा, सांख्य, जैन, बौद्ध और चार्वाक दर्शन में ईश्वर की कृपा या शरणगति को स्वीकार नहीं किया गया है। जैसा कि पहले कई बार इस तथ्य की ओर ध्यान दिलाया गया है कि कणाद अपनी चिन्तन दृष्टि में सांख्य, मीमांसा, जैन, बौद्ध मतों का परिष्कार करते हुए चार्वाक के तर्क संगत विरोध का समाधान ढूँढ़ते हैं।

❑❑❑

सप्तम अध्याय

2.7.1 प्रथम आह्निकम्

उक्ता गुणाः ॥ 1 ॥

सूत्रार्थ – उक्ता = पहले कहे जा चुके हैं, गुणाः = गुण पदार्थ।

व्याख्या : प्रथम अध्याय मे ंगुण पदार्थ की परिभाषा तथा विभिन्न गुणों के विषय मे ंचर्चा की जा चुकी है। यहाँ इस अध्याय में फिर गुणों की परीक्षा की जा रही है। नित्यता, अनित्यता, पाकज गुण, संख्या आदि अनेक द्रव्यों में रहने वाले गुण तथा परिणाम की इस आह्निक में परीक्षा की गई है। गुणों की सामान्य जाति गुणत्व पद से व्यक्त की जाती है, इसी प्रकार से विभिन्न गुणों को सामान्य विशेष सत्ता की तरह देखा जाता है। ऐसी सत्ताओं के वर्ग में पृथकता का विश्लेषण इस आह्निक और दूसरे आह्निक में किया जायेगा। जब गुणत्व में गुणत्व का अभाव कहा जाता है तो स्पष्ट है कि कोई एक विशेष गुणत्व का वर्ग है,जब उस वर्ग विशेष का विचार किया जा रहा है तो अन्य वर्ग (गुणत्व) उसमें नहीं लिया जा सकता है। गोलियाँ के किसी बड़े समुच्चय में, जहाँ विभिन्न रंग की गोलियाँ हैं, जब लाल रंग की गोलियों की लालिमा (लालत्व) वाले वर्ग का विचार हो रहा है, तो पीले रंग की गोलियों का पीलत्व वर्ग उसमें नहीं रहेगा।

पृथिव्यादिरूपरसगन्धस्पर्श द्रव्यानित्यत्वाद नित्याश्च ॥ 2 ॥

सूत्रार्थ – पृथ्विादिरुपरसगन्ध स्पर्शाः = पृथिवी से लेकर वायुपर्यन्त द्रव्यों के रूप, रस, गन्ध और स्पर्श नाम के विशेष गुण, द्रव्यानित्यत्वात् = उनके आधार द्रव्यों के अनित्य होने के कारण, अनित्याः च = वे भी अनित्य है।

व्याख्या : कार्यद्रव्य पृथ्वी, जल, तेज और वायु अपने कारण द्रव्य (परमाणुओं) से संयोग कर अपने–अपने स्कन्धों का निर्माण करते हैं। ये द्रव्य नित्य नहीं होते हैं, इसलिये इन अनित्य कार्य द्रव्यों के विशेष गुण गंध, रस, रूप और स्पर्श भी नित्य नहीं होते हैं। क्रियाओं के अनुसार ये गुण प्रकट होते हैं और फिर नये परिणाम में यथा उचित ढ़ंग से इनका नाश भी हो जाता है।

एतेन नित्येषु नित्यत्वमुक्तम् ॥ 3 ॥

सूत्रार्थ – एतेन = ऐसा (आश्रय की अनित्यता से उनके गुणों के अनित्य कथन के पश्चात् ,नित्येषु = नित्य आश्रय द्रव्यों में (मूल परमाणुओं में), नित्यता, उक्तम् = कही जा रही है।

व्याख्या : नित्यता केवल परमाणु द्रव्यों में ही होती है और ये परमाणु द्रव्य कभी भी स्वतंत्र स्थिति मे नही पाये जाते हैं। पृथ्वी द्रव्य के परमाणु संयोग कर पृथ्वी द्रव्य के त्रसरेणु बना लेते हैं, इसी प्रकार जल, तेज, और वायु के भी अणुओं का निर्माण होता है। ये अणु की रासायनिक क्रियाओं में भाग लेते हैं। यहाँ कणाद यह विचार व्यक्त कर रहे हैं कि सृष्टि की नित्यता बनी रहती है, क्योंकि महाभूतों के मूल द्रव्य– परिमण्डल कभी भी नष्ट नहीं होते है।

अप्सु तेजसिवायौच नित्या द्रव्यनित्यत्वात् ॥ 4 ॥

सूत्रार्थ – अप्सु = जल में, तेजसि = तेज में, वायौच = और वायु में, नित्यः = गुणों की नित्यता अन्तर्निहित रहती है, द्रव्यनित्यत्वात् = आश्रय रूप परमाणु अवस्था के द्रव्यों के नित्य होने से।

व्याख्या : जैसा कि पिछले सूत्रों की व्याख्या में कहा गया है, उसी तथ्य को कणाद स्पष्ट कर रहे हैं कि जल, तेज और वायु के गुण नित्य हैं, क्योंकि उनके नित्य परमाणु अपने गुणों के साथ नित्य वर्तमान रहते है।

अनित्येष्वनित्वा द्रव्यानित्यत्वात् ॥ 5 ॥

सूत्रार्थ – अनित्येषु = अनित्य द्रव्यों में, अनित्यः = अनित्य (गुण) होते हैं, द्रव्यानित्यत्वात् = आश्रय द्रव्यों के अनित्य होने से।

व्याख्या : कार्य द्रव्य अनित्य होते हैं, वे जब परस्पर संयोग करते हैं तब समवाय सम्बन्ध से जो नये द्रव्य बनते हैं, वे भी अनित्य होते है।

कारणगुणपूर्वकाः पृथिव्यां पाकजाः ॥ 6 ॥

सूत्रार्थ – कारण गुण पूर्वकाः = कारण द्रव्य गुणपूर्वक होते हैं, जैसे पृथिव्यां = पार्थिव द्रव्यों में, पाकजाः = पाकज गुण।

व्याख्या : पृथ्वी महाभूत के रूप, रस, गंध और स्पर्श गुण कारणी भूत रूप में अन्तनिर्हित रहते हैं, जब किसी पार्थिव वस्तु से तेज (अग्नि) का संयोग होता है तब तेज पृथ्वी महाभूत के कारण गुणपूर्वक अव्यक्त गुण रूप, गन्ध और स्पर्श को स्थिति के अनुसार परिवर्तित कर देते हैं, इस विशेष गुण को पाकज कहा जाता है। कारण गुणपूर्वक कहने से आशय यह है कि पार्थिव द्रव्य में पृथ्वी जल, तेज और वायु के कारण द्रव्य (परमाणु) उपस्थित है, जब उस पार्थिव द्रव्य का

किसी अन्य द्रव्य से समवायी सम्बन्ध बनेगा तो उनके आन्तरिक गुणों में परिवर्तन आयेगा और परिणाम–स्वरूप रासायनिक क्रिया के कारण नया द्रव्य बनेगा। यहाँ कणाद अग्नि के संयोग का उदाहरण दे रहे हैं– प्रारंभ में जो पार्थिव द्रव्य बिना अग्नि के संयोग से उत्पन्न हुआ है, उसमें गंध के अतिरिक्त रस, रूप और स्पर्श के गुण भी अव्यक्त भाव से पड़े हुए हैं, जैसे ही उनके तेज (अग्नि) को संयोग मिलता है, वे यथा उचित ढंग से नये रूप में परिवर्तित हो जाते हैं। उदाहरण के लिये कच्चा आम का फल हरे रंग का होता है, उसका गूदा सफेद रंग का रहता है, किन्तु जब तेजस (अग्नि) का प्रभाव उस पर पड़ता है तब वह पकने लगता है– यह पकना ही पाकज क्रिया है। पकने के बाद आम के गुणों में रस, रूप, गंध, स्पर्श में पहले के गुण के बदले दूसरे ही प्रभाव में आ जाते हैं। दूसरा उदाहरण कुम्हार के द्वारा तैयार कच्चे घड़े का है, जब कच्चे घड़े को अग्नि में पकाया जाता है, तो उसका रंग रूप आदि बदल जाता है।

एकद्रव्यत्वात् ॥ 7 ॥

सूत्रार्थ – एक द्रव्यत्वात् = एक ही द्रव्य में आश्रित होने से (पाकज रुपादिगुण अग्नि संयोग से असमवायिकारण के हैं)

व्याख्या : पार्थिव द्रव्यों में अग्नि के संयोग से उद्‌भूत पाकज गुण के उदाहरण में जो गुण परिवर्तन हो रहा है, उससे प्रारंभ के पार्थिव द्रव्य में समवाय सम्बन्ध से जो गुणों के परिवर्तन होते हैं, वे असमवायिकारण कहे जाते हैं।

अणोर्महतश्चोलब्ध्यनुपलब्धी नित्ये व्याख्याते ॥ 8 ॥

सूत्रार्थ – अणो = सूक्ष्मतम परिणाम अणु की, महतः च = और महतपरिणाम की भी, उपलब्ध्यनुपलब्धी = उपलब्धता और अनुपलब्धता की संभावना, नित्ये = सदैव बनी रहती है, व्याख्याते = यह आशय व्यक्त किया गया।

व्याख्या : इस सूत्र में कणाद संसार मे होने वाली घटनाओं के परिणाम के विषय में विचार कर रहे हैं। कई घटनायें हमारे चारों ओर हो रही हैं, किन्तु वे अपनी सूक्ष्मता के कारण दृष्टिगत नहीं होतीं। इसी प्रकार स्थूल विकराल और बहुत विशाल परिमाण वाले दृश्य, प्रक्रियायें या स्थितियाँ भी हमारे चारों तरफ हमेशा से अस्तित्व मे हैं। परिमाण को चार रूप मे बाँटा गया है– अणु–महत्त, ह्रस्व–दीर्घ याने छोटा–बड़ा, कम लम्बाई वाला और बड़ी लम्बाई वाला। द्वयणुक, त्रयणुक जैसे छोटे अणु हैं जो क्रियाशील तो हैं किन्तु दिखाई नहीं देते। दो परमाणुओं से मिलकर एक द्वयगुक बनता है। इसी प्रकार जब अणु ज्यादा मात्रा में मिलते जाते हैं तब स्कन्ध और महत (विशाल) परिणाम वाली वस्तुओं को

बनाते हैं। इस सूत्र के माध्यम से कणाद यह कहना चाहते हैं कि संसार में घटनायें सदैव (नित्य) होती रहती हैं। यहाँ नित्य शब्द से यही आग्रह है कि ऐसा कभी नहीं होगा कि सृष्टि चक्र न रहे। वस्तुओं या घटनाओं का दिखाई देना या दिखाई न देना उनके परिमाण पर निर्भर है– ऐसा नहीं कहा जा सकता कि उनका अस्तित्व नहीं है।

कारणबहुत्वाच्च ॥ 9 ॥

सूत्रार्थ – कारण बहुत्वात् च = कारण की अनेकता होने से भी (परिमाण के बढ़ते जाने के महत्व की) स्थितियाँ निर्मित होत िहैं।

व्याख्या : महत परिमाण वाली वस्तु या घटना के लिये बहुत सारे अणुओं को संयुक्त होना पड़ता है, जिससे वे बड़ी से बड़ी हो सकें। ऐसे कार्य में केवल एक ही कारण होना जरूरी नहीं है, बल्कि विविध प्रकार के बहुत सारे कारण अपना प्रभाव बताते हुए प्रक्रिया या घटना को विशाल बनाते हैं।

अतो विपरीतमणु ॥ 10 ॥

सूत्रार्थ – अतः = इसी प्रकार महत्परिमाण से, विपरीतं = विपरीत जो कारण होंगे उनसे, अणु= सूक्ष्म परिमाण –अणु बनते है ं।

व्याख्या : जब कारणों की अधिकता होगी तब घटनायें संश्लिष्ट और विशाल होंगी, किन्तु इसके विपरीत यदि कारणों को हटाया जाता रहे और कम से कम कारण काम करे तो सूक्ष्मतम अणु का ही अस्तित्व बच रहेगा।

अणुमहदिति तस्मिन् विशेषभावाद् विशेषाभावाच्च ॥ 11 ॥

सूत्रार्थ – अणु = यह अणु परिमाण वाला है, महत् = यह महत्त परिमाण वाला है, इति = ऐसा व्यवहार होता है, तस्मिन = उन दोनों स्थितियों में, विशेषभावात् = विशेष ढंग से ज्यादा से ज्यादा बढ़ाते जाने पर महत परिमाण होता है और, विशेषाभावात् = उससे विपरीत स्थिति में सूक्ष्मता होती है।

व्याख्या : पिछले सूत्रों के तारतम्य में स्पष्ट है कि सूक्ष्म और स्थूल स्वरूप ग्रहण करने के लिये विशेष कार्यों (कारणों) को बढ़ाते जाना या फिर विशेष कार्यों को घटाते जाना होता है।

एककालत्वात् ॥ 12 ॥

सूत्रार्थ – एककालत्वात् = काल की एकता होने से ही (किसी एक निश्चित समय में ही) महत्व और सूक्ष्मत्व की तुलना होती है।

व्याख्या : बहुत सारी पृथक पृथक वस्तुओं या घटनाओं के अणुत्व, महत्व, ह्रस्वत्व, दीर्घत्व की तुलना की जाती है, तो तुलना तभी सार्थक होती है, जब हम उन्हें एक ही काल (समय) में देखते हैं।

दृष्टान्ताच्च ॥ 13 ॥

सूत्रार्थ – दृष्टान्तात् च = हमारे चतुर्विक होने वाली ऐसी कई घटनाओं से ऐसे दृष्टान्तों के द्वारा इस तथ्य की पुष्टि होती है।

व्याख्या : परिणामों की तुलना कभी कभी दृष्टान्तों के माध्यम से भी अभिव्यक्त की जा सकती है, जैसे बैर का फल आम के फल से छोटा होता है। पृथ्वी से सूर्य की दूरी चन्द्रमा की दूरी से बहुत ज्यादा है।

अणुत्वमहत्वयोरणुत्व महत्वाभावः कर्मगुणौर्व्याख्यातः ॥ 14 ॥

सूत्रार्थ – अणुत्व महत्वयोः = वस्तु के सामान्यजाति अणुत्व अथवा महत्व होने की स्थिति में, अणुत्वमहत्वाभावः = अन्य अणुत्व अथवा महत्व नामक सामान्य जाति उनमें नहीं होती है, जैसा कि, कर्मगुणैः = कर्म और गुण पदार्थ के प्रकरण में, व्याख्यातः = कहा जा चुका है, अर्थात् जैसे कर्म से कर्मत्व और गुण से गुणत्व सामान्य जाति कही गयी है और उनमें अन्य सामान्य और विशेष का अभाव रहता है।

व्याख्या : जब बहुत सारी वस्तुओं के परिमाणों के विषय में निश्चित करना पड़ता है, तब उनको सामान्य परिमाणों को विशेष स्थिति में देखना पड़ता है, उदाहरण के लिये बालुका कणों और बड़ी रेत के कणों के अणुत्व (सूक्ष्मता) की चर्चा चल रही है तो बालू के अणुत्व का विचार केवल बालू के अणुत्व से ही है, वहाँ हम रेत के अणुत्व को नहीं देखेंगे। इसी प्रकार जब हम वृक्षों के महत्व और पहाड़ों के महत्व के विषय में अलग अलग विचार कर रहे हैं तो वृक्षों के संदर्भ में वृक्षों का महत्व ही विचारणीय होगा, वहाँ पहाड़ का महत्व विचारणीय नहीं होगा।

कर्मभिः कर्माणि गुणैश्च गुणा व्याख्याताः ॥ 15 ॥

सूत्रार्थ – कर्मभिः = कर्म पदार्थों से, कर्माणि = कर्म के सम्बन्ध तथा, गुणैः च गुण पदार्थ से, गुणाः = गुण का होना, व्याख्याताः = पहले विवेचित किया जा चुका है।

व्याख्या : जैसे पहले बताया गया है कि कर्म से कर्म उत्पन्न नहीं होता और विशेष गुण पदार्थ अन्य गुणों में नहीं रहते हैं, उसी प्रकार अणु और महत्त

परिमाण भी अन्य अणु तथा महत्त परिमाण के आश्रय में नहीं होते हैं।

अणुत्व महत्वाभ्यां कर्मगुणाश्च व्याख्याताः ॥ 16 ॥

सूत्रार्थ – अणुत्व महत्वाभ्यां = अणुत्व और महत्व में भी, कर्मगुणाः च = कर्म और गुण पदार्थों की तरह ही, व्याख्याताः = पूर्ववत् व्याख्या की गयी है।

व्याख्या : जिस प्रकार अणु तथा महत परिमाण अन्य अणु और महत्त परिमाणों के आधार नहीं होते, उसी प्रकार कर्म अथवा गुण पदार्थ भी अन्य दोनों परिमाणों के आधार नहीं होते हैं।

एतेन दीर्घत्वह्रस्वत्वे व्याख्याते ॥ 17 ॥

सूत्रार्थ – एतेन = अणुत्व और महतत्व की भाँति ही, दीर्घत्व ह्रस्वत्वे = दीर्घत्व और ह्रस्वत्व परिमाणों की भी, व्याख्याते = व्याख्या की जानी चाहिये।

व्याख्या : अणुत्व और महत्व में जिस प्रकार अन्य अणुत्व और अन्य महत्व का अभाव होता है, उसी प्रकार दीर्घत्व और ह्रस्वत्व में अन्य दीर्घत्व और ह्रस्वत्व का अभाव होता है।

अनित्येऽनित्यम् ॥ 18 ॥

सूत्रार्थ – अनित्ये = अनित्य द्रव्य मे ंपूर्वोक्त चारों परिमाण, अनित्यम् = अनित्य होते हैं।

व्याख्या : जहाँ अनित्य द्रव्यों के चारों परिमाणों का विचार किया जा रहा है, वहाँ ये परिमाण अनित्य ही होते हैं।

नित्ये नित्यम् ॥ 19 ॥

सूत्रार्थ – नित्ये = नित्य द्रव्यों (परमाणु, आकाश, दिक और काल आदि) में पूर्वोक्त चारों प्रकार के परिणाम, नित्यम्= नित्य होते है ं।

व्याख्या : जो द्रव्य नित्य कहे गये हैं, उनमें ये चारों प्रकार के परिमाण नित्य होंगे।

नित्यं परिमण्डलम् ॥ 20 ॥

सूत्रार्थ – नित्यं = निरपेक्ष रूप से नित्य है, परिमण्डलम् = परमाणु द्रव्य का पारिमण्डल्य।

व्याख्या : महर्षि कणाद ने ब्रह्माण्ड का मूल तत्व परमाणु को माना है, यह परमाणु कभी भी अनित्य नहीं होता। परमाणु को परिमण्डल कहा गया है,

उसके पारिमण्डल्य से सृष्टि की रचना होती है, इसकी नित्यता सदैव बनी रहती है।

अविद्याच विद्यालिंगम् ॥ 21 ॥

सूत्रार्थ – अविद्या च = अविद्यमानता से भी, विद्यालिंगम् =विद्यमानता का अनुमान लगाया जा सकता है।

व्याख्या : अविद्या का प्रचलित अर्थ भ्रान्ति या मिथ्याज्ञान है, किन्तु जहाँ पर भ्रान्ति होती है, वहाँ उसके आधार में यथार्थ अथवा विद्या का अस्तित्व अवश्य रहता है। यदि अविद्या का सचेतनता से अध्यवसाय किया जाय तो भ्रान्ति नष्ट होती है और विद्या प्रकट होती है। विद्या का आशय विद्यमानता से भी लिया जाता है अविद्या विद्या का आभास है, इसलिये जो दिखाई नहीं दे रहा है, परन्तु उसी के आश्रय से भ्रान्ति उत्पन्न हुई है, उस भ्रान्ति के सही आधार को ढूंढने पर तत्वज्ञान प्राप्त होता है।

विभवान्महानाकाशस्तथा चात्मा ॥ 22 ॥

सूत्रार्थ – विभवात् = व्यापक रूप से विभू होने के कारण, महानाकाशः = परम महत्परिमाण वाला आकाश, तथा च =और उसी तरह से, आत्मा = आत्मा नामक द्रव्य भी सर्वव्यापी है।

व्याख्या : कणाद ने मनुष्य शरीर में आत्मा के अस्तित्व को अनुमान के आधार पर माना है। वे यहाँ पर कहते है कि जिस प्रकार से आकाश मे विभुत्व और महत्व प्रतिभासित होता है, उसी प्रकार से मनुष्य शरीर मे रहता हुआ भी आत्मा व्यापक और प्रभावी है, उसका सम्पर्क सम्पूर्ण ब्रह्माण्ड से बना रहता है। चैतन्यता की समस्या से आधुनिक वैज्ञानिक भी जूझ रहे हैं और वे उसे ब्रह्माण्ड व्यापि गत्यात्मकता से सम्बन्धित करते हैं– यहाँ भी अभी अनुमान और लक्षण को ही आधार बनाया गया है। यहाँ यह ध्यान दिलाना अनावश्यक न होगा कि कश्मीरी शैव सम्प्रदाय, जो माहेश्वर होने के नाते महर्षि कणाद की परम्परा से जुड़ा हुआ है, आत्मा और चित्त (मन) के विषय में सूत्र रूप मे बताता है– चैतन्यमात्मा (1,1) और चित्तमन्त्र (2, 1) इनके यहा ँ परमशिव प्रकाशविमर्शात्मक, स्पन्दन स्वरूप हैं, पॉल पिशच नामक वैज्ञानिक चैतन्यता की खोज में होलोग्राफिक सिद्धान्त के अन्तर्गत स्पन्दन के फेज कोड परकाम कर रहे हैं। [70]

तदभावादणु मनः ॥ 23 ॥

सूत्रार्थ – तदभावात् = आकाश और आत्मा जैसी विभवता नहीं होने से,

अणु मनः = मन नामक द्रव्य अणु परिमाण वाला है।

व्याख्या : आत्मा द्रव्य को व्यापक और नित्य कहा गया है, परिमाण में आत्मा के विपरीत मन द्रव्य को अणुवत बताया गया है। मन प्रत्येक शरीर मे रहता है और शरीर के सूक्ष्म से सूक्ष्म अंगों के सन्निकर्ष में आकर शरीर के अन्दर की भावनाओं, सुख दुःख की अनुभूति को प्रकट करता है तथा बाह्य जगत का भी ज्ञान प्राप्त करता है।

गुणैर्दिग्व्याख्याता ॥ 24 ॥

सूत्रार्थ – गुणैः = पूर्वोक्त अणुत्व–महत्व और दीर्घत्व तथा ह्रस्वत्व जैसे चारों परिणाम वाले गुणों से ही, दिक = दिक द्रव्य की व्यापकता की गुण रूप में, व्याख्याता = व्याख्या हो गयी।

व्याख्या : दिक की व्यापकता और आकार प्रकार की विभिन्नता ही उसके असमवायिकारण के रूप में दिक के गुणों को अभिव्यक्त करती है। चारों प्रकार के परिमाणों की व्यापकता और सूक्ष्मता दिक के विस्तार में अनुस्यूत है इसलिये उसे गुण के रूप में देखा जा रहा है।

कारणे कालः ॥ 25 ॥

सूत्रार्थ – कारणे = पूर्वोक्त गुणों के असमवायिकारण की तरह ही व्यापकता के संदर्भ में, कालः =काल को भी कारणों में देखा जाना चाहिये।

व्याख्या : जैसा कि पाँचवें अध्याय के सूत्र में काल को अदृष्ट गुण और कर्मों के क्रियावैधर्म्य में देखा गया है उसी प्रकार यहाँ भी व्याप्ति के अदृष्ट परिणामों में देखा जा रहा है। वहाँ कारणेन कालः के रूप में परिभाषित किया गया है, यहाँ कारणे कालः– कारणों में काल की भाषा द्वारा अभिव्यक्त किया जा रहा है।

द्वितीय अध्याय में काल की जो परिभाषा दी गई है, उसमे कहा गया है कि नित्यता में काल नहीं रहता है, वह हमेशा अनित्यता में ही रहता है– कारणे कालाख्येति –कारणों में ही काल की आख्या है। (2, 2,9)

❑❑❑

सप्तम अध्याय

2.7.2 द्वितीय आह्निकम्

रूपरसगन्धस्पर्शव्यतिरेकादर्थान्तरमेकत्वम् ॥ 1 ॥

सूत्रार्थ – रूप रस गन्ध स्पर्श = चार प्रकार के रूप, रस, गन्ध और स्पर्श गुणों के, व्यतिरेकात् अर्थान्तर = विभेदकत्व होने के साथ अलग अर्थ प्रकट किया जाता है, एकत्वम् = एक की संख्या में।

व्याख्या : जैसा कि प्रथम आह्निक के प्रारंभ में ध्यान दिलाया है कि गुणों के विवेचन में विविध समुच्चयों में पृथकता के आधार पर उनके गुणों का सामान्यीकरण अथवा विशेषीकरण सत्ता के विचार की तरह किया जा रहा है। यहाँ एकत्व, एक पृथकत्व, परत्व, अपरत्व जैसी जाति का विचार करते हुए अभिव्यक्ति के माध्यम से शब्द (भाषा) और अर्थ का विश्लेषण किया गया है।

प्रस्तुत सूत्र में एकत्व की परिभाषा दी जा रही है। पृथक सत्ता की पहचान किसी विशेषण अथवा गुण से होती है। महाभूतों के विषय, रूप, रस, गंध और स्पर्श पृथ्वी में एक साथ भी रहते हैं और अन्य महाभूतों में जैसा कि हम जानते हैं क्रमशः कम होते जाते हैं। गुणों के विभेद से भिन्नता प्रकट होती है। एकत्व भी एक गुण है, किन्तु यह अन्य गुणों से भिन्न है, विभेदक विशेषण के साथ किसी सत्ता को प्रकट करने के लिए जरूरी होता है एकत्व।

तथा पृथकत्वम् ॥ 2 ॥

सूत्रार्थ – तथा = उसी प्रकार अपने अवयवों के साथ, अवयवि का स्वतंत्र, पृथकत्वम् = पृथकत्व है।

व्याख्या : जैसे एकत्व एक गुण है जो किसी विशिष्ट सत्ता को प्रकट करता है, उसी प्रकार किसी समुच्चय के भीतर विभेदक विशेषणों के साथ उसमें पृथकीकरण किया जा सकता है। पृथकत्व का आधार भी कुछ गुण विशेष ही होते हैं। पृथकत्व भी एक गुण ही है।

एकत्वैक पृथक्त्व योरेकत्वैक पृथक्त्वाभावोऽणुत्वमहत्वाभ्यां व्याख्यातः ॥ 3 ॥

सूत्रार्थ – एकत्वएकपृथक्त्वयोः = एकत्व की संख्या और एकपृथक्त्व की भिन्न सत्ता से, एकत्वैकपृथक्त्व अभावः = एकत्व और एकपृथकत्व नामक

जाति भिन्न है, जैसे कि, अणुत्व महत्वाभ्यां = अणुत्व और महत्व की धारणा में, व्याख्यातः = व्याख्यायित किया गया है।

व्याख्या : एकत्व किसी एक विशेषण के आधार पर भाव या सत्ता को प्रकट करता है, एक पृथकत्व ऐसा गुण है जो कि विभेदक (व्यतिरेक) की विशेषता से विभिन्न सत्ताओं को उनकी पूर्णता के साथ पृथक पहचान देता है। अब जैसा कि अणुत्व और महत्व के सामान्य जाति के विषय में विचार करते हुए हम अन्य अणुत्व या महत्व को वहाँ सम्मिलित नहीं करते हैं, उसी प्रकार जब हम एकत्व और एकपृथकत्व के सत्तात्मक समुच्चयों का विचार करते हैं तो अन्य तरह के एकत्व और एक पृथक्त्व को उसमें शामिल नहीं करते हैं।

निःसंख्यत्वात् कर्मगुणानां सर्वैकत्वं न विद्यते ॥ 4 ॥

सूत्रार्थ – निःसंख्यत्वात् = संख्या रूपी गुण न होने से, कर्मगुणानां = कर्म तथा गुण पदार्थों के, सर्वैकत्वं = सम्पूर्ण पदार्थों में एकत्व, न विद्यते = नहीं रहता।

व्याख्या : गुण और कर्म पदार्थों में विभेदक संख्या का विचार नहीं किया जाता है, इसलिये सभी प्रकार के गुणों और कर्मों में एकत्व जाति का विचार करना जरूरी नहीं है। कणाद का मन्तव्य है कि सृष्टि में विविध प्रकार की क्रियायें और गुण द्दष्टिगत होते हैं उन सभी में एकत्व का विचार नहीं किया जा सकता है।

भ्रान्तं तत् ॥ 5 ॥

सूत्रार्थ – भ्रान्तं तत् = वह एकत्व की धारणा एक भ्रान्त धारणा है।

व्याख्या : महर्षि कणाद कहते हैं कि एकत्व का विचार तो एक प्रकार की भ्रान्ति ही है। गुण और कर्मों का अन्तरावलम्बन और अन्तर्सम्बन्ध इतना अधिक संश्लिष्ट और व्यापक है कि उन्हें पूरी तरह पृथक ईकाई के रूप में देखना भ्रामक है। आधुनिक विज्ञान बताता है कि सारा ब्रह्मांड एक सांतत्य (कन्टीन्यूयम) है–यहाँ एक विस्तृत क्षेत्र और प्रक्रिया के रूप में सभी वस्तुयएं अन्य सभी घटनाओं और प्रक्रियाओं से सम्बद्ध है। सामान्य और विशेष को कणाद ने बुद्धि सापेक्ष कहा है। (1, 2, 3) इसी संदर्भ से एकत्व का विचार एक प्रकार की लाक्षणिक (उपचार) धारणा है। गुणात्मक विशेषण का निर्णय एक वैचारिक निर्णय है, उसी आधार पर ईकाई और पृथकता का निर्धारण होता है।

एकत्वाभावाद् भक्तिस्तु न विद्यते ॥ 6 ॥

सूत्रार्थ – एकत्वाभावाद् = एकत्व की धारणा के न रहने पर, भक्तिः तु =

आभासी पृथककरण की उपचार की लाक्षणिकता भी, न विद्यते = नहीं रह सकती।

व्याख्या : पिछले सूत्र में एकत्व की धारणा को भ्रान्ति मानते हुए भी कणाद ने एकत्व के अपने विचार को आवश्यक माना है। अवयवों के संयोग से ही अवयवी की धारणा बनती है। विभिन्न भाग (अंश) को हम तभी प्राप्त करते हैं जब वह किसी एक सम्पूर्ण इकाई का हिस्सा हो। भागों के निरसन से उन भागों से बनने वाली ईकाई भी निरसित हो जाती है। इसलिये ईकाई (एकत्व) की औपचारिक सत्ता की आवश्यकता तो बनी रहती है।

कार्यकारणयोरेकत्वैक पृथक्त्वाभावादेकत्वैक पृथक्त्वंन विद्यते ॥ 7 ॥

सूत्रार्थ – कार्यकारणयोः = कार्य तथा कारण दोनों में, एकत्वैकपृथक्त्व अभावात् = एकत्व और एक पृथकृत्व के न होने से, एकत्वैकपृथकत्वं = एकत्व और एक पृथकत्व की पृथकीकरण की धारणा ही, न विद्यते = नहीं रह सकती।

व्याख्या : विभिन्न अवयवों के किसी नियम विशेष से आबद्ध होने पर एक अवययी (ईकाई) उद्भूत होती है। कार्य–कारण की प्रक्रिया में भी कारण गुणपूर्वक होता है और कार्य गुण दृष्ट, कार्य से ही विभिन्न घटकों में से एक सत्ता प्रकट होती है, परन्तु कारण और कार्य में अभेद (एकत्व) और एक पृथकत्व का साधर्म्य नहीं रहता है, ऐसी स्थिति में कहा जा सकता है कि कारण कार्य के समवाय के एकत्व और एकपृथकत्व का अभाव रहता है, इसलिये एकत्व और एकपृथक्तव का नहीं रहना भी तय है। वास्तव में देखा जाए तो ये धारणायें गुणों के विभेदीकरण के लिए औपचारिक है। व्यवहार में इस प्रकार के सामान्यीकरण विशेषीकरण की प्रक्रिया में निर्णयात्मक भाव की सृष्टि के लिये ऐसे विभेद जरूरी है।

एतद्नित्ययोर्व्याख्यातम् ॥ 8 ॥

सूत्रार्थ – एतत् = यह कार्यकारण गुण पूर्वकता, अनित्ययो = अनित्य, (संख्या तथा पृथकीकरण इन दोनों में),व्याख्यातम् = व्याख्यायित हुई है।

व्याख्या : महर्षि कणाद अपने पिछले तर्कों के संदर्भ में ही यहाँ यह मानते हैं कि कार्य और कारण में विभेद नहीं है। कारण की गुण पूर्वकता और कार्य की गुण दृष्टव्यता में उत्पत्ति और विनाश की प्रक्रिया का विस्तार है और इसीलिये एकत्व और एकपृथकत्व कोई स्थायी भाव नहीं है। एकत्व और एकपृथकत्व कार्यकरण की स्थिति परिवर्तन के साथ ही बदल जायेंगे, इसलिए उन्हें अनित्य कहा गया है।

अन्यतरकर्मजः उभयकर्मजः संयोगजश्च संयोगः ॥ 9 ॥

सूत्रार्थ – संयोगः = संयोग तीन प्रकार के होते हैं, अन्यतरकर्मजः = दो द्रव्यों में से किसी एक की क्रिया से उत्पन्न संयोग, उभयकर्मज = दोनों द्रव्यों की क्रिया से उत्पन्न संयोग, उभजकर्मज = दोनों द्रव्यों की क्रिया से उत्पन्न संयोग तथा संयोगजः च = संयोगजन्य संयोग भी।

व्याख्या : इस सूत्र में संयोग गुण की परिभाषा और प्रकार दिये गये हैं। कणाद आधुनिक विज्ञान की भाषा में यह नहीं कहते हैं कि सारा ब्रह्माण्ड क्रियात्मकता और स्पन्दन का एक विशाल क्षेत्र है, किन्तु संयोग विभाग गुण के माध्यम से कर्म और गुण पदार्थों की व्याख्या करके वे परोक्ष रूप से क्रियात्मकता को ही सृष्टि रचना का कारण मानते हैं। संयोग विभाग सतत क्रिया है जो द्रव्य के साथ अनिवार्यतः बनी रहती है। जब दो वस्तुयें परस्पर मिलती है तब उनका संयोग तीन प्रकार से हो सकता है। पहला जब कोई एक वस्तु स्थिर है और दूसरी वस्तु क्रियाशील अवस्था में पहली से मिलती है तो उसे अन्यतर कर्मज संयोग कहते हैं। दूसरा जब दोनों ही वस्तुएँ क्रियाशील अवस्था में मिलें तो उसे उभयकर्मज संयोग कहते हैं। और तीसरा, जब किसी परम्परा में कोई दो वस्तुयें संयुक्त होती है, उसी तरह अन्य दो वस्तुयें संयुक्त होती है फिर इन दो संयुक्तियों का परस्पर संयोग होता है। इसी तारतम्य में संयोग प्रक्रिया चलती रहती है, तब संयोगज संयोग कहा जाता है।

एतेन विभागो व्याख्यातः ॥ 10 ॥

सूत्रार्थ – एतेन = इसी प्रकार संयोग की ही भाँति, विभागः = विभाग भी तीन प्रकार के, व्याख्यातः = व्याख्या किये गये हैं।

व्याख्या : जिस प्रकार पिछले सूत्र में संयोग गुण की व्याख्या हुई उसी तारतम्य में विभाग गुण का विवेचन भी किया जाता है। विभाग भी तीन प्रकार के होते हैं– (1) अन्यतर कर्मजन्य विभाग (2) उभय कर्मजन्य विभाग और (3) विमागज विमाग। प्रथम दो प्रकार के विभाग तो संयोग प्रक्रिया के अनुरूप विमाग गुण को प्रदर्शित करते हैं, किन्तु तीसरे प्रकार के विभागज विभाग में विभक्त वस्तु के विभाग में कारणता और अकारणता के संदर्भ में विभाग देखा जाता है जिसमे फिर कार्यता और अकार्यता के परिप्रेक्ष्य में विभाग का विवेचन किया जाता है।

संयोगविभागयोः संयोगविभागाभावोऽणुत्व महत्वाभ्यांव्याख्यातः ॥ 11 ॥

सूत्रार्थ – संयोग विभागयोः = संयोग विभाग दोनों में, संयोगविभागाभावः =

संयोगत्व विभागत्व का उसी प्रकार अभाव होता है जैसा कि अणुत्वमहत्वाभ्यां = अणुत्व और महत्व के प्रकरण में, व्याख्यातः = विवेचन किया गया है।

व्याख्या : संयोग विभाग का परिप्रेक्ष्य सदैव निश्चित पदार्थ के लिये होगा- यह एक गुण है। इसलिये जिस प्रकार हम पिछली चर्चाओं में कहते आये हैं कि सामान्य जाति सत्तात्मक है इसलिये जब एक निश्चित सामान्य जाति की चर्चा की जा रही है तो उस समय केवल उसी की चर्चा होगी, उसी प्रकार के किसी अन्य सामान्य जाति की नहीं। यहाँ कहा जा रहा है कि जैसे अणुत्व और महत्व नामक जाति में अन्य अणुत्व और महत्व का अभाव देख चुके हैं, उसी प्रकार से संयोग विभाग के निश्चित प्रकरण में एक तरह के ही संयोग विभाग की चर्चा होगी, किसी अन्य प्रकार के संयोग-विभाग की नहीं।

कर्मभिः कर्माणि गुणैगुण अणुत्व महत्वाभ्यामिति ॥ 12 ॥

सूत्रार्थ – कर्मभिः कर्माणि = जिस प्रकार कर्म पदार्थ से कर्मों को समझा गया, गुणैगुणाः = गुण पदार्थ के अनुसार गुणों को समझा गया उसी प्रकार अणुत्व महत्वाभ्यां = अणुत्व और महत्व में भी, इति =तदानुसार व्याख्यायित किया गया।

व्याख्या : इस अध्याय के प्रथम आह्निक मे ंजिस तरह से अणुत्व महत्व सामान्य जातियों के चरित्र को गुण और कर्म पदार्थों के परिप्रेक्ष्य में समझा गया है। ठीक उसी प्रकार की स्थिति इस सूत्र में पुनः उल्लेखित है। एक गुण में दूसरे गुण को नहीं देखा जाता तथा एक क्रिया में दूसरी क्रिया को नहीं देखा जाता। ठीक उसी तरह एक अणु परिमाण में दूसरे अणु परिमाण का अभाव मानना होगा। एक महत्त परिमाण में अन्य महत परिमाण को नहीं देखा जायेगा।

युतसिद्धयभावात् कार्यकारणयोः संयोगविभागौ न विद्यते ॥ 13 ॥

सूत्रार्थ – युतिसिद्धि अभावत् = अवयवों को पृथक न किये जा सकने से, कार्यकारणयोः = कार्यकारण के समवायी सम्बन्ध में, संयोग विभागों = संयोग और विभाग दोनों गुण, न विद्यते = नहीं रहते हैं।

व्याख्या : कार्य-करण के हेतुत्व में कारण के परिणामीभूत कार्य के जो भी अवयव मिलकर अवयवी ईकाई को सर्जित करते हैं, वे अवयवी को नष्ट किये बिना पृथक नही ंकिये जा सकते हैं। कारण-कार्य सम्बन्ध समवायी सम्बन्ध है इसलिये अयुतसिद्ध है (युत सिद्ध नहीं) इनके अवयवों को अलग नहीं किया जा सकता है। यही कारण है कि समवाय सम्बन्ध में संयोग-विभाग का पृथकत्व का गुण उपलब्ध नहीं होता है।

गुणत्वात् ॥ 14 ॥

सूत्रार्थ – गुणत्वात् = गुणत्व होने से भी समवायी कार्य कारणत्व में संयोग और विभाग नहीं रहते ।

व्याख्या : संयोग और विभाग गुण हैं और समवाय सम्बन्ध एक विशेष प्रक्रिया है जिसे गुण नहीं कहा जा सकता है, इसलिये भी अयुत्त सिद्ध कारण – कार्य हेतुत्व में संयोग–विभाग का अभाव होता है ।

गुणोऽपि विभाव्यते ॥ 15 ॥

सूत्रार्थ – गुणःअपि = गुणों को हालांकि, विभाव्यते = शब्दों के माध्यम से ही व्यक्त किया जाता है (फिर भी गुण और शब्द का संयोग नहीं होता है ।)

व्याख्या : सभी प्रकार के विशेषण युक्त प्रक्रियाओं को वैसे तो गुण ही कहा जाता है, किन्तु किसी एक गुण के रहते दूसरे गुण को उसके साथ मिलाकर बात नहीं की जाती है । यहाँ बहुत गंभीर तथ्य को कणाद प्रस्तुत करते है कि सभी गुणों की विभावना–अभिव्यक्तिकरण की क्रिया शब्द के माध्यम से होती है । शब्द सक्रिय है, जबकि गुण निष्क्रिय है ।

निष्क्रियत्वात् ॥ 16 ॥

सूत्रार्थ – निष्क्रियत्वात् = (शब्द का) गुण के निष्क्रिय होने से भी (उसके साथ संयोग या विभाग नहीं होता)

व्याख्या : सभी गुणों को अवस्था के रूप मे ही स्वीकार किया जाता है, वे निष्क्रिय होते हैं जबकि शब्द सक्रिय होते हैं। यहां कणाद शब्द और शब्द के द्वारा अभिव्यक्त विषय (अर्थ) के भेद को दृष्टिगत रखकर प्रस्तुत तर्क को आगे बढ़ा रहे हैं ताकि वे अगले सूत्र में इस तथ्य को बोधगम्य बनाया जा सके कि शब्द और अर्थ के बीच कोई स्थायी सम्बन्ध नहीं है ।

असति नास्तीति च प्रयोगात् ॥ 17 ॥

सूत्रार्थ – असति नास्ति इतिच = किसी वस्तु के 'न रहने पर' नहीं रहना अर्थ (गुण) के लिए "असति" भी कहा जा सकता है और "नास्ति" भी, प्रयोगात् = एक अर्थ को विभिन्न शब्दों के प्रयोग से व्यक्त किये जाने से सिद्ध होता है कि शब्द और अर्थ (गुण) का संयोग नहीं है ।

व्याख्या : हम जानते हैं कि एक ही स्थिति या अवस्था को विभिन्न शब्द व्यवहार द्वारा व्यक्त किया जा सकता है । प्रस्तुत सूत्र में कणाद ने उदाहरण स्वरूप असति और नास्ति दो भिन्न शब्दों के द्वारा नहीं रहना या अस्तित्ववान

नहीं होने जैसे एक अर्थ को व्यक्त किया है। इसलिये यह नहीं कह सकते हैं कि कोई भी विषय या अर्थ किसी एक ही निश्चित शब्द द्वारा ही अभिव्यक्त होगा।

शब्दार्थावसम्बन्धौ ॥ 18 ॥

सूत्रार्थ – शब्दार्थौ = शब्द और अर्थ दोनों, असम्बन्धौ = के बीच सम्बन्ध नहीं है।

व्याख्या : कणाद महत्वपूर्ण तथ्य को बताते हैं कि शब्द और अर्थ के बीच कोई स्थायी सम्बन्ध नहीं है। शब्द को यदि भाषा भी मान लिया जाय तो हम जानते हैं कि विभिन्न भाषाओं में किसी एक अर्थ के कितने शब्द होंगे। किसी निश्चित अर्थ को यदि एक ही शब्द द्वारा प्रकट किया जाना अनिवार्य होता तो सभी भाषायें विभिन्न ध्वनियों में विभिन्न शब्दों के द्वारा उसे प्रकट नहीं करती, उस स्थिति में विभिन्न भाषाओं के अस्तित्व को ही अस्वीकृत करना होगा।

संयोगिनोदण्डात् समवायिनो विशेषाच्च ॥ 19 ॥

सूत्रार्थ – संयोगिनः दण्डात् =दण्डा थामे मनुष्य के डण्डे के साथ संयोगी होने से, समवायिनो विशेषात् च = और समवायी सम्बन्ध वाली विशेष स्थिति से भी जैसे हाथी के सूंड के अर्थ वैषम्य होता है उसी तरह शब्द और अर्थ का न तो संयोग और न ही समवाय सम्बन्ध होता है।

व्याख्या : यहाँ एक अन्य उदाहरण के माध्यम से यह सिद्ध किया जा रहा है कि शब्द और अर्थ का न तो संयोग सम्बन्ध से और न ही समवाय सम्बन्ध से अभेद सिद्ध किया जा सकता है। यदि दण्ड (डण्डा) के अर्थ को लाक्षणिक प्रकार से भी सिद्ध करना हो तो मुश्किल है। एक दण्डधारी– डण्डा हाथ में लिये पुरुष संयोग सम्बन्ध से डण्डा हाथ में थामे है और दूसरी तरफ डण्डे की आकृति के सदृश हाथी की सूंड है जिसे लाक्षणिक ढ़ंग से डण्डे का अर्थ समझाने के लिये प्रयुक्त किया जाय– जहाँ समवाय सम्बन्ध है। ऐसी स्थिति में भी डण्डे (अर्थ) को उपरोक्त लक्षण से सीधे सम्बन्धित करना कष्ट कर है।

सामयिकः शब्दादर्थ प्रत्ययः ॥ 20 ॥

सूत्रार्थ – सामयिकः = समय अथवा वातावरण के अनुकूल, शब्दात् = शब्द के द्वारा व्यक्त किये गये, अर्थ प्रत्ययः = अर्थ और विचार को ग्रहण किया जाता है।

व्याख्या : यहाँ पर कणाद शब्दार्थ और विचार के विषय में महत्वपूर्ण तथ्य का विश्लेषण करते हैं। किसी भी विषय (अर्थ) अथवा अवधारणा को समझने के लिये शब्द या भाषा की आवश्यकता तो होती है और हम भाषा के माध्यम से

उस अर्थ प्रत्यय को समझ भी लेते हैं, परन्तु अर्थ प्रत्यय को समझने की आवश्यक शर्त होती है- सामयिकता-सामाजिक वातावरण। सामान्य जन की सामान्य समझ से उद्‌भूत होता है- विचार, शब्दार्थ की मान्यता समाज देता है। भाषा समाज तैयार करता है और विविध अर्थ प्रत्ययों के लिए शब्द तैयार कर लिये जाते हैं। उन शब्द कथन से ही अर्थ का निर्धारण करना एक सुविधा मात्र है, इसलिये यह कहा जाना उचित नहीं है कि शब्द से सदैव अर्थ निबद्ध रहते हैं।

एकदिक्काभ्यामेककालाभ्यां सन्निकृष्टविप्रकृष्टाभ्यां परमपरञ्च ॥ 21 ॥

सूत्रार्थ – एकदिक्काभ्यां = एक दिक में, एक कालाभ्यां = एक काल में, सन्निकृष्ट विप्रकृष्टाभ्यां= सन्निकट और दूरस्थ वस्तुओं में, परं अपरंच = परत्व और अपरत्व होता है। देशकाल के परिप्रेक्ष्य में किसी भी वस्तु का परत्व, अपरत्व निश्चित किया जाता है।

व्याख्या : प्रस्तुत सूत्र में परत्व और अपरत्व को विचार-यह यहाँ पर है, वह वहाँ पर है- के प्रत्यय को समझाया गया है। एक समय और काल में स्थिति या अवस्था का निर्धारण किसी निश्चित स्थिति (बिन्दु) के संदर्भ मे ही की जाती है। देशकाल में ही घटनायें, प्रक्रियायें स्थित होती है, उनका वर्णन या विवरण देने के लिये परत्व और अपरत्व की धारणा का उपयोग किया जाता है।

कारणपरत्वात् कारणापरत्वाच्च ॥ 22 ॥

सूत्रार्थ – कारणपरत्वात् = एक दिक-काल, चतुर्विमीय आयाम में, किसी वस्तु की स्थिति निर्धारित करने के लिए उसके परत्व और, कारणापरत्वात्च = अपरत्व दोनों के लिए निश्चित कारण होते हैं।

व्याख्या : परत्व और अपरत्व के विचार को जिस प्रकार से समझा गया है- ब्रह्माण्ड के चुतर्विमीय आयाम में किसी घटना या स्थिति को सही सही ढंग से निर्धारित करने के लिये निकटस्थ और दूरस्थ के माप का उपयोग किया जाता है। प्रस्तुत सूत्र में निकटता और दूरी के मापने के लिये कारणपरत्व और कारणापरत्व का विचार कणाद दे रहे हैं- क्योंकि कारणता का ध्यान रखकर ही देशकाल के चार आयामी विश्व में घटनाओं की अवस्था और स्थिति का सही निर्धारण किया जा सकता है।

परत्वापरत्वयोः परत्वा परत्वाभावोऽणुत्वमहत्वाभ्यां व्याख्यातः ॥ 23 ॥

सूत्रार्थ – परत्वापरत्वयोः = किसी भी वस्तु के पर और अपर स्थिति के निर्धारण में, परत्वापरत्वाभावः = परत्व और अपरत्व नहीं रहते हैं जैसा कि,

अणुत्वमहत्वाभ्यां = अणुत्व और महत्व के प्रकरण में, व्याख्यातः = अणुत्व और महत्व के न रहने को व्याख्यायित किया गया है।

व्याख्या : पूर्ववत जिस प्रकार से एक सामान्य जाति में केवल उसी का विचार किया जा सकता है अन्य का नहीं, यहाँ पर कणाद पुराने विचार को ही दुहरा रहे हैं। जिस प्रकार से अणुत्व और महत्व के विचार में अणु परिमाण में दूसरा अणु परिमाण नहीं रहता और महत परिमाण में अन्य महत परिमाण का विचार नहीं किया जाता है, उसी प्रकार से परत्वापरत्व के विचार में किसी अन्य परत्वापरत्व को सम्मिलित नहीं किया जाता।

कर्मभिः कर्माणि ॥ 24 ॥ गुणैर्गुणाः ॥ 25 ॥

सूत्रार्थ – पूर्वोक्त प्रकरणों की भाँति ही परत्वापरत्व में जिस प्रकार से अन्य परत्वापरत्व का विचार नहीं किया जाता है, उसी प्रकार से, कर्मभिः कर्माणि = एक कर्म पदार्थ के अन्य कर्म पदार्थ से सम्बन्ध तथा, गुणैःगुणाः = एक गुण पदार्थ के अन्य गुण पदार्थ से सम्बन्ध के बारे में नहीं सोचा जाना चाहिये।

व्याख्या : इसी अध्याय के प्रथम आह्विक में अणुत्व और महत्व के विचार के संदर्भ में गुण और कर्म की भूमिका को समझा गया है। ठीक उसी प्रकार से यहाँ दिककाल के चतुर्विमीय आयाम में घटनाओं और प्रक्रियाओं की सम्यक स्थिति और अवस्था को समझा जा रहा है। निश्चित गुण और कर्म पदार्थों की विवेचना में परात्वापरत्व की धारणा का उपयोग चार आयामी विश्व की दृष्टि से सही स्थिति और अवस्था के निर्धारण के लिये जरूरी है, ऐसी परिस्थिति इसी प्रकार के अन्य प्रत्यय को वहाँ सम्मिलित नहीं किया जा सकता है।

इहेदमिति यतः कार्यकारणयोः समवायः ॥ 26 ॥

सूत्रार्थ – इहेदमिति यतः =जिससे 'इससे यह होता है' ऐसी, कार्य कारणयोः = कार्यकारण सम्बन्ध श्रृंखला प्रकट हो, स = उसे, समवायः =समवाय कहा जाता है।

व्याख्या : वैशेषिक दर्शन के छठे पदार्थ समवाय की परिभाषा यहाँ दी जा रही है। प्रारम्भ से अभी तक विभिन्न प्रकरणों में कारण–कार्य सम्बन्ध की चर्चा होती रही है। संयोग–विभाग गुण को दो प्रकार के सम्बन्धों में देखा गया– संयोग सम्बन्ध और समवाय सम्बन्ध। पहले सम्बन्ध में युतसिद्धि की स्थिति रहती है, संयोग आसानी से विभाग मे बदला जा सकता है, किन्तु दूसरे सम्बन्ध में अयुतसिद्धि की स्थिति होती है, इसमें संयोग उस समय तक स्थायी रहता है,

जब तक संयोग से बनी सत्ता ही विनष्ट न हो जाय। कार्य-कारण के सिद्धान्त में अयुतसिद्धि का विचार समाहित है। समवाय सम्बन्ध समवेत ढंग से कारण को कार्य से सम्बद्ध करता है। इहेदमिति का आशय है- इससे यह होता है। कहा भी गया है कारण में गुण समाहित रहता है। वह कारण कार्य में गुण रूप मे ंदृष्ट होता है। कणाद का समवाय पदार्थ एक सिद्धान्त है जो अन्तरावलम्बन और अन्तर्सम्बन्ध को परिभाषित करता है।

द्रव्यत्व गुणत्व प्रतिषेधो भावेन व्याख्यातः ॥ 27 ॥

सूत्रार्थ - द्रव्यत्व गुणत्व प्रतिषेधो = समवाय पदार्थ मे ंसत्तात्मक द्रव्यत्व गुणत्व का निषेध है किन्तु, भावेन व्याख्यातः = बुद्धि सापेक्ष भाव की व्याख्या की गयी है।

व्याख्या : जैसा कि पिछले सूत्र मे ंकहा गया है कि समवाय पदार्थ एक सिद्धान्त है- प्रत्यय हैं जो अन्तरावलम्बन और अन्तर्सम्बन्धों को व्याख्यायित करता है। यह स्वयं में द्रव्य या गुण नहीं है, इसलिये समवाय प्रत्यय से द्रव्यत्व और गुणत्व जैसे सामान्य जाति का निर्धारण नहीं होता है। किन्तु समवाय सम्बन्ध सदैव किसी निश्चित भाव का निर्धारण करता है, जो स्वयं में एक विशिष्ट भाव होता है।

तत्वम्भावेन *॥ 28 ॥*

सूत्रार्थ - तत्वं = तात्विक एकता होने से समवाय पदार्थ, भावेन = भावरूप में अस्तित्व रखता है।

व्याख्या : समवायिकारण के रूप में दो या दो से ज्यादा द्रव्यों में जो कारण सक्रिय होकर नये द्रव्य का निर्माण करता है और जो एक ही द्रव्य में आन्तरिक गुणों और क्रियाओं के लिये कारण स्वरूप रहता है- वह समवाय है। समवाय सिद्धान्त में तात्विक एकत्व है और यह भाव की दृष्टि से अस्तित्ववान है।

□□□

अष्टम् अध्याय

2.8.1 प्रथम आह्निकम्

द्रव्येषु ज्ञानम् व्याख्यातम् ॥ 1 ॥

सूत्रार्थ – द्रव्येषु = द्रव्य पदार्थ के विवेचन में, ज्ञानम् = ज्ञान की द्रव्यों के गुण के रूप में,व्याख्यातम् = व्याख्या की गई।

व्याख्या : प्राणियों में संज्ञान इन्द्रियों के माध्यम से उपलब्ध होता है। तीसरे अध्याय में बताया गया है कि किस प्रकार इन्द्रियाँ अपने विषयों को ग्रहण करती हैं और आत्मा तथा मन के सन्निकर्ष से वे अनुभव ज्ञान के रूप में प्रकट होते हैं। वहाँ इन्द्रियार्थ को प्रसिद्धि (ज्ञान) कहा गया है– प्राकृतिक सामाजिक वातावरण से जो अनुभव इन्द्रियाँ प्राप्त करती हैं, उन्हीं के परिप्रेक्ष्य से अन्य सन्निकर्षों को अर्थ दिया जाता है। अर्थात् ज्ञेय साध्य को ज्ञान के हेतु इन्द्रियों और विषयों के पूर्वज्ञान से जानने का प्रयत्न होता है, इसलिये वह ज्ञान अपदेश (आभासी) होता है, साधन दोष के कारण उस ज्ञान के अनपदेश (हेत्वामासी) बनने की पूरी संभावना रहती है। वैशेषिक दर्शन में वर्णित ज्ञान या संज्ञान के विचार को गंभीरता से समझने की जरूरत है, क्योंकि इस मत मे बहुत बड़ा हिस्सा लैंगिक (अनुमान आधारित) है, जहाँ लाक्षणिकता या उपचार का उपयोग किया गया है।

पिछले संदर्भ के साथ ही प्रस्तुत सूत्र मे कहा जा रहा है कि ज्ञान सदैव द्रव्य पदार्थ के संसर्ग से ही प्रसूत होता है। अन्य दर्शनों की बनिस्बत वैशेषिक दर्शन स्पष्ट रूप मे ज्ञान को द्रव्य पदार्थ का गुण बताता है। मनुष्य का शरीर, इन्द्रिय और विषय (अर्थ) कार्य द्रव्य है, इसमें आत्मा और मन नामक-द्रव्यों के संयोग से ही ज्ञान की उपलब्धि होती है।

तत्रात्मा मनश्चाप्रत्यक्षे ॥ 2 ॥

सूत्रार्थ – तत्र = वहाँ ज्ञान के द्वारा, आत्मा मनः च = आत्मा और मन द्रव्य, अप्रत्येक्ष = प्रत्यक्ष नहीं किये गये।

व्याख्या : नित्य कारण द्रव्यों (परमाणु) से निर्मित कार्य द्रव्य, शरीर इन्द्रिय और विषय अनित्य होते हैं। तृतीय अध्याय में बताया गया है कि आत्मा और मन

नामक द्रव्यों की सत्ता को सामान्यता दृष्ट अनुमान प्रमाण से सिद्ध किया जा सकता है। ज्ञान की उत्पत्ति इन्द्रियों मन और आत्मा के सन्निकर्ष से होती है। ज्ञान परिणामी गुण है, इसलिये उससे आत्मा और मन का प्रत्यक्षीकरण नहीं होता है।

ज्ञाननिर्देशे ज्ञाननिष्पत्ति विधिरुक्तः ॥ 3 ॥

सूत्रार्थ – ज्ञाननिर्देशे = विशेष प्रकार के ज्ञान को प्राप्त करने के लिये, ज्ञान निष्पत्ति विधिः = ज्ञान की उत्पत्ति के कारणों को, उक्तः = बताया गया।

व्याख्या : यहाँ सूत्र में कहा जा रहा है कि ज्ञान निष्पत्ति की विधि का निरुपण किया गया है। यहाँ ज्ञान के निरुपण में किसी विशेष रूप से विषय, विशेषण तथा सम्बन्ध को समझने की प्रक्रिया की ओर इंगित किया जा रहा है। एक अन्य ज्ञान से निर्देश के योग्य तथा जिस प्रकार (विशेषण) से और जिस धर्म (विषय, अर्थ) को लेकर जिस विषय का ज्ञान होता है– इस विधि को ज्ञान निष्पत्ति की विधि कहा जा रहा है।

गुणकर्मसु सनिकृष्टेषु ज्ञाननिष्पत्तेद्रव्यं कारणम् ॥ 4 ॥

सूत्रार्थ – गुणकर्मसु = गुण तथा कर्म पदार्थों में, सन्निकृष्टेषु = इन्द्रियों की सन्निष्कृष्टता से, ज्ञाननिष्पत्तेः = ज्ञान की उत्पत्ति में, द्रव्यं = द्रव्य, कारणम् = कारण बताये गये।

व्याख्या : ज्ञान का द्रव्य कारण है इसे बताने के लिये कणाद कहते हैं कि शरीर के अन्दर गुण और कर्मों में– इन्द्रियों और विषयों में आत्मा और मन की सन्निकटता होने से ही जो ज्ञान निष्पन्न होता है, उसका कारण शरीर है। शरीर के अन्दर की विविध क्रियाओं और गुणों का सम्बन्ध उस ज्ञान से है जो कि उसी शरीर मे ंस्थित मन और आत्मा के संसर्ग से उत्पन्न हुआ।

सामान्यविशेषेषु सामान्यविशेषाभावांत्तत्त एव ज्ञानम् ॥ 5 ॥

सूत्रार्थ – सामान्य विशेषेसु = द्रव्य गुण कर्म में सामान्य विशेष प्रक्रियाओं के यथोचित क्रम में, सामान्य विशेषाभावात् = अन्य प्रकार के सामान्य विशेष पदार्थों के न होने से (उचित अन्वय व्यतिरेक होने से), ततःएव = उसी विशिष्ट प्रत्यक्षता से, ज्ञानं = अपेक्षित ज्ञान उत्पन्न होता है।

व्याख्या : वैशेषिक दर्शन में आवृत्ति और व्यावृत्ति की योजना के माध्यम से कर्मों और गुणों की व्याप्ति या विशेष रूप में सीमित करने के लिये सामान्य और विशेष पदार्थ का सिद्धान्त बनाया गया है। विश्व में सभी घटनायें अपने

गुण-धर्म के साथ स्थित हैं, इनका अन्य घटनाओं या प्रक्रियाओं से भी अन्तरावलम्बन है, इसलिये प्रक्रियाओं की व्याप्ति के लिए साधर्म्य का सामान्यीकरण किया जाता है और विशेष प्रकार की पहिचान या विशिष्टता के लिये वैधर्म्य (विभेद)का विशेषीकरण किया जाता है। सामान्य-विशेष की प्रक्रिया द्रव्यत्व, गुणत्व और कर्मत्व जैसी सामान्य जाति के विचार को अभिव्यक्त करती है- निर्णायात्मक सत्ता की धारणा प्रकट करती है । सामान्य और विशेष की योजना बुद्धि सापेक्ष है जो वास्तव में सम्बन्धों के विशदीकरण या सीमित करने का तरीका है। यह सूत्र कणाद के मूल तत्व ज्ञान साधर्म्य और वैधर्म्य के विवेचन को ही प्रस्तुत करता है। जब किसी विशेष संदर्भ में सामान्य विशेष का विचार चल रहा है तो अन्य प्रकार का सामान्य विशेष का विचार वहाँ सम्मिलित नहीं किया जा सकता है और उचित अन्वय व्यतिरेक से हम अभीष्ट ज्ञान को प्राप्त कर लेंगे।

सामान्य विशेषापेक्षं द्रव्यगुणकर्मसु ॥ 6 ॥

सूत्रार्थ – सामान्य विशेषापेक्षं = द्रव्यत्व, गुणत्व, कर्मत्व रूपी सामान्य जातियों में विशेष सापेक्ष बुद्धि के द्वारा, द्रव्यगुण कर्मसु = द्रव्य,गुण और कर्मों में उचित अन्वय व्यतिरेक पद्धति से सही ज्ञान प्राप्त होता है।

व्याख्या : महर्षि कणाद के यथार्थवाद का मूल आधार सत्ता को व्यावहारिकता की दृष्टि से विवेचित करना है। कोई भी प्रक्रिया, घटना, वस्तु अन्योन्याश्रित रूप में द्रव्य, गुण और कर्म का संयोजन होती है। द्रव्य, गुण और कर्म पदार्थ सतत् परिवर्तनशील है- संयोग-विभाग की अनपेक्ष क्रिया से इनका स्वरूप कारणों के माध्यम के द्वारा निरन्तर बदलता रहता है। यही तथ्य इस सूत्र में दिया गया है कि सामान्य विशेष की बुद्धि सापेक्ष योजना के अनुसार द्रव्य, गुण और कर्म से बनने वाली सत्ताओं का उचित विवेचन करके यथार्थ ज्ञान को प्राप्त किया जा सकता है।

द्रव्ये द्रव्यगुणाकर्मापेक्षम् ॥ 7 ॥

सूत्रार्थ – द्रव्ये = किसी भी अभीष्ट द्रव्य में, द्रव्य गुण कर्म आपेक्षम् = द्रव्य, गुण और कर्म पदार्थों के उचित भेदाभेद विवेचन से ज्ञान प्राप्त होता है।

व्याख्या : पिछले अध्याय में छठे पदार्थ समवाय की परिभाषा से यह स्पष्ट होता है कि समवाय बुद्धि सापेक्ष भाव रूपी सत्ता है। समवाय गत्यात्मक सत्ता न होने के बावजूद द्रव्यों के बीच समवाय सम्बन्धों का विवेचन करती है – उससे न द्रव्यत्व होता है, न गुणत्व। उससे ठीक विपरीत इस सूत्र में हम देख रहे हैं

कि कणाद के द्वारा प्रतिपादित छः पदार्थ– द्रव्य, गुण, कर्म, सामान्य, विशेष और समवाय के निरपेक्ष नित्य द्रव्य का संदर्भ यहाँ नहीं है। इस सूत्र में वर्णित द्रव्य कार्य द्रव्य है जो उत्पत्ति, स्थिति और लय की प्रक्रियाओं में विविध स्वरूप ग्रहण करता रहता है। इसीलिये कणाद कह रहे हैं कि कोई भो द्रव्य सदैव द्रव्य, गुण और कर्म के पारस्परिक अन्तर्सम्बन्धों की अपेक्षा रखता है, जब किसी भी द्रव्य का यथार्थ ज्ञान प्राप्त करना है तो हमें वहाँ क्रियाशील द्रव्य, गुण और कर्म का उचित विवेचन करना होगा।

गुणकर्मसु गुणकर्माभावाद् गुणकर्मापेक्षं न विद्यते ॥ 8 ॥

सूत्रार्थ – गुणकर्मसु = किसी विशिष्ट गुण और कर्म पदार्थों में, गुणकर्मा भावात् = अन्य गुण और कर्म का अभाव होने से निष्पन्न अपेक्षित ज्ञान के लिये, गुणकर्मापेक्षं न विद्यते = किसी प्रकार के अन्य गुण और कर्म की अपेक्षा नहीं रहती है।

व्याख्या : यह सूत्र निर्विकल्प प्रत्यक्षता का बहुत अच्छा उदाहरण है। सम्पूर्ण तदाकारता में– तल्लीनता में ज्ञान स्वतः स्फूर्त होता है, वहाँ किसी पूर्वज्ञान की अपेक्षा नहीं रहती है। जब कोई व्यक्ति या प्रक्रिया किसी विशेष प्रकार के गुण और कर्म में तल्लीन है, तब वहाँ कोई अन्य प्रकार का गुण और कर्म नहीं होता है और वैसी स्थिति में ऐसे किसी गुण और कर्म की अपेक्षा भी नहीं होती है। इसी निर्विकल्प प्रत्यक्षता को अगले सूत्र में एक विशेष उदाहरण देकर समझाया गया है।

समवायिनः श्वैत्याच्छवैत्य बुद्धेश्च श्वेते बुद्धिस्ते एते कार्यकारणभूते ॥ 9 ॥

सूत्रार्थ – समवायिनः = समवायी कार्य–कारण सम्बन्ध से वर्तमान, श्वेत्यात् = श्वेत गुण से (किसी शंख में), श्वैत्य बुद्धेच = और श्वैत्य ज्ञान से भी, श्वेते = श्वेत द्रव्य (शंख) का, बुद्धिः = ज्ञान होता है। ते एते = वे ये दोनों (विशेष और विशेषण), कार्यकारण भूते = कार्य और कारण रूप में ज्ञातता उपलब्ध कराते हैं।

व्याख्या : कल्पना कीजिये कि एक श्वेत शंख हमारे सामने है हम श्वेत शंख को देख रहे हैं। श्वेत शंख से जब हमारा तादात्म्य स्थापित होता है तब श्वेत शंख का ज्ञान (संज्ञान), शंख की श्वेतता (विशेषण) से और श्वेतता के ज्ञान (अर्थ) से सम्मिलित प्रभाव से उत्पन्न होता है। तात्पर्य यह है कि श्वेत शंख और उसके प्रथम प्रभाव (श्वेतता) के बीच और फिर प्रथम प्रभाव (श्वेतता) और श्वेत रंग के ज्ञान के बीच समवाय राम्बन्ध बनता है। पहला प्रभाव जहाँ केवल

श्वेतता ही है, निर्विकल्प ज्ञान की स्थिति है, परन्तु जब बाद में श्वेत रंग का ज्ञान उदित होता है तो यह सविकल्प ज्ञान बन जाता है।

द्रव्येष्वनितरेतरकारणां ॥ 10 ॥

सूत्रार्थ – द्रव्येषु = द्रव्य पदार्थों में, अनितरेतर = अन्योन्याश्रय रहित, कारणाः = हेतुवाली बुद्धि (ज्ञान) होती है। बुद्धि विभेदक होती है।

व्याख्या : अनेक द्रव्य विभिन्न कारणों से विविध स्वरूप ग्रहण करते हैं इसलिये ऐसा नहीं कहा जा सकता है कि कोई एक ही कारण सभी द्रव्यों के स्वरूप का निर्धारण कर रहा है। द्रव्य के स्वरूप की विविधता से ही कारण की विविधता की अपेक्षा स्वाभाविक तौर पर बुद्धि को हो जाती है, क्योंकि बुद्धि विभेद को आसानी से ग्रहण कर लेती है।

कारणायौगपद्यात् कारणक्रमाच्च घटपटादिबुद्धिनां क्रमो न हेतु फल भावात् ॥ 11 ॥

सूत्रार्थ – कारण अयौगपद्यात् = कारणों के युग पद (एक काल में एक साथ) न होने से, कारणक्रमात् च = और उन कारणों के निश्चित क्रम में होने से भी, घटपटादिबुद्धीनां = घट, पट आदि ज्ञानों का, क्रमः = क्रम होता है, न हेतुफलभावात् = उनमें हेतु फल भाव (साध्य–साधन सम्बन्ध) नहीं होता है।

व्याख्या : किसी भी कार्य का कारण उससे विशेष रूप से सम्बद्ध रहता है, इसलिये कोई एक कारण एक साथ दो या दो से अधिक असम्बद्ध घटनाओं को क्रियान्वित नहीं कर सकता है। कारणों को समझने वाली बुद्धि में भी एक साथ सभी घटनाओं को समझने की सामर्थ नहीं होती है, उन कारणों के अनुरूप बुद्धि की समझ मे भी क्रम होता है। घटनाओं के परिणाम में कोई क्रम होना जरूरी नहीं है। जैसे कोई वस्त्र करघे पर बना और एक घड़ा कुम्हार के यहाँ बना, वस्त्र के बनने का कारण और घड़े के बनने का कारण परस्पर सम्बद्ध नहीं है।

❑❑❑

अष्टम् अध्याय

2.8.2 द्वितीय आह्निकम्

अयमेष त्वया कृतं भोजयनमिति बुद्धयपेक्षम् ॥ 1 ॥

सूत्रार्थ – अयं = यह है, एषः = वह है, त्वया कृतं = तुमने यह किया है, भोजय एवं = इसे भोजन कराओ, इति = इस प्रकार वाक्य, बुद्धयपेक्षम् = सापेक्ष बुद्धि (ज्ञान) वाले हैं।

व्याख्या : इस आह्निक मे ंपूर्व ज्ञान पर आधारित ज्ञान की चर्चा है, स्मृति मे ंया संस्कार से प्रत्येक व्यक्ति संसार को समझते हैं जब उसके सामने कोई घटना घटित होती है तो वह उसका संज्ञान अपनी संज्ञा (स्मृति) या संस्कार के अनुसार लेता है। यहाँ जब कहा जा रहा है– यह है, वह है, तुमने यह किया है इसे भोजन कराओ इत्यादि तब बोलने वाले व्यक्ति के मन में पूर्वज्ञान या अनुभव पहले से विद्यमान है, उसी बुद्धि सापेक्ष से वह ऐसा विभेद कर पा रहा है।

दृष्टेषु भावाददृष्टेष्वभावात् ॥ 2 ॥

सूत्रार्थ – दृष्टेषु भावात् = इन्द्रियों द्वारा जो प्रत्यक्ष होता, वैसे ही ज्ञान का आधार बनता है, अदृष्टेषु अभावात् = जो वस्तुये ंहमारी जानकारी में नहीं है, उनका विचार उत्पन्न नहीं होता है।

व्याख्या : ज्ञान की उत्पत्ति का आधार बाह्य वातावरण के साथ इन्द्रियों और मन का सन्निकर्ष है। मन में जो तात्कालिक ज्ञान उत्पन्न होते हैं, वे बाह्य वस्तुओं के द्वारा हमारे इन्द्रिय और मन पर प्रभाव डालने से ही प्रकट होते हैं। यहां दृष्टि कहकर नेत्रेन्द्रिय पर बाह्य प्रभाव की बात कही जा रही है, जब तक कोई वस्तु हमारे सामने है उसे देखकर उस सम्बन्ध में हम विचार करते हैं, जब वह हमारे सामने नहीं होती है, तो स्वाभाविक है कि उसका प्रभाव हमारे नेत्र पर नहीं है, इसलिये उसका विचार भी नहीं आता।

अर्थ इतिद्रव्यगुणकर्मसु ॥ 3 ॥

सूत्रार्थ – अर्थ = सम्यकअर्थ (यथार्थ), इति = सदैव, द्रव्यगुणकर्मसु = द्रव्य, गुण और कर्म पदार्थों के परस्परावलंबन से ही प्राप्त किया जा सकता है।

व्याख्या : कणाद अर्थ पद का सम्बन्ध द्रव्य, गुण और कर्म के अन्योन्याश्रित भाव से मानते हैं, जैसा कि पहले कहा गया है कि कणाद का यथार्थ ज्ञान सत्ता की सही समझ बनाने का ज्ञान है। उन्होंने अपने विश्व सम्बन्धी तत्व ज्ञान के वर्गीकरण को भी पदार्थ कहा है। पदार्थ का प्रचलित अर्थ वस्तु के लिये बहुत बाद में प्रयुक्त होने लगा। कणाद की विचार प्रणाली में पदार्थ = पद +अर्थ, ज्ञान के मौलिक तत्वों की समझ (बोध गम्यता) है। पद संस्कृत भाषा में विशिष्ट शब्द रचना के लिए प्रयुक्त होता है। कणाद ने वैशेषिक दर्शन के पहले अध्याय में सत्ता की परिभाषा– सदिति यतो द्रव्यगुणकर्मसु सा सत्ता (1,2,7) के रूप में दी है यह व्यावहारिक सत्ता है और यहाँ पर अर्थ के लिये, जो कि विषय और ज्ञान की भावात्मक व्याख्या करता है, भी ठीक उसी प्रकार से– अर्थ इति द्रव्य गुण कर्मसु कहा है। कणाद के लिये सत्तात्मक ज्ञान और भावात्मक ज्ञान आवश्यक रूप से क्रिया सामर्थ्य वाला ज्ञान है। अर्थ की आर्हत् (जैन) मत के अनुसार परिभाषा है– दव्वाणि गुण तेसिं पज्जाया अट्ठसण्णया भणिया (प्रवचनसार 94)– द्रव्य,गुण और उनकी पर्यायें अर्थ नाम से कही गई है। यहाँ पर्याय क्रियात्मकता (कर्म) नहीं बल्कि अवस्थाओं के परिवर्तन के लिये प्रयुक्त होता है इसलिये अर्थ की जैन परिभाषा भावात्मक है जबकि वैशेषिक परिभाषा क्रियात्मक।

द्रव्येषु पञ्चात्मकत्वं प्रतिषिद्धम् ॥ 4 ॥

सूत्रार्थ – द्रव्येषु = द्रव्यों में, पञ्चात्मकत्वं प्रतिषिद्धम् =(शरीर इन्द्रिय और विषय के आश्रय द्रव्य–कार्य है जो त्रिविध पार्थिव, जलीय और तेजस है इनसे ही अर्थक्रियाकारी ज्ञान उत्पन्न होता है) इसलिये यहाँ पञ्चात्मक द्रव्य का निषेध किया गया है।

व्याख्या : कणाद ने स्वयं ने मानव जीवन पर कार्य द्रव्य के प्रभाव को त्रिविध– शरीर, इन्द्रिय और विषय (4,2,1) के स्तर पर वर्गीकृत किया है। इसलिये वे ज्ञान के आधार के रूप में भी इन्हीं तीन को देखते हैं, जहाँ शरीर द्रव्य है, इन्द्रियाँ कर्म है और विषय गुणात्मक संज्ञान है। यहाँ गौतम बुद्ध के पंचास्कान्धात्मक जगत का विचार मन में आता है जिसके अनुसार रूप, वेदना, संज्ञा, संस्कार और विज्ञान का पंचवर्गीय स्तर है। लगता है कणाद वेदना और संज्ञा को इन्द्रिय के अन्तर्गत रखते हैं और संस्कार तथा विज्ञान को विषय के अन्तर्गत रखते हैं। कणाद ने वायु और आकाश की सत्ता विरलता के कारण व्यावहारिक रूप में स्वीकार नहीं की है, इन्हें वे अप्रत्यक्षता का आधार मानते हैं, इसलिये भी वे स्थूल द्रव्य को पृथ्वी, जल और तेजस से बना हुआ मानते हैं।

भूयस्यत्वाद् गन्धवतत्वाच्च पृथिवी गन्धज्ञाने प्रकृतिः ॥ 5 ॥

सूत्रार्थ – भूयस्त्वात् = अपने अवयवों की बहुतायत होने से, गन्धवत्वात्च = और गन्धवान होने से भी, पृथिवी = पार्थिव द्रव्यों से, गन्धज्ञाने = गन्ध सम्बन्धी ज्ञान, प्रकृतिः = प्रकृत रूप से प्राप्त होते हैं।

व्याख्या : भौतिक द्रव्यों का गठन उनके गुण विशेष के अनुरूप होता है। पृथवी महाभूत में वैसे तो गन्ध गुण के अतिरिक्त रस, रूप और स्पर्श गुण भी विद्यमान होते हैं, किन्तु पृथ्वी द्रव्य अधिकता से उसमें गन्धधारिता अधिक मात्रा में है। उसके इस गंध सम्बन्धी ज्ञान का ग्रहण प्रकृत रूप से नासिका द्वारा किया जाता है। हमारे शरीर की ज्ञानेन्द्रियाँ उनके विषयों का ग्रहण करती हैं। जैसे पृथवी महाभूत के गुण को नासिका आसानी से पहिचान लेती है, उसी प्रकार अन्य ज्ञानेन्द्रियाँ अन्य महाभूतों के गुणों का ज्ञान उपलब्ध करती हैं।

तथापस्तेजो वायुश्च रसरूपस्पर्श विशेषात् ॥ 6 ॥

सूत्रार्थ – तथा = उसी प्रकार, आपः = जल, तेजः = तेज, वायुः च = और वायु से भी, रसरूपस्पर्शविशेषात् = क्रमशः रसेन्द्रिय, रूपेन्द्रिय और स्पेर्शन्द्रिय के माध्यम से विशेष ज्ञान (अर्थत्व) प्राप्त होता है।

व्याख्या : पिछले सूत्र में जिस प्रकार से पृथवी के गुण गन्ध का ज्ञान नासिका को स्वभावतः होता है, उसी प्रकार यहाँ जल, तेज और वायु महाभूतों के गुणों को ग्रहण के लिये अन्य ज्ञानेन्द्रियों का विचार किया जा रहा है। जल महाभूत में रस गुण की अधिकता है, उसका ज्ञान रसना के द्वारा होता है। तेज महाभूत का गठन इस प्रकार का होता है कि उसमें रूप गुण का आधिक्य होता है, जिसे नेत्रेन्द्रिय के द्वारा उपलब्ध किया जाता है। वायुमहाभूत के गुण का ज्ञान त्वचा के माध्यम से स्पर्श की अनुभूति करके प्राप्त किया जाता है।

इस प्रकार आठवें अध्याय के दूसरे आह्निक में जिस ज्ञान प्रक्रिया का विश्लेषण किया गया है उसमें मन और ज्ञानेन्द्रियों में पूर्व से ही उन विषयों का थोड़ा बहुत संस्कार या स्मृति रहती है, जब तत्सम्बनधी घटनायें हमारे सामने होती हैं, तो तत्काल अपनी स्मृति और संस्कार के तारतम्य मे विशद ज्ञान की उपलब्धि की जाती है।

❑❑❑

नवम् अध्याय

2.1.9 प्रथम आह्निकम्

क्रियागुण व्यपदेशाभावात् प्रागसत् ॥ 1 ॥

सूत्रार्थ – क्रियागुण व्यपदेश अभावात् = क्रिया तथा गुण के अभिधान (व्यपदेश) न होने से, प्राक् = कार्य की उत्पत्ति के पूर्व, असत् = कार्य नहीं था, इस प्रकार से प्रागभाव सिद्ध होता है।

व्याख्या : नवें अध्याय में कणाद ने असत् अर्थात् अभाव का विश्लेषण किया है। यहाँ यह बात ध्यान में रखने की है कि कणाद ने पदार्थों का वर्गीकरण केवल छः प्रकार का ही किया है, किन्तु बाद के नैयायिकों ने उसमें अभाव नामक पदार्थ भी जोड़कर पदार्थों की संख्या सात करना चाही है। इस कृत्य को वैशेषिक दर्शन की मूल भावना को विकृत करने का अविवेकपूर्ण प्रयास माना जाना चाहिये। कणाद ने अभाव शब्द का प्रयोग अपने सूत्रों में खूब किया है किन्तु वहाँ उसका आशय किसी वस्तु या प्रक्रिया में कुछ विशेष को सम्मिलित न किया जाने से ही है, किसी सत्ता के अस्तित्व के अभाव के संदर्भ में नहीं। कणाद अपने सम्पूर्ण चिन्तन में दृष्ट और अदृष्ट कारणों का विवेचन करते हैं, जो तथ्य प्रत्यक्ष दृष्टिगत हैं, उनकी विवेचना भी स्पष्ट है किन्तु अदृष्ट कारणों को वे लक्षण और लिंग के माध्यम से स्पष्ट करना चाहते हैं। अप्रत्यक्ष भी हेतु है, इसलिये उसके प्रभावों का विवेचन ही कणाद का लक्ष्य रहा है। अभाव के विचार से किसी भी तरह की स्वैच्छाचारिता या यदृच्छा को वे कहीं भी प्रश्रय नहीं देते हैं।

इस अध्याय में असत् का विचार सत्ता के प्रत्यक्ष न होने से है, यहाँ विवेचित असत् के विविध प्रकारों को ही बाद के नैयायिकों ने प्रागभाव, ध्वंसाभाव, अन्योन्याभाव, अत्यन्ताभाव के रूप में प्रतिपादित किया है। प्रस्तुत सूत्र में कणाद कहते हैं कि कार्य और गुण का जब व्यवहार ही नहीं है तो वैसे कार्य की कल्पना नहीं की जाती है, वह प्रागसत है। कणाद के अनुसार कार्य के प्रारंभ होने पर ही उसकी सत्ता मानी जानी चाहिये। कारण में कार्य विद्यमान है– यह सिद्धान्त सांख्यवादियों का है इसीलिये वे सतकार्यवादी कहे जाते हैं। वैशेषिक

दर्शन में कार्य गुण दृष्ट है, जब तक उसका प्रारंभ नहीं होता है, वह असत् है इसीलिये वैशेषिक दर्शन को असत्कार्यवाद कहा जाता है।

सदसत् ॥ 2 ॥

सूत्रार्थ – सत् = कारणव्यापार के अनन्तर उत्पन्न अतएव सत् (घट), वर्तमान वस्तु, असत् = मुग्दरपात जैसे आघात से ध्वंस्त होकर असत् (अविद्यमान) हो जाता है। इससे ध्वंसाभाव सिद्ध हुआ।)

व्याख्या : जब कोई कार्य और गुण व्यवहार में है तब ही वे सत् है और जब उनका कार्य और गुण अस्तित्व में नहीं रहा तो वह असत् हो गया। उदाहरण के लिए मिट्‌टी का घड़ा रखा हुआ है, उसका कार्य और व्यवहार प्रत्यक्ष है इसलिये वह सत् है, किन्तु जब उसे डण्डे के प्रहार से ध्वस्त कर दिया गया है तो घड़े का कार्य और गुण अब वहाँ नहीं है। इसलिये घड़ा अब असत् हो गया।

असतः क्रियागुणव्यपदेशाभावादर्थान्तरम् ॥ 3 ॥

सूत्रार्थ – असतः = असत् (अविद्यमान) वस्तु में, क्रियागुण व्यपदे शाभावात् = क्रियावत्व और गुणवत्व का अभिधान (व्यपदेश) नहीं किया जा सकता है जबकि सत् (भाव पदार्थ) में क्रिया तथा गुण संलग्न रहते हैं, अर्थान्तरम् = इसलिये भाव पदार्थ से अभाव पदार्थ भिन्न होता है।

व्याख्या : जैसा कि पिछले सूत्र की व्याख्या में सत् और असत् के विचार को समझा गया, वही बात इस सूत्र मे कही गई है। कणाद के लिये क्रिया और गुण का व्यवहार ही सत्ता का मापक है। जब क्रिया और गुण का व्यवहार चलता रहेगा तब सत् की सत्ता वहाँ बनी रहेगी, किन्तु जैसे ही क्रिया और गुण का व्यवहार नष्ट हो गया, वहाँ असत् का भाव आ गया– सत्ता वहाँ नही रही।

सच्चासत् ॥ 4 ॥

सूत्रार्थ – सतच = सत् (वर्तमान) वस्तु के होने से, असत् = अविद्यमान वस्तु का जब विचार हो तो वह अन्योन्याभाव होता है। घट है पट नहीं है।

व्याख्या : एक ही समय मे सत् और असत् के विचार को स्पष्ट करना हो तो हमें दो भिन्न वस्तुओं के अस्तित्व के विषय में सोचना होगा। मान लीजिये हमारे सामने एक घड़ा रखा हुआ है– घड़े की क्रिया और गुण का व्यवहार वहाँ दृष्ट है इसलिये घड़ा तो वहाँ सत् हुआ। हमारे मन में अब पट (कपड़े) का विचार आया किन्तु कपड़ा हमारे सामने नहीं है, वहाँ पट का कार्य और गुण व्यवहार प्रत्यक्ष नहीं है, इसलिये पट असत् हुआ।

यच्चान्यदसदतस्तदसत् ॥ 5 ॥

सूत्रार्थ – यत् च = यह जो है, अन्यत् = जो दूसरा है, असत् = जो वर्तमान नहीं है, अतः = इस प्रकार त्रिविध अभावों से, तत् = वह, असत् = अनस्तित्ववान, अत्यन्ता भाव सिद्ध होता है ।

व्याख्या : इस सूत्र के पहले सूत्रों में जितने प्रकार के असत् बताये गये हैं, उनसे बिल्कुल ही भिन्न असत् की ओर इंगित किया गया है । यह जो है प्रागासत और दूसरा ध्वंसासत और तीसरा अन्योन्यासत इससे भी भिन्न जो असत् है वह अत्यान्तासत है, जिसके होने की कभी संभावना ही नहीं होती । आकाश कुसुम,मत्स्यकन्या जैसे कल्पना प्रसूत वस्तुओं का अत्यन्ताभाव ही होता है ।

असदिति भूतप्रत्यक्षाभावात् भूतस्मृतेर्विरोधिप्रत्यक्षवत् ॥ 6 ॥

सूत्रार्थ – असत् इति = जो अब नहीं है, भूत प्रत्यक्ष अभावात् = वह उत्पन्न होकर नष्ट हो जाने के बाद अनुपलब्ध (प्रत्यक्षाभाव), भूतस्मृतिः = भूतपूर्व स्मृति से, विरोधि प्रत्यक्षवत् = प्रध्वंसाभाव का प्रत्येक्ष ज्ञान होता है ।

व्याख्या : पिछले सूत्रों में ऐसी असत् स्थितियों की चर्चा की गई जिनका प्रत्यक्ष नहीं होता है, वे अप्रत्यक्ष रही । इस सूत्र और अगले सूत्र में असत् के प्रत्यक्षता के पक्ष को कैसे समझा जाता है, इसका विश्लेषण है । कोई वस्तु जो नष्ट हो चुकी है– वह असत् है, अप्रत्यक्ष है । किन्तु उसके भूतकाल मे रहने की स्मृति से अप्रत्यक्षता का प्रत्यक्ष भाव स्मृति में अभी प्रध्वंसासत की तरह प्रत्यक्षवत है ।

तथाऽभावे भावप्रत्यक्षत्वाच्च ॥ 7 ॥

सूत्रार्थ – तथा = प्रध्वंसाभाव की ही भाँति, अभावे = अनुलब्ध वस्तु से, भावप्रत्यक्षत्वात् = भाव रूप मे प्रत्यक्ष होने से प्रागभाव का प्रत्यक्ष होना कहा गया है ।

व्याख्या : प्रागभाव अथवा प्रागसत् जो घटना पहले नहीं घट रही थी, उसकी अनुपस्थिति में उसके बारे में सोचा जा रहा था, तब वह अप्रत्यक्ष असत् थी, किन्तु उसी असत् को अब प्रत्यक्ष रूप में सत् की भाँति देखा जा रहा था । पहले वर्षा नहीं हो रही थी, वह प्रागसत् थी किन्तु वर्तमान में यदि वर्षा हो रही है तो प्रागसत् को क्रिया और व्यवहार में अस्तितवान सत् के रूप में प्रत्यक्ष किया जा रहा है।

एतेनाघटोऽगौरधर्मश्च व्याख्यातः ॥ 8 ॥

सूत्रार्थ – ऐतेन = इससे, अघटो= घट से भिन्न है, अगौः = गौ से भिन्न है, अधर्मः = वांछित धर्म (व्यवहार) से भिन्न है, व्याख्यातः = इस प्रकार अभाव धारणा की व्याख्या की गयी।

व्याख्या : यहाँ असत् अर्थात् अभाव को नकारार्थी प्रकार से प्रत्यक्ष किया जा रहा है। सामने जो घड़ा है, वह दूसरे घड़े से भिन्न है, इसी प्रकार जो गाय सामने प्रत्यक्ष हो रही वह अन्य गाय से भिन्न है या फिर सामने जो पशु दिखाई दे रहा है, वह गाय से भिन्न (अगौः) है। यहाँ पर स्वभाव या धर्म के आधार पर (कार्य और गुण) जिसका प्रत्यक्ष किया जा रहा है, उसे जो नहीं है (असत्) उसके अभाव (असत) का भी प्रत्यक्ष (वर्तमान काल में) किया जा रहा है।

अभूत् नास्तीत्यनर्थान्तरम् ॥ 9 ॥

सूत्रार्थ – अभूतं = वर्तमान नहीं है, न अस्ति = यह वह नहीं है, इति = यह दोनों प्रतीति, अनर्थान्तरम् = अभाव को ही अभिव्यक्त करती है। (इनमें अर्थान्तर नहीं है।)

व्याख्या : पिछले सूत्र की व्याख्या ही यहाँ तार्किकता और भाषा के संदर्भ में बतायी जा रही है। जो वर्तमान नहीं है, वह अभूत है। इसी बात को दूसरी प्रकार हम कह सकते हैं –यह वह नहीं है– न अस्ति। असत् और सत् विपरीतार्थी है असत् को सत् के नकारार्थी के रूप में और सत् को असत् के नकारार्थी के रूप में व्यक्त कर सकते हैं। बीजगणित में नकारार्थी गुण का बहुत महत्व है।

नास्तो घटो गेहे इति सतो घटस्य गेहसंसर्ग प्रतिषेधः ॥ 10 ॥

सूत्रार्थ – न अस्ति घटः गेहे = घट गृह में नहीं है, इति = ऐसा कहने से, सतः घटस्य गेह संसर्ग प्रतिषेधः = वर्तमान घट का गृह से संयोग का निषेध भर बताया जा रहा है। इस प्रकार के घट–गृह संयोग से परिस्थिति अनुसार प्रागभाव, प्रध्वंसाभाव और अत्यन्ताभाव परिभाषित किये जा सकते हैं।

व्याख्या : इस सूत्र में लौकिक प्रत्यक्षता को किस प्रकार अप्रत्यक्षता के रूप में समझा जाय, उसका बहुत अच्छा उदाहरण दिया गया है। जो वाक्य यहाँ दिया गया है, उसी का विविध रूप मे विश्लेषण कर विविध प्रकार के असत् की भावना को समझा जा सकता है।

घर में घड़ा नहीं है– ऐसा कहने पर वर्तमान में घड़े का घर से संयोग निषेध बताया जा रहा है। यदि कहा जाय कि घर में घड़ा था तो उपरोक्त कथन को दूसरे ढंग से कहा जा रहा है अर्थात् इसी कथन से प्रध्वंसाभाव बताया जा रहा

है। इसी वाक्य से यह भी आशय निकाला जा सकता है कि वर्तमान में घर में घड़ा नहीं है, भविष्य में वहाँ घड़ा होगा। तब यह प्रागभाव का उदाहरण बन जाता है। अब यदि सतः घटस्य गेह संसर्ग प्रतिषेध– का शाब्दिक आग्रह समझा जाय कि जो घड़ा सामने दिखाई दे रहा है (सत) उसका गृह से कभी भी संसर्ग नहीं बनेगा, तब यही वाक्य अत्यन्ताभाव का उदाहरण बन जाता है।

आत्मन्यात्ममनसोः संयोगविशेषादत्मप्रत्यक्षम् ॥ 11 ॥

सूत्रार्थ – आत्मनि = अपने स्वयं के शरीरेन्द्रिय के साथ, आत्ममनसोः = आत्मा और मन के, संयोगविशेषात् = विशेष प्रकार के संयोग होने से, आत्मप्रत्यक्षम् = अपने व्यक्तित्व को भलीभांति समझा जा सकता है, प्रत्यक्ष किया जा सकता है।

व्याख्या : अभी तक हमने सामान्य प्रत्यक्षता और अप्रत्यक्षता का विचार किया है, अगले सूत्रों में आत्मा और मन जैसे अदृष्ट द्रव्यों की प्रत्यक्षता का विवेचन किया जा रहा है। आत्मानि से आशय स्वयं के शरीर, इन्द्रिय और विषय समन्वित शरीर रूपी द्रव्य से है। आत्मा और मन भी द्रव्य है– क्रिया और गुण के व्यवहार युक्त। जब इन द्रव्यों को विशेष प्रकार से संयोग होता है अर्थात् समवाय सम्बन्ध की तदाकारिता बनती है तब आत्म प्रत्यक्ष किया जा सकता है। यहाँ आत्म प्रत्यक्ष पद महत्वपूर्ण है, व्यक्तित्व की सचेतन सजगता से अपने चारों ओर फैले संसार की–क्रिया और गुण व्यवहार की– प्रत्यक्षता को ही यह पद प्रकट करता है।

तथा द्रव्यान्तरेषु प्रत्यक्षम् ॥ 12 ॥

सूत्रार्थ – तथा = इस प्रकार अवधानतापूर्वक, द्रव्यान्तरेषु = विभिन्न द्रव्यों के साथ आत्म संसर्ग के द्वारा, प्रत्यक्षम् = प्राकृतिक रहस्यों का प्रत्यक्ष किया जा सकता है।

व्याख्या : पिछले सूत्र की व्याख्या को यहाँ स्पष्ट किया गया है। शरीर, इन्द्रिय और विषय क्रियात्मक ज्ञान के व्यावहारिक आधार हैं। जब आत्मा और मन का सम्पूर्ण सचेतन शरीर से संसर्ग बनता है तो जिन द्रव्यों से भी इस क्रियात्मक चेतना का सन्निकर्ष बनेगा उसे यह पूरी तरह आत्मसात कर लेगी। इस प्रकार गंभीर और व्यापक प्राकृतिक रहस्यों को भी यह चेतना अधिग्रहित करने में सक्षम हो जायेगी। यह सचेतना निर्विकल्प या निर्वितर्क समाधि के समरूप है।

असमाहितान्तःकरणा उपसंहृतसमाधयस्तेषाञ्च ॥ 13 ॥

सूत्रार्थ – असमाहितान्तःकरणा = जिनके अन्तःकरण (आत्मा मन बुद्धि) में सम्यक एकाग्रता नहीं है, उपसंहृत समाधयः= जिनकी समाधि ऐकान्तिक विषयों पर सिमट गई है, तेषां च = ऐसे लोगों की प्रत्यक्षता पिछली प्रत्यक्षता से भिन्न है।

व्याख्या : पिछले दो सूत्रों में महर्षि कणाद ने निर्वितर्क प्रत्यक्षता का विवेचन किया है। निर्वितर्क अथवा निर्विकल्प समाधि में किसी भी प्रकार का भेद प्रकट नहीं होता है– सम्पूर्ण तादात्म्य होता है। यहाँ से अगले तीन सूत्रों में आत्मा और मन के शरीर, इन्द्रिय और विषय से संन्निकर्ष की सघनता के आधार पर ही सवितर्क और निर्वितर्क प्रत्यक्षता का भेद बताया जा रहा है।

जब शरीर, इन्द्रिय और विषयों से आत्मा और मन का सन्निकर्ष पूरी तरह समवेत नहीं हो पाता और समाधि उपसंहारित होती है याने ऐकान्तिक विषयों पर ही ध्यान केन्द्रित रहता है तब आत्मा और इन्द्रियों में भेद बना रहता है। ऐसी स्थिति में प्राकृतिक कारणों से प्रत्यक्षता सधती है, सभी तरह के गुणों और कर्मों का व्यवहार निदिध्यासन करने करने वाले के समक्ष प्रकट हो जाता है।

ततसमवायात् कर्मगुणेषु ॥ 14 ॥

सूत्रार्थ – तत् = ऐसे मन और इन्द्रिय संसर्ग से बौद्धिक प्रत्यक्षता प्राप्त करने वाले, समवायात् = समवेत सन्निकर्षता से, कर्मगुणेषु = गुण और कर्मों में निरत रहकर प्राकृतिक प्रत्यक्षता प्राप्त करते हैं।

व्याख्या : जो लोग आत्मा, मन और इन्द्रियों में ऐकान्तिक तादातम्य स्थापित करते हैं, उनका सभी प्रकार के गुण और कर्म पदार्थों से समवाय सम्बन्ध बन जाता है। संसार की घटनाओं के क्रिया और गुण व्यवहार को वे अच्छी प्रकार समझ सकते हैं। इसलिये यह प्रत्यक्षता सवितर्क प्रत्यक्षता होती है।

आत्मसमवायादात्मगुणेषु ॥ 15 ॥

सूत्रार्थ – आत्म समवायात् = विभुत्वमान आत्मा के साथ समवेत् होने से, आत्मगुणेषु = आत्मा की सर्वव्यापकतापूर्ण गुणों का साक्षातकार हो जाता है।

व्याख्या : महर्षि कणाद कहते है कि जब शरीर इन्द्रिय और विषय का आत्मा से समवाय सम्बन्ध बनता है तब आत्मा की व्यापकता और निष्कंपता से शरीर द्रव्य का तादातम्य बन जाता है। आत्मा के गुणों से एकात्मकता से आशय है– मन की आणविक चंचलता का अभाव। ऐसी स्थिति में द्रव्य का अनपेक्ष क्रिया वैधर्म्य सध जाता है, यही निर्वितर्क प्रत्यक्षता है, आत्मलीनता है।

❑❑❑

नवम् अध्याय

2.9.2 द्वितीय आह्निकम्

अस्येदं कार्यंकारणं संयोगि विरोधि समवायि चेति लैंगिकम् ॥ 1 ॥

सूत्रार्थ – अस्य इदं = इससे यह होता है ऐसा, कार्यकारणं =कार्य–कारण सम्बन्धीज्ञान, संयोगि= संयोग सम्बन्ध वाला, विरोधि = विरोध आश्रित, समवायि च = और समवाय सम्बन्ध वाला, इति = इस प्रकार, लैंगिकम् = त्रिविध लाक्षणिक होता है।

व्याख्या : कार्य–कारण सम्बन्ध में व्याप्ति का विचार अन्तर्निहित होता है। जहाँ तक कारण का प्रभाव है वहाँ तक कार्य प्रकट होगा। कार्य को देखकर कारण का अनुमान लगाया जा सकता है। कार्य के लिंग (लक्षण) से कारण की स्पष्टता होती है इसलिये कार्य–कारण सम्बन्ध को लैंगिक कहा जाता है। कणाद का लैंगिक ज्ञान हेतु वादी है। व्याप्ति में अप्रत्यक्षता को अनुमान कहा जाता है क्योंकि वहाँ कारण को अनुमान से सिद्ध किया जाता है। कारण अथवा हेतु से कार्य भिन्न नहीं हो सकता है, इसलिये भले ही कारण की प्रत्यक्षता न हो कार्य को कारण के अनुरूप होना चाहिये। लिंग (लक्षण) अथवा अनुमान में दोष की संभावना बनी रहती है। इसलिये यथार्थज्ञान को प्रत्यक्ष प्रमाण से ही सिद्ध करने को ही उचित कहा जाता रहा है, किन्तु कारण की व्याप्ति को अधिगत करना है तो अनुमान या लिंग की उपेक्षा भी नहीं की जा सकती है। गौतम बुद्ध ने हेतु को प्रतीत्य समुत्पाद कहा जिसका आधार वाक्य है– अस्मिन सति इदं भवति– ऐसा होने से यह होता है। कणाद के हेतुवाद का आधार वाक्य है– अस्य इदं– इससे यह होता है . स्वाभाविक है उपरोक्त उद्देश्य और विधेय के बीच कोई दोष न हो तो वह निर्वचन पूर्ण सत्य होगा, किन्तु विविध दोषों के कारण– अनुमान के शुद्ध न होने के कारण– अविद्या या भ्रान्ति होती है।

प्रस्तुत सूत्र में कार्य–कारण सम्बन्ध से प्राप्त ज्ञानों के प्रकार बताये गये हैं– संयोगी, विरोधी और समवायी . ये तीनों ज्ञान लैंगिक हैं लक्षण पर आधारित इन्हें भाषा द्वारा अभिव्यक्त किया जाता है। बौद्धिक समझ के लिये हेतुमूलक ज्ञान को पहले चार प्रकार का बताया गया है– संयोगी, समवायी, एकार्थ समवायी और

विरोधी। लक्षणों के आधार पर जब किसी कार्यकारण सम्बन्ध को अभिव्यक्त करना है तो एकार्थ समवायी और समवायी दोनों भिन्न प्रकार के कार्यों को इहइदम = यहाँ ऐसा है– सम्बन्ध वाची वाक्य द्वारा व्यक्त किया जा सकता है, किन्तु हेतु मूलक कार्य में एकार्थ समवायी की स्थिति में सदैव एक ही द्रव्य के अन्दर विविध कार्य–कारण सम्बन्धों के भेदो को समझना होता है जबकि समवायी की स्थिति में द्रव्यों के बीच कार्य–कारण सम्बन्ध को समझा जाता है। लैंगिक ज्ञान सम्बन्धों को व्यक्त करने वाला भाषामूलक ज्ञान है।

अस्येदं कार्यकारण सम्बन्धश्चावयवाद्भवति ॥ 2 ॥

सूत्रार्थ – अस्य इदं = इससे यह होता है इस प्रकार से, कार्य कारणसम्बन्धः च =कार्य–कारण श्रृंखला को समझा जाता है, अवयवात् = प्रक्रिया या संरचना के अवयवों के बीच अन्तर्निहित सम्बन्धों के, भवति = स्थित के अनुसार।

व्याख्या : पहले सूत्र के तारतम्य में ही यहाँ फिर कणाद स्पष्ट करते हैं कि अस्य इदम्– इससे यह है वाक्य दो अलग स्थितियों के बीच सह सम्बन्ध बनाता है। यह कार्य कारण सम्बन्ध विविध अवयवों (भागों) के बीच मे होता है, ये अवयव मिलकर एक अवयवी की रचना करते हैं– कारणवाची सम्बन्ध से कार्य को अधिगत किया जाता है।

ऐतेन शाब्दं व्याख्यातम् ॥ 3 ॥

सूत्रार्थ – एतेन = इस लाक्षणिक अनुमान से, शाब्दं = भाषाजनित ज्ञान की, व्याख्यातम् = व्याख्या की गई।

व्याख्या : पहले दो सूत्रों में अस्येदं पद पर आग्रह के साथ कणाद ने कार्य–कारण सम्बन्ध को लैंगिक (अनुमान) ज्ञान की व्याख्या की, जिसमें कार्य–कारण सम्बन्ध को समझना ही ध्येय था। उससे कार्य–गुण व्यवहार वाला घटनामूलक आशय न समझा जाय इसलिये वे स्वयं यहाँ कहते हैं कि इस प्रकार के कार्य–करण के सम्बन्ध की व्याख्या शाब्दिक है– भाषागत है। प्रमाण शास्त्र में तीन प्रकार के जो प्रमाण प्रत्यक्ष, अनुमान और शब्द (आगम)– बताये जाते हैं, वहाँ सारी समस्या क्रियात्मक (सत्ता मूलक) प्रामाणिक ज्ञान की और अभिव्यक्ति मूलक अनुमान प्रमाण की ही रहती है। प्रस्तुत आह्निक के सूत्र अनुमान प्रमाण की ही व्याख्या कर रहे हैं, जिसके माध्यम से कणाद अप्रत्यक्ष कारण की व्याप्ति को अधिग्रहित करना चाह रहे हैं।

हेतुरपदेशो लिंग प्रमाणं करणमित्यनर्थान्तरम् ॥ 4 ॥

सूत्रार्थ – इति = इस लाक्षणिक ज्ञान (अनुमान प्रमाण) को ही कहा जाता

है, हेतुः = हेतु, अपदेशः = अपदेश, लिंग =लिंग, प्रमाणं = प्रमाण और, करणं = करण, अनर्थान्तरम् = इनमें किसी प्रकार से अर्थान्तर नहीं है, ये सभी संज्ञायें पर्यायवाची हैं।

व्याख्या : महर्षि कणाद ज्ञान के साधन के रूप में किसी प्रमेय (सत्ता) की सिद्धि के लिये प्रयुक्त हुई व्याख्या और साधन को समान महत्व प्रदान कर रहे हैं। यहाँ ध्यान देने लायक बात यह है कि वैशेषिक दर्शन मूलतः प्रमेय को समझने का शास्त्र है, प्रमाण शास्त्र का विशद विवेचन उसका ध्येय नहीं है। इसलिये कणाद स्वयं लिंग, प्रमाण, करण को समानार्थी पर्याय बताते हैं जहाँ हेतु और अपदेश को भी समानार्थी बताया गया है।

अस्येदमिति बुद्धयपेक्षिततत्वात् ॥ 5 ॥

सूत्रार्थ – अस्य इदं इति = इससे यह होता है यह धारणा उत्पन्न होती है, बुद्धयपेक्षित्वात् = सापेक्षबुद्धि से कार्य–कारण के सम्बन्धों के भाषागत विवेचन से।

व्याख्या : वस्तु की क्रियात्मक सत्ता और उस वस्तु का ज्ञान दोनों में तादात्म्य नहीं है। सारे यथार्थ मूलक ज्ञान की यही मूलभूत समस्या है। कणाद ज्ञान को द्रव्य का गुण बताते हैं तो इसके पीछे यह अन्तर भी निर्दिष्ट है। द्रव्यों के बीच जो सम्बन्ध है, उसे अधिग्रहित करना ही ज्ञान है इसीलिये यह क्रियात्मक गुण है। कणाद इस गुण को बुद्धि कहते हैं। इस सूत्र में फिर अस्येदं पद दुहराने से उनका तात्पर्य स्पष्ट है– द्रव्यों के बीच कार्य–कारण सम्बन्ध को सापेक्ष बुद्धि से ही समझा जा सकता है। जब बाह्य जगत से इन्द्रियों और मन तथा आत्मा का सन्निकर्ष बनता है तब बाह्य वस्तु का प्रतिबिम्ब उनके परस्पर सम्बन्धों से निर्मित होता है, इसी प्रतिबिम्ब को बुद्धि परिमार्जित करती है।

आत्ममनसोः संयोगविशेषात् संस्काराच्च स्मृतिः ॥ 6 ॥

सूत्रार्थ – आत्ममनसोः = आत्मा और मन के, संयोग विशेषात् = इन्द्रियगत संयुक्त समवाय सम्बन्ध होने से, संस्कारात् च = और भावनानामक संस्कार से भी, स्मृति = स्मरण रूपी संज्ञान होता है।

व्याख्या : पिछले सूत्र की व्याख्या में जिस तरह बाह्य द्रव्य के आन्तरिक प्रतिबिम्ब की बात हमने कही है, वह ही इस सूत्र में बुद्धि का संस्कार है। यह संस्कार–जिसे कणाद ने भौतिक द्रव्य के संदर्भ में नोदन और अभिघात पद से भी व्यक्त किया है, आत्मा और मन जैसे द्रव्य के संदर्भ में स्मृति बन जाता

है। आत्मा और मन के शरीर, इन्द्रिय तथा विषय से जब विशेष प्रकार के संयोग बनते हैं अर्थात् मस्तिष्क मे ंजो संस्कार संग्रहित हुये वे स्मृति के रूप में वहाँ बने रहते है ं। जब भी बुद्धि वैसे ही संस्कार के प्रभाव में क्रियाशील हुई, उसी समय पूर्व स्मृति जागृत हो जाती है।

तथा स्वप्नः ॥ 7 ॥

सूत्रार्थ – तथा = उस भावना नामक संस्कार से अवचेतन मन पर पड़े प्रभावों के कारण, स्वप्नः = निद्रावस्था में स्वप्न के रूप मे ंस्मृतियाँ उत्पन्न होती हैं।

व्याख्या : आत्मा, मन और सचेतन शरीर के संयुक्त संयोग से बुद्धि आन्तरिक संस्कार से आविष्ट हो जाती है। यह बुद्धि का आन्तरिक संस्कार ही स्मृति है और जब व्यक्ति सोया हुआ होता है, तब यही स्मृति स्वप्न के रूप में क्रियाशील होती है।

स्वप्नान्तिकम् ॥ 8 ॥ धर्माच्च ॥ 9 ॥

सूत्रार्थ – स्वप्नान्तिकम् = अवचेतन मन पर स्मृति आधारित भावना संस्कार के रहते मूर्च्छावत् स्थिति में विभिन्न प्रकार के दृश्य उपस्थित हो जाते है ं। धर्मात् च = दैविक निष्ठा के कारण रहस्यात्मक अनुभूति होती है।

व्याख्या : महर्षि कणाद ने द्रव्यों के संयोग और समवायी सम्बन्ध में जो संस्कार नामक विशेष आवेश (नोदन) का तात्पर्य परिभाषित किया है, उससे बुद्धि से सम्बन्धित सभी आविष्ट संस्कार विशेष अवस्थाओं में विशेष प्रभाव बताते हैं। टीकाकारों ने स्वप्नान्तिक पद का आशय स्वप्न के भीतर अन्य स्मृति का होना लिया है। वास्तव में जब व्यक्ति स्मृतियों के आवेश में गहरे स्तर तक आविष्ट रहता है, तब तरह–तरह विचार और संभ्रम तैयार होते हैं, ये ही संभ्रम काल्पनिक संसार तैयार करते हैं। अंग्रेजी में ऐसी काल्पनिक सृष्टि को फेन्टेसी कहा जाता है। जरूरी नहीं कि व्यक्ति जब सोया हो तभी स्वप्नान्तिक प्रकट हो, अर्द्ध सुसुप्तावस्था या जागृत अवस्था में भी स्वप्नान्तिक से बुद्धि आविष्ट हो जाती है। अगले सूत्र में धर्म के कारण भी ऐसे संभ्रम बनने की बात कही गयी है। स्पष्ट है यहाँ धर्म पद धार्मिक व्यवहार के लिये नहीं है, बल्कि आन्तरिक मानसिक स्वभाव के लिये है। यह जरूर है कि श्रद्धामूलक मानसिक आवेश में ही लोगों को देवी, देवताओं के दर्शन होने का संभ्रम हो सकता है या फिर स्वयं के विषय में किसी तरह की दिव्यता के आरोपण की स्थिति बन सकती है। परन्तु निश्चित रूप मे ंयह सब बुद्धि के ही संग्रहित संस्कार के परिणाम हैं।

इन्द्रियदोषात् संस्कारदोषाच्चाविद्या ॥ 10 ॥

सूत्रार्थ – इन्द्रियदोषात् = शरीर के इन्द्रियों में दोष उत्पन्न हो जाने से, संस्कार दोषात् च = और अवचेतन मन पर भावना संस्कार में विकृत स्मृतियों के दोष से भी,अविद्या = जो संज्ञान उत्पन्न होता है, वह मिथ्याज्ञान होता है ।

व्याख्या : आत्मा और मन शरीर, इन्द्रिय तथा विषय से समवेत अन्तर्क्रिया करते हैं, तब बुद्धि संस्कार से आविष्ट होती है । यह आवेश इन्द्रियों और शरीर की गुणात्मकता और क्रिया से उत्पन्न होता है, इसलिये उनके अनुसार ही इस आवेश के गुण–धर्म निर्मित होते है । यदि शरीर और इन्द्रियों में दोष है तो संस्कार में भी दोष होगा और स्वाभाविक तौर पर उसके परिणाम भी दोषपूर्ण ही होंगे ।

तद् दुष्ट ज्ञानम् ॥ 11 ॥ ॥ अदुष्टं विद्या ॥ 12 ॥

सूत्रार्थ – तत् = वह अविद्या जन्य संज्ञान, दुष्ट ज्ञानम् = विपयर्यात्मक ज्ञान होता है ।

अदुष्टं = जब इन्द्रियों और आत्मा तथा मन के संसर्ग मे किसी भी प्रकार का दोष नहीं रहता तब, विद्या = विद्यमान यथार्थ का साक्षात्कार होता है, वही सम्यक ज्ञान है ।

व्याख्या : जब बुद्धि दूषित संस्कार से आविष्ट है तो जो बाह्यजगत का प्रतिबिम्ब बनेगा, वह भी दोषपूर्ण होगा । इसलिये बुद्धि दोषपूर्ण प्रतिबिम्ब से दोषपूर्ण ज्ञान को ही अभिव्यक्त करेगी । यथार्थ ज्ञान अर्थात् दोषरहित ज्ञान तभी प्राप्त होगा जब आत्मा, मन और इन्द्रियों के बीच तादात्मय हो । ऐसी स्थिति में बाह्य जगत से आत्मा और मन के क्रियात्मक और गुणात्मक संसर्ग में इन्द्रियाँ किसी प्रकार का अवरोध उत्पन्न नहीं करेंगी, इसलिये प्रतिबिम्ब शुद्ध होगा और बुद्धि ऐसी अवस्था में जो भी ज्ञान प्रकट करेगी, वह सम्यक ज्ञान होगा– शुद्ध विद्या होगी । सत्ता और ज्ञान के बीच कुछ भी भेद नहीं रह जायेगा जो विद्यमान है, वही विद्या में प्रकट होगा ।

आर्षं सिद्धदर्शनञ्च धर्मेभ्यः ॥ 13॥

सूत्रार्थ – आर्षं = सम्यक द्दष्टा ऋषियों, सिद्धः = और परमेष्ठि सिद्धों के द्वारा, दर्शनं च = जो प्रत्यक्षता से प्राप्त ज्ञान होता है, धर्मेभ्यः = वह प्रकृति के सम्यक स्वभाव और गुणधर्म को बताने वाला होता है ।

व्याख्या : महर्षि कणाद विद्या के सम्यक स्वरूप को समझ कर ही यहाँ पर यह बता रहे हैं कि विद्या सम्यक दृष्टा ऋषियों और परमेष्ठि सिद्धों को सहज प्राप्त हो जाती है, क्योंकि वे आत्मा, मन और इन्द्रियों के स्वभाव की अच्छी प्रकार प्रत्यक्षता प्राप्त कर बाह्य जगत के प्राकृतिक धर्मों का साक्षात्कार करते हैं। अथर्ववेद में व्रात्य परमेष्ठियों की चर्चा है जिन्होंने सही तत्वज्ञान को प्राप्त कर लिया है। (अथर्ववेद पंचदशकाण्ड)

❑❑❑

दशम् अध्याय

2.10.1 प्रथम आह्निकम्

इष्टानिष्टकारणविशेषाद्विरोधाच्च मिथः सुखदुःख योरर्थान्तरभावः ॥ 1 ॥

सूत्रार्थ – इष्ट अनिष्ट कारण विशेषात् = इच्छित और अनिच्छित कारणों की विशेषता से, विरोधात्च मिथः =और परस्पर पूरी तरह विरोधी होने के कारण, सुखदुःखयो = सुख और दुःख में, अर्थान्तर भावः =अनुभवों की भिन्नता रहती है।

व्याख्या : वैशेषिक दर्शन का दशवाँ अध्याय अन्तिम अध्याय है, इसके प्रथम आह्निक मे सुख–दुःख भावना का विवेचन हुआ है, तो दूसरे आह्निक में कारण के विभिन्न प्रकारों की व्याख्या की गई है। महर्षि कणाद पदार्थों के माध्यम से प्रकृति और जीवन की तार्किक व्याख्या प्रस्तुत करते हैं। यह ध्यान देने की बात है कि इन सारी व्याख्याओं का केन्द्र बिन्दु द्रव्य है, इसीलिये भारतीय चिन्तन में वैशेषिक दर्शन को वैज्ञानिक चिन्तन होने का श्रेय प्राप्त है। कार्यकारण सम्बन्ध के तार्किक विवेचन के द्वारा अदृष्ट कारणों को समझना ही विज्ञान दृष्टि है। मानव जीवन की सार्थकता जीवन को संतुष्टिपूर्वक कृतकृत्य भाव से जी लेने में है। सुख–दुःख मूलतः भावनायें हैं, अभौतिक मानसिक प्रभाव, उनके कारणों को जानकर मनुष्य का मन संशय मुक्त होता है।

आत्मा, मन, इन्द्रिय और अर्थ (विषय) के सन्निकर्ष से सुखदुःख की अनुभूति होती है (5,2,15)– ऐसा कणाद ने बताया है किन्तु ये गुण इच्छा, द्वेष और बुद्धि (ज्ञान) से भिन्न है। सुख की अभिलाषा बनी रहती है जबकि मनुष्य दुःख से बचना चाहता है। ये दोनों परस्पर विरोधी स्वभाव की हैं। सुख में सन्तुष्टि का भाव रहता है जबकि दुःख में यातना और उपघात के लक्षण होते हैं।

संशयनिर्णयान्तरामावश्य ज्ञानान्तरत्वे हेतुः ॥ 2 ॥

सूत्रार्थ – संशय निर्णयान्तराभावः च = संशय तथा निश्चय में से कोई भी न होने से, ज्ञानान्तरत्वे = ज्ञान से भी भिन्न जाति में, हेतु = कारण है।

व्याख्या : सुख और दुःख की अनुभूति होती है, इनके विषय ने निश्चय या संशय पूर्ण ढंग से कुछ कहना मुश्किल होता है, इसलिये कहा जा सकता है कि

सुख–दुःख का कारण बुद्धि या ज्ञान से नहीं जाना जा सकता है। भावना का अनुभव होता है और विचार या प्रक्रिया से ज्ञान होता है, सुख दुःख भावनायें हैं, विचार नहीं।

तयोर्निष्पत्तिः प्रत्यक्षलैंगिकाभ्याम् ॥ 3 ॥

सूत्रार्थ – तयो = उस सुख दुःख की अनुभूति की, निष्पत्तिः = निष्पन्नता, प्रत्यक्ष लैंगिकाभ्याम् = प्रत्यक्ष और अनुमान प्रमाण के द्वारा होती है।

व्याख्या : हालांकि संशय और निर्णय उन्हीं वस्तुओं के प्रति होता है, जिसकी सिद्धि प्रत्यक्ष अथवा अनुमान (लिंग) प्रमाण के द्वारा हो। सुख और दुःख के होने के भाव का भी प्रत्यक्ष या अनुमान तो किया जा सकता है, परन्तु उनकी प्रत्यक्षता नहीं होती, उनका अनुभव होता है। सुखी व्यक्ति की प्रसन्नता प्रकट होती है, सुख के भाव का प्रदर्शन होता है, इसी प्रकार हम अपने दुःख को भी परिस्थितियों और व्यवहार में प्रत्यक्ष देखते हैं और दूसरों के दुःख का भी अनुमान हमें होता ही है। फर्क केवल यह है कि सुख दुःख को बुद्धि के माध्यम से नहीं समझा जाता है, उसे संवेदना के माध्यम से अनुभव किया जाता है।

अभूदित्यपि ॥ 4 ॥

सूत्रार्थ – अभूत = सुख दुःख के भौतिक रूप में विद्यमान नहीं होने, इति = की स्थिति, अपि = होने के बावजूद भी।

व्याख्या : सूत्र में अपि पद अर्थ पर बल देने के लिए प्रयुक्त हुआ है। अभूत से आशय है जो भूत नहीं है। स्वाभाविक है कि यहाँ भूत महाभूतों के संदर्भ में प्रयुक्त हुआ है। भौतिक वस्तुओं के संदर्भ में ही प्रत्यक्षता या अनुमान का प्रसंग उठेगा। अतएव सूत्र का तात्पर्य है सुख दुःख के स्थूल रूप में दिखाई न देने के बावजूद उनकी उपस्थिति की पुष्टि होती है।

सति च कार्यादर्शनात् ॥ 5 ॥

सूत्रार्थ – सति च = सुख दुःख की अनुभूति अवश्य होती है, कार्य अदर्शनात् = परन्तु कार्य व्यवहार के रूप में वे दृष्टिगत नहीं होते हैं। भावरूप में ही उन्हें समझा जाता है।

व्याख्या : यहाँ सति च पद से जोर देकर यह कहा जा रहा है कि होता तो है ही परन्तु उसके कार्य का दर्शन नहीं होता है। सुख और दुःख की उत्पत्ति के कारक हैं आत्मा, मन, शरीर, इन्द्रिय और विषय। जब मनुष्य की सत्ता ही इन कारकों पर निर्भर है और बताया जा चुका है कि सुख दुःख आत्मा के गुण हैं,

तो उनकी सत्ता को नकारना अर्थहीन है। जीवन के प्रेरक तत्व है, प्रेरित करने वाले गुण हैं- ये सुख-दुख। इन्हीं की प्राप्ति और निवृत्ति के लिए मनुष्य अपने जीवन में सतत् संघर्षशील रहता है।

एकार्थसमवायिकारणान्तरेषु दृष्टत्वत् ॥ 6 ॥

सूत्रार्थ - एकार्थसमवायिकारणन्तरेषु = एकार्थसमवायिकारण के रूप में सुख अथवा दुःख के कारणो को प्रत्यक्ष अथवा अनुमान प्रमाण के द्वारा समझने पर, दृष्टत्वात् = सुख या दुःख का प्रत्यक्षीकरण हो जाता है।

व्याख्या : सुख और दुःख विपरीत गुण होने के कारण व्यक्ति के जीवन में विपरीत प्रभाव उत्पन्न करते हैं। एक ही व्यक्ति के आचरण, व्यवहार और इच्छा तथा प्रयत्नों से उसके जीवन में इष्ट और अनिष्ट प्रकार के परिणाम उपलब्ध होते हैं। सुख और दुःख की प्रकृति और परिणाम भी भिन्न होते हैं- स्वाभाविक है इसके हेतु अथवा कारण भी अलग-अलग होंगे। कणाद ने चार प्रकार के हेतु बताये हैं- संयोगी, समवायी, एकार्थ समवायी और विरोधी। समवायीकारण दो या दो से अधिक द्रव्यों के बीच समवेत सम्बन्ध का हेतु होता है, जिससे नया द्रव्य उद्‌भूत होता है। समवायीकारण से जो द्रव्य निर्मित हुआ है, उसमें भी विविध अवयव हो सकते हैं, जिनके गुण धर्म उसी द्रव्य में रहते हुए भी सीमित क्षेत्र में भिन्न भिन्न हों। इसके लिये एक ही द्रव्य के भीतर अनेक प्रकार के कारण अपने परिणाम (कार्य) प्रकट करते हैं- ऐसा हेतु एकार्थ समवायी कारण कहा जाता है। यह परिभाषा कणाद ने तीसरे अध्याय में दी है (3, 1, 10)। सुख और दुःख एक मनुष्य के जीवन में ऐसे ही भिन्न कारणों से अलग अलग परिणाम देते हैं। मानव समाज में व्यक्तियों के जीवन में ऐसे सुख और दुःख प्रत्यक्ष दिखाई देते हैं। कणाद का मन्तव्य इस सूत्र से यही प्रतिपादित करने का है कि सुख और दुःख भी अकारण नहीं है। एक व्यक्ति यदि सुखी है तो जरूरी नहीं कि वह हमेशा ही सुखी रहे। कुछ कारण ऐसे आ सकते हैं जिससे उसके सुख का अन्त हो जाए और वहाँ दुःख की यातनायें उसे सताने लगे। एक ही देश काल में एक ही व्यक्ति के जीवन में दुःख भी अपना व्यवहार बताये और सुख भी प्रकट हो - तो इसमें कोई आश्चर्य नहीं होना चाहिए, क्योंकि सुख का हेतु या कारण अलग और दुःख का कारण अलग है।

एकदेशे इत्येकस्मिन् शिरः पृष्ठमुदरं मर्माणि तद्विशेषस्तद्विशेषेभ्यः ॥ 7 ॥

सूत्रार्थ - एक देशे = एक ही शरीर के भीतर, इति = विशेष प्रकार से, एकस्मिन् = एक विशेष अंग के रूप में, शिरः = शिर, पृष्ठः =पीठ, उदर-पेट,

मर्माणि = हृदय प्लीहा आदि अंगों की, तत विशेषः = अपनी अपनी विशिष्टता के साथ, तत्विशेषभ्यः = अपने विशिष्ट क्षेत्र में कार्य करते हैं। यह एकार्थ समवायी कारण का उदाहरण है।

व्याख्या : पिछले सूत्र में जो सुख और दुःख के उत्पन्न होने के लिए हेतुओं को एकार्थ समवायी कारण के अन्तर्गत बताया गया है, उसे यहाँ उदाहरण देकर समझाया गया है। एक ही मानव शरीर में अलग–अलग अंगों के गुण धर्म भिन्न होते हैं, वे स्वतंत्र ढंग से अपने कार्य और प्रवृत्ति (गुण) को सम्पन्न करते हैं। बल्कि आधुनिक विज्ञान बताता है कि शरीर के विविध अंगों की रचना के लिये जो टिश्यू बनते हैं, उनके गुण धर्म उसी शरीर मे बहने वाले रक्त से ही निर्मित होते हैं, किन्तु अलग कारणों से उनके स्वरूप बदल जाते हैं। यहाँ कणाद इसी तथ्य की ओर संकेत करते हैं– शिर, पीठ, पेट, हृदय, प्लीहा आदि अंगों का विशिष्ट चरित्र होता है, विशेष व्यवहार होता है। उसके बावजूद वे सब एक ही मानव शरीर के रूप में जाने जाते हैं। स्पष्ट ही महर्षि कणाद सुख और दुःख को ईश्वरेच्छा, भाग्य या पिछले जन्म के कर्म का फल नहीं मानते हैं– वे अहेतुक नहीं हैं। जब इच्छा, प्रयत्न और बुद्धि स्वतंत्र रूप से हमें कर्म करने के लिए समर्थ बनाते हैं, तो सुख और दुःख भी हमारे उन्हीं कर्मों के अनुसार हमारे जीवन में इष्ट और अनिष्ट की उत्पत्ति करते हैं।

❑❑❑

दशम् अध्याय

2.10.2 द्वितीय आह्निकम्

कारणमिति द्रव्ये कार्यसमवायात् ॥ 1 ॥

सूत्रार्थ – कारणं = समवायिकारण है, इति = इस प्रकार जाना जाता है, द्रव्ये = द्रव्य पदार्थ में, कार्यसमवायात् = द्रव्य गुण आदि मे कार्यों के समवाय सम्बन्ध होने से।

व्याख्या : पिछले आह्निक के छठे सूत्र की व्याख्या में हमने समवायी कारण के चरित्र को समझा है। प्रस्तुत आह्निक में महर्षि कणाद के द्वारा जीवन के अभ्युदय का मूलभूत आधार कारणों के तत्वज्ञान को अच्छी प्रकार से समझ लेने को ही कहा गया। सारा विश्व कार्य–कारण के समवेत सम्बन्धों में से ही निसृत होता है। जितनी भी विविध घटनायें प्रक्रियायें या संरचनायें दिखाई दे रही हैं, वे विविध प्रकार के कारणों के प्रभाव से ही प्रकट हुई हैं। कारणों को महर्षि ने तीन कोटियों में विभक्त कर दिया है– संयोगी, समवायी और विरोधी। आधुनिक युग का हेगेल–मार्क्स द्वारा विवेचित द्वन्द्ववाद भी इसी प्रकार त्रिविध– वाद, प्रतिवाद और संवाद के वर्गीकरण के रूप में प्रतिपादित हुआ है। बौद्ध आचार्य दिङ्नाग ने चौथी शताब्दी में कणाद के विचारों के समकक्ष बौद्ध प्रणाली का द्वन्द्ववाद तादात्म्य, तदुत्पत्ति और विरोध (अनुपलब्धि) के रूप में रखा– जहाँ उन्होंने कणाद के छः पदार्थों– द्रव्य, गुण, कर्म, सामान्य, विशेष और समन्वय के स्थान पर पंचविध नाम कल्पना (वर्गीकरण) नाम, जाति, गुण, क्रिया और द्रव्य को स्थापित किया। क्योंकि बौद्ध न्याय का विचार सब कुछ अनित्य है– नामरुपात्मक जगत को शून्यता में देखता है, इसलिये द्रव्यों के क्रिया गुणात्मक समवाय की उन्हें जरूरत ही महसूस नहीं होती। इन संदर्भों को हम किसी विवाद के लिए उद्धृत नहीं कर रहे है। हमारा मन्तव्य मात्र इस तथ्य की ओर ध्यान आकृष्ट करने का है कि महर्षि कणाद की यथार्थ दृष्टि का अपना ऐतिहासिक महत्व है।

कार्य–कारण का समवाय सम्बन्ध ही द्रव्यों के क्रियात्मक और गुणात्मक व्यवहार को घटना, संरचना या प्रक्रिया के विविध स्वरूप प्रदान करता है। समवायी कारण से कार्यद्रव्य विविध प्रकार के द्रव्यों की उत्पत्ति करते हैं।

संयोगाद्वा ॥ 2 ॥

सूत्रार्थ – संयोगात वा = अथवा अन्य द्रव्यों के संयोग भी निमित्त कारण होते हैं।

व्याख्या : समवाय सम्बन्ध में संयोग समवेत होता है। इसलिये सम्मिलित द्रव्यों को पूर्ण रूप में अलग विभक्त करना संभव नहीं होता– यह संयोग अयुत सिद्ध होता है। किन्तु समवायी सम्बन्ध के साथ ही साथ संयोग सम्बन्ध भी विशेष रूप से देखे जा सकते हैं जबकि परिणामी द्रव्य परस्पर सामान्य संयोग स्थापित करके कोई संरचना तैयार करें। उदाहरण के लिये रासायनिक परिवर्तन समवायिकारण से होते हैं जबकि भौतिक परिवर्तन–सामान्य मिश्रण–संयोग मात्र ही होते हैं। नैयायिकों ने बाद में कारण के तीन वर्ग बनाये जिसका प्रारंभिक स्वरूप प्रस्तुत आह्निक में ही प्राप्त होता है।

तीन प्रकार के कारण है– समवायिकारण, असमवायिकारण और निमित्त कारण। समवायिकारण की तो व्याख्या की जा चुकी है इसके लिये द्रव्यों में समवेत सम्बन्ध जरूरी है। असमवायिकारण ऐसा समवायी कारण है जो एक ही द्रव्य के अन्तर्गत होता है। एकार्थ समवायिकारण को असमवायिकारण भी कह सकते हैं। सभी प्रकार के गुण और कर्म असमवायिकारण से होते हैं। उदाहरण के लिए वस्त्र धागों से बनता है, वस्त्र को बनने का हेतु समवायिकारण है। वस्त्रों को धागों से बनाया जा सकता है, किन्तु एक विशेष वस्त्र में ही पूर्ववत धागों के ताने बाने से विविध प्रकार के आकार–प्रकार (डिझाइन) तैयार की गयी, रंगीन धागों से रंगीन फूल पत्ते बनाये गये, इनका हेतु कहा जायेगा असमवायिकारण। वस्त्र बनाने के लिये करघे, जुलाहे और प्रकार की सामग्रियों की जरूरत होती है जो वस्त्र बनाने के लिए निमित्त बनते, इस प्रकार के हेतुओं का कहा जाता है– निमित्तकारण।

कारणेसमवायात् कर्माणि ॥ 3 ॥

सूत्रार्थ – कारणे = संयोग विभाग कारणों में, समवायात् = समवेत होने से, कर्माणि = कर्म पदार्थ (असमवायिकारण से होते हैं)

व्याख्या : पिछले सूत्र की व्याख्या में बताया गया कि सभी प्रकार के गुण और कर्म– क्योंकि वे किसी एक विशेष द्रव्य में ही उपलब्ध हो सकते हैं, इसलिये असमवायिकारण उनका हेतु होता है।

तथारूपेकारणैकार्थसमवायाच्च ॥ 4 ॥

सूत्रार्थ – तथा = पूर्वानुसार स्वसमवायिसमवेत कार्य से, रूपे = रूप इत्यादि गुणों में, कारणैकार्थ समवायात् च = कारण के एकार्थ समवाय सम्बन्ध होने से (असमवायिकारण से होते हैं।)

व्याख्या : जैसी कि एकार्थ समवायिकारण की पिछले आह्विक में व्याख्या की गई है और इस आह्विक के दूसरे सूत्र में स्पष्ट किया गया है वस्त्र बनाने की प्रक्रिया में ताने–बाने की सहायता से उस वस्त्र में विविध डिज़ाइन और रूप रंग के चित्रकारी ऊकेरी जा सकती है, यह असमवायिकारण या एकार्थ समवायिकारण का उदाहरण है।

कारण समवायात् संयोगःपटस्य ॥ 5 ॥

सूत्रार्थ – कारणसमवायात् = कारणों में समवेत होने से, संयोगः = (तन्तुओं का) संयोग तो असमवायिकारण से है, किन्तु, पटस्य = पट के रूप में कार्य का सम्पन्न होना समवायिकारण से हुआ।

व्याख्या : पिछले सूत्रों में वस्त्र बनने का जो उदाहरण हम देते आ रहे हैं उससे ही प्रस्तुत सूत्र में कारण समवाय को समझाया गया है। महर्षि कणाद ने समवाय पदार्थ के संदर्भ से इन हेतुओं को व्याख्यायित किया है। समवायिकारण और असमवायिकारण संज्ञा बाद के नैयायिकों के द्वारा निश्चित की गई है।

कारणकारणसमवायाच्च ॥ 6 ॥

सूत्रार्थ – कारणकारण समवायात् च = समवायिकारण के समवायिकारण में समवेत होने से (सम्पन्न कार्य का कारण) समवायी होता है।

व्याख्या : जब एक बार द्रव्यों के बीच समवायिकारण हेतु बताया गया फिर उस परिणाम पर फिर समवायिकारण को प्रयुक्त किया तब हमें जो परिणाम मिलेगा वह समवायिकारण ही होगा। रासायनिक क्रियाओं की पुनरावर्ती या अन्य रसायनों से क्रिया से प्राप्त होने वाले परिणाम में संश्लिष्टता बढ़ती जायेगी। विविध जैविक और आरगैनिक वस्तुयें कारण कारणसमवाय के ही उदाहरण हैं।

संयुक्त समवायादग्नेवैशेषिकम् ॥ 7 ॥

सूत्रार्थ – संयुक्त समवायात् = द्रव्यों के संयुक्त समवाय सम्बन्ध होने से भी, अग्ने वैशेषिकम् = कभी कुछ विशिष्ट कार्य होते हैं जैसे पार्थिव घट को पकाने में अग्नि दाहक और पाकज दो गुणों का एक ही कार्य मे निमित्त बनता है।

व्याख्या : कणाद ने अग्नि के विशेष स्वभाव से प्रकट होने वाले हेतु को संयुक्त समवाय का उदाहरण बताया है। तेज (अग्नि) दो प्रकार के स्वभाव व्यक्त करता है, एक तो दाहक का और दूसरे पाकज का। दहन कार्य ज्वाला के रूप में ही होता है, पाकज स्वभाव आन्तरिक क्रिया है जो तापमान पर निर्भर होती है और गुणों को परिवर्तित करती है। वृक्षों पर लगे हुए फल उचित तापमान या वातावरण में तेज द्रव्य के उचित प्रभाव से पकते हैं तब उनके पकने के परिणाम में विभिन्न द्रव्यों के संयुक्त समवाय से वह क्रिया सम्पन्न होती है। कुम्हार के मिट्टी के घड़ों का ऊपलों की आग (आँवां) से पकना भी संयुक्त समवायी हेतु का उदाहरण हो सकता है।

दृष्टानां दृष्ट प्रयोजनानां दृष्टाभावे प्रयोगोऽभ्युदाय ॥ 8 ॥

सूत्रार्थ – दृष्टानां = दिखाई देने वाले कार्य व्यवहार के लिये, दृष्ट प्रयोजनानाम् = दिखाई देने वाले स्थूल प्रयोजनों का उपयोग होता है, दृष्टअभावे = जो कार्य या परिणाम दिखाई नहीं देते हैं, उनके लिये, प्रयोगः = विशेष प्रकार के प्रयत्न, अभ्युदयाय = अभ्युदय (जीवन की सार्थकता) के लिये किये जाते हैं।

व्याख्या : छठवें अध्याय के दूसरे आह्निक का प्रथम सूत्र है दृष्टादृष्ट प्रयोजनानां दृष्टा भावे प्रयोजनमभ्युदयाय (6,2,1) यहाँ प्रयोजन पद नैमित्तिक साधनों और व्यवहारों के लिए प्रयुक्त हुआ है, हम कुछ प्रयोजनों को जानते हैं कि खेती अच्छी प्रकार से की जायेगी तो फसलें अच्छी होंगी। अच्छे औजार काम आयेंगे तो काम की गुणवत्ता अच्छी होगी। इसी प्रकार वाणिज्य, व्यवसाय, कला आदि दृष्ट कार्यों के दृष्ट प्रयोजनों को देखा समझा जा सकता है, किन्तु भविष्य में परिणाम देने वाले अदृष्ट प्रकार के फल की ओर यहाँ संकेत किया जा रहा है और उस पर अभ्युदय (उन्नति) को निर्भर बताया जा रहा है। इच्छाशक्ति, विवेक, प्रेम, परोपकार ऐसे कर्म है जिनसे सामाजिक अदृष्ट प्रभाव का लाभ मिलता है। प्रस्तुत सूत्र में अन्तिम अंश में दृष्टा भावे प्रयोगोऽभ्युदयाय– कहा गया है। पहले वाले सूत्र में केवल प्रयोजन पद के स्थान पर प्रयोग पद को रखा गया है। महर्षि कणाद ने जहाँ–जहाँ सूत्रों को दुहराया है या बहुत कम परिवर्तन के साथ पुनः रखा है, वहाँ उनका अर्थ वहाँ के संदर्भ के साथ जोड़कर ही प्राप्त किया जा सकता है। यहाँ कार्य–कारण सम्बन्ध के गंभीर विवेचन में जीवन के अभ्युदय को देखा जा रहा है। प्रयोजन तो साधन है, लक्ष्य है जबकि प्रयोग में क्रियात्मक प्रयत्न है। स्वाभाविक है हमें इसे "कार्य–कारण सम्बन्धों का तात्विक ज्ञान प्राप्त कर व्यावहारिक प्रयत्न से"– प्रयोग से भविष्य की कृतकृत्यता को

सिद्ध करने के अर्थ मे ंलेना चाहिए। प्रयोग–विशेष प्रकार का योग है जिसे कणाद के योग पद की परिभाषा के साथ देखा जाना चाहिये। (5, 2, 15–16)

तद्वचनादाम्नायस्य प्रामाण्यमिति ॥ 9 ॥

सूत्रार्थ – तत् वचनात् = जो सिद्धान्त यहाँ प्रतिपादित किये गये हैं वे,आम्नायस्य प्रमाणं = परम्परागत ज्ञानों से भी पुष्ट होते हैं, इति = ऐसा कहा गया।

व्याख्या : प्रथम अध्याय के प्रथम आह्निक में भी यही सूत्र आया है वहाँ इसकी व्याख्या की जा चुकी है। स्मरण रखना चाहिए कि महर्षि कणाद अपने तत्वज्ञान को वैयक्तिक नहीं मान रहे हैं। जो भी ज्ञान या विवेक उन्होंने प्राप्त किया है उसे वे परम्परा से प्राप्त अनुभवों पर जाँचते हैं और फिर उनका परिशोधन करेते हैं। आम्नाय् पद को केवल वैदिक परम्परा से नही ंजोड़ा जाना चाहिए– यह तथ्य तो स्वयं उन्होंने वेद को अपौरुषेय नहीं मान कर स्पष्ट कर दिया है। कणाद वेदमंत्र के कर्ता ऋषियों के साथ अन्य यति मुनियों– परमेष्ठियों के अनुभवों को दृष्टिगत रखकर अपने मन्तव्य को प्रकट करते हैं और अपना विनय भाव प्रकट करने के लिए वैशेषिक दर्शन को परम्परा से प्राप्त ज्ञान का ही परिणाम बताते हैं। वैशषिक सूत्रों के अध्ययन में एक विशेष तथ्य सामने आता है कि यहाँ श्रद्धातत्व की अनुपलब्धि और अन्य मतों के परिष्कार के बावजूद कहीं खण्डन–मण्डन दृष्टिगत नहीं होता है– यहाँ एक निरपेक्ष सजगता भाव भर है।

❑❑❑

भाग 3

आधुनिक वैश्विक जीवन

प्रथम अध्याय
सभ्यता संस्कृति का धारक तत्व

3.1.1 वैश्विक सभ्यता

सभ्यता और संस्कृति के विषय पर विद्वानों ने पर्याप्त विचार किया है। मानव समाज के उत्थान पतन का ऐतिहासिक विवेचन समाज की समृद्धि और पुरुषार्थ, उसके अन्तर्विरोध और मनोजैविक स्थितियों की जाँच-पड़ताल के बिना सही ढंग से करना संभव नहीं है। इतिहासकार टायनबी ने मानव जाति की सभी महान सभ्यताओं के उत्थान पतन की विश्लेषण करते हुए ऐतिहासिक परिप्रेक्ष्य में संस्कृतियों को सभ्यता का उपांग ही माना है। मानवीय व्यवहार की समीक्षा करते समय संस्कृति और सभ्यता को अलग-अलग करके देखना लगभग असंभव सा ही है। प्रसिद्ध मनोवैज्ञानिक फ्रायड सभ्यता और संस्कृति को पर्यायवाची मानते थे। उनके लिये सामाजिक मनोविज्ञान महत्वपूर्ण था इसलिये सामाजिक संवेदना, चेतना और सामाजिक अपराध के कारणों को वे सभ्यता की बनिस्बत संस्कृति की गहरी परतों में खोजते हैं और सामाजिक चेतना की ये गहरी परतें सभ्यता याने कि जनजीवन के आर्थिक-सामाजिक व्यवहार से ही प्रभावित होती हैं। सभ्यता और संस्कृति का वैज्ञानिक विवेचन नृतत्वशास्त्री करते हैं, वे मानव की मूल प्रकृति से लेकर भौगोलिक ऐतिहासिक और सामाजिक व्यवहार के आधार पर मानव समाज के सामाजिक आर्थिक और सांस्कृतिक- जहाँ धर्म और प्रौद्योगिकी का स्वरूप भी सम्मिलित होता है- सर्वांगीण विकास को सभ्यता और संस्कृति बताते हैं। उनकी इन परिभाषा में वैयक्तिक सत्ता और सामाजिक सत्ता का समन्वित रूप ही मानवीकी विज्ञान बन जाता है। [50]

सभ्यता और संस्कृति की बौद्धिक विवेचना पर सबसे तीखा व्यंग्य तो इक्कीसवीं शताब्दी के प्रथम वर्ष में सभ्यता की अन्यतम ऊँजाई पर पहुँचे अमेरिका के न्यायार्क शहर में स्थित वर्ल्ड ट्रेड सेन्टर को अरब फिदायिन आतंकवादियों के द्वारा बिना अस्त्र-शस्त्र के ध्वस्त कर देने की घटना है। अमेरिका के वैज्ञानिक, दार्शनिक मानवीय संस्कृति के उच्चतम शिखर पर बैठे हुए हैं। वहाँ की ही राज्यशक्ति जो चाहे तो अपने पारमाणविक युद्ध साधनों के माध्यम से पूरे विश्व को तहस नहस कर दे। वही राज्यशक्ति ओसामा बिन

लादेन जैसे साधारण दिखाई देने वाले इस्लामी आतंकी संगठन अलकायदा के प्रमुख के कुछ गिनती के फिदाइयनों को समाप्त करने के लिए अफगानिस्तान के घोर पिछड़े इलाके की पहाड़ियों की गुफा में छिपे आतंकवादियों को लगातार सात वर्षों के प्रयत्नों के बावजूद भी नष्ट नहीं कर सकी। मानवीय प्रयत्नों की शक्यता और आत्मिक जटिलता- जिससे पूरे विश्व की सभ्यता और संस्कृति का सम्बन्ध जुड़ा हुआ है - ऐसी विचित्र स्थिति उत्पन्न कर सकती है- इसका अनुमान लगाना हेगेल या मार्क्स जैसे इतिहासविद दार्शनिकों के लिये भी मुश्किल था। यदि कोलम्बस के द्वारा अमेरिका की खोज को ही अमेरिकी सभ्यता का प्रादुर्भाव माने तो यह मात्र पाँच शताब्दियों में विकसित सभ्यता है। जबकि अरब भू-भाग के मिस्त्र, इसराइल, लेबनान, इराक ईरान के जनसमूहों की जैविकता पर विचार किया जाय तो वे पाँच हजार वर्षों से भी ज्यादा की प्राचीन सभ्यताओं के अंशधारी दिखाई देते हैं, जिन्हें चौदह सौ वर्ष पूर्व फिर नये विश्वास के साथ नई संस्कृति ने पुनर्जीवित किया है। यह परिप्रेक्ष्य वर्तमान वैश्विक मानव समाज के संकट की ओर तो इंगित करता है किन्तु इसे वैश्विक सभ्यता-संस्कृति का संकट मानना बड़ी भूल होगी। यह भूल इसलिये होगी कि अभी तक पृथ्वी पर सैकड़ों संस्कृतियाँ पूरी तरह अलग अलग रह अपना जीवन यापन कर रही थीं, अब वे एक दूसरे के सम्पर्क में आ रही हैं, इसलिये नये अन्तरावलम्बन और अन्तर्सम्बन्धों के विकास के साथ विभिन्न सभ्यताओं और संस्कृतियों का सन्निकर्ष तो अभी शुरू ही हुआ है।

ऐतिहासिकता के बिना सभ्यता और संस्कृति की सत्ता का औचित्य स्वीकार नहीं किया जा सकता है। इतिहास कोई अमूर्त विचार नहीं है। वह किसी भू-भाग पर बसने वाले मानव समाज का इतिवृत्त है। इसलिये पृथवी पर जितने व्यवस्थित जातीय स्मृतियों के साथ बसने वाले समाज हैं, उतने ही इतिहास भी हैं। जिस तरह परिवारों के समूहों से जातीय समाज बनता है, उसी प्रकार जातीय (नस्ल) समाज की सत्ता बृहत्तर मानव समाज की सत्ता में एकीकृत हो रही है- वैश्विक समाज का इतिहास अभी प्रारंभ हो रहा है। इसलिये वर्तमान में किसी एक सभ्यता को वैश्विक सभ्यता के रूप में स्वीकार करने का आशय निश्चित रूप से यही होगा कि हम आर्थिक राजनैतिक् साम्राज्यवादियों के षड्यंत्र के अन्तर्गत एक भ्रम के शिकार हो रहे हैं। स्वाभाविक है कि इतिहास के अन्त की घोषणा भी एक प्रकार का भ्रामक प्रचार है। हम देख रहे हैं कि सैकड़ों समाजों के सैकड़ों इतिहास जीवन्त हैं, वे सक्रियता से अपनी आकांक्षाओं को पाने की कोशिश में लगे हैं। विभक्त विश्व का अन्त जरूर हुआ है, उसी के साथ

वैश्विक इतिहास का जन्म हो रहा है । अतएव हमारे सामने यह तथ्य स्पष्ट है कि किसी मानव समूह का इतिहास यदि शरीर है तो सभ्यता उसकी इन्द्रियाँ हैं और संस्कृति उसकी आत्मा है– प्राण है– सभ्यता संस्कृति एक प्रकार की जैविक सत्ता है ।

जब हम सभ्यता को किसी समाज की इन्द्रियाँ कहते हैं तो उस समाज मे ंसंचालित विविध प्रवृत्तियों की ओर हमारा ध्यान जाना चाहिये । आर्थिक व्यवस्था, राजनैतिक तंत्र, विधिक संरचना, रीतिनीति, धर्म, दर्शन, साहित्य ललित कलायें और विज्ञान प्रौद्योगिकी समाज की संचालक शक्तियाँ हैं, इन्हीं के कारण समाज समृद्ध और पुरुषार्थी बनता है, इनसे ही उसकी क्रियाशीलता प्रकट होती है । आदर्शवादी चिन्तक समाज को व्यक्तियों के विच्छिन्न समूह के रूप में देखते हैं, इसलिये उन्हें न तो समाज जैविक इकाई के रूप में दिखाई देता है और न ही वे इसकी गति की प्रगतिशीलता को स्वीकार कर पाते हैं । उनके लिये तो समाज एक स्थिर व्यवस्था है, जिसमें अच्छे–बुरे लोग होते हैं, महात्मा और पराक्रमी आते–जाते रहते हैं– समाज तटस्थ भाव से देव पुरुषों और शैतानों की कारगुजारियों का दृष्टा बना रहता है ।

उन्नीसवीं शताब्दी में जितनी तेजी से यूरोप और अमेरिका में औद्योगीकरण हुआ, उसी रफ्तार से औद्योगिक नगरों में उखड़ते हुए ग्रामीण अर्थतंत्र से भागे लोग एकत्र होते गये । मशीनों की उत्पादन प्रणाली में वे भी यंत्र के पुर्जों की तरह औद्योगिक व्यवस्था में मात्र एक पुरजा बन कर रह गये । सामाजिक गतिविधियों का नियंत्रण यांत्रिक तकनीक से नियंत्रित होने लगा । श्रम और पूंजी की भयंकर प्रतिद्वंद्विता शुरु हुई । चिन्तकों और विचारकों ने देखा कि मनुष्य जिस श्रम से अभी तक अपनी तात्कालिक जरूरतें किसी तरह पूरी कर लेता था, वह श्रम बदली हुई परिस्थितियों मे ंयंत्र का दास बन गया । यंत्र के इर्द–गिर्द पूंजी केन्द्रित होती गई, मुनाफा बढ़ता गया, श्रम तिरष्कृत होता गया । परम्परागत समाज की सभ्यता संस्कृति के पैर उखड़ गये . उसी विचलन की स्थिति में बदलती मानव सभ्यता ने पूंजीवाद और समाजवाद के सांस्कृतिक द्वन्द्व को जन्म दिया था । पिछली दोनों उन्नीसवीं और बीसवीं शताब्दियों ने पूँजीवाद और समाजवाद के केन्द्रीय तत्व प्रौद्योगिकी के विकराल से विकरालतर होते उत्पादन तंत्र के सामने मानव समाज को असहाय–एक यंत्र का पुरजा बनते देखा है । दो–दो विश्वयुद्धों में हथियारों और यंत्रों के बल पर महाबली राष्ट्रों ने पूरी दुनिया को अपना गुलाम बना लेने की साम्राज्यवादी घिनौनी हरकतें की है, जो कि अभी तक भी रुकी नहीं है । इसी बीच आपसी प्रतिद्वंद्विता में यूरोपीय सभ्यताओं के चेहरे धूलधूसरित

हुए हैं, किन्तु उनका शरीर अभी भी बदला नहीं है। प्रवासियों से बने अमेरिका की न अपनी कोई सभ्यता थी और न ही कोई संस्कृति। मुनाफे की भूख बढ़ाते हुए दुनिया के सारे मुनाफाखोरों को इकट्ठा करने में लगे उस समाज की सांस्कृतिक पहचान ढूँढ़ी जाय तो वहाँ केवल तृष्णा और उपभोगवृत्ति दिखाई देती है और सभ्यता के नाम पर युद्ध सामग्रियों की सौदागिरी। मानवीय श्रम को प्रतिष्ठा देने वाले समाजवाद को भी विकराल प्रौद्योगिकी-टेक्नालॉजी ने परास्त कर दिया है। सारी दुनिया के श्रमिकों को मानवीय हक दिलाने की लड़ाई लड़ने वाला साम्यवादी खेमा सोवियत संघ अपने यहाँ के लोगों के मानवीय हक कायम रखने में नाकामयाब रहा। केन्द्रीयकृत उद्योग का भारी भरकम भार उसे ही ले डूबा। पचहत्तर वर्ष तक सोवियत संघ मानव सभ्यता और संस्कृति के निर्माण करने का अथक प्रयत्न करता रहा। उसके प्रयत्नों का एक परिणाम इक्कीसवीं सदी की आजाद दुनिया है- राजनैतिक स्वतन्त्रता दुनिया के सभी समाज को मिल गई। दुनिया की सभी सभ्यतायें आज अपनी धरती पर आजाद हवा में सांसें ले रही हैं, किन्तु सोवियत संघ का विश्वसभ्यता का-साम्यवादी विश्व का सपना टूट चुका है। सोवियत संघ आज हमारी स्मृतियों में ही शेष है। जिन स्थानीय सभ्यताओं को साथ लेकर वह सामाजिक पुनर्रचना का अभियान चला रहा था, वे सभ्यतायें आज भी बची हुई हैं- रूस और उसके निकटस्थ देश आज फिर अपने यहाँ पूर्ववत ईसाइयत और इस्लामी तहरीकों को समेटने में लग गये हैं। लूटेरा पूंजीवाद मानवता का त्राता नहीं बन सकता है, उसके प्रतिरोधी समाजवाद या सामाजिक नियंत्रण की वैकल्पिक राजनैतिक पद्धति से ही दुनिया बच सकेगी। परन्तु यह तभी संभव होगा जब स्थानीय संस्कृतियों को समेटने वाली कोई विविधता में एकता निर्मित करने वाली सर्वसमावेशी संस्कृति का अभ्युदय हो।

बीसवीं शताब्दी में विज्ञान और प्रौद्योगिकी ने तेज रफ्तार के साथ विश्व के सभी समाज को बदला है। आज दुनिया की सभी नस्लें- सभी सभ्यतायें एक ही दिशा में भाग रही हैं और वह दिशा है- केन्द्रीयकृत बाजार- केन्द्रीयकृत उपभोग की दिशा। यह समय है उन लोगों को निर्णय लेने के लिए, जो लोग मानते रहे हैं कि भगवान की बनायी गई यह दुनिया जैसे पहले थी, वैसी ही हमेशा बनी रहेगी, वे अच्छी तरह देख लेवें कि पचास साल पहले तक जो समाज उनके सामने था, वह पूरी तरह बदल चुका है। टेक्नोलॉजी और बाजार ने पुरानी मानवीय मूल्यों को ध्वस्त कर सामुदायिक समाज को यांत्रिक पुरजों में तब्दील कर दिया है। समृद्ध और पूर्ण विकसित सभ्यतायें पहले भी पूरी तरह विनष्ट हुई

हैं। बैबीलोनिया, असीरिया मिस्त्र, यूनान और रोम की सभ्यतायें, मध्य-दक्षिण अमेरिका की मय अजटेक इंका सभ्यतायें- जिनकी भव्यता का अनुमान उन भूभागों के विशाल खण्डहरों, पिरामिडों को देखकर लगाया जा सकता है। वे सभ्यताएं अपने पराक्रम और पुरुषार्थ से मानव समाज को महत्तर ऊँचाई तक ले गई थीं। बेबीलान के गिलगिमेशु की जो कथा ईंटों पर लिखी मिली है, उससे आज से पाँच हजार वर्ष पूर्व के समाज का पता चलता है। सम्राट हमूराबी के कानूनों के बारे में जानकर आश्चर्य होता है कि उस समय मानव समाज की व्यवस्था और नियंत्रण के लिये पर्याप्त सांस्कृतिक चेतना का विकास हो चुका था। मिस्त्र के पिरामिडों के निर्माण काल के विषय में पुरातत्वविद कहते हैं कि वे ईसा से तीन चार हजार वर्ष पहले बनाये गये थे। निश्चित ही इन पिरामिडों को बनाने वाला समाज तकनीकी और वैज्ञानिक दृष्टि से दक्ष और कुशल समाज रहा होगा। उसी क्षेत्र में दुनिया के सबसे बड़े पुस्तकालय का अलेक्जेण्डिया में ईसा पूर्व की शताब्दियों में होना यह प्रमाणित करता है कि मध्य एशिया की ये सभ्यतायें मनुष्य की अदम्य, इच्छा शक्ति और बौद्धिक क्षमता के कारण ही शताब्दियों तक अपना पुरुषार्थ प्रकट करने में सफल हुई। आज यदि हम इन सभ्यताओं के विषय में पर्याप्त जानकारी नहीं प्राप्त कर सकते हैं तो यह कालक्रम में मानव समाज को विच्छिन्न और सीमित रखने वाले कारकों की वजह से ही है- उनके विनाश का कारण मानव प्रवृत्तियों की कुछ भयंकर भूले ही रही होंगी।

इस परिप्रेक्ष्य में यह जानना कितना परितोषदायक है कि भारतीय भूभाग पर बसने वाला मानव समाज कभी भी पूरी तरह विनष्ट नहीं हुआ। पृथ्वी पर जबसे मानव सभ्यता का प्रादुर्भाव हुआ तब से अब तक भारतीय समाज अपने उत्थान पतन के साथ बराबर अस्तित्व में बना रहा और तो और, आज भी इस भू-प्रदेश पर समाजशास्त्रीय और नृतत्व शास्त्रीय दृष्टि से देखने पर चार हजार वर्ष पूर्व के आदिम समाज भी दक्षिणी मध्य प्रदेश के आसपास के क्षेत्रों में, असम और अण्डमान निकोबार द्वीप में अस्तित्व में हैं, तो दूसरी तरफ कम विकसित प्रदेशों में समाज का जीवन स्तर मध्यकालीन सोलहवीं सत्रहवीं शताब्दी के जीवन स्तर पर ही अटका हुआ है। बम्बई, मद्रास, दिल्ली, कलकत्ता जैसे मेट्रो शहर भी हैं, जहाँ का जनजीवन दुनिया के श्रेष्ठतम शहरों न्यूयार्क, लन्दन, पेरिस, टोकियो से किसी तरह पीछे नहीं है। नस्लों को ध्यान में रखा जाय तो हम पाते हैं कि भारतीय भू-भाग पर दुनिया की सभी नस्लें हजारों साल से घुली-मिली है। इस प्रकार की ऐतिहासिक भौगोलिक विविधता की दुनिया शायद ही कहीं और देखने को मिले। ऐसी विचित्र भारतीय सभ्यता संस्कृति के उत्तरजीवी और उत्तराधिकारी

के रूप में जब हम स्वयं को पाते हैं तब मानवीय सामाजिक सम्बन्धों की गहनतम जटिलता और विस्तृत होती जाती इच्छाओं–भावनाओं का फैलाव हमें गंभीर दायित्वबोध से भर देता है ।

इच्छाओं की पूर्ति के लिये सभ्यताओं ने न केवल वैभव विलास की सामग्रियाँ एकत्र की बल्कि अपने वर्चस्व के अहंकार में दूसरों के प्रति हेय दृष्टि रखी, जिसके कारण युद्ध, हिंसा और बर्बरता से उनका सम्बन्ध कभी नहीं छूटा । बाह्य भौतिक आवश्यकताओं की पूर्ति के साथ मानव समाज की समृद्धि और शक्ति तो बढ़ी किन्तु उसी के अनुरूप आत्मिक चेतना, सुखशान्ति नैतिकता और स्वतंत्रता सम्बन्धी आन्तरिक व्यक्तित्व का विकास नहीं हुआ । आज इक्कीसवीं सदी के प्रारंभिक वर्षों में हम देख रहे हैं कि विज्ञान और प्रौद्योगिकी मनुष्य की सभी बुनियादी जरूरतों की पूर्ति करने में सक्षम है, उत्पादन की पूर्णक्षमता के विकसित हो जाने के कारण मनुष्य के वैभव विलास की भी आपूर्ति की जा सकती है, परन्तु आधिपत्य और शोषण की प्रवृत्ति के कारण मनुष्य दूसरों के दुःख और विपन्नता की परवाह नहीं करता है, जिससे समृद्धि के बावजूद समाज में हिंसा, अपराध और विशिष्टता बढ़ती ही जा रही है । यह आश्चर्यजनक ही है कि हमारी आधुनिक सभ्यता विश्व की सारी सम्पत्ति और साधनों को बाजार की अपरिमित भूख के हवाले कर दे रही है । कुछ गिनती की पराराष्ट्रीय कम्पनियाँ वित्तीय पूँजी के माध्यम से दुनिया के सभी समाजों के बुनियादी संसाधनों और जरूरतों पर अपना कब्जा जमाती जा रही है । राष्ट्र–राज्य की इच्छाशक्ति क्षीण हो रही है सरकारें असहाय हो गई हैं । बाजारवाद और उपभोक्तावाद के सामने वैयक्तिक सन्तोष और शान्ति का कोई महत्व नहीं रह गया है । स्वच्छन्द पूंजीवाद इच्छाओं और लालसाओं को उकसा उकसा कर मनुष्य की मदोन्मक्ता और अधिग्रहण वृत्ति को बढ़ा रहा है । स्वाभाविक तौर पर उपभोग और नशा ही सांस्कृतिक मूल्य बन कर सामने आ रहा है । आज के वैश्विक संदर्भ में जब आधुनिक मनुष्य की बात चलती है तब यह उन्मुक्त मनुष्य एक सामान्यीकृत अमूर्त विचार बन जाता है– आधुनिक प्रौद्योगिकी और समृद्धि से ही अपरिमित स्वतंत्रता प्राप्त की जा सकती है – जो प्रयत्न करते हैं वे ही पाते हैं, प्रतियोगिता ही जीवन है । दुःख, गरीबी और बेरोजगारी उनके लिए हैं जो प्रतियोगी नहीं बन सकते, जिनमें कुछ प्राप्त करने की इच्छा नहीं है । क्या सच में परिग्रह और अधिग्रहण ही स्वतंत्रता है?

तकनीकी फैलाव और सूचना तंत्र के कारण एक विश्व होने का जो नया संभ्रम तैयार हुआ है, उसके कारण वस्तुगत यथार्थ की बात पीछे छूट जाती है

। विज्ञान ने हमें ज्यादा दूर तक देखने और जानने के साधन उपलब्ध करा दिये हैं किन्तु उसने हमें जानना क्या है– देखना क्या है– यह नहीं बताया है। बीसवीं सदी के प्रौद्योगिकी और वैज्ञानिक विकास से वास्तविक स्तर पर दुनिया की गरीबी दूर नहीं हुई है, अशिक्षा, कुपोषण, सामाजिक अन्याय और बर्बरता, अन्धविश्वास, साम्प्रदायिक विद्वेष और धर्मोन्माद कम नहीं हुये हैं, बल्कि कुटिल लोगों के हाथ में नये साधन पहुँच जाने के कारण उपरोक्त मानव जीवन विरोधी तत्वों में आनुपातिक तौर पर वृद्धि ही हुई है। असलियत यह है कि आधुनिक प्रौद्योगिकी विकास एक तरफा विकास है इसमे सम्पूर्ण मानव जाति के सर्वांगीण हित और कल्याण की दृष्टि ही नहीं है। इस विसंगति के कारण ढूँढने पर ध्यान जाता है तो फिर टेक्नोलॉजी–उत्पादन के साधन के द्वारा मानवीय श्रम को पूरी तरह निष्कासित किये जाने का तथ्य सामने आता है। दुनिया की जिन सैकड़ों सभ्यताओं और संस्कृतियों की बात हम पहले कर रहे थे, वे अभी भी अपनी–अपनी साधन क्षमता और पारम्परिक विधियों से अपने मानव जीवन को संचालित कर रही हैं। वे असमान हो सकती है उनमें कुछ तो बहुत ज्यादा पिछड़ी कही जा सकती है, आधुनिक दृष्टि से उन्हें अज्ञानी और दरिद्र तो कहा ही जायेगा, किन्तु वे अपनी सामाजिक जरूरतों को स्वावलम्बी ढंग से जुटाकर अपने समुदाय को अब तक बचाये रखने में सफल रही हैं। यदि वैश्विक समाज बनना है तो वे भी अनिवार्य रूप से इसका हिस्सा होगीं इसलिये विज्ञान और प्रौद्योगिकी को उनके हित और कल्याण के लिए अपना परिष्कार करना होगा। विज्ञान और टेक्नालॉजी की अपनी कोई सभ्यता संस्कृति नहीं होती है, वे तो जड़ साधन मात्र है, जिनका उपयोग मनुष्य जाति के समग्र विकास के लिये होना चाहिये।

बीसवीं सदी के प्रारंभिक वर्षों तक दुनिया के सभी मानव समाज परम्परागत अस्त्र–शस्त्र से अपने दुश्मनों से युद्ध करते थे– ये ऐसे युद्ध थे जिनसे मानव जाति के अस्तित्व पर कोई प्रचण्ड आघात नहीं होता था उससे स्थानीय तौर पर ही क्षति होती थी। परन्तु टेक्नोलॉजी के विकास के साथ परमाणविक युद्ध सामग्रियों के आ जाने से अब युद्ध का पुरुषार्थ और वीरता से किसी तरह का सम्बन्ध नही रह गया है। अब तो पूर्ण युद्ध में पूरी तरह विनाश ही विनाश है। यही कारण है कि बीसवीं सदी मे दो विश्व युद्धों के बाद परमाणविक अस्त्रों के फैलाव में सोवियत संघ और संयुक्त राज्य अमेरिका जैसे महाबलियों के बीच लगभग पैंतालीस वर्षों तक शीत युद्ध के षड्यंत्र और तनाव चलते रहे, परन्तु आमने–सामने का युद्ध नहीं हुआ। सोवियत संघ, जिसने दूसरे विश्व युद्ध में दुनिया की बड़ी शक्तियों से मुकाबला लिया था – वही सोवियत संघ जब विनष्ट

हुआ तब किसी तरह का न तो युद्ध हुआ न ही खून खराबा, अमेरिका शान्त बना सब कुछ देखता रहा। आज अमेरिका के पास पूर्ववत आणविक अस्त्र-शस्त्रों की भरमार है। वह चाहे तो भयंकर नरसंहार बल्कि कहना चाहिये कि सभ्यता का ही संहार कर सकता है, किन्तु विश्व की सभी सभ्यताओं, समाजों और राष्ट्र -राज्यों के सामूहिक नैतिक दबाव ही उसे बड़े युद्ध से रोके हुए हैं। फिर भी अपनी प्रचण्डता के अहंकार में वियतनाम, इराक जैसी जगहों पर अपनी शैतानी ताकत के प्रदर्शन के लिये मानवता विरोधी कारवाही करके वह पूरे विश्व को आतंकित करता रहा है। जब तक अपनी संहारक शक्तियों के साथ एकमेव महाबली होकर अमेरिका दुनिया को धमकाता रहेगा मानवता भयमुक्त कैसे रह सकती है ?

बहुत साफ है बड़े युद्ध अब पूरी तरह निरर्थक हो चुके हैं और मानव समाज के सामने अब केवल मानवीय सभ्यता और संस्कृति के अस्तित्व को बचाये रख सकने की ही चुनौती है। विश्व में फैलता हुआ आतंकवाद वैयक्तिक स्तर पर मानव सभ्यता के अन्तर्विरोधों से लड़ने का नया आत्मघाती शस्त्र बन गया है। स्थानीय सभ्यताओं की मानवीय महत्वाकांक्षाओं को रोका नहीं जा सकता है-वे सभी अपनी मुक्ति और उन्नति क़ी लड़ाई लड़ रही है। आतंकवाद एक ऐसा शस्त्र है जिसके माध्यम से समाज के भीतर और बाहर दोनों स्तर पर समानता और स्वतंत्रता की चुनौतियों से जूझा जा रहा है। पुराने परमाणविक अस्त्र-शस्त्र भंयकर होने के बावजूद जड़ थे किन्तु यह नया आतंकवाद का शस्त्र जड़ नहीं है इसके साथ मानवीय इच्छा और द्रोह जुड़े हुए हैं। बड़े युद्धों की हिंसा और बर्बरता और आतंकवाद की हिंसा और बर्बरता में बुनियादी फर्क है। इस फर्क को मानवीय चेतना और असहमति की स्वतंत्रता के मूलभूत सांस्कृतिक प्रश्न के संदर्भ में गंभीरतापूर्वक देखा जाना चाहिए।

वैश्विक सभ्यता के विकसित होने की संभावना से इन्कार नहीं किया जा सकता है। दूसरे विश्वयुद्ध के समाप्त होने के साथ दुनिया के सभी राष्ट्रों की सहमति संयुक्त राष्ट्रसंघ के माध्यम से राजनैतिक सामाजिक समस्याओं के समाधान ढूँढ़ लेने की रही है। परन्तु पिछले साठ वर्षों में वैश्वीकरण की प्रक्रिया में अमेरिका और यूरोप के विकसित देशों ने पिछड़े देशों के सही विकास की परवाह न कर उन्हें अपनी जागीर के रूप में ही देखा है। आज इस्लामी राष्ट्रों के विद्रोह को प्रतिक्रियावाद और धर्मोन्माद के रूप में ही उछाला जा रहा है जबकि समाज के पिछड़ेपन की बुनियादी समस्या की तरह उसे समझा जाना चाहिये। इस्लाम का सम्बन्ध भारतीयता से भी है और भारतीय राष्ट्र दुनिया के सबसे बड़े लोकतंत्र के रूप मे इस्लामी संस्कृति के अन्य संस्कृतियों से टकराव

की समस्या को लोकतांत्रिक परिप्रेक्ष्य में सुलझाने की कोशिश कर रहा है। तथ्य यह है कि आबादी की दृष्टि से भारत वर्ष लगभग पन्द्रह करोड़ मुसलमानों का देश होने के कारण दुनिया के अधिकांश मुस्लिम राष्ट्रों से ज्यादा मुसलमानों का खैरख्वाह देश है, जो न केवल स्वतंत्रता प्राप्ति के समय से बल्कि पिछले सात सौ वर्षों से हिन्दू मुस्लिम भाईचारे की गंगो जमुनी तहरीक बनाने की कोशिश में अन्य राष्ट्रों से आगे हैं।

एशियाई समाज ही दुनिया का सबसे प्राचीन समाज है। चीन और भारत दोनों देश पूरे एशिया के मानव समूहों से शताब्दियों से घुलते मिलते रहे हैं और आज की दुनिया में भी एक तिहाई आबादी के समाज होने की वजह से नई वैश्विक सभ्यता के प्रमुख घटक है। विकासशील और विकसित राष्ट्रों की प्रतिद्वंद्विता का समाधान मानव जाति के समग्र कल्याण की भावना से ही प्राप्त किया जा सकता है। मध्य और दक्षिण अमेरिका के विकासशील देशों ने नयी वैश्विक सभ्यता की आकांक्षा जगा दी है। आज की प्रतियोगिता धर्मी बाजारवादी दुनिया का नया विकल्प सहयोग और शान्ति तथा सर्वसमावेशी मानवीय मूल्यों पर आधारित नयी वैश्विक संस्कृति में प्रकट हो रहा है।

3.1.2 भारतीयता की पहचान

लभभग सौ डेढ़ सौ वर्षों तक हिन्दुस्तान के लोगों ने ब्रिटिश हुकुमत के विरुद्ध स्वतंत्रता प्राप्त करने के लिए संघर्ष किया। हजारों लोग फाँसी के तख्ते पर झूले, आन्दोलनों में वर्षों लाठी गोली से लोगों का सामना होता रहा। राजनैतिक और सामाजिक चेतना फैलाने के लिये चिन्तकों और महापुरुषों ने अपने पारम्परिक धर्मदर्शन को सामयिक परिप्रेक्ष्य में व्याख्यायित कर जनता को आन्दोलित किया। अँग्रेज सरकार के विरुद्ध असहयोग का तूफानी दौर चला, भारतीय समाज ने जिन्दगी के नये दौर की शुरुआत करने का संकल्प लिया। जब आजादी मिली तो उस नये समाज की विधिवत तस्वीर भारतीय संविधान में उतारी गई। यह संविधान भारतीय समाज में नयी सभ्यता और संस्कृति के निर्माण के लिये स्वतंत्रता संग्राम के निकला एक ऐतिहासिक संकल्प था। आज जरूर मन में यह विचार आता है कि पिछले साठ वर्षों से विश्व के सबसे बड़े लोकतांत्रिक गणराज्य के रूप में भारत के लोग जिस समाज मे रह रहे हैं, क्या उसे हम संविधान में वर्णित आदर्श समाज कह सकते हैं ? सोवियत संघ के भंग होने का कारण हम रूसी तथा अन्य सहयोगी समाजों के भीतर की कमियों को बताते हैं, क्या वैसी ही कमी हमारे साथ नहीं है जिसके कारण आदर्श संस्कृति की कल्पना यथार्थ की जमीन पर चरितार्थ नहीं हो पा रही है ?

भारत की नई सभ्यता के विषय में सोचते हैं तो पिछले साठ वर्षों में यहाँ पर जो बड़े पैमाने पर सामाजिक आर्थिक परिवर्तन हुए हैं, उन पर निगाह जाती है। दस पँचवर्षीय योजनाओं ने बड़े बाँध, बिजली, सड़कें, निर्माण सामग्री, अस्पताल, विश्वविद्यालय, वैज्ञानिक शोध संस्थान जैसे नई सभ्यता की नई शक्लें तैयार कर दी हैं। शहरों में आधुनिक जीवन की चकाचौंध बढ़ी है और अभी पिछले दस वर्षों में जब से नई उदार आर्थिक नीति आई है तब से शहरं में पूँजी का प्रचण्ड सैलाब उभरा है। कहा जा रहा है कि भारत दुनिया की तीसरी आर्थिक शक्ति बन रहा है। लोकतांत्रिक पद्धति का इकसठ साल का सामाजिक जीवन कम नही होता है– चौदह लोकसभाओं को पूरी देश की जनता ने चुना, कई विषम परिस्थितियों में– जबकि स्थितियाँ काफी बिगड़ चुकी थीं, देश की जनता ने सही लोकतांत्रिक निर्णय लेकर लोकतंत्र की रक्षा की। सभी प्रदेशों और गाँव तथा शहरों के स्थानीय निकायों में जनप्रतिनिधियों के द्वारा कानून के अनुसार शासनतंत्र संचालित हो रहा है – यह सब संवैधानिक व्यवस्था नई सभ्यता के ही तो प्रारंभिक चरण हैं।

सांस्कृतिक स्तर पर विचार करें तो समाज में पिछले दो हजार वर्षों से जिन आदिम जनजातियों और दलित शोषित वर्ग को समाज के सामान्य जीवन से तिरष्कृत और बहिष्कृत किया गया था, उन्हें अन्य सभी नागरिकों की भाँति समान नागरिक अधिकार प्राप्त हो चुके हैं। उनके उत्थान के लिये की गई राष्ट्रीय चिन्ता और प्रयत्नों ने अपना प्रभाव भी बताया है। देश के लगभग पैंतीस करोड़ दलितों शोषितों के समाज की मुख्य धारा में उत्साहपूर्वक सक्रिय हो जाने से भारतीय समाज का परम्परागत चेहरा ही बदल गया है। संस्कृति के अन्य पक्षों पर दृष्टिपात करें तो सकारात्मकता का बृहद स्वरूप अभी निखर नही पाया है। वैसे तो कहने के लिये पुराने शोषण के ढाँचे का टूटना भी एक सकारात्मक पहलू है। सामन्ती ढाँचा टूटा है परन्तु सामन्ती मनोवृत्ति को नई राजनीतिक सामाजिक व्यवस्था में फैलने के ज्यादा अवसर मिले हैं। सांस्कृतिक मूल्यों के विघटन के दौर मे भ्रष्टाचार और अपसंस्कृति का फैलाव कुछ ज्यादा ही दृष्टिगत हो रहा है। भारतीय समाज के बारे मे कहा जाता रहा है कि मध्यकाल के बर्बर विदेशी आक्रमणों के बावजूद यहाँ की सामाजिक व्यवस्था और व्यवहार में कोई परिवर्तन नहीं आया था, सामाजिक जीवन की सांस्कृतिक शाश्वतता बनी रही थी। हमारे चिन्तक–विचारक भारतीयता की अपरिमित प्राण ऊर्जा पर सन्तोष व्यक्त करते थे– यह भारतभूमि देवभूमि है, यहाँ भगवान भी मनुष्य योनि में जन्म

लेकर कृतार्थ होते हैं। ऋषि-मुनियों ने जो धर्म की व्यवस्था यहां के समाज को दी, उससे ही इस समाज की प्रभविष्णुता बढ़ी है।

भारतीय समाज की यह प्रभविष्णुता क्या थी? मनुस्मृति द्वारा प्रतिष्ठापित और निर्देशित वर्णाश्रम धर्म- जिसके लिए भगवतगीता में भगवान श्रीकृष्ण के मुख से कहलवाया गया है- स्वधर्मे निधनं श्रेय परम धर्मो भयावहः। जातपांत के हजारों अलंघ्य और सुदृढ़ घेरे ही वर्णाश्रम धर्म व्यवस्था हैं। चार वर्णों वाली इस व्यवस्था में पिछले पन्द्रह सौ वर्षों में वर्णसंकर सिद्धान्त और व्रातस्टोम संस्कार के माध्यम से हिन्दू समाज में पचहत्तर प्रतिशत से भी ज्यादा आबादी को - काम करने वाली निचली जातियों को शूद्र घोषित किया गया और विदेशी आक्रामकों को, जो यहाँ इस व्यवस्था में रहकर इसे बनाये रखना चाहते थे, उन्हें उच्चकुलीन राजपुत्र-अग्निवंशी क्षत्रिय बनाया गया। राजा-महाराजाओं ने हिन्दूसमाज की सुदृढ़ व्यवस्था के धर्मरक्षक बनकर धर्मशास्त्र के विधान के अनुसार इसे सुरक्षित रखा। अंग्रेजी राज को बनाये रखने के लिए प्रशासकीय प्रशिक्षण में अफसरों को हिन्दू समाज की इस खूबी के बारे में विस्तार से बताया जाता था। अनेक अंग्रेजी विद्वानों ने जाति व्यवस्था का अध्ययन इसलिये किया कि इसको समझ लेने पर यहाँ के लोगों को आसानी से हाँका जा सकता है। एक अध्येता की राय है कि अंग्रेजी हुकुमत ने अठारहवीं उन्नीसवीं सदी में हिन्दुस्तान को जीतकर हासिल नही किया, बल्कि यहाँ पर बिखरी हुई और आपस में बैरभाव वाली सामाजिक व्यवस्था को यूरोपीय व्यापारिक कम्पनियों ने चालकी से वेतनभोगी हिन्दुस्तान फौजियों के माध्यम से हथिया लिया। [72,76] आपस में एक -दूसरे को छोटा-बड़ा देखने वाली वह जाति व्यवस्था अब टूट रही है। उर्ध्वाधर आधिपत्य की इस सामन्ती व्यवस्था को नई पीढ़ी के नागरिक स्वीकार नहीं करते हैं।

परिवर्तन की रफ्तार तो निश्चित ही तेज है, शाश्वत और सनातन कहा जाने वाला हिन्दू समाज अब बदल रहा है। स्त्रियों को भी शुद्रों की स्थिति में रखा गया था, स्त्री शिक्षा के कारण महिलायें इस अपमान जनक धारणा को चुनौती दे रही हैं। शिक्षा के क्षेत्र में अपनी बौद्धिक क्षमता सिद्ध करके महिलायें समाज में सभी दूर प्रतिष्ठित पदों पर आसीन हो रही हैं। मनुस्मृति के विधान के स्थान पर नये भारतीय संविधान ने महिलाओं को ज्यादा महत्वपूर्ण बना दिया है, इसलिये देखने में यह भी आ रहा है कि नैतिकता और पवित्रता की धार्मिक पारम्परिक धारणाओं के प्रति भी पढ़ी-लिखी महिलाओं का तिरस्कार भाव जागृत हो रहा है। संवैधानिक अधिकार की वजह से दलित शोषित पिछड़े वर्ग

की महिलायें इस सनातनी समाज में आश्चर्यजनक परिदृश्य तैयार कर रही हैं, जिसके लिये कुछ के मन में तिरस्कार और द्वेषभाव है तो कुछ के मन में अपार उत्साह।

लोकतांत्रिक व्यवस्था का आधार कानून का राज्य होता है, अभी तक परम्परागत व्यवस्थाओं में लोग धार्मिक निष्ठा के आधार पर सामाजिक जीवन जीते थे। ईश्वर, देवी-देवता और तरह-तरह की अदृश्य शक्तियों के द्वारा जनजीवन के संचालित होने का विश्वास लोगों के मन में बहुत गहरा पैठा हुआ है, आज भी लोग मानते हैं कि राजकाज तो ईश्वर के प्रतिनिधि राजवंशोत्पन्न राजा ही चला सकते हैं। भारतीय समाज में यह अन्तर्विरोध अभी भी बड़े पैमाने पर दिखाई देता है और यही कारण है कि यहाँ जनता की सही राजनीति का स्वरूप निश्चित नहीं हो पा रहा है। संवैधानिक व्यवस्था और लोक व्यवहार का द्वन्द्व मालूम नहीं कब तक चलता रहेगा। शासन, कोर्ट कचहरी में तो संविधान की धारायें बताई जाती हैं, जबकि सामान्य व्यवहार में लोग परम्परागत व्यवहार के अनुसार ही बरत रहे हैं।

बारहवीं सदी से जबकि मुसलमान शासकों ने यहाँ का शासन सम्हाला, यहाँ की बहुत बड़ी आबादी-दलित शोषित और गैर ब्राह्मण आबादी हिन्दू समाज की सामाजिक विषमता और यातना से बचने के लिये मुसलमान बनती गई। जोर जबरदस्ती से भी मुसलमान बने होंगे, परन्तु बड़े इलाके के इलाकों ने इस्लाम को स्वैच्छा से ही स्वीकार किया होगा। मुसलमान बनते ही इन लोगों को नवाबों, सुलतानों का संरक्षण प्राप्त हो गया, इसलिये जो कल तक घृणा और हेय दृष्टि से देखे जाते थे, वे सामाजिक जीवन में हिन्दूओं की अन्य सम्माननीय जातियों के समान कारीगर जातियों में बँट गये। राजकीय ठिकानों से दूर रहकर जो मुसलमान सामाजिक जीवन में मसलन गाँव में किसान और कारीगर के रूप मे या अन्य व्यवसाय में लगे उन्हें हिन्दूओं के साथ रोजमर्रा की जिन्दगी में व्यावहारिक बन कर ही रहना था, इसलिये स्वाभाविक तौर पर उनमें धार्मिक कट्टरता ज्यादा नहीं पनपी। सामाजिक आवश्यकता की दृष्टि से ही भारतीय इस्लाम का स्वरूप भी स्थानीय रीति-रिवाजों के अनुकूल तैयार हुआ। शरीयत और हदीस की कट्टरता की बनिस्बत कुरआन की पाकिजगी, आपसी सलामती और सूफियों के द्वारा उच्चारित मुहब्बत और रूहानियत की अवधारणायें ही हिन्दुस्तानी मुसलमान में ज्यादा उभरीं। यही कारण रहा है कि दोनों धर्मों के लोग त्यौहारों और जलसों के मौकों पर एक-दूसरे के नजदीक आने के तरीके ढूँढते रहे। पिछले सात सौ, आठ सौ सालों में एक अलग तरह की हिन्दुस्तानी

संस्कृति-गंगोजमनी तहरीक तैयार हुई है। इस तरह की तहरीक दुनिया में शायद ही कहीं मिले। संगीत, नाटक, रहन-सहन वास्तुकला, भाषा, सूफियों और पीरों के तरह-तरह के मिथकों ने जो एक हिन्दुस्तानी समाज बनाया गया है, वह भी अपने आप में एक सभ्यता और संस्कृति का पैमाना रहा है। दुर्भाग्य है कि राजनैतिक स्वार्थों की वजह से आज इस हिन्दुस्तानी तहरीक को छिन्न-भिन्न किया जा रहा है। साम्प्रदायिक विद्वेष फैलाकर लोगों के बीच नफरत की दीवार खड़ी की जा रही है।

किसी भी समाज में जब ऐतिहासिक सामाजिक कारणों से बड़े परिवर्तन होते हैं तो वहाँ वैचारिक स्तर पर क्रांतिकारी चेतना का विकसित होना भी बहुत जरूरी हो जाता है। नये सामाजिक मूल्यों को ठोस स्वरूप प्रदान करने और स्थायी बनाने के लिये एक बड़े सामाजिक समूह की आवश्यकता बनी रहती है, जो अपनी क्रान्तिकारी चेतना के साथ सामाजिक अव्यवस्था, अन्तर्द्वन्द्वों और अन्तर्विग्रहों को सही ढंग से पहचान सके और उन्हें सही दिशा प्रदान करके सकारात्मक व्यवस्था में बदल सके। भारतीय समाज में वर्तमान सामाजिक परिवर्तन के दौर को लोकतांत्रिक प्रणाली से नियंत्रित करने का प्रयास किया जा रहा है, ऐसी स्थिति में सामाजिक, सांस्कृतिक मूल्यों को प्रतिष्ठापित करने का दायित्व यहाँ के राजनैतिक समूहों पर आ जाता है। यदि ईश्वर के राज्य के स्थान पर कानून के राज्य को प्रतिष्ठित करना है तो राजनैतिक समूहों को धार्मिक अन्ध विश्वासों से भी मुक्त होना होगा, धार्मिक दुराग्रहों को भी छोड़ना होगा। हमारे यहाँ पर सत्ता और सम्पत्ति प्राप्ति की प्रतिद्वन्द्विता ने राजनीति तंत्र को उद्धत और भ्रष्ट बना दिया है। धर्म, राजनीति, सामाजिक व्यवहार, उत्सवधर्मिता, जीवन जीने के ढंग -जब सब बदल रहे हों तो संस्कृति की समझ का बनना बहुत जरूरी हो जाता है, क्योंकि संस्कृति ही इन सभी तरह-तरह की जीवन की विधाओं को अपने में समेट लेने में सक्षम होती है।

खुली लोकतांत्रिक व्यवस्था में निर्बाध अवसर प्राप्ति की स्थितियाँ बढ़ जाती हैं, इसलिये स्वाभाविक तौर से ऐसी स्थिति में आर्थिक तंत्र पर स्वार्थवृत्ति ही हावी रहती है। वैश्वीकरण की आँधी में हमारे यहाँ का चतुर चालाक वर्ग दलाल बनकर समाज को गिरवी रखने में भी शर्म नहीं कर रहा है, जितना जिससे समेटते बन रहा है - लोग समेट रहे हैं। यह राष्ट्रीय जीवन के लिये भयंकर स्थिति है। एक व्यवस्था के बिखर जाने के बाद यदि दृढ़ता और विवेकपूर्ण इच्छाशक्ति का उपयोग नहीं किया जाय तो अपेक्षित नई व्यवस्था की रचना

करना आसान नहीं होता। पाँच हजार वर्ष पुरानी सभ्यता और दुनिया के सबसे बड़े लोकतांत्रिक समाज के सामने अभी ऐसी ही विकट चुनौती है। एक अरब बीस करोड़ की आबादी के विस्तृत समाज में बाजार की क्रय और लाभ की संभावना की वजह से विदेशी पूँजी–विशेषकर बहुराष्ट्रीय कम्पनियों की पूँजी के निवेश में पिछले वर्षों बहुत वृद्धि हुई है। अन्तर्राष्ट्रीय वित्त संस्थानों से भी खूब कर्ज लिया जा रहा है। सरकार में बैठे राजनीतिज्ञ अपने हितों की रक्षा और दम्भी सनक के साथ प्राप्त हुई वित्तीय पूंजी को राष्ट्रीय हित अथवा जनहित का विचार न करते हुए पश्चिमी देशों के ढाँचे के अनुरूप शान–शौकत और दिखावे के कामों में बेइन्तहा खर्च कर रहे हैं। पिछले दस पन्द्रह वर्षों में देश के लगभग सभी कल–कारखाने बन्द हो गये, बेरोजगारी बढ़ती गई है, सरकारी नौकरियाँ भी मिलना बन्द हो गई हैं। आजादी के बाद देश में आजकल सबसे ज्यादा बेरोजगारी और बेकारी बढ़ी है। ऑटोमेटिक मशीनों ने निर्माण और उत्पादन के कार्यों से मनुष्य के श्रम को बेदखल कर दिया है। लोगों को अपने परिवार पालने के लिये दो–दो तीन–तीन स्थान पर ठेके पर काम करना पड़ रहा है। रोजगार विहिन यह विकास प्रक्रिया व्यावसायिकता और बाजार की वहशीयत को ही बढ़ा रही है। सामाजिक यथार्थ की तस्वीर परस्पर विरोधी है– गाँव उजड़ते जा रहे हैं, बड़े शहर और बड़े होते जा रहे हैं। शहरों के आलीशान भवनों और बाजारों को देखकर कोई नहीं कह सकता कि भारत एक गरीब देश है। पर जब गाँवों में जाकर वहाँ की जिन्दगी को नजदीक से देखा जाय तो आत्मा थर्रा उठती है। यह देश हजारों साल से किसानों का देश रहा है, आज स्थिति यह है कि किसान कृषितंत्र की बदहाली के कारण आत्म हत्यायें कर रहे हैं। बहुराष्ट्रीय कम्पनियों के शिकंजे में फंसी कृषि नीति के कारण किसानों को उनकी फसलों के उचित दाम नहीं मिल पा रहे हैं। एक ही राष्ट्र में दो देश बहुत साफ तौर पर अलग अलग दिखाई दे रहे हैं– इण्डिया की चकाचौंध भारत की चीख को दबा दे रही है। शहरों की भव्यता के पीछे मलीन बस्तियों का नरक बिजबिजा रहा है।

इतिहास के वेग को रोका नहीं जा सकता है, किन्तु अगर मानवीय विवेक का सही उपयोग किया जाय तो इस उत्सर्जित ऊर्जा को सामाजिक नवनिर्माण की दिशा में जरूर मोड़ा जा सकता है। भारतीय समाज को ही यह तय करना होगा कि हमारे यहाँ मानव जीवन को सबसे ऊपर प्रतिष्ठित करने का जो ऋषियों की वाणी का सनातन स्वर गूंजता था, उसे आज की परिस्थितयों में भी चरितार्थ किया जा सकता है या नहीं। हम जानते हैं भारतीय भूभाग की भौगोलिक संरचना ऐसी है कि यहाँ दुनिया की सभी तरह की जलवायु और प्राकृतिक

संसाधन प्रचुरता से उपलब्ध है। वर्ष भर सूर्य की धूप और पर्याप्त वर्षा के कारण तरह–तरह की मिट्टियों में सभी प्रकार की फसलें उगाई जा सकती है। नदियों के संजाल ने समान रूप से भारत वर्ष के सारे हिस्से में मानव बसाहट को सुलभ बना दिया है। विशाल समुद्र तट उपलब्ध होने की वजह से नौका संवहन से हमारे यहाँ के व्यापारी अतीत में एक तरफ मिश्र, यूनान, अफ्रीका तो दूसरी तरफ जावा, सुमात्रा, चीन तक सम्पर्क बनाये रहे। बम्बई, मद्रास, कलकत्ता आज नये बन्दरगाह के रूप में जाने जाते हैं, किन्तु इन्हीं के आसपास दो हजार वर्ष पूर्व के समुद्रपत्तनों की पहचान की जा सकती है। बम्बई की एक साधारण बस्ती नाला सोपारा कभी सूर्पारक नामक प्रसिद्ध समुद्रपत्तन था, जिसे परशुराम की राजधानी के रूप में पुराणों में याद किया जाता है। यहाँ से ही बेबीलोनिया असीरिया, मिश्र की प्राचीन सभ्यताओं से हमारी महिष्मती सभ्यता का सम्पर्क बनाता था। भड़ौंच (भगुकच्छ) भी उस समय का एक बड़ा बन्दरगाह और विकसित नगर था। मद्रास के पास ताम्रपर्णी थी, तो कलकत्ता के पास ताम्रलिप्ति (तामलुक)। आज हम लोग इनके नाम भी नहीं जानते किन्तु हमारे पुरखे शताब्दियों पूर्व यहाँ से बड़े–बड़े जलपोतों में वस्त्र, मसाले, धातु सामग्री और हीरे जवाहरात भरकर सुदूर देशों में व्यापार करने के लिये जाते थे। इसी प्रकार मुख्य भूप्रदेश पर उत्तरापथ और दक्षिणापथ पर सदैव बड़े समूहों के साथ सार्थवाह वाल्हिक, रोमक, यवन, देश और हिमालय पार के पठार (उत्तरकुरू) से होते हुए चीन तक पहुँचते थे।

महात्मा गाँधी ने अपनी छोटी–सी पुस्तिका 'हिन्दस्वराज्य' अफ्रीका में रहते हुए 1909 में लिखी थी। उस समय जिस तरह से ब्रिटिश हुकुमत के द्वारा भारतीय आर्थिक ढाँचे को तोड़कर साम्राज्यवादी लूट का जो सिलसिला शुरू किया गया था, इसी सम्बन्ध में उन्होंने ब्रिटेन में रहकर गहरा अध्ययन किया था और वहाँ देश की स्वतंत्रता के लिये कृत संक्लप भारतीय बुद्धिजीवियों से लम्बी बहसें की थी। उन्हीं बहसों के परिणामस्वरूप यह पुस्तक तैयार हुई थी, आज भी जो लोग गंभीरता से भारतीय समाज की बेहतरी के लिये सोचते–समझते हैं, वे लोग 'हिन्दस्वराज्य' का संदर्भ जरूर देते हैं। पूंजीवादी प्रौद्योगिकी के शैतानी चेहरे को गाँधीजी ने उसी समय पहचान लिया था, वे मशीन के विरोधी नहीं थे, बड़ी मशीनों के द्वारा केन्द्रीय उत्पादन से जो बेरोजगारी बढ़ेगी, उसकी उन्हें चिन्ता थी। सौ साल बाद हम उनकी चिन्ता के अनुरूप भारतीय समाज को उजड़ते हुए देख रहे हैं, न केवल हमारे समाज बल्कि दुनिया के सभी पिछड़े समाजों पर विकसित केन्द्रीयकृत प्रौद्योगिकी की विशाल उत्पादन प्रणाली का

शिकंजा कसा हुआ है। अब दुनिया भर के अर्थशास्त्रियों को महात्मा गाँधी की याद आ रही है। परन्तु दुर्भाग्य है कि हम भारतीय अपनी समस्याओं को आज भी महात्मा गाँधी की नजरों से देखने में सकुचाते हैं। गाँधीजी ने तो ब्रिटिश हुकुमत के द्वारा भारतीय समाज को तबाह करने के षडयंत्र को ई.1909 में उजागर किया था, किन्तु कार्ल मार्क्स ने उनसे भी छियालिस वर्ष पूर्व ई.1853 में ईस्ट इण्डिया कम्पनी के द्वारा हिन्दुस्तान की दौलत की लूट के विरोध मे न्यूयार्क ट्रिब्यून मे अपने आठ लेख छपवाये थे। उन्हें पढ़कर साफ होता है कि मार्क्स ने भारतीय अर्थव्यवस्था की लूट को बौद्धिक स्तर पर गंभीरता से समझा था और उनकी भाषा भी गाँधीजी की "हिन्द स्वराज्य" की भाषा से ज्यादा ही कठोर थी।

कार्लमार्क्स कहते हैं – "इंग्लैण्ड ने भारतीय समाज के पूरे ढाँचे को तोड़ डाला है, बिना यह विचार किये हुए कि उसकी पुनर्रचना कैसी होगी। हिन्दुओं को इस वर्तमान बदहाली के अलावा उनसे उनका पुरातन संसार छीन लिया गया है, बिना किसी नये लाभ के। ब्रिटेन के द्वारा शासित हिन्दुस्तान को उसके प्राचीन परम्पराओं से और उसके पूरे अतीत कालीन इतिहास से विच्छिन्न कर दिया गया है।" वे आगे कहते हैं– "ब्रिटिश लूटेरों ने भारतीयों के हथकरघों को तोड़ डाला और उनके चरखे नष्ट कर दिये।" वे भारतीय समाज के साम्प्रदायिक और जातपांत की आन्तरिक दुर्दशा पर दुखी होते हुए आश्चर्य व्यक्त करते हैं – "भारत में अंग्रेजों की हुकुमत को बचाये रखने के लिए भारतीयों के खर्च पर ही भारतीय सैनिकों की सेना खड़ी है।" वे एक पुरातन समाज के रूप में भारतीय समाज की प्रशंसा करते हुए उम्मीद जाहिर करते हैं – "उस महान और आकर्षक देश का फिर से उत्थान जरूर होगा, जिसके निचले स्तर के सीधेसादे और विनीत नागरिक भी इटली के निवासियों से भी ज्यादा बुद्धिमान और कुशल होते हैं। जिनकी गुलामी में भी एक शान्त सौम्यता दिखाई देती है। जिन्होंने अपनी उदासीनता के बावजूद ब्रिटिश आफिसरों को अपनी बहादुरी से चकित कर दिया है, जिनका देश हमारी भाषाओं और धर्मों के लिए स्रोत रहा है और जिनके जाट प्राचीन जर्मनों के प्रतिरूप जान पड़ते हैं तथा ब्राह्मण प्राचीन यूनानियों की तरह विद्वान।" [72]

इसी प्रकार की प्रशंसा बाद में जर्मन विद्वान मैक्स–मूलर ने भी भारतीय समाज के आर्थिक सामाजिक और सांस्कृतिक सामासिक संरचना की की थी। हमारे यहाँ के पारम्परिक श्रम विभाजन और उत्पादन के सामुदायिक स्वरूप को पश्चिमी विद्वान बहुत उत्सुकता से देख रहे थे और इसे ही भारतीय समाज की

आर्थिक सुदृढ़ता और स्थायीत्व का कारण बताते थे। स्वयं मार्क्स ने अपनी प्रसिद्ध पुस्तक 'केपिटल' में भारतीय ग्रामीण अर्थ व्यवस्था का जिक्र करते हुए इसे 'एशियाई उत्पादन विधि' नाम देकर इसकी आन्तरिक शक्ति और अपरिवर्तनीयता का उल्लेख किया है।

समय के अनुसार समाज में परिवर्तन आयेंगे ही, किन्तु क्या नयी वैश्विक स्थिति में पुरातन समाजों को अपनी पूरी पहचान ही नष्ट कर देनी होगी ? जिन ऐतिहासिक भौगोलिक कारणों से वे समाज अभी तक अपनी सत्ता कायम रख सके थे, क्या उन्हें उत्तर आधुनिक विश्व में नई प्रौद्योगिकी के समक्ष अपनी बुनियादी व्यवस्था को बदल देना पड़ेगा? कोई भी विवेकशील व्यक्ति ऐसी अपेक्षा नहीं करेगा, यदि कोई मानव समूह तमाम प्राकृतिक कारणों से आमूल चूल नष्ट नहीं हुआ है तो जो संस्कृति उसे आज तक जीवित रखे रही, वहीं संस्कृति उसे भविष्य में भी यथा उचित परिष्कार के साथ दूने उत्साह के साथ विकसित होने की शक्ति प्रदान करेगी। संस्कृतियों में पर्याप्त लचीलापन होता है, बाह्यस्थूल स्वरूप परिवर्तन सभ्यता के स्तर पर होता है और मानसिकता, भाषा, साहित्य, कला, दर्शन, धर्म तथा स्थानीय पारम्परिक स्मृतियों में नवागत सामाजिक प्रवृत्तियाँ धीरे-धीरे घुल मिल जाती हैं। जो अनावश्यक है वह स्वतः धीरे-धीरे पीछे छूट जाता है। यह शंका उठायी जा सकती है कि एक विश्व हो जाने की स्थिति में संस्कृति भी एक ही होगी। स्थानीय संस्कृतियों के विपरीत धर्मी होने के कारण स्वाभाविक रूप से उनमें टकराहट होगी और जो वैश्विक संस्कृति के अनकूल नहीं है, उसे नष्ट होना ही होगा। इस संदर्भ में हमें यह खयाल रखा चाहिये कि दुनिया के सभी हिस्सों में रहने वाले मनुष्यों की जैविक संरचना, शरीर, मस्तिष्क और मानसिक प्रवृत्तियाँ एक जैसी ही हैं, केवल स्थानीय परिस्थितियों की वजह से सामाजिक व्यवहार और मान्यताओं में फर्क देखने में आता है। सामाजिक विविधता से वैश्विक सभ्यता का कोई विरोध नहीं है। सामाजिक सौहार्द्र और परस्पर सुरक्षा की दृष्टि से उच्चतर मानवीय मूल्य सभी सभ्यताओं में पहले से ही पाये जाते रहे हैं । जिसे हम धर्म, अध्यात्म और रहस्यवादी प्रवृत्तियाँ कहते हैं, वे दरअसल में सामान्य व्यक्ति की दैहिक और मानसिक प्रवृत्तियों का नियमन और अतिक्रमण करके व्यापक मानवीय चेतना को विस्तार देती है। वास्तव में देखा जाय तो अब समय आया है जब मनुष्य की मुक्ति अभिलाषी धार्मिक आध्यात्मिक चेतना विश्व के सभी मनुष्यों को एक सूत्र में पिरोकर पूर्ण मानव व्यक्तित्व का निर्माण कर सकेगी। विविध धर्मों में जो टकराहट, विरोध और घृणा के तत्व है वे सामाजिक आर्थिक अन्तर्विरोधों के

समाप्त हो जाने के बाद अपने आप तिरोहित हो जायेंगे। इसका यह आशय नहीं है कि धार्मिक अन्धविश्वास, साम्प्रदायिक हिंसा, गरीबी, साम्राज्यवादी शोषण आदि के रहते हुए वैश्विक संस्कृति बन जायेगी। आधुनिक संचार व्यवस्था और प्रौद्योगिकी के सभी दूर फैल जाने के कारण अब विभिन्न मानव समूहों का अलग अथल रहना संभव ही नहीं है। इसलिये उनके सम्पर्क में जो टकराहटें उठेंगी उनका एकमात्र समाधान आर्थिक-सामाजिक अन्तर्विरोधों का निरसन किया जाना ही होगा। हो सकता है समाजों के बीच के अन्तर्विरोधों विषमताओं, शोषण और अन्याय के समाप्त होने में कुछ समय लगे, परन्तु नयी परिस्थितियों में यह प्रक्रिया निश्चित ही बहुत तेज होगी।

3.1.3 मानव समाज का मूल स्वभाव

प्रत्येक सचेतन प्राणी अपने बाह्य वातावरण के सम्पर्क मे रह कर वस्तुओं का संज्ञान लेता है और उन्हें कुछ न कुछ अर्थ प्रदान करता है। पशुजगत से उच्चतर श्रेणी में मनुष्य का विकास इसी स्वाभाविक संचेतना के कारण हुआ है। प्रकृति के बीच रहते हुए मनुष्य ने अपने श्रम से प्रकृति की अनुकृति बनाई- औजार बनाये, फसलें उगाई और समूह में रहकर प्राकृतिक संकटों पर विजय प्राप्त की। इस प्रकार वह प्रकृति के साधनों का उपयोग करते हुए सुसंस्कृत हुआ- उसे आत्म चेतना प्राप्त हुई। मनुष्यों का समूह जब एक समाज में परिवर्तित होता है, तब उससे एक अर्थपूर्ण सत्ता तैयार हो जाती है। यह नई सामाजिक सत्ता प्राकृतिक वातावरण में रहते हुए भी प्रकृति से अलग स्वतंत्र व्यवहार करने में समर्थ होती है। दरअसल में मनुष्य की संचेतना और क्रियाशीलता ने समाज को सतत् बृहद स्वरूप प्रदान किया है और साथ ही उसे स्वयं को भी बदला है। सामाजिक सक्रियता के सैकड़ों वर्षों के इतिहास क्रम में यही सामाजिक सत्ता अपना एक ऐतिहासिक स्वरूप ग्रहण कर लेती है, जिसमें मनुष्यों की इच्छाओं और व्यवहारों के अनुरूप मानवीय सम्बन्धों का संजाल तैयार होता है- जिसे हम मानव संस्कृति कहते हैं। यह मानव संस्कृति प्रारंभ से ही प्रकृति से विच्छिन्न होकर मानव प्रदत्त मूल्यों और अर्थों के आधार पर मानव सभ्यता का निर्माण करती है। इसलिये मानव सभ्यता के आरंभ से ही इसमें आदर्शवाद और यथार्थवाद का द्वन्द्व अन्तर्निहित रहा है। बिना प्राकृतिक संसाधनों के मनुष्य का विकास संभव नहीं है, परन्तु जैसे ही मनुष्य प्रकृति के व्यवहार को समझने लगता है और उसे यांत्रिक अर्थ प्रदान करने लगता है, वह स्वयं एक विचार की दुनिया तैयार कर लेता है। इस विचार की दुनिया में मनुष्य अनिवार्य रूप से एक सामाजिक प्राणी बनकर ही रह सकता है, परन्तु साथ ही साथ यह भी स्पष्ट है

कि उसकी स्वयं की शारीरिक सत्ता प्रकृति के सुदृढ़ नियमों का कभी अतिक्रमण भी नही कर सकती।

प्रकृति ने मनुष्य को इन्द्रियाँ, मन और मस्तिष्क देकर उसे स्वतन्त्र निर्माण करने की क्षमता प्रदान कर दी है। हम देखते है कि मानव श्रम ही समाज निर्माण की धुरी है, इस श्रम से उत्पादन विधि तैयार होती है और उत्पादन के तरीकों के परिवर्तन और परिवर्धन के साथ मनुष्य अपने समाज की सामर्थ और स्वतंत्रता को विकसित करता जाता है। इससे लगता है कि प्रकृति स्वयं मनुष्य की जैविक सत्ता के अनुसार मानव समाज की कार्यक्षमता और स्वतंत्रता का निर्धारण कर चुकी है। प्रकृति के स्वभाव का अतिक्रमण उस सीमा तक नहीं हो सकेगा, जब तक कि मनुष्य को प्रकृति प्रदत्त जो स्वभाव दिया गया है, उसका वह स्वयं अतिक्रमण न कर दें। इसका आशय यह हुआ कि मनुष्य अपने प्रयत्नों का समायोजन मानवीय ज्ञान की क्षमता और प्रकृति के नियमों की सही समझ के बीच सही ढंग से करें, अन्यथा एक दिन प्रकृति इस द्वन्द्वात्मकता का निराकरण स्वयं ही कर देगी। यह कोई आश्यर्चजनक तथ्य नहीं है कि अपनी ही गलतियों के कारण एक दिन मनुष्य जाति इस पृथवी पर नहीं रहेगी।

मानवीय संज्ञान का विकास ऐतिहासिक क्रम में बढ़ते हुए सामाजिक सम्बन्धों की समझ तथा उनका वर्गीकरण और फिर उसके बाद इस वर्गीकृत सामाजिक और सांस्कृतिक समूहों के आन्तरिक सूक्ष्म सम्बन्धों के विवेचन तक हुआ है। आधुनिक युग के मनुष्य ने सामाजिक और वैज्ञानिक संज्ञान के अन्तर्सम्बन्धों को समझने की क्षमता हासिल कर ली है, इसलिये अब धार्मिक निष्ठाओं और वैज्ञानिक तथा प्रौद्योगिकी की प्रगति के बीच उभर रहे द्वन्द्वों की जाँच पड़ताल की जा सकती है। सभी समाजों की धार्मिक निष्ठाओं के बुनियादी कारण उस समाज की सामाजिक -आर्थिक संरचना मे समाहित हैं। साथ ही मानवीय आवश्यकता के अनुसार मनुष्य की संचेतना उत्पादन के साधनों का स्वरूप भी परिष्कृत करती रही है, जिसके कारण प्रौद्योगिकी का स्वरूप तय होता है।

उत्तर औद्योगिक और उत्तर औपनिवेशिक विश्व के सचेतन नागरिक की तरह अब मनुष्य को उपरोक्त मानव समाज के विकास क्रम को अच्छी प्रकार से समझने की जरूरत है, क्योंकि आगामी वर्षों में दुनिया के पिछड़े समाजों को वैश्विक सभ्यता के निर्माण के लिए विकसित समाजों की बराबरी के स्तर पर आना है। स्वाभाविक है न्यस्त स्वार्थों के संरक्षण के लिए समाजों के बीच संघर्ष होगा, अन्याय और शोषण पर आधारित एक विश्व के ढाँचे को किसी प्रकार से

स्वीकार नहीं किया जा सकता है। उपरोक्त विकास क्रम को तीन चरणों में बाँटा जा सकता है . पहला, दुनिया के सभी समाज अपने ऐतिहासिक भौगोलिक ढाँचे के अनुरूप वर्तमान स्तर तक आये हैं। उनकी संस्कृति और सभ्यता को परिचालित करने वाले कारक वहाँ की आर्थिक सामाजिक व्यवस्था में निहित है। दूसरा, वर्तमान मानवीय बौद्धिक विकास के फलस्वरूप मानव समाज के आन्तरिक व्यवहार और संचेतना तथा बाह्य स्थूल स्वरूप को विश्लेषित करने वाले विभिन्न समाज विज्ञान विकसित हो चुके हैं, जो समस्त मानवता की सामर्थ और स्वतंत्रता को विस्तारित करेंगे और तीसरा, पृथ्वी पर बसने वाली मानव जाति का एकीकरण संभव है, उसके लिए प्रथम दो चरणों का सम्यक संश्लेषण किया जाना चाहिए।

वर्तमान वैश्विक परिस्थितियों में यह तथ्य स्पष्ट है कि अमेरिका और उसके सहयोगी विकसित समाजों के द्वारा यदि साम्राज्यवादी- पूँजीवादी लूट जारी रहती है तो प्रथम दो चरणों का विधिसम्मत और न्यायपरक संश्लेषण संभव नहीं होगा। संयुक्त राष्ट्र संघ जैसे वैश्विक प्रतिष्ठान इसी सामाजिक संज्ञान के आधार पर प्रयत्नशील हैं, परन्तु हम देखते हैं कि वहाँ महाबली राष्ट्र सारे सिद्धान्तों और न्याय संगत निर्णयों को अपने हितों की रक्षा के लिये बदल देते हैं। स्पष्ट है न केवल संयुक्त राष्ट्र संघ, जिसे राजनैतिक और सांस्कृतिक परियोजनाओं को ठोस स्वरूप देना होता है, बल्कि उसके सहयोगी वित्तीय और न्यायिक प्रतिष्ठान, विश्व व्यापार संगठन भी विश्व के वास्तविक मानव विकास के स्थान पर एक तरफा पूँजीवादी लूट और वर्चस्व के लिये साधन भर बन जाते हैं। फलस्वरूप वैश्विक एकीकरण की सौहार्द्रगूर्ण प्रक्रिया के बदले राष्ट्रों के बीच तनाव, हिंसा, अव्यवस्था और आतंकवाद फैल रहा है।

संयुक्त राज्य अमेरिका का वर्तमान राज्यतंत्र, बीसवीं शताब्दी की वैज्ञानिक प्रगति को प्रतिष्ठित करने वाले अधिकतर मूर्धन्य वैज्ञानिकों और दार्शनिकों के वहाँ के नागरिक होने के बावजूद, मध्यकालीन मनोवृत्ति के अनुरूप धर्मयुद्ध जारी रखने की घोषणा किये हुये हैं। उसे विभिन्न सभ्यताओं के बीच के संघर्ष का आधार ईसाइयत विरुद्ध इस्लामी कट्टरपंथियों का जिहाद दिखाई दे रहा है, जबकि इन कट्टरपंथियों को आधुनिक सामाजिक विकास प्रक्रिया के विरुद्ध उकसाने का घृणित काम भी स्वयं अमेरिका ने ही किया है। तालिबान और अलकायदा संगठनों को प्रारंभिक चरण में सोवियत संघ के विरुद्ध लड़ने के लिये उसने ही मदद की थी। आज अमेरिकी समाज का अर्थतंत्र दुनिया के चालीस

प्रतिशत संसाधनों की लूट पर टिका हुआ है। अरब भूभाग के खनिज तेल पर कब्जे की लड़ाई को वह धर्मयुद्ध कह रहा है, स्वाभाविक तौर पर इसका विकृत परिणाम धार्मिक कट्टरपंथियों के महत्व बढ़ने के रूप में सामने आ रहा है। इस्लाम की धार्मिक अवधारणा का आधार समानता और भाईचारा है, आधुनिक वैश्विक संस्कृति को परिपुष्ट करने के लिये अन्य उच्चतर मानवीय मूल्यों के साथ यह अवधारणा भी महत्वपूर्ण औचित्य प्राप्त करेगी।

अतीत में सभी समाजों की धार्मिक कट्टरतायें उनकी अस्मिता की पहचान बचाने, आपस में परस्पर संगठित रहने और स्थानीय स्वार्थों की पूर्ति के लिये पनपी है। इस्लाम ही नहीं बल्कि दुनिया के सारे धर्मों और समाजों को देखा जाय तो साफ होता है कि लोग अपनी सामाजिक आवश्यकताओं के अनुसार कुछ अमूर्त धार्मिक मूल्यों को स्थापित कर लेते हैं। यहूदी और क्रिश्चियन भी अतीत में कट्टरता की दृष्टि से अन्य धर्मावलम्बियों से किसी तरह पीछे नहीं रहे हैं। मध्ययुगीन समाज की बर्बरता और अन्धविरोध से निपटने के लिये सभ्यताओं को स्वाभाविक रूप से श्रद्धा और कठोर नियमन को ही सामाजिक एकजुटता के लिए माध्यम बनाना पड़ता था। धार्मिक बर्बरता का निराकरण एकतरफा विरोध से नहीं, बल्कि तार्किक और वैज्ञानिक समझ के आधार पर ही हो सकता है। इसके लिए दुनिया के सभी समाजों को मध्ययुगीन धार्मिक कट्टरता से ऊपर उठकर मानवीय सौहार्द्र की बात करनी होगी।

देखा जाय तो मनुष्य की जैविकी मे कट्टरता नहीं है, यह सामाजिक सुरक्षा के लिये एक आरोपित गुण है। मनुष्य की जैविकी में परिपूर्णता और स्वतंत्रता का भाव अन्तनिर्हित है। जब मनुष्य प्रकृति से अलग होकर संस्कृत होता है- स्वयं को आरोपित मूल्यों के साथ निर्मित करता है तब उसे प्रकृति ही नहीं समाज के विविध बन्धन और द्वन्द्व भी दिखाई देते हैं, उस समय उसका असन्तोष उसे प्रस्तुत जगत से अलग एक ऐसे जगत की कल्पना करने के लिए बाध्य करता है, जहाँ समाज की टकराहट न हो, जहाँ सभी लोग पूर्णरूप से स्वतंत्र हों, जहाँ स्वर्गिक आनन्द उपलब्ध हो। हमारे पूर्ववर्ती दार्शनिकों ने इस तथ्य पर विचार किया है। मनुष्य की कल्पना का स्वर्गिक आनन्द वाला स्वर्ग और उसे सभी तरह के दुःखों से मुक्ति दिलाने वाला ईश्वर उसकी सामाजिक इच्छाओं और लालसाओं के प्रतिबिम्ब हैं।

विविध मानव समाजों के धार्मिक निष्ठाओं और विश्वासों में स्वर्ग में मिलने वाले सुख और समृद्धि की जो कल्पनायें की गई हैं, वैसे ही सुखों के साधन,

समृद्धि और आनन्द वैभव आदि बीसवीं शताब्दी के समृद्ध समाजों में आज औसतन व्यक्तियों के घरों में प्रत्यक्ष रूप से उपलब्ध हैं। पहले विषय भोग और वैभव विलास कुछ राजा-महाराजाओं के महलों में ही उपलब्ध थे, किन्तु आज वैज्ञानिक और प्रौद्योगिक प्रगति के कारण हमारे समाज में ही नहीं सभी समाजों में सामान्य नागरिकों के घर में वैसे साधन और स्थितियाँ विद्यमान हैं। रेडियो, टेलीविजन, हवाई जहाज, भव्य इमारतें, कारें, मनोरंजन और विषय भोग के विविध साधन, जिनकी कल्पना स्वर्ग के सुखों में की गई है, उनसे भी बेहतर साधन विज्ञान ने मनुष्य को प्रदान कर दिये हैं। प्रकृति के जिन क्रियाकलापों को मनुष्य दैवी मानता था- देवी देवताओं की सामर्थ समझता था, वैसी क्षमतायें आज के जमाने में इहलौकिक जगत में मानवीय व्यवहार में देखी जा सकती है- कई चमत्कार अब सहज स्वाभाविक उपभोग की वस्तु बने हुए हैं। आदिम समाजों की कल्पना का स्वर्ग आधुनिक जमाने में हमारे लोगों के सामान्य जीवन का हिस्सा है। परन्तु क्या आज का उन्नत उपभोक्ता समाज भी मनुष्य की लालसाओं को संतुष्ट कर पाया है ? सभी प्रकार के सुख साधन, विषय भोग को प्राप्त कर लेने के बाद भी लोग अपनी इच्छाओं और लालसाओं की पूर्ति के लिये भाग रहे हैं- सभी अतृप्त है अभी भी उन्हें सन्तोष नहीं है। गौतम बुद्ध ने अपने समय में मनुष्य की इच्छाओं की पूर्ति न हो सकने की बात कही थी, मनुष्य की तृष्णा ही उसे जीवन भर दुःखों के पीछे भगाती है। तृष्णा जटा का उच्छेद किये बिना शान्ति नहीं मिल सकती। उस समय महावीर स्वामी, गौतम बुद्ध और कितने ही तपस्वी, त्यागी आत्मिक सुख की प्राप्ति का साधन संयम और त्याग में देखते थे। समाज की व्यवस्था को सुचारू रूप से चलाने के लिए संयम, त्याग और शरीर की सहज कामप्रवृत्तियों पर रोक लगाना प्रत्येक धर्म का अनिवार्य दायित्व था। ढ़ाई हजार वर्ष बाद आज हम देखते हैं कि मनुष्य की बहुत सारी स्वाभाविक इच्छायें इसी समाज के भीतर रहकर पूरी हो रही है, उसे सुख भोग के लिए स्वर्ग में जाने की जरूरत नहीं रह गई है। हाँ, यहां भी हमें गाँधीजी का कथन याद आता है कि प्रकृति में विश्व के सभी मनुष्यों की सामान्य आवश्यकताओं की पूर्ति करने की क्षमता है, किन्तु वह किसी एक व्यक्ति की भी अपरिमित तृष्णा को कभी पूरा नहीं कर सकती। गौतम और गाँधी ने जिस सत्य को अपने अपने समय में अपनी निर्मल बुद्धि से समझ लिया था, उसके निहितार्थ को हम सबको समझना चाहिये। प्रकृति और संस्कृति के अन्तरावलम्बन को समझ सकने की अप्रमादित दृष्टि समाज के कुछ गिनती के लोगों में ही होती है।

समाज में मानवीय इच्छाओं के संदर्भ में ही भौतिक समृद्धि और आत्मिक समृद्धि –दोनों प्रकार की आवश्यकताओं की पूर्ति की बात की जाती है। कहने की आवश्यकता नहीं है कि मनुष्य ने अपने श्रम और रचनात्मक प्रवृत्ति के माध्यम से ही ऐतिहासिक सामर्थ और समृद्धि को प्राप्त किया है। भौतिक समृद्धि को सभ्यता कहा जाता है और आत्मिक समृद्धि को संस्कृति। आत्मिक समृद्धि मनुष्य को उसकी चेतना और भावनाओं को समुचित ढंग से विकसित करने पर प्राप्त होती है। जिसे हम आन्तरिक सुख कहते हैं वह दिखावटी वैभव और विलासिता से प्राप्त नहीं हो सकता। उसके लिये नैतिक सन्तुष्टि जरूरी होती है। सहयोग, प्रेम, करुणा, आनन्द जैसी भावनायें मनुष्य की मानसिकता में स्वाभाविक रूप में अन्तरस्थ हैं। प्रकृति या समाज में कहीं भी मनुष्य नितान्त अकेला नहीं रह सकता है, उसे अन्य अथवा दूसरे का सानिध्य चाहिये। यह सानिध्य सामाजिक स्तर पर सहयोग साझीदारी, प्रेम आदि का होता है आत्मिक स्तर पर यह सानिध्य निसंग ऐकान्तिकता या सहज समरसता से प्राप्त होता है। अहम भाव के रहते सामाजिक साझेदारी जरूरी है तो निर्मल आध्यात्मिकता के लिये प्राकृतिक सहजता, समरसता का प्रकटीकरण।

सामाजिक मूल्यों में कुछ मूल्य तो व्यवस्था को सुचारू रूप से चलाने के लिये आवश्यक होते हैं और कुछ मूल्य भावनात्मक एकता के फलस्वरूप प्रतिफलित होते हैं। नैतिकता की मान्यतायें इसीलिये विविध रूप धारण करती हैं, नीति को संस्कृति से अलग नहीं किया जा सकता है। सभी प्रकार के सामाजिक मूल्यों का निर्धारण नीति से ही होता है। नीति भौतिक और आध्यात्मिक दोनों प्रकार के अर्थत्व को साधती है। आदिम समाजों में नैतिकता और धार्मिकता में कोई अन्तर नहीं होता था, क्योंकि धार्मिक निष्ठा के कारण नीति के विरुद्ध प्रश्न उठाना या उनके प्रति संशय करना संभव नहीं होता था– उसे समाज पाप कहता था। जैसे–जैसे समाज सुशिक्षित होता गया वैसे–वैसे नीति और धर्म की सामाजिकता के विषय में भी स्पष्टता होती गई। धर्म में श्रद्धा और कल्पना का तत्व अनिवार्य रूप से मिला हुआ होता है। धर्म में यह विश्वास काम करता है कि हमसे अलग रहकर कोई शक्ति हमें परिचालित कर रही है जबकि नैतिकता हमारे व्यवहार और धार्मिक कर्मकाण्ड के रूप में प्रत्यक्ष दिखाई देती है, नैतिकता सदैव सामाजिक व्यवहार में प्रतिफलित होती है।

जिस प्रकार से प्रकृति की अदृश्य शक्तियाँ हमारे जीवन को प्रभावित करती है, उसी प्रकार से समाज, इतिहास, धर्म और संस्कृति भी सामाजिक मान्यताओं की स्वीकृति से अदृश्य रूप में हमें परिचालित करते हैं। समझने के लिये वर्तमान

में बाजार की अदृश्य शक्ति की चर्चा की जा सकती है। पहले हम स्थानीय गाँव हाट में बारटर सिस्टम से अनाज के बदले वस्तु का लेन–देन और घर के पास की दुकान से मोलभाव के बाद वस्तु की खरीद फरोक्त कर सन्तुष्ट होते थे। परन्तु इन दिनों वस्तुओं के भाव कहीं दूर उत्पादक के मनमाने तरीके से निर्धारित होते हैं, महंगाई और अलभ्यता पर केवल अदृश्य बाजार का नियंत्रण होता है। जो पेट्रोल पहले सस्ता था, वह कहीं उत्पादकों की हठधर्मी या कमी के कारण लगातार महंगा होता जाता है। वस्तुयें पर्याप्त मात्रा में न हों तो सट्टेबाजी कारोबार से उनकी कीमतें स्टाकिस्ट जितनी चाहे उतनी घटा–बढ़ा सकते हैं। बहुराष्ट्रीय कम्पनियाँ दवाओं और अन्य आवश्यक वस्तुओं, कृषि सामग्रियों को अपने शिकंजे में कस लेती हैं। अन्तर्राष्ट्रीय स्तर पर कुछ गिनती की पराराष्ट्रीय कम्पनियाँ वित्तीय पूँजी के मनमाने निर्धारण से दुनिया के बाजारों को अपने नियंत्रण में ले लेती हैं, जिससे समाज के गरीब, मध्यम वर्ग के लोग असहाय लाचार, दुःखी हो सब कुछ सहने के लिये मजबूर बन जाते हैं। यह अदृश्य बाजार आज के वैश्वीकरण के दौर का सर्वशक्तिमान ईश्वर है। इसी तरह समाज, धर्म और संस्कृति भी हजारों वर्षों से हम सब की मौन स्वीकृति के कारण अदृश्य शक्तिमान सत्तायें रही हैं। समझने की बात यह है कि मनुष्य के जीवन की आवश्यकताओं की पूर्ति और उसके दैनन्दिन व्यवहार के लिए इस प्रकार की व्यवस्थायें स्वाभाविक तौर पर प्रकट हुई हैं। हम सब लोगों के सामाजिक प्राणी होने के नाते यह हमारी अनिवार्य नियति है।

भारतीय समाज में दो हजार वर्ष से धर्मशास्त्रों ने ईश्वर के प्रतिनिधि राजा के माध्यम से दण्डनीति के द्वारा समाज को संचालित करने की व्यवस्था बनाई थी। दण्ड के द्वारा राज्य शक्ति न्याय व्यवस्था चलाती थी और नीति के द्वारा धार्मिक व्यवस्था का संचालन होता था। दुनिया के सभी समाजों में राज्य सत्ता और धर्म ये दो सर्वमान्य शक्तियाँ रही हैं जिनकी अवहेलना करना जघन्य अपराध था। आधुनिक युग मे भी राज्य सत्ता और धर्म पहले जैसे ही प्रभावशाली बने हुए हैं, किन्तु अब संवैधानिक व्यवस्थाओं के अन्तर्गत राज्य सत्ता में जनता की साझेदारी होने लगी है और धर्म के स्थान पर कानून बना दिये गये हैं – व्यक्तिगत आचरण और सामाजिक व्यवहार के नियंत्रण के लिये। लोकतांत्रिक व्यवस्था में नये नागरिक पर इन दोनों प्रचण्ड शक्तियों की पकड़ पहले की बनिस्बत बहुत ढ़ीली हो गई है। सामाजिक उद्‌विकास के विभिन्न चरणों में मनुष्य की स्वतंत्रता का ही फैलाव हो रहा है, जब हम नये परिप्रेक्ष्य में संस्कृति की बात करते हैं तो हमारा आशय भाषा, धर्म, राजनीति, कानून, प्रशासन, ललित

कलायें, विज्ञान, दर्शन, साहित्य, अर्थतंत्र नैतिकता जैसी मनुष्य के व्यवहार को प्रभावित करने वाली समग्र सामाजिक गतिविधियों से होता है। ये सभी बौद्धिक और संवेदनात्मक प्रवृत्तियों को आज के चिन्तक मनुष्य की सामाजिक संलग्नता का परिणाम मानते हैं, प्राचीन काल और मध्यकाल में इन्हें दैवी कृपा के रूप में ही देखा गया है। विविध धर्मों में उनके धर्मशास्त्रों को, जिसमें सामाजिक व्यवस्था के लिये नियम तथा अन्य विषयों के सन्दर्भ में निर्देश दिये गये हैं, उन्हें ईश्वर प्रदत्त ज्ञान कहा गया है। इंजिल, बाइबल, कुरान, भगवत गीता, ऋग्वेद- इन सब धर्म ग्रन्थों को ईश्वर के आदेश के रूप मे अभी तक देखा जाता है। दूसरी तरफ, महामारी, अकाल, भूकम्प जैसी प्राकृतिक विपत्तियाँ तथा अन्य प्रकार के सामूहिक संकट को भी मनुष्य जाति पर ईश्वर के कोप की तरह ही माना जाता है। कहने का आशय यह है कि समाज के सभी गुण और दोष ईश्वरीय कृपा या कोप माने गये इसीलिये इन्हें धर्म, अधर्म, पाप-पुण्य का फल कहा गया। इसलिये हम कह सकते हैं कि मानसिक असुरक्षा की स्थिति में मनुष्य ने अपने चारों ओर होने वाली प्राकृतिक या सामाजिक घटनाओं के वास्तविक कारणों को न जानने की वजह से उन्हें दैवी स्वरूप में देखा अथवा भ्रान्त धारणाओं की वजह से उन्हें विकृत करके समझा। प्रकृति और समाज के बारे में मनुष्य की भ्रान्त धारणायें ही धर्म-मजहब बन गयी। यहाँ पर कार्ल मार्क्स के विचार को प्रस्तुत संदर्भ में स्मरण कर लेना हमारी समझ को और अधिक साफ कर देगा। कार्लमार्क्स ने धार्मिक निष्ठा और धर्म (मजहब) का बहुत गंभीरतापूर्वक समाज शास्त्रीय विश्लेषण किया है। उनके नाम से प्रचारित मुहावरा- 'धर्म जनता की अफीम है' की पूरे संदर्भ के साथ बहुत कम चर्चा हुई है, वहां वे इस वाक्य के पहले कहते हैं - 'धार्मिक विषाद सही ढ़ंग से देखा जाय तो वास्तविक विषाद की अभिव्यक्ति है और साथ ही वास्तविक विषाद के प्रति प्रतिरोध भी। धर्म शोषित प्राणियों की आह है और यह हृदय विहिन विश्व का हृदय है, साथ ही यह आत्मविहिन परिस्थितियों की आत्मा है।' [54, पृ. 39]

सामाजिक कारणों के संदर्भ में जब हम धर्म की अवधारणा को समझ लेते हैं तो वहाँ मानव समाज के विकास क्रम का स्वाभाविक परिणाम दिखाई देता है। धर्म मनुष्य के सामाजिक व्यवहार और विभिन्न गतिविधियों का नियामक तत्व रहा है। टोना-टोटका, धार्मिक कर्मकाण्ड, अभिप्सित् फल की प्राप्ति के लिये पूजापाठ, अपनी विपत्तियों से बचने की आशा, व्रत उपवास आदि स्वरूपों में धर्म जनजीवन और व्यवस्था को संचालित करने की एक उपयोगी तकनीक रहा है। जो लोग समाज, इतिहास और प्रकृति को उनके मौलिक स्वरूप में देख

सकते हैं, उनके लिये यह विचार एक सामान्य विश्लेषण है, किन्तु जिन्हें शोषण और अन्याय के आधार भूमि पर टिका हुआ वर्तमान सामाजिक ढाँचा अभी भी मानसिक सुरक्षा प्रदान करता है, उनके लिये यह विचार देव द्रोह है– भयंकर पाप है। सभी सामाजिक संरचनायें सामूहिक मान्यताओं पर ही टिकी होती है, उनमें परस्पर विरोधी शक्तियाँ जब तक संतुलन बनाये रखती है, तब तक वह व्यवस्था स्थिर रहती है। गनीमत यह है कि मानवीय संचेतना के विकास के साथ विकृत सत्य का छद्म भी टूटता है, हितों की टकराहट के बीच सत्य की नई अवधारणा सामाजिक विग्रह को जन्म देती है। इस प्रकार सामाजिक क्रान्ति के लिये कुछ बुनियादी ऐतिहासिक, सामाजिक कारण सक्रिय हो उठते हैं, जो समाज के व्यक्तियों की इच्छा अथवा चेलना पर निर्भर नहीं होते अपितु उनकी वजह से व्यक्तियों की चेतना में सामाजिक परिवर्तन की चाह जागृत होती है। तब कहा जाता है काल प्रबल हुआ है, सभ्यता करवट बदल रही है। मानव इतिहास में यह हमेशा होता रहा है, आज भी यही हो रहा है। प्रकृति के स्वभाव को समझने पर विज्ञान का प्रादुर्भाव होता है, इसी प्रकार समाज के स्वभाव को समझने पर सामाजिक धर्म की सही पहचान होती है। इक्कीसवीं शताब्दी में मनुष्य की संचेतना अधिक प्रखर होगी, फलतः सामाजिक संभ्रमों और मिथ्या आचरणों के लिए मानव समाज में जगह नहीं रह जायेगी।

वैश्विक सभ्यता को अपना स्वरूप ग्रहण करना है, तो उसे विश्व के विविध समाजों के धर्मों और संस्कृतियों में एकत्व भी स्थापित करना होगा। संस्कृति सामाजिक अवधारणाओं की व्यावहारिक विधि है इसलिये समग्र मानवीय गुणों से सम्पन्न पूर्ण व्यक्तित्व की अवधारणा मानव संस्कृति के विकल्प को तैयार कर सकती है। प्रचलित सभी धर्मों को संस्कृति के एक आवश्यक हिस्से के रूप में परिभाषित किया जाना चाहिये, क्योंकि संस्कृति ही मानव के सही स्वभाव को विकसित कर सकती है और मानव का स्वभाव तथा समाज का स्वभाव अन्तरावलम्बित होते हैं।

❑❑❑

द्वितीय अध्याय
अभ्युदय निःश्रेयस का तत्वज्ञान

3.2.1 मुक्ति

भारतीय चिन्तन का केन्द्रीय तत्व है– मुक्ति, विभिन्न धार्मिक सम्प्रदायों में इसी मुक्ति शब्द को मोक्ष, कैवल्य, निर्वाण, अपवर्ग, कृतकृत्यता, जीवन मुक्ति आदि के पर्यायों के साथ जीवन और जगत के रहस्यों की चर्चा की गई है। स्वाभाविक रूप से प्रश्न उठता है- किससे मुक्ति? जीवन से? समाज से? दुःख से? मुक्ति को समझने के लिए बन्धन को समझना होगा, क्योंकि बन्धन के हटने पर ही मुक्ति होती है। चार्वाक ने कहा है– पारतंत्र्य बन्धः स्वातंत्र्यं मोक्षः- परतन्त्रता बन्धन है और स्वतंत्रता मुक्ति है। वहीं सांख्य सूत्र के अनुसार- ज्ञानान्मुक्तिः बन्धो विपर्ययात्– ज्ञान प्राप्त होने से मुक्ति होती है और मिथ्याज्ञान से बन्ध होता है। ऋग्वेद काल में सामूहिक यज्ञीय कर्मकाण्ड मे सुख प्राप्ति को ही स्वर्ग कहा गया है। प्राकृतिक देवताओं के आह्वान में वे इहलौकिक सुख की ही कामना करते थे। पुनर्जन्म का विचार तो बहुत बाद में आया, इसलिये उनके लिए मोक्ष का भी कुछ अर्थ नहीं था। ऋगवेद के (7–59–12) मंत्र में कहा गया है– उर्वारुकमिवबन्धनान्मृत्योर्मुक्षीयमामृतम्– अर्थात हमें मृत्यु के बन्धन से बचाओ और अमृतपद से दूर मत करो। उनके लिये प्रस्तुत जीवन ही महत्वपूर्ण था, वे इस जीवन में अमृत प्राप्ति के अभिलाषी थे। उपनिषदों में भी अमृतपद की चर्चा खूब आई है– मृत्योर्माऽमृत गमय– मृत्यु से अमृत की ओर ले चलो। कठोपनिषद का यम नचिकेता संवाद इहलौकिक जीवन के महत्व को ही प्रतिपादित करता है। नचिकेता के यह पूछने पर कि मनुष्य के मरने के बाद आत्मा का क्या होता है। यम इस प्रश्न का सीधा उत्तर न देकर उसे फुसलाना चाहते हैं, किन्तु नचिकेता की दृढ़ता के बाद मृत्यु को इसी जीवन में जीत लेने का आत्म संयम का मार्ग बताते हैं।

कणाद ऋषि का सूत्र– यतोऽभ्युदय निःश्रेयस सिद्धिः स धर्मः– कठोपनिषद के यम–नचिकेता संवाद में उल्लेखित जीवन के श्रेय और प्रेय तत्व के विवेचन की ओर ध्यान दिलाता है। कणाद कठोपनिषद् की आध्यात्मिक विचार सरणि को जीवन के यथार्थ पक्ष पर प्रतिष्ठापित करते हैं। जीवन में सुख समृद्धि के लिये

किया गया प्रयत्न ही प्रेय है, उसे ही कणाद अभ्युदय कहते हैं और जीवन की कृतकृत्यता, पूर्ण सन्तुष्टि की संज्ञा निःश्रेयस है, जिसे यम श्रेय के रूप में बताते हैं।

श्रेयश्च प्रेयश्च मनुष्यमेतस्तौ सम्परीत्य विनिनक्ति धीरः ।
श्रेयोहि धीरोऽभि प्रेयसोवृणीते प्रेयोमन्दो योगक्षेमादवृणीते ॥
(क. 1–2–2)

श्रेय और प्रेय– ये दोनों मनुष्य के लिये ही हैं, बुद्धिमान मनुष्य इन दोनों के विषय में भलीभाँति विचार करके उनको पृथक समझता है और विवेकशील मनुष्य श्रेय को परमकल्याण स्वरूप मान प्रेय की भोगवृत्ति की अपेक्षा श्रेष्ठ समझकर ग्रहण करता है। परन्तु मन्द बुद्धिवाला व्यक्ति लौकिक योगक्षेम की इच्छा से भोगों के साधन रूप प्रेय का वरण करता है।

यम कहते हैं कि जो मनुष्य विवेकशील बुद्धिरूपी सारथि से सम्पन्न और मन रूपी लगाम को वश में रखने वाला है, वह संसार मार्ग का उत्क्रमण करता हुआ विष्णु (विस्तारित विश्व) के परमपद को प्राप्त कर लेता है।

विज्ञान सारथिर्यस्तु मनः प्रग्रहवान नरः ।
सोऽध्वनः पारमाप्रोन्ति तद्विष्णोः परमं पदम् ॥ (1,3,9)

जीवन को परिपूर्ण ढ़ंग से जीने के लिए इन्द्रियों की शक्तियों को सम्यक ढ़ंग से समझना होता है। जब हम इन्द्रियों की पृथक पृथक सत्ता और कार्य स्वभाव आदि को जान लेते हैं तब विवेकशील व्यक्ति के नाते हमारे सारे शोक समाप्त हो जाते हैं। इस प्रकार समझाकर यमनचिकेता को इसी मरण धर्मा देह में ही अमृतत्व प्राप्ति का रहस्य बताते हैं। वे योग की परिभाषा देते हुए कहते हैं :-

तां योगमिति मन्यन्ते स्थिरामिन्द्रियधारणाम् ।
अप्रमत्तस्तदा भवति योगो हि प्रभवाप्ययौ ॥ (2,3,11)

उस इन्द्रियों की स्थिर धारणा को ही योग मानते हैं क्योंकि उस समय साधक प्रमाद रहित हो जाता है, योग उदय और अस्त स्वभाव वाला है।

यदासर्वेप्रमुच्यन्ते कामा येस्य हृदिश्रिताः ।
अथमर्त्योऽमृतो भवत्यत्र ब्रह्म समश्नुते ॥ (2, 3,14)

इस साधक के हृदय में स्थित जो कामनायें हैं, वे सबकी सब समूल नष्ट हो जाती है। तब मरण धर्मा मनुष्य अमर हो जाता है और वह यहीं ब्रह्म का भलीभाँति अनुभव करने लगता है

महर्षि कणाद कठोपनिषद् की इस दृष्टि को समझ कर लौकिक जीवन के यथार्थ को प्रतिपादित करते हैं। उन्होंने भी इन्द्रियों और मन की प्रवृत्तियों को अच्छी तरह समझने को ही योग कहा है, जिससे सभी दुःखों का अभाव हो जाता है।

आत्मेन्द्रियमनोऽर्थ सन्निकर्षात् सुख दुःखे। (5, 2, 15)
तदनारम्भ आत्मस्थे मनसिशरीरस्य दुःखाभावः संयोग। (5,2,16)

आत्मा, इन्द्रिय, अर्थ और मन के परस्पर सम्बन्ध से आत्मा में सुख–दुख की अनुभूति होती है। मन के आत्मा में ही स्थित हो जाने पर उसके इन्द्रियों से सम्बन्ध न होने के कारण शरीर के दुःखों का अभाव हो जाता है– यही योग है।

महर्षि कणाद ही नहीं उनके समय के आसपास या कुछ पूर्व में महर्षि कपिल ने भी अपने सांख्य सिद्धान्त में जीवन की कृतकृत्यता को ही महत्वपूर्ण माना है। कपिल के प्रथम शिष्य आसुरि ने तत्व–समास नामक प्रथम सांख्य सूत्रों में सांख्यमत का समाहार निम्न सूत्र से किया है :–

एतत् सम्यग् ज्ञात्वा कृतकृत्यः स्यात्।
न पुनस्त्रिविधेन दुःखेनाभिभूयते ॥ (22)

सांख्यमत को समझकर मनुष्य कृतकृत्य हो जाता है और फिर उसके तीनों प्रकार के– आधिभौतिक, आधिदैविक और आध्यात्मिक दुःख नष्ट हो जाते हैं।

बावीस सूत्रों का यह संकलन 'तत्वसमास' सबसे प्राचीन सांख्य ग्रन्थ है। 'सांख्यकारिका' और 'सांख्यसूत्र' नाम के अन्य दूसरे ग्रन्थ बाद में रचे गये हैं। किन्तु वे भी मूल रूप से मनुष्य की मुक्ति को इसी जीवन में कृतकृत्यता अथवा जीवनमुक्ति में ही देखते हैं। विज्ञानभिक्षु के सांख्य सूत्र का प्रथम सूत्र है।

अथ त्रिविध दुःखात्यन्त निवृत्तिरत्यन्त पुरुषार्थः (1,1,1)

अब हम तीन प्रकार के दुःखों की आत्यन्तिक निवृत्ति के आत्यन्तिक पुरुषार्थ का विचार करेंगे।

वे आत्मा के स्वभाव को बन्धन मुक्त मानते हैं। मन और इन्द्रियों के विकारों से जीवन में दुःख आते रहते हैं, उनकी निवृत्ति का एक मात्र मार्ग पुरुषार्थ है। स्पष्ट है उनके लिए मोक्ष पारलौकिक निष्ठा नहीं है। सांख्य का ही उपांग पातंजल योग भी कैवल्य के लिए पुरुषार्थ और चित्तवृत्तियों के अतिक्रम के रूप में देखता है।

पुरुषार्थशून्यानां गुणानां प्रतिप्रसवः कैवल्यं
स्वरूपप्रतिष्ठा वा चिति शक्तेरिति। (4, 34)

पुरुष के गुणों की परिपूर्णता पुरुषार्थ की आत्यन्तिकता के प्रतिफल के रूप में पतंजलि कैवल्य के रूप में देखते हैं, जब व्यक्ति अपनी चितिशक्ति से एकरूप हो जाता है, तब वह मुक्त स्वभाव हो जाता है।

बौद्ध धर्म सभी प्रकार के धर्मों (प्रक्रियाओं) को संस्कृत मानता है– संस्कारित होने के कारण से ही कोई सत्ता बनती है और यही वजह है कि वहाँ कहा गया है –

सब्बे धम्मा अनत्ता यदा पञ्जाय पस्सति ।
अथ निब्बदन्तो दुःख एसो मग्ग विशुद्धिया ॥

सारे धर्म अनात्म है ऐसा जो देखता है उसके सब दुःख निवृत्त हो जाते हैं, बुद्ध का ऐसा विशुद्ध मार्ग है ।

अवयवों से सम्बद्ध होने से ही अवयवी की संज्ञा बनती है – वस्तु के धर्म (स्वभाव) से ही उसे धर्मी (विशेषण) कहा जाता है। किसी भी वस्तु की पूर्णता उसके संघटकों के बिना प्रकट नहीं हो सकती। सांख्य चिन्तन में पुरुष (आत्मा) का विचार तत्व समास के अनुसार निम्न क्रम में दिखाई देता है।

अष्टौ प्रकृति, षोडश विकाराः, पुरुषः ।

इसका आशय है कि सारे परिणाम प्रकृति के माध्यम से ही होते हैं। यदि प्रकृति के कार्य कारण न हो तो पुरुष को प्रकट होने का अवसर ही नहीं मिलता है। सांख्य सूत्र के अनुसार–

संहत परार्थत्वात् पुरुषस्य (3, 66)

प्रकृति के विविध घटक मिलकर –संहत होकर दूसरों के लिये परिणाम देते हैं और वह परिणाम पुरुष कहा गया है ।

यह अन्यत्व–दूसरों के लिये की धारणा बहुत महत्व की है। बुद्ध उस अन्यत्व को औपचारिक दृष्टि से ही देखते हैं, इसलिये वस्तु के असंस्कृत होते–बिखरते ही वस्तु का धर्म भी नष्ट हो जाता है। यही तो उनका नैरात्म्य है।

बृहदारण्यक उपनिषद में यही तथ्य याज्ञवल्क्य ऋषि अपनी विदुषी पत्नि मैत्रेयी को समझाते हैं– जैसे जल में घुला हुआ नमक जल के साथ पूरी तरह तादात्म्य स्थापित कर लेता है, उसे अलग से नहीं पहचाना जा सकता। जब वह जल में नहीं रहेगा तो जल में नमकीन स्वाद भी नहीं रहेगा। इसी तरह मनुष्य का जीवित शरीर जब तक क्रियाशील है, तब तक आत्मा का बोध है। जैसे ही शरीर मृत्यु को प्राप्त हो जाता है, आत्मा भी उसी के साथ नष्ट हो जाती है।

ऐतेभ्यो भूतेभ्यः समुत्थाय तान्येवानु विनश्यति न प्रेत्य
संज्ञास्तीत्यरे ब्रवीमीति हो वाच याज्ञवल्क्यः (2, 4,12)

इस शरीर में भौतिक तत्वों के समुत्थान के साथ आत्मा प्रकट होता है और उनके विनाश के साथ ही विनष्ट हो जाता है। देह के विनष्ट होने के बाद कोई प्रेत्य संज्ञा (अमर्त्यआत्मा) नहीं रहती है- ऐसा याज्ञवल्क्य ने कहा।

सांख्यमत में संहत्यकारित्व (अन्यत्व) का विचार पातंजल योग सूत्र- तदसंख्येय वासनाभिश्चित्रमयि परार्थ संहत्यकारित्वात् (4, 24) से पुष्ट होता है। सांख्यकारिका में भी यह स्पष्ट है :-

संघातपरार्थत्वात् त्रिगुणादिविपर्य यादधिष्ठानात्।
पुरुषोऽस्ति भोक्तृ भावात् कैवल्यार्थ प्रवृत्तेश्च ॥ (17)

संघात (वस्तुसमूह) के दूसरों के लिये होने से त्रिगुणत्व आदि के हट जाने पर पुरुष का होना भोक्ता भाव और कैवल्य के लिये ही है।

सांख्य दर्शन में पुरुष (आत्मा) की सत्ता स्वीकार की गई है, किन्तु इस विश्लेषण से स्पष्ट होता है कि यह आत्मा की सत्ता औपचारिक ही है।

याज्ञवल्क्य ने स्पष्ट रूप से आत्मा के अमरत्व को अस्वीकृत किया था। वे भी आगे इस आत्मा के अन्यत्व की बात को मैत्रेयी के सामने रखते हैं और इस अन्य से अन्य के व्यवहार के विषय में शंका प्रकट करते हैं।

येनेदं सर्वं विजान्नीया तं केन विजान्नीयाद्विज्ञातारमरेकेन विजानीययदिति। (2, 4, 14)

जिसके द्वारा सबको जाना जाता है, उसे किसके द्वारा जाना जाय ? विज्ञाता को किसको द्वारा जाना जाय?

यह ज्ञाता (पुरुष) के विषय में ही कहा जा रहा है, किन्तु याज्ञवल्क्य सर्वव्यापी चेतना को सभी में देखते हुए इस ज्ञाता की बात कह रहे हैं। आशय यह है कि यह उद्भूत चेतना (ब्रह्म) सभी व्यक्तियों में प्रकट होती है- सभी सत्ताओं में व्याप्त है।

तात्पर्य यह है कि यदि आत्मा व्यक्तियों में उनके मन, इन्द्रिय और शरीर के आन्तरिक व्यवहार में ही प्रकट होती है और मृत्यु के साथ समाप्त हो जाती है तो प्रस्तुत जीवन के बाहर किसी पारलौकिक जगत के अस्तित्व का प्रश्न ही नहीं उठता। इन पूर्वोक्त कथनों से यह तो स्पष्ट है कि ये सभी विचारक मुक्ति अथवा स्वतंत्रता को लौकिक जीवन में ही तलाश रहे हैं, किन्तु इस पर वे

मनौवैज्ञानिक रंग चढ़ा देते हैं। राग, द्वेष से मुक्त होने पर– आत्मा और मन के निर्विकल्प होने पर मुक्त स्वभाव प्रकट होता है – यही कृतकृत्यता है।

चार्वाक विचार बिना किसी लाग लपेट के लौकिक जीवन में ही मुक्ति प्राप्त करने की बात को पुष्ट करता है। वह पुरुष को शरीर से अलग नहीं मानता है और मृत्यु के बाद सब कुछ समाप्त हो जाता है, इसलिये मृत्यु की घटना के अतिरिक्त किसी अन्य मोक्ष के विपर्ययात्मक विचार को भी स्वीकार नहीं करता है।

चैतन्य विशिष्ट कायः पुरुषः (7)

परिलोकिनोऽभावात् परलोकाभावः (11)

मरणमेवापवर्गः (12)

चैतन्यमय शरीर में ही आत्मा रहती है। किसी परलोकवासी ने आकर नहीं कहा कि परलोक है, इसलिये परलोक का अस्तित्व नहीं है। मृत्यु ही मोक्ष है।

इसी तारतम्य में महर्षि कणाद के यथार्थवाद को आसानी से समझा जा सकता है। सर्वप्रथम वे भी आत्मा की सत्ता को अनुमान के द्वारा औपचारिक रूप में स्वीकार करते हैं तथा संशय प्रकट करते हैं।

यज्ञदत्त इति सन्निकर्षे प्रत्यक्षाभावाद् दृष्टं लिंगन विद्यते।

सामान्यतोद्दष्टाच्चा विशेषः। (3, 2, 6–7)

इन्द्रिय और यज्ञदत्त पद वाच्य व्यक्ति के साथ सन्निकर्ष होने के बावजूद यज्ञदत्त शरीरस्थ आत्मा के लक्षण का प्रत्यक्ष नहीं होता।

सामान्यतो दृष्ट अनुमान विधि से ही आत्मा के अस्तित्व की सिद्धि है न कि विशेष दृष्टि से।

सन्दिग्धास्तूपचाराः (3, 2,13)

आत्मा की सत्ता संदिग्ध है, उसे औपचारिक रूप से ही माना जा रहा है।

इसी आत्मा के द्वारा जो कर्म किये जाते हैं, उससे ही लौकिक जगत में मुक्ति (मोक्ष) पाने की संभावना है, इसलिये वे स्पष्ट रूप से कहते हैं :–

आत्मकर्मसु मोक्षो व्याख्यातः (6, 2, 16)

आत्मन (स्वयं) के द्वारा किये गये कार्य से ही मोक्ष प्राप्त करना बताया गया है।

मुक्ति के मनौवैज्ञानिक पक्ष को भी उन्होंने मन और आत्मा के संयोगविभाग के परिप्रेक्ष्य में दिया है।

तदभावे संयोगाभावोऽप्रादुर्भावश्च मोक्षः (5, 2, 18)

शरीर धारक मानसकर्म के अभाव होने पर उस शरीर से आत्मा के संयोग के अभाव और शरीरान्तर के न होने की दशा में जो दुःख का अभाव है- वही मोक्ष है।

प्रश्न यह है कि इस मुक्ति के विचार से क्या प्रकट होता है? जीवन को युक्ति संगत ढंग से जीना श्रेयस्कर है या कि जीवन को निस्सार मानना?

मानव जीवन प्रकृति की एक अनुपम कृति है, अरबों वर्षों के उद्‌विकास क्रम का परिणाम है यह मानव जीवन। अतएव, जीवन की महत्ता को उचित परिप्रेक्ष्य में समझा जाना चाहिये। जीवन की सार्थकता स्वयं के सुखी रहने और साथ ही अन्यों के सुख को सम्मान देने में है। सबके सुखी रहने में हमारी मुक्ति भी है और सारे समाज की मुक्ति है। समाज से अलग रहकर हम अपने जीवन के मन्तव्य को - जीवन की सार्थकता को पूरा नहीं कर सकते हैं क्योंकि हमारा आत्मन- हमारा स्व सामाजिकता से ही निर्धारित होता है।

3.2.2 अभ्युदय और निःश्रेयस

कणाद के वैशेषिक दर्शन को जैन और बौद्ध शास्त्रों में यथार्थवाद की संज्ञा से संदर्भित किया गया है। वैसे भी जब इसे पदार्थशास्त्र कहा जाता रहा है तब भारतीय चिन्तन पद्धति में इसे एकमात्र वैज्ञानिक दृष्टि प्रतिपादित करने वाला दर्शन माना गया, परन्तु न्याय-वैशेषिकों तथा अन्य पौराणिकों ने जहाँ भी धर्म संदर्भ में - यतोऽभ्युदयनिःश्रेयस सिद्धिः स धर्मः - का उपयोग किया वहाँ अभ्युदय को लौकिक व्यवहार में पुण्य कार्यों के लिये तथा निःक्षेयस को पारलौकिक मोक्ष के अर्थ में प्रयुक्त किया। अभ्युदय (अभि +उदय) शब्द का आशय विकास, प्रगति, समृद्धि और लौकिक जीवन में सफलता अभिव्यक्त करता है। कणाद का यह सूत्र सामाजिक जीवन के लिये महत्वपूर्ण है और शताब्दियों से इसे यह गौरव भी प्राप्त हो रहा है, किन्तु जब इसे पारलौकिक निष्ठा के तात्पर्य से प्रयुक्त किया जाता है तो इससे एक प्रकार का विपर्यय उत्पन्न होता है।

निःश्रेयस शब्द की परिभाषा स्वयं कणाद ने दी है-

धर्मविशेष प्रसूताद् द्रव्य गुणकर्म सामान्य विशेष, समवायानां पदार्थानां साधर्म्य वैधर्म्याभ्यां तत्वज्ञानान्निः श्रेयसम्।

धर्म विशेष से उत्पन्न द्रव्य, गुण, कर्म, सामान्य, विशेष और समवाय नामक छः पदार्थों के साधर्म्य वैधर्म्य के तात्विक विवेचन से निःश्रेयस की प्राप्ति होती है ।

यह निःश्रेयस सभी प्रकार के श्रेयस्कर– अभिप्सित तत्वों की प्राप्ति का मार्ग बताता है और अनिवार्य रूप से विविध क्रियात्मक तत्वों को अन्तर्सम्बन्धित करता है। निःश्रेयस शब्द से प्रयत्न के विरुदध निष्क्रियता और नियति आधारित मोक्ष का किसी भी प्रकार से सम्बन्ध नहीं बनाया जा सकता है ।

वैशेषिक सूत्रों में अभ्युदय शब्द के कणाद के अनुसार सही अर्थ को समझने के लिये लगभग एक जैसे ही दो स्थान पर दिये निम्न सूत्रों की सही व्याख्या करनी होगी ।

दृष्टादृष्ट प्रयोजनानां दृष्टाभावे प्रयोजनमभ्युदयाय (6,2,1)

एवं दृष्टानां दृष्ट प्रयोजनां दृष्टाभावे प्रयोगोऽभ्युदयाय (10, 2, 8)

यहाँ पहला सूत्र छठवे अध्याय में सामाजिक जन–जीवन के लौकिक व्यवहार के सम्बन्ध मे है। ढ़ाई हजार वर्ष पूर्व वैदिक जीवन मे जो यज्ञयाग कर्मकाण्ड थे, दैनन्दिन व्यवहार चारों आश्रम ब्रह्मचर्य, गृहस्थ, वानप्रस्थ और संन्यास के अनुसार बरते जाते थे। उन्हें सम्पन्न करने पर ही तत्कालीन व्यवस्था के अनुसार सामाजिक परिणाम प्राप्त होते थे। दृष्ट अदृष्ट सभी प्रयोजनों में जो कि दिखाई नहीं हैं, विवेकपूर्वक कार्य करने से कल्याण होता है ।

पन्द्रहवीं शताब्दी में वैशेषिक सूत्रोपस्कार के टीकाकार श्री शंकर मिश्र इस सूत्र की व्याक्या में लिखते हैं :–

"......... नच धार्मिकता तथा ज्ञानाल्लाभादिकमेयफलम् प्रच्छन्न ब्रह्मचर्यादि चरतां तत्फलानुद्देशात् तस्माच्चिरभाविस्वर्गादिकमेव फलं तच्चाशुतह विनाशिन्याः क्रियाया न साक्षादिव्यान्तरालिकं क्रियाफलयोः समानाधिकरणमपूर्वं पर्यवसति ।" यज्ञयाग कर्मकाण्ड के फल के रूप में अदृश्य फल प्राप्ति जिसे 'अपूर्व' कहा गया है– के लिये विविध दृष्ट और अदृष्ट प्रयोजनों –निमित्तों को करना चाहिये [1] हालांकि स्वयं महर्षि कणाद उपरोक्त सूत्र के आगे सूत्र में स्पष्ट रूप से कहते हैं–

भावदोष उपधाऽदोषोऽनुपधा (6,2, 4)

विभिन्न प्रकार के प्रयोजनों के करने में भावदोष हो तो उपधा और अगर शुद्ध विचार से किया गया हो अनुपधा परिणाम प्राप्त होता है । इसका सीधा सा

आशय है कि अच्छे कार्य करेंगे तो अच्छे परिणाम मिलेंगे और बुरे कार्य करेंगे तो बुरे परिणाम होंगे। उपरोक्त दूसरे सूत्र (10,2,8) का भावार्थ बताते हुए शंकर मिश्र कणाद के वेद विरोधी (वेद को अपौरुषेय न मानने के लिये) होने का उल्लेख करते हैं और शंका प्रकट करते हैं कि मीमांसकों की भाँति यज्ञकर्मकाण्ड के अदृश्य फल 'अपूर्व' का अभ्युदय रूपी फल तो तभी मिलेगा जबकि आप वेद को अपौरुषेय मानें।

दूसरा सूत्र (10, 2, 8) वैशेषिक सूत्रों के अन्तिम अध्याय के अन्त के पहले दिया गया है। यहाँ कणाद कारणों की विशद व्याख्या करने के पश्चात् कार्यकारण की वैज्ञानिक दृष्टि के प्रतिफल के रूप में अभ्युदय का उल्लेख कर रहे हैं, जो दृष्ट कार्य है उनकी सिद्धि के लिये प्रयोजन भी दृष्ट होते हैं, किन्तु जो अदृष्ट कार्यकारण है अर्थात् प्राकृतिक व्यवहार में जो अदृश्य कार्यकारण है, अर्थात् प्राकृतिक व्यवहार में जो अदृश्य शक्तियाँ अदृश्य कारणों से प्रतिफलित होते हैं, उनके लिए उचित प्रयोग अर्थात् समुचित तंत्र विकसित करना होगा। कणाद अदृष्टकारित परिणामों को चमत्कार अथवा ईश्वर की कृपा से हुआ नहीं मानते हैं। यह तथ्य उनके पाँचवें अध्याय में कर्म के कारणों की वैज्ञानिक व्याख्या से स्पष्ट है। दृष्टाभावे प्रयोगोऽभ्युदयाय – का आशय अदृष्ट शक्तियों को प्रतिफलित करने के लिए (अभ्युदयाय) समुचित प्रयोग करने चाहिये– हम इतने विश्वास के साथ इसलिये कह रहे हैं कि वैशेषिक दर्शन की वैश्विक दृष्टि की मान्यता पर ही आयुर्वेद के प्रसिद्ध ग्रन्थ 'चरक संहिता' का आयुर्वेद तंत्र भारतीय समाज में पिछले बाइस–तेईस शताब्दियों से सफलतापूर्वक सामाजिक जीवन में आरोग्य प्राप्ति के लिए व्यवहृत हो रहा है। चरक संहिता के प्रथम अध्याय सूत्रस्थानम् में कहा गया है –

> महर्षयस्तेददृहशुर्यथावज्ज्ञानचक्षुषा ।
> सामान्यं च विशेषंच गुणान द्रव्याणिकर्मच ॥
> समवायं च तज्ज्ञात्वा तन्त्रोक्तं विधिमास्थिताः ॥
> लेभिरे परमं शर्म जीवितं चाप्यनित्वरम् ॥ (1, 28, 29)

महर्षि (कणाद) ने अपने ज्ञान चक्षु से छः पदार्थों के विधिसम्मत तंत्र को देखकर सामान्य, विशेष, द्रव्य, गुण, कर्म और समवाय की व्याख्या की। उनके उस ज्ञान से आयुर्वेद तंत्र विकसित हुआ जिससे जीवनदायी तंत्र अजस्र कार्य कर रहा है।

इस प्रकार हम पूर्ण विश्वास के साथ कह सकते हैं कि महर्षि कणाद ने जिस धर्म की व्याख्या की है, वह मानव समाज के लौकिक अभ्युदय और निःश्रेयस (परिपूर्णता) की प्राप्ति का मार्ग प्रशस्त करता है। यद्यपि कणाद ने धर्म की– अभ्युदय निःश्रेयस के अतिरिक्त अन्य व्याख्या नहीं दी है, किन्तु अभ्युदय और निःश्रेयस की भावना को पूरी तरह स्पष्ट कर दिया है। उनके समय में प्रचलित धर्म शब्द का तात्पर्य सामाजिक जीवन में व्यवस्था और दैनन्दिन व्यवहार को सुख–शान्तिमय बनाये रखने की धारणा से अभिप्रेरित था। जैमिनि ऋषि प्रणीत पूर्व मीमांसा वैदिक कर्मकाण्ड का विवेचन करने वाला ग्रन्थ है, वहाँ विवेचित अवधारणाओं की प्रतिक्रिया स्वरूप महर्षि कणाद ने अपना ग्रन्थ तैयार किया है। पूर्व मीमांसा ग्रन्थ का प्रथम सूत्र है :–

अथातो धर्म जिज्ञासा (1,1,1)

इसके बाद के ही सूत्र में धर्म शब्द की परिभाषा दी गई है –

चोदनालक्षणोऽर्थो धर्मः (1,1,2)

व्यापक लक्षण और अर्थ को उत्प्रेरित करने वाले तत्व ही धर्म है।

वैशेषिक दर्शन का प्रथम सूत्र है :–

अथातो धर्मं व्याख्यास्यामः (1,1,1)

जैमिनि ऋषि धर्म की जिज्ञासा कहते हैं और कणाद ऋषि धर्म की व्याख्या करने का वचन देते हैं।

पूर्व मीमांसा सामाजिक, सांस्कृतिक व्यवहार का ही धर्मसम्मत विवेचन करती है। लगता है कणाद को धर्म के सामाजिक व्यवहार से संबन्धित विचार को मानने में कोई आपत्ति नहीं थी। वे धर्म की और अधिक गंभीर व्याख्या करना चाहते थे, जिससे धर्म न केवल सामाजिक व्यवहार बल्कि प्राकृतिक व्यवहार को भी समाहित कर ले। धर्म शब्द धृ (धारण करना) धातु से बना है। महाभारत के शान्तिपर्व में सत्यानृताध्याय में भीष्म ने युधिष्ठिर को धर्म का मर्म समझाते हुए कहा है :–

प्रभवार्थाय भूतानां धर्मस्य प्रवचनं कृतम्।
यः स्यात्प्रभवसंयुक्त स धर्म इति निश्चयः॥

धारणाद्धर्ममित्याहुर्धर्मेण विधृताः प्रजाः।
यः स्याद्धारण संयुक्तः स धर्म इति निश्चयः (109, 10, 11)

प्राणियों के अभ्युदय और कल्याण के लिये धर्म का प्रवचन किया गया है, जिससे अभ्युदय सिद्ध हो निश्चयपूर्वक वही धर्म है। धर्म का नाम धर्म इसलिये पड़ा कि वह सबको धारण करता है। धर्म ने ही सारी प्रजा को धारण कर रखा है, अतः जिससे धारण और पोषण हो वही निश्चयपूर्वक धर्म है।

कणाद का निःश्रेयस शब्द को परिभाषित करने वाला उद्धृत सूत्र स्पष्ट रूप से घोषणा करता है– धर्म विशेष प्रसूतात्– ब्रह्माण्ड की सारी प्रक्रियायें एक निश्चित स्वभाव (धर्म) के अनुसार संचारित हो रही है। उन सारी प्रक्रियाओं को क्रियात्मक और संज्ञानात्मक ढंग से समझने के लिए छः प्रकार के तात्विक वर्गीकरण किये गये हैं– प्रथम तीन– द्रव्य, गुण और कर्म किसी भी संचरना या प्रक्रिया की सत्तात्मक अस्तित्व का विवेचन करते हैं– इसलिये इन तीनों के समुच्चय को भाव कहा गया है। अन्तिम तीन सामान्य, विशेष और समवाय पदार्थ अन्वय और व्यतिरेक के साथ समवेत प्रत्यागम सम्बन्धों को व्याख्यायित करते हैं। इस तत्वज्ञान को गंभीरतापूर्वक समझ लेने के बाद कोई भी व्यक्ति विश्व की समस्त घटनाओं में विवेक सम्मत कारणों को देखकर यथासंभव उचित परिणाम प्राप्ति के लिये पुरुषार्थ करता है, जिससे उसे निःश्रेयस की उपलब्धि हो– कृतकृत्यता हो।

कणाद ऋषि जब कहते हैं कि जिससे अभ्युदय और निःश्रेयस की प्राप्ति हो वह ही धर्म है– तो इसका आशय है कि धर्म अमूर्त सम्बन्धों को परिभाषित करता है। वे सम्बन्ध ही अभीप्सित क्रियात्मक परिणाम देते हैं। कोई भी परिणामी वस्तु स्वकेन्द्रित होती है, उसके अन्तर्निहित गुणधर्म स्वाभाविक रूप से अपना कार्य करते हैं। वस्तु का स्वभाव ही उसका धर्म है, जैन तीर्थंकर महावीर स्वामी कहते हैं– धम्मो वत्थुसहावो– और चरक संहिता में कहा गया है– स्वभावोनिष्प्रतिक्रियः– स्वभाव अपरिवर्तनीय होता है उस पर प्रतिक्रिया कार्य नहीं करती। कणाद ऋषि भी सांख्य, जैन, बौद्ध चिन्तन की भाँति स्वभाववाद के प्रवर्तक रहे हैं। इसलिये पुरुषार्थ की अवज्ञा नहीं करते हैं। संसार में जो कुछ होता है वह कारण विशेष से प्रवृत्त होता है, किसी भी दृष्टा अथवा अदृष्टा से वह स्वतंत्र है। कोई दूसरा व्यक्ति उस परिणाम को तभी प्रभावित कर सकता है जबकि वह कारण को समझ कर उसके विपरीत धर्मी कारण को वहाँ पर प्रवृत्त करे।

सम्राट चन्द्रगुप्त मौर्य के समय में आये यूनानी विद्वानों मेगास्थनीज, स्त्राबो, अर्रियन आदि के विवरण से पता चलता है कि उस समय तीन प्रकार के दार्शनिक होते थे– ब्रैखमन (ब्राह्मण), सरमेव (श्रमण) और प्रामनायी (प्रामाणिक)। स्त्राबों

प्रामनायी अर्थात् प्रामाणिकों के विषय में लिखता है कि "वे ऐसे दार्शनिक होते हैं जो ब्रैखमन के विरोधी है और जिन्हें शास्त्रार्थ से प्रेम होता है तथा जो शास्त्रार्थ की अपनी क्षमता पर गर्व भी करते हैं।" [33, पृ. 22] ये प्रामाणिक कौटिल्य अर्थशास्त्र में उल्लेखित लोकायतिक हैं जो प्रमाण शास्त्र के द्वारा (प्रत्यक्ष और अनुमान प्रमाण) विविध सामाजिक और प्राकृतिक घटनाओं का यथार्थवादी विवेचन करते थे। निश्चित ही ये लोग कणाद प्रवर्तित वैशेषिक दर्शन के अनुयायी रहे होंगे। स्त्राबो ने प्रामनायी के भी दो भेद बताये हैं– नगर निवासी प्रामानायी और वनवासी प्रामनायी। वनवासी प्रामानायी को जिमनेटायी भी कहा गया है और बताया गया है कि वे नंगे रहते हैं। इसका आशय है कि वे अचेलक जैन साधु होंगे। इस विवरण से यह प्रमाणित होता है कि उस समय प्रमाणशास्त्र की प्रतिष्ठा बढ़ रही थी, प्रामाणिक यथार्थ जगत को ही प्रतिष्ठित करते हैं। कौटिल्य चाणक्य ने इनके लिए आन्वीक्षिकी विद्या में पारंगत लोग कहा है– सांख्य योग लोकायतिक आन्वीक्षिकी । जैसा कि हम बार–बार कहते रहे हैं कि उससमय गणतांत्रिक युग था और लोग लौकिक व्यवहार में ज्यादा निष्ठा रखते थे, इसलिए कणाद के अभ्युदय और निःश्रेयस शब्दों से स्पष्ट ही लौकिक पुरुषार्थ ही अभिप्रेत है।

यहाँ जिमनेटाई (जैन अचेलक) का उल्लेख आया है इसलिये उनके परिप्रेक्ष्य में कणाद के विचार को स्पष्ट करना आवश्यक प्रतीत होता है। मीमांसक, सांख्य और वैशेषिक– ये तीनों सम्प्रदाय लौकिक पुरुषार्थ में विश्वास करते थे, यह हमने स्पष्ट किया, परन्तु जब आर्हत जैन साधकों के विषय में विचार किया जाता है तो वे प्रामाणिक तो होते हैं किन्तु वे तपस्या और वैराग्य पर ज्यादा जोर देते दृष्टिगत होते हैं। ऋग्वेद काल में भी ऐसे यतियों, मौनेय, वातरशना साधकों के अस्तित्व का पता चलता है। पुरुषादीनी पार्श्वनाथ के अनुयायी और फिर निर्ग्रन्थ ज्ञात पुत्र (महावीर स्वामी) के अनुयायी निवृत्ति मार्गी होते थे मीमांसकों का कर्म [23] वैशेषिकों का कर्म और आर्हत जैनों का कर्म– एक ही शब्द होने के बावजूद अलग–अलग तात्पर्य रखता है। आर्हत जैन कर्म को कर्म पुद्गल के रूप देखते हैं, ये कर्म पुद्गल जीव से चिपक जाते हैं। जैनमत में क्रिया का विचार बहुत अस्पष्ट है– स्थावर, जंगम, तिर्यक और मनुष्य योनियों में – इन सभी सत्ताओं मे जीव अवस्थित रहता है। जीव पूर्ण चेतन और स्वतंत्र है किन्तु कर्म पुद्गलों के चिपके रहने के कारण जीव बंधन में पड़ता है। कर्म पुद्गलों को हटाने के लिए प्रचण्ड तपस्या और वैराग्य ही जैन मत में पुरुषार्थ है। उस पुरुषार्थ में प्रस्तुत जीवन के लौकिक सुख काषाय माने जाते हैं, जिससे बंध होता है,

इसलिये वे हेय है, इसके लिए वासनारत व्यवहार (कर्म) यहाँ हेय है निष्कृष्ट है। अतएव, यह बात साफ तौर पर कही जा सकती है कि वैशेषिक दर्शन के अभ्युदय और निःश्रेयस प्राप्त करने के लिये किये गये कर्म से जैनमत की संगति नहीं बैठती है। कणाद तो कहते हैं- इच्छाद्वेषपूर्विका धर्माधर्म प्रवृत्तिः।

मनुष्य के शरीर की जैविकी के निहितार्थ को समझा जाय तो इन्द्रियों और मन के गठन में इच्छा, रागात्मकता और विभेद के लक्षण दिखाई देते हैं। समाज में दूसरों पर आधिपत्य जमाना और दूसरों का हक छीनना कभी भी प्रशंसनीय नहीं कहा जा सकता है। महर्षि कणाद जब इच्छा और द्वेष को मनुष्य की मूल प्रवृत्ति के रूप में उद्घाटित करते हैं तो वे पुरुषार्थ की द्वन्द्वात्मकता को भी दृष्टिगत किये हुए हैं। प्रवृत्तियाँ ही जीवन को गतिशीलता देती है। वैशेषिक दर्शन को यथार्थवादी कहे जाने का यही आशय है कि यह काल्पिनिक आदर्शों में विश्वास नहीं करता है। वे जानते हैं कि मनुष्य को विपरीत परिस्थितियों में जीवन यापन करना होता है, वहाँ यदि वह सही स्थिति का विवेचन न करके आशाओं के व्यामोह में फंस जाये तो उसे दुःख ही मिलता है। इच्छा और द्वेष संघर्षमय जीवन का संकेत देते हैं- जड़ता में संघर्ष अथवा प्रगति नहीं है। वैराग्य जीवन में गति शून्यता लाता है, इसीलिये उसे निवृत्ति कहते हैं। कणाद का जीवनदर्शन इस दृष्टि से महावीर स्वामी और गौतम बुद्ध की दृष्टियों से भिन्न है, परन्तु यहाँ यह भी समझना भूल होगी कि कणाद इच्छा और द्वेष को श्रेयस्कर मान रहे हैं - वे केवल मानव शरीर के स्वभाव की ओर इंगित कर रहे हैं।

उनका यह भी कहना है :-

इन्द्रियदोषात् संस्कारदोषाताच्चाविद्या।
तद्दुष्टज्ञानम्। अदुष्टं विद्या॥ (9, 2, 10-12)

इन्द्रियों और संस्कारों के दोष से अज्ञान उत्पन्न होता है और यह अज्ञान (अविद्या) दोषपूर्ण है। जब सामाजिक धर्म को सही संदर्भों मे समझा जायेगा तभी दोषरहित विद्या प्रकट होगी। यह दोष रहित विद्या ही आत्मत्याग वृत्ति वाली विशिष्टता मनुष्य में उत्पन्न करती है। (6, 1, 16) आशय स्पष्ट है- कणाद जीवन में यथार्थवादी दृष्टिकोण के साथ अभ्युदय और निःश्रेयस प्राप्ति के प्रयत्न- प्रयोग को प्रतिष्ठा देते हैं :-

दृष्टानां दृष्ट प्रयोजनानां दृष्टाभावे प्रयोगोऽभ्युदयाय। (10, 2,8)

3.2.3 प्रामाणिक ज्ञान

मनुष्य आदिकाल से देखता आ रहा है कि जड़ अथवा अचेतन वस्तुओं में ज्ञान या चेतना नहीं होती और प्राणियों के मर जाने के बाद पड़ी देह के भीतर की चेतना भी लुप्त हो जाती है। इसलिये स्वाभाविक रूप मे समाज मे यह धारणा बनी कि चेतना और ज्ञान की वहीं अवस्थिति होती है जहाँ जीवन हो। और यह चैतन्यता भौतिक गुण नहीं वरन शरीर जैसे जड़ वस्तु से अलग अविनाशी जीव अथवा कोई ब्रह्माण्ड व्यापी दैवी सत्ता है। ऐसी धारणा से आत्मा, ईश्वर, ब्रह्म आदि का विचार पुष्ट हुआ। उपनिषद् में आण्डज, जीवज और उद्भीज प्राणियों का उल्लेख है। (छन्दोग्य 6, 1,4) प्राणियों के प्रादुर्भाव को ज्ञानियों ने त्रिवृत्त के रूप में जाना। प्राणियों के पार्थिव अस्तित्व को त्रिवृत्त में घेरने वाले तत्व है- अन्न, जल, और तेज, जिनसे प्रकट हुए मन, प्राण और वाक। आर्हत जैन सम्प्रदाय पुद्गलकायों की- एकेन्द्रिय से लेकर पंचेन्द्रिय मनुष्य तक की विभिन्न अवस्थाओं की चर्चा करता है। स्पष्ट है कि वहाँ विकास क्रम नहीं है विविध शाश्वत स्थितियाँ हैं जीव इन विविध स्थितियों में भ्रमण करता है। पुद्गल पूरी तरह जड़ है उसमें चेतना नहीं होती है, ज्ञान या चेतना जीव का स्वभाव है। जीव को कर्म पुद्गल जिस मात्रा में घेरते हैं, उसी के अनुरूप वह स्थावर, जंगम, तिर्यक, मानुस, नारकी योनि में पड़ता है।

महर्षि कणाद द्रव्यों के समवाय सम्बन्ध मे कार्य द्रव्य के त्रिविध विकास क्रम में प्राणियों की उत्पत्ति को देखते हैं- जैनमत से यह सूक्ष्म भेद बहुत महत्व का है। कणाद पृथवी आदि भौतिक तत्वों के सम्मिलन से शरीर, इन्द्रिय और विषयों का विकास क्रम बताते हैं।

तत्पुनः पृथिव्यादिकार्य द्रव्यं त्रिविधं शरीरेन्द्रिय विषय संज्ञकम् (4,2,1) और अयोनिज तथा योनिज उत्पत्ति के अनुसार उन्हें दो वर्गों में विभाजित करते हैं - तत्र शरीर द्विविध योनिजमयोनिजंच (4,2,6) भौतिक द्रव्यों के अन्तरावलम्बन के अनुसार प्राणियों के शरीर का स्वरूप निर्धारित होता है, उनकी उत्पति की विधि विकसित होती है।

चैतन्यता के विषय में उनका कहना है :-

संज्ञाया आदित्वात् (4,2,9)

यह प्रतिपत्ति भी इसलिये महत्वपूर्ण है कि वे संज्ञा (चेतना) को जीवन के प्रारंभ के साथ देखते हैं और शरीर भेद से प्राणियों की इन्द्रियों और विषयों के विकास की ओर इंगित करते हैं।

वेदान्त, सांख्य और जैन मतों से भिन्न वैशेषिक दर्शन मानता है कि ज्ञान (चेतना) द्रव्य का गुण है, द्रव्य से अलग ज्ञान की कोई अवस्थिति नहीं है। यह ध्यान देने की बात है कि वैशेषिक दर्शन के अतिरिक्त चार्वाक और बौद्ध मत भी चैतन्यता को भौतिक गुण ही मानते हैं। इस तरह यदि आधुनिक शब्दावली में आइडियालिज्म और मटेरियलिज्म के भेद को प्रत्यय (आइडिया) के प्राधान्य को ध्यान में रखकर देखें तो सांख्य, जैन और वेदान्त प्रत्ययवादी हैं और चार्वाक, वैशेषिक तथा बौद्ध भूतचैतन्यवादी हैं। वैशेषिक आत्मा की नित्यता और अनित्यता को लक्षण के आधार पर (कारण द्रव्य और कार्यद्रव्य) व्यक्त करते हैं। इसलिये यह संशय उत्पन्न किया जाता है कि कणाद आत्मा की नित्यता में विश्वास करते थे। इस सम्बन्ध में चौथी–पाँचवीं शताब्दी से ही चीनी विद्वानों में सांख्य और वैशेषिक भेद को इसी बिन्दु पर जोर देते देखा जा सकता है– चीनी विद्वान वैशेषिक को विशेष (विशिष्ट) सांख्य की बनिस्बत इसलिये मानते हैं कि सांख्य में चैतन्यता प्रकृति में नहीं है, पुरुष (ज्ञान) प्रकृति से भिन्न है जबकि वैशेषिक में ज्ञान आत्मा और अन्य द्रव्य–मन, इन्द्रिय के सन्निकर्ष से उत्पन्न होता है। [44]

सांख्य मत को सतकार्यवाद कहा जाता है उससे यह तात्पर्य निकाला गया है कि प्रत्येक कार्य कारण की ही भाँति सत है। कार्य कारण में पहले से अवस्थित है कारण के प्रवृत्त होने पर कार्य प्रकट हो जाता है। यहाँ भी इसका वैशेषिक मत से बुनियादी भेद है, वैशेषिक दर्शन को असत्कार्यवाद और आरम्भवाद कहा जाता है– ऐसा कार्य के सम्बन्ध में उसकी भिन्न धारणा की वजह से ही है। कार्य की प्रकृति कारणों के चरित्र पर निर्भर करती है, केवल एक कारण से ही कार्य का निश्चय नहीं हो जाता है। भिन्न स्थितियों में पूर्व कारण पूर्व के कार्य को उत्पन्न करे– यह जरूरी नहीं है। कारण और कार्य का परस्पर सम्बन्ध तो निश्चित रूप से वैशेषिक भी मानता ही है किन्तु कार्य के प्रारंभ होने पर ही कारणों की महत्ता निश्चित की जा सकती है।

कारण गुणपूर्वकः कार्य्यगुणो दृष्टः। (2,1,24)

कारण अदृष्ट रहते हुए अपने गुण को समाहित रखता है, किन्तु वह गुण तभी प्रकट होता है जबकि कार्य आरम्भ हो।

सांख्य और जैन मत में चैतन्यता (जीव, पुरुष) को ज्ञान (बुद्धि) से भिन्न कहा जाता है। उस विषय में कणाद की कारणता की अवधारणा को समझते हुए हम देख सकते हैं। सदकारणवन्नित्यम् (4,1,1,) सूत्र के अनुसार नित्यता का सम्बन्ध सत् और कारणता से है। कारणता जब निष्क्रिय कारणवत् होती है तब

कार्य और गुण प्रकट नहीं होते हैं। सक्रिय कारण से ही कार्य, गुण और अनित्यता उत्पन्न होती है- तस्य कार्य्यं लिगम् (4,1,2)। अस्तु चैतन्यता (संज्ञा) को कारण द्रव्य में अन्तनिर्हित मानने में कोई विरोध दिखाई नहीं देता है, किन्तु वह प्रकट तभी होगी (ज्ञान) जब कार्य द्रव्य परस्पर सन्निकट होकर सक्रिय हों। इस विश्लेषण में पुरुष या जीव (चैतन्य) को द्रव्य से अलग किये जाने की आवश्यकता नहीं दिखाई देती, केवल उन्हें जीव या पुरुष न कहकर कारणवत (कारणता) कहा जायेगा। इस प्रकार वैशेषिक मत आर्हत जैन और सांख्य मत के द्वैत सिद्धान्त का उच्चतर आयाम में समाधान प्रस्तुत कर देता है।

कणाद का सूत्र है -

सदनित्यं द्रव्यवत् कार्य कारणं सामान्य विशेषवदिति द्रव्यगुण कर्मणामविशेषः।

(1,1,8)

सत् अनित्य, द्रव्य की भाँति होना, कार्य-कारण भाव, सामान्य विशेषात्मक होना- ये सब द्रव्य, गुण और कर्म के सामान्य धर्म है। कणाद की इस प्रतिपत्ति से ब्रह्माण्ड की सभी क्रियाओं और संरचनाओं के गुणधर्म का विवेचन किया जा सकता है। जो नित्य और सत् है वह कारणवत् है, किन्तु जैसे ही कार्य-कारण प्रक्रिया प्रारंभ हुई वैसे ही द्रव्य, गुण और कर्म के अन्योन्याक्षित सम्बन्ध से अन्वय व्यतिरेक विधि से सभी प्रकार की घटनाओं, सत्ताओं के व्यवहार को समझा जा सकता है।

उपनिषदकार आदि तत्व को सत्, चित् और आनन्दमय मानते हैं, वह अव्यक्त अद्वैत है, किन्तु उसकी अभिव्यक्ति नानात्व और अनित्यता में ही होती है- कार्य ही माध्यम है उसके प्रकटीकरण का। यदि ब्रह्म अव्यक्त है- सत् है तो भी उसे द्रव्य से विच्छिन्न मानने की क्या जरूरत है?

प्रकृति और पुरुष, जीव और अजीव- यह द्वैत आरोपित भेद है। ब्रह्मज्ञान के आदि प्रवक्ता अथर्वा ऋषि (मुण्डक 1,1,2) विद्या (विद्यमानता) को दो वर्ग में बाँटते हैं- अपरा और परा। अपरा विविध प्रकार का मूर्तज्ञान है जबकि पराअक्षर अविनाशी तत्व को दर्शाती है- अथ परायतदक्षरम धिगम्यते (मूण्डक, 1,1,5)। अविद्या शब्द का तात्पर्य नानात्व, असत और अनित्यता भी लिया जाता है, यहाँ वही अपरा है। मूर्त और क्रियाशील विश्व को उपनिषद के ऋषि पाँच पर्वों में विभाजित करते हैं- अन्न, प्राण, मन, विज्ञान और आनन्द। सर्वं अनित्यम् कहने वाले बौद्ध भी अविद्या से प्रकट हुई पंचस्कन्धात्मक नामरूप की प्रकृति को परिभाषित करते हैं- रूप, वेदना, संज्ञा, संस्कार और विज्ञान।

संसरण करने वाले संसार में उन्हें कुछ भी नित्य दृष्टिगत नहीं होता, इसलिये जीव या आत्मा का अस्तित्व भी उन्हें स्वीकार नहीं है। किन्तु प्रज्ञा की शून्यता को वे अस्वीकृत नहीं करते हैं। बौद्धों की प्रज्ञा और वेदान्तियों का ब्रह्म कणाद ऋषि की दृष्टि से अकारणवत् नित्य सत द्रव्य है- जहाँ कारणता अन्तर्निहित है। जब कारणता सक्रिय होती है तो कार्य द्रव्य से जगत प्रकट होता है।

इस कारणता को हम गौतम बुद्ध की प्रसिद्ध गाथा में हेतुप्रभव के रूप में देखते हैं :-

यो धम्मा हेतुप्पभवा, सेतं हेतु तथागताह।
सेतं च यो निरोधो, एवंवादी महासमण।

कारणता कभी भी दृष्टिगत नहीं होती है, इसलिये अदृष्टकारित के विषय में तरह-तरह की कल्पनायें की जाती है। कणाद बताते हैं कि संयुक्त समवाय सम्बन्ध से आत्मा, मन और इन्द्रियों की सन्निकर्षता मे संज्ञान उत्पन्न होता है, उसी से फिर नाम रूप को समझा जाता है।

संज्ञाकर्मत्वस्मद्विशिष्टानां लिंगम्। (2,1,18)

संज्ञाकर्मतु अस्मद विशिष्टानां लिंगम्- यहाँ ध्यातव्य यह है कि कणाद मनुष्यों की संज्ञान प्रक्रिया को सामाजिक संज्ञान के रूप में देखना आवश्क मानते हैं- अस्मद विशिष्टानां- से तात्पर्य है- हम सब लोगों की विशिष्ट सजगता से लक्षणों का विचार करने के पश्चात् नाम रूप के लिये भाषा तैयार होती है। मनुष्य अपनें चतुर्दिक फैले संसार को संज्ञाकर्म (भाषा) के द्वारा अर्थ प्रदान करता है।

यथार्थ जगत को यथावत देखना और समझना है तो हमें सजगतापूर्वक हमारे बाह्य वातावरण से सम्पर्क स्थापित करना होगा- तादात्म्य स्थापित करना होगा। इसे ही कणाद प्रत्यक्ष कह रहे हैं :-

प्रत्यक्ष प्रवृत्तत्वात् संज्ञाकर्मणः (2, 1,19)

गुणों में बुद्धि, सुख दुःख, इच्छा द्वेष और प्रयत्न नामक गुण आत्मा द्रव्य के गुण कहे गये हैं, जिन्हें सामान्यतः भावनायें और संज्ञान कहा जाता है। चैतन्यता के प्रति दैवी निष्ठा नहीं बने इसीलिये कणाद स्पष्टता से कहते है :

द्रव्येषुज्ञानं व्याख्यातम्। (8,1,1)

द्रव्य हमेशा गुणात्मक-क्रियात्मक होता है अस्तु ज्ञान भी एक प्रकार की क्रिया की तरह ही देखा जाना चाहिये।

गुणकर्मसु सनिकृष्टेसु ज्ञान निषपत्तेर्द्रव्यं कारणम्। (8,1,4)

बाह्य पदार्थ के यथार्थज्ञान का मुख्य हेतु है– सन्निकटता। यह तभी सधती है जब द्रव्य, गुण और कर्म का अन्तरावलम्बन बना रहे। ज्ञान, ज्ञेय और ज्ञाता अथवा दूसरे शब्दों में प्रमा, प्रमेय और प्रमाता की सन्निकटता से ही प्रामाणित ज्ञान उपलब्ध होता है। परिणामी ज्ञान शुद्ध अथवा अशुद्ध हो सकता है। अशुद्ध ज्ञान से वस्तु के यथार्थ स्वरूप की उपलब्धि नहीं होती है। इस तथ्य को महर्षि कणाद से स्पष्ट किया है –

इन्द्रियदोषात् संस्कार दोषाच्चाविद्या (4,2,10)

बाद के नैयायिकों ने ज्ञान के इसी विश्लेषण को प्रमा और अप्रमा के रूप में व्याख्यायित किया है। कणाद ने प्रमाण शब्द का उपयोग हेतु– कारणता के लिये ही किया है, उस समय उनका यह प्रमाण बाद के नैयायिकों के भाषिक प्रमाणशास्त्र से भिन्न था, यथार्थ ज्ञान प्राप्ति का यह अनिवार्य रूप से प्रमा–करण (प्रमाण) है।

ज्ञान की शुद्धता अथवा अशुद्धता इन्द्रियों की संलग्नता के अनुसार ही निश्चित की जा सकती है। इस सम्बन्ध में कणाद का कहना है–

प्रसिद्धा इन्द्रियार्थाः (3,1,1)

अनुभवादी ज्ञान केवल इन्द्रियों के द्वारा किये गये अनुभवों पर ही निर्भर होता है, इसलिये इन्द्रियार्थ कहा गया है। प्रसिद्धि का सामान्य अर्थ यहाँ ज्ञान लिया गया है, किन्तु कणाद की गंभीर विवेचना को दृष्टिगत रखकर हम देखे तो ज्ञान को वस्तुतः समाज द्वारा सामान्य रूप से ग्रहित तात्पर्य के आशय में समझा जाना चाहिये। जो प्रसिद्ध हो गया है वह है प्रसिद्धि अंग्रेजी में जिसे कामनसेंस कहते हैं – वहीं यहाँ प्रसिद्धि है। यह तथ्य और अधिक स्पष्ट हो जाता है जब हम कणाद का निम्न सूत्र देखते हैं।

इन्द्रियार्था प्रसिद्धिरिन्द्रियार्थेभ्योऽर्थान्तरस्य हेतुः (3,1,2)

ज्ञान का हेतु इन्द्रियों की संलग्नता ही है, बाह्य वस्तु का वास्तविक स्वरूप और वस्तु का इन्द्रिय ग्राहय प्रतिबिम्ब (ज्ञान) दोनों में अन्तर होने की सदैव संभावना बनी रहती है। तादात्म्यता की कमी के कारण दूषित ज्ञान उत्पन्न होता है, उसे ही अनपदेश (हेत्वाभास) कहा गया है–

सोऽनपदेशः (3,1,3)

इसे और अधिक स्पष्ट करते हुए वे कहते हैं :

अन्यदेवहेतुरित्यनपदेशः (3,1,7)

हेतु जो साध्य से भिन्न होता है। प्रमेय (यथार्थवस्तु) का यर्थाथज्ञान हेतु पर निर्भर करता है, इसलिये अप्रमा–अनपदेश– की संभावना बनी रहती है।

वैशेषिक दर्शन का प्रमुख लक्ष्य प्रमेय की यथार्थ सिद्धि है। वे जानते हैं कि अनपदेश– हेतु के दोषयुक्त होने की स्थिति में जो ज्ञान प्राप्त होगा वह विपर्ययात्मक ही होगा। अतः उनका आग्रह प्रत्यक्ष ज्ञान पर ही है। लैंगिक या लाक्षणिक ज्ञान तो सामान्य तो दृष्ट है– इसे ही बाद में अनुमान प्रमाण कहा गया।

इसी अनुमान प्रमाण (लैंगिक) के विषय में वे कहते हैं–

संशय निर्णयान्तराभावश्चज्ञानान्तरत्वेहेतुः (10,1,2)

संशय और निश्चय के भेद के अनुरूप ज्ञान की शुद्धता और अशुद्धता होती है। उसकी निष्पत्ति प्रत्यक्ष ज्ञान या अप्रत्यक्ष (लैंगिक) ज्ञान के कारण होती है।

तयोर्निष्पत्तिः प्रत्यक्षलैंगिकाभ्याम् (10,1,3)

प्रमाणशास्त्र की प्रमुख समस्या वस्तु के सत्तात्मक यथार्थ को शब्दों के माध्यम से भाषा में सही ढंग से अभिव्यक्त करना रहा है। वस्तु की सत्ता और वस्तु का संज्ञान– ये दो भिन्न स्थितियाँ हैं। संज्ञान भी दोषपूर्ण हो सकता है और शाब्दिक अभिव्यक्ति भी दोषपूर्ण हो सकती है। जब निर्विकल्प ज्ञान की बात की जाती है तो उससे यह आशय होता है कि आत्मा, मन और इन्द्रियों का बाह्य वस्तु से तादातम्य बन जाय वैसी स्थिति मे स्मृति और विचार नहीं होंगे, तब संज्ञानात्मक अथवा शाब्दिक अभिव्यक्ति भी नहीं होगी, क्योंकि चित्त पर बाह्य वस्तु का कोई प्रतिबिम्ब ही नहीं बनेगा। यह ऐसी स्थिति है जहाँ ज्ञान की प्रतिक्रिया ही नहीं होती पर चैतन्यता बनी रहती है। इस प्रकार की चैतन्यता वहाँ अवस्थित कारणता को देख पाती है, इसलिये यथार्थ सत्ता को समझा जा सकता है। कणाद की प्रत्यक्षता इसी तरह का तादात्म्य है।

लैंगिक अथवा लाक्षणिक ज्ञान में दोष से पूरी तरह मुक्त होना लगभग असंभव ही होता है, किन्तु सत्ता को समझा जा सके तो संज्ञान की शुद्धता को बचाया जा सकता है। यही कारण है कि महर्षि कणाद अर्थ और सत्ता को – द्रव्य, गुण और कर्म की अन्योन्याश्रितता में देखते हैं।

अर्थ इति द्रव्यगुणकर्मसु (8,2,3)

सदितियतो द्रव्यगुणकर्मसु सा सत्ता (1,2,7)

यथार्थ वस्तु में द्रव्य, गुण और कर्म परस्पर अन्तरावलम्बित होते हैं, उन्हें अलग अलग रखने पर न तो सत्ता ही प्रकट होगी और न ही उसका यथार्थ भाव। महर्षि कणाद की ज्ञान सम्बन्धी यह विवेचना अप्रतिम है। सामान्य ज्ञान और यथार्थ ज्ञान को भी इससे समझने में परेशानी नहीं होनी चाहिये। सामान्यतः सामाजिक मान्यताओं और संस्कारों के कारण हम में बाह्य वस्तु को अप्रमादित ढंग से देखने की प्रवृत्ति नहीं होती है अतएव हम उस वस्तु के प्रसिद्धि वाले ज्ञान को ग्रहण कर पाते हैं, यथार्थ ज्ञान को नहीं। कणाद द्वारा प्रतिपादित वैशेषिक दर्शन के छः पदार्थों को सही ढंग से समझने में चूक होने से ही लोग बाद के तीन पदार्थ–सामान्य, विशेष और समवाय के तार्किक सम्बन्धों को द्वन्द्वात्मक दृष्टि से नहीं समझ पाते। गणित का विद्यार्थी इस तथ्य को फलन (फंक्शन) और मेपिंग (सही प्रतिबिम्बन) से एक–एक समवेत सम्बन्ध के संदर्भ से समझ लेता है। आधुनिक विज्ञान और गणित इसलिये प्राकृतिक प्रक्रियाओं और सत्ताओं के तकनीकी प्रादर्श तैयार करने में सफल हुए हैं। दर्शन और विज्ञान की क्षमता का भेद भी इस प्रसंग से साफ हो जाता है। कणाद के अन्तिम तीन पदार्थ– सामान्य, विशेष और समवाय–दार्शनिक विश्लेषण में ज्यादा सहयोगी होते हैं जबकि प्रथम तीन पदार्थ– द्रव्य, गुण और कर्म सत्तात्मक संश्लेषण की वैज्ञानिकता प्रकट करते हैं। भारतीय चिन्तन में ईसा पश्चात की शताब्दियों में दार्शनिक–भाषिक विश्लेषण ही होता रहा इसलिये महर्षि कणाद के सत्तात्मक यथार्थज्ञान की उपेक्षा हुई।

बाद के बौद्ध नैयायिकों –दिङ्नाग और धर्मकीर्ति ने इस तथ्य को समझने की जरूर कोशिश की, किन्तु वे भी वैज्ञानिक संश्लेषण तक नहीं पहुँच पाये। यहाँ यह बताना संदर्भ से भिन्न होगा कि धर्मकीर्ति कणाद की यथार्थसत्ता के विचार के प्रभाव में कहते हैं– या भूति सैव क्रिया– जो भौतिक सत्ता है वह अनिवार्य रूप से क्रियात्मक है। अपने ग्रन्थ "न्यायबिन्दु" में धर्मकीर्ति वस्तु की यथार्थ सत्ता के सम्बन्ध में कहते हैं–

यस्यार्थस्य संनिधानासंनिधानाम्यां ज्ञान प्रतिभास भेदस्तत्स्वलक्षणम् तदेव परमार्थसत् अर्थ क्रियासामर्थ्य लक्षणत्वावस्तुनः [20]

वस्तु का स्वलक्षण अर्थ क्रियासामर्थ्य से ही प्रकट होता है, परन्तु लक्षण के आगे जाकर वस्तु के द्रव्य, गुण और कर्म के अन्तरालम्बन का साक्षात्कार भी किया जा सकता है। उस स्थिति में सत्ता की केवल व्याख्या ही नहीं बल्कि उसकी अनुकृति भी तैयार की जा सकती है। जैसा कि पश्चिम में बीसवीं शताब्दी के वैज्ञानिकों ने किया है।

कणाद वस्तु की सत्ता के लिये कार्य-कारण सम्बन्ध से तीन प्रकार की स्थितियों का उल्लेख करते हैं :-

अस्येदं कार्यकारणं संयोगि विरोधि समवायिचेतिलैंगिकम् (9,2,1)

'इससे यह होता है'- के कार्य कारण सम्बन्ध में तीन प्रकार की सत्ता के लक्षण देखे जाते हैं- संयोगी, विरोधी और समवायी। यहाँ महत्वपूर्ण तथ्य यह उभरता है कि अस्येदं सूत्र को बौद्ध प्रतीत्यसमुत्पाद के विचार- अस्मिन सति इदम् भवति- के साथ एक ही धारणा को प्रकट करते हुए हम देख सकते हैं। महर्षि कणाद ने कई सूत्रों में अस्येदं, इहेदमिति अस्येदमिति पद का प्रयोग किया है। इससे स्पष्ट है कि वे द्वन्द्वात्मकता को उसी प्रकार समझ रहे हैं जैसा कि गौतम बुद्ध ने अपने विचार प्रतीत्य समुत्पाद मे समझा है। दिङ्नाग और धर्मकीर्ति के इस तथ्य को बौद्ध न्याय की दृष्टि से प्रवर्तित भी किया है। कणाद के संयोगी, विरोधी और समवायी के समानान्तर उनका त्रिक है - तादात्म्य, अनुपलब्धि और तदुत्पत्ति। पश्चिमी दार्शनिक विचार मन्थन में यही त्रिक हेगेल के थीसीसि, एन्टीथीसीस और सिन्थीसीस- वाद, प्रतिवाद और संवाद मे प्रकट हुआ जिसे बाद मे कार्ल मार्क्स ने वैज्ञानिक भौतिकवाद का रूप दिया।

पदार्थों के वर्गीकरण में अन्तिम पदार्थों का विवेचन बुद्धिसापेक्ष है। समस्त संज्ञान प्रवृत्त ज्ञान अमूर्त सम्बन्धों की ही व्याख्या करते हैं। जैसा अभी कहा गया- इससे यह होता है- के अमूर्त भाषिक सम्बन्ध में साधर्म्य-वैधर्म्य, सामान्य-विशेष का विचार करते हुए तदुत्पत्ति सिद्ध होती है। इस विचार को ही कणाद ने समवाय नामक पदार्थ से व्यक्त किया है -

इहेदमिति यतः कार्यकारणयोः स समवाय। (7,2,26)

वैधर्म्य और विशेष की प्रक्रिया नकारात्मक है, विरोध या परावृत्ति को प्रकट करती है, जो अन्ततः अनुपलब्धि या अभाव में समाप्त होती है। कणाद ने इस तथ्य को ध्यान में रखते हुए अभाव की नकारात्मक क्रिया के रूप में ही नौवें अध्याय में अलग से व्याख्या की। उसे अपने छः पदार्थों में सम्मिलित करना आवश्यक नहीं माना। परस्पर विरोध से दो क्रियाशील वस्तुयें विपरीत दिशा में कार्य करती हुई एक दूसरे के प्रभाव को पूरी तरह नष्ट कर सकती है इसलिये वहाँ क्रिया होते हुए भी क्रिया का अभाव प्रकट होता है - इस तथ्य को भी कणाद जानते हैं। इस स्थिति का संकेत वे निम्न सूत्र में देते हैं -

दिक्कालावाकाशं च क्रियाद्वैधर्म्यान्निष्क्रियाणि (5,2,21)

दिक्, काल और आकाश में जो निष्क्रियता दृष्टिगत होती है वह क्रियावत् वैधर्म्य के कारण है।

विरोध और अभाव को नकारात्मक क्रिया मान कर कणाद ने ढ़ाई हजार वर्ष पूर्व प्रकृति और समाज में होने वाले वैधर्म्य को समझ लिया था, जिसे आधुनिक वैज्ञानिक और समाजशास्त्री मानव समाज की वैश्विक संस्कृति का निर्माण करने के लिये आज परिभाषित करने में लगे हैं।

3.2.4 यूरोपीय आधुनिक विज्ञान दर्शन का परिप्रेक्ष्य

भारतीय ही नहीं बल्कि दुनिया के सभी दर्शनों की मूल समस्या सत्ता (बीइंग) और ज्ञान (थिंकिंग) के द्वन्द्व के समाधान को ढूँढ़ने की रही है। हमने देखा कि महर्षि कणाद के यथार्थवादी तत्वज्ञान में इस समस्या का निराकरण प्रत्यक्ष और अदृश्य के पीछे कार्य कर रहे कारणों की सही समझ बनाकर ही किया गया है। कणाद कहते हैं–

तयोर्निष्पत्ति प्रत्यक्षलैंगिकाभ्याम् (10, 1,3)

प्रत्यक्षता और लैंगिकता (लक्षण) से किसी भी यथार्थ सत्ता की निष्पत्ति की जा सकती है।

प्रमाण शास्त्र में प्रत्यक्ष और अनुमान इन दो प्रकार के ज्ञान के करणों का विविध रूपों में विस्तार किया गया है। वस्तु के यथार्थ संज्ञान में आने वाले दोष इन्द्रिय और संस्कार पर निर्भर करते हैं, इसलिये जब अनुमान प्रमाण का विस्तार शब्द (आगम, उपमान, अर्थापत्ति, अभाव, संभव, ऐतिह्य) के माध्यम से होने लगता है, तब वस्तु के प्रतिबिम्ब में भी दोष (हेत्वाभास, अनपदेश) बढ़ता जाता है। दार्शनिकों और महापुरुषों (महावीर स्वामी, गौतम बुद्ध) ने यह तथ्य बहुत पहले समझ लिया था कि इन्द्रिय सन्निकर्ष से जिस सत्ता का प्रत्यक्षीकरण किया जा रहा है, वह स्थूल रूप में आभासित सत्ता केवल स्थूलता तक ही सीमित नहीं है। उसकी व्याप्ति का क्षेत्र उसके विस्तार से कहीं बहुत ज्यादा है। अस्तु, तथ्यात्मक ढ़ंग से यह समझा जाना चाहिए कि संज्ञान के लिए प्रत्यक्ष और परोक्ष (अनुमान) दोनों ही प्रमाण महत्वपूर्ण हैं, वस्तुतः वे परस्पर परिपूरक हैं। आधुनिक विज्ञान में यह समस्या न्यूटन के गुरुत्वाकर्षण नियम के एक्शन एट ए डिस्टेंस (दूर स्थित वस्तुओं पर कार्य करते आकर्षण बल) के रेखीय बल के मेक्सवेल के क्षेत्र (फिल्ड) सिद्धान्त में बदल जाने और फिर आगे आइन्स्टाइन के दिककाल सांतत्य में प्रोसेस (प्रक्रिया) के रूप में देखे जाने में विस्तारित हुई है।

दर्शन के धरातल पर इसी तथ्य को बेकन, लॉक, डेकार्टे, स्पिनोजा, लिब्निज आदि ने देखा। पहले घटनाओं और विचारों को विच्छिन्न ढ़ंग से ही देखा जाता था, उनके बीच के अन्तरावलम्बन पर चर्चा नहीं होती थी। कार्य और कारण को पूरी तरह एक-दूसरे से भिन्न माना जाता था। किन्तु जब इन विद्वानों का ध्यान प्राचीन यूनानी दार्शनिक हेराक्लुतस और डेमाक्रिटस के सतत परिवर्तन और सूक्ष्मतम द्रव्य-परमाणु पर गया तब इन दार्शनिकों ने अवस्था परिवर्तन के कारण तत्व-गति (मोशन) पर अपना ध्यान केन्द्रित किया।

प्रकृति में सभी दूर गति विद्यमान है-गति सर्व व्यापि है। गति की यह विशेषता है कि वह एक ही समय पर एक स्थान पर होती है और वहाँ नहीं भी होती है। (गौतम बुद्ध का प्राचीन चिन्तन- हम एक नदी में खड़े हुए भी प्रतिक्षण बदलती हुई नदियों में रहते हैं।) गति की इस द्वन्द्वात्मकता को सबसे पहले अमानुएल काण्ट ने महत्व दिया। उसने न्यूटन के सिद्धान्त के सौर परिवार के दिक और काल निरपेक्षता को घूर्णन कर रहे एक नक्षत्र में बदल दिया और आगे कहा कि यदि सूर्य का कभी जन्म हुआ है तो निश्चित ही यह कभी मृत्यु को भी प्राप्त होगा। गणितज्ञ लाप्लास ने काण्ट के इस विचार की बाद में पुष्टि भी की। प्रकृति को गति, क्षेत्र और प्रक्रिया के परिप्रेक्ष्य में देखने की इस नई प्रवृत्ति से हेगेल को द्वन्द्वात्मक प्रत्ययवाद के विचार को विस्तारित करने का मौका मिला। सम्पूर्ण ब्रह्माण्ड -प्रकृति, समाज, इतिहास,बौद्धिकता- सभी कुछ विस्तृत प्रक्रिया का हिस्सा दिखाई देने लगा। हेगेल ने द्वन्द्वात्मकता के त्रिविध प्रकार-वाद, प्रतिवाद और संवाद के विश्लेषण माध्यम से, सार्वत्रिक हो रहे परिवर्तन,अन्तर्विरोध, अन्तरावलम्बन को दृष्टिगत रखते हुए, इतिहास, समाज और सामाजिक मान्यताओं धर्म दर्शन आदि की व्याख्या प्रस्तुत की। [51]

इसी बीच शुद्ध गणित के क्षेत्र में न्यूटन और लिब्निज के सूक्ष्मातिसूक्ष्म चर राशि (डिफरेंसियल्स) के आधार पर अवकल गणित की खोज हो चुकी थी। गॉज, रीमाँ, केण्टर, वेरीस्ट्रास आदि ने अनन्तता (इनफाइनाइटनेस) और संख्याओं के परिमेय, अपरिमेय गुणों पर आधारित काम्प्लेक्स और ट्रान्सडेंटल नम्बर्स (π, e, ¿) का गणित भी तैयार हुआ। हम देखते हैं कि अनन्तता की अवधारणा को परिमाण और प्रक्रिया की भाँति विश्लेषित करने के बाद ही आधुनिक विज्ञान में इतनी अधिक प्रगति हुई है। महर्षि कणाद ने ई.पू. तीसरी चौथी शताब्दी में सूक्ष्मातिसूक्ष्म परमाणु (परिमण्डल) के संघनन से ही ब्रह्माण्ड के द्रव्यों के निर्माण का तर्क विकसित किया था। उनकी मौलिक व्याख्या में द्रव्य को गत्यात्मक और गुणवान कहा गया है तथा यथार्थ सत्ता को द्रव्य, गुण और

कर्म के अन्योन्याश्रित सम्बन्ध के रूप में देखा गया है। यूरोप के आधुनिक दर्शन और विज्ञान के उद्‌विकास में कणाद की उपरोक्त धारणाओं को स्वतंत्र रूप से पुनर्परिभाषित किये जाता हुआ देखा जा सकता है।

कार्ल मार्क्स और एन्जल्स के द्वारा व्याख्यायित द्वन्द्वात्मक भौतिकवाद का विकास हेगेल के द्वन्द्वात्मक प्रत्ययवाद के सिद्धान्तों की यथार्थपरक व्यावहारिक समीक्षा करने के बाद ही हुआ है। अस्तु, भौतिक सत्ता और विचार के द्वन्द्व को पश्चिम के विचारकों ने बहुत अच्छी तरह समझने की कोशिश की है। कार्लमार्क्स ने जहाँ प्रकृति और समाज के स्वरूप के परिवर्तन में गत्यात्मकता की परीक्षा की, वहाँ ही मानव समाज में सामाजिक मान्यताओं के पीछे कार्य कर रहे वैचारिक गत्यात्मकता को भी समझा। द्वन्द्वात्मक भौतिकवाद का केन्द्रिय आधार मार्क्स ने गति (मोशन) को ही माना है। वे कहते हैं कि गति द्रव्य के अस्तित्व की विधि है। [53, पृ. 72] वे जीवन को भी द्रव्य गत्यात्मकता का परिष्कृत रूप मानते हैं, जिस प्रकार गति किसी समय एक बिन्दु पर होती भी है और उसी क्षण वह वहाँ न होकर आगे बढ़ जाती है, उसी प्रकार से जीवन में यह द्वन्द्व है कि वह जिस क्षण जहाँ पर अवस्थित है, उसी क्षण वह कुछ और भी हो रहा होता है। जीवन एक अन्तर्विरोध है,जो कहीं भौतिक पदार्थों में होता है और उसी क्षण वह उन भौतिक पदार्थों को बदलते हुए कुछ और निर्मित कर लेता है। और इस प्रकार से वह स्वयं ही अपने अन्तर्विरोध का निराकरण भी कर लेता है। [53] अनन्तता की प्रक्रिया में मानव जीवन का उद्‌विकास हुआ है, इसलिये वह अनन्त बाह्य प्रभावों के अन्तर्गत पीढ़ियों दर पीढ़ियों अपने ज्ञान का भी विकास करता चलता है। भौतिकवादी धारणा में ज्ञान की कोई निरपेक्ष सत्ता नहीं है बल्कि वह वातावरण और अनन्त बाह्य प्रक्रिया के अन्तर्गत सतत परिवर्तन और परिवर्धन करता रहता है। मार्क्स मानते हैं कि सामाजिक संज्ञान, मानव समाज के अन्दर अनन्त प्रक्रिया के विकास क्रम में बाह्य प्रभाव के मनुष्य के भीतर सीमित होने के कारण, अपने अन्तर्विरोधों का समाधान उन्हीं सीमित ज्ञान में से ढूँढ़ लेता है। इस दृष्टि से मानव ज्ञान सार्वभौम भी है और सार्वभौम नहीं भी है, जानने की इसकी क्षमता सीमित भी है और असीमित भी [53]

मानवीय संज्ञान सम्बन्धी यह विचार कणाद के सूत्र– द्रव्येषु ज्ञानं व्याख्यातम् – की विस्तृत व्याख्या से संगति रखता है। ज्ञान द्रव्य का गुण है और द्रव्य गुणात्मक तथा क्रियात्मक भी है। अस्तु, विविध क्रियाओं और गुणों के प्रभाव के अन्तर्गत आत्मा, मन और इन्द्रियों के सन्निकर्ष से ज्ञान का सतत् परिवर्धन और परिष्करण होना जारी रहता है।

आधुनिक विज्ञान ने पदार्थ के सूक्ष्मतम स्वरूप को एलीमेन्टरी पार्टिकल्स में देखा है। इन एलीमेण्टरी पार्टिकल्स की न तो उत्पत्ति होती है और न ही विनाश। ये ब्रह्माण्ड में अविनाशी रहते हुए संघनित होकर विविध पदार्थों के निर्माण और विनाश में सदैव क्रियाशील रहते हैं। [63] वैज्ञानिक बताते हैं कि प्रोट्रान और न्यूट्रान का व्यास लगभग 10^{-13} से.मी. होता है, जबकि क्रियाशील द्रव्यों की सूक्ष्मतम मोटाई को प्लेंक स्थिरांक के द्वारा व्यक्त किया गया है जो कि 10^{-33} से.मी. है। ब्रह्माण्ड में परिवर्तन की सूक्ष्मतम काल की गणना भी प्लेंक टाइम से की जा सकती है जो 10^{-43} सेकण्ड है। ये सूक्ष्मतम दूरी और समय ब्रह्माण्डीय विकराल देशकाल की प्रक्रिया से अन्तर्सम्बन्धित है। पदार्थों के संघनन में अपरिमित ऊर्जा समाहित है, जिसे परमाणविक विखण्डन से उत्सर्जित प्रचण्ड ऊर्जा में देखा जा चुका है। माना गया है कि लगभग पन्द्रह अरब वर्ष पूर्व हमारा ब्रह्माण्ड एक महाविस्फोट से उत्पन्न हुआ था। उस महाविस्फोट के कुछ क्षणों के भीतर ही एलिमेण्टरी पार्टीकल्स ने कई प्रकाश वर्ष की महान दूरियों तक फैलकर ब्रह्माण्ड के पदार्थों का निर्माण किया था। दिककाल का यह फैलाव हजारों हजार प्रकाश वर्षों में अभी भी हो रहा है। हम जिस ब्रह्माण्ड में रहते हैं वैसे ही कई ब्रह्माण्डों के होने का अनुमान लगाया गया है। जीवन के अस्तित्व की दृष्टि से वैज्ञानिक यह मानते हैं कि इन तमाम ब्रह्माण्डों में से कम से कम एक ब्रह्माण्ड में तो सितारों के जन्मने और नष्ट होने की प्रक्रिया जरूर चलती होगी। सितारों की संहति और ऊर्जा के क्रम में जीवन की उत्पत्ति के योग्य सितारे के चारों ओर घूमते हुए ग्रह पर जीवन की प्रक्रिया चलती है। हमारी पृथ्वी पर इसी विकास क्रम में मानव जीवन की उत्पत्ति हुई है। [63]

यह विवरण हम बीसवीं शताब्दी के खगोलविदों के जाँच परख के नतीजे की तरह दे रहे हैं। ये वैज्ञानिक और खगोलविद् वैज्ञानिक उपकरणों और गणितीय परीक्षणों के माध्यम से इस तरह की आश्चर्यचकित और मस्तिष्क को थका देने वाली जानकारी प्राप्त करने में समर्थ हुए हैं। मानव संज्ञान और बौद्धिक क्षमता की सीमा रेखा खींचना असंभव है। सीमित अथवा असीमित प्रक्रिया और संरचना को समझने का आधार मनुष्य के पास केवल बुद्धि गम्य विभाज्यता ही है। हम घटनाओं में अनन्त संख्या तक के विभाजनों को जोड़ते जाते हैं या फिर हटाते जाते है– यह सामान्यीकरण या फिर विशेषीकरण है। यही कणाद का सामान्य और विशेष है, नैयायिकों का अन्वय व्यतिरेक या कहे साधर्म्य वैधर्म्य है। मनुष्य जाति सूर्य परिवार के पृथ्वी ग्रह के साढ़े चार अरब वर्ष के उद्‌विकास का परिणाम है। स्वाभाविक है ब्रह्माण्डीय द्रव्य में बहुत सीमित द्रव्य की अनन्त विभाज्यता

और अनन्त संयोजन के अन्तर्गत मानव जीवन का व्यवहार और उसकी बौद्धिक संभावना परस्परावलम्बित अन्तर्सम्बन्धों में ही समाहित है।

वैज्ञानिक बताते हैं कि जीवन के अस्तित्व के लिये विशेष ऊर्जा सम्पन्न सितारों के पास ग्रहों (प्लेनेट्स) के परिवार का होना जरूरी रहता है, जिससे वहाँ स्वतः संघनन प्रक्रिया (सेल्फ आर्गेनाइज्ड सिस्टम) की संरचना काम कर सके। हमारे सूर्य परिवार में पृथ्वी पर ही जैविक वातावरण और जीवन के विविध रूपों के उद्विकास के लिये जरूरी ऊर्जा प्राप्त की जा सकती है। पृथ्वी के वातावरण में लगभग दो अरब वर्ष तक प्राथमिक जीवन (बैक्टीरिया) ही विकसित होता रहा है।

वैज्ञानिक जीवन के लिये तीन आवश्यक शर्तें देखते हैं– (1) जीवन एक स्वतः संगठित असंतुलित प्रक्रिया है जिसमें (2) उसकी सभी प्रवृत्तियाँ उसके अन्दर अन्तर्निहित सांकेतिक योजना के अनुसार नियंत्रित होती हैं और (3) वह स्वयं अपने को उस योजना सहित पुनरोत्पन्न कर सकता है। ब्रह्माण्ड की योजना में विभिन्न स्थितियों के लिये इन तीन शर्तों में से पहले की दो शर्तें काम करती हैं और जब तीसरी शर्त भी उनमें शामिल हो जाती है तो जीवन प्रकट होता है। अतएव हम देखते हैं कि ब्रह्माण्ड स्वयं में एक स्वतः संगठित योजना युक्त संश्लिष्ट सत्ता है। जैविक प्रक्रिया में बहुत ही सूक्ष्मस्तर पर अन्तर्क्रियाओं के उद्विकास से डीएनए और प्रोटीन जैसे जैविक रासायनिक तत्व उद्भूत होते हैं। सभी जैविक सत्ताओं में ब्रह्माण्डीय ऊर्जा काम करती है और ये सभी सत्तायें अनिवार्य रूप से अपने वातावरण से सम्बद्ध होती है। हम मनुष्य संज्ञान को इन्द्रियों और मस्तिष्क की क्रिया मानते हैं किन्तु आधुनिक जीव विज्ञान के अध्ययन से पता चलता है कि संज्ञान मूलतः जैविक ईकाई की अपने वातावरण से आन्तरिक स्तर पर संलग्नता ही है। आवश्यकता के अनुसार जैविक इकाइयों में इन्द्रियाँ और मस्तिष्क विकसित होते हैं। इस प्रकार आधुनिक वैज्ञानिक चैतन्यता को ब्रह्माण्डीय गुण के रूप में देख रहे हैं। मनुष्य की चेतना अथवा आत्मा को भी उसके वातावरण से हटाकर नहीं देखा जा सकता है। सम्पूर्ण जैविक प्रक्रिया में ही चेतना स्वतः उद्भूत होती है अतएव संज्ञान का स्वरूप जैविकी संरचना और वातावरण के अनुसार निर्धारित होता है। मनुष्य जाति अन्य जैविकीय संसार में से एक विशेष प्राणी है और उसी के अनुसार मनुष्य की चेतना और ज्ञान का स्वतः स्फूर्त विकास होता है। [63]

पॉल पाइस्च अपनी पुस्तक "शफलब्रेन" में मनुष्य के मन और चेतना के वैज्ञानिक रहस्य को समझने के लिये उनके द्वारा कई वर्षों तक प्रयोगशाला में

किये गये प्रयोगों का विवरण देते हैं। उनका निष्कर्ष है कि मस्तिष्क के भीतर दोनों अर्द्धगोलाकार स्नायुतंत्रों में मन (माइण्ड) स्पन्दनों के विशेष स्वरूप के संकेतों की तरह प्रकट होता है। [70] अतः मनुष्य की चेतना अथवा आत्मा को वे शरीर के ऊपर सूक्ष्म स्तर पर स्पन्दनों की तरह ब्रह्माण्डीय अन्तर्क्रिया बताना चाहते हैं।

इस जमाने के सर्वोत्कृष्ट वैज्ञानिक स्टीफन हॉकिंग के सहयोगी और प्रसिद्ध गणितज्ञ रोजर पेनरोज यांत्रिक और मानवीय चेतना का विश्लेषण अपनी पुस्तक "शेडोज ऑफ माइण्ड" में करते हैं। वहाँ वे संज्ञान को अनिवार्य रूप से स्नायुतंत्र और मस्तिष्क की संरचना से ही सम्बद्ध मानते हैं, किन्तु उनका विश्लेषण मानव शरीर से आगे बढ़ता हुआ ब्रह्माण्डीय रचना मे ं तीन प्रकार के विश्व का विचार प्रस्तुत करता है– प्लेटोनिक–शुद्ध गणितीय जगत, स्थूल जगत और संज्ञानात्मक जगत। ये तीनों प्रकार के जगत परस्पर अन्योन्याश्रित ढ़ंग से सम्बद्ध है। [73] इस प्रकार से हम देखते हैं कि महर्षि कणाद ने जो संज्ञान के सम्बन्ध में विचार बनाये थे तथा सांख्य, बौद्ध और जैन चिन्तन में चैतन्यता के विषय में जो मत प्रकट किये गये हैं वे भले ही आज परिकल्पना कहें जाएँ, किन्तु उन्हें आधुनिक विज्ञान की नई खोजों से विच्छिन्न करके देखने की आवश्यकता प्रतीत नहीं होती है। ढ़ाई हजार वर्ष पूर्व इन भारतीय चिन्तन पद्धतियों से जो सत्य प्रस्तुत हुआ था, उस सत्य को अधिक स्पष्टता और कारणों के विवेचन सहित आधुनिक वैज्ञानिक दर्शन उद्घाटित कर रहा है।

❑❑❑

तृतीय अध्याय
आधुनिकता, उत्तर आधुनिकता और सामाजिक संज्ञान

3.3.1 मानवीय चेतना का विकास क्रम

दार्शनिकों के बीच यह एक पुरानी बहस चलती रही है कि विचार तत्व को किस श्रेणी में रखा जाय– विचार तत्व सामाजिक है या प्राकृतिक? संज्ञान तो सभी प्राणियों में होता है, पशु–पक्षी भी अपनी मानस प्रवृत्तियों को भाव भंगिमा अथवा व्यवहार द्वारा अपने सहचरों पर प्रकट कर देते हैं। बाह्य पर्यावरण के साथ मन और इन्द्रियों की सन्निकटता के परिणामस्वरूप प्राणी के अन्तस् में संवेदना उत्पन्न होती है। वही संवेदना परिवेश के प्रभाव में अर्थत्व ग्रहण करती है और उसी अर्थत्व के अनुरूप प्राणी प्रतिक्रिया करता है, अपने चारों ओर फैले वातावरण से सन्नद्ध होता है। किसी भी व्यक्ति या प्राणी की अपने वातावरण के साथ यह सन्नद्धता एक प्रकार की जैविक क्रिया है, जिसमें चेतना व्यक्ति की सत्ता को व्यापक बनाती है। चेतना के कारण ही व्यक्ति अन्य व्यक्तियों और अपने परिवेश के साथ क्रिया –प्रतिक्रिया कर पाता है। यह संज्ञान की स्थिति है। संज्ञान को आगे अपने अनुभवों को पुनर्सर्जित करना होता है, क्योंकि ऐसी चेतना या संवेदनायें उसे देश के साथ काल मे भी व्यापक होने के लिये प्रेरित करती है। बोधगम्यता कहें या स्मृति, इसी के कारण व्यक्ति अपने तात्कालिक संज्ञान को स्थिर और स्वतंत्र विचार में बदल देता है। स्वाभाविक है यह विचार उसकी मनोदशा के अनुरूप ही सर्जित होता है। मानवेतर प्राणियों में विचार की क्या स्थिति है, इसे जानने के लिए वनमानुस, चिम्पाजी आदि मनुष्य के निकटतर जैविक सम्बन्धियों पर वैज्ञानिक खोज चल रही है।

भले ही हम विचार को एक वस्तु की तरह मूर्तरूप में प्रकट न देख पा रहे हों, किन्तु विचार की अपनी एक सत्ता होती है, विचार भी एक अमूर्त पदार्थ है। कहने की आवश्यकता नही है कि जिन संज्ञाओं, विशेषणों को हम भाषा में व्यवहारिक स्तर पर उपयोग में लाते हैं, वे वस्तु की तरह ही परिणाम प्रकट करती हैं। परन्तु इन संज्ञाओं, सर्वनामों, विशेषणों के व्यावहारिक बनने के लिए

केवल एक ही आवश्यक शर्त है– सर्वमान्य स्वीकृति। पेड़, कुत्ता, गुलाब, दयालु, क्रोधी, वे, हम आदि शब्दों की सत्ता तब प्रतिफलित होती है जबकि जिनके बीच ये शब्द बोले जा रहे हैं, वे सभी उन्हें एक सर्वमान्य अर्थ में ही उसे स्वीकार करें। ये शब्द विचार बन गये और इन्हें विचार बनने के लिये सामाजिक स्वीकृति जरूरी हुई। प्रत्येक शब्द अर्थमय ध्वनि है, अर्थ की व्यापकता के साथ ही ध्वनित शब्द की सार्थकता तय की जाती है। किसी गैर हिन्दी भाषी, चीनी या अँग्रेज के लिये 'पेड़' कहे जाने के साथ 'पेड़' का व्यावहारिक अर्थ प्रकट नहीं होता है, तो इसमें केवल 'पेड़' शब्द के अर्थ की सीमा प्रकट हुई है, शब्द निरर्थक नहीं हुआ, किन्तु वह सीमित अवश्य हो गया। महर्षि कणाद ने इसीलिए कहा है –

शब्दार्थावसम्बन्धौ। (7,2,18)

शब्द और अर्थ के बीच सम्बन्ध नही है।

शब्द और अर्थ के बीच के सम्बन्ध को समाज आरोपित करता है। जिन शब्दों के लिए जैसे अर्थ की स्वीकृति सर्व सामान्य द्वारा दे दी जाती है, वही उनका अर्थ बन जाता है।

शब्द की सामाजिक सत्ता के लिये कणाद का एक सूत्र कहता है :–

सामायिकः शब्दादर्थ प्रत्ययः। (7, 2, 20)

शब्दों के द्वारा प्रकट किये अर्थ से समयानुकूल (सामाजिकता के अनुकूल) विचार की अभिव्यक्ति होती है।

मनुष्य को जब एक सामाजिक प्राणी कहा जाता है तो इससे यही तात्पर्य ग्रहण किया जाता है कि उसका व्यक्तित्व, विचार, उसके चित्त का स्वरूप तथा उसकी सभी संस्कारगत प्रवृत्तियाँ समाज के प्रभाव से निर्मित हुई हैं। यदि एक मनुष्य समाज में न रहकर पूरी तरह प्राकृतिक परिवेश में ही बड़ा हो तो उसकी मनोवृत्तियाँ और व्यवहार पशु जगत के अनुरूप ही होंगे। मनुष्य में आरम्भ से संसार के जड़ पदार्थ और चेतन जीवों की दो श्रेणियों के मूलभूत अन्तर की तात्विकता के विषय में रहस्यात्मक जिज्ञासा रही है। अभी तक सभी चेतन वस्तुओं में चेतना को सर्वव्यापी, अपरिणामी और नित्य सत्ता के रूप में देखा गया। इसीलिये चेतना को सभी जैविक सत्ताओं से अलग रहते हुए उनके आन्तरिक वैयक्तिक जीवन को उनके भीतर प्रवेश करके संचालित करने वाली दैवी शक्ति के रूप में मान्यता मिली। ऐसी ही सर्वव्यापी शक्ति की मान्यता से ही ईश्वर को संसार का कर्ताधर्ता माना गया। मनुष्य अपने बाहर (और भीतर

भी) जो कुछ देखता है, वह या तो प्रकृति है या फिर समाज। ईश्वर की मान्यता को सिद्धान्त रूप में स्वीकार कर लिये जाने के पश्चात् ज्ञान, चेतना, जीवन और सामाजिक क्षेत्र में घटने वाली सभी प्रकार की अबूझ समस्याओं के नियामक के रूप में ईश्वरीय सत्ता को मान लेना ही सरलतम समाधान रहा है।

सभी घटनाओं को स्थिर और विच्छिन्न परिणाम के रूप में देखा जाय तो स्वाभाविक रूप से ये सारे परिणाम किसी एक अदृश्य शक्ति के द्वारा संचालित किये जा रहे प्रतीत होते हैं। सब कुछ पूर्व निर्धारित एक बड़ी मशीन के छोटे-छोटे पुर्जों के रूप में निरन्तर अपरिवर्तनीय ढ़ंग से चलने वाली आवर्ती प्रक्रिया -जिसे ईश्वर अपनी इच्छानुसार चल रहा है। यह संसार की भाववादी व्याख्या है। ऐसी स्थिति में मनुष्य के भीतर विचार स्वतःस्फूर्त प्रकट होगा, मनुष्य की इन्द्रियों की बाह्यवस्तुओं से होने वाली क्रिया-प्रतिक्रिया से उद्‌भूत संज्ञान की वहाँ कोई भूमिका नहीं होगी। परन्तु इसके विपरीत हम देखते हैं कि मनुष्य के शरीर, इन्द्रिय, मस्तिष्क, मन आदि जैविक संरचना में होने वाले उद्दीपन और प्रेरण से संज्ञान उत्पन्न होता है, जिससे आगे चलकर मनुष्य विचार का सृजन करता है और अपने चतुर्दिक होने वाली सारी घटनाओं को समझ कर अपने अनुकूल भी बना पाता है। मनुष्य अपनी संवेदना, संज्ञान और विचार के माध्यम से बाहर होने वाले क्रियाकलाप को अपनी इच्छा के अनुसार बदल पाने में समर्थ होता है, साथ ही विभिन्न साधनों (औजारों) की मदद से नये प्रकार की क्रियात्मक संरचना बना लेता है। यही वह अवस्था है जब मनुष्य को कार्य और कारण का सम्बन्ध दिखाई देता है, वह विभिन्न प्रकार की गतियों के द्वारा विभिन्न स्थितियों में परिवर्तन ला सकने में समर्थ बनता है। नृतत्व शास्त्र का अध्ययन करने से हमें मनुष्य की आदिम प्रवृत्तियों से क्रमिक बौद्धिक विकास की प्रामाणिक जानकारी प्राप्त होती है। मनुष्य की जिज्ञासा और प्रयत्न ने उसे आज कितना सामर्थवान बनाया है- इसका ऐतिहासिक प्रत्यक्षीकरण बीसवीं शताब्दी में हुआ है।

विचार का सम्बन्ध सामाजिक गतिशीलता के होने की वजह से यह नहीं कहा जा सकता है कि आदिम मनुष्य की चेतना से निसृत विचार और इक्कीसवीं सदी में सोचने वाले व्यक्ति के विचार एक ही जैसे होंगे। वस्तुतः गत्यात्मक होने की वजह से ही परिस्थितियों और सामाजिक जटिलताओं के अनुरूप ऐतिहासिक स्तर पर मनुष्य के विचारों में गुणवत्ता और संदिलष्टता की दृष्टि से काफी विकास हुआ है। हम जानते हैं कि आदिम मनुष्य के विचारों में धार्मिक निष्ठा ज्यादा थी, क्योंकि वह प्रकृति में होने वाले प्रचण्ड और आश्चर्यचकित करने

वाले क्रियाकलापों को देवताओं के द्वारा किया गया मानता था। जैसे-जैसे प्राकृतिक घटनाओं को वह कार्यकारण की श्रृंखला में समझता गया, उसी के साथ वे प्राकृतिक देवता भी विलोपित होते गये। धार्मिक निष्ठाओं का स्वरूप भी बदल गया- यही विचारों का परिष्कार है। भाववादी धारणा में विचार अथवा चेतना को अपरिवर्तनीय शाश्वत रूप में देखा जाता है- वहाँ वस्तुयें और विचार अलग-अलग रहते हुए कारण और कार्य की अवस्था भेद से विभिन्न स्थितियाँ उत्पन्न करते हैं। कारण अलग और उससे सम्बन्धित परिणाम- कार्य अलग - किसी रहस्यमयी सत्ता के द्वारा व्यवस्थित।

वास्तविकता यह है कि सभी प्रकार के कारण और सभी प्रकार के कार्य परस्पर अन्तरावलम्बित रहते हैं, वे सतत क्रिया प्रतिक्रिया के सातत्य में विविध परिणामों को प्रकट करते हैं, जो कार्य किसी कारण से प्रकट हुआ, वही किसी अन्य कार्य का कारण बन जाता है। कार्य कारण सतात्य मे कहीं भी विच्छिन्नता नहीं है- परिवर्तनों में विभिन्न अवस्थायें हैं। अजस्र प्रवाह में गतिमान प्रकिया में एक वस्तु अपने होने की स्थिति से अपने न होने की स्थिति में बदलते जाने की द्वन्द्वात्मकता को प्रतिफलित करती है। आदर्शवादी और यथार्थवादी चिन्तन का यही प्रमुख भेद है- आदर्शवादी विच्छिन्न स्थितियों का विवेचन करते हैं जबकि यथार्थवादी सभी प्राकृतिक और सामाजिक घटनाओं के भीतर एक अविच्छिन्न परस्परवलम्बित प्रवाह को देखते हैं। कहीं कुछ भी पूर्णतया विच्छिन्न नहीं है।

मानव समाज की गतिशीलता के कारण मनुष्य की प्रवृतित्यों को निर्धारित करने वाले दो कारक- प्रकृति और समाज के साथ काल आधारित तीसरा कारक इतिहास भी जुड़ जाता है। सामाजिक, ऐतिहासिक अन्तर्सम्बन्धों के बीच रहने के कारण मनुष्य को विविध स्तरों पर अलग तरह की वैचारिक अवधारणाओं के विषय में सचेत रहने की आवश्यकता होती है। प्रमुख रूप में मनुष्य की चेतना को तीन स्तरों पर बंटा हुआ देखा जा सकता है- पहला तो मनुष्य को प्राकृतिक और सामाजिक स्तर पर परिस्थितियों को बदलने और परिवर्धित करने के लिए व्यावहारिक वस्तुगत चेतना का विकास करना होता है। दूसरा, मनुष्य का मनुष्य से सम्बन्ध स्थापित करने के लिए वैचारिक अथवा अवधारणात्मक चेतना के विकास की जरूरत होती है और तीसरे, सामाजिक, ऐतिहासिक अन्तर्सम्बन्धों के कारण विकसित सैद्धान्तिक आध्यात्मिक और सौन्दर्यात्मक अनुभूतियों के लिए अमूर्त सैद्धान्तिक चेतना को विकसित करना होता है। भारतीय समाज में काफी पहले से इस प्रकार के तीन तात्विक विभाजन को ऋषियों ने मान्यता दे रखी है। पहला स्तर है आधि भौतिक, दूसरा स्तर है- आध्यात्मिक और तीसरा

स्तर है– आदिदैविक। कहने की आवश्यकता नहीं है कि लम्बे कालक्रम में इन अवधारणाओं की विषय वस्तु में परिवर्तन और परिवर्धन के पर्याप्त अवसर रहे होंगे। संतोष की बात केवल यह है कि हमारे ऋषियों ने काफी पहले हमें सावधान कर दिया था कि मनुष्य अपनी चेतना के स्वरूप के बारे में सचेत हो जाये तो इन्द्रियों और मन के द्वारा निर्मित संज्ञानात्मक भ्रान्तियों का उच्छेद करते हुए यथार्थ तत्व का सही ज्ञान प्राप्त कर सकता है।

ऐतिहासिक सामाजिक विकास क्रम में स्वाभाविक तरीके से मनुष्य की ज्ञानमीमांसा का स्वरूप बदलता जाता है। ऋग्वेद में वैदिक जीवन पद्धति से अलग संस्कृति के यतियों और मुनियों की आराधना विधि में शिश्नदेवों का उल्लेख मिलता है। एक तरफ तो समाज का एक समूह यज्ञ के सामूहिक कर्मकाण्ड के साथ अपनी आस्थाओं को प्रकट करता होता था तो दूसरी तरफ व्रात्यों के जीवन में शारीरिक संयम के निमित्त स्त्री पुरुषों के जननांगों को प्रकृति की उत्पादक शक्ति के रूप में देखा जा रहा था। एक समूह के लिये मनुष्यों के सामुदायिक जीवन की सार्थकता थी तो दूसरे के लिये प्राकृतिक जैविक जीवन का बिना किसी आवरण के संयमित रूप से जीने के ढंग की तलाश महत्वपूर्ण थी। चार हजार वर्ष पश्चात् उसी परम्परा में संस्कारित भारतीयों की वे प्राचीन अवधारणायें आज के समाज में ढूँढ़ी जा सकती है। किन्तु उनका स्वरूप काफी बदल चुका है, यहाँ तक उनके मूल अर्थों के स्थान पर दूसरी तरह की निष्ठा प्रबल रूप से प्रतिष्ठापित है। सामुदायिक यज्ञ के स्थान पर अब पारिवारिक मांगलिक अवसरों पर हवन किये जाते हैं, जिसमें सर्वप्रथम विघ्नविनायक देवता गणेण की वन्दना की जाती है – गणानां गणपति हवामहे– जिस मंत्र से चार हजार वर्ष पूर्व समाज के गण के प्रमुखों– गणपति का आह्वान किया जाता था वहीं अब लम्बोदर लाभ प्रदायक गणेश की प्रार्थना बन चुका है। भारतीयों में सर्वाधिक पूजित शिव हैं और उनकी मन्दिरों में श्रद्धापूर्वक शिवलिंग के रूप में पूजा–अर्चना होती है– आबाल वृद्ध सभी बड़ी श्रद्धा से शिव लिंग पर जल और फूल अर्पण करते हैं, किन्तु कोई नहीं जानता है कि यह शिवलिंग स्त्री–पुरुष के जननांगों का सन्नद्ध रूप है।

प्राकृतिक आरण्यक और ग्राम्य जीवन जो महर्षि कणाद के ढ़ाई हजार वर्ष पूर्व के भारतीय समाज में था, आज उसके स्थान पर शोषण, दमन से पूर्ण आर्थिक विषमता और फूहड़पन से भरे गाँव है और सीमेण्ट–कांक्रीट के विशाल जंगल के रूप में शहर हैं, जहाँ दुनिया भर की चकाचौंध है। सामाजिक आर्थिक अपराध है, गन्दी बस्तियों की बिजबिजाहट है। सामाजिक जीवन में इस बीच

कितने तरह के सांस्कृतिक-धार्मिक परिवर्तन हुए हैं, उनका पूरा विवरण यहाँ दिया जाना अभीष्ट नहीं है, केवल यहाँ यह समझना जरूरी है कि ऐतिहासिक -सामाजिक गुम्फन के साथ ही वैचारिक अवधारणात्मक तथा धार्मिक विश्वासों में उसी तारतम्य में परिवर्तन और परिवर्धन होते रहे हैं। जब हम सामाजिक अपराध और शोषण की चर्चा करते हैं तो इसका आशय यह नहीं है कि यह आधुनिक घटना है। समाज में संरचनागत अन्तर्विरोध हमेशा से रहे हैं, उन अन्तर्विरोधों के कारण विघटन होता है- जिसे परम्परा से सामाजिक पतन कहा जाता रहा है। किन्तु, यह सामाजिक पतन वास्तव में तो उस समय के सामाजिक संरचना और मूल्यों की सार्थकता के समाप्त हो जाने के कारण बिखराव का सूचक है।

ईसा पूर्व पाँचवीं छठी शताब्दी के भारतीय समाज के विषय में जैन और बौद्ध साहित्य से जो जानकारी मिलती है उससे सामाजिक सांस्कृतिक मान्यताओं के विषय में विचार किया जा सकता है। वह समय गणों की व्यवस्था का था- संस्थागार, सभा, परिषद्, आर्थिक सामाजिक निगम-पूग में सम्मिलित होने वाले व्यक्ति गृहपति, युद्ध कौशल में परांगत योद्धा, वणिक जन जैसे विशिष्ट लोग होते थे। ऐसी सांस्कृतिक चर्चाओं मे ंदासों, खेतों पर काम करने वाले साधारण कर्मियों (कम्मी) पर हमारी दृष्टि नहीं जाती है। समाज में जनसंख्या की दृष्टि से ये लोग विशिष्टजनों से बहुत ज्यादा ही होते थे। चन्द्रगुप्त मौर्य के समय में आये यूनानी यात्री मेगस्थनीज के विवरणों से पता चलता है कि उन्हें राज काज मे ंहस्तक्षेप करने की आवश्यकता महसूस नहीं होती थी। दो सेनाओं के बीच युद्ध होते रहते थे, ऐसे समय में कृषक पास के खेतों में निर्द्वन्द्वभाव से खेत जोतते रहते थे, क्योंकि उन्हें मालूम था कि सैनिकों की प्रतिद्वन्द्विता प्रतिस्पर्धी सैनिकों से है, कर्मकार अथवा दासों से नहीं। [33] पुरुषार्थ प्रकट करने का अवसर सभी को था, कर्मकार और दास भी अपने युद्धकौशल या अन्य निपुणता प्राप्त करके दासत्व से मुक्त होकर सभ्य (सभा के सदस्य) या सम्माननीय नागरिक बन सकते थे किन्तु ऐसे अवसर बहुत ही कम हुआ करते थे। उस समय जिन चौसठ विद्याओं में निपुणता के आधार पर व्यक्ति समाज में अपना पुरुषार्थ प्रकट कर सकता था- उसमें विद्वता सम्बन्धी व्याकरण, निरुक्त, काव्य, तर्क के अतिरिक्त मल्लविद्या, धनुर्विद्या, धूत (जुआ) विद्या, मंत्र तंत्र, संगीत जैसी कई निपुणताओं को प्राप्त किये लोग राजपरिषदों, विभिन्न प्रकार के सामाजिक पर्वों पर अपने प्रदर्शन से समाज में श्रेष्ठ स्थान प्राप्त कर लेते थे।

गुप्तकाल तक भारतीय समाज में विदेशी मूल के कई समूह समय समय पर आकार सम्मिलित होते गये थे, इसलिये धर्म, नीति, विधि और सामाजिक व्यवहार में काफी परिवर्तन आया। गणतंत्रात्मक जीवन पद्धति पूरी तरह विलोपित हो गई, उसकी जगह पर सामन्ती व्यवस्था ने अपना प्रभुत्व जमा लिया। इसके परिणामस्वरूप विभिन्न देवताओं, ईश्वर के अवतार तथा सम्प्रदायों के अनुरूप शाक्त, शैव, वैष्णव देवी-देवताओं को प्रतिष्ठापित किया गया। प्राचीन दार्शनिक, तार्किक धार्मिक सम्प्रदायों के स्थान पर पौराणिक कथाओं की रचना की गई। आज हम जितने हिन्दू, जैन, बौद्ध, पुराणों को देखते हैं, इन सबकी रचना पहली शताब्दी से छठी शताब्दी ईसा के बीच हुई है। यह भारतीय समाज के विविध सांस्कृतिक समूहों के उदय का काल था। हिन्दुकुश पर्वत के पश्चिम से जितनी भी नस्लें समय-समय पर भारतीय भूभाग पर आई, वे उस समय तक अपनी मूल पहचान भुला चुकी थीं। यहाँ पर उन्होंने नये धर्मों की सृष्टि की, नये तरह के सांस्कृतिक मेलमिलाप किये और सिन्धु नदी से लेकर नर्मदा नदी के काठे तक नई हिन्दू सभ्यता के निर्माता बने। वैदिक अनुयायियों के बीच चातुर्वर्ण्य व्यवस्था भले ही पहली शताब्दी से अपना प्रभाव बताने लगी हो, किन्तु वर्णसंकर सिद्धान्त के अनुसार व्रातस्टोम संस्कार से हिन्दू समाज की जातपांत की कठोर व्यवस्था तो छठी शताब्दी के आसपास से ही अपना स्वरूप बना पायी।

छठी शती से लेकर तेरहवीं चौदहवीं शती तक नई उदित हिन्दू सभ्यता के लिये यहाँ के पूर्ववर्ती दार्शनिक सांस्कृतिक अवधारणाओं को पुनर्सजित करने का अथक प्रयत्न किया गया। आदि शंकराचार्य, गुरु गोरखनाथ, रामानुजाचार्य, निम्बार्काचार्य आदि विद्वानों ने बौद्ध शैव दर्शन से नाथ पंथ, पूर्व मीमांसा, उत्तर मीमांसा (ब्रह्मसूत्र) के नवीन अर्थ विन्यास से समन्वित सनातन धर्म और भक्तिपरक सिद्धान्तों से भागवत् धर्म को कृष्ण और राम की भक्ति भावना से सराबोर कर दिया। पुराणकथाओं के माध्यम से एक ऐसे हिन्दू धर्म निष्ठा वाले समाज को मूर्त रूप दे दिया गया जो अपने प्रभु की अपार महिमा और कृपा से पूर्ण आश्वस्त हुआ। यह जगत प्रभु की लीला है, इस लीला में सभी को अपने अपने पूर्व कर्मों के अनुसार रंगकर्म करना है- अपनी भूमिका निभानी है। प्रभु अपने चरणों में भक्त को शरण दे देवें, इसके लिये जन्म जन्मातर तक भक्ति की साधना ही एकमेव मार्ग है।

भारतीय समाज में इस्लाम धर्म सुलतानों और नवाबों की धार्मिक कठोरता से पनपा है, इस तथ्य को पूरी तरह तो अस्वीकृत नहीं किया जा सकता। किन्तु इससे ज्यादा प्रभावशाली तरीका सूफियों की प्रेम और भक्ति की भावना का

समाज के निचले स्तर पर प्रचार रहा है। सूफी लोग कट्टर इस्लाम में उतना विश्वास नहीं करते थे, जितना कि रुहानियत में। कहा तो यह भी जाता है कि मध्यएशिया में फैले बौद्ध भिक्षुओं में से जो इस्लाम में ईमान लाये वे ही सूफी बने। सिद्धों और नाथों का सम्प्रदाय अपनी वैचारिक भूमिका में इन सूफियों से काफी नजदीकी रखता था। गुरु गोरखनाथ का चिन्तन और हठयोग साधना इन सूफियों को काफी भायी, यहाँ तक की आज भी पीर शब्द सूफियों और नाथ फकीरों दोनों के लिए प्रयुक्त होता है। यही कारण रहा कि मध्य प्रदेश, बिहार और बंगाल में पिछड़े तबके के बौद्ध अनुयायी तथा अन्य गैरवैदिक सम्प्रदाय के लोग सामाजिक सुरक्षा की दृष्टि से आसानी से मुसलमान बन गये।

भारतीय समाज के इतने लम्बे ऐतिहासिक क्रम में जितने प्रकार की सांस्कृतिक अवधारणाओं ने अपना वास्तविक प्रभाव बताया है, उसके पीछे जनजीवन को नियंत्रित करने वाली सामाजिक आवश्यकतायें और स्थितियाँ थीं। वास्तव में मध्यकालीन समाज में ये प्रवृत्तियाँ अनिवार्य रूप से धार्मिक निष्ठा के रूप में ही परिलक्षित हो सकती थीं। कठोर राज्यतंत्र मे दार्शनिक और अवधारणात्मक ज्ञान मीमांसा के अवसर बहुत सीमित होते जाते हैं। विचारकों और दार्शनिकों को भी धार्मिक संत का रूप धारण करना पड़ता है। जैसा कि हमने प्रारंभ में कहा है कि व्यक्तियों के मन मस्तिष्क पर बाह्य प्रभाव ही संवेदना तथा संज्ञान के रूप में प्रतिबिम्बित होते हैं, इसी दृष्टि से मानसिक असुरक्षा, सामाजिक मान्यता और स्वयं पर सामाजिक दबाव के कारण लोगों के सामाजिक संज्ञान धार्मिक तत्वनिष्ठा बन कर प्रकट होते हैं। स्वाभाविक है कि इस प्रकार का सामाजिक यथार्थ वास्तविक सत्य को नहीं अभिव्यक्त करता है परन्तु परिस्थितियों के दबाव में जीवन की आवश्यकता के अनुरूप सामाजिक स्वीकृति प्राप्त कर लेता है। ऐसी सामाजिक दबाव में मानी गई अवधारणायें ही सांस्कृतिक मूल्य की तरह देखी जाती हैं।

3.3.2 आधुनिकता और उत्तर आधुनिकता

सूचना संचार माध्यम, फिल्म और टेलिविजन के दृश्यश्रव्य साधनों और साहित्य के प्रचार–प्रसार के कारण आज आधुनिक समाज में जीवन के विविध पहलुओं पर समाज का प्रत्येक व्यक्ति किसी न किसी रूप में अपनी व्यक्तिगत मान्यातायें जरूर बना लेता है। जब आज के ज्ञान को सूचना तंत्र कहा जा रहा है तो उसका यही आशय है कि समाज में सभी को प्रचार तंत्र के प्रभाव में ग्रहण की गई धारणाओं को विचार की तरह स्वीकार करना पड़ता है। फिर चाहे वे

विज्ञापन के लतीफें हों या राजनीतिज्ञों के द्वारा दिये गये राजनैतिक नारे। अब जंगल में जानवर चराता चरवाहा, उद्योग धन्धों में लगा व्यापारी, विश्वविद्यालयों में सेमीनारों में भाग लेता हुआ प्राध्यापक- ये सभी तरह के लोग सूचना तंत्र के अन्तर्गत अपने दैनन्दिन व्यवहार को व्यवस्थित रखने के लये सूचनायें एकत्र किये हुए हैं। भारतीय समाज में लगभग दस करोड़ आदिवासियों को आज के पहले हजारों साल में कभी जंगल के बाहर की दुनिया की जरूरत नहीं पड़ी थी, वे शुद्ध रूप से प्रकृति के हिस्से थे, किन्तु आज उनसे प्रकृति और प्राकृतिक संसाधन छीने जा चुके हैं। वे जंगल में वनोपजों का अब स्वतंत्रतापूर्वक उपयोग नहीं कर सकते, वनों से वे पूरी तरह बेदखल किए जा चुके हैं। हजारों साल पहले वे सभ्यता के आक्रमण से ही बचने के लिये जंगल में गये थे, आज आधुनिक सभ्यता उन्हें जंगलों से ढूँढ़ ढूँढ़ कर निकाल रही है और शहरों में भी उन्हें मनुष्य होने का नागरिक अधिकार वास्तविक धरातल पर उपलब्ध नहीं हो पा रहा है। नये नियम कानून की सूचनायें उन्हें दी जा रही है, परन्तु उनके लिये वे महज सूचनायें नहीं हैं- उनकी सनातन जीवन शैली के अन्त का आदेश हैं। किसान अपने खेतों पर पूरी तरह निर्भर रहकर अपनी जिन्दगी गुजार लेते थे, आज आधुनिक खेती की सूचनायें उन्हें बेहतर जिन्दगी जीने के लिये कर्ज लेने को ललचाती है, फिर ये ही कर्ज उन्हें आत्महत्या करने पर मजबूर करते हैं। बेहतर जिन्दगी जीने का ख्वाब दिखाकर जिन्दगी छीन लेने का विचित्र तमाशा यहाँ चल रहा है। आधुनिक जीवन की परिणिति - प्रजातंत्र और कानून का राज्य ऐसी व्यवस्था है जिसमें पहले आपकी जड़े उखड़ती हैं, फिर कानून के जंगल में अपने बलबूते पर अपना ठौर ठिकाना ढूँढ़ने को कहा जाता है। व्यक्तिगत निजी जिन्दगी की बात तो अब की ही नहीं जा सकती। विचित्र विरोधाभास है- अब हमारे मानने न मानने का सवाल नहीं है, हमें राजनीति और राजनैतिक पक्षधरता के बारे में अपनी स्थिति साफ करनी ही होगी, नहीं तो असहाय पशुओं जैसे मारे जायेंगे। यह आधुनिक समय कैसे, कब, किस तरह अशिक्षित भोले और निच्छल लोगों पर भी हावी हो गया, किसी को पता नहीं चला।

यह आधुनिकता काल की स्थिति का कोई विशेष पड़ाव है या मानसिक बौद्धिक संरचना का एक अमूर्त संसार? पहले मानव समाज में सभ्यता के विविध मोड़ों पर सामाजिक परिवर्तन होते थे, वे स्थानीय होने के कारण स्थूलता लिये होते थे अर्थात् समझे जाने लायक घटनाक्रम के बीच से गुजरते थे, किन्तु यह आधुनिकता तो बहुत ही अमूर्त है- दूर से वैचारिक नियंत्रण के साथ लोगों को नचा रही है। वैसे इस स्थिति में यह खयाल जरूर आ रहा है कि पहले लोग

प्रकृति के अमूर्त तंत्र को देवीदेवता के रूप में पूजकर अपनी लाचारियों पर संतोष कर लेते थे। दो अलग अलग कबीलों के लोग अपनी मान्यताओं और आस्थाओं के प्रतीक देवताओं के सहारे आदिम काल में अपने अस्तित्व की रक्षा के लिये खूंखार प्रतिरोध प्रकट करते ते, मरने वालों के खून से देवता का स्नान कराया जाता था। आज के अमूर्त अन्तर्राष्ट्रीय बाजार तंत्र, राज्य सत्ता और साम्राज्यवादी प्रतिस्पर्धा के बीच स्थानीय देवी–देवता, धार्मिक निष्ठा तो पूरी तरह निरर्थक और असहाय हो गये हैं, क्या फिर नये अमूर्त देवीदेवताओं को अपने खून से नहलाना होगा? बढ़ती हुई आत्महत्यायें, मानसिक उन्माद, अमूर्त भय और शहरों मे ंहोती पैशाचिक हत्यायें क्या उन्हीं नये देवताओं के लिये बलि हैं?

संभव है कुछ लोगों को प्रस्तुत सांस्कृतिक–दार्शनिक चर्चा के बीच इस तरह समाज के छोटे लोगों की तकलीफ का जिक्र राजनैतिक नारेबाजी जैसा दिखाई देवे, किन्तु हम कहना यह चाहते हैं कि आधुनिकता के ही अन्तर्गत वर्तमान जनजीवन को विविध सामाजिक, आर्थिक, राजनैतिक सांस्कृतिक मानसिक, ऐतिहासिक वर्गीकृत अमूर्त सामाजिक सम्बन्ध नियंत्रित कर रहे हैं। पहले इस तरह के अमूर्त सम्बन्धों की सामाजिक व्याप्ति बहुत कम होती थी, सामान्यतः उनका निराकरण धार्मिक विश्वासों और टोनाटोटका के रूप में कर लिया जाता था। जैसे जैसे सामाजिक सम्बन्धों में जटिलता बढ़ती जा रही है, वैसे ही सामाजिक स्तर पर अमूर्त अदृष्ट शक्तियाँ भी बढ़ रही हैं। आज जब पृथ्वी पर के सभी तरह के मानव समूह एक सूत्र में बँध रहे हैं तो स्वाभाविक है इनकी विविध विसंगतियों और अन्तर्विरोधों के शमन के अच्छे बुरे सामाजिक मूल्य प्रतिष्ठापित होंगे– यह नई मानव संस्कृति के विकसित होने के पहले की अनिवार्यताएँ हैं। इसे सभ्यताओं के परिवतर्तित होने का पड़ाव कहा जाना चाहिये, क्योंकि इस द्दष्टि के साथ नई परिस्थितियों से मुकाबला करने का संकल्प बनता है। परम्पराओं के पीछे छूटते जाने से उत्पन्न मानसिक असुरक्षा और अलगाववृत्ति लोगों में असहाय होने का भाव उत्पन्न करती है– आधुनिकतावाद या उत्तर आधुनिकतावाद की ऐसी अमूर्त देवी के भय से हमे बचना होगा।

मनुष्य ने मूर्त और अमूर्त सत्ताओं को अधिगमित करने के लिये भाषा और विचार का आविष्कार किया है। मूर्त सत्ता स्थूल–लगभग स्थिर और प्रत्यक्ष गुण को प्रकट करने वाली होती है, जबकि अमूर्त सत्ता में स्थूलता नहीं रहने से उस सम्बन्धों में मनोकल्पित विचार भी बनते हैं जिनका वस्तु से सीधा सम्बन्ध नहीं

होता है। इसी दृष्टि से महर्षि कणाद ने सभी प्रकार की सत्ताओं के यथार्थ को अधिगमित करने के लिये निम्न सूत्र दिया है –

सदिंति यतो द्रव्य गुण कर्म सा सत्ता।
द्रव्य गुण कर्मभ्योऽर्थान्तरं सत्ता। (1,2,7–8)

द्रव्य गुण और कर्म के परस्पर सहयोग से जहाँ यह कहा जा सके कि 'यह है'– वही सत्ता है।

सत्ता का तत्व द्रव्य, गुण और कर्म के अन्तरावलम्बन से निसृत होता है, किन्तु वह इन पदार्थों (द्रव्य, गुण, कर्म) से भिन्न ही होता है।

अमूर्त सत्ता को समझने सम्बन्धी कठिनाई को हम व्यक्ति और समाज के उदाहरण से स्पष्ट कर सकते हैं। सामान्यतः यह मान्यता बलवती रही है कि समाज नाम की कोई वस्तु है ही नहीं। व्यक्ति ही कार्य करता है, व्यक्ति ही सोचता है और व्यक्ति ही अच्छा या बुरा होता है। यदि व्यक्ति न हो तो समाज की कल्पना की ही नहीं जा सकती। अब यदि हम समाज की सत्ता को अस्वीकृत करते हैं तो सामूहिक कृतत्व से तैयार हुई सारी सामाजिक उपलब्धियों को नकारना पड़ेगा। धर्म, सभ्यता, संस्कृति, इतिहास जैसे प्रभावी और परिणामशील सत्ताओं को नकारना पड़ेगा। कबीर की कहावत यहाँ सटीक बैठती है– जल बिच मीन बियासी, मोहे सुनसुन आवत हांसी। पानी के बिना मछली का अस्तित्व कैसे रहेगा। व्यक्तियों के सामूहिक प्रयत्न, गुण और कर्म से ही समाज नामक अमूर्त सत्ता का निर्माण होता है। यह जरूर है कि समाज को 'देखने' के लिए विशेष संज्ञान जरूरी होता है– यह संज्ञान स्मृति और अनुमान पर आधारित होता है– विचार पर टिका होता है। ऐसे अमूर्त समाज के यथार्थ को यथासंभव प्रत्यक्ष करने के लिये कणाद के तीनों लक्षणों को परस्परावलम्बित होने की स्थिति की परीक्षा करनी होगी। व्यक्तियों के समुच्चय समाज, जो कि प्रत्यक्ष दिखाई नहीं देता, का द्रव्य व्यक्ति ही है, व्यक्तियों को सामाजिक सम्बन्ध से जोड़ने वाले नियम या विचार उसके गुण हैं और सामूहकि प्रयत्नों से प्रतिष्ठापित परिणाम ही कर्म है। अब इनमें से एक तत्व को भी छोड़ दिया जाय तो समाज रूपी सत्ता का यथार्थ चरित्र नहीं प्रकट होगा– उसमें दोष आ जायेगा। स्वाभाविक है कि ऐसे ही द्रव्य, गुणों और कर्मों के बुद्धि सापेक्ष सामान्यता और विशेषता के अनुसार विविध सत्तात्मक परिणाम प्रकट होते हैं। सामाजिक मान्यतायें, धर्म, सभ्यता, संस्कृति जैसे सत्तायें ऐसी अमूर्त सत्तायें हैं– इनके अस्तित्व का विस्तारित क्षेत्र सामान्य भाषा और विचार के भीतर ही प्रस्फुटित होता है।

हमें यह स्वीकार करना चाहिये कि आधुनिकता या उत्तर आधुनिकता का विचार भारतीय मूल का नहीं है। भारतीय हो या अन्य कोई मानव समाज, उनके लिये आधुनिकता बीसवीं शताब्दी की पश्चिमी अवधारणा है। पश्चिमी यूरोप में नवजागरण काल के वैज्ञानिक और औद्योगिक प्रगति के प्रभाव में परम्परागत धार्मिक रुढ़ियों को त्याग कर नये समाज निर्माण की कल्पना नई सामाजिक मान्यताओं के साथ की गई। वर्तमान की बदली हुई परिस्थितियों के अनुकूल जीवन जीने के ढ़ंग को माडर्निज्म (आधुनिक) कहा गया। समझने की बात यह है कि मानव समाज के विकास की नई प्रक्रिया को पश्चिमी विचारकों ने माडर्निज्म माना- यह बात एक विचार पद्धति के रूप में ही प्रतिष्ठित हुई। अतएव, यह धारणा भी प्रबल हुई कि यूरोप की सभ्यता ही पूरी दुनिया में आधुनिकता लाने वाली सभ्यता है। यदि अन्य समाजों को आधुनिक बनना है तो उन्हें यूरोपीय सभ्यता को स्वीकार करना होगा। माडर्निज्म एक वाद की तरह स्थापित हुआ- चूंकि बीसवीं शताब्दी के प्रारंभिक वर्षों में दुनिया के लगभग सभी पिछड़े समाजों पर यूरोप का राजनैतिक साम्राज्य था, इसलिये स्वाभाविक तौर पर दुनिया को पिछड़ेपन से निकाल कर आधुनिक और सभ्य बनाने की जवाबदारी भी यूरोपवासियों ने 'व्हाइटमेन्स बरडन'- श्वेत लोगों का दायित्व की धारणा के साथ स्वीकार कर ली। यूरोपवासियों के मन में यह विचार भी नहीं आया कि अन्य समाज के लोग उनके इस दर्प को स्वीकृति देते हैं या नहीं। विशेषकर भारतीय समाज के लिये यह एक अपमानजनक स्थिति है- हम अपनी सामाजिक असफलताओं का संज्ञान लेते हुए भी यह नहीं मान सकते कि दार्शनिक सांस्कृतिक दृष्टि से भारतीय संचेतना यूरोप और अमेरिका की सामाजिक संचेतना से किसी भी प्रकार से कमतर है।

कोई भी भारतीय विचारक ऐसा नहीं होगा जो कि माडर्नीटी (नयी वैश्विक अवस्था) और माडर्निज्म (आधुनिकतावाद) के भेद को न समझ सकता हो। इतिहासक्रम में बीसवीं शताब्दी के अवदान का अपना महत्व है, उसकी अच्छाइयों और मानवीय उपलब्धियों को ग्रहण करने में किसी प्रकार का संकोच करने की जरूरत नही है, परन्तु किसी समाज विशेष की अपनी पारम्परिक धारणाओं (ईसाइयत) को तथाकथित प्रगतिवाद का चोला पहना कर दूसरे समाजों पर थोपा जाना श्रेयस्कर नहीं माना जा सकता है- विशेषकर उन समाजों के लिये जिनकी अपनी परम्परायें यूरोपीय समाज की परम्पराओं से हजारों वर्ष पुरानी हों। किसी भी भारतीय विचारवान व्यक्ति के मन में ऐसी प्रतिक्रिया राजनैतिक और आर्थिक साम्राज्यवाद की पश्चिमी आधिपत्य की भूख के संदर्भ में ही उठती

है। विभिन्न भूभागीय संस्कृतियों को आधुनिकता के नाम पर अपनी सांस्कृतिक पहचान के नष्ट हो जाने का दुःख स्वाभाविक तौर पर होगा, इसलिये उनमें प्रतिक्रिया स्वरूप पुनरुत्थानवाद की प्रवृत्ति भी जागृत होगी। प्रतिक्रिया में रचनात्मकता का गुण नहीं होता है, उत्थान पतन की स्वाभाविक प्रक्रिया को उचित संदर्भ में समझकर दृढ़तापूर्वक नई परिस्थितियों का मुकाबला करना ही पुरुषार्थ है, अस्तु ऐसी स्थिति में हमें सावधान भी रहना होगा कि कहीं हम प्रतिक्रियावादी तो नहीं हो रहे हैं।

बीसवीं शताब्दी के अन्तिम वर्षों में फ्रेन्सिस फुकोयामा जैसे लोगों ने एक विश्व की विचारधारा को तोड़मरोड़ कर एक ही दिशा में वैश्विक विकास पद्धति की स्टेण्डर्डराइज्ड लिविंग की वकालत करते हुए इतिहास के अन्त की घोषणा की थी। इतिहास का अन्त नहीं बल्कि एक विश्व के इतिहास की शुरुआत तो बीसवीं सदी के प्रारंभिक वर्षों से ही शुरू हो चुकी थी, जब उस समय नीत्शे ने ईश्वर के मौत की घोषणा कर दी थी। वास्तव में, उन्नीसवीं और बीसवीं शताब्दी में जितनी तीव्रता से मानव जाति ने वैश्विक सामाजिक परिवर्तन देखे वैसे परिवर्तन पिछले हजारों वर्षों की मानवीय स्मृति में कहीं नहीं हैं। पिछली दो शताब्दियों में हुई यूरोप की समृद्धि और विकास के पीछे एशिया, अफ्रीका और अमेरिका के प्राकृतिक संसाधनों और दौलत की लूट भी शामिल है। उनके विकास की रफ्तार और उत्पादन साधनों की प्रौद्योगिकी के तरीके में तेजी से होते गये परिवर्तन में शेष दुनिया के समाजों की प्राथमिक जरूरतों का शोषण भी अन्तर्निहित है।

दरअसल में आधुनिकता को देशों और समाजों के परिप्रेक्ष्य में न देखते हुए उन कारकों के संदर्भ को समझना चाहिये जिन्होंने दुनिया की पूरी मानव जाति को प्रभावित किया है। गेलिलियों की इस खोज ने कि पृथ्वी गोल है और वह सूर्य के चारों ओर चक्कर लगाती है और फिर डारविन के वनस्पति और पशु जगत से मनुष्य की उत्पत्ति के सिद्धान्त ने पहले ही ईसाइयत की ईश्वरीय सृष्टि की धार्मिक निष्ठा को तो चकनाचूर कर दिया था। उसके साथ ही प्रोटेस्टेण्ट सम्प्रदाय द्वारा धार्मिक अन्धविश्वासों को ध्वस्त किया गया। विज्ञान की नई खोजों और यांत्रिक क्षमता बढ़ाने वाली नई-नई तकनीकों के आविष्कार ने औद्योगीकरण को बढ़ावा दिया। वैज्ञानिक शोध के परिणामों और उसकी सहायता से निर्मित प्रौद्योगिकी को किसी एक समूह तक रोके रखना संभव नहीं है, ये वस्तुतः मानव जाति को मिलने वाले नये साधन हैं, अपने आप में साध्य नहीं। निश्चित ही विज्ञान ने पूरी मानव जाति के जीवन और उसके जीने के ढ़ंग याने

कि संस्कृति को प्रभावित किया है। परन्तु यहाँ हमें विज्ञान और विज्ञान का उपयोग करते हुए प्रौद्योगिकी निर्माण की प्रवृत्ति के भेद को समझना होगा। वैज्ञानिक तकनीक से जीवन की आवश्यकता के अनुसार प्राकृतिक उत्पादों की गुणवत्ता और परिमाण पर नियंत्रण किया जा सकता है। इसे ही उत्पादन साधनों की विधि का निर्धारण कहा जाता है। पिछली दो शताब्दी में पश्चिमी सभ्यता ने विश्व भर के संसाधनों की विपुल लूट के आधार पर अपनी आवश्यकताओं को बढ़ाते हुए उनकी पूर्ति के लिये जरूरी प्रौद्योगिकी विकसित कर ली। वर्तमान प्रौद्योगिकी का चरित्र ही पूंजीवादी साम्राज्यवादी लूट है, इसलिये इससे दुनिया के पिछड़ समाजों का किसी तरह से कल्याण नहीं हो सकता है। मुश्किल यह है कि आधुनिकता के अच्छे गुण की तरह इसकी प्रौद्योगिकी को विकास का आधार माना जा रहा है जो कि बहुत बड़ी भ्रान्ति है। पश्चिमी सभ्यता की प्रौद्योगिकी से गरीब मुल्कों की सभ्यता का विकास नहीं विनाश ही होना है।

राजनैतिक आजादी मिलने के बाद पिछड़े समाजों में नई स्फूर्ति आयी है, वे धीरे-धीरे यह समझ गये है कि स्थानीय संसाधन की सुरक्षा और उनका स्वावलम्बन ही उन्हें समृद्धि और प्रगति की राह पर ला सकते हैं। स्थानीयता के अनुकूल औद्योगीकरण भी जरूरी है, इस तरह पिछड़े समाजों की विकास की मूल कुंजी वैज्ञानिक दृष्टि है न कि शोषण आधारित प्रौद्योगिकी। आधुनिक युग की पहचान विज्ञान जरूर है किन्तु यह भी याद रखना जरूरी है कि बिना विवेक के विज्ञान असंभव है। यूरोप में औद्योगीकरण के साथ नई तरह की सामाजिक चेतना जागृत हुई थी, जिसका आधार विवेकपरक विज्ञान दृष्टि थी। ब्रिटेन में राजशाही को प्रभावहीन बनाकर लोकतांत्रिक शासन का प्रकट होना, फ्रांस की जनक्रान्ति, अमेरिका में नये मानव समाज का बनना, समाजवादी समाज रचना के लिये आन्दलनों का सक्रिय होना जैसी प्रवृत्तियाँ और घटनायें धार्मिक निष्ठा के स्थान पर मानवीय क्षमता के प्रति निष्ठा के जागृत होने पर ही संभव हुई। यूरोप में जब औद्योगीकरण हुआ उससे सामन्ती व्यवस्था और मानसिकता नष्ट हुई, साथ ही व्यावसायिक व्यवहार को बढ़ावा मिला। मध्यमवर्गीय चेतना से लोकतंत्र, समाजवाद और धर्म निरपेक्षता के विचार को फैलने का अवसर मिला। उसी व्यावसायिक प्रतिस्पर्धी वातावरण में पूँजी और मानवीय श्रम के बीच एक नया संघर्ष शुरू हुआ। पूँजीवाद व्यावसायिक मुनाफे की प्रवृत्ति के कारण उभरा और आज सारी दुनिया को खुले बाजार की शक्ल में त्रस्त कर रहा है। यूरोप ने बीसवीं सदी में अपनी धरती पर दो-दो विश्व महायुद्धों की विभीषिका सही, उसके पीछे मूल रूप से औद्योगीकरण और प्रौद्योगिकी की

प्रतिस्पर्धा ही कारण रही। यही प्रतिस्पर्धा समाजवाद और पूंजीवाद के संघर्ष के रूप में पूरी दुनिया को पिछले सौ वर्षों से उद्वेलित किये हुए है।

वैसे आधुनिकता को पश्चिमी देशों की धर्म विरोधी फैशन परस्त और उपभोगवादी संस्कृति के रूप में ही रखकर निरस्त कर देना ठीक नहीं होगा। सभ्यताओं के इतिहास में ऐसा होता रहा है कि परिस्थितिवश कुछ सभ्यताएं बहुत पीछे छूट जाती हैं और जो सभ्यता आगे बढ़ती है, उसकी धारणायें और जीवन पद्धति अन्य पिछड़ी सभ्यताओं के लिए अनुकरणीय होती हैं। भारतीय सभ्यता भी कभी दूसरों के लिए आदर्श रही हैं। आज यूरोप में मानव सभ्यता के उत्थान के लिये जो नये मूल्य सर्जित हो रहे हैं, उनको मानवीय अनुभव और धरोहर के रूप में सम्मान किया ही जाना चाहिये। उनमें जो अनर्गल है और जो कुछ कमियाँ हैं, यदि हम उसे अपने पारम्परिक अनुभवों से परिष्कृत कर सकते हैं तो हमें अपनी सामाजिक इच्छाशक्ति के बल पर वैसा करना भी चाहिये। आने वाली शताब्दी विज्ञान, प्रजातन्त्र और समाजवादी प्रयोगों की होगी, इन प्रयोगों में सभी संस्कृतियों का अवदान होगा। यदि मानव जाति को आगामी सहस्त्राब्दी में सक्रिय बने रहता है तो सामाजिक सद्भाव और सांस्कृतिक विविधता के सिद्धान्त को मान्यता देना होगा। निश्चित ही पूँजीवाद के पास मानवीय समस्याओं के समाधान नही हैं, यदि वह अगली शताब्दी तक विलोपित नहीं होता है, तो मानवता को महाविनाश से बचाना बहुत मुश्किल होगा।

हमारे अध्ययन में हम मानव समाज के वैचारिक और सांस्कृतिक पक्ष पर ही ध्यान केन्द्रित कर रहे हैं, इसलिये आधुनिकता के अन्य पक्षों पर विचार करने के लोभ से बचना होगा। दुनिया के अधिकांश पिछड़े समाजों को आधुनिकता के दौर को अभी पूरा करना है। यूरोप और अमेरिका में पूँजीवादी लूट के अन्तर्गत जो पूँजी संग्रहित हुई है, उससे वहाँ उपभोक्तावादी उन्माद प्रकट हो रहा है। प्रौद्योगिकी के तेजी से बदलते स्वरूपों के कारण जीवन पद्धति में भी तेजी से बदलाव आ रहा है, इसलिये वहाँ आधुनिकता के आगे उत्तर आधुनिकता की चर्चा चल पड़ी है है। उत्तर आधुनिकता नामकरण से ही स्पष्ट है कि सांस्कृतिक तौर पर यह आधुनिकता की प्रतिक्रिया के साथ ही उसका अतिक्रमण भी है। साहित्य, भाषा, शिल्प और ललित कला के क्षेत्र में ही उत्तर आधुनिकता को ज्यादा संदर्भित किया जाता है। जैसा कि हमने पहले माडर्निटी और माडर्निज्म के भेद में चर्चा की है। पश्चिमी विकसित राष्ट्रों के लिये पोस्ट कोलोनियलीज्म (उत्तर औपनिवेशिकता) की स्थिति बहुत दुःख दायक है क्योंकि इसके पहले वे अपने उपनिवेशों की तरह दूसरे समाजों की दौलत और संसाधन तथा जनसमुदाय

को अपने आधिपत्य में रखे हुए थे, वे देश आजाद होते ही इन पूर्व के प्रभुदेशों के सामने प्रतिद्वन्द्वी की तरह खड़े हो गये हैं, साधनों की लूट तो बन्द हो ही गई । उसी के साथ इस बीच इन प्रभुदेशों ने आधिपत्य की जो प्रौद्योगिकी विकसित की– पुराने औद्योगिकरण के बड़े पैमाने पर उत्पादन के जो विशाल यंत्र बनाये थे, उनकी जगह इलेक्ट्रिानिक्स, नई विधियों के ऑटोमेशन और रोबोट्स आ गये तो उनके अपने भूभाग पर भी बेरोजगारों की फौज तैयार हो गई है और नई प्रौद्योगिकी ने विलासिता के नये नये साधन तैयार कर दिये । यह उत्तर औद्योगिक समाज बदली परिस्थितियों में व्यक्तित्व विध्वंस (स्पीलिट परशनालिटी) की मानसिकता से त्रस्त है। इसे पोस्ट माडर्निटी (उत्तर आधुनिक स्थिति) कहा जाना चाहिये, जिसे अगड़े पिछड़े समाजों के संघर्ष के रूप में विकसित राष्ट्र झेल रहे हैं, सामाजिक अस्मिता के झगडों में जगह–जगह आतंकवाद उभर रहा है। पोस्ट माडर्निज्म (उत्तर आधुनिकवाद) इस सामाजिक स्थिति से निकला हुआ मानसिक संत्रास है, जो इन विकसित समाजों की बौद्धिकता में प्रकट होता है। देरिदा, हाबरमास जैसे विचारकों में उत्तर आधुनिकता भाषाई विमर्श को लेकर है, ल्योतार्द और फोकाल्ट आदि आधुनिक जगत के उत्तर आधुनिक हो जाने की मानसिक स्थितियों का विवेचन करते हैं। जो कुछ अभी तक उनके चारों तरफ था, वह अब तिरोहित हो गया, नई स्थितियों को पूरी तरह परिभाषित करना कठिन लग रहा है तो विमर्श और प्रतीकों में टूटन पैदा हो रही है । मोटे रूप मे यही पोस्ट माडर्निज्म है ।

भारतीय समाज के जनजीवन पर धर्मशास्त्रों के वचनों का और पौराणिक आख्यानों की व्याख्याओं का इतना गहरा असर है कि इनका भाषायी प्रतीक और लक्षण के भाव के साथ लगभग सभी प्रकार के दैनन्दिन व्यवहार में प्रयोग देखा जा सकता है। साधारण जन से लेकर विद्वान लोग भी सूक्तियों, दोहों और कथा प्रसंगों को अपने व्यवहार और विमर्श को समझाने के लिये प्रयोग करते हैं। यदि यह कहा जाय कि भारतीय लोग मिथकों के बीच ही जीते हैं तो अतिशयोक्ति नहीं होगी। विद्वानों का मत है कि श्रीमद्भागवत पुराण नौवीं दसवीं शताब्दी में रचा गया, उसका प्रभाव हिन्दू जनमानस पर सबसे ज्यादा हुआ है । विशेषकर रामानुजाचार्य, वल्लभाचार्य आदि के द्वारा भक्ति सम्प्रदायों के प्रवर्तन के पश्चात् सारा हिन्दू समाज राम और कृष्ण की भक्ति के साथ एक ऐसे मनोकल्पित समाज में जीने लगा जहाँ ईश्वर की लीला की तरह जीवन के सारे सुख–दुःख को प्रभुप्रसाद की भाँति अंगीकार किया जाता है। शैव शाक्तों ने भी शिव–पार्वती की लीलाकथाओं के साथ अपनी जीवन शैली को जोड़ लिया है । कहने का

आशय यह है कि पिछले छः सात सौ वर्षों से हिन्दू समाज एक ऐसे भावजगत में विचरण करता है, जहाँ उसके जीवन का यथार्थ इन कथाओं और तत्सम्बन्धी प्रतीकों, उपमाओं और लक्षणा व्यंजनाओं से ही अभिव्यक्त होता है । पश्चिमी देशों के समाजों में भी ईसाइयों, यहूदियों आदि के अपने भाव लोक रहे हैं । प्रोस्टेंट पुनर्जागरण के साथ पाप और नर्क की गहरी यातना के जो अन्धविश्वास थे, वे धीरे-धीरे घटे । ईश्वर के बेटों के लिए जो प्रकृति सेविका बना कर भेजी गई थी, उसके अपरिमित दोहन का दंभ पश्चिमी सभ्यता अभी भी पाले हुए हैं । उत्तर औद्योगीकरण के बाद मायावी लोक-रेडियो इलेक्ट्रानिक मीडिया ने पश्चिमी आत्मन-सबजेक्ट को ही लपेटा है । बाहर की सम्पन्नता और अन्दर का खोखलापन अर्थ विपर्यय को ही पैदा करता है- भारतीय विवेकशील व्यक्ति इस तथ्य को आसानी से समझ सकते हैं ।

उत्तर आधुनिकवाद के संदर्भ में प्रगतिशील भारतीय बुद्धिजीवियों को सावधान होने की जरूरत है । प्रत्ययात्मक विमर्श, सबजेक्टिव थिंकिंग का सिलसिला भारतीय समाज में लगभग दो हजार वर्षों से चला आ रहा है । उत्तर आधुनिकता के प्रमुख व्याख्याकार रिचार्ड रोरटी कहते हैं कि सत्य को खोजा नहीं जाता बल्कि निर्मित किया जाता है । सत्ता और ज्ञान की द्वन्द्वात्मकता के संदर्भ में ही हमारे यहाँ ढाई हजार वर्ष पूर्व गौतम बुद्ध ने विभज्जवादी व्याख्या में नैरात्म को समझाया था और महर्षि कणाद ने पदार्थों के वर्गीकरण से यथार्थ सत्ता को व्याख्यायित कर अदृश्य कारित विपर्यय की वास्तविकता बतायी थी । सूक्ष्म से सूक्ष्म प्राकृतिक व्यवहार और शक्तियों के रहस्य को अनावृत्त कर देने के पश्चात् बीसवीं शताब्दी के वैज्ञानिकों और विचारकों को उनके चतुर्विक फैला हुआ सामाजिक यथार्थ अर्थविहिन दिखाई देता है। वे बहुत साफ ढ़ंग से देख रहे हैं कि जो सामाजिक मूल्य और रुढ़ियाँ बनाई गई थी, उन्हें केवल मानव विशेष के समूहों की आवश्यकताओं की पूर्ति के लिये ही बनाया गया था । उन्नीसवीं बीसवीं शताब्दी के समाज वैज्ञानिकों ने एक विशिष्ट तथ्य को उजगार किया कि मनुष्य दो प्रकार के सत्यों के बीच जीता है- पहला सत्य प्राकृतिक होता है जिसकी गणितीय नापजोख की पूरी गुंजाइश होती है । दूसरा सत्य सामाजिक व्यवहार का सत्य है, यह मानव निर्मित सत्य है, इसका स्वरूप सभ्यता-संस्कृति के परिवर्तन के साथ बदलता रहता है । अनजाने ढ़ंग से अभी तक सभी मानव संस्कृतियाँ मानव निर्मित सत्यों के बीच ही पली बढ़ी है । अब जब वैज्ञानिक सत्यान्वेषण से सामाजिक सत्यों की सीमायें देख ली गई हैं, तब हम सभी के भावजगत छिन्न-भिन्न हो रहे हैं- हम सभी को हमारा कुछ नष्ट हो जाने का

विषाद साल रहा है। यहाँ हमें स्पष्टता से यह भी रेखांकित करना चाहिए कि भारतीय समाज ही नहीं मुस्लिम जगत और अन्य पिछड़े समाज की दृढ़ सामाजिक और धार्मिक मान्यताओं का खोखलापन पूरी तरह उजागर हो चुका है, तब कन्जरवेटिव– स्थितिस्थापक जड़ता अपनी पारम्परिक स्थिति के बदले जाने का स्वाभाविक तौर पर विरोध करेगी। यही कारण है कि इक्कीसवीं सदी के प्रारंभिक वर्षों में देखा जा रहा है कि दुनिया की सभी अगली पिछड़ी संस्कृतियों में टूटने का दर्द महसूस किया जा रहा है– सभी व्याकुल हैं।

स्वतंत्रता प्राप्ति के पश्चात् भारतीय समाज ने पंचवर्षीय योजनाओं और बड़े धनपतियों की मदद से औद्योगिक नगरों के निर्माण, बड़े कारखाने, बड़े बाँध, बिजली, सीमेण्ट लोहा, कोयला के प्रचुर उपयोग से शहरीकरण अरबेनाइजेशन की प्रक्रिया शुरू की थी। बैंकों और सहकारी संस्थाओं के माध्यम से वित्तीय अवसरों को सबके लिए खोलकर छोटी बड़ी सभी जगहों पर निर्माण और उत्पादन का सिलसिला चलाया। पुराने ढंग की जिन्दगी जीने वाले समाज में आधुनिक औद्योगीकरण की रफ्तार तेज हुई। उस औद्योगीकरण और राष्ट्र निर्माण की प्रकिया में सरकारी और औद्योगिक नौकरियों का लम्बा चौड़ा संजाल फैला। पच्चीस –तीस सालों में देश के बड़े शहरों की रौनक बढ़ी, सरकारी योजनाओं में काफी पैसा लगाया गया। निश्चित ही देश ने काफी तरक्की की, समाज का बाहरी स्वरूप बदल गया और लोगों को भी लगने लगा कि पुराना जमाना खतम हो गया, नई शुरुआत हो चुकी है। फिर दूसरे तरह की प्रक्रिया शुरू हुई, लोकतांत्रिक खुलेपन और योजनाओं के लिए सरकारी पैसे के उन्मुक्त वितरण से राजनैतिक भ्रष्टाचार शुरु हुआ। उद्योगों में आटोमेशन और मशीनों के आधुनिकीकरण से कारखानों में छटनी का दौर भी चला। सरकारी ऋणों पर निर्मित औद्योगिक ईकाइयों की पूँजी सूखती गई, उद्योग धन्धे बन्द होने लगे, बेरोजगारी बढ़ी। समाजवादी समाज रचना के एक दौर को भारतीय समाज ने भी देख लिया है। परन्तु सामाजिक मानसिकता की आधुनिक मूल्यों के अनुरूप तैयारी न होने के कारण वह दौर अब ठण्डा पड़ चुका है। पिछले बीस सालों में उदारवादी आर्थिक नीति का दौर चल पड़ा है जिसमें बाहर से विदेशी पूँजी आ रही है देशी पूँजीपति विदेशियों से मिलकर खुले बाजार में सटोरिया अर्थनीति के तहत पूँजी से पूँजी बना रहे हैं। खुली प्रतिस्पर्धा और वित्तीय पोषण से शहरों में निर्माण कार्य तेजी से चल रहे हैं, तनख्वाहे बढ़ी है पर नौकरियाँ बहुत कम हो गईं। सही पूँजीवाद अब आया है देश में। व्यापारियों, राजनीतिज्ञों, उद्योगपतियों और नौकरशाहों की सक्रियता से बाजार जगमगा रहा है।

कहा जा रहा है कि भारतीय अर्थतंत्र दुनिया के तीसरे नम्बर पर है, परन्तु दूसरी तरफ कृषि तंत्र और निचले वर्ग की तरफ निगाहे घुमायी जाएँ तो भयावह स्थिति दिखाई देती है। अभी एक नए सर्वेक्षण में बताया गया है कि देश में बावन प्रतिशत लोग बेरोजगार हैं केवल बयालिस प्रतिशत लोगों के पास नियमित काम प्राप्त है। बहुराष्ट्रीय कम्पनियों के दबाव में सरकार उनके उत्पादों के लिये निर्बाध खुला बाजार खोल रही है और उन्हें मुनाफा लूटने में मदद कर रही है। देश की जनता को रोजगार मिले, किसानों की फसलें सही ढ़ंग से तैयार हो और उन्हें खेती से उचित दाम मिले– यह बात आज के शासक वर्ग के दिमाग से पूरी तरह गायब हो गई है। किसानों की फसलें बरबाद होने से हजारों किसान आत्महत्या कर रहे हैं। शहरों में गन्दी बस्तियाँ बहुत तेज गति से बढ़ती जा रही है। भारतीय समाज आज बहुत साफ ढंग से दो रूपों में दिखाई दे रहा है– इण्डिया, जो आधुनिक विलासिता की चकाचौंध में डूबा हुआ है, दूसरा है– भारत, जहाँ लोग अपनी रोजी रोटी भी नहीं जुटा पा रहे हैं, कुपोषण, अज्ञान, रोग और सामाजिक अपराध ही है भारत के लक्षण।

कमोबेश दुनिया के सभी विकासशील समाजों की ऐसी ही तस्वीर उभरती है पिछले पचास वर्षों में नई दुनिया का ऐसा ही आधुनिक चेहरा सामने आ रहा है। इलेक्ट्रानिक तकनीक और सूचना तंत्र की उपस्थिति तो पूरे विश्व में हो गई है, इसलिए धनिकों के बीच उपभोक्तावादी उन्माद और निर्धनों में सामाजिक अपराध और हिंसा का स्वाभाविक विस्तार दिखाई दे रहा है। सोवियत संघ का निर्माण बोलशेविक क्रान्ति के कारण प्रथम विश्वयुद्ध के खतरनाक दौर में हुआ था। तमाम पूँजीवादी देशों के जबर्दस्त विरोध के बावजूद वहाँ करीब पचहत्तर वर्षों तक समाजवादी समाज रचना का ऐतिहासिक दौर चला। दूसरे विश्व महायुद्ध के बाद सोवियत संघ के समता और भाईचारे के नारे के प्रभाव में ही दुनिया की एक तिहाई आबादी के देशों में सरकारे बनी और लगभग सभी मुल्कों को राजनैतिक आजादी मिली। उपनिवेशों का खात्मा हुआ, परन्तु उत्तर औद्योगिक पूंजीवादी उत्पादन प्रणाली –प्रौद्योगिकी ने इन नवोदित राष्ट्रों के विकास रथ को –तेली के घानी के बैल की तरह चकरघिन्नी बना रखा है। महाबली सोवियत संघ के भंग होने का प्रमुख कारण कृषि तंत्र के तबाह होने और श्रम के सही नियोजन नहीं किये जाने को ही बताया जा रहा है। अब तो राष्ट्र–राज्य की व्यवस्था को ही आधुनिक पूंजी–कारपोरेट पूँजी पूरी तरह बरबाद करने पर तुली हुई है। अन्तर्राष्ट्रीय वित्त संस्थानों और खुले बाजार की अन्तर्राष्ट्रीय व्यापार संगठन की नीतियों ने कुछ गिनती की पराराष्ट्रीय निगमों (ट्रांसनेशनल कारपोरेशन) के

आगे राष्ट्रीय सरकारों की सार्वभौमिकता को भी निरर्थक बना दिया है । नई वैश्विक परिस्तिथियों में विकासशील देशों के लिए पश्चिमी विकसित देशों की परजीवी सम्पन्नता को प्राप्त करना तो निश्चित रूप से असंभव है, वे अपने स्थानीय संसाधनों और स्रोतों को बचाकर रख सकें यही उनके लिए बड़ा काम होगा ।

वैश्विक स्तर पर सक्रिय आर्थिक –सामाजिक परिवर्तन का दौर अभी नहीं थमेगा। एक विश्व का विचार अब किसी भी तरह केवल कल्पना का विषय नहीं रह गया है। वह टेलीकम्यूनिकेशन और इनफारमेशन टेकनोलॉजी के कारण हम सब के सामने प्रत्यक्ष हो चुका है । इस एक विश्व में सैकड़ों मानव समूहों की स्थानीय सभ्यता–संस्कृति है। इस्लाम और ईसाइयत के बीच सभ्यता का संघर्ष आतंकवाद के रूप में अपना भीषण और विभत्स चेहरा दिखा रहा है। स्थानीय सामाजिक अन्याय और शोषण के विरुद्ध जगह जगह जनसंघर्ष चल रहे हैं। नई मानव सभ्यता के बनने के पहले की यह एक स्वाभाविक प्रकिया है, नई मानव संस्कृति को भी अभी अपना स्वरूप ग्रहण करना है। ऐसी स्थिति में संस्कृतियों के बीच टकराहट, कुछ छूट जाने और नष्ट हो जाने का अवसाद तथा नये ढ़ंग से जीवन जीने की आशा के बीच मानवीय संचेतना को आत्म मंथन और आत्मविश्लेषण तो करना ही होगा। प्रश्न यह है कि इस आधुनिकता या उत्तर आधुनिकता को मानसिक विक्षोभ के रूप में देखा जाय या सचेतन और संवेदनीय संघर्ष के रूप में? आज का प्रचार माध्यम विच्छिन्न घटनाओं को सूची के रूप में प्रस्तुत कर रहा है। सभ्यताओं और संस्कृतियों के बीच होने वाली क्रिया और प्रतिक्रिया को वह केवल सूचनात्मक तरीके से बताता है। अब यदि मानव चेतना विवेक सम्मत ज्ञान का उपयोग करती है तो उसे इन विच्छिन्न घटनाओं और सूचनाओं के आन्तरिक कारणों और सम्बन्धों का विश्लेषण करके एक समरस सुसम्बद्ध सर्वसमावेशी वैश्विक सत्ता की प्रतिष्ठा करना चाहिये।

ज्ञान की भूमिका सदैव वस्तु के आन्तरिक और बाह्य सम्बन्धों को समझने और फिर वस्तु की व्याप्ति को व्यावहारिक रूप से विस्तारित करने की होती है। वस्तु और वस्तु का ज्ञान –ये दो भिन्न तत्व हैं। इसी स्पष्टता को प्राप्त करने का सतत प्रयत्न सत्ता मीमांसा और ज्ञान मीमांसा में किया जाता है। चूंकि ज्ञान सदैव प्रामाणिक नहीं हो सकता है, व्यावहारिक या भाषागत त्रुटियों के कारण भ्रान्ति और विपर्यय होते हैं, अतएव वस्तु की वास्तविक सत्ता को प्रमाणित करने का एकमात्र तरीका उसकी क्रियाशीलता और प्रभाव का प्रकटीकरण ही है । महर्षि कणाद द्वारा बातायी गई सत्ता की परिभाषा –द्रव्य, गुण और कर्म की

भावात्मक एकता का ध्यान रखने पर उत्तर आधुनिकवाद (पोस्ट माडर्निज्म) के भाषागत व्यामोह को समझने में काफी ममद मिलती है।

यहाँ हमने अपने सांस्कृतिक अवचेतन के परिप्रेक्ष्य में आधुनिकता और उत्तर आधुनिकता के विचार को समझने की कोशिश की। पश्चिम के विद्वान उत्तर आधुनिकता के सांस्कृतिक विमर्श पर बहुत विस्तृत और गंभीर अध्ययन प्रस्तुत कर रहे हैं, उन्होंने कुछ विशेष मुद्दों को रेखांकित किया है, जिस पर हम कणादीय दृष्टिकोण से विचार कर सकते हैं। हम यहाँ स्टाइन क्वाले के एक निबन्ध में हाबरमास और ल्यूतार्द के द्वारा दिये गये मुद्दों को विचार के लिए सूचीबद्ध करते हैं –

1. यह संदेहास्पद है कि मानवीय सत्य यथार्थ जगत का वस्तुगत प्रस्तुतीकरण कर सकता है।
2. प्रत्येक मानव समुदाय अपने ढ़ंग से उनके यथार्थ को व्यक्त करने वाली भाषा का निर्माण करता है।
3. सार्विकता और अमूर्तता की बनिस्बत स्थानीयता और विशिष्टता को प्राथमिकता दी जानी चाहिए।
4. इतिवृत्त और कथाकथन के लिए नयी शैली खोजी जाय।
5. यथार्थ के विविध वृत्तान्तों को किसी एक सुनिश्चित विधि से वस्तुनिष्ठ और मानव निरपेक्ष ढ़ंग से व्यक्त करना संभव नहीं है।
6. वस्तु को उसी रूप में देखा जाए जिस रूप में वह दिखाई देती है, उसके अन्य गहरे अर्थ ढूँढ़ना बेकार है।

उपरोक्त सभी प्रतिपत्तियाँ आधुनिक जीवन का निरीक्षणात्मक विवरण प्रस्तुत करती हैं, इन्हें तथ्य के रूप में स्वीकार कर लेने के बाद भी जीवन और जगत में तादातम्य स्थापित करने वाली दार्शनिक दृष्टि की कमी तो स्पष्ट दिखाई देती है। अन्तिम तीन प्रतिपत्तियों के औचित्य –अनौचित्य पर तो लम्बी चर्चा की जा सकती है, जो सांस्कृतिक स्थितियाँ अब नहीं रहीं, उनके न रहने के कारणों को तो समझा जा सकता है, परन्तु बदली हुई नई परिस्थितियों के प्रति यदि हम उपराम रहते हैं , तब बौद्धिक व्यामोह उत्पन्न होना स्वाभाविक ही है। अन्ततः सचेतन सक्रियता से ही मानवीय पुरुषार्थ प्रकट होता है।

3.3.3 ज्ञान की सामाजिकता

प्रसिद्धि शब्द का वर्तमान में व्यावहारिक अर्थ है सामाजिक रूप से किसी व्यक्ति या वस्तु की ख्याति। संस्कृत शब्द कोष के आधार पर प्रसिद्धि का संधि

विच्छेद प्र +सिद्ध+क्वित होता है जिससे पद का मूल भाव प्रकट होता है- विशेष प्रकार से साध्य को प्राप्त करना। महर्षि कणाद साधन अथवा हेतु के माध्यम से प्राप्त संज्ञान के लिए सूत्र देते हैं- प्रसिद्धा इन्द्रियार्थाः (3,1,1)- इन्द्रियों के माध्यम से ग्रहित होने वाले अर्थ प्रसिद्ध (ज्ञान) हैं। ज्ञान को प्रसिद्ध कहे जाने के पीछे सामाजिक ग्राह्यता ही अभीष्ट है। ज्ञान की सिद्धि और व्याप्ति सामाजिक व्यवहार और उपयोगिता में निहित है, इसलिए इसे हेतु या अपदेश कहा गया है। इससे आगे वे ज्ञान के साधन से संबन्धित महत्वपूर्ण बात कहते हैं :-

इन्द्रियार्थ प्रसिद्धिरिन्द्रियार्थेभ्योऽर्थान्तरस्य हेतुः (3,1,2) सोऽनपदेशः (3,1,3)

इन्द्रियों के माध्यम से संबन्धित विषयों का ज्ञान इन्द्रिय तथा उनके विषयों से भिन्न पदार्थ का कारण होता है। इसलिये उस ज्ञान से हेत्वाभास (भ्रान्त धारणा) की संभावना रहती है।

जैसा कि हमने पहले भी कहा है कि वस्तु का ज्ञान वस्तु से भिन्न होता है। वस्तु का ज्ञान इन्द्रियों पर वस्तु का प्रक्षेपण है, इसलिये इन्द्रियों के दोष के अनुसार वस्तु के ज्ञान में दूषण हो सकता है। भारतीय प्रमाण शास्त्र में इस तथ्य की लगभग सभी हेतुवादी सम्प्रदायों ने व्याख्या की है। यूरोप में उत्तर आधुनिकता की ज्ञान मीमांसा पिछले सौ वर्षों के भाषा और साहित्य के क्षेत्रों में हुए प्रयोग पर आधारित है- संरचना, उत्तर संरचना और लिखित पाठ का विमर्श। वहाँ सामाजिक जीवन के क्षेत्र में आये तीव्र परिवर्तन, अवधारणाओं के प्रस्फुटन, सांस्कृतिक विविधता और विसंगतियाँ, संगणक, साइबरनेटिक्स, साइबोर्ग जैसी ज्ञानाधारित प्रौद्योगिकी ने स्वाभाविक रूप से भाषा और चिन्तन को प्रभावित किया है। यूरोप ही नहीं अब तो पूरे विश्व में विज्ञान और प्रौद्योगिकी की नई जानकारियों के कारण समाज की धार्मिक निष्ठाओं और व्यवहारों में आने वाले प्रभाव, विभेद और सापेक्षता को सहजता से ग्राह्य किया जा रहा है। अस्तु, अभी तक सामाजिक जीवन को प्रभावित करने वाले जो अमूर्त कारक और सम्बन्ध थे, उनके विषय में अधिक स्पष्टता होती जा रही है- संस्कृति को अभी तक अनजाने ढ़ंग से जिया जाता था, किन्तु अब संस्कृति को स्थूल रूप में देखा समझा जा सकता है। वैश्वीकरण की प्रक्रिया तेज होने की वजह से विविध समाजों और विविध संस्कृतियों के सम्मिलन की प्रक्रिया में समानता और विभेद, सामान्य तथा विशेष का विचार स्वाभाविक तौर पर व्यावहारिक बनेगा। विविधता और

भिन्नता को स्वीकृति दिये बिना सर्वसमावेशी संस्कृति कारगर हो ही नहीं सकती। इसलिये, विभिन्न मानव समाजों के सांस्कृतिक संसार याने कि उनके द्वारा सर्जित यथार्थ के प्रति प्रारंभ में उदार दृष्टि रखना आवश्यक होगा। धीरे-धीरे आपसी समरसता और अन्तर्सम्बन्धों के विकसित होने पर नई भाषा, नये प्रतीक और नये तरह के कर्मकाण्ड स्वाभाविक ढंग से निर्मित होंगे। कणाद द्वारा बताई गई उपरोक्त संज्ञान की शुद्धता अशुद्धता को ध्यान में रखा जाये तो सामाजिक संज्ञान के क्षेत्र में आने वाली भ्रान्तियों के मायाजालों के कारणों पर विचार किया जा सकता है।

समाज में सामाजिक अवधारणायें व्यक्तियों की आवश्यकता, उनके आपसी सम्बन्ध और उनकी मानसिकता के अनुसार अपना प्रभाव बताती है। प्राकृतिक घटनाओं और सामाजिक यथार्थ में मानवीय कल्पना, मिथकीय विश्वास, इच्छाओं, भय और आशाओं का गुम्फन होता है, अतएव धार्मिक निष्ठा, अन्धविश्वास, मनोकल्पित स्वर्ग-नरक का होना आश्चर्यजनक नहीं है। यही कारण है कि विभिन्न समाजों के यथार्थ और उनकी भाषा को किसी दूसरे समाज के यथार्थ के समकक्ष नहीं रखा जा सकता है।

साहित्य, कला और संस्कृति के क्षेत्र में कार्य करने वाले चिन्तक देखते हैं कि उनकी भाषा अथवा कलात्मक संप्रेषण उनके अपने क्षेत्र में पूरी तरह अर्थत्व अभिव्यक्ति और रसानुभूति प्रकट करने में सक्षम होते हैं। विशेष समाज या समूह में जो सर्वसामान्य भाषा, प्रतीक या संकेतक सबके द्वारा सहजता से ग्राह्य है और उस माध्यम में या कहें उस सर्जित संसार में अर्थत्व और संज्ञान सहज व्यवहार बन जाते हैं, वहाँ अलगाव अथवा अपरिचय की कोई स्थिति नहीं बनती। हम देखते हैं संगीत, कला, कविता जैसे विशेष सम्प्रेषणीय कर्म के लिये सम्प्रेषण माध्यम की अर्थवत्ता सदैव सीमित होती है- एक संवेदनात्मक गंभीर कविता का एक मातृभाषा से किसी दूसरी भाषा में कवि की मूल भावना के साथ अनुवाद करना संभव नहीं है। इसी तरह से क्षेत्र विशेष के क्षेत्रीय नाट्य नाटिकाओं, शास्त्रीय संगीत की, जो लोग उसकी भावभंगिमा, संकेतक तथा ताल्यात्मक ध्वनि संयोजनों से परिचित नहीं है, उनके बीच भावात्मक रसनिष्पित्ति नहीं हो सकती। इसी तथ्य को समाज, धर्म और संस्कृति के लिये विस्तारित किया जा सकता है। पश्चिमी सभ्यता के साहित्य और संस्कृति के उत्तर आधुनिकवाद के विचारकों की यही समस्या है। विज्ञान और प्रौद्योगिकी ने उनके पूर्व सर्जित संसार में हस्तक्षेप किया है, नई सूचनाओं और परिवर्तनों के कारण उनके वैचारिक धरातल पर अर्थ विपर्यय की समस्या उठ खड़ी हुई है।

वैज्ञानिक दार्शनिक विश्लेषण में यह समस्या सामाजिक यथार्थ के बिखरने, परिसीमित होने या विस्तारित होने की है – सामाजिक यथार्थ मनुष्य के द्वारा निर्मित यथार्थ है इसलिये यह प्राकृतिक यथार्थ जैसा सर्वव्यापि नहीं हो सकता। आधुनिक विज्ञान की नितनवीन खोजें विशिष्ट क्षेत्र, विच्छिन्न सत्ता और विभेदित संघटकों की ओर हमारा ध्यान आकृष्ट करती हैं, विभाज्यता में शनैः शंनैः प्रारंभिक सत्ता ही विलोपित हो जाती है। विशेषज्ञों के एक ही विषय से सम्बन्धित विभिन्न रायें प्रकट होती हैं– इस प्रकार हम देखते हैं कि हमारे सामने विच्छिन्न अपरिचित और अनपेक्षित स्थितियाँ उत्पन्न हो जाती हैं। उत्तर आधुनिकतावादी विचारक ऐसे ही बिखरे हुए निरर्थक जगत में उलझे हुए हैं। जैसे मध्ययुगीन आदर्शवादी कारण और कार्य, आत्मा और शरीर को पूरी तरह अलग स्वतंत्र सत्ता के रूप में देखकर अदृश्य नियामक ईश्वर के हाथों में इस बिखरी सृष्टि का संचालन सौंप देते थे, वैसे ही आज सारे पूर्वसर्जित यथार्थों को निरर्थक होते देख कर हम मान रहे है कि जीवन में कुछ भी सार्थक नहीं है– सारा मायाजाल है।

खगोलविद और जीव विज्ञानी ही यह भी बता रहे हैं कि ब्रह्माण्ड में कोई भी सत्ता अपनी स्वयं की इयत्ता मे पूर्ण नहीं है और न ही वह अपने पर्यावरण से विच्छेदित रह सकती है। स्वतंत्र रूप से क्रियाशील कोई भी परिणामी सत्ता कुछ अर्थों में स्वकेन्द्रित होती है, ऐसी सत्ताओं के विभेद की सीमा तय करना मुश्किल होगा। ये सभी सत्तायें दूसरे धरातल पर अपने चतुर्दिक वातावरण से अमूर्त ढ़ंग से सम्बन्धित है। समाज, भाषा, संस्कृति, इतिहास भौगोलिक प्रभाव कितने सारे विभेद हैं फिर भी वे इसी पृथ्वी पर ही अपना अर्थ ग्रहण करते हैं। जैन चिन्तकों का पर्यायार्थिक सत्य हम चारों तरफ देख रहे हैं, सत्य सापेक्षिक ढ़ंग से नये अर्थ ग्रहण करता है। विभिन्न सभ्यताओं और संस्कृतियों के एक साथ एक मंच पर –वैश्विक मंच पर आ जाने से विभिन्न यथार्थों के बीच टक्कर हो रही है। जब हम आधुनिक या उत्तर आधुनिक स्थिति को स्थिर अवस्था में देखते हैं तो वहाँ विच्छिन्नता है, अर्थ विपर्यय और विसंगति है, किन्तु जैसे ही इन सभी स्थितियों के पीछे अन्तरावलम्बन और अन्तर्सम्बन्ध की जाँच पड़ताल करते हैं तो पाते हैं कि जो कुछ हो रहा है, वह सहज स्वाभाविक है।

मानव समाज के ऐतिहासिक विकास की प्रक्रिया में वैश्विक संस्कृति का समुदय अभी भी एक संभावना है, उसकी प्रारंभिक गतिविधियाँ शुरू हुई हैं। परिवर्तन की विवेक सम्मत व्याख्या में विश्व के वर्तमान पड़ाव पर सामाजिक, सांस्कृतिक, आर्थिक, राजनैतिक परिवर्तन बहुत तेजी से हो रहे हैं, जिसके

कारण कई स्थितियाँ, सत्तायें, संरचनाएं नष्ट होंगी और कई नये सामाजिक मूल्य और प्रतीक उभरेंगे– साफ है वर्तमान सांस्कृतिक परिदृश्य को सही परिप्रेक्ष्य में समझना होगा।

मानव जीवन में व्यक्तिगत आदतों और सामाजिक व्यवहार का बदलना मामूली घटना नहीं है। कभी–कभी तो हजारों साल तक रीति–रिवाज और कर्मकाण्ड अनवरत चलते रहते हैं, हिन्दू समाज में लगभग दो हजार वर्षों से विवाह समारोहों में बिना बदलाव के रश्में पूरी की जाती रही हैं। आज भी शादी के समय ऊखल और मूसल तथा पत्थर की चक्की की पूजा उसी तरह हो रही है जैसी विक्रम संवत् शुरू होने के पहले की जाती थी। संस्कृतियों के अन्तर्गत जो सामाजिक व्यवहार विकसित होते हैं, उनके पीछे गंभीर ऐतिहासिक भौगोलिक कारण होते हैं। पृथ्वी के विभिन्न भागों पर जीवन कठिन परिस्थितियों में जिया जाता है, उसी के अनुरूप सामाजिक मान्यतायें बनती हैं। एक समाज के व्यक्ति के लिये सुदूर बसे मानव समूह के रीतिरिवाज और मान्यतायें बहुत आश्चर्यजनक लग सकती है, किन्तु उनके पीछे उपयोगी सामाजिक अर्थ छिपे हुए हैं। आधुनिक समय में सिमटते हुए विश्व में सबसे बड़ी समस्या तो विविध समाजों की मान्यताओं के अर्थों को सही ढ़ंग से समझकर नये अर्थ तलाशने की है। अतएव, उत्तर आधुनिकता को सही परिप्रेक्ष्य में नृतत्वशास्त्रीय व्याख्या द्वारा ही समझा जा सकता है। मानव संस्कृति की सही व्याख्या– विश्वासों और मान्यताओं के साथ जीवन जीने की शैली– भले ही बहुत रुढ़ व्याख्या लगती हो, किन्तु मनुष्यता को जब तक हम मूल स्वरूप में नहीं समझेंगे तब तक वैश्विक सभ्यता के रास्ते में आने वाली बाधाओं का शमन करना भी मुश्किल होगा।

वैज्ञानिक जिज्ञासा का उपयोग अभी तक प्राकृतिक रहस्यों को समझने के लिए ही किया गया है। मनुष्य के सामाजिक और मानसिक व्यवहार के विषय में मनोवैज्ञानिक और आध्यात्मिक चिन्तन का सिलसिला अभी प्रारंभिक चरण में ही है। इसी काम को परम्परागत ढ़ंग से जाने अनजाने में विविध समाजों के उनके धर्म–मजहब किया करते थे। सभी सामाजिक धर्मों की शक्ति का आधार श्रद्धा और विश्वास रहे हैं। जीवन की आवश्यकताओं की पूर्ति तथा भय और आशाओं के मायाजाल से छुटकारे के लिए धार्मिक चिन्तकों ने विविध प्रकार के काल्पनिक प्रतिबिम्बों की सृष्टि की, उनमें आवश्यक अर्थों की प्रतिष्ठा स्थापित की। आज जिसे हम अन्ध विश्वास, अज्ञान और जड़ता कहते हैं, उनके माध्यम से ही धार्मिक नेताओं ने समाज की व्यवस्था बनाये रखने के लिये दृढ़ धर्मों की संरचना तैयार की थी। इस संदर्भ में जब हम सोचते हैं तो लगता है कि संस्कृति

का सही विचार तो अभी–अभी सामने आ रहा है। प्राचीन काल में धर्म–संस्कृति अलग अलग नहीं थे। धर्म ही सर्वोपरि होते थे, समाज की सत्ता धर्म की सत्ता के आधार पर ही स्थिर होती थी। मनुष्य के बौद्धिक विकास और विज्ञान की प्रगति के साथ–साथ सामाजिक अन्धविश्वास भी कम होते गये। बीसवीं शताब्दी की वैज्ञानिक उपलब्धियों ने मनुष्य जाति को उसके सारे धार्मिक विश्वासों और प्रतिबिम्बों की वास्तविकता बता दी है और साथ ही प्राकृतिक संसाधनों तथा ऊर्जाओं का अपने हित में उपयोग करना भी सिखा दिया है। धार्मिक विश्वासों की जो परम्परागत अर्थवत्ता थी, उसे विज्ञान ने छिन्न–भिन्न कर दिया है।

हजारों साल से मनुष्य जिन विश्वासों –अर्थों के साथ जीवन जी रहा था, वे अर्थ ही अब मूर्खतापूर्ण दिखाई दे रहे हैं। पारम्परिक धर्मों की जमीन ही खिसक गई है। धर्म भी मनुष्य के लिये था और विज्ञान भी मनुष्य के लिये ही है– अन्तर केवल अर्थ निष्पत्ति का है। पुराने अर्थ खो गये हैं और नये अर्थों का अभी सृजन हो रहा है। पृथ्वी पर मनुष्य जाति की सभ्यता का इतिहास बीस हजार वर्ष से पीछे नहीं जाता है। उसमें विधिवत वैज्ञानिक प्रगति की जो जानकारी हम सबको है, वह मात्र पाँच–छः सौ वर्षों की है। इन पाँच–छैः सौ वर्षों में ही यह विचार पनपा कि मनुष्य सतत विकास कर रहा है और इस विकास को प्रकृति पर संस्कृति अर्थात् मनुष्य कृत संसाधनों की विजय के रूप में देखा गया। स्वाभाविक है इक्कीसवीं सदी में जब वैज्ञानिक प्रौद्योगिकी ने मनुष्य के अस्तित्व पर ही प्रश्न चिह्न खड़ा किया है, तब मानव जाति के लिये यह जरूरी हो गया है वह विकास की अवधारणा के विषय में पुनर्विचार करे।

उत्तर आधुनिकता ने मनुष्य के समक्ष नये प्रश्न खड़े किये हैं। विज्ञान ब्रह्माण्ड के जन्म और विस्तार के बारे में बता रहा है– यह ब्रह्माण्ड असीमित नहीं माना जा रहा है, फिर भी इसमें असीमित रहस्य और संश्लिष्टतायें अन्तर्निहित हैं, अनन्त को सभी प्रकार की संरचनाओं में देखा–समझा जाने लगा है। इसी क्रम में मनुष्य की जैविकी की संश्लिष्टताओं का सम्बन्ध पूरे ब्रह्माण्ड से देखा जा रहा है। अर्थात् अब विज्ञान भी यह मान रहा है कि प्रत्येक मनुष्य के भीतर की क्रिया–प्रतिक्रिया के लिए बाह्य ब्रह्माण्ड भी उत्तरदायी है। भारतीय विचारकों की ऐसी प्राचीन निष्ठा रही है वे कहते आ रहे हैं– यत्पिण्डे तत् ब्रह्माण्डे। आत्मा के बारे में भी उत्तर आधुनिक जिज्ञासा का स्वरूप वैसा ही है जिस तरह हमारे कुछ चिन्तक सोचते रहे हैं। आधुनिक विचारक मान रहे हैं कि आत्मा की शरीरेतर सत्ता का विचार एक भ्रान्ति है– सामाजिक संज्ञान और पर्यावरण की संश्लिष्टता से ही आत्म तत्व का मानव निर्मित यथार्थ निसृत होता

है। गौतम बुद्ध ने ढ़ाई हजार वर्ष पूर्व लगभग इसी तरह के विचार अनात्म की धारणा को प्रतिपादित करने के लिए व्यक्त किये थे। महर्षि कणाद का आत्मा नामक द्रव्य भी ऐसी ही धारणा का पोषक है। चैतन्यता की समस्या का निराकरण अभी तक स्पष्टतापूर्वक नहीं हुआ है, जीवन की पहेली के साथ चैतन्यता की पहेली भी लगी हुई है। चैतन्यता शरीराश्रित है या ब्रह्माण्ड आश्रित? विज्ञान अभी दावा नहीं करता है कि जीवन और चैतन्यता के कारणों को वह स्पष्टता से समझा सकता है, परन्तु वह यह भी नहीं मानता कि इनके पीछे कोई दैवी शक्ति के काम करने की संभावना है, निश्चित ही ये प्राकृतिक अन्तर्सम्बन्धों के ही प्रकटीकरण हैं।

सामाजिक संज्ञान से दृष्टिगत यथार्थ में सामाजिकता का अन्तरावलम्बन महत्वर्पूण तथ्य है। व्यक्ति और समाज परस्पराश्रित हैं, इसलिये ऐतिहासिक क्रम में उनके बीच ही सतत् अर्थ निष्पत्ति का खेल चलता रहता है। उत्तर आधुनिक स्थिति में संस्कृतियों की संस्कृति, अर्थत्वों का अर्थत्व के सही तलाश का क्षण आ पहुँचा है। भाषा और प्रतीक तो साधन है, साध्य को समझने के लिये। भाषा कभी भी सत्ता का निर्माण नहीं कर सकती है, वह केवल उसे मानती या व्याख्यायित करती है। सत्ता के अस्तित्व की परीक्षा द्रव्य, गुण और कर्म के संयुक्त समवाय से याने अन्योन्याश्रित को देखने– समझने से होती है। शब्द केवल अर्थ को व्यक्त करने के साधन मात्र हैं। शब्दों और अर्थों का सम्बन्ध स्थायी नहीं होता है। सम्बन्धों के प्रकार बदल जाने पर अर्थ की व्याप्ति भी बदल जाती है। अस्तु, उत्तर आधुनिकता की परीक्षा तो उचित है, किन्तु उत्तर आधुनिकवाद के व्यामोह से बचना होगा– सत्ता की समझ महत्वपूर्ण है, न कि उसको अभिव्यक्त करने वाले शब्दों की भाषागत व्याख्या।

❑❑❑

चतुर्थ अध्याय
मार्क्स, गाँधी और कणाद

3.4.1 भारतीय चित्त की समस्या

आचार्य नरेन्द्र देव का एक मुहावरा अक्सर दुहराया जाता है- संस्कृति लोकचित्त की खेती है। हमारे यहाँ लोकवेद, लोकधर्म, लोकपर्याय जैसे शब्द हजारों वर्षों से प्रचलन मे हैं। कई पीढ़ियों से एक जैसे लोक व्यवहार के अन्तर्गत ही जीवन परिचालित होने के कारण लोक शब्द अपने आप में एक तरह का दिव्य भाव समाहित किये हुए है- तीन लोक चौदह भुवन। लोगों की निष्ठा में सात लोक ऊपर हैं और सात लोग नीचे, मनुष्य योनि में ही कर्म का फल भोगने के लिए देवता, असुर अवतार लेते हैं। गाँव-गाँव में हर परिवार में जन्म से लेकर मृत्यु तक बंधे-बंधाये संस्कार हैं, रश्में हैं। लोग पण्डितों-पुरोहितों से लोक व्यवहार की सीख लेते रहते हैं। जीना-मरना एक क्रम है, सुख-दुःख कर्म भोग है। त्यौहार, पर्व, तीर्थ, पवित्र स्नान और साथ ही भूतप्रेत बाधा, पारिवारिक देवी-देवता, ग्रहनक्षत्रों की मंगल दृष्टि- कोपदृष्टि- यह सब है हिन्दू जनजीवन का लोक व्यवहार। लगभग चार हजार जातियाँ हैं- जिनके अपने विशिष्ट व्यवहार हैं। अभी आजादी के पहले तक कुछ ऊँची जातियों को छोड़कर शेष सभी जातियों में नाममात्र के लोग साक्षर थे, किन्तु खेती, शिल्प, कारीगरी और परम्परा से चले आ रहे सामाजिक जातिगत प्रवृत्तियों में बचपन से पारंगत कर दिये जाते थे। सामाजिक शोषण और अन्याय असमानता का प्रश्न तो तब उठता है कि जब आपके मन में यह विचार उत्पन्न हो कि प्रकृति ने सभी मनुष्यों को एक जैसा बनाया है तथा समाज के नियम-कानून भी मनुष्यों के द्वारा ही बनाये गये हैं- जब आप सब कुछ पिछले जन्म के कर्मों के फल के रूप में अपनी जिन्दगी को देख रहे हैं तब किसी दूसरे को दोष देने की बात ही कहाँ उठती है ? इन पंक्तियों का लेखक हिन्दू समाज में पैदा हुआ है, इसलिये वह हिन्दुओं के लोक व्यवहार की बात कर रहा है। मुसलमानों और अन्य गैर हिन्दूओं के भी अपने लोक व्यवहार बने हुए हैं और वे लोग भी पीढ़ियों से साथ रहने की लौकिकता के ढाँचे में स्वयं को ढ़ाले हुए हैं- हमारे यहाँ ऐसा होताहै- हाँ, आपके यहाँ ऐसा होता है- इस प्रकार की स्वीकारोक्ति सहित दूसरों की रश्म अदायगी में साथ-

साथ खड़े रहने और मदद करने में किसी को कोई शिकवा –गिला नहीं है। इसी लोकचित्त की कई विद्वान प्रशंसा करते हैं और बड़े आत्मविश्वास के साथ यह पैरवी करना चाहते हैं कि यह हमारा शाश्वत जगत है, इसी में हमारी सुख–शान्ति है। यदि आप इससे अच्छा जीवन हमें नहीं दे सकते हैं, तो कृपया इसे हम से मत छीनिये।

हम उन्नीसवीं सदी के भारतीय नवजागरण के विषय में पढ़ते हैं। आर्य समाज, ब्रह्म समाज, प्रार्थना समाज और ऐसे ही कई सामाजिक–सांस्कृतिक आन्दोलन होते रहे हैं। उसमें शामिल होने वाले भी खुद हिन्दू ही रहे हैं। स्वामी दयानन्द सरस्वती, स्वामी रामकृष्ण परमहंस, राजा राममोहनराय, ज्योतिबा फुले, रानाडे, केशवचन्द्र सेन, स्वामी विवेकानन्द आदि ये लोग धार्मिक नेता थे और इन्हीं की परम्परा में हुए महात्मा गाँधी, बाबा साहेब आम्बेडकर और विनोबा। जनता ने इन्हें सिर आँखों पर लिया, पर जहाँ तक लोक व्यवहार की बात आती है तो साफ तौर पर सुनने में आता है– ये लोग अवतारी पुरुष रहे हैं– भगवान के अंश, साधारण जीव तो अपने पूर्वजन्म के फल भोगता ही है। कलियुग जाते जाते अपने सारे प्रभाव बता रहा है। सत्ययुग आयेगा– फिर युग का फेरा चलेगा। विवेकवान बुद्धिशील कार्यकर्ता अपना सिर पीट लेता है –उसे अपनी बुद्धि–अपने विवेक पर शंका होने लगती है। हो सकता है किसी बड़े शहर में पला बढ़ा मध्यमवर्गीय व्यक्ति कहे – यह कहाँ की चर्चा करने लगे दार्शनिक विमर्श करते करते– हमने तो कभी यह सब नहीं देखा और न सुना।

भारतीय समाज को राजनैतिक स्वतंत्रता प्राप्त किये हुए इकसठ वर्ष पूरे हो चुके हैं। मानवीय व्यक्तित्व की अधिकतम क्षमता और संभावनाओं को विकसित करने वाला संविधान है हमारे पास। दुनिया का सबसे बड़ा लोकतंत्र उससे संचालित हो रहा है, किन्तु देखने में यह आता है कि लोग इसे कानून का शिकंजा मात्र मान रहे हैं। सामान्य नागरिकों की कौन कहे, राजनैतिक दलों में भी संविधान की आकांक्षाओं को प्रतिफलित करने की इच्छाशक्ति दृष्टिगोचर नहीं होती। जनहित याचिकाओं के कारण सुप्रीम कोट का हस्तक्षेप बार–बार बढ़ता जा रहा है। प्रतिक्रियावाद और राजनैतिक स्वार्थों के दबाव में कई संविधान संशोधन किये जा चुके हैं। उन्नीसवीं सदी के नवजागरण के साथ आजादी के पहले भारतीय समाज प्रगति और उत्थान की ऊँचाई छूने के लिये बढ़ रहा था, किन्तु पिछले बीस पच्चीस वर्षों में जो लोकतंत्र के अन्तर्विरोधों और भ्रष्ट राजनीति के चलते तेजी से सामाजिक परिवर्तन हो रहे हैं, उन्हें उत्थान कहा जाय या पतन –यह तय करना बड़ा मुश्किल है।

काल का पहिया (इतिहास) चक्रीय गति से ही आगे बढ़ता है, यह बात तो हमारे शास्त्र और धर्म के अध्येता पिछले बारह तेरह सौ वर्ष- याने कि लगभग पच्चीस-तीस पीढ़ियों से जन-जीवन का संदर्भ देकर सिद्ध करते रहे हैं। हमारे यहाँ के कई प्रसिद्ध विद्वान भारतीय संस्कृति की अपरिवर्तनीयता- शाश्वतता बोध के प्रति श्रद्धानवत हैं। हिन्दी साहित्य के एक विद्वान लेखक कहते हैं - "एक भारतीय होने के नाते मुझे इसकी चिन्ता नहीं है कि मैं कौन था- जिसे आज अस्मिता की चिन्ता कहा जाता है, क्योंकि मैं एक ऐसे वर्तमान में जीता हूँ जो हमेशा से ही मेरे भीतर मौजूद रहा है- शाश्वत वर्तमान का बोध ! .... एक भारतीय का अपनी संस्कृति से सम्बन्ध सीधी और सपाट ऐतिहासिक परिभाषाओं में नहीं समाता, वह एक अस्पष्ट भावना है - अस्पष्ट लेकिन अपनी संलग्नता और प्रतिबद्धता में बहुत ठोस और अखण्डित।" भारतीय समाज की एक निश्चित शाश्वतता तो तब मानी जाती जब दिक और काल में जनजीवन सभी दूर सुख-शान्ति और सहजता का होता। दूर क्यों जायँ इसी वर्तमान में एक स्थान पर राजशाही ठाठ-बाट का अहंकार है तो थोड़ी ही दूर पर गरीबी, भूखमरी, बीमारी और असह्यता का हाहाकार। और काल की बात करें तो कई बार विदेशियों के हिंसक आक्रमणों से पराभूत हुए अपमानित और पद्लुण्ठित हुये। यवन, हूण, शकों ने हराया, मुस्लिमों और अंग्रेजों ने हमें हमारी अस्मिता से विच्छिन्न किया। क्या यही शाश्वता और अखण्डता है ? यह कैसा वर्तमान है जो हमारे करोड़ों लोगों को अन्याय, अपमान, भूख, मौत जैसी विपदाओं में फंस जाने की आशंका में वर्तमान रखता है ?

आज की हमारी भारतीयता यदि अखण्डित है तो उसे चौथी शताब्दि के पहले भी ऐसी ही होना चाहिए था। जबकि आर्यभट्ट प्रथम और वराह मिहिर की कालगणना नहीं थी, जबकि महिने को चार सप्ताहों में और सात दिनों को ग्रहों के नाम के साथ नहीं देखा जाता था। भारतीय ज्योतिषशास्त्र के प्रकाण्ड पण्डित श्री शं.बा. दीक्षित तो बताते हैं कि वैदिक काल में युग का मान पाँच वर्षों का ही होता था, उस समय सप्ताह के सात वार नहीं होते थे। वे कहते हैं कि सात वार मूलतः हमारे नहीं है, बल्कि खाल्डियन लोगों द्वारा हमारे यहाँ आये हैं। [25, पृ. 192] यह मनुष्य जाति की ही विशेषता है कि वह अपनी भावनाओं के अनुरूप अर्थ विन्यास तैयार करता हुआ काल्पनिक भाव जगत बना लेता है और फिर अपने द्वारा ही मान्य अर्थों के अनुरूप उसी भाव जगत में जीवन गुजार देता है। तीस चालीस करोड़ आबादी के लोगों का समाज बारह तेरह सौ वर्षों तक एक भावलोक में जीवन व्यतीत करता रहा है- समाजशास्त्रीय घटना के रूप

में क्या यह कम आश्चर्य की बात है? वैसे देखा जाय तो दुनिया के सभी धार्मिक समुदाय किसी न किसी तरह का भावलोक तैयार करते रहे हैं। इन दिनों इस्लाम के नाम पर जो दुस्साहस पूर्ण ढंग से आत्मबलिदान करने की होड़ लगी हुई है, उसमें भी आखिरत के दिन बहिस्त पाने की लालसा छिपी हुई है।

वर्तमान में तो भारतीय समाज का पौराणिक भावलोक लगभग छिन्न-भिन्न हो चुका है। वैसे इस समाज में गजब का लचीलापन रहा है, बड़े-बड़े आघात सहने के बाद भी कुछ समय में ही पूर्व स्थिति में पुनः आ जाने के दौर कई बार यहाँ आ चुके हैं। आज जब पश्चिमी सभ्यता का अंधाधुंध प्रहार इस पर हो रहा है, तब धार्मिकता की प्रवृत्ति का पुनरोदय और कलियुग की मार से बचने के लिये भक्ति और शरणागति के अमोघ अस्त्रों को धर्मवेत्ता गाँव-गाँव और शहर-शहर लोगों में बाँट रहे हैं। आश्चर्य नहीं कि पूँजीवादी उपभोग की लालसाओं के सामने जहाँ संविधान और विवेक पछाड़ खाते प्रतीत हो रहा है, वहाँ भक्ति का वज्रास्त्र भारतीयों को फिर बचा लेवे !

ब्रह्मसूत्र और भगवतगीता से लेकर बाद के सभी धर्मग्रन्थों में भारतीय समाज की सुरक्षा का टोटका वर्णाश्रम धर्म व्यवस्था में देखा गया है। जातपांत वाला यह वर्णाश्रम धर्म अब तो केवल नाममात्र भर बचा है। पिछले डेढ़ सौ वर्षों से भारतीय संस्कृति के पुरोधा उसे विचारपूर्वक तोड़े जाने की पैरवी करते रहे हैं। अन्तर्जातीय विवाह और आपस में खानपान के शुरू होने तथा पैत्रक शिल्प तथा व्यवसाय की अनिवार्यता के समाप्त हो जाने के कारण हिन्दू समाज की भावात्मक शाश्वतता का अब कोई अर्थ नहीं रह गया है। विज्ञान और प्रौद्योगिकी के द्वारा प्रदत्त नये साधनों ने जीवन के मध्यकालीन व्यवहार को काफी कुछ बदल दिया है। संयुक्त परिवार तो पूरी तरह बिखर गये हैं, नौकरियों के सिलसिले मे लोगों को अपने छोटे परिवार के साथ पैत्रक घरों से दूर रहना होता है। कृषिकर्म में जो जमीन जोतने का हल दो हजार वर्षों से भी ज्यादा समय से अपरिवर्तनीय ढंग से खेत जोत रहा था - अब वह भी अपदस्थ हो गया है। काफी गहरे और तेजी से खेत जोतने के दूसरे साधन काम में आने लगे हैं। अतएव कृषिकर्म वाला भारतीयता का सनातन आधार भी अपना स्वरूप बदल चुका है। ऐसी स्थिति में भारतीय चित्त के शाश्वत लीला लोक के पूर्ववत बचे रह जाने की आशा अब नहीं की जानी चाहिये।

वैसे देखा जाय तो भक्ति के चिन्तन और भगवत लीला की भावात्मकता में गत्यात्मकता का तो निरादर कभी नहीं हुआ। जैसे पुरातन ऋषि अनित्यता और

परिवर्तन में जीवन की अजस्र धारा देखते रहे वैसे ही भक्ति के भाव रस में भी आचार्यों ने जीवन के पद संचालन और अनवरत नर्तन को ही देखा है। भारतीयता की चेतना में जीवन के सातत्य को ढूँढ़ निकालने की हमारी विवशता है। यदि यह संस्कृति सतत पाँच हजार वर्षों से भी ज्यादा समय तक प्रवहमान रही है तो निश्चित ही इसे जीवन का सातत्य भाव ही बचाये रख सका है। एक दीर्घ प्रवाह वाली नदी जब बहती है तो कहीं उसकी धारा का प्रवाह बहुत तेज हो जाता है, तो कहीं पर वह झील की तरह ठहर जाती है। फिर कहीं चक्कर खाती हुई पीछे मुड़कर आगे बढ़ जाती है– भारतीय संस्कृति ऐसी ही एक नदी है। ठहरे हुए जल में सड़ांध का आना स्वाभाविक है और एक जगह घूम घूम कर चलना आगे बढ़ने की भ्रान्ति देता है। हम देखते हैं कि भारतीयता की प्रतीक गंगा नदी भयंकर रूप से प्रदूषित हो गई है। वाराणसी में दसाश्वमेधघाट पर हजारों श्रद्धालु तीर्थवासी गंगा को प्रणाम करते हैं, परन्तु उसका आचमन करते हुए उन्हें डर लगता है। यह वही गंगा नदी है, जिसे हजारों साल पहले सगर के वंशज अंशुमन, दिलीप और भगीरथ ने अपने कठोर प्रयत्नों से मध्य देश–मैदानी इलाके से होते हुए समुद्र सतह तक खींच कर लाये थे। आज इक्कीसवीं सदी में उसी मैदानी इलाके के औद्योगिक नगरों की गन्दगी और कचरा उसे बदबूदार बिजबिजाहट में बदल रहे हैं।

भारतीय समाज के विषय में एक महत्वपूर्ण तथ्य ध्यान में रखने लायक है कि पिछले दो हजार वर्षों से भी ज्यादा समय से यहाँ की बहुसंख्यक जनता राज्यसत्ता और राजनीति से दूर रही है। सम्राट चन्द्रगुप्त मौर्य के समय में आये यूनानी यात्री मेगस्थनीज ने लिखा है कि जब मैदानों में दो विरोधी सेनाओं के बीच युद्ध होते रहते थे तो पास के ही खेतों में कृषक निश्चिन्त होकर हल जोतते रहते थे। राज करने वाली जाति यहाँ क्षत्रिय या ठाकुर मानी गई है, उन्हीं में से राजा होते रहे और उन्हीं में से सैनिक – जो अवसर मिलने पर विद्रोह कर खुद राजा महाराजा बनते रहे। समाजशास्त्रीय व्याख्या के अनुसार वर्णाश्रम धर्म व्यवस्था एक सामाजिक तकनीक–तंत्र– रही है, जिसके अन्तर्गत श्रम विभाजन के सिद्धान्त के अनुसार अधिसंख्य जनता को चेतना शून्य और व्यक्तित्वविहीन बनाकर मात्र उत्पादन के औजार के रूप में परिणित कर दिया गया। फिर भी बहुसंख्यक शूद्रों का दर्जा प्रतिदिन शारीरिक दण्ड और यातना पाते दासों जैसा नहीं था जैसा कि दास–स्वामी व्यवस्था में होता है। यहाँ धर्मशास्त्रों के विधि विधान द्वारा स्पर्श्य और अस्पर्श्य दो प्रकार के शूद्रों के लिए सामाजिक स्तर और व्यवहार निश्चित कर दिये गये थे। प्रारंभ में वैश्यों का कर्त्तव्य व्यवसाय, कृषि,

पशुपालन आदि था जैसा कि भगवतगीता में वर्णित है, किन्तु धीरे-धीरे वैश्य केवल व्यवसाय तक सिमट गये और कृषि तथा पशुपालन का कार्य करने वाले स्पर्श्य शूद्रों (कृषितंत्र की मध्यम जातियाँ) का एक नया वर्ण बन गया, क्योंकि कृषिकर्म के आधिक्य के कारण वे मंत्र और यज्ञोपवीत धारण के संस्कार से दूर होते गये। अस्पर्श्य शूद्रों को, जिन्हें छूने से भी पाप लगता है- सेवा के निष्कृष्ट कार्य सौंपे गये। इस प्रकार की ऊर्ध्वाधर क्रम की सामाजिक व्यवस्था के तय हो जाने पर जनता में धार्मिक निष्ठा के कारण पूर्व जन्म के कर्मों के फल के परिणाम के रूप में शास्त्र विहित श्रम विभाजन के ढाँचे को मान्यता मिल गई और लोगों ने स्वेच्छा से इस सामाजिक व्यवस्था को दो हजार वर्ष तक बनाये रखा। यद्यपि इस व्यवस्था में वास्तविक सामाजिक प्रतिष्ठा केवल ब्राह्मण और क्षत्रिय को ही मिली, जो कि समाज मे आबादी की दृष्टि से दस प्रतिशत से ज्यादा कभी भी नहीं रहे- शेष बहुसंख्यक जनता जीवन यापन के साधन और अन्य आवश्यकताओं की पूर्ति की शर्त पर विवश होकर सामाजिक प्रक्रिया का निर्वाह करती रही। इसलिये स्वाभाविक तौर पर जैसे-जैसे सामाजिक असमानता और शोषण के विरुद्ध चेतना विकसित होती गई, निचले वर्ग के लोगों में भी सामाजिक प्रतिष्ठा प्राप्त करने की लालसा बढ़ी। वंचित, दलित और शुद्रों के साथ हिन्दू समाज में शताब्दियों से जो ब्राह्मणवादी अत्याचार हो रहे थे, उसके विरुद्ध उन्नीसवी सदी में ही समाज के प्रबुद्ध महापुरुषों ने आवाज उठायी थी। उसी आन्दोलन के परिणामस्वरूप आज दलित और सामाजिक रूप से पिछड़े लोगों में आत्मस्वाभिमान जागा है। स्पष्ट है- वे लोग किसी भी शर्त पर वर्णाश्रम धर्म व्यवस्था को- जिसमें उनकी स्थिति दासों से भी बदतर है- बनाये रखना नहीं चाहेंगे।

जिस शाश्वत भावलोक की चर्चा हम पहले कर रहे थे उसके विपर्यय को- इसके मायाजाल को हिन्दूसमाज का बहुसंख्यक पिछड़ा और दलित शोषित समाज पूरी तरह समझ चुका है। वह एक सामाजिक व्यामोह था, जिसे समाज की बहुसंख्यक जनता की अज्ञानता और मानसिक दासता की शर्त पर ही तैयार किया गया था। उस सामाजिक व्यामोह को भारतीय समाज के सुदीर्घ ऐतिहासिक यात्रा में मिथकों के संजाल से- पौराणिक आख्यानों के भित्तिचित्रों से घिरे तम्बूओं के एक ऐसे पड़ाव के रूप में देखा जाना चाहिये, जहाँ कुछ समय लिए यह दीर्घयात्रा ठहर गई थी- वह एक पड़ाव भर था, यात्रा का अन्त नहीं। वर्तमान में बजरंग और शबरी जैसे दास मानसिकता के मिथक पात्रों को पुनर्जीवित करने के प्रयत्न के पीछे के छद्म को स्वाभिमानी जनता समझ रही है। जैसा कि हम

चर्चा कर रहे थे लोकचित्त में सामाजिक अवधारणाओं, मान्यताओं, अन्धविश्वासों और आशा तथा भय का बहुत गहरा संगुंफन होता है, जिन्हें सुलझाकर एक तरफ कर देने का कार्य ऐतिहासिक पुरुषार्थ से ही संभव हो सकता है।

अतीत के सामाजिक अनुभव और स्मृतियों का महत्व वर्तमान परिस्थितियों की उलझनों की बारीकियों को समझने और सही ढ़ंग से सुलझाने के लिये ही होता है। वर्तमान जगत में बहुत तीव्रता से सामाजिक संदर्भ और परिवेश बदलते जा रहे हैं। सामाजिक व्यवहार धार्मिक मान्यतायें, सांस्कृतिक प्रतिबिम्ब, भाषा और सिद्धान्तों के अन्तर्सम्बन्ध– सब कुछ बहुत तेजी से बदल रहे हैं। कुछ चीजें कुछ समय हमारे साथ होती हैं और फिर उनमें बदलाव आ जाता है। जब तक हम कुछ समझकर एक समस्या का निदान ढूँढ़ते हैं, तब तक हमारे सामने दूसरी समस्या आ खड़ी होती है। मध्ययुगीन भारतीय समाज हमारे चारों तरफ फैला हुआ है– गाँव, कस्बा, नगर और महानगर– और इन सभी की अपनी अपनी इयत्तायें हैं– मानसिकता और व्यवहार हैं। पचास साठ साल पहले तक देश और काल लगभग स्थिर और स्थायी दिखाई देते थे, किन्तु आज हमारा प्राचीन समाज हमारे सामने नहीं रह गया है। आधुनिकता कहाँ कितनी पहुँची है– इसका विश्लेषण चल रहा है और उत्तर आधुनिकता भी महानगरों के माध्यम से संचार तंत्र और अधुनातन इलेक्ट्रानिक संसाधनों के जरिये गाँव–गाँव तक पहुँच रही है।

भारतीय समाज का चित्त स्थिर नहीं है, वह देश और काल के अनुसार बदलता है– गाँव में इस चित्त की घटनायें नगर से अलग हैं और महानगर में तो यह चित्त बिल्कुल अलग ढ़ंग से सोचता है। अस्तित्व के प्रति आशंका और भय की वजह से गाँव के लोग शहरों की ओर भाग रहे हैं, शहरी करण में जो चित्त विभ्रंश हो रहा है, उसके विभत्स द्दश्य सामने आने लगे हैं।

सभी मानव समूह एक प्रकार के जैविक संकाय होते हैं। जैसे कोई सजीव प्राणी अपनी इन्द्रियों के माध्यम से अपने परिवेश का संज्ञान लेता है, उसी तरह सामाजिकता अपने विविध अंगों के माध्यम से अपने परिवेश का संज्ञान लेती है। सामाजिक संज्ञान को परिस्थितयों और समय की धारणाओं से अलग नहीं किया जा सकता है। जब हम भारतीय चित्त की बात करते हैं तो इसको वाणी देने वाली इयत्ताओं को भी पहचानना होगा। शहीदे आजम भगतसिंह, बाबा साहेब भीमराव अम्बेडकर, मौलाना अब्दुल कलाम आजाद आदि के स्वरों में जो वाणी प्रतिध्वनित हुई, उनकी निगाहों में जो प्रतिबिम्बित हुआ वह भारतीय चित्त

का संज्ञान है, परन्तु यह संज्ञान इन इयत्ताओं की परिस्थितियों में से प्रतिफलित हुआ संज्ञान है। जब हम तलाश में निकलते हैं गहरे और फैले हुए सामाजिक संज्ञान को प्राप्त करने के लिए तो हमें दिखाई देते हैं– मोहनदास करमचन्द गाँधी – 'जो ईश्वर ही सत्य है' – की धारणा से चलते चलते 'सत्य ही ईश्वर है'– तक पहुँच कर महात्मा गाँधी बन जाते हैं – ठेठ देहाती फिर भी अंग्रेजी जुबान में दुनिया भर में अपनी धीमी मगर दृढ़ आवाज को फैलाने की काबिलियत वाले, हिन्दुस्तानी जबान में गाँव से लेकर शहर और देश की राजधानी तक फैले देसवासियों और हुक्मरानों को अपने साथ कदम मिलाकर चलने की नसीहत देने वाले भारतीय। और भी बहुत सारे भारतीय हैं जो भारतीय चित्त को ही अभिव्यक्त करते हैं, बात तो सही सवाल उठाने की है जिससे दूर तक फैले हुए भारतीय चित्त से सही जवाब की तरंग उठ सके।

3.4.2 विश्वजनीन मानव संस्कृति

वैश्विक सभ्यता का निर्माण साम्राज्यवादी शोषण और मुनाफाखोरी की मनोवृत्ति से कभी नहीं हो सकता है। यदि वैश्विक मानव संस्कृति का अभ्युदय होना है तो उसके लिये सहयोग और सहकार की प्रवृत्ति आवश्यक होगी। अब मनुष्य जाति का भविष्य का इतिहास इसी द्वन्द्व से परिचालित होगा। पिछले कुछ ही वर्षों में जिस प्रकार से क्षुद्र लालसाओं की पूर्ति के लिये प्राकृतिक संसाधनों का निस्सीम उपभोग किया गया, उससे दो अरब वर्षों में बने भूण्डल का जैविक वातावरण तहस–नहस हुआ है। मानव सभ्यता के विकास के लिये जो आवश्यकता और स्वतंत्रता के आनुपातिक सिद्धान्त की पैरवी की जा रही थी, उसमें आवश्यकता और स्वतंत्रता परस्परावलम्बित जरूर रहे हैं, किन्तु असीम आवश्यकता पूर्ति से असीम स्वतंत्रता की प्राप्ति असंभव है। ऐसी अपेक्षा से केवल मानव जाति का विनाश ही होगा, पूर्ण विनाश – जैसा कि इसी पृथ्वी पर करोड़ों वर्ष पूर्व डायनोसार जैसे विशाल प्राणियों का हो चुका है। दो सौ वर्ष पूर्व प्रसिद्ध दार्शनिक हेगेल ने आवश्यकता और स्वतंत्रता के सम्बन्ध की व्याख्या की थी, उसी समय उन्होंने कहा था– "आवश्यकता केवल उसी हद तक अंधी होती है जिस हद तक वह समझी नहीं जाती।" वास्तव में तो आवश्यकता की सही समझ से ही स्वतंत्रता की अनुभूति होती है। कार्लमार्क्स के साथी ऐंजेल्स ने अपनी पुस्तक 'एण्टी ड्यूरिंग' में आवश्यकता और स्वतंत्रता की द्वन्द्वात्मकता की बहुत अच्छी व्याख्या की है। वे कहते हैं कि ' 'स्वतंत्रता प्राकृतिक नियमों से विच्छिन्न हो जाने की लालसा में निहित नहीं है, बल्कि वह इन नियमों के ज्ञान

में तथा इस ज्ञान की सहायता से इन नियमों में निश्चित उद्देश्यों के लिए सुनियोजित ढंग से कार्य कराने की जो संभावना पैदा होती है, उस संभावना में निहित है।" [53]

मार्क्स-ऐंजेल्स बहुत स्पष्ट शब्दों में घोषणा करते हैं कि स्वतंत्रता अपने ऊपर संयम तथा बाह्य प्रकृति के ऊपर नियंत्रण में निहित होती है और वह नियंत्रण प्राकृतिक आवश्यकता के ज्ञान पर आधारित होता है। इसलिये स्वतंत्रता लाजिमी तौर ऐतिहासिक विकास का फल होती है। मार्क्स उपयुक्त यांत्रिक क्षमता वाली उत्पादन प्रणाली से सामाजिक समृद्धि और आवश्कता पूर्ति के पक्षधर भले रहे हों किन्तु उपरोक्त कथन से स्पष्ट है कि वे मानवीय संयम और विवेक को सामाजिक स्वतंत्रता के लिये आवश्यक मानते थे। उन्हें भी कल्पना नहीं थी कि दो सौ वर्ष बाद पूँजीवादी उत्पादन प्रणाली के माध्यम से प्राकृतिक चक्र और पर्यावरण की समरसता को ध्वस्त करके मात्र समृद्धि और उच्छृंखलता की ताकत अर्जित करने को ही मानवीय विकास माना जायेगा। बड़े पैमाने पर उत्पादन करने वाली मशीनों के लिये कच्चे माल की जरूरत होती है, उसे उत्पादन स्थान से बहुत दूर के इलाकों से प्राप्त किया जाता है। यूरोप और अमेरिका का सारा उत्पादन तीसरी दुनिया के पिछड़े और गरीब मुल्कों के यहां के साधनों की लूट पर ही निर्भर रहा है। इन समृद्ध और विकसित देशों की विलासिता के लिये शेष गरीब देशों की सम्पत्ति और साधनों की लूट होती रही है। साफ है कि यदि इन विकसित देशों की पूंजीवादी प्रौद्योगिकी को सारी दुनिया के विकास के लिये प्रादर्श माना जाये तो इस पूरी पृथ्वी से संसाधन जुटाना संभव ही नहीं होगा, उसके लिये दूसरे ग्रहों की लूट जरूरी होगी। दुनिया भर के चालीस प्रतिशत संसाधनों का उपभोग करने वाला संयुक्त राज्य अमेरिका ग्रीन हाउस इफेक्ट से बचने के लिये जो वैश्विक संधि का मसौदा तैयार किया गया है, उस पर हस्ताक्षर करने से इसलिये इन्कार कर रहा है कि इस संधि से बंध जाने पर उसे अपने यहां की विलासिता पूर्ण जीवन प्रणाली को संयमित करना होगा। उपभोग की ऐसी शैतानी प्रवृत्ति के रहते एक शान्त और समरस विश्व के निर्माण की किस प्रकार कल्पना की जा सकती है?

कार्लमार्क्स का 1883 ई. में जब देहान्त हुआ तब मोहनदास करमचन्द गाँधी मात्र चौदह बरस के बालक थे और 1948 ई. में जब उनकी हत्या हुई, तब से अन्तर्राष्ट्रीय स्तर पर जो दो नाम सबसे ज्यादा जाने जाते हैं, वे है- मार्क्स और गाँधी। इन दो व्यक्तियों के नाम के साथ जो तीसरा नाम जुड़ता है वह है वैज्ञानिक आइनस्टाइन का। मार्क्स और आइनस्टाइन अपनी बौद्धिक और

दार्शनिक–वैज्ञानिक क्षमताओं की जिस ऊँचाई पर थे, संभवतः वैसी दार्शनिक या बौद्धिक धाक महात्मा गाँधी की नहीं थी। किन्तु मानवीय इच्छा शक्ति, सत्य और अहिंसा के सामाजिक प्रयोगों ने उन्हें दुनिया भर में लोकप्रिय बनाया था। वैसे देखा जाय तो बीसवीं सदी के सामाजिक सांस्कृतिक परिदृश्य पर भी इन्हीं तीन व्यक्तियों के ईद–गिर्द घुमती अवधारणाओं ने ही अपना प्रभाव दिखाया। ये तीन नाम लोकतंत्र (सिविल सोसायटी), समाजवाद और विज्ञान का प्रतिनिधित्व करते रहे हैं। महात्मा गाँधी ने दार्शनिक बौद्धिक बहस के लिये कोई बड़ा ग्रन्थ नहीं लिखा है। अपनी छोटी सी पुस्तिका 'हिन्द स्वराज्य' में गाँधीजी ने, जो कि उस समय बहुत साधारण से आदमी दिखाई देते थे, बीसवीं शताब्दी के प्रारंभ में ही आधुनिक सभ्यता के संकट को पहचान लिया था। हिन्दुस्तानी जनता को साथ लेकर वे जो स्वातंत्र्य अभियान चला रहे थे, वह केवल एक देश की राजनैतिक आजादी का मामला नहीं था, बल्कि साम्राज्यवादी शोषण के विरुद्ध दुनिया के सभी पिछड़े समाजों की बुनियादी आजादी का सवाल था। यह सवाल सोवियत संघ और अन्य समाजवादी देशों की तानाशाही के संदर्भ में वैश्विक स्तर पर नई मानवीय सभ्यता के निर्माण से जुड़ा हुआ था। यही वजह है कि आज के उत्तर औद्योगिक और उत्तर औपनिवेशिक दुनिया की सभ्यता और संस्कृति के सामने आये संकट पर विचार करते हुए गाँधीजी द्वारा उठाये गये मुद्दों पर पूरे विश्व के बुद्धिजीवी और संयुक्त राष्ट्र संघ जैसी संस्थाएँ भी अपना ध्यान केन्द्रित करती रही हैं। हेगेल अपने ऐतिहासिक दर्शन में जिसे युग की बेचैन आत्मा– झिटजिस्ट – कहते थे, वही बेचैनी आधुनिक सभ्यता के सामने आज प्रकट हो रही है, जिसकी वैचारिक सिंथीसीस– संश्लेषण मार्क्स–गाँधी की द्वन्द्वात्मकता में ही ढूँढ़ी जा सकती है।

बीसवीं शताब्दी में बहुत सारी पुरानी प्रवृत्तियों और सामाजिक स्थितियों का अन्त हुआ है। विद्वानों ने समय समय पर ऐसे अन्तों की घोषणायें की, जिस पर वैचारिक चर्चायें होती रही हैं। आधुनिकता का अन्त, ऑथरिटी का अन्त, ईश्वर का अन्त, इतिहास का अन्त आदि–आदि ये ऐसे बौद्धिक मुहावरे हैं, जो विश्व स्तर पर सांस्कृतिक क्षेत्र में तीव्रता से हो रहे परिवर्तन को परिलक्षित करते हैं। मार्क्स और गाँधी के दैहिक अन्तों का समय बीते काफी अरसा हो चुका है। सोवियत संघ के विघटन के साथ समाजवादी देशों के बिखराव को पूरी दुनिया के इतिहास के अन्त के रूप में विश्लेषित करने के पीछे जो भावना है, उसमें मानवीय हताशा छिपी हुई है। सभ्यताओं के संघर्ष के नारे के पीछे केवल

ईसाइयत और इस्लाम के संघर्ष को देखना भी ऐसी मानसिक असुरक्षा का भाव प्रकट करता है।

बीसवीं शताब्दी में दुनिया के सभी राष्ट्रों के बीच जो निकटता और सम्पर्कजनित टकराव उत्पन्न हुआ है, वह किसी व्यक्ति या राष्ट्र के प्रयास से नहीं हुआ है। मानवीय इतिहास की यह एक स्वाभाविक और अपरिहार्य घटना है। ऐसी स्थिति में मानवीय चेतना में मानव जाति के अस्तित्व की चिन्ता, मानव समाजों के बीच परस्पर सम्बन्ध और संघर्ष के संज्ञान का उदित होना अवश्यम्भावी परिणाम है। बीसवीं सदी के आखिरी वर्षों में और आज इक्कीसवीं सदी के प्रारंभिक दशक में दुनिया एक ध्रुवीय दिखाई दे रही है– मानव संस्कृति का केन्द्रीय तत्व– सहअस्तित्व कहीं भी दृष्टिगोचर नहीं होता है। एक सौ बानवे राष्ट्रों के अन्तर्राष्ट्रीय संगठन– संयुक्तराष्ट्र संघ की असहमतियों की अमेरिका को बिल्कुल परवाह नहीं है। भविष्य की आशा के रूप में भले ही उसका अस्तित्व दुनिया के लोगों को आश्वस्त करता हो, किन्तु यदि आधुनिक सभ्यता से ही उत्पन्न अपरिमित आधिपत्य की भावना और निर्जीव प्रौद्योगिकी के द्वारा सभी प्रकार के जैविकी के दुर्दान्त दलन की प्रवृत्ति पर अंकुश न लगाया गया तो इसी प्रौद्योगिकी और विनाशक शस्त्रों के बल पर महाबली और विजेता राष्ट्र दुनिया को एक आयामी – एक ध्रुवीय ही बनाये रखेगा, फिर चाहे वह अमेरिका हो या फिर अमेरिका को हराने वाली कोई दूसरी शक्ति। अन्तर्राष्ट्रीय राजनैतिक वित्तीय, सांस्कृतिक और विधायी संस्थानों का निर्माण बहुकेन्द्रित जगत के उन्नयन के लिये ही हुआ था, किन्तु वे असफल इसलिये हो रहे हैं कि उन्हें आधुनिक सभ्यता की सन्तान–विलासिता और विनाश की प्रौद्योगिकी ने बर्बर बाजार के हाथों बेच दिया है।

विश्व व्यापार संघ की नीतियों पर विकसित देशों के ट्रांसनेशनल कारपोरेशन्स हावी हैं, जिनकी वजह से विकासशील देशों की जनता को पूँजीवादी लूट के लिये केवल माल और बाजार भर बन कर रह जाना है। अभी तक तो खनिजों के लिए पहाड़ और जंगलों पर ही इन कम्पनियों की निगाहें थीं, किन्तु अब वे स्थानीय फसलों और वनस्पतियों को भी अपने एकाधिकार में लेना चाह रहे हैं। आधुनिक प्रौद्योगिकी के मुक्तिदाता होने का भ्रम सभी दूर छाया हुआ है जिससे दुनिया की सभी नदियाँ तो पहले से ही प्रदूषित हो चुकी हैं, जमीन के नीचे का जल भी शहरीकरण के भेंट चढ़ गया है। आगामी पाँच दस वर्षों के बाद ही सारी दुनिया पीने के पानी के लिये घटपटाएगी। प्राकृतिक रूप से प्राप्त हो रहे जीवन के बुनियादी साधन भी आधुनिक सभ्यता तेजी से नष्ट कर रही है।

क्या आधुनिकता का मतलब केवल प्रकृति से कटी हुई एक तरह की केपसूल में बन्द जिन्दगी ही नहीं है ? आधुनिक सभ्यता ने अपने निर्माण के लिये जो ऊर्जा प्राप्त की है, वह जमीन में संरक्षित कोयले और अन्य खनिज से मिली है, हाइड्रोकार्बन की छिपी दौलत भी अब समाप्त होने को है, इन सबका पुनर्नवीकरण नहीं हो सकता है। यदि यही जीवन की शैली आगे भी बनी रहती है तो उसके संधारण के लिये कच्चा माल कहाँ से प्राप्त होगा? समझना यह है कि बीसवीं शताब्दी में जो आधुनिक सभ्यता के नाम पर एक ही तरह की स्टैण्डराइज्ड जीवन शैली विकसित की गई है – वह अनिवार्य रूप से एक आयामी या एक ध्रुवीय ही बन कर अस्तित्व में रह सकती है।

निश्चित ही वैश्विक सभ्यता का उदय इस वर्तमान वैश्वीकरण की प्रकिया से नहीं हो सकता है। दुनिया के दो–तिहाई पिछड़े समाज– जिन्हें अपने राष्ट्र–राज्य की सार्वभौमिकता को बचाना लाजिमी हो जायेगा, किसी एक राजनैतिक सत्ता के सर्वग्रासी आधिपत्य को स्वीकार नहीं करेंगे। यह किसी मध्ययुगीन राजा के द्वारा अपने राज्य के विस्तार का मामला नहीं है, बल्कि सार्वभौम सभ्यता और संस्कृति के बने रहने की जवाबदारी है। हजारों साल से अलग अलग भूभागों पर जो सभ्यतायें पली बढ़ी है, वे वैश्वीकरण की आँधी में एकाएक नष्ट हो जायेंगी– इसकी संभावना बहुत कम है। पूंजीवादी साम्राज्यवाद को हटा कर साम्यवादी साम्राज्य स्थापित करने का सपना तो सोवियत संघ के विघटन के साथ ही चकनाचूर हो चुका है, किन्तु यदि निकट भविष्य में मानव सभ्यता को नष्ट नहीं होना है तो समाजवादी न्याय परक मानव समाज के निर्माण की आशा भी नष्ट नहीं होगी।

आधुनिक, उत्तर औद्योगिक, उत्तर औपनिवेशिक तथा उत्तर आधुनिक जैसी अवधारणात्मक संज्ञाओं का संदर्भ यूरोपीय सभ्यता के साथ ही जुड़ा रहा है। काण्ट, हेगेल, स्पेंसर, डारविन, मार्क्स जैसे दिग्गज दार्शनिकों की विचारधारा से इनलाइटनमेण्ट इरा– ज्ञानप्रकाश युग शुरु हुआ था, जहाँ औद्योगीकरण की नई परिस्थितियों में सेण्ट साइमन, फोरियर, ओवेन जैसे समाजवादियों ने नये मनुष्य के लिये नये जीवन के सपने देखे थे। धार्मिक रूढ़ियों और अन्ध विश्वासों को त्याग कर मनुष्य के लौकिक जीवन को प्रतिष्ठा देने वाले हेगेल का वाक्य– जो भी यथार्थ है वह विवेक सम्मत है और जो विवेक सम्मत है वही यथार्थ हो सकता है – उस समय के बुद्धिजीवियों का आधार वाक्य था। उसी तारतम्य में नीत्शे और फ्रायड ने पवित्रतावादी आडम्बनरों को ध्वस्त किया था और आइनस्टाइन

जैसे वैज्ञानिकों ने ब्रह्माण्ड और विश्व सम्बन्धी प्राकृतिक अवधारणाओं से मनुष्य को मध्ययुगीन मायावी विश्वासों से मुक्त करते हुए आधुनिक बनाया था। उससमय यूरोप का ही लगभग सारी दुनिया पर एक छत्र साम्राज्य था- सारे देश उसी के उपनिवेश थे। अतएव स्वाभाविक तौर पर दुनिया के समृद्ध और सुसंस्कृत हिस्से पर हुए सांस्कृतिक अभ्युदय को दुनिया के सभी समाजों ने मानव जाति के अभ्युदय के रूप में स्वीकार किया और उस सामाजिक चेतना के प्रभाव में ही बाद में सभी समाजों ने राजनैतिक स्वतंत्रता प्राप्त की।

गाँधीजी अपनी पुस्तक "हिन्द स्वराज्य" में आधुनिक सभ्यता के कटु आलोचक के रूप में दिखाई देते हैं। कोर्ट, वकील, डाक्टर, रेल्वे, मशीन जैने आधुनिकता के वाहक तत्वों की आलोचना का उनका आधार यह था कि ये तत्व मनुष्य के स्व (आत्मन) की सत्ता- मानवीय व्यक्तितत्व को ज्यादा से ज्यादा पराधीन बनाते हैं। उनकी स्वराज्य की भावना स्थानीय स्वातंत्र्य पर केन्द्रित थी। इसके लिये उन्होंने पश्चिमी विद्वानों- टालस्टाय, थोरो, रस्किन आदि से ही विचार प्राप्त किये थे, किन्तु इसका मूल स्वर पूर्णतया भारतीय अध्यात्म है। तैतिरीय उपनिषद में कहा गया है - आप्नोति स्वराज्यम्। आप्नो ति मनस्पतिम्। (1-6) -वह अपने स्वराज्य को प्राप्त करता है। वह अपने मन का स्वामी होता है।

गाँधीजी ने संभवतः मान लिया था कि भविष्य का समाज ब्रिटेन की लोकतांत्रिक पद्धति के कानून के राज्य के रूप में विकसित होगा। उनके सारे सामाजिक और वैयक्तिक प्रयोगों को सिविल सोसायटी- नागरिक समाज में ही मान्यता प्राप्त हो सकती थी। सामन्ती और आक्रामक समाज में सामाजिक या व्यक्तिगत सत्याग्रह का कोई अर्थ नहीं रहा है। उनके देश भारतवर्ष में ही इसी कारण से उनका काफी अनादर हुआ और आज भी हम देखते हैं कि यहाँ की लोकतांत्रिक सरकारें अहिंसक जन आन्दोलनों और व्यक्तिगत सत्याग्रह को निर्दयतापूर्वक दबाती रही हैं। स्वयं गाँधीजी भी इस तथ्य को आनुसंगिक ढ़ंग से स्वीकार करते हैं कि 'हिन्दस्वराजय' में व्यक्त किये गये विचार उनके लिये भी आदर्श विचार हैं। वे स्वयं कहते हैं- "लेकिन मैं पाठकों को एक चेतावनी देना चाहता हूँ। वे ऐसा न मान लें कि इस किताब में जिस स्वराज्य की तस्वीर मैंने खड़ी की है, वैसा स्वराज्य कायम करने के लिये आज मेरी कोशिश चल रही है। मैं जानता हूँ कि अभी हिन्दुस्तान उसके लिये तैयार नहीं है। ऐसा कहने में शायद ठिठाई का भास हो, लेकिन मुझे तो पक्का विश्वास है कि इसमें जिस स्वराज्य की तस्वीर मैंने खींची है, वैसा स्वराज्य पाने की मेरी निजी कोशिश

जरूर चल रही है। लेकिन इसमें कोई शक नहीं कि आज मेरी सामूहिक प्रवृत्ति का ध्येय तो हिन्दुस्तान की प्रजा की इच्छा के मुताबिक पार्लियामेन्टरी ढ़ंग का स्वराज्य पाना है।" [36]

बाद में वे मशीन की आलोचना से भी पीछे हटते हैं और सामाजिक सम्पत्ति के स्वामी के रूप में समाजवादी होने का संकल्प दोहराते हैं – "मेरा विरोध यंत्रों के लिए नहीं है, बल्कि यंत्रों के पीछे जो पागलपन आज चल रहा है, उसके लिये है। –समय और श्रम की बचत तो मैं भी चाहता हूँ, परन्तु वह किसी खास वर्ग की नहीं बल्कि सारी मानवजाति की होनी चाहिये। कुछ गिनेगिनाये लोगों के पास संपत्ति जमा हो ऐसा नहीं बल्कि सबके पास जमा हो ऐसा मैं चाहता हूँ।.... मेरा उद्देश्य तमाम यंत्रों का नाश करने का नहीं है बल्कि उनकी हद बांधने का है। ... सिंगर की सीने की मशीन का स्वागत करूंगा .... मैं इतना कहने की हद तक समाजवादी तो हूँ कि ऐसे कारखानों (छोटी मशीन के पुरजों को बनाने वाले बड़े कारखाने) का मालिक राष्ट्र हो या जनता की सरकार की ओर से ऐसे कारखाने चलाये जायें। [36, पृ. 15–16] इन उद्धरणों से यह तो साफ है कि गाँधीजी पर मध्ययुगीन शुद्धतावादी होने का आरोप लगाना बेबुनियाद है। हिंसा, मुनाफा, उत्पादक श्रम की उपेक्षा, प्रकृति का शोषण और स्थानीयता तथा स्वावलम्बन के प्रति अनादर भाव के ही वे घोर विरोधी थे। उनके जीवनकाल में ही उनकी ख्याति पश्चिमी विकसित समाजों में नागरिक अधिकारों को प्राप्त करने के लिए अहिंसक प्रतिरोध वाले तरीके–सिविल नाफरमानी के कारण हुई थी। इक्कीसवीं शताब्दी में भी उनके अहिंसक प्रतिरोध के तरीके को अन्तर्राष्ट्रीय स्तर पर ज्यादा से ज्यादा अहमियत दी जा रही है। दरअसल में हमें गाँधीजी को व्यक्ति के रूप में न देखते हुए भारतीयता की चेतना के रूप में देखना चाहिए। उनके चरित्र और चिन्तन के गुण दोष का सही विश्लेषण तभी हो सकता है जब हम उन्हें एक ईमानदार भारतीय के रूप में देखें। भारतीयों के लिये वसुधैव कुटुम्बकम्– का विचार नया नहीं है, वे लोग हजारों साल से सारी वसुधा को अपना परिवार मानते चले आ रहे हैं।

आधुनिक मनुष्य में विज्ञान और प्रौद्योगिकी की जबरदस्त क्षमता हासिल कर लेने के बाद यह अहंकार घर कर गया है कि वह प्रकृति और ब्रह्माण्ड को जैसे चाहे वैसे उपयोग में ला सकता है और अपनी सम्पत्ति मानते हुए उसका जैसा चाहे वैसा परिवर्तन और परिवर्धन करने का हक उसे हासिल है। पृथ्वी पर जितनी भी जड़ या सजीव वस्तुयें दिखाई दे रही हैं, वे सभी हजारों वर्षों के उद्विकास के परिणामस्वरूप अस्तित्व में आयी हैं, इसलिये उन्हें कभी भी उनके

परिवेश से हटाकर अलग से नहीं देखा जा सकता है। बीसवीं सदी की विकास प्रक्रिया में यह खोट रही है कि उसने सामाजिक, सांस्कृतिक और प्राकृतिक सभी क्षेत्रों में पूर्व सत्ता या प्रकिया को उसकी जड़ों से उखाड़कर या उसकी स्थानीयता को नजर अन्दाज कर वहाँ दूसरी असम्बद्ध सत्ता को प्रतिष्ठापित किया है। विशाल काय शहर, औद्योगिक बस्तियाँ, बड़े बाँध, विशालकाय यांत्रिक प्रकोष्ट और तो और सूक्ष्मातिसूक्ष्म जीवाणु जगत – इन प्रकियाओं में न केवल मानव समाज विस्थापित हुए हैं, बल्कि पूर्व की परम्परागत समरसता विच्छृंखलित हुई है और नये नये रोगों के खतरे बढ़े हैं। फलस्वरूप पूरे विश्व में हिंसा, सामाजिक अपराध, भूखमरी और नये–नये रोग मानव समाज को त्रस्त कर रहे हैं। सरकारें विकास योजनाओं के तात्कालिक लाभ को तो देख पाती हैं किन्तु उनसे प्रतिक्रियास्वरूप होने वाले सुदूर परिणाम उनकी निगाहों में नहीं आ पाते। मानव विकास के पैमाने–भोजन, स्वास्थ्य, शिक्षा, प्राकृतिक संसाधन, पर्यावरण, आवास आदि की आपूर्ति और संरक्षण तभी विवेक सम्मत ढ़ंग से संभव है, जब प्राकृतिक परिवेश और जैवकीय परिप्रेक्ष्य का यथाउचित ध्यान रखा जावे।

पिछले पचास वर्षों में शहरीकरण की बढ़ती प्रवृत्ति से बिल्कुल नये ढ़ंग की मानवीय समस्याओं को उभारा है। भारतीय प्ररिप्रेक्ष्य में इस तरह के बदलाव को देखा जाय तो निश्चित ही एक तरह का शैतानी विकास है– कृषितंत्र और देहात का क्षय भारतीय सभ्यता को ही नष्ट करके रख देगा। बढ़ते हुए शहरों की आबादी को उनकी बुनियादी जरूरत की चीजें मुहैया कराना तो असंभव है ही, उनके कारण आसपास का जीवन भी विच्छृंखलित हो रहा है। वर्तमान जगत के लगभग सभी मानव समाजों की लगभग यही स्थिति है।

अतएव, यह स्पष्ट है कि यूरोपीय समाज की आधुनिकता के बारे में हम चाहे जो भी विचार रखते हों, सारे विश्व के मानव समूहों को बीसवीं शताब्दी में बहुत जबरदस्त परिवर्तनों का सामना करना पड़ा है। उसकी वजह से सभी दूर वैचारिक द्वन्द्व की स्थिति बनी है, परम्परा में आये विक्षोभ के कारण सभी दूर आधुनिक या उत्तर आधुनिक विश्वजनीन सांस्कृतिक अवधारणा का उभार सामने आ रहा है। दुनिया की सभी मानव समूहों की संस्कृतियाँ आज अपने अपने अतीत पर आधुनिकता की छाया का प्रभाव महसूस कर रही है, उन पर अपने ढ़ंग से नये विश्व को परिभाषित करने का दायित्व आ पड़ा है। पूर्वी एशिया के देशों के स्थानीय बौद्ध संस्कार, मध्यएशिया और अफ्रीका का इस्लामिक ढ़ंग और दक्षिण एशिया की भारतीय जीवन पद्धति, पश्चिमी की ईसाइयत और यहूदी

धारणायें- इन सभी परम्परागत संस्कृतियों को नई परिस्थितियों के अनुरूप एक नई मानव संस्कृति का हिस्सा बनना है।

वर्तमान इक्कीसवीं सदी के प्रथम दशक के वैश्विक परिदृश्य को देखते हुए यह बात साफ है कि विभिन्न मानव समूहों को यदि अपना अस्तित्व बचाये रखना है तो उन्हें सहअस्तित्व के सिद्धान्त को समझना होगा। यूरोपीय संघ के गठन के बाद ऐतिहासिक और भौगोलिक आर्थिक कारणों से राज्यों के नये संघ बनाने की प्रक्रिया शुरू हुई है। गुट निरपेक्ष देशों का संघ, विश्व व्यापार संघ के मंच पर जी-20 का समूह, दक्षिण अमेरिका की नई राजनीतिक जागृति, आसियन देशों का समूह जैसे राजनैतिक वाणिज्यिक समूहों का उभरना शक्ति संतुलन की दृष्टि से विश्व के लिये शुभ संकेत है। राष्ट्रों के बीच युद्ध अब किसी भी प्रकार से राजनैतिक -सामाजिक समस्याओं का निराकरण नहीं कर सकते। पिछले पचास वर्षों में शीत युद्ध के दौरान सोवियत संघ और संयुक्त राज्य अमेरिका अपने पास भयंकर विनाशक युद्धास्त्रों को रखने के बाद भी उनका कभी उपयोग नहीं कर सके और अमेरिका जैसे महाबली को वियतनाम, इराक, मिश्र जैसे स्थानीय युद्धों में वर्षों उलझे रहने के बावजूद भी वापस होना पड़ा। इसलिये अब परमाणविक अस्त्र-शस्त्रों के संग्रह तथा युद्ध की तैयारी पर बेवजह अपार धनराशि के अपव्यय को मानवता विरोधी अपराध माना जाना चाहिये। 11, नवम्बर 2001 की वर्ल्ड ट्रेड सेण्टर की इमारतों के ध्वंस होने के बाद आज छः वर्षों के भीतर अमेरिका पर सारी दुनिया का नैतिक दबाव ही काम कर रहा है जिसकी वजह से वह युद्ध को बड़ा स्वरूप नहीं दे पा रहा है, हालांकि इन युद्धों में भी उसने आणविक क्लस्टर बमों का उपयोग किया ही है।

सामाजिक असमानता, अन्याय और शोषण के विरुद्ध प्रतिरोध को तो रोकना संभव नहीं है, जब तक मनुष्यों में आधिपत्य और द्वेष की भावना है, तब तक हिंसा और आतंक भी प्रकट होंगे ही। मानव समाज की प्रगति में हमारा विश्वास है तो हमें यह भी मानना चाहिए कि मध्ययुगीन बर्बरता और सामूहिक हत्या की मानकिता से मानव सभ्यता को आगे आना ही होगा। वैसे यह आधुनिक मनुष्य की प्रगति का ही लक्षण कहा जाना चाहिए कि बड़े युद्ध निरर्थक हो चुके हैं और अब राजकीय हिंसा को भी मानव अधिकार के विरुद्ध माना जा रहा है। इसी दृष्टि से आतंकवाद की नई प्रवृत्ति को समझना चाहिए। किसी भी तरह की आशंका और भय की वृत्ति के समाज में रहने की स्थिति में मानवीय स्वतंत्रता और समरसता की भावना पूरी तरह प्रतिफलित नहीं हो सकती है।

पिछले कुछ वर्षों में विश्व के सभी राष्ट्रों के बीच निकटता और आपसी व्यवहार बढ़ा है अतः आवश्यकता और स्वतंत्रता के द्वन्द्व के संदर्भ में भी यह लाजिमी है कि सभी राष्ट्र अपनी आवश्यकताओं के सही स्वरूप को पहचानते हुए परस्पर उचित विनिमय के तरीके निकाले। आर्थिक और वित्तीय परिस्थितियों में पिछली शताब्दी में जो कल्पनातीत परिवर्तन आये हैं, उस परिप्रेक्ष्य में श्रम और पूँजी के सम्बन्धों का विवेक सम्मत निराकरण निकाला जा सकता है, बशर्ते वैश्विक दबाव इस दिशा में काम करे। यह ऐसी संभावना है जो इक्कीसवीं सदी को पिछली मानव सभ्यता से बिल्कुल अलग तरह की सभ्यता और संस्कृति के निर्माण का अवसर देगी। पूँजी मनुष्य की भौतिक आवश्यकता पूर्ति का एक साधन रही है, जिसे मनुष्य के श्रम से विनियोजित किया जाता रहा है। वैश्विक सभ्यता और संस्कृति के अभ्युदय के साथ मनुष्य की इसी मूलभूत समस्या का समुचित निराकरण किया जाना है। प्रकृति ने मनुष्य के शरीर का उद्‌विकास इस प्रकार से किया है कि वह अपनी तात्कालिक आवश्यकताओं को अपनी शारीरिक क्रियाओं के माध्यम से जुटा सके। ये ही शारीरिक क्रियायें आनन्द प्राप्ति के लिये क्रीड़ा कही जाती हैं और आवश्यकता पूर्ति के लिये श्रम। सम्पूर्ण मानव विकास क्रम का इतिहास मनुष्य के श्रम के शोषण का इतिहास रहा है। जब आज उत्पादन की समस्या का निराकरण किया जा सकता है तो मानव श्रम को उचित सम्मान भी दिया जाना चाहिये। आधुनिक प्रौद्योगिकी मनुष्य और मानवीय श्रम दोनों का निरादर करती है, साथ ही मनुष्य के मन में अवसाद उत्पन्न करती है। मात्र प्रचुर उत्पादन से मनुष्य सुखी नहीं हो सकता। सही सुख और आनन्द की प्राप्ति के लिये श्रम की रचनात्मकता और आवश्यकता की पूर्ति दोनों जरूरी है। इस दृष्टि से हम देखते हैं कि वर्तमान विश्व स्तर पर जो पूँजीवादी अर्थतंत्र की प्रकिया चल रही है, उस पर जब तक सामाजिक नियंत्रण लागू नहीं होता है तब तक मनुष्य द्वारा मनुष्य का शोषण भी समाप्त नहीं हो सकता। मार्क्स और गाँधी की विचार दृष्टि वर्तमान विश्व की सभ्यता और संस्कृति के संकट को बहुत गहरे स्तर तक पहचानती और उद्‌घाटित करती है। व्यक्ति और समाज की आवश्यकताओं का स्वरूप भिन्न हो सकता है, किन्तु उनके बीच यदि गत्यावरोध उत्पन्न होता है तो समाज में विक्षोभ बढ़ता है। सम्पत्ति और संसाधन के युक्तियुक्तकरण के काम को व्यक्तियों की इच्छा और दम्भ पर नहीं छोड़ा जा सकता है, इसीलिये नैतिक मूल्यों के प्रति सामाजिक निष्ठा का महत्व बताया जाता है। इस कार्य को अभी तक समाज में धर्म और राज्यसत्ता के माध्यम से सम्पन्न किया जाता था। मनुष्य की बौद्धिक और तकनीकी क्षमता के विकास के

अनुरूप अब उस सामाजिक नियंत्रण के स्वरूप को समाजवाद कहा जा सकता है। व्यक्ति की प्राथमिक आवश्यकता भोजन, आवास, स्वास्थ्य, शिक्षा, काम के अवसर की जवाबदारी समाज की है और साथ ही समाज में शान्ति व्यवस्था कायम रहे इसके लिए सुरक्षा व्यवस्था भी इसी तरह की प्राथमिक जरूरत है। सामाजिक नियंत्रण के वर्तमान कारक– राज्यसत्ता की इन जवाबदारियों को समाज और राज्यसत्ता किस तरह निभाते हैं, भावी सभ्यता के लिए इसका बहुत महत्व है। केन्द्रीयकरण के स्थान पर विकेन्द्रीकरण की महत्ता को समझ लिया जाए तो वर्तमान कई सामाजिक समस्याओं का निराकरण आसानी से हो सकता है, नई वैश्विक संस्कृति तभी सुखी और समुदित होगी, जब उसमें स्थानीयता और वैश्विकिता का सही सामंजस्य बैठाया जाय।

3.4.3 जगदगुरु नहीं, जगदबन्धु

भारतीय समाज हमेशा से दूसरे देश के लोगों के लिये कौतुहल का विषय बना रहा है। यूनान, अरब, चीन, मध्यएशिया आदि देशों से व्यापारी और विद्या तथा शिल्प ज्ञान प्राप्त करने के लिए अध्येता यहाँ बराबर आते रहे हैं। गुप्त काल तक के सामाजिक, सांस्कृतिक समृद्धि के विषय में हमारे संस्कृत ग्रन्थ काफी जानकारी दे देते हैं। मध्यकाल की सामाजिक अवस्था के विषय में अरब यात्रियों के विवरणों से भी जानकारी मिलती है, उसमें भी भारतीय जनजीवन के विषय में जानने की जिज्ञासा ही प्रकट होती है। इतिहासकार सी.वी. वैद्य नवी–दसवीं सदी के भारतीय समाज के बारे में अरब यात्री इब्न खुरदबा, अबु सइद, अलमसुदी [77, पृ. 181] के विवरणों का उल्लेख करते हुए बताते हैं कि पहले ब्राह्मणों का काम विद्याध्ययन और पौरोहित्य कर्म था और क्षत्रिय लोग युद्ध करते थे, किन्तु इस काल में राजाओं के परिवार में भी विद्याध्ययन का शौक शुरू हुआ। कई राजा विधिवत शास्त्रों का अध्ययन करके स्वयं ग्रंथों का प्रणयन करते थे। परमार राजा मुंज और भोज, काश्मीर के हर्ष और पूर्वीय चालुक्यों के विनयादित्य (गुणक) जैसे राजाओं ने महत्वपूर्ण ग्रन्थों की रचना की। राजा भरथरी के तीनों शतक इसी काल की रचना है। वैश्यों में जो लोग जैन तथा बौद्ध हो गये थे, वे अहिंसा व्रत के कारण कृषि कार्य छोड़ चुके थे, दूसरी तरफ ब्राह्मण और क्षत्रियों को इस काल में कृषि कार्य करने की पाराशर स्मृति के अनुसार अनुमति मिल गई थी। हालांकि कृषि और पशुपालन के काम में शूद्रों की तादात ही ज्यादा थी। इससे स्पष्ट है कि नौवीं दसवीं सदी में व्यवसाय, कृषि कर्म तथा पशुपालन आदि जीवनयापन के व्यवहार में परम्परा से हट कर नये वर्गों का उदय हो रहा है था। इन्हीं परिस्थितियों में ज्यादा से ज्यादा मध्यमवर्ग की जातियाँ बनी होंगी।

यूनानी और अरब यात्रियों ने भारतीय लोगों को इण्डिक या हिन्दू कहा है। सभी अरब यात्रियों ने अपने विवरणों में यहाँ के लोगों के लिये हिन्द के लोग लिखा है। तरह तरह के धर्म मानने वाले, खानपान और रहन सहन में अलग-अलग ढ़ंग वाले, जैन, बौद्ध, सिपाही, किसान, नाचने वाले अजीबो गरीब करतबों के प्रदर्शन करने वालों का वहाँ उल्लेख है। सांस्कृतिक स्थिति के विषय में सबसे ज्यादा और प्रामाणिक जानकारी तो ग्यारहवीं सदी में महमूद गजनी की सेना के साथ आये अरब विद्वान अलबरूनि की पुस्तक 'किताब उल हिन्द' से प्राप्त की जा सकती है, जिसका उल्लेख हमने अन्यत्र किया है। वह दुःख प्रकट करता है कि खगोल विद्या की उच्च कोटि की जानकारी (सूर्य सिद्धान्त, ब्रह्म सिद्धान्त) के बावजूद हिन्दू लोग राहू-केतू के प्रभाव सम्बन्धी अन्धविश्वास में उलझे हैं। [९]

पश्चिम से आने वाले यात्रियों के लिए हिन्द एक भौगोलिक क्षेत्र था, जहाँ के निवासी विविध ज्ञानों से सम्पन्न, कुशल कारीगर और समृद्ध व्यवसायी थे। ये लोग आश्चर्यजनक करतब प्रदर्शन करने में दक्ष थे। जिसे आज हम हिन्दू समाज, हिन्दू धर्म कहते है- यह संज्ञा भारतीयों ने अपने लिये नहीं बनायी थी, बल्कि विदेशियों ने सुविधा के लिए हिन्दूकुश पर्वत के दूसरी ओर सिन्धुनदी के काठे में बसने वाले लोगों की सभ्यता-संस्कृति के लिये प्रयुक्त किया। विवरणों से यह भी ज्ञात होता है कि हिन्द के ज्ञानी और योगी मध्य एशिया तक भ्रमण करते थे। उस समय नये उदित हुए इस्लाम धर्म के समानता और भाईचारे के विचार के कारण उनके अनुयायियों में काफी उत्साह था। मध्यएशिया के बौद्धों ने जब इस्लाम कबूल किया तो वे कट्टर मुसलमान बनने की बनिस्बत रुहानियत और प्रेम को अधिक महत्व देते हुए सूफी बने। ये सूफी लोग पंजाब-सिन्ध से लेकर अरब और मध्य एशिया के इलाके में अपने मत के प्रचार के लिये भ्रमण करते थे। यह अकारण नहीं है कि उसी समय हमारे देश में नाथ सम्प्रदाय का उदय हुआ था, जिसका सूफियों से गहरा सम्बन्ध था। यहाँ तक कि लोग सूफियों की तरह ही नाथों को भी 'पीर' कह कर पुकारते थे। गुरु गोरखनाथ की बानी में इस्लाम और मुहम्मद साहब की प्रशंसा की शबदियाँ देखी जा सकती हैं।

महंमद महंमदं न करि काजी, महंमद का विषम विचार।
महंमद हाथिकरद जे होति, लोहे घड़ी न सार॥
सबदै मारि सबदै जिलाई, ऐसा महंमद पीर।
ताकै भरम न भूलौ काजी, सो बल नहीं शरीर॥

नाथ कहता सब जगनाथ्या, गोरख कहता गोई ।
कलमा का गुरु महंमद होता, पहलै मुवा सोई ॥
उतपति हिन्दू जरणां जोगी, अकलि पीर मुसलमानी ।
ते राह चीन्हि हो काजी, मुलां ब्रह्मा बिस्नु महदेव मानी ।
हिन्दू ध्यावे देहुरा, मुसलमान जाय मसीत ।
जोगी ध्यावे परमपद, जहाँ देहुरा नाहिं मसीत ॥ [15]

इन उदाहरणों से साफ है कि ग्यारहवीं सदी में जब एक तरफ तो महमूद गजनवी आक्रान्ता के रूप में मन्दिरों में रखी सम्पत्ति को लूट रहा था, तब दार्शनिक और धार्मिक स्तर पर अलबरूनी और गुरु गोरखनाथ जैसे सिद्ध ज्ञानी दो अलग संस्कृतियों के बीच समान आधार ढूंढ़ रहे थे । यही सांस्कृतिक मेल मिलाप की धारा चौदहवीं –पन्द्रहवीं सदी तक सन्त कबीर और गुरु नानक में देखी जा सकती है, जो कहते हैं–

हिन्दू कहो तो हूँ नहीं, मुसलमान भी नांहि ।
पांच तत्त का पुतला, गैबी खेलै मांहि ॥

सात सौ साल तक राजा, नवाबों, सुलतानों की सामन्ती क्रूरता चलती रही । उस बीच हिन्दुस्तानी जनता की सत्ता निरपेक्ष मानसिकता की वजह से ही निचले तबके के किसानों, कारीगरों ने नई परिस्थितियों में अपनी जिन्दगी जीने की राह निकाल ली । अधिकांश मध्य वर्ग के बौद्ध मतावलम्बी पिछड़ी जाति के हिन्दू बन कर सनातनी धार्मिक व्यवस्था को मानने लगे और अन्य दलित शोषित वर्ग के लोगों ने इस्लाम धर्म स्वीकार कर लिया । भारतीय भूभाग (हिन्दुस्तान- पाकिस्तान) पर जो आज तीस करोड़ इस्लाम के अनुयायी मुसलमान दिखाई दे रहे हैं, इनमें से अधिकांश के पूर्वज चौदह पीढ़ी पहले बौद्ध थे । सांस्कृतिक संविलयन का यह एक बहुत बड़ा उदाहरण है ।

दार्शनिक और बौद्धिक विचार सामाजिक व्यवहार पर अपना प्रभाव हमेशा के लिये नहीं बना पाते हैं, भारतीय समाज का इतिहास इस तथ्य का गवाह है । सामाजिक यथार्थ सामाजिक मान्यताओं और परिस्थितियों से निर्मित होता है । कार्ल मार्क्स ने इसी तथ्य की ओर इंगित किया है, जब वे कहते हैं– "सामाजिक जीवन अनिवार्यतः व्यावहारिक होता है । सभी तरह की रहस्यवादी धारणायें अपना तार्किक हल मानव व्यवहार और उस व्यवहार की सामान्य समझ में ढूँढ़ लेती है ।" [47, पृ. 30] भारतीय समाज में भक्तिकाल के प्रभाव

को हम इसी समाजशास्त्रीय विवेचन से समझ सकते हैं। आतातायी शासकों के रहते हुए भी एक बहुत बड़ा समाज अपनी जीवन पद्धति को पौराणिक लोकनायकों- राम, कृष्ण, शिव-के माध्यम से बचाने में सफल रहा।

भारतीय सांस्कृतिक नवजागरण के अभियान में हम देखते हैं कि अधिकांश बौद्धिक पुरोधा धार्मिक अन्धविश्वास, पुनर्जन्म, भाग्यवाद और सृष्टिकर्त्ता नियामक ईश्वर की धारणाओं के विरोधी थे। स्वामी दायनन्द सरस्वती, स्वामी विवेकान्द (प्रारंभिक नरेन्द्र), राजा राममोहन राय, रानाडे, ज्योति बा फुळे, सावरकर, बाबा साहबे अम्बेडकर, सरदार भगतिसिंह, एम.एन.राय आदि आदि। यहाँ तक कि महात्मा गाँधी के निकटतम सहयोगी जवाहरलाल नेहरू, राममनोहर लोहिया, आचार्य नरेन्द्र देव स्वयं को निरीश्ववादी ही मानते थे। निश्चित ही भारतीय चित्त पर सबसे ज्यादा प्रभाव डालने वाले महात्मा गाँधी अपने पूरे जीवन में धार्मिक और ईश्वर निष्ठ बने रहे। हिन्दू, मुसलमान, ईसाई और अन्य धर्मानुयायी सभी उनकी धार्मिकता में अपने धार्मिक व्यवहार की झलक पाते थे और इसीलिए उनकी अगुवायी एक श्रद्धालु की तरह स्वीकार करते थे। कार्ल मार्क्स ने धार्मिक निष्ठा का जो समाजशास्त्रीय विश्लेषण किया है, उसके अनुसार गाँधीजी की इस प्रकार की सामाजिक स्वीकार्यता बहुत स्वाभाविक घटना है। सामाजिक इतिहास दर्शन के प्रकाण्ड अध्येता हेगेल का यहाँ पुनः स्मरण हो जाता है- समय की आत्मा की छटपटाहट-झिटजिस्ट- के धारक गाँधीजी ही थे। गाँधीजी के व्यक्तिगत चरित्र और सामाजिक प्रयोगों की बहुत आलोचनायें हुई हैं। आज भी आधुनिक सभ्यता के उत्साही प्रशंसक उनकी भद्दी आलोचनायें करते ही रहते हैं। हम यहाँ महात्मा गाँधी को एक श्रद्धेय और अनुकरणीय व्यक्ति के रूप में नहीं देख रहे हैं, बल्कि उनकी सामाजिक इयत्ता को व्यावहारिक ढ़ंग से समझना चाहते हैं।

गाँधीजी ने व्यक्तिगत गोपनीयता जैसी कोई बात अपने पास नहीं रखी। वे पूर्ण रूप से अपनी सामाजिक पारदर्शिता बनाये रखना चाहते थे- यही उनकी सत्य की खोज का तरीका था। उन्होंने स्पष्ट घोषणा भी की कि उनके लेखन में कहीं विरोधाभास दिखाई देवे तो उसी समस्या पर उनकी बाद की टिप्पणी को उचित माना जाय क्योंकि उनका सत्य रूपी ईश्वर उन्हें क्षण प्रतिक्षण सजग रहने का आदेश देता है। [61]

गाँधीजी का सत्य दार्शनिक सत्य न होकर व्यवहारवादी सत्य है। इस तथ्य को पकड़ने पर सामाजिक यथार्थ और निरपेक्ष सत्य का भेद भी स्पष्ट हो जाता

है। महर्षि कणाद का वैशेषिक दर्शन इस अन्तर को स्पष्टता से रेखांकित करता है। प्रत्यक्ष और अनुमान प्रमाण की कारणता के अनुसार सत्ता और हेत्वाभास में भेद प्रकट होता है। सामाजिक-सांस्कृतिक यथार्थ सामान्य जनों के अनुभवों की स्वीकार्यता के अनुसार तय होता है- इसलिये गाँधीजी अनुभववादी हैं। वे हिन्दूमन की ईश्वर भक्ति, पौराणिक कथाओं की प्रामाणिकता के विरुद्ध बौद्धिक विचार न करके उसे स्वीकार कर लेते हैं, क्योंकि उस स्वीकृति के साथ वे समाज के सामान्य व्यक्ति के साथ खड़े दिखाई देते हैं। व्यावहारिक ढ़ंग से उनके लिए यही प्रामाणिक सत्य है। गाँधीजी की ईश्वर भक्ति को उनके एक निर्मल हृदय समाजसेवी कार्यकर्ता से चुनौती मिली थी। उस कार्यकर्ता का नाम था- जी. रामचन्द्रराव, जिन्हें प्यार से लोग गोरा कहते थे। नवजीवन प्रकाशन से प्रकाशित 'गाँधी-नास्तिक संवाद' नामक पुस्तक, जिसमें गोरा ने गाँधीजी के साथ अपने नास्तिकता सम्बन्धी संवाद की प्रामाणिक जानकारी दी है और उसकी प्रस्तावना गाँधीजी के बौद्धिक प्रवक्ता कि.घ. मशरूवाला ने लिखी है, उस पुस्तक को पढ़कर आश्चर्यजनक तथ्य सामने आते हैं। गाँधी जी ने गोरा के विचारों को बहुत गंभीरता से सुना था और उसके महत्व को स्वीकार किया था। उनकी स्वीकारोक्ति है- "पहले मैं कहा करता था- ईश्वर सत्य स्वरूप है लेकिन उससे मेरा संतोष नहीं हुआ। इसलिये अब मैं कहता हूँ- सत्य ही ईश्वर है।" धार्मिक अन्धश्रद्धा के विषय में जब गोरा ने गाँधीजी से कहा कि भाग्यवाद और पुनर्जन्म में विश्वास के कारण लोग अन्याय और अत्याचार का विरोध नहीं करते हैं और बर्बरतापूर्ण सामाजिक शोषण के शिकार होने के बावजूद इसे वे अपने कर्मों का फल मानते हैं, तब गाँधीजी निरुत्तर हो तिलमिला उठे थे। [37]

अठारहवीं-उन्नीसवीं सदी के यूरोप के विद्वानों ने भारतीय दार्शनिक ग्रन्थों का बहुत गहरा अध्ययन किया था। इण्डोलॉजी (भारतविद्या) विषय आज तक पश्चिमी विद्वानों को आकृष्ट करती है। हमें यह तो नहीं कहना चाहिए कि यूरोप में इस काल में हुए प्रचण्ड बौद्धिक अभ्युदय के पीछे इण्डोलॉजी का अध्ययन है, किन्तु यह तो निश्चित है कि उक्त यूरोपीय चिन्तन धारा में भारतीय दर्शन का बहुत कुछ प्रभाव रहा है। यह आश्चर्य की बात है कि इन आधुनिक विद्वानों को दो हजार वर्ष पूर्व के भारतीय चिन्तक ही ज्यादा आकृष्ट करते हैं। दिङ्नाग, धर्मकीर्ति, भर्तृहरि, अकलंक, शंकर जैसे प्रमणशास्त्री जिन्हें अधुनातन भाषाशास्त्री कोट करते हैं- वे सभी अपने पूर्ववर्ती चिन्तकों के टीकाकार हैं। भारतवासियों के लिये इससे क्या निहितार्थ निकलता है? हजार -डेढ़ हजार वर्ष की गुलामी और मानसिक जड़ता के बने रहते यह कहना कि भारत दुनिया का जगदगुरु

था– हमारे चारित्रिक दारिद्रय को ही प्रकट करता है। आज सभी विचारवान भारतीयों की यह बड़ी जवाबदारी बनती है कि वे समकालीन विश्व के संदर्भ में भारतीय समाज के सही कृतत्व को प्रतिफलित करें।

मानव जीवन की लौकिक प्रतिष्ठा ही आज हमारी सबकी बड़ी जबावदारी है। हमारे चारों ओर हम भय, हिंसा, मानसिक उन्माद, गरीबी और विमूढ़ता देख रहे हैं– इनके रहते हुये कितनी भी आर्थिक सम्पन्नता आ जाये, समाज में सुख और शान्ति नहीं आ सकती। लोकतांत्रिक समाज में प्रत्येक नागरिक की सक्रियता का महत्व है और यह सक्रियता प्रकट होती है सही राजनैतिक चेतना से। कहने की आवश्यकता नहीं है कि वर्तमान में भारतीय राजतंत्र पूरी तरह भ्रष्ट और विभ्रमित है। वैसे एक पिछड़े समाज में तेजी से सामाजिक –सांस्कृतिक परिवर्तन के आने पर ऐसी स्थितियाँ बहुत स्वाभाविक होती हैं, किन्तु समय पर उन्हें सम्हाला नहीं गया तो वैमनस्य और हिंसा ज्यादा बढ़ेगी। स्वतंत्रता प्राप्ति के इकसठ साल बाद भी हम हमारी सामाजिक समस्याओं का सही निराकरण नहीं कर सके हैं– इसे राष्ट्रीय इच्छा शक्ति की विफलता ही माना जाना चाहिये। विधायी चिन्तन के अभाव में जातिवाद, सम्प्रदायवाद और क्षेत्रवाद– ये तीन दुर्गुण अभी हमारे समाज को दूषित किये हुए हैं, जिसकी वजह से विकास योजनाओं का उचित प्रभाव जनजीवन पर प्रकट नहीं हो पा रहा है। संस्कृति की सही समझ विकसित होने पर इन समस्याओं से निपटा जा सकता है, किन्तु दुर्भाग्य है कि हमारे राजनीति कर्मियों में सांस्कृतिक समझ ही सबसे कम है।

अभी तक संस्कृति को अमूर्त ढ़ंग से जनजीवन के आचार व्यवहार के लक्षण के रूप में परिभाषित किया जाता था, किन्तु जब से आधुनिक संचार माध्यमों के कारण सामाजिक सम्बन्धों का तानाबाना विश्वस्तरीय हुआ है, तब से धर्म, जाति, भाषा, आचार व्यवहार आदि का स्वरूप स्थानीय स्तर पर मूर्तस्वरूप में प्रकट हो रहा है। विभिन्न धर्म, विभिन्न जाति या भाषा के लोगों के सहअस्तित्व को संस्कृति ही समाविष्ट कर सकती है। भारतीय संस्कृति में विविधता पहले से ही बहुत ज्यादा रही है। मध्ययुग में संस्कृति के स्थान पर धर्म को ज्यादा महत्व दिया जाता था और उसे ही संस्कृति भी माना जाता था, लोगों की अस्मिता की सीमा धर्म तक सीमित थी। सिविल सोसायटी की वर्तमान अवधारणा के कारण नागरिक जीवन की व्यापकता और प्रतिष्ठा बढ़ी है, लोगों के व्यक्तिगत विश्वास और कर्मकाण्ड को वैयक्तिक स्तर पर सीमित करना आवश्यक हुआ है। यह ध्यान देने की बात है कि किसी भी भूभाग पर संस्कृति यकायक प्रकट नहीं हो जाती है। उसे विकसित होने में हजारों साल लगते हैं और अनिवार्यतः

उसके अन्तर्गत विविधताओं में अन्तर्निहित आन्तरिक एकता के तत्वों का उद्विकास होता है। अपनी व्यक्तिगत सीमाओं के आगे हम जीवन के पारस्परिक सम्बन्ध के विषय में सचेत नहीं होने के कारण संस्कृति के सर्वसमावेशी चरित्र को समझ नहीं पाये हैं। किन्तु नये सामाजिक परिवेश में विविधताओं को समझना और उनसे सही सम्पर्क बनाना आधुनिक जीवन शैली की आवश्यक शर्त है।

जिसे हम मानवीय व्यक्तित्व कहते है, वह बहुत सारे प्रभावों, संस्कारों और दृश्य-अदृश्य सामाजिक सम्बन्धों से निर्मित होता है। जैसे वायुमण्डल के सूक्ष्मतत्वों के प्रति हम सचेत नहीं रहते हैं, फिर भी वे हमारे जीवन के लिये अत्यावश्यक होते हैं, उसी तरह संस्कृति हमारे व्यक्तित्व को सतत ऊर्जा प्रदान करती रहती है। पारम्परिक रूप में व्यक्तित्व के इसी स्व को आत्मा कहा जाता रहा है। प्रकृति और समाज की अदृश्य शक्तियां- जो इस स्व को परिचालित करती है, उनकी तार्किक समझ न होने के कारण अभी तक धार्मिक निष्ठा और व्यवहार के माध्यम से मनुष्य समाज में अपना जीवन जीता रहा है। इसलिये आत्मा पर तरह तरह के पाप-पुण्य, भाग्य, कर्मों के फल जैसे देवी गुण आरोपित किये गये। आधुनिक सभ्यता के जनक डारविन, मार्क्स, फ्रायड और आइन्स्टाइन के विविध पक्षीय गंभीर खोजों से यह तथ्य बहुत स्पष्ट हो चुका है। मानव जीवन के इसी अर्थत्व के रहस्य को सुलझाने के लिए हमारे प्राचीन मनीषियों ने चार्वाक, सांख्य, आर्हत्, बौद्ध और वैशेषिक दर्शनों को प्रतिपादित किया है। वर्तमान समय में जब विश्व के सभी मानव समाज एक-दूसरे के सम्पर्क में आ रहे हैं, तो उनके गुणदोषों का परिमार्जन भी सामयिक आवश्यकता के अनुसार होगा। जो संस्कृतियाँ कम विकसित हुई हैं, वे स्वाभाविक तौर पर व्यापक संस्कृति के गुण ग्रहण करेंगी। भारतीय संस्कृति की आन्तरिक क्षमता का आकलन भी वर्तमान वैश्विक संस्कृति की व्यापकता के परिप्रेक्ष्य में ही होना है।

आज के भारतीय आत्मतत्व पर ज्यादा प्रभाव सांख्य, आर्हत, बौद्ध और मीमांसा का दिखाई देता है, चार्वाक और वैशेषिक दर्शन में रहस्यवादिता न होने के कारण उनका प्रभाव क्षीण हुआ है। जबकि ऐतिहासिक स्तर पर प्राचीन भारतीय सभ्यता की सामर्थ और पुरुषार्थ को हम चार्वाक और वैशेषिक चिन्तन की लौकिक निष्ठा के अनुरूप ही उच्च शिखर पर पाते हैं। यह सब सामाजिक आवश्यकता के अनुसार ही हुआ है। हमने पहले भाग-1 में महर्षि कणाद के वैशेषिक दर्शन के विकास क्रम का विश्लेषण उपरोक्त अन्य दृष्टियों के परिप्रेक्ष्य में किया है। यहाँ आधुनिक विश्व के परिप्रेक्ष्य में जब भारतीय चिन्तन की समीक्षा

करते हैं तो कणाद का वैशेषिक दर्शन सबसे ज्यादा समीचीन दिखाई देता है, जिसमें अन्य दृष्टियों की विशिष्टता अन्तर्निहित है। अलबर्ट आइन्सटाइन के चातुर्आयामी ब्रह्माण्ड के सांतत्य में मानव जीवन की प्रक्रिया पर्यावरण सापेक्ष है– जहाँ प्रकृति और समाज का अन्तरावलम्बन मनुष्य की इच्छा और द्वेष की प्रवृत्तियों का नियमन करता है– इच्छा द्वेष पूर्विका धर्मऽधर्म प्रवृत्तिः। न केवल मनुष्य बल्कि सभी प्रकार की वैयक्तिक सत्तायें अन्योन्याश्रित ढ़ंग से द्रव्य, गुण और कर्म के संयोग से समुदित होती हैं– इसलिये वे संभावित क्षेत्र में स्वतंत्रतापूर्वक कार्य करती हैं। किन्तु ये सत्तायें स्वयं द्रव्य, गुण और कर्म का परिणाम हैं, स्वतः उत्पन्न नहीं है। कणाद के इस विचार को समझ लेने के बाद किसी तरह के धार्मिक रहस्यवाद की आवश्यकता नहीं रह जाती है। कणाद का द्रव्य और आधुनिक मेटर एक ही तत्व को प्रकट करते हैं– द्रव्य कभी भी गुण और क्रियाशीलता को नहीं छोड़ता है। आधुनिक विज्ञान के अनुसार ब्रह्माण्ड की सारी संरचनाओं और प्रक्रियाओं का आधार गति है– गति के विभिन्न स्वरूपों से ही पदार्थ (मेटर) की सृष्टि होती है। ब्रह्माण्ड का न आदि है और न ही अन्त, क्योंकि फण्डामेण्टल (एलीमेन्टरी) पार्टिकल्स (कणाद का परिमण्डल–परमाणु) कभी भी नष्ट नहीं होते और न ही स्वतंत्र रूप से अस्तित्व में रह पाते हैं। वे मेटर के विभिन्न रूपों में ही समाहित होते हैं– आधुनिक विज्ञान के इस सिद्धान्त के साथ कणाद के विचार की पूरी तरह संगति बैठती है।

चैतन्यता के विषय में विज्ञान अभी भी मौन है, किन्तु जीव वैज्ञानिक अपने प्रयत्नों में इस निष्कर्ष पर पहुँच रहे हैं कि जीवन और चेतना ब्रह्माण्डीय – युनिवर्सल प्रभाव है– जो ब्रह्माण्ड की विशिष्ट अवस्था में ही प्रकट होते हैं। इस संदर्भ में हम सांख्य और आर्हत (जैन) मतों के पुरुष और जीव के सिद्धान्त की गंभीरता को समझ सकते हैं। सांख्य दर्शन में सृष्टि की सारी प्रकिया के लिये प्रकृति को ही आधार माना गया है किन्तु पुरुष (चैतन्य) के सानिध्य के बिना उसमें कोई क्रिया उत्पन्न नहीं होती। इसी प्रकार आर्हत् (जैन) मत में ब्रह्माण्ड व्यापी जीव, अजीव (पुद्गल, धर्म, अधर्म, आकाश और काल) के साथ मिलकर ही जीवन लीला शुरू करते हैं। बौद्ध चैतन्य (विज्ञान) को महाभूतों से अलग करके नहीं देखते हैं, उनके अनुसार संसार की पंचास्कान्धात्मक प्रवृत्ति में– रूप (भौतिक सत्ता) से वेदना, वेदना से संज्ञा, संज्ञा से संस्कार तथा संस्कार से विज्ञान उद्भूत होता है। इसी मत के समान चार्वाक और वैशेषिक मत आत्मा में जो लक्षण देखते हैं, वे शरीर पर जैविक और सामाजिक प्रभावों को परिलक्षित करते हैं, जिससे स्पष्ट है कि कणाद मनुष्य की आत्मा को उसके पर्यावरण से

अलग स्वतंत्र सत्ता के रूप में नहीं देखना चाहते। हालांकि आत्मा और मन को उन्होंने द्रव्यों की नित्यता में वर्गीकृत किया है, उससे भी यही सिद्ध होता है कि जैविक सत्ता का सम्बन्ध ब्रह्माण्डीय संरचना से ही अनुस्यूत है। यहाँ यह स्मरण दिलाना आवश्यक प्रतीत होता है कि ये सभी मत निरीश्वरवादी हैं, इन्हें सृष्टि रचना के लिए किसी सृष्टिकर्ता और नियामक ईश्वर की आवश्यकता नहीं लगी।

आधुनिक समय में मनुष्य की स्वतंत्रता को सर्वोपरि महत्व दिया गया है, मनुष्य अपनी इच्छाशक्ति के अनुसार अपने व्यक्तित्व को ज्यादा से ज्यादा प्रभावशील और व्यापक बना सके– ऐसा लक्ष्य आधुनिक वैश्विक संस्कृति का होगा। इस दृष्टि से पारम्परिक धर्मों की पारलौकिक मुक्ति के विचार को स्वीकार नहीं किया जा सकता है। सांख्य दर्शन (और कठोपनिषद भी) मुक्ति को जीवन की कृतकृत्यता या जीवनमुक्ति के रूप में देखता है किन्तु परम्परा से उसे कैवल्य प्राप्ति (पांतजल योग) के साथ जोड़ दिया गया। आर्हत (जैन) दर्शन में जीव कैवल्य प्राप्ति के लिये ही ऐहिक जीवन में कठोर तप के द्वारा कर्मों का क्षय करता है। बौद्ध धर्म भी तृष्णा त्याग को निर्वाण मानता है किन्तु जीवन की रहस्यात्मकता के कारण उसका निर्वाण भी प्रस्तुत जीवन की इच्छा और वासना के त्याग से जन्म मरण से मुक्ति में ही सधता है। ये सभी धर्म मुक्ति या मोक्ष को ऐहिक जीवन के सुख और स्वतंत्रता में नहीं देखते हैं और मानते हैं कि राग–द्वेष और वासनाओं के कारण ही जीवन दुःखमय है, इसलिये तप, त्याग, वैराग्य मुक्ति के लिए आवश्यक है। हम जानते हैं कि दुनिया के सभी धर्मों में प्रस्तुत जीवन को माया, पाप और बन्धन के रूप में देखा जाता है, इन धर्मावलम्बियों को अपने पुण्य कर्मों के अनुसार परलोक या बहिस्त में स्वतंत्रता या मोक्ष मिलेगा। हम विस्तार मे ंन जाते हुए यह कहना चाहेंगे कि सामाजिक व्यवस्था बनाये रखने के लिये– फिर चाहे वह व्यवस्था शोषण और अन्याय से पूर्ण हो या विविध सांसारिक दुःखों से भरी हुई हो– मनुष्यों को ईश्वर के नाम पर और स्वर्ग के सुखों की अभिलाषा में प्रयत्नपूर्वक भ्रामक व्यामोह में रखा गया। ईश्वर और स्वर्ग के भ्रम की असलियत अब पूरी तरह खुल चुकी है इसलिये लोगों को धार्मिक अन्धविश्वासों के जरिये डराना धीरे–धीरे खतम हो जायेगा, किन्तु स्वतंत्रता और सुख प्राप्ति की मनुष्य की इच्छा को अभी भी खतम नहीं किया जा सकता है। समुचित न्याय और तर्कपूर्ण सामाजिक व्यवस्था से समाज के सभी व्यक्तियों को सुख और स्वतंत्रता दी जा सकती है। वर्तमान समय में मनुष्य की बौद्धिक और तकनीकी क्षमता के विकसित होने के कारण यह काम मुश्किल का नहीं है,

केवल सही ढंग से समाज को नियंत्रित और संचालित करने का है। वैश्विक सभ्यता और संस्कृति की यह जवाबदारी है कि वह मनुष्य के जीवन को सुखमय, शान्तिमय और समृद्ध बनाये।

वैशेषिक दर्शन के अनुसार मनुष्य अपने कर्मों से ही मोक्ष प्राप्त करता है। आत्मा, मन और इन्द्रियो के सन्निकर्ष से ही सुख दुःख की अनुभूति होती है, यदि ये संसर्ग न रहे तो दुःख के न रहने से योग की प्राप्ति होती है। कणाद जीवन को कार्यकारण की श्रृंखला में देखते हैं, इसलिये वे पाप-पुण्य, तप वैराग्य आदि के विषय में कोई आग्रह नहीं रखते। कार्लमार्क्स ने जिस प्रकार से सामाजिक परिवर्तन के माध्यम से इसी लोक को स्वर्गिक सुख और स्वतंत्रता सम्पन्न बनाने की मानवीय अभीप्सा की जिस रूप में पैरवी की है, कणाद का दर्शन भी उसके अनुकूल बैठता है। स्वाभाविक है कि आधुनिक समय की आवश्यकता के अनुरूप भारतीय मानस को अपने ही मनीषी कणाद को फिर से पुनर्प्रतिष्ठित करना होगा। अहंकार और दुराग्रह प्रत्येक मनुष्य में स्वाभाविक ढ़ंग से उभरते हैं, उनसे ही वैयक्तिक और सामाजिक विक्षोभ उत्पन्न होता है और गतिशीलता प्रकट होती है, इसलिये नैतिकता और सामाजिक नियमन की आवश्यकता तो हमेशा रहेगी। इसके लिये पारम्परिक धर्म पाप-पुण्य की मान्यता की तकनीक अपनाते रहे हैं। आधुनिक समाज में आवश्यक सामाजिक अभीष्टों को कानून और परस्पर समझ की संस्कृति से प्राप्त किया जा सकता है। इस प्रकार यह स्पष्ट है कि भारतीय चिन्तन में आधुनिक विश्व की उभरती नई संस्कृति से किसी प्रकार की प्रतिकूलता नहीं है बल्कि कुछ छद्म आवरणों के साथ भारतीय समाज ऐसे सामाजिक मूल्यों को परम्परा से अपने जीवन में प्रतिफलित करने की कोशिश भी करता रहा है। मध्यकाल में शंकराचार्य ने सामाजिक भ्रान्ति की वजह से- ब्रह्म सत्यं जगतमिथ्या- का जो मुहावरा दिया था, उसे पहले तो भक्त आचार्यों ने अस्वीकार किया और आधुनिक समाज में गाँधीजी के प्रिय शिष्य विनोबा जी ने भारतीय चित्त के अनुरूप ही- ब्रह्म सत्यं जगत स्फूर्ति जीवन सत्य शोधनम्- के नये मंत्र के रूप में परिशोधित किया। जीवन के सत्य के शोधन के लिये सत्ताओं- प्रकृति, समाज, ब्रह्म, ईश्वर, धर्म, राज्यसत्ता, बाजार, सामाजिक शोषण आदि की सही समझ विकसित करनी होगी, ताकि विपर्यय बुद्धि से हम माया और संभ्रम को ही सत्य न मान लें। बहरहाल, भारतीय समाज में मैत्री, करुणा, मुदिता और उपेक्षा की प्रवृत्ति से सकारात्मक आत्मिक विकास को प्रेरित करने की उदारतापूर्ण भावना हमेशा से रही है, इसलिये भारतीय लोगों के लिये वैश्विक सभ्यता और संस्कृति के उन्नयन में जगत बन्धु की भूमिका

निभाने का दायित्व आ पड़ा है। भारतीय मनीषियों ने लोकपर्याय– सामुदायकिता को हमेशा महत्व प्रदान किया है। स्वतंत्रता प्राप्ति के आन्दोलन के पश्चात् भारतीय समाज को जब लोकतांत्रिक समाज के रूप में प्रतिष्ठित किया गया तो हमारे जननायकों ने भी यही संकल्प दुहराते हुए हमारे श्रद्धास्थल संसद के केन्द्रीय कक्ष के बाहर ऋग्वेद के दशम मण्डल के अन्तिम मंत्र को लिखवाना उचित समझा –

> समानो मंत्रः समितिः समानी, समानं मनः सहचित्तमेषाम्।
> समानं मंत्रमाभिमंत्रये वः समाने न वो हविषा जुहोमि .।
> समानी व आकूतिः समाना हृदयानिवः।
> समानमस्तु वो मनो यथा वः सुसहासति ॥ [ऋ. 10–191–3,4]

❑❑❑

संदर्भ सूची

मूल संदर्भ ग्रन्थ

(1) वैशेषिक सूत्रोपस्कार (2) पदार्थ धर्मसंग्रह (3) छान्दोग्य उपनिषद (4) श्वेताश्वतर उपनिषद (5) बृहदारण्यक उपनिषद (6) सांख्य कारिका (7) सांख्य दर्शन (8) मज्झिम निकाय (9) धम्मपद (10) प्रवचनसार (11) तत्वार्थसूत्र (12) पंचास्तिकाय (13) पातंजल योगदर्शन (14) मीमांसादर्शन (15) महाभारत शान्ति पर्व (16) न्यायदर्शन (17) कठोपनिषद (18) ब्रह्मसूत्र (19) अभिधर्मकोष (20) न्यायबिन्दु (21) चरक संहिता (22) ॠग्वेद (23) अथर्ववेद (24) तर्क भाषा (25) वाल्मीकि रामायण (26) शिवसूत्र (27) सर्वदर्शनसंग्रह।

विविध संदर्भ

01. नारायण मिश्र : वैशेषिक दर्शन : एक अध्ययन, *चौखम्बा संस्कृत सीरीज, वाराणसी।*

02. नारायण मिश्र : वैशेषिक दर्शन प्रकाश, *चौखम्बा संस्कृत संस्थान, वाराणसी।*

03. ढुण्डिराज शास्त्री : प्रशस्तपाद भाष्य, *चौखम्बा संस्कृत संस्थान, वारणसी।*

04. श्रीराम शर्मा : वैशेषिक दर्शन, *संस्कृति संस्थान, बरेली।*

05. वासुदेवशरण अग्रवाल : भारत सावित्री, *सस्ता साहित्य मण्डल, नई दिल्ली।*

06. राधाकुमुद मुखर्जी : प्राचीन भारत, *राजकमल प्रकाशन, नई दिल्ली।*

07. भगवतशरण उपाध्याय : गुप्तकाल का सांस्कृतिक इतिहास, *हिन्दी समिति, लखनऊ*

08. गार्डन चाइल्ड : प्राचीनतम प्राच्य सभ्यता पर नया प्रकाश, *बिहार हिन्दी ग्रन्थ अकादमी, पटना।*

09. ए.सी. सरवाउ : भारत : अल बिरूनी, *नेशनल बुक ट्रस्ट, इण्डिया।*

10. डॉ. मोतीचन्द्र : सार्थवाह, *बिहार राष्ट्रभाषा परिषद्, पटना।*
11. वासुदेव शरण अग्रवाल : हर्षचरित : एक सांस्कृतिक अध्ययन, *बिहार राष्ट्र भाषा परिषद, पटना*
12. देवीदत्त शुक्ल : प्राचीन भारत में जनतंत्र, *हिन्दी समिति, लखनऊ*
13. भरतसिंह उपाध्याय : पालि साहित्य का इतिहास, *हिन्दी साहित्य सम्मेलन, प्रयाग*
14. दामोदर ध. कोसाम्बी : प्राचीन भारत की संस्कृति और सभ्यता, *राजकमल प्रकाशन, नई दिल्ली*
15. पीताम्बरदत्त बड़थ्वाल : गोरखबानी, *हिन्दी साहित्य सम्मेलन, प्रयाग*
16. आनन्द झा : पदार्थ शास्त्र, *हिन्दी समिति, लखनऊ*
17. राजबली पाण्डेय : हिन्दू धर्मकोश, *उत्तरप्रदेश हिन्दी संस्थान, लखनऊ*
18. विशुद्धानन्द पाठक : उत्तर भारत का राजनैतिक इतिहास, *हिन्दी समिति, लखनऊ*
19. विजयलक्ष्मी शर्मा : अन्तर्राष्ट्रीय परिप्रेक्ष्य में प्राचीन भारतीय विज्ञान, *राधाकृष्ण, नई दिल्ली*
20. राहुल सांस्कृत्यायन : पालि साहित्य का इतिहास, *हिन्दी समिति, लखनऊ*
21. एस.जी. सरदेसाई : प्राचीन भारत में प्रगति एवं रुढ़ि, *राजस्थान पीपुल्स पब्लिशिंग हाउस, जयपुर*
22. विजयेन्द्र कुमार माथुर : ऐतिहासिक स्थानावलि, *राजस्थान हिन्दी ग्रन्थ अकादमी, जयपुर*
23. ज्ञानचन्द्र जैन : निगंठ ज्ञातपुत्त, *हिन्दी समिति, लखनऊ*
24. रा.द. रानाडे : उपनिषद दर्शन का रचनात्मक सर्वेक्षण *राजस्थान पीपुल्स पब्लिशिंग हाउस, जयपुर*
25. शंकर बा. दीक्षित : भारतीय ज्योतिष, *हिन्दी समिति, लखनऊ*

26. पाण्डुरंग वा. काणे : धर्मशास्त्र का इतिहास, प्रथम भाग *उत्तरप्रदेश हिन्दी संस्थान, लखनऊ*

27. वासुदेवशरण अग्रवाल : पाणिनिकालीन भारतवर्ष, *मोतीलाल बनारसीदास, वाराणसी*

28. बलदेव उपाध्याय : बौद्धदर्शन मीमांसा, *चौखम्बा विद्याभवन, बनारस*

29. शान्तिभिक्षु शास्त्री : बोधिचर्यावतार, *बुद्धविहार, लखनऊ*

30. ओमानन्द तीर्थ : पातंजल योग प्रदीप, *गीता प्रेस, गोरखपुर*

31. उमेश मिश्र : भारतीय दर्शन, *हिन्दी समिति, लखनऊ*

32. गोविन्दचन्द्र पाण्डेय : बौद्धधर्म के विकास का इतिहास, *हिन्दी समिति, लखनऊ*

33. राधाकुमुद मुखर्जी : चन्द्रगुप्त मौर्य और उसका काल, *राजकमल प्रकाशन, नई दिल्ली*

34. वासुदेवशरण अग्रवाल : भारत की मौलिक एकता, *भारती भण्डार, इलाहाबाद*

35. आचार्य नरेन्द्रदेव : राष्ट्रीयता और समाजवाद, *ज्ञानमण्डल लि. वाराणसी*

36. मो.क. गाँधी : हिन्दी स्वराज्य, *नवजीवन, अहमदाबाद*

37. रा. राव गोरा : गाँधी नास्तिक संवाद, *नवजीवन प्रकाशन अहमदाबाद*

39. मधुकर उपाध्याय : किस्सा पाण्डे सीताराम सूबेदार, *सारांश प्रकाशन प्रा.लि., दिल्ली*

40. के.पी. सुब्रह्मण्य अय्यर : भर्तृहरि, *राजस्थान हिन्दी ग्रन्थ अकादमी, जयपुर*

41. देवी प्रसाद मौर्य : भारतीय लौकिक चिन्तन और चार्वाक, *नेशनल पब्लिशिंग हाउस, नई दिल्ली*

42. धर्मपाल : भारत की पहचान, *सिद्ध, मसूरी*

43. आनन्द झा : चार्वाक दर्शन, *हिन्दी समिति, लखनऊ*

44. H.UI : Vaishesika Philosophy, *Chaukhamba Sanskrit Series, Varanasi*

45. Deviprasad Chattopadhayaya : What is Living and What is Dead in Indian Philosophy *People's Publication House, New Delhi.*

46. Deviprasad Chattopadhayaya : Indian Atheism, *People's Publication House, New Delhi.*

47. K. Marx and F. Engles : Selected works, *Progress Publishers, Moscow*

48. Will Durant : The story of Philosophy, *Washington Square Press.*

49. Harold Wheeler : The miracle of life, *The Home Library Club, Ceylon.*

50. Ralph L. Beals & Harry Hoiger : An Introduction to Anthropology, *The MacMillan Co., Newyork*

51. T.H. Stcherbatsky : Buddhist Logic, *Maotilal Banarsidass, Delhi*

52. G. Plekhanov : Selected Philosophical Works. *Foreign Languages Publishing house, Moscow*

53. F. Engels : Anti Duhring, *Progress Publishers, Moscow*

54. F. Engels : On Religion, *Progess Publishers, Moscow*

55. Jadunath Sinha : Indian Realism, *Motilal Banarsidass, Varanasi*

56. R.C. Majumdar : Ancient India, *Motilal Banarsidass, Varanasi*

57. Herbert Marcuse : One Dimensional Man, *Sphere Book Lt. W.C.I.*

58. Alvin Toffler : Power Shift, *Warner Books*

59. Alvin Toffler : War & Anti War, *Warner Books*

60. Carl Sagan : Cosmos, *Ballantine Books, New York.*

61. M.K. Gandhi : Hind Swaraj or Indian Home Rule, *Navajivan Publishing House, Ahmadabad.*

62. Ram Manohar Lohia : Wheel of History, *Hydrabad*

63. Lee Smolin : The Life of the Cosmos, *University Press, Hydrabad*

64. Erich Fromm : The Sane Society. *A fawcett Premier Book, New York.*

65. Sigmund Freud : Civilization and its Discontents *Liverright Publishing Corp., New York.*

66. Walter T. Anderson : The Fontana Post Modernism Reader *Fontana Press London.*

67. Jurgen Habermas : Modernity- An Incomplete Project *From New German critique 1981*

68. J. Fremcois Lyotard : Ansiwering the Question : What is Postmodernism, *From Hassan & Hassan S., Innovaton, Renovaton 1983*

69. Roy Bhaskar : From Science to Emancipation, *Sage Publication, London.*

70. Paul Pietsch : Shuffle Brain, *Houghton Mifflin Co. Boston.*

71. Alfred Adler : Understanding Human Nature, *Research Press, New Delhi*

72. Karl Marx : Articles on India. *People's Publishing House, Bombay.*

73. Roger Penrose : Shadows of the Mind, *Vintage U.K.*

74. Stephen W. Hawking : A Brief History of Time, *Bantam Books, New York*

75. G. Danaher, T. Schirato : Understanding Foucault *Motilal Banarsidass, Delhi.*

76. Dirks, Nicholas : Castes of Mind, *Permanent black, Delhi.*

77. Vaidya, C.V. : History of Medieval Hindu India, *The Oriental Book, Poona*

❑❑❑